Jahresbibliographie
Bibliothek für Zeitgeschichte

WELTKRIEGSBÜCHEREI

Stuttgart

Jahrgang 54 · 1982

Neue Folge der Bücherschau der Weltkriegsbücherei

BERNARD & GRAEFE VERLAG KOBLENZ

Diese Jahresbibliographie erschien bis zum Jahrgang 31, 1959 unter dem Titel "Bücherschau der Weltkriegsbücherei" bei der Bibliothek für Zeitgeschichte, Stuttgart

Umfang: XIV, 516 Seiten

Alle Rechte der Vervielfältigung sowie der fotomechanischen Wiedergabe, auch auszugsweise, vorbehalten

© Bernard & Graefe Verlag, Koblenz 1983

Gesamtherstellung: Omnitypie Ges. Nachf. L.Zechnall, Stuttgart

Printed in Germany

ISBN 3-7637-0122-2

INHALT

	Seite
Vorwort	VII
Inhalts-Übersicht	IX

I. NEUERWERBUNGEN DER BIBLIOTHEK

Systematisches Verzeichnis der Neuerwerbungen mit Bibliographie von Zeitschriftenaufsätzen und Buchkapitel 1

II. FORSCHUNGS- UND LITERATURBERICHTE

1. Kirchner, K.:	Kriegsflugblätter im Archiv der Bibliothek für Zeitgeschichte	347
2. Haupt, M.:	Nordirland. Ursachen des anglo-irischen Konflikts	355
3. Manousakis, G.M.:	Griechische Militärbibliographie	395
4. Mück, W.:	Die NATO	423

III. ALPHABETISCHES VERFASSER-REGISTER 481

VORWORT

Das Einfrieren der Erwerbungsetats hat auch für die Bibliothek für Zeitgeschichte im Jahr 1982 zu einer Reduzierung der tatsächlich erworbenen Bücher geführt. Angesichts des großen Anteils fremdsprachiger Literatur (ca. 70%) und der ungünstigen Wechselkursrelationen konnten trotz gleichbleibender finanzieller Mittel wesentlich weniger Bücher gekauft werden. So ging die Zahl der im 54. Jahrgang der "Jahresbibliographie der Bibliothek für Zeitgeschichte" nachgewiesenen neu erworbenen Buchtitel auf 5000, die Zahl der Zeitschriftenaufsätze und Beiträge aus Sammelwerken auf 2500 zurück. Es ist darauf hinzuweisen, daß in diesem Jahrgang besonders zahlreich Broschüren und Zeitschriften der Dokumentationsstelle für unkonventionelle Literatur aufgenommen worden sind, die an einer Signatur mit einem vorgestellten "D" erkenntlich sind.

Im 2. Teil "Forschungs- und Literaturberichte" stellt einer der erfahrensten Experten in der Bundesrepublik, Herr Klaus Kirchner, die Kriegsflugblätter im Archiv der Bibliothek für Zeitgeschichte vor. Der Autor hat die Sammlung in wochenlanger Arbeit durchgearbeitet, katalogisiert und archiviert. Das Archiv der BfZ besitzt neben dem Bundesarchiv die zahlenmäßig größte Sammlung von Flugblättern zum Ersten und Zweiten Weltkrieg, es sind sogar Flugblätter aus dem Krieg 1870/71 vorhanden.

In dem 2. Beitrag gibt Michael Haupt einen Überblick über die Ursachen des anglo-irischen Konflikts um Nordirland. Die Bibliographie umfaßt insbesondere auch die sonst schwer zugängliche irische Literatur.

Der griechische Militär- und Marineexperte Gregor M. Manousakis veröffentlicht als 3. Beitrag eine Bibliographie zur griechischen Militärgeschichte, die chronologisch geordnet die griechische Literatur über die Kriege und Feldzüge wiedergibt, an denen griechische Streitkräfte teilgenommen haben.

Der 4. Beitrag von der Mitarbeiterin der BfZ, Walburga Mück, referiert über die Buchbestände der Bibliothek für Zeitgeschichte zur Geschichte der NATO. Diese systematische Arbeit wurde im Sommer 1982 abgeschlossen.

Die bibliographischen Arbeiten an diesem Jahrgang wurden von unseren Bibliothekarinnen und Bibliothekaren Gerda Beitter, Helene Holm, Anita Molnar, Walburga Mück, Werner Haupt und Ralf Münnich durchgeführt, die Schreibarbeiten besorgten Ursula Haupt und Anna Schreiner.

Stuttgart im August 1983

BIBLIOTHEK FÜR ZEITGESCHICHTE
Der Direktor

Prof. Dr. Jürgen Rohwer

Inhaltsübersicht

Bei dieser vereinfachten Inhalts-Übersicht ist darauf hinzuweisen, daß sich die systematischen Gruppen A bis K jeweils bei den unter L (Länderteil) aufgeführten Staaten - zu beachten ist hierbei besonders L 130 Bundesrepublik Deutschland- in gleicher Reihenfolge wiederholen.

	Seite		Seite
A. Allgemeine Werke	1	011 Abrüstungsfrage	23
		012 Militärbündnisse	27
B. Buch- und Bibliothekswesen	1	014 Waffenhandel	32
050 Nachschlagewerke	1	050 Kriegswesen, -führung	33
200 Bibliothekswesen	1	055 Geheimer Nachrichten-	
300 Archiv- u. Museumswesen	2	dienst, Spionage	36
		100 Landmacht, Heer	37
C. Biographien	2	200 Seemacht, Marine	39
		300 Luftmacht, -waffe	39
D. Land und Volk	3	500 Wehrtechnik	40
010 Länderkunde	3	510 Waffentechnik	40
050 Völkerkunde	3	520 Fahrzeugtechnik	44
		550 Nachrichtentechnik	50
E. Staat und Politik	5	560 Raumfahrttechnik	50
100 Innenpolitik	7		
110 Staat und Recht	7	G. Wirtschaft	51
130 Parlaments-u.Wahlwesen	10	100 Volkswirtschaft	51
140 Parteiwesen	11	300 Industrie, Energiepolitik	52
149 Terrorismus	14	600 Handel, Verkehr, Finanz-,	
200 Außenpolitik	16	Geld- u. Bankwesen	54
230 Konfliktforschung	16		
250 Internat. Organisationen	20	H. Gesellschaft	55
290 Außenpolit. Beziehungen	21	000 Sozialwissenschaft	55
		100 Bevölkerung u. Familie	55
F. Wehrwesen	22	200 Stand u. Arbeit	56
000 Wehrwissenschaft	22	500 Gesundheitswesen	57
010 Wehrpolitik	23	600 Sport u. Spiel	58

	Seite			Seite
I. Geistesleben	59		Balkanfeldzug und	
100 Wissenschaft	59		Besatzungszeit	95
600 Kirche u. Religion	60		Afrika	98
			Südeuropa, Italien	98
K. Geschichte	62		Ostasien, Pazifik	99
000 Allgemeine Geschichte	62	600	Geschichte seit 1945	102
200 Geschichte, 1815-1914	62		Polit. Geschichte	102
300 Geschichte, 1914-1918	63		Internat. Probleme	103
Biographien	63		Kriegsgeschichte	106
Politische Geschichte	64			
Milit. Geschichte	64	L. Länderteil		111
Kriegsschauplätze	66	020	Naher und Mittlerer	
400 Geschichte, 1919-1939	67		Osten	111
Polit. Geschichte	67	059	Dritte Welt	114
Kriegsgeschichte	68	080	Entwicklungsländer	116
500 Geschichte 1939-1945		100	Europa, Westeuropa	116
(2. Weltkrieg)	69	101	Nordeuropa	122
Biographien	70	102	Nordosteuropa	123
Polit. Geschichte	71	103	Osteuropa	123
Milit. Geschichte	73	104	Südosteuropa	126
Landkrieg	73	111	Albanien	126
Seekrieg	74	119	Belgien	126
Luftkrieg	76	123	Bulgarien	127
Kriegsgefangene...	77	125	Dänemark	128
KZ-Lager	78	130.1	Deutschland, BRD	130
Geistesgeschichte	79	130.2	Deutsche Demokrat.	
Kriegsschauplätze	80		Republik	188
Osteuropa, Ostsee	80	135	Finnland	194
Polenfeldzug und		137	Frankreich	195
Besatzungszeit	80	139	Griechenland	202
Ostfeldzug 1941-1945	82	141	Großbritannien	202
Besetzte Gebiete	85	143	Irland	211
Südosteuropa 1944-1945	86	145	Italien	211
Ost- u. Mitteldeutsch-		147	Jugoslawien	218
land 1945	87	163	Niederlande	220
Nordeuropa, Nordsee		165	Norwegen	221
Nordmeer und		171	Österreich	222
Besatzungszeit	87	174	Polen	227
Westeuropa, Atlantik	89	175	Portugal	234
Westfeldzug und		177	Rumänien	235
Besatzungszeit	90	179	Rußland, Sowjetunion	238
Invasion 1944	93	183	Schweden	256
Westdeutschland 1945	94	185	Schweiz	258
Mittelmeerraum	94	193	Spanien	260

		Seite			Seite
197	Tschechoslowakei	263	400	Amerika	306
198	Ungarn	265	402	Lateinamerika	306
200	Asien	267	409	Mittelamerika	308
204	Südostasien	268	421	Argentinien	309
211	Afghanistan	269	423	Bolivien	309
213	Arabische Staaten	271	425	Brasilien	310
215	Bangladesch	272	427	Chile	311
221	China	272	433	El Salvador	312
225	Indien	278	435	Guatemala	313
231	Irak	279	441	Kanada	313
233	Iran	279	443	Kolumbien	314
235	Israel	281	445	Mexiko	314
237	Japan	284	447	Nicaragua	315
243	Khmer/Kambodscha	285	453	Peru	316
245	Korea	286	460	Vereinigte Staaten/USA	317
249	Libanon	287			
251	Malaysia	288	490	Westindien	336
259	Pakistan	289	494	Kuba	336
266	Sri Lanka	289	500	Australien und Ozeanien	338
268	Taiwan	290			
269	Thailand	290	510	Australien	338
275	Türkei	291	520	Neuseeland	339
277	Vietnam	292	531	Indonesien	339
279	Zypern	293	532	Philippinen	340
300	Afrika	294	600	Palargebiete	341
301	Nordafrika	295	700	Weltmeere und Inseln	341
303	Ostafrika	295			
305	Südafrika	296			
307	Westafrika	297			
311	Abessinien/Äthiopien	299			
313	Ägypten	299			
315	Algerien	300			
316	Angola	300			
337	Kenia	300			
343	Libyen	301			
349	Marokko	301			
354	Namibia	301			
357	Nigeria	302			
375	Südafrikanische Republik	303			
381	Tansania	305			
397	Zimbabwe	305			

I
NEUERWERBUNGEN

A Allgemeine Werke

B Buch- und Bibliothekswesen

B 050 Nachschlagwerke/Wörterbücher

Dictionar diplomatic. București: Ed. Politică 1979. 1060 S.   B 44510
Heinl, R. D.: Dictionary of military and naval quotations. Annapolis: Naval Inst. 1981. XL, 367 S.   B 45162
Nordisch-germanischer Jahrweiser. 1982. Berlin: Kampfgruppe Priem 1981. 13 ungez. Bl.   D 02339
Knorr, L.: Kleines Lexikon. Rüstung, Abrüstung, Frieden. Köln: Pahl-Rugenstein 1981. 214 S.   B 45027
Voenen terminologičen Rečnik. [Militärterminologisches Wörterbuch.] Sofija: Voenno izd-vo 1979. 332 S.   B 41926

B 200 Bibliothekswesen

Bernath, M.: Das Südost-Institut - Rückschau und Ausblick. In: Südosteuropa. Jg. 31, 1982. H. 7-8. S. 375-379.   BZ 4762:31
Bestände in wissenschaftlichen Bibliotheken. Erschließung und Erhaltung. 71. Dt. Bibliothekartag in Regensburg vom 9. bis 13. Juni 1981. Frankfurt: Klostermann 1982. 269 S.   B 45346
Bibliotheksbau heute. Überarb. u. erg. Fassung d. Vortragsfolge v. Jan. u. Febr. 1980... Hrsg.: R. Fuhlrott. Frankfurt: Klostermann 1981. 107 S.   Bc 2087
Catalogue of memoirs of the William E. Wiener Oral History Library. New York: The American Jewish Committee 1978. IV, 145 S. Bc 0504

National socialist Literature in Birmingham Reference Library.
A bibliography. With an introd.: Lord Dacre of Glanton.
Birmingham: Birmingham Public Libraries 1980. 74 S.   Bc 0554

Reusch, J.: Drei Zentren europäischer Friedens- und Rüstungs-
forschung. Eine vergleichende Analyse. (Stockholm, London Wien.)
In: Marxistische Studien. 5, 1982. S. 213-239.   BZ 4691:5

Rohwer, J.: Das Foto-Archiv der Bibliothek für Zeitgeschichte.
Aus: Jahresbibliographie. Bibliothek für Zeitgeschichte.
Jg. 52, 1980. München 1981. S. 445-454.   Bc 2454

B 300   Archiv- und Museumswesen

Flagothier, L.; Flagothier, R.: Inventaire d'archives du
fonds Isabelle Blume. Bruxelles: Fondation Louis de Brouckère
1980. 175 S.   Bc 0598

Bayerisches Armeemuseum Ingolstadt. Autoren: E. Aichner [u. a.]
Braunschweig: Westermann 1981. 128 S.   Bc 2726

Archival and manuscript Materials at the Hoover Institution on War,
Revolution and Peace. A checklist of major collections. Stanford:
Stanford University 1978. 36 S.   Bc 0848

C Biographien und Memoiren

John, A.: Befragungen. Politiker, Staatsmänner, Zeitgenossen.
1950-1980. Hennef: Halft 1980. 327 S.

[Sammelbiographien von Persönlichkeiten eines Landes bzw.
Einzelbiographien siehe bei dem betreffenden Land unter
"L. Länderteil".]

D Land und Volk

D 0.1 Länderkunde/Geographie/Reisen

Kidron, M.; Segal, R.: (The State of The World Atlas, [dt.])
Hunger und Waffen. Ein politischer Weltatlas z. d. Krisen der
80er Jahre. Reinbek: Rowohlt 1981. Getr. Pag.   B 45102

D 0.5 Völkerkunde/Volkstum/Rassenfrage

Billig, M.: Die rassistische Internationale. Frankfurt: Neue
  Kritik 1981. 184 S.   B 45502
Cinanni, P.: (Emigrazione e unita operaia. [dt.]) Emigration und
  Arbeitereinheit. Zur politischen Problematik der "Gastarbeiter".
  Frankfurt: Cooperative 1979. VII, 262 S.   B 45014
Lerner, N.: New concepts in the UNESCO declaration on race and
  racial prejudice. In: Human rights quarterly. Vol. 3, 1981.
  No. 1. S. 48-61.   BZ 4753:3
Minderheiten wirksam helfen! Selbstprojekte bedrohter Völker.
  Göttingen: Gesellsch. f. bedrohte Völker 1982. 37 S.   Bc 0785
Ethnic Resurgence in modern democratic states. A multidisciplinary
  approach to human resources and conflict. New York: Pergamon
  Pr. 1980. XXI, 270 S.   B 45208

D 0.52 Judentum

Eisenberg, A.: Witness to the Holocaust. New York:
  Pilgrim Pr. 1981. XX, 649 S.   B 44399
Jewish Emigration 1938-1940. Rublee negotiations and the intergo-
  vernmental committee. New York: Garland 1982. 256 S.   08706:6
Hellman, P.: Avenue of the righteous. London: Dent 1981.
  XVIII, 267 S.   B 43558
The Holocaust: ideology, bureaucracy, and genocide. Ed.:
  H. Friedlander, S. Milton. Millwood: Kraus 1980. VII, 361 S. B 45158
Laqueur, W.: (The terrible Secret, [dt.]) Was niemand wissen
  wollte. D. Unterdrückung der Nachrichten über Hitlers "Endlösung".
  Frankfurt: Ullstein 1981. 320 S.   B 44563
Legalizing the holocaust. The later phase, 1939-1943.

New York: Garland 1982. 355 S. 08706:2
Rabinowitz, D.: About the holocaust. ...What we know and how we know it. 2nd print. New York: The American Jewish Committee 1980. 48 S. Bc 1832
Relief and rescue of jews from Nazi oppression. 1943-1945. New York: Garland 1982. 242 S. 08706:14
Silbermann, A.: Der ungeliebte Jude. Zur Soziologie d. Antisemitismus. Zürich: Ed. Interfrom 1981. 81 S. Bc 2059
Supervisors, victims, and perpetrators. Essays on the Nazi Holocaust. Ed.: J. E. Dimsdale. Washington: Hemisphere Publ. 1980. XXII, 474 S. B 43689
Voices from the holocaust. Ed. S. Rothchild. New York: New American Library 1981. VII, 456 S. B 44288
Zionismus. Beiträge zur Diskussion. Hrsg.: M. Stöhr. München: Kaiser 1980. 158 S. B 43252

D 0.90 Andere Völker und Volksgruppen

Kenrick, D.; Puxon, G.: (The Destiny of European gypsies. [dt.]) Sinti und Roma - die Vernichtung eines Volkes im NS-Staat. Göttingen: Gesellschaft f. bedrohte Völker 1981. 192 S. B 43491

Kurden

Charles, M.: Der Nahe Osten und die Kurden. Eine hervortretende Nation wird vorgestellt. Bonn: Çapxane Sipan 1981. 10 ungez. Bl. D 2440
Eseddin Hosseini : Nur ein bewaffnetes Volk kann in Freiheit leben! Interview mit Mamusta Scheich Eseddin Hosseini. Frankfurt: CISNU 1981. 17 S. D 2365
(Les Kurdes et le Kurdistan, [engl.]) People without a country. The Kurds and Kurdistan. Ed.: G. Chaliand. London: Zed Pr. 1980. VIII, 246 S. B 45188
Kurdistan. Karlsruhe: Bund d. Freien Sozial. u. Anarchisten 1981. 29 S. D 2339
Sekban, C. M.: La Question kurde. Des problèmes des minorités. Paris: Presses Univers. de France 1980. 41 S. Bc 2632
Sim, R.: Kurdistan: The search for recognition. London: Institute for the Study of Conflict 1980. 21 S. Bc 0529

E Staat und Politik

E 0.01 Politische Wissenschaft

Châtelet, F.; Pisier-Kouchner, E.: Les Conceptions politiques du XX. siècle. Histoire de la pensée politique. Paris: PUF 1981. 1088 S. B 44539
Garaudy, R.: (Appel aux vivants. [dt.]) Aufruf an die Lebenden. Darmstadt: Luchterhand 1981. 409 S. B 44805
Ideologi, ekonomi och politik. Tankar i tiden. En antologi red.: M. Lundahl. Stockholm: Rabén och Sjögren 1981. 250 S. B 45277
Innen- und Aussenpolitik. Primat oder Interdependenz? Festschrift zum 60. Geburtstag von Walther Hofer. Hrsg.: U. Altermatt u. J. Garamvölgyi. Bern: Haupt 1980. 711 S. B 44602
Küng, E.: Erneuerung der Politik. Bern: Haupt 1980. 91 S. Bc 1812
Kutte, W.: Grundprobleme unserer Zeit: Zusammenhänge. Hamburg: Kutte 1980. 160 S. Bc 1942
Mathiesen, T.: Rätt, samhälle och politisk handling. Bidrag till en strategi unter senkapitalismen. Stockholm: Norstedt 1980. 307 S. B 43162
Qvortrup, L.: Krise, revolution og utopi. En kritik af nogle marxistiske kriseteorier. København: Kurasje 1980. 186 S. B 43249
Schäfer, M.: Proletarischer Internationalismus und nationale Politik. Frankfurt: Verl. Marxist. Blätter 1981. 409 S. B 44724

E 0.10 Politische Grundbegriffe

Anarchismus
Anarchie und Parlamentarismusdiskussion. Bremen: Verl. Roter Funke 1980. 87 S. Bc 2416
Bell, P. E.: "Die Propaganda der Tat". Berlin: Libertad Verl. 1979. 59 S. Bc 2046
Cranston, M.: (A Dialogue on anarchy. [dt.]) Ein Dialog über Sozialismus und Anarchismus. Berlin: Libertad Verl. 1979. 125 S. Bc 2051
Der Freiheit eine Gasse! Nürnberg: Bittermann 1981. 80 S. Bc 3012
Joll, J.: The Anarchists. 2. ed. Cambridge: Harvard Univ. Pr. 1980. X, 299 S. B 44352

Demokratie

Benn, A. N. W.: Tony Benn. Arguments for democracy. Ed.:
C. Mullin. London: J. Cape 1981. XIV, 257 S.   B 44858

Bolaffi, A.: La Democrazia in discussione. Intervista con
Abendroth [u. a.]. Bari: De Donato 1980. XIX, 145 S.   Bc 2660

Demokratie. Entwicklungsgesetz des sozialistischen Staates. Berlin:
Staatsverl. d. DDR 1981. 188 S.   Bc 2575

Marković, M.: Neue Formen der Demokratie im Sozialismus. In:
Europäische Rundschau. Jg. 9, 1981. Nr. 3. S. 57-75.   BZ 4615:9

Röhrich, W.: Die repräsentative Demokratie. Ideen und Interessen.
Opladen: Westdt. Verl. 1981. 223 S.   B 44185

Den vanskelige ulydigheten. Om sivil ulydighet som aksjonsform i
parlamentariske demokratier. Oslo: Pax Forl. 1981. 289 S.   B 45285

Der demokratische Zentralismus. Theorie und Praxis. Autorenkollektiv u. Leitung v. G. Schüssler. Berlin: Staatsverl. d. DDR 1981.
218 S.   Bc 2671

Nationalismus

Garamvölgyi, J.: Transnationalismus als Nahtstelle zwischen
Innen- und Aussenpolitik. In: Innen- und Aussenpolitik. 1980.
S. 299-314.   B 44602

Ihme, B.: Tendenzwende zur Unvernunft. Zum irrationalistischen
Rüstzeug konservativer Ideologien. Berlin: Dietz 1981.
130 S.   Bc 2498

Rosdolsky, R.: Zur nationalen Frage. Friedrich Engels und das
Problem der "geschichtslosen" Völker. Berlin: Olle und Wolter
1979. 223 S.   B 44590

Stokes, G.: Cognitive style and nationalism. In: Canadian Review
of studies in nationalism. Vol. 9, 1982. No. 1. S. 1-14.   BZ 4627:9

Stoljarowa, R.: Einführung in Lenins Schriften: "Kritische Bemerkungen zur nationalen Frage" und "Über das Selbstbestimmungsrecht der Nationen". Berlin: Dietz 1981. 63 S.   Bc 2085

Revolution

Borre, O.: Oprørsteorier. København: Berlingske Forl. 1980.
212 S.   B 43180

Karl Marx und Grundfragen der Revolution in Theorie und Praxis.
Materialien d. "Karl-Marx-Konferenz 1978", Leipzig, 11. -12. 5.
1978. Leipzig: Karl-Marx-Universität 1980. 286 S.   Bc 2327

Handbook of political conflict. Theory and research. Ed.: T. R. Gurr.
New York: Free Pr. 1980. IX, 566 S.   08635

Neuner, G.: Wer ist heute ein Revolutionär? Berlin: Dietz 1979.
64 S.   Bc 1767

Robbe, M.: Verlockung der Gewalt. Linksradikalismus, Anarchismus, Terrorismus. Berlin: Verl. Neues Leben 1981.
191 S.   Bc 2748

E 1 Innenpolitik

E 1.1 Staat und Recht

E 1.13 Staatsrecht/Öffentliches Recht

Jung, H.: "Korporatismus" statt "Etatismus"? Staatsmonopolistische Vergesellschaftung und politisch-staatlicher Überbau heute. In: Marxistische Studien. 1981. 4. S. 11-41.　　BZ 4691:1981
Laver, M.: The Politics of private desires. Harmondsworth: Penguin Books 1981. 186 S.　　B 43947
Phillips, P.: Marx and Engels on law and laws. Oxford: Robertson 1980. XIII, 238 S.　　B 43768
Röhrich, W.: Marx und die materialistische Staatstheorie. Ein Überblick. Darmstadt: Wissenschaftl. Buchgesellschaft 1980. 101 S.　　Bc 1635
Den Staat diskutieren. Kontroversen über eine These von Althusser. Hrsg.: E. Altvater u. O. Kallscheuer. Berlin: Verl. Ästhetik und Kommunikation 1979. 256 S.　　B 44569
Therborn, G.: (What does the ruling class do when it rules? [schwed.]) Vad gör den härskande klassen när den härskar? Statsapparater och statsmakt under feodalism, kapitalism och socialism. Stockholm: Zenit/Rabén och Sjögren 1980. 318 S. B 43155

E 1.15 Staats- und Völkerrechtsfragen

Kriegsrecht

Les Droits de l'homme dans les forces armees. Vol. 1. 2. Bruxelles: Soc. internat. de droit penal et de droit de la guerre 1978. 1047 S.　　B 45486:1
Execution des peines privatives de liberté infliges a des militaires. Bruxelles: Soc. Internat. de droit penal milit. et de droit de la guerre 1975. 465 S.　　B 25973:2
Hasselrot, Å.; Lännergren, B.: Ockupation. In: Kungliga Krigsvetenskapsakademiens tidskrift. Årg. 186, 1982. H. 1. S. 1-35.　　BZ 4718:186
The new humanitarian Law of armed conflict. Ed.: A. Cassese. Bd 1. 2. Napoli: Ed. Scientifica 1979-80. 501, 291 S.　　B 43458
Meyrowitz, H.: Kriegsrecht und Kernwaffen. Zur Diskussion des 1. Zusatzprotokolls zu den Genfer Konventionen 1949. In: Europa-Archiv. Jg. 36, 1981. Folge 22. S. 689-696.　　BZ 4452:36
Schulz, J.: Resolutionen zur Abrüstung und zur Kodifizierung des Völkerrechts. Berlin: Staatsverl. d. DDR 1981. 637 S.　　B 44727

Winands, G.: Der Status des Kriegsverbrechers nach der Gefangennahme. Eine völkerrechtl. Untersuchung. Bad Honnef: Bock u. Herchen 1980. 56 S.   Bc 2129

Seerecht

The maritime Dimension. Ed.: R. P. Barston and P. Birnie. London: Allen and Unwin 1980. 194 S.   B 43922
Freericks, G.: Ein neues Meeresvölkerrecht. Ordnungsfaktor oder Quelle neuer Streitigkeiten? In: Nauticus. Jg. 35, 1982. S. 74-88.   BZ 4713:35
Hoover, R. A.: Arms control: The interwar naval limitation agreements. Denver: University of Denver 1980. XIV, 124 S. Bc 2760
Jenisch, U.: Die Seerechtskonferenz vor ihrer 11. Session. In: Aussenpolitik. Jg. 33, 1982. 1. S. 60-74.   BZ 4457:33
Johnston, D. M.: The environmental Law of the sea. Berlin: Schmidt 1981. 419 S.   B 45251
Oda, S.: International Law of the resources of the sea. Repr. ed. with suppl. Alphen: Sijthoff and Noordhoff 1979. XII, 132 S.   Bc 1843
Die Plünderung der Meere. Hrsg.: W. Graf Vitzthum. Frankfurt: Fischer 1981. 327 S.   B 45400

Menschenrechte

Amnesty international. Wer schweigt, wird mitschuldig. Hrsg.: C. Stern. Frankfurt: Fischer 1981. 156 S.   Bc 2251
Bay, C.: Self-respect as a human right. Thoughts on the dialectics of wants and needs in the struggle for human community. In: Human rights quarterly. Vol. 4, 1982. No. 1. S. 53-75.   BZ 4753:4
Bol'šakov, V. V.: Biznes na pravach čeloveka. [Business mit den Menschenrechten.] Moskva: "Mysl'" 1980. 302 S.   B 42514
Clark, R. S.: The International League for Human Rights and South West Africa 1947-1957. The human rights NGO as catalyst in the international legal process. In: Human rights quarterly. Vol. 3, 1981. No. 4. S. 101-136.   BZ 4753:3
Country Reports on human rights practices for 1979. Report submitted to the Committee on Foreign Affairs, U.S. House of Representatives and Committee on Foreign Relations, U.S. Senate by the Department of State. Febr. 4, 1980. Washington: US Gov. Print., Office 1980. IX, 854 S.   B 43857
Falk, R.: Human Rights and state sovereignty. New York: Holmes and Meier 1981. X, 251 S.   B 44927
Flach, W.; Ullrich, S.: "Menschenrechte". Entlarvung einer Demagogie. Berlin: Dietz 1980. 76 S.   Bc 2240
Frieden ohne Menschenrechte? Aspekte einer Politik für den Menschen. Aachen: Einhard-Verl. 1981. 267 S.   B 45310
Garling, M.: The Human Rights Handbook. New York: Facts on File 1979. XV, 299 S.   B 45236

Gesellschaft für bedrohte Völker. Menschenrechtsorganisation für verfolgte Minderheiten. Göttingen 1981. 36 S. D 02344
Gilley, D. C. : Refining the advocacy of human rights. In: Parameters. Vol. 11, 1981. No. 4. S. 63-73. BZ 05440:2
Hájek, J. : Die Achtung der Menschenrechte als Bestandteil einer Friedenspolitik. In: Osteuropa. Jg. 32, 1982. H. 3. S. 177-188. BZ 4459:32
Hannum, H. : Human rights and the United Nations. Progress at the 1980 session of the U.N. sub-Commission on Prevention of Discrimination and protection of minorities. In: Human rights quarterly. Vol. 3, 1981. No. 1. S. 1-17. BZ 4753:3
(How christian are the human rights? [dt.]) "... erkämpft das Menschenrecht". Wie christlich sind die Menschenrechte? Hrsg. : E. Lorenz. Hamburg: Luther. Verlagshaus 1981. 172 S. B 45313
Kaufman, E.; Fagen, P. W. : Extrajudicial executions. An insight into the global dimensions of a human rights violation. In: Human rights quarterly. Vol. 3, 1981. No. 4. S. 81-100. BZ 4753:3
Kędzia, Z. : Burżuazyjna Koncepcja praw człowieka. [Die bürgerliche Konzeption der Menschenrechte.] Wrocław: Ossolineum 1980. 367 S. B 44131
Kramer, D.; Weissbrodt, D. : The 1980 U.N. Commission on Human Rights and the disappeared. In: Human rights quarterly. Vol. 3, 1981. No. 1. S. 18-33. BZ 4753:3
Laqueur, W. : Zur Frage der Menschenrechte. In: Innen- und Aussenpolitik. 1980. S. 229-243. B 44602
Luard, E. : Human Rights and foreign policy. Oxford: Pergamon Press 1981. VII, 38 S. Bc 2733
Menschenrechte. Herausforderung und Verpflichtung. Beitr. zur Menschenrechtsproblematik anl. des zehnjährigen Bestehens d. Österr. Sektion von Amnesty International. Hrsg. : F. Schneider. St. Pölten: Verl. Niederösterr. Pressehaus 1980. 118 S. B 43518
Der internationale Menschenrechtsschutz. Menschenrechte in den Erklärungen u. Konventionen der Vereinten Nationen. Frankfurt: Fischer 1981. 312 S. B 43749
Nickel, J. W. : Equal respect and human rights. In: Human rights quarterly. Vol. 4, 1982. No. 1. S. 76-93. BZ 4753:4
O'Connor, B. : International human Rights. A bibliography 1970-1975. Rev. ed. Notre Dame: Center for Civil and Human Rights 1980. VII, 172 S. B 45161
Ostapenko, G. S. : Bor'ba SSSR v OON za social' noėkonomičeskie prava čeloveka 1945-1977 gg. [Der Kampf der UdSSR in der UNO für die sozialen u. ökonomischen Rechte des Menschen 1945-1977.] Moskva: Nauka 1981. 279 S. B 44146
Pollis, N. P. : Conformity, compliance, and human rights. In: Human rights quarterly. Vol. 3, 1981. No. 1. S. 93-105. BZ 4753:3
Ragaz, P. C. : Die Meinungsäusserungsfreiheit in der Europäischen Menschenrechtskonvention. Bern, Frankfurt, Las Vegas: Lang 1979. V, 164 S. Bc 1668

Global human Rights: Public policies, comparative measures, and NGO strategies. Boulder: Westview 1981. 318 S.   B 43434
Sethi, J. D.: Human rights and development. In: Human rights quarterly. Vol. 3, 1981. No. 3. S. 11-24.   BZ 4753:3
(Socializma i prava čeloveka, [dt.]) Sozialismus und Menschenrechte. Moskau: Akademie d. Wissenschaften d. UdSSR 1979. 207 S.   Bc 1687
Tinker, C.: Human rights for women. The U.N. convention on the elemination of all forms of discrimination against women. In: Human rights quarterly. Vol. 3, 1981. No. 2. S. 32-43.   BZ 4753:3
Tomuschat, C.: Menschenrechtspolitik der Vereinten Nationen. In: Europa-Archiv. Jg. 36, 1981. Folge 19. S. 587-596.   BZ 4452:36
Walker, D. J.: Statelessness. Violation or conduit for violation of human rights? In: Human rights quarterly. Vol. 3, 1981. No. 1. S. 106-123.   BZ 4753:3

E 1.16 Strafrecht

Weltweite Abschaffung der Todesstrafe. Arbeitstagung für ehrenamtl. Mitarbeiter von Amnesty international u. interessierte Personen v. 19. bis 21. Sept. 1980 in d. Evang. Akad. Bad Boll in Zus.-Arb. m. Amnesty international. Bad Boll: Evang. Akademie 1980. 56 S.   D 02325
(Disappearances. A workbook. [dt.]) amnesty international. Nicht die Erde hat sie verschluckt. "Verschwundene" - Opfer politischer Verfolgung. Frankfurt: Fischer 1982. 179 S.   Bc 2897
Jensen, R. B.: The International Anti-Anarchist conference of 1898 and the origins of Interpol. In: Journal of contemporary history. Vol. 16, 1981. No. 2. S. 323-347.   BZ 4552:16
Kamiński, A. J.: Konzentrationslager 1896 bis heute. Eine Analyse. Stuttgart: Kohlhammer 1982. 289 S.   B 45951
Keller, G.: Die Psychologie der Folter. Die Psyche der Folterer. Die Psycho-Folter. Die Psyche der Gefolterten. Hrsg.: amnesty international. Frankfurt: Fischer 1981. 106 S.   Bc 2537
"Verschwunden". Ein Bericht über d. "Verschwindenlassen" von Personen als Maßnahme politischer Verfolgung. Bonn: amnesty international 1981. 74 S.   D 2315

E 1.3 Parlamentswesen und Wahlwesen

Katz, R. S.: A Theory of parties and electoral systems. Baltimore: Johns Hopkins Univ. Pr. 1980. XII, 151 S.   B 44500
Radunski, P.: Wahlkämpfe. Moderne Wahlkampfführung als politische Kommunikation. München: Olzog 1980. 208 S.   B 44193
Rüdiger, H.: Sozialismus und Parlamentarismus. Ein Diskussionsbeitrag. Berlin: AHDE-Verl. 1979. 91 S.   Bc 2992

E 1.4 Parteiwesen

E 1.41 Allgemeine Richtungen

Arvidsson, H.; Berntson, L.: Makten, socialismen och demokratin. Om det förstatligade samhället. Lund: Zenit Förl. 1980. 371 S. B 43238
Beyme, K. v.: Do parties matter? Der Einfluß der Parteien auf politische Entscheidungen? In: Politische Vierteljahresschrift. Jg. 22, 1981. H. 4. S. 343-358. BZ 4501:22
Claudín, F.; Azcárate, M.: Interrogantes ante la izquierda. Barcelona: Ed. 2001 1980. 155 S. B 42417
Conquest, R.: We and they. London: Temple Smith 1980. 252 S. B 43562
Gustafsson, B.: I övermorgon Socialism. Levande och dött i marxismen. Kapitalismens kris. Löntagarfonder. Stockholm: Gidlunds 1981. 202 S. B 45286
Petersen, C. H.: Den glemte Socialisme. Anarkisme, anarkosyndikalisme, sydikalisme. København: Rhodos 1981. 494 S. B 44955
Ustvedt, Y.: Opprørere. Profiler og skjebner fra sosialismens historie. Oslo: Tiden Norsk Forl. 1979. 251 S. B 43177

E 1.45 Faschismus

Chambart de Lauwe, M. -J.: Complots contre la démocratie. Les multiples visages du fascisme. Paris: Fédération nationale des Déportés et internés Résistants et Patriotes 1981. 140 S. B 44241
Felice, R. de: (Le Interpretazioni del fascismo. [dt.]) Die Deutungen des Faschismus. Göttingen: Musterschmidt 1980. XIX, 303 S. B 45041
Lozek, G.; Richter, R.: Legende oder Rechtfertigung? Zur Kritik der Faschismustheorie in d. bürgerlichen Geschichtsschreibung. Frankfurt: Verl. Marxist. Blätter 1980. 100 S. Bc 1610
Nordentoft, K.: Omkring Fascismen. Essays. København: Vindrose 1981. 116 S. Bc 2785
Rama, C. M.: La Ideología fascista. 4. ed., aum. y rev. Madrid: Ed. Júcar 1979. 220 S. B 41965
Schleifstein, J.: Die "Sozialfaschismus"-These. Zu ihrem geschichtl. Hintergrund. Frankfurt: Verl. Marxistische Blätter 1980. 94 S. Bc 1600
Wilkinson, P.: The new Fascists. London: Macintyre 1981. 179 S. B 45382

E 1.46.1 Sozialismus

Ahlberg, R.: Der Mythos der sozialen Gleichheit im Sozialismus.
In: Osteuropa. Jg. 31, 1981. H. 11. S. 963-984.   BZ 4459:31
Beiträge zur Sozialismusanalyse. Hrsg.: P. Brokmeier u. R. Rilling.
  Bd 1 - 3. Köln: Pahl-Rugenstein 1978-81. 298, 293, 220 S.   B 42351
Dialektik des Sozialismus. Berlin: Dietz 1981. 372 S.   B 43417
Fedoseev, P. N.: (Čto takoe demokratičeskij socializm, [dt.])
  "Demokratischer Sozialismus" - Ideologie d. Sozialreformismus.
  Frankfurt: Verl. Marxistische Blätter 1980. 173 S.   Bc 2421
Fejtö, F.: La Social-Démocratie quand même. Un demi-siècle
  d'expériences réformistes. Paris: Laffont 1980. 287 S.   B 44143
Haupt, H.-G.; Rygol, R.: Zum Wechselverhältnis von Objektivem
  und Subjektivem in der Entwicklung des sozialistischen Weltsystems.
  In: Deutsche Aussenpolitik. Jg. 26, 1981. H. 8. S. 28-44.   BZ 4557:26
Michal, W.: Ausbruch aus dem europäischen Getto? In: L'80.
  1981. H. 20. S. 59-71.   BZ 4644:1981
Oskarsson, I.: Den nödvändiga Socialismen. Stockholm: Författares bokmaskin 1979. 104 S.   Bc 2153
Petras, J.F.; Selden, M.: Social classes, the state and the
  world system in the transition to socialism. In: Journal of contemporary Asia. Vol. 11, 1981. No. 2. S. 189-207.   BZ 4671:11
Reform oder Konter?-Revolution? Die Trikontpolitik der Sozialistischen Internationale. Referate ... 23.2.1980 in Basel. Zürich:
  Solidaritätskomitee f. Afrika, Asien u. Lateinamerika 1980.
  76 S.   Bc 2159
Socialism and nationalism. Ed.: E. Cahm. Vol. 1-3. Nottingham:
  Spokesman 1978-1980. 116, 132, 132 S.   B 43694
Quale Socialismo? Dibattito aperto. A cura di C. Mazzetti. Assisi:
  Cittadella 1980. 124 S.   B 43496

E 1.46.2 Marxismus

Bahro, R.: Krise des Marxismus? Zürich: Marxist. Studentenverband 1980. 104 S.   Bc 2041
Bregnsbo, H.: Marxismens Elendighed. En vurdering af en alternativ videnskabs konstituerende bestanddele. København:
  Berlingske Forl. 1980. 185 S.   B 43172
Klassenverhältnisse und Subjekt. Thesen zur Krise des Marxismus.
  In: Sozialismus. 1981. H. 4. S. 25-38.   BZ 05393:1981
Korsch, K.: Karl Marx. Marxistische Theorie und Klassenbewegung. Reinbek: Rowohlt 1981. XV, 279 S.   B 44027
Marx, K.; Engels, F.: Über Opportunismus und Reformismus.
  Berlin: Dietz 1981. 346 S.   B 44034
Marxism in the contemporary west. Ed.: C. F. Elliott and C. A. Linden.
  Boulder: Westview 1980. XII, 177 S.   B 43332
Marxismus im historisch-politischen Unterricht. Stuttgart:

Klett 1979. 264 S.   Bc 2624
Narkiewicz, O. A.: Marxism and the reality of power 1919-1980.
London: Croom Helm 1981. 337 S.   B 44876
Neusüss, A.: Marxismus. Ein Grundriß der Großen Methode.
München: Fink 1981. 288 S.   B 44801
Predavec, V.: Die Narrenschaukel. Spätmarxisten zwischen
Utopie und Realität. Bern: Schweiz. Ost-Institut 1980. 80 S. Bc 2222
Ragghianti, C. L.: Marxismo perplesso. Arte cultura società
politica. Milano: Ed. Nuova 1980. 252 S.   B 43666
Wolf, F. O.: Einwände zu André Gorz' Liquidation des Marxismus.
Proletarischer Klassenkampf und sozialistische Politik. In:
Prokla. Jg. 11, 1981. Nr. 2. S. 27-41.   BZ 4613:11

E 1.47 Kommunismus/Bolschewismus

Brown, A. C.; MacDonald, C. B.: On a Field of red. The Communist International and the coming of world war 2. New York:
Putnam 1981. 718 S.   B 43580
Elleinstein, J.: Histoire du Communisme. 1917-1945. Paris:
Jannink 1980. 156 S.   Bc 0491
Grosser, G.: Der Gegenstand des wissenschaftlichen Kommunismus. Methodologische Probleme seiner Bestimmung. Berlin:
Dietz 1981. 167 S.   Bc 2842
Klaer, K. -H.: Der Zusammenbruch der Zweiten Internationale.
Frankfurt: Campus Verl. 1981. 365 S.   B 44195
Četvertyj Kongress Kominterna. [Der 4. Kongress der Kommunistischen Internationale (1922).] Moskva: Politizdat 1980.
517 S.   B 43583
Lejbzon, B.: (Internacional' noe Edinstvo kommunistov, [dt.])
Internationale Einheit der Kommunisten. Moskau: APN-Verl.
1980. 107 S.   Bc 1686
Leonhard, W.: Völker hört die Signale. Die Anfänge des Weltkommunismus 1919-1924. München: Bertelsmann 1981.
414 S.   B 44591
Staar, R. F.: Weltkommunismus 1981-82. Ein Überblick.
In: Osteuropa. Jg. 32, 1982. H. 6. S. 487-500.   BZ 4459:32
Timmermann, H.: Reformkommunisten in West und Ost. In: Beiträge zur Konfliktforschung. Jg. 10, 1980. 4. S. 105-135. BZ 4594:10
Veen, H. -J.; Meissner, B.; Domes, J.: Wandel im Kommunismus? Zürich: Interfrom 1979. 114 S.   Bc 1179
Wesson, R.: The Aging of communism. New York: Praeger 1980.
VIII, 168 S.   B 43615
Winkler, G.: Zur Entstehung kommunistischer Organisationsprinzipien und Parteinormen. In: Marx-Engels-Jahrbuch. 4, 1981.
S. 77-112.   BZ 4445:4
Zinov́ev, A. A.: (Kommunizm kak real' nost'. [dt.]) Kommunismus
als Realität. Zürich: Diogenes 1981. 420 S.   B 42820

Parteirichtungen

Alvarado, E.: Detras del Maoismo. Guerra contra Vietnam, alianza con el imperialismo. Lima: Ed. Futuro 1979. 102 S.   Bc 1939
Dazy, R.: Fusillez les chiens enragés...! Le génocide des trotskistes. Paris: Orban 1981. 365 S.   B 44048
Kautsky, K.: Kautsky gegen Lenin. Hrsg.: P. Lübbe. Berlin: Dietz 1981. 208 S.   B 43513
Kubálková, V.; Cruickshank, A. A.: Marxism-Leninism and the theory of international relations. London: Routledge & Kegan Paul 1980. XVI, 411 S.   B 45329
Lane, D.: Leninism: A sociological interpretation. Cambridge: Univ. Pr. 1981. X. 150 S.   B 43867
Škvařil, J.: Kořeny a zdroje ideologie maoismu. [Wurzeln und Quellen der Ideologie des Maoismus.] In: Historie a vojenství. R. 30, 1981. No. 4. S. 126-138.   BZ 4526:30
Sotomayor-Pérez, J.: ¿Leninismo o maoismo? Lima 1979: Ed. Universo. 287 S.   B 42454
Volkogonov, D. A.: Maoizm: ugroza vojny. Analiz militaristskoj suščnosti ideologii i politiki maoizma. [Maoismus: Kriegsgefahr. Analyse d. militaristischen Gehalts d. Ideologie und Politik des Maoismus.] Moskva: Voenizdat 1981. 236 S.   B 44976

Antikommunismus heute. Die Krise der imperialistischen Strategie zu Beginn der achtziger Jahre u. der Antikommunismus in Ideologie und Politik. Berlin: Dietz 1981. 330 S.   B 44379
Chen, Y.: The new strategic Situation of the world vs. the prospect of anti-communist struggle. Taipeh: World Anti-Communist League 1980. 33 S.   Bc 1420
Solženicyn, A.: Warnung. Die tödliche Gefahr des Kommunismus. Frankfurt, Berlin, Wien: Ullstein 1980. 106 S.   Bc 2193

E 1.49 Terrorismus

Corsi, J. R.: Terrorism as a desperate game. Fear, bargaining, and communication in the terrorist event. In: The journal of conflict resolution. Vol. 25, 1981. No. 1. S. 47-85.   BZ 4394:25
Crenshaw, M.: The causes of terrorism. In: Comparative politics. Vol. 13, 1981. No. 4. S. 379-399.   BZ 4606:13
Faria, L.: Secuestro de aeronaves - pirateria aerea. In: Revista de la escuela de defensa nacional. Año 7, 1980. No. 27. S. 41-51.   BZ 4388:7
Farrell, W. R.: Military involvement in domestic terror incidents. In: Naval War College review.

Geismar, A.: L'Engrenage terroriste. Paris: Fayard 1981.
179 S.   B 43454

Ideologien und Strategien. Opladen: Westdt. Verl. 1981. 346 S. B 44699

Mickolus, E. F.: The Literature of terrorism. A selectively
annotated bibliography. Westport: Greenwood 1980.
XI, 553 S.   B 43855

Mickolus, E. F.: Transnational Terrorism. A chronology of
events, 1968-1979. Westport: Greenwood 1980.
XXXVIII, 967 S.   B 44710

Miller, A. H.: Terrorism and hostage negotiations. Boulder:
Westview 1980. XVI, 134 S.   B 44069

Norton, A. R.; Greenberg, M. H.: International Terrorism: An
annotated bibliography and research guide. Boulder: Westview
1980. X, 218 S.   B 43428

Responding to the terrorist threat. Security and crisis management.
Ed.: R. H. Shultz and S. Sloan. New York: Pergamon Pr. 1980.
IX, 260 S.   B 44293

Schelling, T. C.: Thinking about nuclear terrorism. In: International security. Vol. 6, 1982. No. 4. S. 61-77.   BZ 4433:6

Sterling, C.: The Terror Network. The secret war of international
terrorism. London: Weidenfeld & Nicolson 1981. IX, 357 S. B 43950

Sterling, C.: (The Terror-network. [dt.]) Das internationale
Terror-Netz. Der geheime Krieg gegen die westlichen Demokratien. Bern: Scherz 1981. 365 S.   B 44196

Sundberg, J.: Operation Leo. Description and analysis of a
European terrorist operation. In: Terrorism. Vol. 5, 1981. No. 3.
S. 197-232.   BZ 4688:5

Terrorisme et culture. (Pour une anthropologie stratégique.)
Paris: Selbstverl. 1981. 213 S.   B 45218

Terroryzm polityczny. [Der politische Terrorismus.]
Warszawa: Państw. Wyd. Nauk. 1981. 353 S.   B 45576

Trautmann, F.: The Voice of terror. A Biogr. of Johann Most.
Westport: Greenwood 1980. XXV, 288 S.   B 43035

Trent, D. M.: The United States and transnational terrorism. 1979.
Stanford: Leland Stanford Junior University 1980. 15 S.   Bc 2164

E 2 Außenpolitik

E 2.1 Diplomatie

Dreimann, D.: Das diplomatische Protokoll. Aufgaben, Mittel, Methoden und Arbeitsweise. Leipzig: Koehler u. Ameland 1981. 196 S. B 44346

Grewe, W. G.: Die verlorene Kunst. Wie man Frieden schliesst - das muss die Politik erst wieder lernen. In: Die politische Meinung. Jg. 27, 1982. H. 201. S. 11-20. BZ 4505:27

Grundelemente der Weltpolitik. Hrsg. v. G. -K. Kindermann. 2. überarb. Aufl. München: Piper 1981. 387 S. B 44780

Gumpel, W.: Entspannungspolitik und wirtschaftliche Entwicklung. In: Beiträge zur Konfliktforschung. Jg. 12, 1982. 2. S. 73-87. BZ 4594:12

Jackson, Sir G.: Concorde Diplomacy. The ambassador's role in the world today. London: Hamish Hamilton 1981. 254 S. B 43823

Smith, S. M.: Foreign Policy Adaption. Aldershot: Gower 1981. VII, 152 S. B 45331

E 2.3 Friedensforschung/Konfliktforschung

Barnaby, F.: Prospects for peace. Oxford: Pergamon Pr. 1980. 88 S. B 44356

Beer, F. A.: Peace against war. The ecology of international violence. San Francisco: Freeman 1981. XXVI, 447 S. B 45360

Benson, B.: (Le Livre de la paix/ The Peace Book, [dt.]) Das Buch vom Frieden. Wien: Zsolnay 1981. 223 S. 08653

Bergsdorf, W.: Ein Wort macht Politik. Wie der Begriff "Frieden" allmählich zu einer Kampfvokabel geworden ist. In: Die politische Meinung. Jg. 27, 1982. H. 201. S. 5-10. BZ 4505:27

Bohlinger, R.: Eine neue Strategie zur Überwindung der wachsenden Kriegsgefahr. Wobbenbüll: Verl. f. biolog. Sicherheit 1980. 31 S. Bc 2127

Den Frieden entwickeln. Gütersloh: Mohn 1981. 160 S. B 44806

Friedrich, E.: Krieg dem Kriege! Guerre à la guerre! War against war! Oorlog aan den oorlog! 8. Aufl. Frankfurt: Zweitausendeins 1981. 251 S. B 44084

Fromm, E.: (May man prevail, [dt.]) Es geht um den Menschen. Stuttgart: Dt. Verl. Anst. 1981. 238 S. B 44796

The Future of conflict. Ed.: J. J. McIntyre. Washington: The National Security Affairs Institute 1979. 186 S. Bc 1892

Galtung, J.: Peace and social structure. Copenhagen: Ejlers 1978. 563 S. B 45776

Galtung, J.: Peace and world structure. Copenhagen: Ejlers 1980. 735 S. B 45777

Galtung, J.: Peace problems: some case studies. Copenhagen:
  Ejlers 1980. 498 S. B 45778
Hinz, R.; Le Coutre, E.: Zum Frieden berufen. Dokumente,
  Initiativen, Streitfragen. Arbeitshilfe. Ammersbek: Nordelbische
  Evang. - Luther. Kirche 1981. 132 S. Bc 2653
Jahn, E.: Friedensforschung und Politik im gesellschaftlichen
  Spannungsfeld. In: Beiträge zur Konfliktforschung. Jg. 11, 1983. 3.
  S. 97-111. BZ 4594:11
Keyes, G.: Strategic non-violent defense. The construct of an
  option. In: The journal of strategic studies. Vol. 4, 1981. No. 2.
  S. 125-151. BZ 4669:4
Konflikte, Krisen, Kriegsverhütung. Fragen, Analysen, Perspektiven.
  Hrsg.: W. Graf Baudissin, D. S. Lutz. Baden-Baden: Nomos-Verl.
  1981. II, 238 S. B 44990
Krammer, H.: Ein dritter Weltkrieg darf nicht stattfinden!
  Wien: Sensen-Verl. 1981. 32 S. Bc 2945
Kroner, B.: Krieg und Aggression - eine Illusion? Agressionsthematische Friedensforschung: Krit. Darst. von Publikationen in
  d. Bundesrepublik von 1966-1975. Frankfurt: Lang 1980.
  275 S. B 42764
Löwis of Menar, H. von: Bibliographie zur Konfliktforschung 1980/
  81. In: Beiträge zur Konfliktforschung. Jg. 11, 1981. 3.
  S. 115-165. BZ 4594:11
Menkes, J.: Prawno-polityczne aspekty "środków budowy zaufania".
  [Juristische u. politische Aspekte der "Friedensbildenden Massnahmen".] In: Sprawy Międzynarodowe. Rok 34, 1981. Zeszyt 10.
  S. 57-68. BZ 4497:34
Oeser, E.: Wenn Du den Frieden willst... Berlin: Staatsverl.
  d. DDR 1980. 157 S. Bc 1716
Peace theology and the arms race: Readings on arms and disarmament.
  ment. Ed.: W. H. Osterle and J. Donaghy. Philadelphia: College
  Theology Society Publ. 1980. IX, 285 S. Bc 0729
Pedersen, K. P.: Alternativ til Ragnarok. København:
  Grevas 1981. 159 S. Bc 2547
Rückblick für die Zukunft. Vorw.: A. Grosser. Konstanz: Volksbund
  Dt. Kriegsgräberfürsorge 1979. 120 S. Bc 2665
Ruhala, K.: Confidence buildung measures - options for the future.
  Hamburg: Institut f. Friedensforschung u. Sicherheitspolitik 1980.
  89 S. Bc 0649
Schweitzer, A.: Friede oder Atomkrieg. Vier Schriften. Vorw.:
  E. Eppler. München: Beck 1981. 99 S. Bc 2288
Strategien der Arbeit für den Frieden. Geleitw.: W. Scheel.
  Konstanz: Volksbund Dt. Kriegsgräberfürsorge 1980. 104 S. Bc 2664
Weizsäcker, K. F. von: Der bedrohte Friede. Politische Aufsätze
  1945-1981. München: Hanser 1981. 648 S. B 44111
Weltfriedensplan. Ein gangbarer Weg in eine atomwaffenfreie,
  sichere Zukunft. Rüsselsheim: Friedensinistiative f. echte Sicherheit u. effekt. Abrüstung 1980. 78 S. D 2362

Wilhelm, C.: Schritte zur Konfliktbewältigung. Eine Einführung in die Grundprobleme des Friedens. Waldkirch: Waldkircher Verl. Gesellschaft 1981. 135 S.   Bc 2990

Friedensbewegung

Beiträge zur Diskussion autonomer Friedenspolitik. Osnabrück: Bundeskongreß d. autonomen Friedensbewegungen 1982. 232 S.   D 02400

Bergmann, G.: Ist der Friede noch zu retten? 2. Aufl. Gladbeck: Schriftenmissions-Verl. 1982. 81 S.   Bc 3010

Bredthauer, K. D.: Die Friedensbewegung vor einer neuen Lage? In: Blätter für deutsche und internationale Politik. Jg. 26, 1981. H. 12. S. 1415-1428.   BZ 4551:26

Friedensarbeit konkret. Abrüstungsinitiativen - ihr Programm - ihre Arbeit - ihre Erfolgsaussichten. Red.: C. Schubert, B. Steinmetz. Waldkirch: Waldkircher Verl. 1981. 141 S.   B 45219

Zur aktuellen Friedensdiskussion. Stellungnahme d. Vollversammlung d. ZK d. dt. Katholiken. Bonn: Zentralkomitee d. dt. Katholiken 1981. 16 S.   Bc 2620

Gruenewald, G.: Zur Geschichte des Ostermarsches der Atomwaffengegner. Essen: Friedensgesellschaft 1981. 21 S.   D 2404

Kongress 'Frieden in Gefahr' am 29. August im Audimax der Uni Kiel. Kiel: AStA 1981. 64 S.   D 2413

Generale für den Frieden. Interviews v. G. Kade. Köln: Pahl-Rugenstein 1981. 375 S.   B 43358

Mühleisen, H.-O.: Grundstrukturen der Friedensdiskussion in der katholischen Kirche. In: Politische Studien. Jg. 33, 1982. H. 261. S. 27-46.   BZ 4514:33

"... Nicht dem Westen, nicht dem Osten, sondern untereinander loyal...". Die Friedensbewegung im Ost-West-Konflikt. Köln: Russell-Friedensstiftung 1982. 51 S.   D 2468

Nie wieder Krieg! Der Kampf f. Frieden u. Abrüstung seit 1900. Dokumentation. Berlin: Elefanten Press Verl. 1979. 87 S.   Bc 0501

Paktfreiheit für beide deutsche Staaten. Atomwaffenfreies Europa vom Atlantik zum Ural. Einheit für Deutschland. Berlin: Alternative Liste 1982. 59 S.   D 2328

Paktfreiheit für beide deutsche Staaten. Oder: Bis, daß der Tod uns eint? 2. Aufl. Berlin: Alternative Liste 1982. 149 S.   D 2471

Positionen der Friedensbewegung. Die Auseinandersetzung um den US-Mittelstreckenraketenbeschluss. Dokumente, Appelle, Beiträge. Frankfurt: Sendler 1981. 155 S.   Bc 3019

Schütz, K.: Mobilmachung für das Überleben. Als Aufgabe von Friedensforschung, Friedenspädagogik, Friedensbewegung. Waldkirch: Waldkircher Verl. Ges. 1981. 279 S.   B 45033

Soelle, D.: Im Hause des Menschenfressers. Texte zum Frieden. Reinbek: Rowohlt 1981. 169 S.   B 44026

Wechselmann, M.: Till kamp mot vapnen! Stockholm: Gidlunds 1980. 268 S.   B 43233

E 2.33 Sicherheitspolitik

Beilenson, L. W.: Survival and peace in the nuclear age.
Chicago: Regnery/Gateway 1980. IX, 169 S.   B 44767
Churchill, W. S.: Defending the West. London: Temple Smith
1981. 250 S.   B 44705
Dainelli, L.: Esiste la sicurezza? In: Rivista di studi politici
internazionali. Anno 48, 1981. No. 4. S. 497-540.   BZ 4451:48
Davydov, J. P.: (Meždunarodnaja Razrjadka
i ideologiskaja borba. [dt.]) Internationale Entspannung
und ideologischer Kampf. Berlin: Staatsverl. d. DDR 1981.
127 S.   Bc 2172
Frieden, Abrüstung, Sicherheit. Didaktisches Sachbuch für Schule,
Jugendarbeit u. Erwachsenenbildung. Hrsg.: H. Schierholz.
Reinbek: Rowohlt 1981. 414 S.   B 44458
Kade, G.: Wer bedroht uns? SS-20 oder Pershing II/Cruise-Missiles. Plädoyer für eine alternative Sicherheitspolitik. Köln:
Pahl-Rugenstein 1981. 152 S.   B 45019
Novoselova, N. N.: SSSR i SŠA: dva protivopoložnych podchoda k
probleme meždunarodnoj bezopasnosti. [UdSSR-USA: zwei entgegengesetzte Einstellungen zum Problem der internationalen
Sicherheit.] In: Novaja i novejšaja istorija. God 1981. No. 6.
S. 3-20.   BZ 05334:1981
Paulus, A. F.; Ottenberg, M. A.: Welche nuklearstrategische
Sicherheit in den frühen achtziger Jahren? In: Allgemeine Schweizerische Militärzeitschrift. Jg. 147, 1981. Nr. 11.
S. 677-688.   BZ 05139:147
Roščin, A. A.: Meždunarodnaja Bezopasnost' i jadernoe oružie.
[Internationale Sicherheit u. Atomwaffe.] Moskva: "Meždunarodnye
otnošenija" 1980. 286 S.   B 41517
Die Sicherheit des Westens: Neue Dimensionen u. Aufgaben. Bonn:
Forschungsinst. d. Dt. Gesellsch. f. Auswärtige Politik 1981.
V, 53 S.   Bc 2072
Globale Sicherheitsprobleme in den nächsten Jahrzehnten. Bonn: Dt.
Gesellsch. f. Friedens- u. Konfliktforschung 1981. 21 S.   Bc 0829
Wulf, H.; Peters, R.: Sicherheitspolitik, Rüstung und Abrüstung.
Einführung u. Kritik. Frankfurt: Diesterweg 1982. 102 S.   Bc 2953

E 2.4 Neutralitätsfrage

Frei, D.: Kriegsverhütung durch Neutralität? In: Beiträge zur Konfliktforschung. Jg. 11, 1981. H. 4. S. 37-55.   BZ 4594:11
Garosci, A.: Il costo della neutralita. In: Affari esteri. Anno 13,
1981. No. 52. S. 453-472.   BZ 4373:13
Rotter, M.: Die dauernde Neutralität. Berlin: Duncker u.
Humblot 1981. 263 S.   B 44446

E 2.5 Internationale Organisationen

E 2.52 Völkerbund

Birn, D. S.: The League of Nations Union. 1918-1945. Oxford:
Clarendon Pr. 1981. 269 S.　　　　　　　　　　　　　　B 43440

E. 2.53 Vereinte Nationen

Abraszewski, A.: XXXV sesja Zgromadzenia Ogólnego ONZ.
(16 września-17 grudnia 1970 r. oraz 15-16 stycznia 1981 r.)
[Die 35. Tagung der UNO-Vollversammlung (1981).] In: Sprawy
Międzynarodowe. Rok 34, 1981. Zeszyt 4. S. 129-146.　　BZ 4497:34
Aniol, W.: Polityka społeczna ONZ. [Die Sozialpolitik der UNO.]
In: Sprawy Międzynarodowe. Rok 35, 1982. Zeszyt 3.
S. 109-118.　　　　　　　　　　　　　　　　　　　　　　BZ 4497:35
Deutschland, H.; Deutschland, R.: Die internationale Arbeiterorganisation [der UNO]. Berlin: Staatsverl. d. DDR 1981.
426 S.　　　　　　　　　　　　　　　　　　　　　　　　B 44728
Dixon, W. J.: The emerging Image of U.N. politics. In: World
Politics. Vol. 34, 1981. No. 1. S. 47-61.　　　　　　　BZ 4464:34
Lange, T.: Vägen till FN-stadgan. In: Kungliga Krigsvetenskapsakademiens tidskrift. Årg. 185, 1981. H. 1. S. 1-26.　BZ 4718:185
Mallmann, W.: Die Abrüstungsdekade der Vereinten Nationen.
München: Bernard u. Graefe 1980. S. 447-478.　　　　　Bc 1633
Materski, W.: ZSRR a projekt Karty Narodów Zjednoczonych
(Konferencja jałtańska 1945 r.). [Die UdSSR u. das Projekt der
Charta der Vereinten Nationen (Konferenz von Jalta 1945).] In:
Z dziejów stosunków polsko-radzieckich i rozwoju wspólnoty
państw socjalistycznych. T. 22, 1980. S. 29-54.　　　　BZ 4664:22
Newcombe, H.; Wert, J.: The Affinities of nations: Tables of
Pearson correlation coefficients of U.N. General Assembly rollcall votes. 1946-1973. Dundas: Peace Research Inst. 1979.
557 S.　　　　　　　　　　　　　　　　　　　　　　　　08755
OON kak instrument po podderžaniju i ukrepleniju mira.
Meždunarodno-pravovye problemy. [Die UNO als Instrument der
Sicherung u. Festigung des Friedens.] Moskva: "Meždunarodnye
otnošenija" 1980. 259 S.　　　　　　　　　　　　　　　B 41528
Pozdeeva, L. V.: Sozdanie OON i kanadskaja diplomatija. [Die
Gründung der UNO u. die kanadische Diplomatie.] In: Novaja i
novejšaja istorija. God 1982. No. 3. S. 15-32.　　　　BZ 05334:1982
Ramonat, W.: Mikrostaaten in den Vereinten Nationen. In: Aussenpolitik. Jg. 32, 1981. H. 3. S. 282-295.　　　　　　　BZ 4457:32
Sovetskij Sojuz i Organizacija Ob-edinennych Nacij 1971-1975. [Die
Sowjetunion u. die Organisation der Vereinten Nationen 1971-1975.]
Moskva: Nauka 1981. 470 S.　　　　　　　　　　　　　B 44174

Wünsche, H.; Dietze, B.: UNO-Sicherheitsrat. Aufgaben und
Möglichkeiten. Berlin: Staatsverl. d. DDR 1981. 80 S.   Bc 2497
Zarb, A. H.: Les Institutions spécialisées du système des Nations
Unies et leurs membres. Paris: Pedone 1980. XVI, 598 S.   B 44667

E 2.6 Imperialismus

Fanon, F.: (Les Damnées de la terre, [dt.]) Die Verdammten
    dieser Erde. Frankfurt: Suhrkamp 1981. 266 S.   B 44791
Kahler, M.: Political Regime and economic actors: The response
    of firms to the end of colonial rule. In: World Politics. Vol. 33,
    1981. No. 3. S. 383-412.   BZ 4464:33
Klein, D.: Imperialismus und staatsmonopolistischer Kapitalismus.
    Berlin: Verl. Zeitungsdienst 1981. 196 S.   Bc 2171
Autorenkollektiv. - Neokolonialismus. Neue Erscheinungen.
    Berlin: Staatsverl. d. DDR 1981. 188 S.   Bc 2326
Neue Studien zum Imperialismus vor 1914. Hrsg.: F. Klein.
    Berlin: Akademie-Verl. 1980. 241 S.   Bc 2086

E 2.9 Außenpolitische Beziehungen

Busse-Steffens, M.: Systemtheorie und Weltpolitik. Eine Untersuchung systemtheoretischer Ansätze im Bereich internationaler
Beziehungen. München: Minerva Publikation 1980. 152 S.   Bc 2415
Change in the international system. Ed.: O. R. Holsti [u. a.]. Boulder:
    Westview 1980. XXXII, 316 S.   B 43997
Gusy, C.: Politik und Völkerrecht bei der Stabilisierung der internationalen Beziehungen. In: Zeitschrift für Politik. Jg. 29, 1982.
    H. 2. S. 150-168.   BZ 4473:29
(Socialističeskij Internacionalizm. [dt.]) Der sozialistische Internationalismus. Theorie und Praxis der internationalen Beziehungen
neuen Typs. Berlin: Dietz 1981. 359 S.   B 44942
Kaltefleiter, W.: Der systematische Konflikt in den internationalen Beziehungen der Gegenwart. In: Aus Politik und Zeitgeschichte. 1982. B 41. S. 19-29.   BZ 05159:1982
Kende, I.: Forró Béke - hidegháború. A diplomáciai kapcsolatok
története 1945-1945. [Heisser Frieden - kalter Krieg.]
Budapest: Kossuth 1979. 382 S.   B 43748
Sutor, B.: Internationale Politik und Friedenssicherung als Probleme politischer Bildung. In: Aus Politik und Zeitgeschichte.
1982. B 5. S. 3-21.   BZ 05159:1982
Symonides, J.: Problem siły w polityce zagranicznej. [Das Problem der Gewalt in der Aussenpolitik.] In: Sprawy Międzynarodowe. Rok 34, 1981. Zeszyt 12. S. 43-54.   BZ 4497:34
Valdes-Phillips, P.; Salazar Sparke, J.: Política mundial
contemporánea. Santiago: Bello 1979. XII, 278 S.   B 42499

F Wehrwesen

F 0 Wehrwissenschaft

Actes du 4e Colloque International d'Histoire Militaire. Records of the 4th International Colloquy on Military History. Verhandlungen der 4. Internationalen Tagung für Militärgeschichte. Ottawa 23 - 25 VIII 1978. Ottawa: [Selbstverl.] 1979. 325 S.   B 45417

On the Endings of wars. Ed.: S. Albert and E. C. Luck. Port Washington: Kennikat Pr. 1980. 174 S.   B 44503

Istorija otečestvennoj voenno-ènciklopedičeskoj literatury. [Geschichte der einheimischen militär-enzyklopädischen Literatur.] Moskva: Nauka 1980. 171 S.   B 43590

Keegan, J.; Darracott, J.: The Nature of war. London: Cape 1981. 276 S.   08685

Laird, M. R.: People, not hardware. The highest defense priority. Washington: American Enterprise Institute for Public Policy Research 1980. 24 S.   Bc 0713

Levi, W.: The coming End of war. Beverly Hills: Sage 1981. 183 S.   B 44496

Lutz, D. S.: Zur Methodologie militärischer Kräftevergleiche. In: Politische Vierteljahresschrift. Jg. 23, 1982. H. 1. S. 6-26.   BZ 4501:23

Marxism and the science of war. Ed., with an introd.: B. Semmel. New York: Oxford Univ. Pr. 1981. XVI, 302 S.   B 43441

Nauka i doktryna wojenna. Problematyka narodowa i internacjonalistyczna. [Kriegswissenschaft u. Kriegsdoktrin. Nationale und internationale Problematik.] Warszawa: Wyd. Min. Obrony Narod. 1980. 101 S.   Bc 2610

Ratajczyk, L.: Historia wojskowości. [Geschichte des Militärwesens.] (Wyd. 2.) Warszawa: Wyd. Min. Obrony Narod, 1980. 613 S.   B 44837

Schultz-Naumann, J.: Clausewitz-Gesellschaft, Hrsg. - Bibliographie. Publikationen von Mitgliedern d. Clausewitz-Gesellschaft. Vorw.: U. de Maizière. Bonn: Clausewitz-Gesellschaft 1981. 58 S.   Bc 2883

Thomas, W. R.: Essays on war: 1. The inconsequence of superpower war. 2. Quarantine. 3. The Quagmire of self-defense. Washington: National Defense University 1981. 77 S.   Bc 2880

Ziegler, D. W.: War, peace and international politics. 2. ed. Boston: Little, Brown 1981. XVII, 476 S.   B 45146

Clausewitz
Aron, R.: (Penser la guerre, Clausewitz. [dt.]) Clausewitz.
Den Krieg denken. Frankfurt: Propyläen 1980. 777 S. B 41375
Aron, R.: Clausewitz Stratege und Patriot. In: Historische Zeitschrift. Bd 234, 1982. H. 2. S. 295-316. BZ 4444:234
Rylander, R. L.: Mao as a Clausewitzian strategist. In: Military review. Vol. 61, 1981, No. 8. S. 13-21. BZ 4468:61

F 0.1 Wehrpolitik/Rüstungspolitik

F 0.111 Abrüstungsfrage

Bredthauer, K. D.: Die amerikanisch-sowjetischen Verhandlungen über Atomwaffen in Europa und die Friedensbewegung. In: Blätter für deutsche und internationale Politik. Jg. 26, 1981. H. 10. S. 1163-1175. BZ 4551:26
Colard, D.; Fontanel, J.; Guilhaudis, J.-F.: Le Désarmement pour le développement: Dossier d'un pari difficile. Paris: Fondation pour les Études de Défense nationale 1981. 173 S. B 44544
Détente a rozbrojenie. [Entspannung und Abrüstung.] Pod red. nauk.: W. Multana. Warzawa: Książka i Wiedza 1980. 354 S. B 44975
Disarmament. The human factor. Proceedings of a colloquium on the societal context for disarmament. Ed.: E. Laszlo and D. Keys. Oxford: Pergamon Pr. 1981. X, 164 S. B 44479
Ecobescu, N.: Dezarmarea. Cronologie 1945-1978. [Abrüstung. Chronologie.] București: Editura politică 1980. 567 S. B 44170
Entwurf einer Konvention für umfassende Abrüstung und geschützten Weltfrieden. Vorgelegt den Vereinten Nationen zu d. 2. Sonder-Generalversammlung für Abrüstung 1982 durch d. Friedensinitiative Rüsselsheim (BRD) am 26. Febr. 1982. Rüsselsheim 1982. 69 S. D 02370
The Future of strategic deterrence. Pt. 1. 2. London: Internat. Institute for Strategic Studies 1980. 52, 52 S. Bc 0772
Geyer, M.: Die Konferenz für die Herabsetzung und Beschränkung der Rüstungen und das Problem der Abrüstung. In: Internationale Beziehungen in der Weltwirtschaftskrise 1929-1933. 1980. S. 155-202. B 44601
Goldmann, K.: Change and stability in foreign policy: Détente as a problem of stabilization. In: World Politics. Vol. 34, 1982. No. 2. S. 230-266. BZ 4464:34
Haagerup, N. J.: Nedrustning, sikkerhed og forsvar. København: Forsvarskommandoen 1978. 40 S. Bc 2068
Heurlin, B.: Oprustning - nedrustning. København: FN-forbundet i samarb. med den danske UNESCO-nationalkommission 1978. 90 S. Bc 2121
Mohr, U. G. de: L'approccio occidentale per una "conferenza sul

disarmo in Europa". In: Affari esteri. Anno 14, 1982. No. 53.
S. 49-66. BZ 4373:14
Montegallo, C.: Prospettive del negoziato sulle forze nucleari
intermedie. In: Affari esteri. Anno 14, 1982. No. 53.
S. 11-28. BZ 4373:14
Myrdal, A. R.: The Game of disarmament. How the United States
and Russia runs the arms race. Nottingham: Spokesman 1980.
XXX, 397 S. B 43681
Rossi, S. A.: Tra riarmo nucleare ed opzione zero. I negoziati di
Ginevra sugli Euromissili. In: Affari esteri. Anno 14, 1982. No. 53.
S. 29-48. BZ 4373:14
Ruehl, L.: MBFR: Lessons and problems. London: Internat.
Institute for Strategic Studies 1982. 37 S. Bc 0834
Sagladin, W.; Falin, V.; Ustinow, D.: Angebote zum Frieden.
Initiativen d. Sowjetunion zur Abrüstung. Frankfurt: Verl. Marxistische Blätter 1981. 89 S. Bc 2571
The Sandefjord Report on disarmament and devolopment. Oslo: The
Norwegian Ministry of Foreign Affairs 1980. 100 S. Bc 1707
Schütz, H.-J.: Zur Geschichte der internationalen Abrüstungsverhandlungen. Bonn: Dt. Gesellsch. f. Friedens- u. Konfliktforschung
1980. 21 S. Bc 0822
Schütze, W.: Les MBFR et la sécurité de l'Europe. Bilan et perspectives. In: La sécurité de l'Europe dans les années 80.
S. 321-331. B 44240
Sissons, R.: No nuclear Weapons! The case for nuclear disarmament. Photomontage by P. Kennard. London: Pluto Pr. 1980.
20 gez. Bl. Bc 2523
Smith, G.; Rathjens, G.: Reassessing nuclear nonproliferation
policy. In: Foreign affairs. Vol. 59, 1981. No. 4.
S. 875-894. BZ 05149:59
Voigt, K. D.: Wege zur Abrüstung. Frankfurt: Eichborn 1981.
143 S. B 44296
Neue Wege der Abrüstungsplanung. Organisationsprobleme u. Reformoptionen im internationalen Vergleich. Hrsg.: V. Rittberger.
Baden-Baden: Nomos-Verlagsges. 1981. 333 S. B 44729

Beuter, H.-J.: SALT - ein System antagonistischer Rüstungssteuerung. Bonn: Dt. Gesellsch. f. Friedens- u. Konfliktforschung
1981. 16 S. Bc 0826
Buch, H.: Grundlagen und Perspektiven für SALT III. In: Kooperative Rüstungssteuerung. 1981. S. 71-85. B 44992
Cutler, L. N.; Molander, R. C.: Is there life after death for
Salt? In: International security. Vol. 6, 1981. No. 2.
S. 3-20. BZ 4433:6
Davis, J.K.; Friel, P.J.; Pfaltzgraff, R. L.,jr.: Salt II and
U.S. -Soviet strategic forces. Cambridge: Institute for Foreign
Policy Analysis 1979. 51 S. Bc 2606
Duffy, G.: Qu'est-il arrivé à SALT II? In: La sécurité de

l'Europe dans les années 80. 1980. S. 277-301. B 44240
Frank, H.: Die Rolle der Seestreitkräfte im Rahmen nuklear-strategischer Kräfte und ihre Beeinflussung durch SALT I und SALT II.
In: Jahrbuch der Marine. 15, 1981. S. 38-49. BZ 05110:15
Katz, A. H.: Verification and SALT. The state of the art and the art of the state. Washington: Heritage Foundation 1979. 45 S. Bc 1836
Krell, G.: The SALT II - debate in the U.S. senate. In: United States interests and Western Europe: arms control, energy, and trade. 1981. S. 23-48. B 44933
Krell, G.: Die SALT II - Debatte im amerikanischen Senat. Analyse u. Dokumentation. Vorw.: H. Scoville. Frankfurt: Haag u. Herchen 1982. 91 S. Bc 3079
Payne, S. B.: The Soviet Union and SALT. Cambridge: MIT Pr. 1980. 155 S. B 44072
Roschar, F. M.: SALT-2 en de Westeuropese veiligheid. s'Gravenhage: Nederlands Instituut voor Vredesvraagstukken 1979. 85 S. Bc 1728
Sharp, J. M. O.: Restructuring the SALT dialogue. In: International security. Vol. 6, 1981/82. No. 3. S. 144-176. BZ 4433:6
Smith, G. C.: Doubletalk. The story of the first Strategic Arms Limitation Talks. Garden City: Doubleday 1980. XII, 556 S. B 43407
Soutou, G. -H.: De quelques aspects politiques des négociations SALT. In: Défense nationale. Année 37, 1981. Juillet. S. 85-100. BZ 4460:37
Strong, R. A.: The trouble with SALT. In: Arms control. Vol. 1, 1980. No. 3. S. 263-276. BZ 4716:1
Szczerbowski, Z.: Rokowania SALT - zagrożenia i szanse. [Die SALT-Verhandlungen - Gefahren und Chancen.] In: Sprawy Międzynarodowe. Rok 35, 1982. Zeszyt 1-2. S. 7-24. BZ 4497:35
Szczerbowski, Z.: Strategiczny Dialog rozbrojeniowy SALT 1969-1979. [Der strategische Abrüstungsdialog SALT 1969-1979.] (Wyd. 2.) Warszawa: Wyd. Min. Obrony Narod. 1979. 287 S. B 42697
Verification and SALT. The challenge of strategic deception. Ed.: W. C. Potter. Boulder: Westview 1980. XIV, 256 S. B 44092
Wieczorek, W.: Radziecko-amerykańskie porozumienia w sprawie organiczenie strategicznych zbrojeń jądrowych (SALT I i SALT II). [Die sowjetisch-amerikanischen Übereinkommen über die Begrenzung der strategischen Atomwaffen.] In: Z dziejów stosunków polsko-radzieckich i rozwoju wspólnoty państw socjalistycznych. T. 22, 1980. S. 165-186. BZ 4664:22
Wisner, K. F.: Strategic arms control for the future. Asymmetrical, yet equitable reductions. In: Arms control. Vol. 1, 1980. No. 3. S. 309-329. BZ 4716:1
Wolfe, T. W.: The SALT-Experience. Cambridge: Ballinger 1979. XVI, 405 S. B 44222

F 0.113 Rüstungsausgaben

Arms Control II. A new approach to international security. Ed.:
J. H. Barton and R. Imai. Cambridge: Oelgeschlager, Gunn &
Hain 1981. X, 328 S.   B 45247
Barnaby, F.: SIPRI-Jahrbuch 1981. Die jüngsten Entwicklungen in
Rüstung und Abrüstung. In: Beiträge zur Konfliktforschung.
Jg. 11, 1981. Nr. 2. S. 5-17.   BZ 4594:11
Brauch, H. G.: Vertrauensbildende Maßnahmen. Element einer neuen
Rüstungskontroll- und Abrüstungsstrategie für Europa. In: Aus
Politik und Zeitgeschichte. 1982. B 19. S. 22-38.   BZ 05159:1982
Bühl, H.: Chancen für Rüstungskontrolle. In: Beiträge zur Konfliktforschung. Jg. 12, 1982. Nr. 2. S. 5-43.   BZ 4594:12
Finan, J. S.: Arms control and the central strategic balance: some
technical issues. In: International Journal. Vol. 36, 1981. No. 3.
S. 430-459.   BZ 4458:36
Freedman, L.: Arms control and the British nuclear deterrent.
In: Arms control. Vol. 1, 1980. No. 3. S. 277-293.   BZ 4716:1
Frieden durch Rüstung? Braunschweig: Magni-Buchladen 1980.
96 S.   Bc 2271
Houweling, H. W.; Siccama, J. G.: The arms race-war relationship. Why serious disputes matter. In: Arms control.
Vol. 2, 1981. No. 2. S. 157-197.   BZ 4716:2
Hussain, F.: The Future of arms control. Pt. 4: The impact of
weapons test restrictions. London: Internat. Institute for
Strategic Studies 1981. 55 S.   Bc 0776
Jacobucci, M.: "Zona grigia": equilibrio delle forze e controllo
degli armamenti. In: Affari esteri. Anno 13, 1981. No. 51.
S. 303-320.   BZ 4373:13
Koch, P.: Wahnsinn Rüstung. Hamburg: Gruner u. Jahr 1981.
304 S.   B 45249
Kubbig, B. W.: (Non)proliferation und Frieden. Die Suche nach
einer wirksamen Strategie. In: Politische Vierteljahresschrift.
Jg. 23, 1982. H. 1. S. 46-67.   BZ 4501:23
Vier Minuten vor Mitternacht. Stellungnahmen zum Rüstungswahnsinn. Mit Beitr. v. I. Drewitz. Bornheim: Lamuv 1981. 149 S. Bc 2463
Nie wieder Krieg! Eine Dokumentation zur Diskussion über Rüstung
im Allgemeinen und die geplanten Mittelstreckenraketen im Besonderen. Münster: Versöhnungsbund 1981. 130 S.   D 2316
The NPT (Non-Proliferation Treaty). The main political barrier to
nuclear weapon proliferation. London: Taylor and Francis 1980.
66 S.   Bc 1733
Rapoport, A.: Conflict research and arms control. In: Österreichische Zeitschrift für Außenpolitik. Jg. 22, 1982. H. 1.
S. 3-17.   BZ 4642:22
Rostow, E. V.: Arms control and world order. In: The Atlantic
community quarterly. Vol. 19, 1981. No. 3. S. 264-279. BZ 05136:19
Kooperative Rüstungssteuerung. Sicherheitspolitik und strategische

Stabilität. Hrsg.: W. Graf von Baudissin, D. S. Lutz. Baden-Baden: Nomos Verlagsges. 1981. II, 242 S. B 44992
S t a r e s , P.: Arms control in outer space. On trying to close the stable door before the horse bolts. In: Arms control. Vol. 1, 1980. No. 3. S. 330-347. BZ 4716:1
T i e d t k e , S.: Rüstungskontrolle aus sowjetischer Sicht. Die Rahmenbedingungen der sowjetischen MBFR-Politik. Frankfurt, New York: Campus-Verl. 1980. 106 S. Bc 1599
Z u r h e l l e n , J. O.: Arms control. The record of the 1970s and the outlook for the 1980s. In: New directions in strategic thinking. 1981. S. 246-260. B 44615

F 0.112 Rüstungs- und Waffenkontrolle

B r z o s k a , M.: The reporting of military expenditures. In: Journal of peace research. Vol. 18, 1981. No. 3. S. 261-275. BZ 4372:18
G r a s n i c k , G.; N o e l t i n g , H.: MIK - Geschäft mit dem Tode. Berlin: Dietz 1980. 80 S. Bc 2084
K a l d o r , M.: (The baroque Arsenal. [dt.]) Rüstungsbarock. Das Arsenal der Zerstörung und das Ende der militärischen Techno-Logik. Berlin: Rotbuch Verl. 1981. 189 S. B 43533
K ö l l n e r , L.: Militärausgaben und finanzielle Abrüstung. Ein sicherheitspolitisches Programm der Vereinten Nationen. München: Bernard u. Graefe 1981. 152 S. B 44899
L e g e r S i v a r d , R.: Entwicklung der Militär- und Sozialausgaben in 140 Ländern der Erde. Bonn: Dt. Gesellsch. f. d. Vereinten Nationen 1979. 36 S. Bc 0650
L e g e r - S i v a r d , R.: World military and social Expenditures 1980. Leesburg: World Priorities 1980. 35 S. Bc 0749
Rüstung und Rüstungsplanung. Bonn: Dokumentationszentrum der Bundeswehr 1981. 130 S. Bc 0732
S e g e r s t e d t Wiberg, I.; H a e r d , B.: Hot eller hopp. Kapprustning eller utveckling. Stockholm: Liber 1982. 85 S. Bc 2794

F 0.12 Militärbündnisse

East v. West. The Balance of military power. An illustrated assessment comparing the weapons and capabilities of NATO and the Warsaw Pact. Ed.: R. Bonds. London: Salamander 1981. 208 S. 08689
C o l l i n s , J. M.: U.S. -Soviet military Balance. Concepts and capabilities 1960-1980. New York: McGraw-Hill 1980. 645 S. B 44432
F l u m e , W.: Das Kräfteverhältnis NATO- Warschauer Pakt. In: Wehrtechnik. 1981. Nr. 9. S. 20-32. BZ 05258:1981
H o l s t , J. J.: Deterrence and stability in the NATO - Warsaw Pact relationship. In: New directions in strategic thinking.

1981. S. 89-103. B 44615
Militaire Krachtsverhoudingen. 's-Gravenhaga: Nederlands Instituut voor Vredesvraagstukken 1978. 77 S. Bc 1729
Krieg oder Frieden. War or Peace. Die offizielle NATO-Studie über den Kräftevergleich West-Ost. München: Bernard u. Graefe 1982. 93 S. Bc 0807
Millar, T. B.: Alliances in the 1970 and 1980s. Problems of cohesion and effectiveness. In: New directions in strategic thinking. 1981. S. 117-133. B 44615
Millar, T. B.: The East-West strategic Balance. London: Allen and Unwin 1981. XXX, 199 S. B 45344
Süß, W.: NATO und Warschauer Pakt zwischen "Rüstungswahn" und Herrschaftskalkül. Überlegungen z. d. "Exterminismus"- Thesen Thompsons und Bahros. In: Prokla. Jg. 11, 1981, Nr. 4. S. 5-45. BZ 4613:11

Harradine, P. J.: An alternative to ANZUS. In: Defence force journal. 1981. No. 29. S. 37-50. BZ 4438:1981
Tow, W. T.: ANZUS and American security. In: Survival. Vol. 23, 1981. No. 6. S. 261-271. BZ 4499:23

F 0.121 NATO

Wehrpolitik

Apel, H.: Zur Diskussion über die Strategie der NATO. Überlegungen. In: Europa-Archiv. Jg. 37, 1982. Folge 11. S. 353-356. BZ 4452:37
Bloemer, K.: Das Bündnis sollte modernisiert werden. Überlegungen zu e. europäischen Verteidigungsorganisation. In: Die neue Gesellschaft. Jg. 29, 1982. Nr. 3. S. 230-240. BZ 4572:29
Bureau, J.-F.: La négociation "eurostratégique" et l' OTAN. In: Défense nationale. Année 37, 1981. Juillet. S. 101-118. BZ 4460:37
Burt, R. R.: L'alliance atlantique et sa crise nucléaire cachée. In: La sécurité de l' Europe dans les années 80. 1980. S. 255-273. B 44240
Defense Politics of the Atlantic alliance. Ed. : E. H. Fedder. New York: Praeger 1980. XI, 187 S. B 44389
Dougherty, R. E.: An American view of military relations. In: The Atlantic Community quarterly. Vol. 19, 1981/82. No. 4. S. 407-428. BZ 05136:19
The internal Fabric of western security. Totowa: Allanheld, Osmun 1981. XII, 250 S. B 44928
The North Atlantic Treaty Organization. - Facts and figures. 10th ed.. Brussels: NATO Inf. Serv. 1981. 380 S. B 46080
Haagerup, N. J.: A European view of military relations. In: The

Atlantic Community quarterly. Vol. 19, 1981/82. No. 4.
S. 419-428. BZ 05136:19
Hoffmann, S.: Kernwaffen und NATO. Zwischen Einsicht und Unvernunft. In: Aus Politik und Zeitgeschichte. 1982. B 28.
S. 15-29. BZ 05159:1982
Hoffmann, S.: The Western Alliance. Drift of harmony? In: International security. Vol. 6, 1981. No. 2. S. 105-125. BZ 4433:6
Hoffmann, S.: NATO and nuclear weapons reasons and unreason.
In: Foreign affairs. Vol. 60, 1981/82. No. 2. S. 327-346. BZ 05149:60
Ireland, T. P.: Creating the entangling alliance. The origins of the North Atlantic Treaty Organization. Westport: Greenwood 1981.
X, 245 S. B 44079
Kaplan, L. S.: A Community of interests: NATO and the Military Assistance Program, 1948-1951. Washington: U.S. Gov. Print.
Office 1980. XII, 251 S. B 45194
Kernwaffen und das Atlantische Bündnis. In: Europa-Archiv.
Jg. 37, 1982. Folge 7. S. 183-198. BZ 4452:37
Leitenberg, M.: Numbers, and the defence capabilities of the West. In: Current research on peace and violence. Vol. 4, 1981.
No. 3. S. 165-179. BZ 05123:4
Lindhardt, B. F.: NATO - politisk og militaer alliance.
København: Forsvarets Oplysnings- og Velfaerdstjeneste 1981.
56 S. Bc 2314
Mikulin, A.: Severoatlantický pakt na prahu 80. let. [Der Nordatlantikpakt am Beginn der 80iger Jahre.] In: Historie a vojenství.
Rok 30, 1981. No. 6. S. 95-118. BZ 4526:30
Müller, H.: Entwicklungstendenzen in der NATO zu Beginn der achtziger Jahre. In: Deutsche Aussenpolitik. Jg. 26, 1981. H. 9.
S. 79-90. BZ 4557:26
NATO. Brüssel und Raketen. Hrsg.: Inst. f. Internat. Beziehungen d.
Akademie f. Staats- u. Rechtswissensch. Berlin: Dietz 1980.
79 S. Bc 1827
NATO after thirty years. Ed.: L. S. Kaplan and R. W. Clawson.
Wilmington: SR 1981. 262 S. B 45228
NATO Handbook. August 1980. Brussels: NATO Information Service
1980. 92 S. Bc 1705
NATO Handbuch. Brüssel: NATO-Informationsabtlg. 1982.
95 S. Bc 2944
Nuclear weapons and the atlantic alliance. In: Foreign affairs.
Vol. 60, 1982. No. 4. S. 753-768. BZ 05149:60
Obrador Serra, F.: Reflexiones sobre la Alianza Atlántica. In:
Revista general de marina. Tomo 203, 1982. Julio.
S. 5-20. BZ 4619:203
NATO's strategic Options. Arms control and defense. Ed.:
D. S. Frost. New York: Pergamon Pr. 1981. 258 S. B 45358
Rogers, B. W.: Das Atlantische Bündnis. Rezepte für ein schwieriges Jahrzehnt. In: Europa-Archiv. Jg. 37, 1982. Folge 12.
S. 369-380. BZ 4452:37

Rogers, B. W.: The Atlantic alliance. Prescriptions for a difficult
decade. In: Foreign affairs. Vol. 60, 1982. No. 5.
S. 1145-1156. BZ 05149:60

Ruth, F.: Sicherheitspolitik der NATO: Abschreckung und Rüstungs-
kontrolle. In: Europa-Archiv. Jg. 37, 1982. Folge 5.
S. 135-144. BZ 4452:37

Snyder, J.: Strengthening the NATO alliance. Toward a strategy
for the 1980s. In: Naval War College review. Vol. 34, 1981. No. 2.
S. 18-37. BZ 4634:34

Texts of communiques and declarations. Issued after meetings held
at Ministerial level during 1981. Brussels: NATO Information
Service 1982. 29 S. Bc 2902

Texts of final communiques. Iss. by Minist. Sessions of North
Atlantic Council, the Defence Planning Committee, and the Nuclear
Planning Group. Vol. 1. 2. Brussels: NATO Information Service
1971-81. 239, 159 S. B 6868

Watt, D.: Europe and America. The Atlantic Alliance needs leaders
who face the facts. In: The Atlantic community quarterly. Vol. 18,
1980/81. No. 4. S. 421-435. BZ 05136:18

Nachrüstungsbeschluss

Czempiel, E. -O.: Nachrüstung und Systemwandel. Ein Beitrag
zur Diskussion um den Doppelbeschluß der NATO. In: Aus Politik
und Zeitgeschichte. 1982. B 5. S. 22-46. BZ 05159:1982

NATO's dobbeltbeslutning. In: Militaert tidsskrift. Årg. 111, 1982.
Nr. 6. S. 206-221. BZ 4385:111

Dokumentation zum 'Nachrüstungsbeschluss'. Freilassing:
Deutsche Friedensgesellschaft 1981. 33 S. D 02346

Gräbner, J.: Der NATO-Doppelbeschluß. Modernisierungsplan und
Rüstungssteuerungsangebot für die "eurostrategischen" Waffen.
In: Kooperative Rüstungssteuerung. 1981. S. 107-128. B 44992

Müller, E.: Aspekte der Risikopolitik. Zur Ideologie der "Nach-
rüstung" und ihren Paradoxien. In: Blätter für deutsche und inter-
nationale Politik. Jg. 26, 1981. H. 10. S. 1184-1202. BZ 4551:26

Nachrüsten? Dokumente und Positionen zum NATO-Doppelbeschluß.
Hrsg.: A. Mechtersheimer. Reinbek: Rowohlt 1981. 279 S. B 44564

Nachrüstung. Der Atomkrieg rückt näher. Hrsg.: W. Bittorf.
Reinbek: Rowohlt 1981. 223 S. B 44577

Der NATO-Beschluss vom 12. 12. 1979. Dokumentation u. Analyse zu
einigen politischen Fragen. Würzburg 1982. 71 S. D 02444

Nein zur 'Nachrüstung'. Eine Argumentationshilfe. 2., verb. Aufl.
Wolfsburg: Arbeitskr. kirchl. Mitarbeiter 1982. 66 S. D 2348

Radkau, J.: Historische Argumente in der Kontroverse um den
NATO-Doppelbeschluß. In: Geschichte in Wissenschaft und Unter-
richt. Jg. 33, 1982. H. 6. S. 356-379. BZ 4475:33

Voigt, K. D.: Das Risiko eines begrenzten Nuklearkrieges in
Europa. Zur Diskussion über d. westl. Militärdoktrin u. d. NATO-
Doppelbeschluss vom Dez. 1979. In: Europa-Archiv. Jg. 37, 1982.
Folge 6. S. 151-160. BZ 4452:37

Streitkräfte

The Air forces of the NATO. Amstelveen: Perel 1979. 96 S. Bc 0626
The Armies of NATO. Amstelveen: Perel 1980. 152 S. Bc 0627
Glazunov, N. K.; Maslennikow, P. E.: Suchoputnye Vojska kapitalističeskich gosudarstv (Učastnikov Severoatlantičeskogo sojuza). [Die Landstreitkräfte der kapitalistischen Staaten.] Izd. Izd. 2-e, dop., pererab. Moskva: Voenizdat 1980. 415 S. B 42752
Horseman, M.; Calvert, D. J.: NATO Air Power Album. London: Allan 1980. 111 S. B 43761
Rive, A.: STANAG - Standardisierungsübereinkommen im Rahmen der NATO. In: Wehrtechnik. 1982. 1. S. 54-56. BZ 05258:1982
Schroll Nielsen, F.: AMF - NATO's krisestyrke. København: Forsvarets Oplysnings- og Velfaerdstjeneste 1981. 38 S. Bc 2431
Wójcik, E.: Odprężenie a realia militarne NATO. [Die Entspannung u. die militärischen Realitäten der NATO.] Warszawa: Wyd. Min. Obrony Narod. 1979. 237 S. B 42021

Regionen

Bernatowicz-Bierut, G.: Konsekwencje przystąpienia Hiszpanii do Paktu Północnoatlantyckiego. [Konsequenzen d. Beitritts Spaniens zum Nordatlantikpakt.] In: Sprawy Międzynarodowe. Rok 35, 1982. Zeszyt 8/9. S. 25-38. BZ 4497:35
Blanchard, G. S.: Interoperabilität - Vorbedingung für eine erfolgreiche Verteidigung in Mitteleuropa. In: Heere international. Jg. 1, 1981. S. 190-202. BZ 4754:1
Farrar-Hockley, A.: The influence of the northern flank upon the mastery of the seas. In: Naval War College review. 1982. May/June. S. 4-14. BZ 4634:1982
Gürkan, I.: NATO, Turkey and the southern flank. New Brunswick, London: Transaction Books 1980. 67 S. Bc 2270
Leighton, M. K.: The Soviet Threat to NATO' a northern flank. New York: National Strategy Information Center 1979. 100 S. B 43989
Manousakis, G. M.: Der Aus- und Wiedereintritt Griechenlands in die militärische Integration der NATO. In: Beiträge zur Konfliktforschung. Jg. 11, 1981. Nr. 2. S. 19-32. BZ 4594:11
Mearsheimer, J. J.: Maneuver, mobile defense, and the NATO central front. In: International security. Vol. 6, 1981/82. No. 3. S. 104-122. BZ 4433:6
Meinardus, R.: Griechenlands gestörtes Verhältnis zur NATO. In: Europa-Archiv. Jg. 37, 1982. Folge 4. S. 105-114. BZ 4452:37
Petersen, N.: Der Beitrag Dänemarks zur NATO. In: Europa-Archiv. Jg. 37, 1982. Folge 20. S. 603-610. BZ 4452:37
Schwarz, W.: Großbritannien in der NATO-Strategie. In: Deutsche Aussenpolitik. Jg. 27, 1982. H. 4. S. 86-102. BZ 4557:27
Whiteley, Sir P.: Die Nordflanke der NATO. In: Nauticus. Jg. 35, 1982. S. 118-133. BZ 4713:35

F 0.126 Warschauer Pakt

Varšavskij Dogovor - sojuz vo imja mira i socializma. [Der Warschauer Vertrag - ein Bündnis im Namen des Friedens u. des Sozialismus.] Pod obščej red. V. G. Kulikova. Moskva: Voenizdat 1980. 294 S. B 44523

Hillebrenner, D.: Antikommunistische Verfälschung der sozialistischen Militärkoalition. In: Deutsche Aussenpolitik. Jg. 27, 1982. H. 1. S. 99-110. BZ 4557:27

Dvacet pět let Varšavské smlouvy. Chronologický přehled 1955-1980. [25 Jahre Warschauer Vertrag. Chronologische Übersicht 1955-1980.] Teil 1. 2. In: Historie a vojenství. Rok 31, 1982. No. 1. S. 158-189; No. 2. S. 151-179. BZ 4526:31

Organizacija Varšavskogo Dogovora. Dokumenty i materialy 1955-1980. [Die Organisation des Warschauer Vertrages.] Moskva: Politizdat 1980. 295 S. B 43588

F 0.14 Waffenhandel

Beker, A.: The arms-coil connection. Fueling the arms race. In: Armed forces and society. Vol. 8, 1982. No. 3. S. 419-442. BZ 4418:8

Cottrell, A. J.; Hanks, R.; Moodie, M.: Arms transfers and U.S. foreign and military policy. Washington: Georgetown University 1980. 63 S. Bc 2357

World military Expenditures and arms transfers 1968-1977. Washington: U. S. Arms Control and Disarmament Agency 1979. 165 S. Bc 0590

World military Expenditures and arms transfers 1969-1978. Washington: U. S. Arms Control and Disarmament Agency 1980. 166 S. Bc 0836

Gray, R. C.: The coordination of arms control policy and the weapons acquisition process. The case of arms control impact statements. In: Arms control. Vol. 2, 1981. No. 2. S. 218-236. BZ 4716:2

Kearns, G.: CAT and dogma. The future of multilateral arms transfer restraint. In: Arms control. Vol. 2, 1981. No. 1. S. 3-24. BZ 4716:2

Pajak, R. F.: Sowjetische Waffenlieferungen als Instrument der Politik. In: Europäische Rundschau. Jg. 10, 1982. Nr. 1. S. 63-77. BZ 4615:10

Pearson, F. S.: U. S. arms transfer policy. The feasibility of restraint. In: Arms control. Vol. 2, 1981. No. 1. S. 25-65. BZ 4716:2

Pierre, A. J.: Arms sales. The new diplomacy. In: Foreign affairs. Vol. 60, 1981/82. No. 2. S. 266-286. BZ 05149:60

Smith, D.: The arms trade and arms control. In: Defence yearbook. 92. ed. , 1982. S. 124-136. F 149:92

Sosnówka, E.: Francuski eksport uzbrojenia. [Der französische

Waffenexport.] In: Sprawy Międzynarodowe. Rok 34, 1981.
Zeszyt 5. S. 71-83. BZ 4497:34

F 0.3 Internationale Streitkräfte

Domino, Z.: Notatki spod błekitnej flagi. [Aufzeichnungen unter der blauen Flagge. (Tagebuch e. Soldaten d. poln. UNO-Truppe im Nahen Osten 1978).] Warszawa: Wyd. Min. Obrony Narod. 1980. 384 S. B 42874
Plienegger, A.: UNFICYP 1981. Die Vereinten Nationen im friedenserhaltenden Einsatz auf Zypern. In: Österreichische militärische Zeitschrift. Jg. 20, 1982. H. 4. S. 299-304. BZ 05214:20
UNIFIL. In: Kampfmagazin. 1981. Nr. 8. S. 1-17. BZ 05407:1981

F 0.5 Kriegswesen/Kriegsführung

F 0.51 Arten des Krieges

Baker, D.: The Shape of wars to come. Cambridge: Stephens 1981. 177 S. B 44627
Freedman, L.: Limited war, unlimited protest. In: Orbis. Vol. 26, 1982. No. 1. S. 89-104. BZ 4440:26
Ist der 3. Weltkrieg noch zu verhindern? Hamburg: Buntbuch-Verl. 1980. 144 S. Bc 1923
Kolkowicz, R.: On limited war. Soviet approaches. In: New directions in strategic thinking. 1981. S. 75-88. B 44615
Kołodziejczak, B.: Co będzie jutro? Rozważania o przyszłym polu walki. [War wird morgen sein? Überlegungen über das Schlachtfeld der Zukunft.] (Wyd. 2, popr. i rozsz.) Warszawa: Wyd. Min. Obrony Narod. 1980. 315 S. B 42685
Nastuplenie v gorach. [Der Angriff im Gebirge. Versch. Beitr.] In: Voennyj vestnik. God 1982. No. 1. S. 12-34. BZ 05207:1982
O'Neill, R.: Insurgency and sub-national violence. In: New directions in strategic thinking. 1981. S. 202-218. B 44615
Piekarski, H.: Walka radio-elektroniczna. [Der radioelektronische Krieg.] Warszawa: Wyd. Min. Obrony Narod. 1980. 280 S. B 43208
Rybakov, J. M.: Vooružennaja Agressija - tjagčajšee meždunarodnoe prestuplenie. [Bewaffnete Aggression - das schwerste internationale Verbrechen.] Moskva: "Jurid. literatura" 1980. 214 S. B 42740
Šip, J.; Patočka, J.: Radio-elektronický Boj. [Der radio-elektronische Kampf.] Praha: Naše Vojsko 1981. 198 S. B 45104
Ziemke, E. F.: Annihilation, attrition, and the short war. In: Parameters. Vol. 12, 1982. No. 1. S. 23-31. BZ 05120:12

Atomkrieg

Agrell, W.: De yttersta Vapnen. Om kärnvapen och kärnvapenkrig. Stockholm: Liber 1982. 216 S. B 45858

Ärzte warnen vor dem Atomkrieg. Medizinische Beiträge zur Atomkriegsgefahr. Hamburg: Ärzteinitiative gegen Atomenergie 1981. 63 S. D 02310

Anders, G.: Die atomare Drohung. 2. durch e. Vorw. erw. Aufl. v. "Endzeit u. Zeitenende". München: Beck 1981. XIII, 223 S. B 43891

Atomkriegsfolgen. Bearb.: J. Rodejohann. Frankfurt: Haag u. Herchen 1980. 80 S. Bc 2054

Ball, D.: Can nuclear war be controlled? London: Internat. Institute for Stretegic Studies 1981. 51 S. Bc 0779

Beres, L. R.: Apocalypse. Nuclear catastrophe in world politics. Chicago: Univ. Pr. 1980. XVI, 315 S. B 43569

Calder, N.: Nuclear Nightmares. An investigation into possible wars. London: BBC 1979. 167 S. B 42616

Fuchs, G.: Von der Atombombe zum nuklearen Holocaust. Wien: Gazzettaverl. 1982. V, 38 S. Bc 3011

Goldstein, M. E.: Nuclear proliferation. International politics in a multinuclear world. Lanham: University Press of America 1980. VII, 71 S. Bc 2158

Goodwin, P.: Nuclear War. The facts on our survival. London: Ash & Grant 1981. 128 S. B 43921

Hesse, R.: Die Presidential Directive 59 und ihre Folgen. Nachrüstung u. Neutronenbombe als integrale Elemente d. neuen Atomkriegführungsstrategie. In: Die Friedens-Warte. Bd 63, 1980. S. 7-36. BZ 4693:63

Kutte, W.: Angst vor dem Atomkrieg. Hoffnung durch die Friedensbewegung. Hamburg 1981. 119 S. D 2393

Lee, C.: The final Decade. Will we survive the 1980s? London: Hamilton 1981. XV, 190 S. B 43825

Menaul, S.: Changing Concepts of nuclear war. London: Institute for the Study of Conflict 1980. 15 S. Bc 0545

Ryle, Sir M.: Towards the nuclear Holocaust. London: The Menard Pr. 1981. 30 S. Bc 2522

Sonntag, P.: Verhinderung und Linderung atomarer Katastrophen. Bonn: Osang Verl. 1981. 284 S. B 43514

Tashiro, E.; Tashiro, J. K.: Atomkrieg - Krieg ohne Ende. Berlin: Aktion Sühnezeichen/Friedensdienste 1981. 15 S. D 2447

Die Überlebenden werden die Toten beneiden. Ärzte warnen vor dem Atomkrieg. Materialien des Hamburger "Medizinischen Kongresses zur Verhinderung des Atomkrieges" vom 19./20. Sept. 1981. Köln: Pahl-Rugenstein 1982. 324 S. B 46273

Vermaat, J. A. E.: De Vosjetrussische visie op de kernoorlog. In: Militaire spectator. Jg. 150, 1981. 7. S. 291-305. BZ 05134:150

Nuclear weapons and the preservation of peace. In: Foreign affairs. Vol. 60, 1982. No. 5. S. 1157-1170. BZ 05149:60

F 0.52 Strategie

Atkinson, A.: Social Order and the general theory of strategy. London: Routledge & Kegan Paul 1981. XI, 304 S.   B 45356

New Directions in strategic thinking. Ed.: R. O'Neill and D. M. Horner. London: Allen and Unwin 1981. XIV, 318 S.   B 44615

The Future of strategic deterrence. Ed.: C. Bertram. London: Macmillan 1981. 108 S.   08550

Gallois, P. M.: Quatre pas vers le désengagement. In: Défense nationale. Année 38, 1982. Juin. S. 15-26.   BZ 4460:38

Gouré, L.; Hyland, W.G.; Gray, C.S.: The Emerging strategic environment: Implications for ballistic missile defense. Special report. Cambridge: Institute for Foreign Policy Analysis 1979. XI, 75 S.   Bc 2202

Handel, M.: Numbers do count. The question of quality versus quantity. In: The journal of strategic studies. Vol. 4, 1981. No. 3. S. 225-260.   BZ 4669:4

Harries-Jenkins, G.: Defence in the 1980s. In: Defence yearbook. 92. ed., 1982. S. 96-108.   F 149:92

Hunt, K.: The development of concepts for conventional warfare in the 1970s and 1980s. In: New directions in strategic thinking. 1981. S. 183-201.   B 44615

Keegan, J.: The human face of deterrence. In: International security. Vol. 6, 1981. No. 1. S. 136-151.   BZ 4433:6

Keeny, S.M.; Panofsky, W.K.H.: MAD versus NUTS. In: Foreign affairs. Vol. 60, 1981/82. No. 2. S. 287-304.   BZ 05149:60

Lider, J.: Towards a modern concept of strategy. In: Cooperation and conflict. Vol. 16, 1981. No. 4. S. 217-235.   BZ 4605:16

Mjelde, A.: Om strategi. In: Norsk militaert tidsskrift. Årg. 152, 1982. H. 3. S. 119-132; H. 4. S. 167-174.   BZ 05232:152

Ropp, T.: Strategic thinking since 1945. In: New directions in strategic thinking. 1981. S. 1-13.   B 44615

Rosen, S.P.: Nuclear arms and strategic defense. In: The Washington quarterly. Vol. 4, 1981. No. 2. S. 82-99.   BZ 05351:4

Steinaecker, H.-E. Frhr. von: Zur "Raumverteidigung". In: Wehrwissenschaftliche Rundschau. Jg. 31, 1982. H. 1. S. 1-10.   BZ 05305:31

Towards a grand Strategy for global freedom. London: Foreign Affairs Publ. 1981. XII, 130 S.   B 44540

Strategy and social sciences. Ed.: A. Perlmutter [u. a.].London: Cass 1981. 102 S.   B 44160

Sudreau, P.: La Stratégie de l'absurde. L'enjeu des années 80. Paris: Plon 1980. 236 S.   B 44825

Wallin, L.: Doktrin, teknik och framtida krig. Stockholm: Centralförb. Folk och Försvar 1979. 72 S.   Bc 2139

Woodward, J.F.: Strategy by matrix. In: The journal of strategic Studies. Vol. 4, 1981. No. 2. S. 196-208.   BZ 4669:4

F 0.53 Taktik und Truppenführung/Manöver

Daniel, D. C.; Herbig, K. L.: Propositions on military deception. In: The journal of strategic studies. Vol. 5, 1982. No. 1. S. 155-177. BZ 4669:5
Laird, M. R.: The Problem of military readiness. Washington: American Enterprise Institute 1980. 36 S. Bc 0621
Simonjan, R. G.; Grišin, S. V.: Razvedka v boju. [Aufklärung im Kampf.] Moskva: Voenizdat 1980. 207 S. B 42966
Whaley, B.: Toward a general theory of deception. In: The journal of strategic studies. Vol. 5, 1982. No. 1. S. 178-192. BZ 4669:5

F 0.55 Geheimer Nachrichtendienst/Spionage/Abwehr

Beevor, J. G.: S[pecial] O[perations] E[xecutive]. Recollections and reflections 1940-45. London: The Boedley Head 1981. 269 S. B 45332
Ceva, L.: L' "Intelligence" britannico nella seconda guerra mondiale e la sua influenza sulla strategia e sulle operazioni. In: Storia contemporanea. Anno 13, 1982. No. 1. S. 99-122. BZ 4590:13
DDR-Spionage: Bierdosen für den Stasi. Ein Ex-Agent enthüllt Interna aus dem Ost-Berliner Ministerium für Staatssicherheit. In: Der Spiegel. Jg. 36, 1982. Nr. 2. S. 56-66. BZ 05140:36
Handel, M. I.: Intelligence and deception. In: The journal of strategic studies. Vol. 5, 1982. No. 1. S. 122-154. BZ 4669:5
Levinsen, N.: Spionernes Krig. Internationale efterretningsvaesener i dag. Lynge: Bogan 1981. 157 S. B 44956
Pincher, C.: Their trade is treachery. London: Sidgwick and Jackson 1981. XI, 240 S. B 44620
Reile, O.: Frauen im Geheimdienst. Illertissen: Federmann 1981. 182 S. B 43515
Rhoer, E. van der: Master Spy. A true story of the allied espionage in Bolshevik Russia. New York: Scribner 1981. XI, 260 S. B 45225
Rost, B.: Top Secret. Das Geheimnis der Spione. Oldenburg: Stalling 1981. Getr. Pag. B 44186
Schlomann, F.-W.: Im Fadenkreuz östlicher Spionage. Die Bundesrepublik Deutschland als vorrangiges Ziel. Hamburg: Staatsu. wirtschaftspolit. Gesellsch. 1981. 24 S. Bc 2618
Thomsen, J.: Spioner i Danmark. Agenternes arena 1960-81. Lynge: Bogan 1981. 159 S. B 44957
West, N.: MI5. British security service operations 1905-1945. London: Bodley Head 1981. 365 S. B 44855

F 055.90 Einz. Spione und Fälle

Ambrose, S. E.: Ike's Spies. Eisenhower and the espionage establishment. Garden City: Doubleday 1981. X, 368 S.   B 44686

Brown, J.: In durance vile. Rev. and ed.: J. Borrie. London: Hale 1981. 160 S.   B 44875

Chenkin, K.: Ochotnik vverch nogami. O Rudol'fe Abele i Villi Fišere. [Freiwilliger, Beine hoch! Über Rudolf Abel u. Willi Fischer.] Frankfurt: Posev 1980. 312 S.   B 42439

Garliński, J.: The Swiss Corridor. Espionage networks in Switzerland during world war 2. London: Dent 1981. XVIII, 222 S.   B 43808

Goren, D.: Communication intelligence and the freedom of the press. The Chicago Tribune's battle of Midway dispatch and the breaking of the Japanese naval code. In: Journal of contemporary history. Vol. 16, 1981. No. 4. S. 663-690.   BZ 4552:16

Guillain, R.: L'Espion qui sauva Moscou. L'affaire Sorge racontée par un témoin. Paris: Éd. du Seuil 1981. 188 S.   B 44246

Hefley, J.; Hefley, M.: The secret File on John Birch. Wheaton: Tyndale House Publ. 1980. 231 S.   B 44440

Hilton, S. E.: Hitler's secret War in South America, 1939-1945. German military espionage and allied counterespionage in Brazil. Baton Rouge: Louisiana State Univ. Pr. 1981. 353 S.   B 45355

Lockhart, R. B.: Ace of spies. [S. Reilly.] London: Macdonald Futura Publ. 1981. 252 S.   B 44393

MacCall, G.: Flight most secret. Air missions for SOE and SIS. London: Kimber 1981. 270 S.   B 43875

Mosley, L.: The Druid. New York: Atheneum 1981. 240 S.   B 44692

Paul, E.: Ein Sprechzimmer der Roten Kapelle. Berlin: Mil. Verl. d. DDR 1981. 275 S.   B 43411

Russell, F.: The secret War. Alexandria: Time-Life Books 1981. 208 S.   08606

Stanley, R. M.: World War Two Photo Intelligence. London: Sidgwick and Jackson 1981. X, 374 S.   08684

F 1 Landmacht/Heer/Landstreitkräfte

F 1.3 Waffengattungen und Dienste

Hacker, B. C.: Imagination in Thrall. The social psychology of military mechanization 1919-1939. In: Parameters. Vol. 12, 1982. No. 1. S. 50-61.   BZ 05120:12

Köllner, L.: Wehrpflichtarmee - Berufsarmee. Finanzwissenschaftl. u. -wirtschaftl. Überlegungen. Bemerkungen zur Problematik e. Berufsarmee. In: Heere international. 1. 1981. S. 163-173.   BZ 4754:1

Lippert, E.; Roessler, T.: Weibliche Soldaten. Bibliogr. zu e.
Reizthema. Baden-Baden: Nomos Verl. Ges. 1981. 145 S.   B 44993
Der Soldat. Dienst und Herrschaft der Streitkräfte. Hrsg.: G. -K.
Kaltenbrunner. Freiburg: Herder 1981. 191 S.   B 44460

F 1.4 Militärwesen/Soldatentum

Ferrand, S.: Les Hommes de main. Paris: Michel 1981.
278 S.   B 44245
Mollo, A.; Smith, D.: World Army Uniforms since 1939. Mollo:
Army uniforms of world war 2. Smith: Army uniforms since 1945.
Poole: Blandford 1981. 183, 165 S.   B 44369
Nimmergut, J.: Orden Europas. München: Battenberg 1981.
208 S.   08651
Rimland, B.; Larson, G. E.: The manpower quality decline. An
ecological perspective. In: Armed forces and society. Vol. 8,
1981. No. 1. S. 21-78.   BZ 4418:8
Rosignoli, G.: Naval and marine Badges and insignia of world
war 2. Poole: Blandford Pr. 1980. 167 S.   B 43774
Smith, D.: Army Uniforms since 1945. Poole: Blandford Pr. 1980.
165 S.   B 43568
Zoll, D. A.: The moral dimension of war and the military ethic.
In: Parameters. Vol. 12, 1982. No. 2. S. 2-15.   BZ 05120:12

Am Rande der Strassen. Atlas deutscher Kriegsgräber in Europa
und Übersee. Kassel: Volksbund Dt. Kriegsgräberfürsorge 1981.
48 S.   Bc 0730
Schicksal in Zahlen. Kassel: Volksbund Dt. Kriegsgräberfürsorge
1981. 64 S.   Bc 2521
Stimmen und Berichte zum Tod im Kriege. E. Materialsammlung zur
Gestaltung d. Volkstrauertages... Kassel: Volksbund Dt. Kriegs-
gräberfürsorge 1979. 76 S.   Bc 2517

f 1.45 Sanitätswesen/Rotes Kreuz

Garrett, R.: P[risoner] O[f] W[ar]. Newton Abbot: David &
Charles 1981. 240 S.   B 43693
Mathyer, P.: La Visite des camps de prisonniers de guerre dans
le cadre de la codification du droit humanitaire. Prilly: Tex 1979.
XV, 143 S.   B 43784
Meurant, J.: Le comité international de la Croix-Rouge et la
protection des civils. In: Revue d'histoire de la deuxième guerre
mondiale. Année 31, 1981. No. 121. S. 129-138.   BZ 4455:31
Militärmedizin. Hochschullehrbuch für Studenten der Medizin und
Stomatologie. Hrsg.: H. R. Gestewitz [u. a.]. 2. verb. Aufl.
Berlin: Mil. Verl. d. DDR 1981. 307 S.   B 44030

F 2 Seemacht/Kriegsmarine/Seestreitkräfte

Allen, C. D.: The Uses of navies in peacetime. Washington, London: American Enterprise Institute for Public Policy Research 1980. 41 S.   Bc 2640

Cable, J.: Gunboat Diplomacy 1919-1979. Political applications of limited naval force. 2. ed. London: Macmillan 1981. 288 S.   B 43687

Johnson, B.: Fly navy. The history of the maritime aviation. Newton Abbot: David & Charles 1981. 383 S.   B 43943

Lacoste, P.: Stratégie navale. Guerre ou dissuasion? Paris: Nathan 1981. 315 S.   B 45409

Maine, R.: Nouvelle Histoire de la marine. T. 3. Paris: Ed. maritimes et d'Outre-Mer 1981. 662 S.   B 45167

Moineville, H.: La Guerre navale. Réflexions sur les affrontements navals et leur avenir. Paris: PUF 1982. 159 S.   B 46897

Naville, P.: Mahan et la maitrise des mers. Paris: Berger-Levrault 1981. 214 S.   B 44419

Noeldeke, H.: Sanitätsdienst an Bord. Ein Beitrag zur Organisation u. ärztlichen Tätigkeit auf Kriegsschiffen. Herford: Mittler 1981. 80 S.   Bc 2132

F 3 Luftmacht/Luftwaffe/Luftstreitkräfte

Air Forces of the world. Ed.: J. W. R. Taylor. London: Jane 1981. 256 S.   B 43582

Alberts, D. J.: An alternative view of air interdiction. In: Air University review. Vol. 32, 1981. No. 5. S. 31-44.   BZ 4544:32

Jane's Encyclopedia of aviation. Comp. and ed. by M. J. H. Taylor. Vol. 1. -5. London: Jane's 1980. 1078 S.   08658

Hoffmann, H.-E.: Die optische Erfassung von Landzielen in Abhängigkeit von Umgebungs-, Ziel- und Beobachtungsparametern bei Beobachtungen Luft-Land. Bonn: Bundesministerium d. Verteidigung 1981. VI, 47 S.   Bc 0859

Mikojan, S.; Korbut, A.: (Zachod na posadku po priboram.) Landeanflug nach Geräten. Berlin: Militärverl. d. DDR 1981. 63 S.   Bc 2499

Sršen, M.: Sistem PVO u oružanoj borbi. [Das System der Luftverteidigung im bewaffneten Kampf.] Boegrad: Vojnoizdavački zavod 1980. 451 S.   B 43387

Valguarnera, G.: La guerra aerea strategica. Le origini, l'evoluzione, le nuove frontiere. (Pt. 1. 2.) In: Rivista aeronautica. Anno 57, 1981. No. 4. S. 2-9; 5. S. 2-8.   BZ 05154:57

F 4 Zivilverteidigung/Zivilschutz

Carlowitz, O.; Krone, T.; Jeschar, R.: Brandgefährdung von Wohngebieten durch Flächenbrände. Bonn: Osang 1980. 56 S. Bc 1796
Luftbedrohung 1990 bis 2010. Eine taktisch-technische Prognose. T. 1. In: Truppenpraxis. Jg. 25, 1981. No. 11. S. 885-895. BZ 05172:25
Weigel, G.: Wirkungen des Luftstosses von nuklearen und konventionellen Explosionen. Bonn: Osang 1980. 71 S. Bc 1802

F 5 Wehrtechnik/Kriegstechnik

F 5.1 Waffentechnik

Agrell, W.: Rustningens Drivkrafter. En diskussion av den militärteknologiska utvecklingen. Lund: Studentlitteratur 1981. 162 S. Bc 2786
Brandt; Hamann; Windisch: Die Militärpatronen Kaliber 7,9 mm - ihre Vorläufer und Abarten. Schwäbisch Hall: Journal-Verl. 1981. 314 S. 08642
Cook, C.; Stevenson, J.: Weapons of war. London: Artus Publ. 1980. 183 S. 08669
Güntelberg, V.; Eggers, O. H.: Våbenteknologi, økonomi og beskaeftigelse. København: Forsvarsministeriet 1980. 34 S. Bc 1977
Koenig, W. J.: Weapons of World War 3. London: Hamlyn 1981. 192 S. 08667
Lee, R. G.: Introduction to battlefield weapons systems and technology. Oxford: Brassey's 1981. XIV, 198 S. B 44869

Feuerwaffen

Coniglio, S.: Sniping. Making war the professional way. In: Military technology. Vol. 6, 1982. No. 6. S. 45-58. BZ 05107:6
Dathan, H.: Gewehr und Munition. Die Entwicklung von d. Luntenschloßmuskete zum Schnellfeuergewehr. In: Heere international. 1, 1981. S. 249-275. BZ 4754:1
Hogg, I. V.; Weeks, J.: Military small Arms of the 20th century. A comprehensive ill. encyclopedia of the world's small calibre fire-arms. London: Arms and Armour Pr. 1981. 288 S. 08572
Lenaerts, J.: New trends in infantry weapons. In: Military technology. Vol. 6, 1982. No. 2. S. 10-27. BZ 05107:6
Myatt, F.: An illustrated Guide to rifles and submachine guns. London: Salamander Books 1981. 160 S. B 44707
Peelen, J.: Militärische Handwaffen heute. Ost und West im

Vergleich. In: Soldat und Technik. Jg. 24, 1981. H. 12.
S. 680-689. BZ 05175:24
Rankin, J. L.: Walther PP und PPK. 1929-1945. Zürich:
Stocker-Schmid 1982. 99 S. 08765
Ruth, L.: M1 Carabine: design, developement and production.
Cornville: Desert 1979. VIII, 291 S. 08569
Skennerton, I. D.: The British Service Lee. The Lee-Metford and
Lee-Enfield rifles and carbines. 1880-1980. London: Arms and
Armour Pr. 1982. 409 S. 08760
Stephens, F. J.: (Fighting Knives, [dt.]) Kampfmesser.
Stuttgart: Motorbuch Verl. 1981. 175 S. B 44043

Geschütze

Brassey's Artillery of the world. 2nd ed., fully rev. and updated.
Oxford: Brassey 1981. IX, 246 S. 08649
Engelmann, J.: Bison und andere 15cm - sowie 17cm und 19,4 cm
- Geschütze auf Selbstfahrlafetten. Friedberg: Podzun-Pallas
1982. 48 S. Bc 0843
Engelmann, J.: Wespe-Heuschrecke. Deutsche 10,5 cm-Geschütze
auf Selbstfahrlafetten... Friedberg: Podzun-Pallas 1980.
48 S. Bc 0521
Hogg, I.: Artillery in colour 1920-1963. New York: Arco Publ. 1980.
187 S. B 44283
Po, E.: Self-propelled AA gun systems. In: Military technology.
Vol. 6, 1982. No. 2. S. 29-40. BZ 05107:6
Po, E.: Mortars. Firepower for the infantry. In: Military techno-
logy. Vol. 5, 1981. No. 27. S. 17-31. BZ 05107:5
Rąbek, Z.: Automatyczne Celowniki przeciwlotnicze. [Automati-
sche Zielvorrichtungen der Luftabwehr.] Warszawa: Wyd. Min.
Obrony Narod. 1981. 154 S. Bc 2852
Self propelled artillery. Past, present, future. In: Military techno-
logy. Vol. 6, 1982. No. 6. S. 15-28. BZ 05107:6
Taube, G.: Die schwersten Steilfeuer-Geschütze 1914-1945.
Stuttgart: Motorbuch Verl. 1981. 157 S. B 44038

Raketen- und Lenkwaffen

Betts, R. K.: Cruise missiles. Technology, strategy, politics.
In: The Washington quarterly. Vol. 4, 1981. No. 3.
S. 66-80. BZ 05351:4
Binns, P.: The new weapons systems and how they threaten your
life. - Missile madness. London: Socialist Workers Party 1980.
32 S. Bc 2607
Bloch, R.: Raketen im französischen Waffenarsenal. In: Heere
international. 1. 1981. S. 117-129. BZ 4754:1

Engelmann, J.: Raketen, die den Krieg entscheiden sollten.
Friedberg: Podzun-Pallas 1981. 160 S. B 43925
Garliński, J.: (Hitler's last Weapons, [dt.]) Deutschlands letzte
Waffen im 2. Weltkrieg. Der Untergrundkrieg gegen die V1 und die
V2. Stuttgart: Motorbuch Verl. 1981. 318 S. B 43294
Geneste, M.: Revanche de la défense? Le projet "high frontier".
In: Défense nationale. Année 38, 1982. Mai. S. 5-18. BZ 4460:38
Hoffmann, H.: MX - Trident - Cruise Missile: die Triade des
Todes. In: Flieger-Kalender der DDR 1982. S. 39-49. F 1446:1982
Huisken, R.: The Cruise Missile and arms control. Canberra:
The Strategic and Defence Studies Centre 1980. 84 S. Bc 2232
Longmate, N.: The Doodlebugs. The story of the flyingbombs.
London: Hutchinson 1981. 548 S. B 43955
Meyer, S. M.: Anti-satellite weapons and arms control: incentives
and disincentives from the Soviet and American perspectives. In:
International Journal. Vol. 36, 1981. No. 3. S. 460-484. BZ 4458:36
Outrey, G.: Missiles et anti-missiles. In: Défense nationale.
Année 38, 1982. Mai. S. 19-29. BZ 4460:38
Po, E.: Artillery multiple rocket systems. Efficient, cheap,
reliable. In: Military technology. Vol. 6, 1982. No. 5.
S. 43-56. BZ 05107:6
Prażmowski, M.: Próby bomb V-1 na ziemiach polskich. [Versuche mit der V-1-Bombe auf polnischem Gebiet.] In: Wojskowy
Przegląd Historyczny. Rok 26, 1981. Nr. 2. S. 232-243. BZ 4490:26
(Raketčiki, [dt.]) Vom Raketengerät zur Interkontinentalrakete.
Berlin: Mil. Verl. d. DDR 1981. 152 S. B 44947
Rohwer, J.: Eine neue Runde im Wettlauf der seebasierten strategischen Waffensysteme: TRIDENT und TYPHOON. In: Marine-
Rundschau. Jg. 79, 1982. H. 1. S. 2-11. BZ 05138:79
Sauerwein, H.: Mobile ICBM and arms control. In: Survival.
Vol. 23, 1981. No. 5. S. 215-222. BZ 4499:23
Scoville, H.: MX. Prescription for disaster. 2. pr. Cambridge:
The MIT Pr. 1981. 231 S. B 45159
Snow, D. M.: ICBM vulnerability, mobility and arms control. The
decisional horns of dilemma. In: Air University review. Vol. 32,
1981. No. 3. S. 32-42. BZ 4544:32

A/B/C-Waffen

Cohen, S. T.: Whither the neutron bomb? A moral defense of
nuclear radiation weapons. In: Parameters. Vol. 11, 1981. No. 2.
S. 19-27. BZ 05120:11
Davydov, V. F.: Nerasprostranenie jadernogo oružija i politika
SŠA. [Die Nichtweiterverbreitung der Atomwaffe u. die Politik der
USA.] Moskva: Nauka 1980. 277 S. B 42972
Goldschmidt, B.: La prolifération des armements nucléaires.
In: Défense nationale. Année 38, 1982. Juillet. S. 15-36. BZ 4460:38

Gyldén, N.: Den nya kärnvapendebatten. Årsberättelse 1981 av
    föredragande i avd IV. In: Kungliga Krigsvetenskapsakademiens
    handlingar. Årg. 186, 1982. H. 1. S. 1-29.   BZ 4384:186
Herken, G.: The winning Weapon. The atomic bomb in the cold
    war. 1945-1950. New York: Knopf 1980. 425 S.   B 44287
Internationalization to prevent the spread of nuclear weapons.
    London: Taylor & Francis 1980. XXV, 224 S.   B 45242
Iojryš, A. I.; Morochov, I. D.; Ivanov, S. K.: A-bomba.
    [Die A-Bombe.] Moskva: Nauka 1980. 421 S.   B 42959
Jones, R. W.: Nuclear Proliferation: Islam, the bomb, and South
    Asia. Beverly Hills, London: Sage 1981. 88 S.   Bc 2254
Kernwaffen und die Erhaltung des Friedens. Stellungnahme zu e.
    amerikanischen Vorschlag über d. Verzicht auf Ersteinsatz von
    Kernwaffen. In: Europa-Archiv. Jg. 37, 1982. Folge 12.
    S. 357-368.   BZ 4452:37
Neild, R.: How to make up your mind about the bomb. London:
    Deutsch 1981. 144 S.   B 44864
The NPT. The main political barrier to nuclear weapon proliferation.
    Stockholm: Stockholm Internat. Peace Res. Inst. 1980. 66 S. Bc 2878
Reminiscences of Los Alamos 1943-1945. Ed.: L. Badash [u. a.].
    Doedrecht: Reidel 1980. XXI, 188 S.   B 43771
Richardson, F. M.: The Public and the bomb. Edinburgh:
    Blackwood 1981. VIII, 104 S.   Bc 2459
Rosenberg, H. L.: Atomic Soldiers. American victims of nuclear
    experiments. Boston: Meacon 1980. XI, 192 S.   B 43607
Singh, R. N.: The Atom Bomb. A comparative study of devastating
    power of nuclear weapons. Langartoli: Chintamani Prakashan
    1979. XVI, 201 S.   B 44413
Waltz, K. N.: The Spread of nuclear weapons: More may be better.
    London: Internat. Institute for Strategic Studies 1981. 32 S. Bc 0781
Weltman, J. J.: Managing nuclear multipolarity. In: International
    security. Vol. 6, 1981/82. No. 3. S. 182-194.   BZ 4433:6
Weltman, J. J.: Nuclear Weapons Spread and Australian policy.
    Canberra: ANU 1981. 50 S.   Bc 2495
Wisner, K. F.: Aspetti militari delle armi a radiazioni intensi-
    ficate. In: Affari esteri. Anno 14, 1982. No. 54.
    S. 199-212.   BZ 4373:14

Freeman, C.; Roberts, G.: (The coldest War, [dt.]) Der käl-
    teste Krieg. Prof. Frucht u. d. Kampfstoff-Geheimnis. Berlin:
    Ullstein 1982. 352 S.   B 46188
Gas! C-Krieg in Europa? "Todeswolken über Europa". In: Der
    Spiegel. Jg. 36, 1982. Nr. 8. S. 32-52.   BZ 05140:36
Gierycz, D.: Eliminacja broni chemicznej. [Die Beseitigung der
    chemischen Waffen.] In: Sprawy Międzynarodowe. Rok 34, 1981.
    Zeszyt 6. S. 7-22.   BZ 4497:34
Graveley, A. F.: Defence or deterrence? The case for chemical
    weapons. In: RUSI. Vol. 126, 1981. No. 4. S. 13-20.   BZ 05161:126

Robinson, J.P.P.: Chemical arms control and the assimilation of chemical weapons. In: International Journal. Vol. 36, 1981. No. 3. S. 515-534. BZ 4458:36
Robinson, J.P.P.: Chemical weapons and Europe. In: Survival, Vol. 24, 1982. No. 1. S. 9-18. BZ 4499:24

F 5.2 Fahrzeugtechnik/Militärfahrzeuge

F 5.21 Landfahrzeuge

Church, J.: Military Vehicles of world war 2. Poole: Blandford 1982. 160 S. 08759
Foss, C.F.: Jane's pocket book modern military Trucks. London: Jane's 1981. 267 S. Bc 2426
Magnuski, J.: Pociąg pancerny "Zygmunt Powstaniec". [Der Panzerzug "Zygmunt Powstaniec".] Warszawa: Wyd. Min. Obrony Narod. 1981. 16 S. Bc 2510
Oswald, W.: Kraftfahrzeuge und Panzer der Reichswehr, Wehrmacht und Bundeswehr. Katalog der deutschen Militärfahrzeuge von 1900 bis heute. Neubearb. u. erw. 10. Aufl. Stuttgart: Motorbuch Verl. 1982. 662 S. B 46243
Scheibert, H.: Marder III. Der robuste Panzerjäger in seinen verschiedenen Ausführungen. Friedberg: Podzun-Pallas 1981. 48 S. Bc 0705
Vanderveen, B.H.: The Jeep. Rev. ed. London: Warne 1981. 64 S. B 44712
Vanderveen, B.H.: Kaleidoscope of Bedford and Vauxhall military vehicles. London: Warne 1982. 96 S. 08709

Panzerwagen

Crow, D.: Tanks of World War II. Windsor: Profile Publ. 1979. 123 S. 08567
Dunstan, S.: Centurion. London: Allan 1980. 124 S. B 43755
Eshel, D.: Der Merkava Panzer. In: Kampf-Magazin. 1982. Nr. 3. S. 1-48. BZ 05407:1982
Foss, C.F.: Modern Tanks and armoured fighting vehicles. 3rd ed. London, Sidney: Jane's 1981. 288 S. Bc 2427
Gudgin, P.: The T34. This Russian tank, of simple, robust construction and ideal for mass production, entered service in 1940 and is still operational today. In: War monthly. Vol. 9, 1981. No. 12. S. 23-30. BZ 05028:9
An illustrated Guide to world war two tanks and fighting vehicles. Ed.: R. Bonds. London: Salamander 1981. 160 S. B 44610
Hilmes, R.: Dreißig Jahre Kampfpanzerentwicklung 1950-1980.

1.2. In: Soldat und Technik. Jg. 25, 1982. 5. S. 256-265;
7. S. 390-395. BZ 05175:25
K r a p k e , P. -W. : Möglichkeiten und Grenzen der Panzerentwicklung.
In: Heere international. 1.1981. S. 131-162. BZ 4754:1
Leopard 2. Bonn: Wehr u. Wissen 1980. 48, XXIV S. Bc 0478
M a c k s e y , K. : The Tank Pioneers. London: Jane 1981.
VI. 228 S. B 44609
M o l i n i é , J. : Les engins blindés du monde 1917-1967. Paris:
Gazette des armes 1980. 86 S. Bc 0688
P e r r e t t , B. : The Churchill tank. London: Osprey 1980.
40 S. Bc 0550
P e r r e t t , B. : The Panzerkampfwagen III. London: Osprey 1980.
40 S. Bc 0659
P e r r e t t , B. : The Panzerkampfwagen IV. London: Osprey 1980.
40 S. Bc 0660
P e r r e t t , B. : The Stuart light tank series. London: Osprey 1980.
40 S. Bc 0661
R ö s s l e r , H. ; K ö h l e r , H. ; Kampfpanzer Leopard 2. Der Beste
der Welt. Friedberg: Podzun-Pallas 1980. 48 S. Bc 0603
S a n d a r s , J. : The Sherman tank in British service 1942-45.
London: Osprey 1980. 40 S. Bc 0663
S a w o d n y , M. : Deutsche Spezialpanzer. 1. : Ladungsträger, Pio-
nierpanzer, Bergepanzer. Friedberg: Podzun-Pallas 1981.
48 S. Bc 0578
S c h e i b e r t , H. : Sturmgeschütz III. L 24 u. L 33. Der Panzer der
Infanterie. Friedberg: Podzun-Pallas 1982. 48 S. Bc 0791
Tanki i tankovye vojska. [Panzer u. Panzertruppen.] (Pod obšč. red.
A. C. Babadžanjana.) Izd. 2-e, dop. Moskva: Voenizdat 1980.
431 S. B 44530
V e t r o v , A. A. : Neprevzojdennaja "Tridcat' četverka". [Der unüber-
troffene "T-34".] In: Voprosy istorii. God 1982. No. 5.
S. 89-100. BZ 05317:1982
Z a l o g a , S. J. ; G r a n d s e n , J. : The T-34 tank. London: Osprey
1980. 40 S. Bc 0664

F 5.22 Seefahrzeuge/Schiffstechnik

Schiffe

C s o n k a r é t i , K. : Hadihajók a Dunán. [Kriegsschiffe auf der Donau.
(11. Jahrh. -1944).] Budapest: Zrínyi 1980. 273 S. B 44163
F o c k , H. : Der Kreuzerbau zwischen den Weltkriegen. Die Leichten
Kreuzer Deutschlands und der kleineren Marinen. In: Marine-
Rundschau. Jg. 78, 1981. H. 12. S. 663-670. BZ 05138:78
F o c k , H. : Der Kreuzerbau zwischen den Weltkriegen. Die Leichten
Kreuzer Frankreichs, Italiens, Japans und der USA. In: Marine-

Rundschau. Jg. 78, 1981. H. 11. S. 607-616. BZ 05138:78
Fock, H.: Marine-Kleinkampfmittel. Bemannte Torpedos, Klein-
U-Boote, Klein-Schnellboote, Sprengboote, Gestern, heute, morgen. Herford: Koehler 1982. 200 S. 08716
Friedman, N.: Carrier Air Power. New York: Rutledge 1981.
192 S. 08674
Friedman, N.: (Modern Warship. [dt.]) Seerüstung heute. Entwurf und Konzeption moderner Kriegsschiffe. München: Bernard
u. Graefe 1981. 192 S. 08623
Garrison, P.: CV: Carrier aviation. Photogr.: G. Hall.
San Rafael: Presidio Press 1980. 101 S. Bc 0687
Lehman, J.: Aircraft carriers: The real choices. Beverly Hills,
London: Sage 1978. 83 S. Bc 1949
Lyon, H.: Fighting Ships. London: Kingfisher 1981. 124 S. B 45084
Onnermark, J.: Ubåtsutveckling - tendenser och tekniska
lösningar. In: Tidskrift i sjöväsendet. Årg. 144, 1981. Nr. 1.
S. 29-44. BZ 4494:144
Piwowoński, J.: Płyną statki i okręty. [Es schwimmen Schiffe
und Kriegsschiffe.] Warszawa: Inst. Wyd. "Nasza Ksiegarnia"
1981. 114 S. B 44812
Preston, A.: Battleships. London: Hamlyn 1981. 192 S. 08680
Raven, A.; Roberts, J.: County class cruisers. London: Arms
and Armour Press 1978. 56 S. Bc 0631
Raven, A.; Roberts, J.: Hunt class escort destroyers. London:
Arms and Armour Press 1980. 56 S. Bc 0629
The international naval Shipbuilding market: Survey and prospects.
Engelwood Cliffs: Naval Forces 1981. 33 Bl. Bc 0745
Fighting Ships of the world. An ill. encyclopedia of modern sea
power. London: Hamlyn 1980. 352 S. 08610

Seekriegswaffen

Bode, G.: Unterwasserwaffen - Unterwasserortung. In: Köhlers
Flottenkalender 1982. S. 142-153. F 288:1982
Caldwell, H.: The empty silo - strategic ASW. In: Naval War
College review. Vol. 34, 1981. No. 5. S. 4-14. BZ 4634:34
Flensburg, O.; Wessel-Tolvig, P.: Våbenteknologiske perspektiver. In: Tidsskrift for søvaesen. Årg. 152, 1981. Juli/Aug.
S. 271-281. B 4546:152

F 5.23 Luftfahrzeuge/Luftfahrtechnik

Flugzeuge

Aerei militari d'oggi. Gorle: Listostampa 1981. 78 S.   Bc 2552
Beaumont, R. A. : Between two stools. Very long-range aircraft in sea control. In: Air University review. Vol. 32, 1981. No. 6. S. 40-53.   BZ 4544:32
Bowyer, C. : Surviving World War II Aircraft. London: Batsford 1981. 64 S.   Bc 0633
Green, W.; Swanborough, G. : An illustrated Anatomy of the world's fighters. The inside story of 100 classics in the evolution of fighter aircraft. London: Salamander 1981. 240 S.   08671
Gunston, B. : An Illustrated guide to Bombers of World War II. London: Salamander Books 1980. 160 S.   B 44156
Iacono, G. : Aerei e aeronautica. Un binomio indissolubile. In: Rivista marittima. Anno 115, 1982. Luglio. S. 13-34.   BZ 4453:115
Němeček, V.; Týc, P. : Třimotorová dopravní Letadla. [Dreimotorige Verkehrsflugzeuge.] Praha: Nakl. dopravy a spoju 1979. 173 S.   B 43596
Nowarra, H. J. : Gezielter Sturz. Die Geschichte der Sturzkampfbomber aus aller Welt. Stuttgart: Motorbuch Verl. 1982. 239 S.   B 46244
Postma, T.; Buysen, P. van: Straaljagers. Eeen compleet overzicht van alle operationele straaljagers van de wereld van 1941 tot nu. Rotterdam: Wyt 1980. 159 S.   08603
Sellenthin, W. : Strahlgetriebene Flugzeuge der Kriegs- und Nachkriegszeit. Typenschau. In: Flieger-Kalender der DDR 1982. S. 194-235.   F 1446:1982
Seo, H. : Military Aircraft of the world. London: Jane 1981. 93 S.   B 44872
Taylor, M. J. H. : Crescent color Guide to military aircraft. New York: Crescent Books 1980. 80 S.   08596
Taylor, M. J. H.; Munson, K. : Military Transport and training aircraft. Ed. : J. W. R. Taylor. London, Sidney: Jane's 1981. 272 S.   Bc 2425
Weltenzyklopädie der Flugzeuge. Hrsg. : E. Angelucci. Bd 1. München: Südwest Verl. 1981. 547 S.   08574

Einzelne Typen

Anderton, D. A.; Watanabe, R. : Hellcat. New York: Crown 1981. 56 S.   08595
Bergèse, F. : Documents sur le North American P-51 "Mustang". Rennes: Ouest-France 1980. 88 S.   Bc 2147
Bergèse, F. : North American P-51 "Mustang". Rennes: Ouest-France 1980. 32 S.   Bc 2146

Boyne, W.: Boeing B-52. A documentary history. London: Jane
1981. 160 S. 08734
Braybrook, R.: Viggen. The Swedish thunderbolt, the most advanced European warplane in squadron service. In: War monthly.
Vol. 9, 1981. No. 2. S. 18-29. BZ 05028:9
Davis, L.: Fighting Colors. - F-86 Sabre in color. Carrollton:
Squadron-Signal Publ. 1981. 32 S. Bc 0798
Drendel, L.: F-5 in action. Carrollton: Squadron-Signal Publ.
1980. 50 S. Bc 0605
Ethell, J.: Mustang. A documentary history of the P-51. London:
Jane 1981. 176 S. 08609
Franklin, N.: Lancaster Photo Album. Cambridge: Stephens
1981. 96 S. Bc 2428
Garello, G.: Il Breda 65 e l'aviazione d'assalto. Roma: Dell'
Ateneo e Bizzarri 1980. 255 S. 08592
Gentilli, R.; Gorena, L.: Macchi C. 202 in action. Carrolton:
Squadron-Signal Publ. 1980. 50 S. Bc 0682
Glass, A.: Samolot szkolno-łącznikowy RWD-8. [Das Schul-u.
Kurierflugzeig RWD-8.] Warszawa: Wyd. Min. Obrony Narod. 1981.
15 S. Bc 2508
Grinsell, R.; Watanabe, R.: Messerschmitt Bf 109. New York:
Crown 1980. 48 S. 08598
Gunston, B.: Harrier. London: Allan 1981. 112 S. B 45334
Gunston, B.: (F-4 Pahnton, [dt.]) F-4 Phantom. Stuttgart:
Motorbuch Verl. 1981. 161 S. B 44044
Hall, R. C.: The B-58 bomber. Requiem for a welterweight. In:
Air University review. Vol. 33, 1981. No. 1. S. 44-56. BZ 4544:33
Hess, W. N.: A-20 Havoc at war. New York: Scribner 1979.
128 S. 08570
Jacobsen, M. K.; Wagner, R.: B-36 in action. Carrollton:
Squadron-Signal Publ. 1980. 50 S. Bc 0606
Kopenhagen, W.: Legendäre Flugzeuge: Tupolew Tu-16. In:
Flieger-Kalender der DDR 1982. S. 87-97. F 1446:1982
Kothe, P.: Alpha Jet - Erste Erfahrungen. In: Jahrbuch der Luftwaffe. Jg. 14, 1981. S. 112-119. F 0107:14
Kowalski, T. J.: Samolot bombowy Vickers Wellington. [Bombenflugzeug Vickers Wellington.] Warszawa: Wyd. Min. Obrony Narod.
1980. 15 S. Bc 2268
Krüger, A. W.: Tornado. Das Kampfflugzeug der NATO. (Mehrzweck-Kampfflugzeug der NATO. MRCA.) Friedberg: Podzun-
Pallas 1981. 48 S. Bc 0645
MacDowell, E.: P-39 Aircobra in action. Carrollton: Squadron-
Signal Publ. 1980. 50 S. Bc 0790
Mason, F. K.: Harrier. Cambridge: Stephens 1981. 185 S. B 45288
Mason, F. K.: Hawker Hunter. Biography of a thoroughbred.
Cambridge: Stephens 1981. 216 S. B 44626
Mikesh, R. C.; Watanabe, R.: Zero Fighter. (Mitsubishi.)
New York: Crown 1981. 56 S. 08597

Miller, J.: General Dynamics F-111. Fallbrook: Aero Publishers
   1981. 104 S.   Bc 0797
Nowarra, H.J.: Richthofens Dreidecker und Fokker D VIII. Friedberg: Podzun-Pallas 1981. 46 S.   Bc 0552
Price, A.: (Focke Wulf 190 at war. [dt.]) Sie flogen die Fw 190.
   Der Kriegseinsatz eines berühmten Flugzeuges. Stuttgart:
   Motorbuch Verl. 1980. 197 S.   B 44962
Price, A.: The Spitfire Story. London: Jane 1982. 256 S.   08739
Reed, A.: F-104 Starfighter. London: Allan 1981. 112 S.   B 44866
Rose, A.: "Mistel". Die Geschichte der Huckepack-Flugzeuge.
   Stuttgart: Motorbuch Verl. 1981. 358 S.   B 44045
Stevenson, J.P.: McDonnell Douglas F-15 "Eagle". Fallbrook:
   Aero Publishers 1978. 104 S.   Bc 0557
Sullivan, J.: F6F Hellcat in action. Carrollton: Squadron-Signal-
   Publ. 1979. 50 S.   Bc 0648
Sweetman, B.; Watanabe, R.: Mosquito. London: Jane 1981.
   52 S.   08747
Tillman, B.: MiG Master. The story of the F-8 Crusader.
   Annapolis: The Nautical and Aviation Publ. 1980. XII, 224 S.   B 44429

Andere Luftfahrzeuge

Besser, R.: Technik und Geschichte der Hubschrauber. Von Leonardo da Vinci bis zur Gegenwart. Bd 1. 2. München: Bernard u.
   Graefe 1982. 144, 152 S.   08725
Gersdorff, K.von; Knobling, K.: Hubschrauber und Tragschrauber. Entwicklungsgeschichte der deutschen Drehflügler von den Anfängen bis zu den internationalen Gemeinschaftsentwicklungen. München: Bernard u. Graefe 1982. 269 S.   08664
Hyman, A.: Helicópteros para el campo de batalla del mañana. In:
   Tecnologia militar. Año 4, 1982. No. 3. S. 14-23.   BZ 05350:4
Iacono, G.: Gli Elicotteri della marina militare. Roma: Rivista
   Marittima 1981. 191 S.   Bc 2639
Machura, J.; Sajak, J.: Kariera bojowa śmigłowców. [Kampfeinsatz der Hubschrauber.] Warszawa: Wyd. Min. Obrony Narod.
   1980. 175 S.   B 43482
Mrazek, J.E.: Fighting Gliders of world war 2. [dt.]) Kampfsegler
   im 2. Weltkrieg. Stuttgart: Motorbuchverl. 1981. 226 S.   B 44959
Nowarra, H.J.: Die deutschen Hubschrauber 1928-1945. Friedberg: Podzun-Pallas 1980. 48 S.   Bc 0492
Poeppel, H.; Tiedgen, H.: Hubschrauber - Kampfmittel der
   Zukunft. In: Heere international. 1, 1981. S. 86-101.   BZ 4754:1
Rother, M.H.: Der Hubschrauber im Seekrieg. Die Entwicklung
   eines neuen Kampfmittels der Marine. In: Nauticus. Jg. 35, 1982.
   S. 153-164.   BZ 4373:13
Svoboda, V.: Vrtulníky. [Hubschrauber.] Praha: Naše Vojsko
   1979. 321 S.   B 43381

F 5.5 Nachrichtentechnik/Elektronik/Kybernetik

B u r o w , N. I. : (Malovysotnaja Radiolokacija, [dt.]) Funkmessortung
in geringen Höhen. Berlin: Militärverl. d. DDR 1981. 127 S. Bc 2666
Electronics for defence. Amstelveen: Perel 1980. 120 S. Bc 0628
G a r l i ń s k i , J. : Enigma. Tajemnica drugiej wojny światowej.
[Enigma. Das Geheimnis des Zweiten Weltkrieges.] Londyn:
Odnowa 1980. 255 S. B 44736
G i o r g e r i n i , G. ; N a s s i g h , R. : Riflessioni su "Ultra". In:
Rivista marittima. Anno 114, 1981. 8/9. S. 65-76. BZ 4453:114
K o s p o t h , E. von: AWACS - ein neues Frühwarnsystem der NATO
in Europa. In: Jahrbuch der Luftwaffe. Jg. 14, 1981.
S. 94-100. F 0107:14
L e w i n , R. : A signal-intelligence war. In: Journal of contemporary
history. Vol. 16, 1981. No. 3. S. 501-512. BZ 4552:16

F 5.6 Raumfahrttechnik

B l a u , T. ; G o u r e , D. : A preface to space defense. In: Comparative strategy. Vol. 3, 1981. No. 2. S. 135-149. BZ 4686:3
D e u d n e y , D. : Krieg oder Frieden im Weltraum. In: Europa-Archiv.
Jg. 37, 1982. Folge 18. S. 553-563. BZ 4452:37
G e n t y , R. : Les possiblités d'emploi militaire de l'espace. In:
Stratégique. 1982. No. 13. S. 105-129. BZ 4694:1982
M u l t a n , W. : Zakaz wykorzystywania kosmosu do celów wojskowych.
[Verbot der Benützung des Weltraumes für militärische Zwecke.]
In: Sprawy Międzynarodowe. Rok 35, 1982. Zeszyt 1-2.
S. 37-50. BZ 4497:35
S m e r n o f f , B. J. : The strategic value of space-based laser weapons. In: Air University review. Vol. 33, 1982. No. 3.
S. 2-17. BZ 4544:33

G Wirtschaft

G 0. Grundfragen der Wirtschaft / Weltwirtschaft

Adler-Karlsson, G.: (The political Economy of East-West-South co-operation, [schwed.]) De tre Världarna. Stockholm: Prisma 1980. 242 S.   B 43247
Bakewell, R.D.: Foreign aid. A discussion paper. In: Australian outlook. Vol. 35, 1981. No. 1. S. 59-77.   BZ 4423:35
Internationale Beziehungen in der Weltwirtschaftskrise 1929-1933. Referate u. Diskussionsbeiträge eines Augsburger Symposions 29. März bis 1. April 1979. Hrsg.: J. Becker [u. a.]. München: Vögel 1980. X, 451 S.   B 44601
Borchardt, K.: Zwangslagen und Handlungsspielräume in der großen Wirtschaftskrise der frühen dreißiger Jahre. Zur Revision des überlieferten Geschichtsbildes. In: Internationale Beziehungen in der Weltwirtschaftskrise 1929-1933. 1980. S. 287-325.   B 44601
Engelhardt, W.W.; Kosta, J.; Peters, H.-R.: Zur marxistischen und neuen politischen Ökonomie. Hrsg.: G. Hedtkamp. Berlin: Duncker u. Humblot 1981. 121 S.   Bc 2031
Zur Wirtschaftslage imperialistischer Länder. Jahresbericht 1981. In: IPW-Berichte. Jg. 10, 1981. H. 8. S. 25-56.   BZ 05326:10

G 1 Volkswirtschaft

G 1.1 Wirtschaftsordnung/Wirtschaftsformen/Wirtschaftssysteme

Buro, A.: Autozentrierte Entwicklung durch Demokratisierung? Lehren aus Vietnam und anderen Ländern der Dritten Welt. Frankfurt: Campus Verl. 1981. 320 S.   B 43657
Cabrera, C.H.: Socialismo o barbarie. Alternativa de hoy. Lima: Ed. Sociales Univ. 1978. 252 S.   B 42468
Dales, G.: De ondergang van de NIEO. In: Internationale spectator. Jg. 35, 1981. Nr. 9. S. 516-528.   BZ 05223:35
Hermansson, C.H.: Kapitalister. 1. 2. Stockholm: Arbetarkultur 1979-81. 236, 219 S.   B 38905

Höffkes, P.W.: Die neue Weltwirtschaftsordnung. Forderungen der Entwicklungsländer. In: Politische Studien. Jg. 32, 1981. H. 259. S. 525-540. BZ 4514:32
"Multis", Proletariat, Klassenkampf. Berlin: Dietz 1981. 424 S. B 43698
Schulungsleitfaden zu Karl Marx: Kritik der politischen Ökonomie. Lohnarbeit u. Kapital. Lohn, Preis u. Profit. München: Verl. Freies Volk 1979. 107 Bl. Bc 0525
Stankiewicz, W.: Ekonomika wojenna. [Kriegswirtschaft.] Wyd. 2, popr. Warszawa: Wyd. Min. Obrony Narod. 1981. 458 S. B 44730
Vygodskij, V.S.: (Ekonomičeskoe Obosnovanie teorii naučnogo kommunizma, [dt.]) Das Werden der ökonomischen Theorie von Marx und der wissenschaftliche Kommunismus. Berlin: Dietz 1978. 312 S. B 44035
Základy vojnovej ekonomiky. [Grundlagen der Kriegswirtschaft.] Praha: Naše Vojsko 1980. 315 S. B 44118

G 2 Landwirtschaft/Ernährungswesen

Kołodziejak, Z.: Wojna a wyżywienie. Wojenno-ekonomiczne aspekty rozwoju rolnictwa i gospodarki żywnościowej. [Krieg und Ernährung. Militärisch-ökonomische Aspekte der Entwicklung der Landwirtschaft u. d. Nahrungsmittelwirtschaft.] Warszawa: Wyd. Min. Obrony Narod. 1979. 255 S. Bc 1434
Lewin, E.: Zur Ausarbeitung der bündnispolitischen Konzeption der Kommunistischen Internationale gegenüber der Bauernschaft (1919-1923). In: Jahrbuch für Geschichte der sozialistischen Länder Europas. Bd 25/1, 1981. S. 7-27. BZ 4398:25,1
Mooney, P.R.: (Seeds of the earth. [dt.]) Saat-Multis und Welthunger. Wie die Konzerne die Nahrungsschätze der Welt plündern. Reinbek: Rowohlt 1981. 170 S. B 44454

G 3 Industrie

Langdon, S.W.: North-South, West and East: industrial restructuring in the world economy. In: International Journal. Vol. 36, 1981. No. 4. S. 766-792. BZ 4458:36
Perlman, R.: Rohstoffbedarf: Abhängigkeit und Störanfälligkeit der Industriestaaten. In: Dritte-Welt-Konflikte und internationale Sicherheit. 1981. S. 117-129. B 44309
Tuomi, H.: Transnational military corporations: the main problems. In: Current research on peace and violence. Vol. 4, 1981. No. 3. S. 180-194. BZ 05123:4

Energiepolitik

Addinall, E.; Ellington, H.: Nuclear Power in perspective.
London: Kogan Page 1982. 214 S. B 45493
Ebinger, C. K.: International Politics of nuclear energy.
Beverly Hills, London: Sage 1978. 87 S. Bc 1866
Gabriel, H. W.; Riegert, B.: Energiekrise. Probleme und
Lösungsmöglichkeiten. Köln: Bund-Verl. 1981. 76 S. Bc 2143
Ginkel, J. van: Het Westen en de oliecrisis 1973-74. 's-Gravenhage: Nederlands Instituut voor Vredesvraagstukken 1978.
142 S. Bc 1829
Hackett, Sir J.: Der Schutz der Ölversorgung. Militärische Erfordernisse. In: Dritte-Welt-Konflikte und internationale Sicherheit
1981. S. 155-169. B 44309
Hallwood, P.; Sinclair, S.: OPEC's developing relationships
with the Third World. In: International affairs. Vol. 58, 1982. No. 2.
S. 271-286. BZ 4447:58
Israel, J.; Israel, D.: Oliekrisen og den nye økonomiske verdensorden: København: Tidernes Skifter 1977. 234 S. B 45859
Levy, W. J.: Oil, an agenda for the 1980s. In: Foreign affairs.
Vol. 59, 1981. No. 5. S. 1079-1101. BZ 05149:59
Lovins, A. B.; Lovins, L. H.: (Energy War. [dt.]) Atomenergie
und Kriegsgefahr. Reinbek: Rowohlt 1981. 271 S. B 44455
Lundberg, F.: Det våras för atombomben. Sambandet kärnvapen - kärnkraft. Stockholm: Barrikaden 1981. 147 S. B 45266
Maull, H. W.: The control of oil. In: International Journal.
Vol. 36, 1981. No. 2. S. 273-293. BZ 4458:36
Pfaltzgraff, R. L.: Energy issues and alliance relationships: The
United States, Western Europe and Japan. Special report.
Cambridge: Institute for Foreign Policy Analysis 1980. 76 S. Bc 2245
Ramberg, B.: Destruction of nuclear energy facilities in war.
The problem and the implications. Lexington: Lexington Books
1980. XVI, 203 S. B 44880
Ramberg, B.: (Destruction of nuclear energy facilities in war.
[dt.]) Zielscheibe Kernkraftwerk, Kernkraftwerke im Kriegsfall.
Neubiberg: Karamanolis 1982. 241 S. B 46228
Ratti, G.: Che cosa chiedono i paesi esportatori ai paesi importatori di petrolo? In: Affari esteri. Anno 13, 1981. No. 52.
S. 496-504. BZ 4373:13
Schwenk, H.: Imperialistische Energiepolitik. Widersprüche,
Gefahren, Alternativen. Berlin: Dietz 1981. 240 S. B 45423
Smart, I.: Communicating with oil exporters. The old dialogue
and the new. In: The Atlantic community quarterly. Vol. 18, 1980/
81. No. 3. S. 323-337. BZ 05136:18
Strohm, H.: Atomenergie. Sicher? Sauber? Wirtschaftlich?
Unerschöpflich? Berlin: Freunde der Erde 1979. 70 S. Bc 2449

G 4 Handel

Alston, P.: International trade as an instrument of positive human rights policy. In: Human rights quarterly. Vol. 4, 1982. No. 2.
S. 155-183. BZ 4753:4
Bütler, H.: Osthandel, Ostkontakte und Antikommunismus. Erfahrungen der fünfziger und sechziger Jahre. In: Innen- und Aussenpolitik. 1980. S. 367-383. B 44602
Hartland-Thunberg, P.: Trading Blocs, U.S. exports, and world trade. Boulder: Westview 1980. XIV, 197 S. B 43988
Kobe, W.; Seifried, D.: Welthandel. 1. 2. Freiburg: Gesellsch. f. entwicklungspolit. Bildung 1981. 66, 34, 2 S. D 02299
Nötzold, J.: Die Wirtschaft in den Ost-West-Beziehungen. In: Aussenpolitik. Jg. 32, 1981. 4. S. 373-385. BZ 4457:32
Randolph, R. S.: Technology transfer and East-West trade. A strategic perspective for the eighties. In: Comparative strategy Vol. 3, 1981. No. 2. S. 117-133. BZ 4686:3

G 6 Finanzen/Geld- und Bankwesen

Badaloni, N.: Dialettica del capitale. Roma: Ed. Riuniti 1980.
136 S. Bc 1759
Bohlinger, R.: Bringt Hochzinspolitik Wirtschaftszusammenbruch und dann Dritten Weltkrieg? E. Beisswenger: Zinswirtschaft - oder die Herrschaft des Geldes. Wobbenbüll: Verl. f. ganzheitl. Forschung u. Kultur 1981. 40 S. Bc 2591
Horsdal, M.: Repressionsformer i senkapitalismen. Bidrag til en socialisationskritik. Odense: Univ. 1979. 87 S. Bc 2298
Kapitalisme, behov og civilisation. 1. 2. Århus: Modtryk 1980.
349 S. B 43170
Lekachman, R.; Loon, B. van: (Capitalism for beginners. [dt.]) Kapitalismus für Anfänger. Reinbek: Rowohlt 1981.
173 S. B 44607
Shariati, A.: Capitalism wakes up?! [Aus d. Iranischen.] Teheran: Ministry of Islamic Guidance 1981. 26 S. Bc 2276

H Gesellschaft

H 0 Sozialwissenschaft/Soziologie

Arnfred, N.; Kjellberg, A.; Malmgren, B.: Stat og klasser under kapitalismen. Udvidet og omarb. udg. København: Finn Blytmann 1981. 222 S. B 45095
Dlubek, R.; Merkel, R.: Marx und Engels über die sozialistische und kommunistische Gesellschaft. Berlin: Dietz 1981. 541 S. B 43701
Israel, J.: (Alienation: från Marx till modern sociologi. [engl.]) Alienation. From Marx to modern sociology. A macrosociological analysis. New Jersey: Humanities Pr. 1979. X, 358 S. B 44093
Jaroslawski, J.: Die Intellektuellen und der Sozialismus. Baden-Baden: Nomos-Verlagsges. 1981. 173 S. B 44995

H 1 Bevölkerung und Familie

H 1.2 Jugendfrage und Jugendbewegung

Aussteigen oder rebellieren. Jugendliche gegen Staat und Gesellschaft. Hrsg.: M. Haller. Reinbek: Rowohlt 1981. 254 S. B 44573
Die Jugend in der Gesellschaft von heute. Moskau: Akademie d. Wissenschaft d. UdSSR 1978. 227 S. Bc 1569

H 1.3 Frauenfrage und Frauenbewegung

Albert, F.: Die III. Feminale. Eine Dokumentation. Camberg: Camberger Verl. 1980. 32 S. Bc 2417
Barrett, M.: Women's Oppression today. Problems in Marxist feminist analysis. London: Verso Ed. and NLB 1980. 269 S. B 43930
Casalini, M.: Femminismo e socialismo in Anna Kuliscioff, 1890-1907. In: Italia contemporanea. Anno 33, 1981. No. 143. S. 11-43. BZ 4489:33
Farnsworth, B.B.: Communist feminism. Its synthesis and demise. In: Women, war, and revolution. 1980. S. 145-163. B 43106

Greven-Aschoff, B.: Sozialer Wandel und Frauenbewegungen. In:
Geschichte und Gesellschaft. Jg. 7, 1981. H. 3/4.
S. 328-346. BZ 4636:7
Hosken, F. P.: Toward a definition of women's human rights. In:
Human rights quarterly. Vol. 3, 1981. No. 2. S. 1-10. BZ 4753:3
Fluchtpunkt Jahrhundertwende. Hrsg.: H. Glaser. Bd 1. 2. Berlin:
Ullstein 1981. 388, 388 S. B 44839
Liversage, T.: Kvinden og historien. Kønsroller og familiemønstre i økonomisk belysning. 2. udg. København: Gyldendal 1980.
104 S. Bc 2300
MacKinnon, C. A.: Feminism, marxism, method, and the state.
An agenda for theory. In: Signs. Vol. 7, 1981/82. No. 3.
S. 515-544. BZ 4416:7
The Politics of the second electorate. Women and public participation.
Ed.: J. Lovenduski and J. Hills. London: Routledge and Kegan
Paul 1981. XVIII, 332 S. B 44630
Pour une Politique des femmes par les femmes pour les femmes.
Les propositions du P. S. U. Paris: Syros 1981. 120 S. Bc 2328
Reanda, L.: Human rights and women's rights. The United Nations
approach. In: Human rights quarterly. Vol. 3, 1981. No. 2.
S. 11-31. BZ 4753:3
Wiseberg, L. S.; Scoble, H. M.: Women's rights and international human rights. A bibliographical note. In: Human rights
quarterly. Vol. 3, 1981. No. 2. S. 127-135. BZ 4753:3
Wolf-Graaf, A.: Frauenarbeit im Abseits. Frauenbewegung und
weibliches Arbeitsvermögen. München: Verl. Frauenoffensive
1981. 431 S. B 44653
Women, power and political systems. Ed.: M. Rendel. London:
Croom Helm 1981. 262 S. B 44390
Zeile, E.: Frauen für den Frieden. Essen: DFG-VK. 1981.
171 S. B 44851

H 2 Stand und Arbeit

Beier, G.: Geschichte und Gewerkschaft. Köln: Bund-Verl. 1981.
532 S. B 44787
Brécy, R.: Les chansons du Premier Mai. In: Revue d'histoire
moderne et contemporaine. Tome 28, 1981. Juillet-Septembre.
S. 393-432. BZ 4586:28
Classe operaia e movimenti nazionali. Studi e testi. A cura di
R. Monteleone. Torino: Giappichelli 1981. 260 S. B 45077
Dietzel, H.: Reformistische Arbeiterbewegung heute. Theoret.
Positionen u. polit. Wirksamkeit im Klassenkampf. Berlin:
Dt. Verl. d. Wissenschaften 1981. 156 S. Bc 2844
Einheit der Arbeiterklasse und ideologischer Kampf. Berlin:
Staatsverl. d. DDR 1981. 271 S. B 43415

Esser, J.: Woran scheitert der gewerkschaftliche Internationalismus. In: Kritisches Gewerkschaftsjahrbuch. 1981/82.
S. 7-18. BZ 4682:1981/82
Evers, A.; Szánkay, Z.: Das gerissene Band. Überlegungen zum neueren Verhältnis von sozialem Wissen und sozialer Bewegung. In: Prokla. Jg. 11, 1981. Nr. 2. S. 43-59. BZ 4613:11
Fougeyrollas, P.: (Quarantième Anniversaire de la fondation de la IVe Internationale ... [dt.]) Mehr als ein Jahrhundert des Kampfes für die Arbeiterinternationale... Dortmund: Dröge 1979.
159 S. Bc 1670.
Gewerkschaften. Analysen, Theorie und Politik. Hrsg.: U. Teichmann. Darmstadt: Wiss. Buchges. 1981. VI, 387 S. B 44518
Hautsch, G.: Integrationismus und "Korporatismus". Überlegungen zur Problematik der Einbindung von Gewerkschaften in das staatsmonopolistische Herrschaftssystem. In: Marxistische Studien. 1981. 4. S. 222-241. BZ 4691:1981
Der Internationalismus der Arbeiterklasse. Berlin: Dietz 1981.
183 S. B 43418
Jernewall, M.: Sprängpunkten. En bok om den tekniska utvecklingen, arbetarrörelsens roll och demokratins framtid. Stockholm: Författarförlaget 1980. 305 S. B 45282
Verschärfte Krisenerscheinungen im Kapitalismus und Lage der Arbeiterklasse. In: IPW-Berichte. Jg. 10, 1981. H. 12.
S. 14-24. BZ 05326:10
Na'aman, S.: Gibt es einen "Wissenschaftlichen Sozialismus"? Marx, Engels u. d. Verhältnis zwischen sozialist. Intellektuellen u. d. Lernprozessen d. Arbeiterbewegung. Hrsg. u. eingel.: M. Vester. Hannover: SOAK-Verl. 1979. VIII, 128 S. Bc 1722
Pfeifer, S.: Gewerkschaften und Kalter Krieg 1945 bis 1949. Die Interzonenkonferenzen der deutschen Gewerkschaftsbünde, die Entwicklung des Weltgewerkschaftsbundes u. der Ost-West-Konflikt. Köln: Pahl-Rugenstein 1980. 400 S. B 44557
Poole, M.: Theories of trade unionism. A sociology of industrial relations. London: Routledge & Kegan Paul 1981. XI, 265 S. B 43766
Wagner, T.: Weltfriede durch stabile Arbeitswährung. Schicksalsfrage d. Menschheit im Atomzeitalter. Eisenstadt: Roetzer 1979.
55 S. Bc 1785

H 5 Gesundheitswesen

Bechmann, A.: "Global future" - weist das Handlungsprogramm zu "Global 2000" einen Weg in die Zukunft? In: Blätter für deutsche und internationale Politik. Jg. 27, 1982. H. 2.
S. 207-222. BZ 4551:27

Bittorf, W.: "Sie zeigen uns Wege aus der Ohnmacht". Umweltschutz-Organisation "Greenpeace". In: Der Spiegel. Jg. 36, 1982. Nr. 36. S. 112-124. BZ 05140:36

Bönisch, A.: Analyse und Prognose globaler Probleme in "Global 2000" und die Realitäten der Weltentwicklung. In: Deutsche Aussenpolitik. Jg. 27, 1982. H. 5. S. 39-52. BZ 4557:1982

Bugaev, A. B.: Razoruženie - neobchodimoe uslovie zaščity prirodnoj sredy. [Abrüstung - ein notwendiges Element des Umweltschutzes.] In: Voprosy istorii. God 1982. No. 6. S. 74-88. BZ 05317:1982

Am Ende der Ressourcen? Über Ökologie und Sozialismus. Hrsg.: Die Grünen. Mit Beitr. v. R. Bahro [u. a.]. Kiel: Magazin-Verl. 1981. 126 S. Bc 2169

Friedensforschung und Ökologie. Kolloquium d. Konzils d. Friedensforscher Bonn, 13. 11. 1980. Bonn: Dt. Gesellsch. f. Friedens- u. Konfliktforschung 1981. 155 S. Bc 2625

Gärtner, E.: "Global 2000" - Vorzüge und Mängel der amerikanischen Weltstudie. In: Blätter für deutsche und internationale Politik. Jg. 26, 1981. H. 10. S. 1221-1233. BZ 4551:26

The Global 2000 Report to the president of the U.S. Entering the 21st century. Vol. 1-3. New York: Pergamon Pr. 1980. Getr. Pag. B 43054

Loftager, J.: Marxisme, økologi og det utopiske perspektiv. Århus: Modtryk 1981. 105 S. Bc 2783

MacTaggart, D.: (Greenpeace three. [dt.]) Unternehmen Greenpeace. Fahrt in den Atompilz. Frankfurt: Ullstein 1981. 360 S. B 43555

Pilat, J. F.: Ecological Politics: The rise of the green movement. Beverly Hills, London: Sage 1980. 96 S. Bc 1950

Rügemer, W.: Die alarmierenden Prognosen von "Global 2000". Ein Bericht über die Weltstudie des amerikanischen Rates für Umweltqualität und des US-Außenministeriums. In: Blätter für deutsche und internationale Politik. Jg. 26, 1981. H. 8. S. 927-945. BZ 4551:26

H 6 Sport und Spiel

Eberl, E.: Wehrmachtsport im zweiten Weltkrieg. In: Deutsches Soldatenjahrbuch. Jg. 30, 1982. S. 214-225. F 145:30

Kanin, D. B.: A political History of the Olympic Games. Boulder: Westview 1981. XIV, 161 S. B 43990

Maitre, H. J.: The 1980 Moscow Olympics: Politics and policy. Remarks. Stanford: Leland Stanford Junior Univ. 1980. 29 S. Bc 2173

J Geistesleben

J 1 Wissenschaft

J 1.1 Philosophie

Politisches Bewusstsein ohne herrschaftliche Rationalität. 2. Blochtage. Vorbereitungsbroschüre. Tübingen: Sozialist. Zentrum
1981. 112 S.   Bc 2188
Grosser, A.: (Le Sel de la terre, [dt.]) Der schmale Grat der Freiheit. Eine neue Ethik für eine neue Zeit? München: Hanser
1981. 201 S.   B 44449
Dialektisk og historisk materialisme. Grundbog. København:
Sputnik 1980. 318 S.   B 45096
Mtschedlow, M.: Der Zivilsationsbegriff in der marxistisch-leninistischen Theorie. In: Marx-Engels-Jahrbuch. 4, 1981.
S. 9-49.   BZ 4445:4
Parekh, B.: Marx's Theory of ideology. London: Croom Helm
1982. 247 S.   B 45133
Semprun, J.: (Précis de recuperation... [Auszug dt.]) Rive Gauch. Ein Pamphlet gegen die Meisterschwätzer. Hamburg: Ed. Nautilus
1979. 51 S.   Bc 1665

J 1.5 Medizin

Mikulski, J.: Medycyna hitlerowska w sluzbie III Rzeszy. [Die Nazi-Medizin im Dienste des Dritten Reichs.] Warszawa:
Państw. Wyd. Nauk. 1981. 217 S.   B 45579
Militädmedizin. Hochschullehrbuch für Studenten der Medizin und Stomatologie. Hrsg.: H. R. Gestewitz [u. a.].2. verb. Aufl.
Berlin: Mil. Verl. d. DDR 1981. 307 S.   B 44030
Owen-Smith, M. S. High Velocity Missile Wounds. London:
Arnold 1981. IX, 182 S.   B 43824

J 4 Presse und Propaganda/Publizistik

Die Frau im politischen Plakat. R. Westphal, [Hrsg.]. Berlin:
 Frölich u. Kaufmann 1979. 143 S.   Bc 2038
Kelly, S.: Access denied. The politics of press censorship.
 Beverly Hills, London: Sage 1978. 80 S.   Bc 1864
Kraft, J.: Die Macht der Medien. In: Europäische Rundschau.
 Jg. 9, 1981. Nr. 4. S. 3-27.   BZ 4615:9
Trolle, B.: Film og politik. Fra tressernes velstandsperiode til
 halvfjerdsernes krise belyst gennem en raekke artikler og essays.
 København: SP Forl. 1978. 204 S.   B 42231

J 6 Kirche und Religion

J 6.1 Christentum

Baggio, A. M.: Da Marx a Cristo. L'itinario itellettuale di un
 marxista. Roma: Città nouva editrice 1980. 181 S.   B 43644
Friedenserziehung als Problem von Theologie und Religionspäda-
 gogik. München: Kaiser 1981. 245 S.   B 44110
Hourdin, G.: La nouvelle Droite et les chrétiens. Paris:
 Ed. du Cerf 1980. 99 S.   Bc 1945
(Kernbewapening, [dt.]) Kirche und Kernbewaffnung. Mat. über ein
 neues Gespräch über d. christl. Friedensverantwortung. Hrsg. u.
 übers. v. H. U. Kirchhoff. Neukirchen-Vluyn: Neukirchener Verl.
 1981. 180 S.   B 44028
Oppgjør med kirken. Red.: H. Viestad. 3. oppl. Oslo: Pax Forl.
 1978. 286 S.   B 43321

Katholische Kirche

Casaroli, A.: Der Heilige Stuhl und die Völkergemeinschaft.
 Reden und Aufsätze. Berlin: Duncker u. Humblot 1981.
 XXXI, 209 S.   B 44009
Frieden in Sicherheit. Zur Weiterentwicklung der katholischen Frie-
 densethik. Martin Gritz zum 65. Geburtstag. Hrsg.: N. Glatzel u.
 E. J. Nagel. Freiburg: Herder 1981. 288 S.   B 44456
Garzia, I.: La Questione romana durante la prima guerra mon-
 diale. Napoli: Scienti italiane 1981. 216 S.   B 46824
Helbling, H.: Politik der Päpste. Der Vatikan im Weltgeschehen.
 1958-1978. Berlin: Ullstein 1981. 220 S.   B 44466
Latour, H. F.: Die päpstliche Schweizergarde in Rom. In:
 Geschichte. Nr. 47, 1982. S. 6-13.   BZ 05043:47
Milcent, E.: A l'est du Vatican. La papauté et les démocraties
 populaires. Paris: Ed. du Cerf 1980. 207 S.   B 43474

Niemotko, W.: Działalność mediacyjna Watykanu. [Die Vermittlertätigkeit des Vatikans.] In: Sprawy Międzynarodowe.
Rok. 34, 1981. Zeszyt 9. S. 61-72. BZ 4497:34
Papelaux, L.: Le Vatican et le problème juif (1944-1945). In: Revue d'histoire de la deuxième guerre mondiale. Année 31, 1981.
No. 124. S. 41-68. BZ 4455:31
Stehle, H.: Kirche und Papst in der polnischen Krise. In: Europa-Archiv. Jg. 37, 1982. Folge 6.S. 161-170. BZ 4452:37
Waszkiewicz, Z.: Polityka Watykanu wobec Polski 1939-1945. [Die Politik des Vatikans gegenüber Polen.] Warszawa:
Państw. Wyd. Nauk. 1980. 370 S. B 42502
Zunino, P.G.: Unité de l'occident et lutte contre le communisme. Le Vatican et l'URSS entre les fronts populaires et la défaite de l'Axe. In: Revue d'histoire de la deuxième guerre mondiale.
Année 31, 1981. No. 124. S. 19-40. BZ 4455:31

J 6.2 Islam

Fischer-Barnicol, H.A.: Die islamische Revolution. Die Krise einer religiösen Kultur als politisches Problem. 2., erw. u. verb.
Aufl. Stuttgart: Kohlhammer 1981. 238 S. B 42756
Islam and power. Ed.: A.S. Cudsi and A.E.H. Dessouki.
London: Croom Helm 1981. 204 S. B 44391
Kramer, M.: Political Islam. Forew.: R.G. Neumann.
Beverly Hills, London: Sage 1980. 88 S. Bc 1880
The Politics of Islamic reassertion. Ed.: M. Ayoob.
London: Croom Helm 1981. 298 S. B 43868
Rondot, P.: L'affirmation actuelle de l'islam. In: Défense nationale. Année 37, 1981. Décembre. S. 75-93. BZ 4460:37
Wassiljew, A.: Der Islam in der heutigen Welt. In: Deutsche Aussenpolitik. Jg. 27, 1982. H. 2. S. 51-62. BZ 4557:27

K Geschichte

K 0 Allgemeine Geschichte

Ambjörnsson, R.: Tiden - ett äventyr. Om våghalsar, uppror
och idéer. Stockholm: Liber 1980. 208 S.   B 43217
Bracher, K. D.: Geschichte und Gewalt. Zur Politik im 20. Jahrhundert. Berlin: Severin u. Siedler 1981. 344 S.   B 44545
Historie - bevidsthedshistorie. København: Medusa 1978.
127 S.   Bc 1995
Lockhart, C.: Bargaining in international conflicts. New York:
Columbia Univ. Pr. 1979. 205 S.   B 44063
Luvaas, J.: Military history. Is it still practicable? In:
Parameters. Vol. 12, 1982. No. 1. S. 2-14.   BZ 05120:12
MacCullin, D.: (Hearts of darkness. [dt.]) Die im Dunkeln.
Wien: Zsolnay 1982. 156 S.   08719
Spohn, W.: Geschichte und Marxismus. Zur Kontroverse zwischen
E. P. Thompson und P. Anderson. In: Prokla, Jg. 11, 1981. Nr. 2.
S. 61-84.   BZ 4613:11
The Victors. Ed.: P. Young. London: Hamlyn 1981. 256 S.   08683
Großer historischer Weltatlas. Red.: J. Engel u. E. W. Zeeden. T. 3:
Neuzeit. 4. überarb. u. erw. Aufl. München: Bayerischer Schulbuch-Verl. 1981. Getr. Pag.   08604
Weltpolitik. Für d. Ranke-Gesellschaft... hrsg. :v. O. Hauser.
1-3. (1933-1953.) Göttingen: Musterschmidt 1973-1978.
292, 322, 316 S.   B 19999

K 2 Geschichte 1815—1914

Burgsdorff-Garath, A. von: Der Hauptmann. Henning von Burgsdorff. Vom tapferen Leben u. Sterben d. Bezirkshauptmanns von
Gibeon. Windhoek: Meinert Ltd 1982. 128 S.   Bc 2895
Günther, P. P. E.: Die Verluste der Regimenter der Kgl. -Preuß.
Armee an Ost- u. Westpreußen im Feldzug von 1866. Hamburg:
Selbstverl. 1978. VII, 210 S.   B 43887
Kennan, G. F.: (The Decline of Bismarck's European order. [dt.])
Bismarcks europäisches System in der Auflösung.

Die französisch-russische Annäherung 1875 bis 1890.
Frankfurt: Propyläen 1981. 501 S. B 43903
Lohse, V.: Der Hereroaufstand 1904. In Deutsch-Südwestafrika
brennen die Farmen. In: Damals. Jg. 14, 1982. H. 1.
S. 32-59. BZ 4598:14
Nouzille, J.: Le dernier siège de Strasbourg (11 août-28 septembre 1870). In: Revue historique des armées. 1981. No. 3.
S. 77-95. BZ 4465:1981
Rastelli, A.: 70 anni fa la guerra italo-turca. In: Rivista
marittima. Anno 115, 1982. Luglio. S. 57-78. BZ 4453:115

K 3 Geschichte 1914–1918 (Weltkrieg I.)

K 3a Allgemeine Werke

Bruckmann, K.: Erster Weltkrieg - Ursachen, Kriegsziele,
Kriegsschuld. In: Geschichte in Wissenschaft und Unterricht.
Jg. 32, 1981. H. 10. S. 600-617. BZ 4475:32
Stokesbury, J. L.: A short History of world war 1. New York:
Morrow 1981. 348 S. B 44076

K 3 c Biographien und Kriegserlebnisse

Brown, A.: Destiny. Bognor Regis: New Horizon 1979.
125 S. B 44679
Crutchley, C.: Shilling a day soldier. Bognor Regis: New
Horizon 1980. 128 S. B 44969
Davies, H.: The compassionate War. London: Abbotsbury Publ.
1980. 81 S. Bc 2289
Dolden, A. S.: Cannon Fodder. An infantryman's life on the
Western Front 1914-1918. Poole: Blandford 1980. 185 S. B 43686
Griffith, W. L.: Up to Mametz. London: Severn House 1981.
238 S. B 44782
Vaughan, E. C.: Some desparate Glory. A diary of a young officer,
1917. London: Warne 1981. XI, 232 S. B 45232
Winton, J.: Jellicoe. London: Joseph 1981. 320 S. B 44116

K 3e Politische Geschichte

Bihl, W.: Die Beziehungen zwischen Österreich-Ungarn und dem Osmanischen Reich im Ersten Weltkrieg. In: Österreichische Osthefte. Jg. 24, 1982. H. 1. S. 33-52. BZ 4492:24

Roschmann, H.: Deutsch-österreichische Bündnispolitik im Ersten Weltkrieg. In: Europäische Wehrkunde. Jg. 30, 1981. H. 10. S. 455-465. BZ 05144:30

Schmidt, H. -I.: Wirtschaftliche Kriegsziele Englands und interalliierte Kooperation. Die Pariser Wirtschaftskonferenz 1916. In: Militärgeschichtliche Mitteilungen. 1981. H. 1. S. 37-54. BZ 05241:1981

K 3 f Militärische Geschichte

f 10 Allgemeines und Landkrieg

Allinson, S.: The Bantams. The untold story of world war 1. London: Baker 1981. 287 S. B 44362

Brook-Shepherd, G.: November 1918. The last act of the Great War. London: Collins 1981. 461 S. B 45339

Dudek, Z.: Wolontariusze polscy w armii francuskiej w latach 1914-1917. [Polnische Freiwillige in der französichen Armee.] In: Dzieje najnowsze. Rok. 13, 1981. No. 3. S. 43-56. BZ 4685:13

Kraft, H.: Staatsräson und Kriegführung im kaiserlichen Deutschland 1914-1916. Göttingen: Musterschmidt 1980. 327 S. B 45610

f 20 Seekrieg

Denham, H. M.: Dardanelles. A midshipman's diary 1915-1916. London: Murray 1981. 200 S. B 44863

Diere, H.: Scapa Flow 1919. In: Marine-Kalender der DDR. 1982. S. 178-190. F 1447:1982

Australia's first naval Fight. November 1914. (Emden.) Lyneham: The Military Historical Society 1978. 16 S. Bc 0567

Flisowski, Z.: Bitwa jutlandzka. [Die Jütland (Skagerrak) - Schlacht.] Gdańsk: Wyd. Morskie 1981. 221 S. B 44833

Hickey, D.; Smith, G.: Seven Days to disaster. (Lusitania.) London: Collins 1981. 336 S. B 44613

Hoyt, E. P.: Defeat at the Falklands. Germany's East Asia Squadron 1914. London: Hale 1982. 240 S. B 44881

Koslow, A.: Der Kampf Sowjetrußlands gegen den Raub der Schwarzmeerflotte durch die deutschen Imperialisten 1918. In: Militärgeschichte. Jg. 21, 1982. H. 1. S. 29-42. BZ 4527:21

MacClement, F.: Guns in paradise. (Emden.) Markham:

Paper Jacks 1979. 252 S. B 44290
Münching, L. L. von: De Verliezen van de Nederlandse koopvaardj in de Eerste Wereldoorlog 1914-1918. Haarlem: Erato 1981. 80 S. Bc 2148
Myres, J. N. L.: The blackbeard of the Aegean. London: Leopard's Head Pr. 1980. 35 S. Bc 0708
Stjernfelt, B.: Åland 1918 - säregen föregångare till nutida FN-operationer. Årsberättelse 1918 av föredragande i avd II. In: Kungliga Krigsvetenskapsakademiens handlingar. Årg. 185, 1981. H. 3. S. 87-129. BZ 4384:185

f 30 Luftkrieg

Campbell, C.; Wood, J. W.: Aces and aircraft of World War I. Poole: Blandford 1981. 143 S. 08654
Dodds, R.: The brave young Wings. Stittsville: Canada's Wings 1980. 293 S. B 44764
Flammer, P. M.: The vivid Air. The Lafayette escadrille. Athens: Univ. of Georgia Pr. 1981. XI, 249 S. B 45202
Gibson, M.: Warneford, VC. Yeovilton: Fleet Air Arm Museum 1979. 128 S. B 43563
Goworek, T.: Samoloty myśliwskie pierwszej wojny światowej. [Die Jagdflugzeuge des Ersten Weltkriegs.] Warszawa: Wyd. Komunikacji i Łączności 1981. 171 S. Bc 2742
Pesquies-Courbier, S.: La politique de bombardement des usines sidérurgiques en Lorraine et au Luxembourg pendant la Première Guerre mondiale. In: Revue historique des armées. 1981. No. 4. S. 127-159. BZ 4465:1981
Sweetman, J.: The Smuts Report of 1917. Merely political window-dressing? In: The journal of strategic studies. Vol. 4, 1981. No. 2. S. 152-174. BZ 4669:4
Wise, S. F.: Canadian Airmen and the first world war. Toronto: Univ. Pr. 1980. XX, 771 S. B 44433:1

K 3 i Geistesgeschichte

Auckland, R. G.: Catalogue of airdropped facsimile postal stationery. World War I, 1916-1918. London: Psywar Society 1981. 32 S. Bc 2437
Auclert, J.-P.: La grande Guerre des crayons. Les noirs dessins de la propagande en 1914-18. Paris: Laffont 1981. 208 S. 08768
Cooper, C. E.: Behind the Lines. One woman's war 1914-1918. The letters of C. E. Cooper. Ed. and with an introd. by D. Denholm. London: Norman and Hobhouse 1982. 311 S. B 46692
Sonderausstellung: Der Erste Weltkrieg. Zeitgen. Gemälde und Graphik. Ingolstadt: Verl. Donau-Kurier 1980. 84 S. Bc 2722

K 3 k Kriegsschauplätze

k 11 Westfront

Ascoli, D.: The Mons Star. The British Expeditionary Force 5th Aug. -22nd Nov. 1914. London: HARRAP 1981. XXII, 250 S. B 45230
Hewitt, R. L.: Work Horse of the western front. The story of the 30th Infantry Division. Repr. Washington: Infantry Journal Pr. 1980. X, 356 S. B 44481
Kopetzky, H.: In den Tod - Hurra! Deutsche Jugend-Regimenter im Ersten Weltkrieg. Ein historischer Tatsachenbericht über Langemarck. Köln: Pahl-Rugenstein 1981. 186 S. B 44657
Pesquiès-Courbier, S.: Le bassin ferrière de Briey durant la guerre de 1914-1918. In: Revue historique des armées. 1981. No. 2. S. 99-128. BZ 4465:1981
Wombell, P.: Battle Passchendaele 1917. Evidence of war's reality. London: Travelling Light Photography Ltd 1981. 128 S. Bc 0709

k 14 Südfront

Morozzo della Rocca, R.: La Fede e la guerra. Cappellani militari e preti-soldati (1915-1919). Roma: Ed. Studium 1980. 269 S. B 43804
Schaumann, W.: Berge und Soldaten. Die alpine Südwest-Front der Jahre 1915-1918. In: Militaire spectator. Jg. 151, 1982. No. 2. S. 53-66. BZ 05134:151
Siklós, A.: Az Osztrák-Magyar Monarchia utolsó offenzivája. (1918. június 15-24.) [Die letzte Offensive d. Österreich-Ungarischen Monarchie.] In: Hadtörténelmi Közlemények. Évf. 28, 1981. No. 2. S. 208-253. BZ 4513:28

k 21 Vorderasien

Blanchard, M.: Les Dardanelles à la pointe d'Europe. Le débarquement (25-30 avril 1915). In: Revue historique des armées. 1981. No. 2. S. 129-166. BZ 4465:1981
Williamson, T.: The Disappearance of the King's company (Sandringham) in Gallipoli. The day the hills caught fire. Elms Court: Stockwell 1979. 29 S. Bc 2093

k 22 Afrika

Contamin, R.: La prise de Coco-Beach (21 septembre 1914). In: Revue historique des armées. 1981. No. 2. S. 82-97. BZ 4465:1981

K 4 Geschichte 1919—1939

K 4 E Politische Geschichte

Hornbeck, S.K.; Doenecke, J.D.: The Diplomacy of frustration. The Manchruian crisis of 1931-1933 as revealed in the papers of Stanley K. Hornbeck. Stanford: Hoover Inst. Pr. 1981. XIII, 214 S.   B 43603
Knipping, F.: Der Anfang vom Ende der Reparationen: die Einberufung des Beratenden Sonderausschusses im November 1931. In: Internationale Beziehungen in der Weltwirtschaftskrise. 1929-1933. 1980. S. 211-236.   B 44601
Latham, A.J.H.: The Depression and the developing world, 1914-1939. London: Croom Helm 1981. 230 S.   B 45340
MacDonald, C.A.: The United States, Britain and appeasement 1936-1939. London: Macmillan 1981. XI, 220 S.   B 44212

e 30 Konferenzen

Artaud, D.: Sur l'entre-deux-guerres. Wilson à la Conférence de la Paix (1919). In: Revue d'histoire de la deuxième guerre mondiale. Année 31, 1981. No. 124. S. 97-107.   BZ 4455:31
Bollinger, K.: Vor 60 Jahren: die Konferenz von Genua und der Rapallo-Vertrag. In: Deutsche Aussenpolitik. Jg. 27, 1982. H. 4. S. 103-112.   BZ 4557:27
Bosshard, F.: Der Vertrag von Locarno 1925. Beginn einer neuen Epoche in Europa. In: Geschichte. Nr. 44, 1982. S. 24-31.   BZ 05043:44
Craig, G.A.: Die Regierung Hoover und die Abrüstungskonferenz. In: Internationale Beziehungen in der Weltwirtschaftskrise 1929-1933. 1980. S. 101-127.   B 44601
Deluca, A.R.: Great Power Rivalry at the Turkish Straits: The Montreux conference and convention of 1936. New York: Columbia Univ. Pr. 1981. VIII, 216 S.   B 44004
Dockrill, M.L.; Goold, J.D.: Peace without promise. Britain and the Peace Conferences, 1919-1923. London: Batsford 1981. 287 S.   B 43756
Fuchs, G.: Die Locarno-Verträge von 1925 und die deutschtschechoslowakischen Beziehungen. In: Jahrbuch für Geschichte. Bd 24, 1981. S. 175-213.   BZ 4421:24
Fuchs, G.: Význam "Locarna" v německo-československých vztazích. [Die Bedeutung von "Locarno" für die deutsch-tschechoslowakischen Beziehungen.] In: Československý časopis historicky. Rok. 29, 1981. Čislo 6. S. 847-878.   BZ 4466:29
Kumaniecki, J.: Z genezy traktatu ryskiego. [Zur Entstehung des Vertrages von Riga.] In: Z dziejów stosunków polsko-

radziekich i rozwoju wspólnoty państw socjalistycznach. T. 24,
1982. S. 157-170. BZ 4664:24
Simonenko, R. G. : Genuězskaja konferencija, Sovetskaja Rossija
i anglijskaja diplomatija. [Die Konferenz von Genua, Sowjetrussland u. die englische Diplomatie (1922).] In: Novaja i novejšaja
istorija. God 1982. No. 3. S. 92-110. BZ 05334:1982

K 4 F Kriegsgeschichte

F 410 Bürgerkrieg und Interventionskrieg in Rußland 1918—22

Čujkov, V. I. : Stranicy boevoj molodosti. [Ereignisse einer
  kriegerischen Jugend.] Minsk: "Belaruś" 1981. 61 S. Bc 2599
Hayes, H. B. : The iron(ic) horse from Nikolsk. In: Military
  review. Vol. 62, 1982. No. 5. S. 18-28. BZ 4468:62
Timofeev, E. D. : S. S. Vostrecov. [S. S. Vostrecov (Feldherr d.
  Russischen Bürgerkriegs).] Izd. 2-e, ispr. i dop. Moskva:
  Voenizdat 1981. 149 S. B 45746
Zamoyski, A. : The Battle for the Marchlands. New York:
  Columbia Univ. Pr. 1981. 218 S. B 45235

F 465 Chaco-Krieg

Cazal, J. M. : Batalla de Ingavi. Junio de 1935. Guerra del
  Chaco. 1932-1935. Asunción 1979: Impr. Nacional. 387 S. B 42420
Díaz-Arguedas, J. : Reminiscencia de la Campaña del Chaco.
  La Paz: Camarlinghi 1978. 147 S. Bc 1933
Molinas-Zarza, F. A. : La D. 8 en la batalla de el Carmen-Independencia. Asunción: Dir. de Publdde las FF. AA. NN.
  1979. 104 S. Bc 1899
Shepherd, A. : Postal History of the Chaco war, Paraguay.
  Halifax: Shepherd 1981. 19 S. Bc 0718

F 473 Spanischer Bürgerkrieg 1936—39

Arbizzani, L. ; Volta, C. ; Zambonelli, A. : Antifascisti
  emiliani e romagnoli in Spagna e nella Resistenza. Milano:
  Vangelista 1980. 237 S. B 43642
Durán, G. : Una Enseñanza de la Guerra Española. Glorias y
  miserias de la improvisación de un ejército. Seguido de fragmentos... Madrid: Ed. Júcar 1980. 126 S. Bc 1948
Einspruch gegen die Kapitulationen von 1937 vor den Libertären der
  Gegenwart u. d. Zukunft. Span. -dt. Ausg.

Nürnberg: Tiamat 1981. 55 S. Bc 2137
Reske-Nielsen, E. : Den spanske Borgerkrig. 2. opl. ,fuldst. omarb.
  udg. København: Gyldendal 1980. 187 S. B 43967
Rojas- Vila, C. : La Guerra en Catalunya. 2. ed. Esplugas de
  Llobregat: Plaza y Janés 1980. 331 S. B 41630
Trotsky, L. : Lessons of Spain. With the original 1938 introduction.
  London: Cambridge Heath Press Ltd. 1980. 24 S. Bc 2487
Wyszczelski, L. : Hiszpańska wojna narodoworewolucyjna w
  1936 r. [Spanien im nationalrevolutionären Krieg.] In: Wojskowy
  Przegląd Historyczny. Rok 26, 1981. Nr. 4. S. 103-126. BZ 4490:26

K 5 Geschichte 1939–1945 (Weltkrieg II.)

K 5a Allgemeine Werke

Arnold-Forster, M. : The World at war. Rev. and expanded ed.
  London: Thames Methuen 1981. X, 342 S. B 45345
Beaton, C. : War Photographs 1939-1945. London: Jane 1981.
  189 S. 08737
Hass, G. : Die sowjetische Geschichtsschreibung über den Großen
  Vaterländischen Krieg. In: Militärgeschichte. Jg. 21, 1982. Nr. 3.
  S. 351-363. BZ 4527:21
Hillgruber, A. : Forschungsstand und Literatur zum Ausbruch
  des Zweiten Weltkrieges. In: Sommer 1939. 1979.
  S. 337-364. B 43899
Parrish, M. : The U.S.S.R. in world war 2. An annotated biblio-
  graphy of books publ. in the Soviet Union, 1945-1975. With an
  addenda for the years 1975-1980. Vol. 1. 2. New York:
  Garland 1981. XXI, 907 S. B 44770
Samsonov, A. M. : Krach fašistskoj agressii 1939-1945.
  Istoričeskij očerk. [Der Zusammenbruch der faschistischen Ag-
  gression. Histor. Studie.] Izd. 2-e, ispr. i dop. Moskva:
  Nauka 1980. 727 S. B 43779
World war two German military Studies. A collection of 213 special
  reports on the second world war prepared by former officers of
  the Wehrmacht for the United States army. Vol. 1. -24. Ed. :
  D. S. Detwiler. New York: Garland 1979. Getr. Pag. B 45221
Zweiter Weltkrieg und sozialer Wandel. Achsenmächte und besetzte
  Länder. Hrsg. : W. Długoborski. Göttingen: Vandenhoeck u.
  Ruprecht 1981. 388 S. B 44662
World-War II. A concise military history of America's all-out
  two-front war. New York: McKay 1980. 154 S. B 43679

K 5c Biographien/Kriegserlebnisse/Gedächtnisschriften

Biographien militärischer Führer

Abyzov, V. I.: Aleksandr Rodimcev. [Generaloberst Aleksandr Ilic Rodimcev.] Moskva: Politizdat 1981. 109 S.   Bc 2403

Balck, H.: Ordnung im Chaos. Erinnerungen 1893-1948. 2. durchges. u. verm. Aufl. Osnabrück: Biblio Verl. 1981. XIV, 715 S.   B 45087

Engelmann, J.: Manstein. Friedberg: Podzun-Pallas 1981. 176 S.   B 45353

Farago, L.: The last Days of Patton. New York: McGraw-Hill 1981. 319 S.   B 44507

Gorčakov, P. A.: Vremja trevog i pobed. [Zeit der Gefahren und der Siege. Kriegserinnerungen.] Moskva: Voenizdat 1981. 294 S.   B 44522

Hamilton, N.: Monty. Vol. 1: 1887-1942. London: Hamilton 1981. 871 S.   B 43820

Infield, G. B.: Skorzeny: Hitler's commando. New York: St. Martin's Pr. 1981. VIII, 266 S.   B 44682

Kemp, A.: Allied Commanders of World War II. London: Osprey 1982. 40 S.   Bc 0743

Law, R. D.; Luther, C. W.: Rommel. A narrative and pictorial history. San Jose: Bender 1980. 368 S.   B 44437

Macksey, K.: (Rommel, battles and campaigns, [dt.]) Rommel. Schlachten und Feldzüge. Stuttgart: Motorbuchverl. 1982. 301 S.   08720

Makeev, V. F.: I pust' vetry v lico. Ob A. P. Beloborodove. [Und lass Dir den Wind in's Gesicht wehen. Über Armeegeneral Afanasij Pavlant'evič Beloborodov.] Moskva: Politizdat 1981. 108 S.   Bc 2402

Mel'nikov, S. I.: Maršal Rybalko. Vospominanija byvšego člena Voennogo soveta 3-j gvardejskoj tankovoj armii. [Marschall Rybalko.] Kiev: Politizdat Ukrainy 1980. 254 S.   B 44125

Šaripow, A. A.: Černjachovskij. [Armeegeneral I. D. Černjachovskij.] Izd. 2-e. Moskva: "Molodaja gvardija" 1980. 302 S.   B 44974

Ščerbakov, A. D.: V pervom Ešelone. [In der ersten Staffel. Über P. I. Batov (Armeegeneral).] Moskva: Politizdat 1980. 111 S.   Bc 1526

Kriegserlebnisse

Als ich neun Jahre alt war, kam der Krieg. Schüleraufsätze 1946. Ein Lesebuch gegen den Krieg. Hrsg.: H. Heer. Köln: Prometh Verl. 1980. 195 S.   B 43544

Černyšev, I. P.: O Družjach - tovariščach. [Über Freunde - Kameraden.] Leningrad: Lenizdat 1981. 222 S.   Bc 2407

Griffiths, F.: Winged Hours. London: Kimber 1981. 192 S. B 43924
MacKie, R.: Echoes from forgotten wars. Sydney: Collins 1980.
269 S. B 45120
Schoenhuber, F.: Ich war dabei. München: Langen-Müller
1981. 352 S. B 45297
Die Stimme des Menschen. Briefe u. Aufz. a. 30 Ländern 1939-1945.
6. Aufl. München: Piper 1981. XI, 391 S. B 44781
Troman, L.: Wine, women and war. London: Regency Pr. 1979.
97 S. B 44360

K 5e Politische Geschichte

e. 10 Vorgeschichte des Krieges

Azéma, J.-P.: Die französische Politik am Vorabend des Krieges.
In: Sommer 1939. 1979. S. 280-313. B 43899
Dokumenty i materialy kanuna vtoroj mirovoj vojny 1937-1939.
[Dokumente u. Materialien d. Vorabends d. Zweiten Weltkrieges.]
Tom 1. 2. Moskva: Politizdat 1981. 301, 414 S. B 45582
Hellyer, G.: The Australian government, Japan, and the approach
of war. In: Defence force journal. 1982. No. 33.
S. 25-36. BZ 4438:1982
Jurga, T.; Kowalski, W. T.; Męclewski, E.: Marsz ku wojne.
[Der Marsch in den Krieg.] Warszawa: Krajowa Agencja Wydawn.
1980. 79 S. Bc 0635
Kaiser, D. E.: Economic Diplomacy and the origins of the second
world war. Germany, Britain, France, and Eastern Europe,
1930-1939. Princeton: Univ. Pr. 1980. XVI, 346 S. B 44681
Kettenacker, L.: Die Diplomatie der Ohnmacht. Die gescheiterte
Friedensstrategie der britischen Regierung vor Ausbruch des
Zweiten Weltkrieges. In: Sommer 1939. 1979. S. 223-279. B 43899
Préludes a la guerre. La montée des dictatures. Genève: Edito-
Service 1981. 62 S. 08662
Rževskij, O. A.: Nekotorye novye materialy o Moskovskich
peregovorach 1939 g. [Einige neue Materialien über die Moskauer
Verhandlungen 1939.] In: Novaja i novejšaja istorija. God 1981.
No. 4. S. 41-53. BZ 05334:1981
Sevost'janov, P. P.: Pered velikim Ispytaniem. Vnešnjaja
politika SSSR nakanune Velikoj Otečestvennoj vojny. Sentjabŕ
1939 g. -ijuń 1941 g. [Vor der grossen Prüfung. Die Aussenpolitik
der UdSSR am Vorabend des Grossen Vaterländischen Krieges.]
Moskva: Politizdat 1981. 366 S. B 44748
Sipols, V. J.: (Diplomatičeskaja Boŕba nakanune vtoroj
mirovoj vojny, [dt.]) Die Vorgeschichte des deutsch-sowjetischen
Nichtangriffsvertrags. Moskau: Verl. Progress 1981.
359 S. B 44255

Die Ursachen des Zweiten Weltkrieges. Beiträge d. sowjet. Teilnehmer an d. Internat. Tagung... Sept. 1979. Moskau: Akademie d. Wissenschaften 1981. 127 S.   Bc 2677

e. 20 Politischer Verlauf des Krieges

Borejsza, J. W.: Italiens Haltung zum Deutsch-Polnischen Krieg. In: Sommer 1939. 1979. S. 148-194.   B 43899

Collier, R.: 1941. Armageddon. London: Hamilton 1981. 310 S.   B 44763

Fabry, P. W.: Iran, die Sowjetunion und das kriegführende Deutschland im Sommer und Herbst 1940. Göttingen: Musterschmidt 1980. 45 S.   Bc 2048

Hauner, M.: India in Axis strategy. Germany, Japan, and Indian nationalists in the Second World War. Stuttgart: Klett-Cotta 1981. 750 S.   B 44810

Jakuševskij, A.: Agressivnye plany i dejstvija zapadnych deržav protiv SSSR v 1939-1941 gg. [Aggressive Pläne und Aktionen der Westmächte gegen die UdSSR.] In: Voenno-istoričeskij žurnal. God 23, 1981. No. 8. S. 47-57.   BZ 05196:1981

Lutzhöft, H.-J.: Deutsche Militärpolitik und schwedische Neutralität 1939-1942. Neumünster: Wachholtz 1981. 255 S.   B 46411

Puto, A.: In den Annalen der englischen Diplomatie geblättert. Tirana: "8 Nentori" 1980. 244 S.   Bc 2638

Santis, H. de: In search of Yugoslavia. Anglo-American policy and policy-making 1943-1945. In: Journal of contemporary history. Vol. 16, 1981. No. 3. S. 541-563.   BZ 4552:16

Sniegoski, S. J.: Die amerikanische Reaktion auf den Ausbruch des Zweiten Weltkrieges in Europa. In: Sommer 1939. 1979. S. 314-336.   B 43899

Tichý, K.: Evropská cesta Sumnera Wellese. [Die Europareise von Sumner Welles.] In: Československý časopis historický. Rok 30, 1982. Čislo 3. S. 351-381.   BZ 4466:30

Zaks, Z.: Związek Radziecki i "Wolna Francja" (1941-1945). [Die Sowjetunion u. das "Freie Frankreich" 1941-1945.] In: Z dziejów stosunków polsko-radzieckich i rozwoju wspólnoty państw socjalistycznych. T. 24, 1982. S. 3-60.   BZ 4664:24

Magenheimer, H.: Die Konferenz von Jalta 1945 und die "Teilung Europas". In: Österreichische militärische Zeitschrift. Jg. 20, 1982. H. 3. S. 203-210.   BZ 05214:20

Materski, W.: Konferencja Narodów Zjednoczonych w Bretton Woods i Związek Radziecki. [Die Konferenz der Vereinten Nationen in Bretton Woods u. Die Sowjetunion.] In: Dzieje Najnowsze. Rok 13, 1981. No. 4. S. 29-42.   BZ 4685:13

Seeber, E.: Zur Entstehungsgeschichte des UNO-Sicherheitsrates. Die Konferenz von Dumbarton-Oaks 1944. In: Zeitschrift für

Geschichtswissenschaft. Jg. 30, 1982. H. 4. S. 291-303.   BZ 4510:30
Slusarczyk, J.: Układ polsko-radziecki z 30.7.1941 r. [Der polnisch-sowjetische Vertrag vom 30.7,1941.] In: Wojskowy Przegląd Historyczny. Rok 26, 1981. Nr. 3. S. 5-24.   BZ 4490:26

f Militärische Geschichte

f 10 Landkrieg und Allgemeines

f 12 Kriegführung

Arenz, W.; Umbreit, H.: Die militärische Strategie der Westmächte in den Jahren 1941-1945. In: Landesgeschichte und Zeitgeschichte. 1980. S. 5-33.   B 43789
Great Campaigns of World War II. New York: Exeter Books 1980. 320 S.   08703
La Guerre éclair. Les Allemandes submergent l'Europe. Genève: Edito-Service 1981. 61 S.   08663
Irving, D.: The War between the generals. London: Lane 1981. 446 S.   B 43958
Kalla-Bishop, P.M.: Locomotives at war. Army railway reminiscences of the second world war. Truro: Bradford Barton 1981. 150 S.   B 44363
Małecki, A.: "Wilczy Szaniec" w Gierłoży. [Wolfsschanze in Gierłoż.] Gdańsk: Krajowa Agencja Wyd. 1981. 22 S.   Bc 2457
Pitt, B.: Churchill and the generals. London: Sidgwick & Jackson 1981. 196 S.   B 43816
Schulz, G.: Zur englischen Planung des Partisanenkriegs am Vorabend des Zweiten Weltkriegs. In: Vierteljahrshefte für Zeitgeschichte. Jg. 30, 1982. H. 2. S. 322-358.   BZ 4456:30
Seaton, A.: The Fall of fortress Europe 1943-1945. London: Batsford 1981. 218 S.   B 43959
Seidler, F.W.: 1940: Unternehmen "Felix". Die deutschen Planungen zur Eroberung Gibraltars scheitern an Francos Weigerung... In: Damals. Jg. 13, 1981. H. 12. S. 1029-1047.   BZ 4598:13

f 15 Truppengeschichte

Cassin-Scott, J.: Women at war, 1939-1945. Colour plates. London: Osprey 1980. 40 S.   Bc 0551
Ellis, C.: Tanks of World War 2. London: Octopus Books 1981. 206 S.   08611
Katcher, P.: US. 2nd Armored Division, 1940-1945. London: Osprey 1979. 40 S.   Bc 0698

Lucas, J.; Cooper, M.: (Panzer Grenadiers. [dt.]) Panzer-
Grenadiere im 2. Weltkrieg. Stuttgart: Motorbuch Verl. 1981.
239 S. B 44958
Miller, R.: The Commandos. Alexandria: Time-Life 1981.
208 S. 08672
Müller, L.: "Damals". Tagebuchaufzeichnungen des Verf. über d.
Ausbildung für den Fallschirm-Sanitätsdienst u. die Einsätze der
Fallschirm-Sanitätskompanie 12 bei den "Grünen Teufeln" der
1. Fallschirmjäger-Div. 2. Aufl. Würzburg: Selbstverl. 1982.
153 S. 08659
Piekalkiewicz, J.: Krieg der Panzer. 1939-1945. München:
Südwest-Verl. 1981. 332 S. 08575

f 15.3 Freiwilligen-Formationen

Scurr, J.: Germany's Spanish Volunteers 1941-45. The Blue
Division in Russia. London: Osprey 1980. 40 S. Bc 0662
Storlid, P. O.: Frivillige på tysk side i Annen Verdenskrig. In:
Norsk militaert tiedsskrift. Årg. 151, 1981. H. 8.
S. 383-391. BZ 05232:151
Vincx, J.: Vlaanderen in uniform 1940-1945. Deel 2. 3.
Antwerpen: Etnika 1981. 418, 476 S. B 44370

f 20 Seekrieg

Barclay, G. S.: "Butcher and bolt". Admiral Roger Keyes and
British combined operations, 1940-1941. In: Naval War College
review. Vol. 36, 1982. No. 2. S. 18-29. BZ 4634:35
Böddeker, G.: Die Boote im Netz. D. dramatische Bericht über
Karl Dönitz u. d. Schicksal der deutschen U-Boot-Waffe.
Bergisch-Galdbach: Lübbe 1981. 382 S. B 44408
Botting, D.: The U-Boats. Amsterdam: Time-Life Books 1981.
176 S. 08519
Brice, M.: Axis Blockade Runners of World War II. London:
Batsford 1981. 159 S. B 44117
Buchheim, L.-G.: Der Film "Das Boot". Journal. München:
Goldmann 1981. 253 S. 08576
Compton-Hall, R.: The Underwater War 1939-1945. Poole:
Blandford 1982. 160 S. 08758
Garzke, W.; Dulin, R. O.; Webb, T.: British, Soviet, French
and Dutch Battleships of world war 2. London: Jane 1980.
XI, 391 S. 08600
Gueritz, E. F.: Nelson's blood. Attitudes and actions of the Royal
Navy 1939-45. In: Journal of contemporary history. Vol. 16,
1981. No. 3. S. 487-499. BZ 4552:16
Haines, G.: Destroyers at war. London: Allan 1982. 128 S. 08736

Kaiser, E.: QXP. Im U-Boot auf Feindfahrt. Herford: Koehler
    1981. 236 S. B 44468
Kilduff, P.: US Carriers at war. London: Allan 1981.
    128 S. 08544
Maine, R.: La Marine volante. Le duel avion-navire commence.
    Paris: Ed. maritimes et d'Outre-Mer 1981. 662 S. B 45167
Muggenthaler, A.K.: (German Raiders of world war 2. [dt.]) Das
    waren die deutschen Hilfskreuzer. 1939-1945. Bewaffnete Handels-
    schiffe im Einsatz. Stuttgart: Motorbuch Verl. 1981. 297 S. B 45165
Roscoe, T.: United States Destroyer Operations in world war 2.
    6. Print. Annapolis: Naval Inst. Pr. 1977. XVIII, 581 S. 08676
Roscoe, T.: United States Submarine Operations in world war 2.
    11. Print. Annapolis. Naval Inst. Pr. 1979. XX, 577 S. 08677
Steigleder, H.: Die Entwicklung von Kampftechnik für die faschi-
    stische deutsche Kriegsmarine in den Jahren 1942-1943. In:
    Marine-Kalender der DDR 1982. S. 147-157. F 1447:1982
Winton, J.: Find, fix and strike! The Fleet Air Arm at war
    1939-45. London: Batsford 1980. 152 S. B 44221

f 25 Einzelne Schiffe

Aiken, A.: In Time of war. (Glenarn.) Glasgow: Selbstverl. 1981.
    430 S. B 43621
Elfrath, U.: Schlachtschiff Bismarck. Technische Daten, Aus-
    rüstung, Bewaffnung, Panzerung, Kampf und Untergang. Fried-
    berg: Podzun-Pallas 1982. 48 S. Bc 0823
Harker, J.S.: HMNZS Achilles. Auckland: Collins 1980.
    264 S. B 44402
Kurowski, F.: MS "Hansestadt Danzig". Vom Seedienst Ost-
    preußen zum Minenschiffsverband. Herford: Koehler 1981.
    175 S. B 44462
Langenberg, W.H.: The German battleship Tirpitz. A strategic
    warship? In: Naval War College review. Vol. 34, 1981. No. 4.
    S. 81-92. BZ 4634:34
Mack, G.: HMS Intrepid. London: Kimber 1980. 208 S. B 44216
Milligan, C.S.: Australian hospital ship Centaur. Montreal:
    McGill Univ. 1981. 150 S. Bc 0672
Roberts, J.: The battlecruiser Hood. London: Conway Maritime
    Pr. 1982. 127 S. B 45535
Weaver, H.J.: Nightmare at Scapa Flow. The truth about the
    sinking of H.M.S. Royal Oak. Peppard Common: Cressrelles
    1980. 191 S. B 43557

f.30 Luftkrieg

Alcorn, D.; Souster, R.: From hell to breakfast. Toronto:
Intruder Pr. 1980. 339 S.   B 44099

Balke, U.: Kampfgeschwader 100 "Wiking". Stuttgart:
Motorbuchverl. 1981. 479 S.   B 43673

Boehm-Tettelbach, K.: Als Flieger in der Hexenküche. Mainz:
v. Hase u. Koehler 1981. 214 S.   B 46212

Franks, N. L. R.: Sky Tiger. The story of Group Captain Sailor
Malan. London: Kimber 1980. 220 S.   B 44224

Freeman, R. A.: Mighty Eight War Diary. London:
Jane 1981. 508 S.   08792

Gnyś, W.: First kill. A fighter pilot's autobiography.
London: Kimber 1981. 207 S.   B 44225

A Guide to the reports of the United States strategic bombing
survey. Europe. The Pacific. Ed.: G. Daniels. London:
Offices of the Royal Historical Society 1981. XXVI, 115 S.   B 44492

Gunston, B.: Aircraft of World War II. London: Octopus 1980.
207 S.   08568

Gunston, B.: An illustrated Guide to allied fighters of world war 2.
London: Salamander 1981. 160 S.   B 44611

Gunston, B.: An illustrated Guide to German, Italian and
Japanese fighters of world war 2. London: Salamander 1980.
159 S.   B 46641

I'll never forget... Canadian aviation in the second World War.
Toronto: Canadian Aviation Historical Society 1979. 90 S.   Bc 0637

Impact. The Army Air Forces' confidental picture history of
World War II. B. 1. New York: Parton 1980. Getr. Pag.   08711

Jones, G. P.: Night Flight. Halifax squadrons at war.
London: Kimber 1981. 224 S.   B 45523

Kilbracken, J. G.: Bring back my stringbag. Swordfish pilot
at war 1940-1945. London: Pan Books 1980. 221 S.   B 45152

Lucas, L.: Flying Colours. The epic story of Douglas Bader.
London: Hutchinson 1981. 303 S.   B 45335

MacIntosh, D.: Terror in the starboard seat. Don Mills:
General Publ. 1980. 184 S.   B 43828

Nowarra, H. J.: "UHU" - He 219. Bester Nachtjäger des 2. Weltkrieges. Friedberg: Podzun-Pallas 1981. 48 S.   Bc 0754

Olds, R.: Helldiver Squadron. The story of Carrier Bombing
Squadron 17 with Task Force 58. Repr. of 1944. Washington:
Zenger 1980. XI, 263 S.   B 43770

Passmore, R.: Blenheim Boy. London: Harmsworth 1981.
254 S.   B 44877

Philpott, B.: In Enemy Hands. Revealing true stories behind
wartime allied aircraft losses. Cambridge: Stephens 1981.
89 S.   B 44633

Smith, P. C.: Impact! The Dive Bomber pilots speak. London:
Kimber 1981. 253 S.   B 43944

f 62 Widerstandsbewegungen

Elkins, M.: Forged in fury. Loughton: Piatkus 1981. 274 S. B 44400
1951-1981. - 30 Jahre Internationale Föderation der Widerstandskämpfer. FIR. Wien: FIR 1981. 69 S. Bc 2443
Gruchmann, L.: "Nacht- und Nebel"-Justiz. Die Mitwirkung deutscher Strafgerichte an der Bekämpfung des Widerstandes in den besetzten westeuropäischen Ländern 1942-1944. In: Vierteljahrshefte für Zeitgeschichte. Jg. 29, 1981. H. 3.
S. 342-396. BZ 4456:29
Matt, A.: Hat es sich gelohnt? Gespräche und Dokumente über den Widerstand in Europa von 1930 bis 1945. Zürich: Ringier 1980. 256 S. 08627
Wilkinson, J.D.: The intellectual Resistance in Europe. Cambridge: Harvard Univ. Pr. 1981. 358 S. B 44075

f 64 Kriegsgefangene/Internierte/Deportierte

Kriegsgefangene

Baybutt, R.: Camera in Colditz. London: Hodder and Stoughton 1982. 127 S. 08745
Collo, L.: O ti arrangi o crepi. Un alpino nei lager tedeschi. Sett. 1943 -sett. 1945. Milano: Cavalotti 1979. 213 S. B 43636
Firkins, P.: From hell to eternity. Perth: Westward Ho Publ. 1979. VII, 155 S. B 44209
Frieser, K.-H.: Krieg hinter Stacheldraht. Mainz: v. Hase & Koehler 1981. 380 S. B 45053
Gerlach, W.: Das dunkle Tal. Ottobrunn: Selbstverl. 1980. 213 S. B 45414
Gordon, H.: Die like the carp! Stanmore: Cassell 1978. 240 S. B 43637
Hadow, M.: Paying Guest in Siberia. 3. ed. Maidstone: Londinium Pr. 1978. 127 S. B 44392
Howell, E.: Escape to live. London: Gosvenor 1981. 217 S. B 44968
Jonca, K.: Hitlerowska polityka ścigania obywateli radzieckich na Śląsku (1941-1945). [Die hitlerfaschistische Verfolgungspolitik d. sowjetischen Staatsangehörigen in Schlesien.] In: Dzieje najnowsze. Rok 13, 1981. No. 3. S. 139-149. BZ 4685:13
Oddone, U.: Kriegsgefangener 23533 (prigioniero di guerra 23533). Note quotidiane e lettere ai famigliari... Genova: Ed. Lanterna 1980. 272 S. Bc 2089
Skidmore, I.: Marines don't hold their horses. London: Allen 1981. 128 S. B 44207
Stellingwerff, J.: Fat Man in Nagasaki. Franeker: Wever 1980. 159 S. B 45116

Streim, A.: Die Behandlung sowjetischer Kriegsgefangener im
"Fall Barbarossa". E. Dok. Heidelberg: Müller 1981.
XIII, 442 S. B 44585
Sullivan, M. B.: (Thresholds of peace. [dt.]) Auf der Schwelle
zum Frieden. Deutsche Kriegsgefangene in Grossbritannien
1944-1948. Wien: Zsolnay 1981. 444 S. B 44459
Ucieczki ku wolności. Wspomnienie Polaków z lat wojny i okupacji.
[Flucht in die Freiheit. Erinnerungen v. Polen a. d. Jahren des
Krieges u. d. Okkupation.] Posnań: Wyd. Poznańskie 1980.
663 S. B 44745
Whiting, D.: Prisoners, people, places, partisans and patriots.
Bognor Regis: New Horizon 1980. 277 S. B 44967
Zug, A.: Hölle Sibirien. Erlebnisse. St. Michael: Bläschke 1980.
69 S. Bc 2838

Deportierte

Koch, E.: Deemed suspect. A wartime blunder. Toronto:
Methuen 1980. XV, 272 S. B 43751
Patkin, B.: The Dunera Internees. Stanmore: Cassell 1979.
XII, 185 S. B 43641

Konzentrationslager

Conway, J. S.: Der Auschwitz-Bericht vom April 1944. In: Zeitgeschichte. Jg. 8, 1981. H. 11-12. S. 413-442. BZ 4617:8
Dickmann, E.; Voglis, P.: Konzentrationslager. Bibliographie
-Auswahlverzeichnis- zur Ausstellung "Kinderzeichnungen aus
Theresienstadt" [in] Universitätsbibliothek Bremen. Bremen:
Universität 1980. 16 Bl. Bc 0495
Dobosiewicz, S.: Mauthausen/Gusen - obóz zagłady. [Mauthausen/
Gusen - ein Vernichtungslager.](Wyd. 2, popr.)Warszawa: Wyd.
Min. Obrony Narod. 1979. 448 S. B 43838
Medical Experiments on Jewish inmates of concentration camps.
New York: Garland 1982. 245 S. 08706:9
Gil, J.: Wspomnienia z obozów. [Erinnerungen a. d. Lagern.
(Auschwitz, Mauthausen u. Gusen).] Kraków: Wyd. Literackie
1981. 170 S. Bc 2473
Gilbert, M.: Auschwitz and the allies. London: Joseph 1981.
XII, 368 S. B 44285
Jagoda, Z.; Kłodziński, S.; Masłowski, J.: Oświęcim
nieznany. [Das unbekannte Auschwitz.] Kraków: Wyd. Literackie
1981. 319 S. B 44980
Krstić, M.: Nepokorena Mladost. Concentracioni logor u
Smederevskoj Palanci 1942-1944. [Ungehorsame Jugend. Das
Konzentrationslager in Smederevska Palanka 1942-1944.]
Beograd: Vuk Karağić 1981. 299 S. B 45584
Leszczyńska, Z.: Kronika obozu na Majdanku. [Chronik des

Lagers Majdanek (1941-1944).] Lublin: Wyd. Lubelskie 1980.
350 S. B 44013
Majdanek. Wstęp: E. Dziadosz. Lublin: Krajowa Agencja Wydawn.
1980. 132 S. Bc 0689
Malleyron, J.: Mein Ghetto-Tagebuch. Einf.: E. Hessenauer.
Kiel: Amt f. staatsbürgerl. Bildung 1982. 44 S. Bc 2903
Mueller, C.: Die Klempnerkolonne in Ravensbrück. Erinnerungen
d. Häftlings 10/787. Berlin: Dietz 1981. 224 S. B 43700
Müller-Münch, I.: Die Frauen von Majdanek. Vom zerstörten
Leben d. Opfer und der Mörderinnen. Reinbek: Rowohlt 1982.
183 S. Bc 2932
Numery mówią. Wspomnienia więźniów KL Auschwitz. [Die Nummern
sprechen. Erinnerungen v. Häftlingen d. KZ Auschwitz.]
Katowice: Wyd. "Śląsk" 1980. 250 S. B 45449
Oppenhejm, M.: Menneskefaelden. Om livet i KZ-lejren
Theresienstadt. København: Reitzel 1981. 82 S. Bc 2549
Sattler, S.: Prisoner of 68 months... Buchenwald and Auschwitz.
Melbourne: Kelly Books 1980. 147 S. Bc 2383
Schwarberg, G.: Der Juwelier von Majdanek. Hamburg:
Gruner u. Jahr 1981. 238 S. B 44565
The "Final Solution" in the extermination camps and the aftermath.
New York: Garland 1982. 240 S. 08706:12
Sterkowicz, S.: Zbrodnicze Eksperymenty medyczne w obozach
koncentracyjnych Trzeciej Rzeszy. [Verbrecherische medizinische
Experimente in den Konzentrationslagern des Dritten Reiches.]
Warszawa: Wyd. Min. Obrony Narod. 1981. 294 S. B 45511
Strzelecka, K.: Maksymilian M. Kolbe. Für andere leben und
sterben. Freiburg: Herder 1981. 236 S. B 44802
Utović, M.: Mauthausen. Spomini iz taborišča. [Mauthausen.
Erinnerungen aus dem Lager.] Ljubljana: Partizanska knjiga
1980. 219 S. B 45447
Zabierowski, S.: Pustków - hitlerowskie obozy wyniszczenia w
służbie poligonu SS. [Pustków - Nazivernichtungslager im Dienst
des SS-Truppenübungsplatzes.] Rzeszów: Krajowa Agencja Wyd.
1981. 215 S. B 44977

K 5 i Geistesgeschichte

Kirchner, K.: Flugblätter aus Deutschland. 1939/1940. Biblio-
graphie. Katalog. Erlangen: Verl. D u. C 1982. LXXXI, 378 S. 08743
Kirchner, K.: Flugblätter aus Frankreich 1939/40. Erlangen:
Verl. D. u. C 1981. LVII, 293 S. 08587
Schuh, H.: Das Gerücht. Psychologie des Gerüchts im Krieg.
München: Bernard u. Graefe 1981. 117 S. Bc 2114

K 5 k Kriegsschauplätze und Feldzüge

k. 10 Osteuropa/Ostsee

See- und Luftkrieg

Ashkasov, V.I.; Pavlovich, N.B.: Soviet naval Operations in the Great Patriotic War 1941-1945. Annapolis: Naval Inst. Pr. 1981. XI, 393 S. B 45550
Barsukov, V.N.: Krylom k krylu. [Flügel an Flügel. (Erinnerungen e. Jagdfliegers.)] Moskva: DOSAAF 1981. 78 S. Bc 2399
Krasnoznamennyj Baltijskij Flot v Velikoj Otečestvennoj vojne 1941-1945. Stat'i i očerki. [Die Baltische Flotte im Grossen Vaterländischen Krieg.] Moskva: Nauka 1981. 501 S. B 45742
Isaenko, N.F.: "Vižu protivnika!". ["Ich sehe den Feind!".] Kiev: Politizdat Ukrainy 1981. 222 S. B 45109
Korrell, P.: Luftlandungen im Grossen Vaterländischen Krieg. In: Flieger-Kalender der DDR. 1982. S. 136-150. F 1446:1982
Kosiarz, E.: Salwy nad Zatoką. [Salven über der Bucht.] Gdańsk: Wyd. Morskie 1980. 302 S. B 43484
Skripko, N.S.: Po Celjam bližnim i dal'nim. [Für nahe und ferne Ziele.] Moskva: Voenizdat 1981. 348 S. B 45748
Vojska PVO strany v Velikoj Otečestvennoj vojne 1941-1945. Kratkaja chronika. [Die Truppen der Luftverteidigung des Landes im Grossen Vaterländischen Krieg.] Moskva: Voenizdat 1981. 373 S. B 45105
Baltijskie Zenitčiki. Sbornik vospominanij veteranov Velikoj Otečestvennoj vojny. [Baltische Flakartilleristen.] Tallin: "Eesti raamat"1981. 254 S. B 45531

k 11 Polenfeldzug

k 11.2 Septemberfeldzug 1939

Bauer, P.; Krzywania, J.; Polak, B.: Wielkopolanie w obronie ojczyzny 1939. [Grosspolen während der Verteidigung des Vaterlandes.] Poznań: Krajowa Agencja Wyd. 1980. 41 S. Bc 2319
La Contribution de la Pologne de la victoire sur l'Allemagne hitlerienne 1939-1945. Varsovie: Institut Militaire d'Histoire 1980. 135 S. Bc 2335
Piekalkiewicz, J.: Polenfeldzug.Hitler und Stalin zerschlagen die polnische Republik. Bergisch Galdbach: Lübbe 1982. 288 S.07663
Runzheimer, J.: Die Grenzzwischenfälle am Abend vor dem deutschen Angriff auf Polen.

In: Sommer 1939. 1979. S. 107-147. B 43899
Trenkel, R.: Der Bromberger Blutsonntag im September 1939...
5. erw. Aufl. Norderstedt: Nordland-Verl. 1981. 62 S. Bc 2255

k 11.4 Besatzungszeit und Widerstand 1939—1944

Bartelski, L. M.: Powstanie warszawskie. [Der Warschauer Aufstand.] (Wyd. 3, przejrzane i uzupełnione.) Warszawa: Iskry 1981. 230 S. B 44834
Bartelski, L. M.; Bukowski, T.: Warszawa w dniach powstania 1944. [Warschau in den Tagen des Aufstandes.] Warzawa: Krajowa Agencja Wydawn. 1980. 262 S. 08522
Czerwiński, J.; Leżeński, C.: Synami pułku ich nazwano. [Man nannte sie "Söhne des Regiments". (Poln. Jugendliche in den Reihen d. poln. Heeres u. d. poln. Partisanenformationen.)] Warszawa: Wyd. Min. Obrony Narod. 1980. 574 S. B 44844
Kiełkowski, R.: ...zlikwidować na miejscu! Z dziejów okupacji hitlerowskiej w Krakowie. [...Auf der Stelle liquidieren! Aus d. Geschichte der Nazibesetzung in Krakau.] Kraków: Wyd. Literackie 1981. 289 S. B 45516
Ptasiński, J.: Ziemia płońska w latach 1939-1945. [Das Gebiet von Płońsk in d. Jahren...] Wrocław: Ossolineum 1981. 154 S. Bc 2696
Rell, J.: Konspiracyjna organizacja "Orzeł Biały" w Skarżysku-Kamiennej 1939-1940. [Die konspirative Organisation "Orzel Bialy" in Skarzysko Kamienna.] In: Wojskowy Przegląd Historyczna. Rok 36, 1981. No. 2. S. 109-139. BZ 4490:26
Reynolds, J.: 'Lublin' versus 'London' - the party and the underground movement in Poland, 1944-1945. In: Journal of contemporary history. Vol. 16, 1981. No. 4. S. 617-648. BZ 4552:16
Siemion, L.: Čzas Kowpakowców. [Die Stunde der "Kowpak-Partisanen".] Lublin: Wyd. Lubelskie 1981. 399 S. B 44744
Szymánski, T.: Z Pól bitewnych Lubelszczyzny. [Von den Schlachtfeldern im Raum von Lublin.] Warszawa: Wyd. Min. Obrony Narod. 1981. 301 S. B 44983
Tarnogrodzki, T.; Ważniewski, W.: Walki partyzanskie o Polskę. [Die Kämpfe der Partisanen um Polen (1942-1944).] Warszawa: Krajowa Agencja Wyd. 1980. 145 S. Bc 2405
Wójcicki, J.: Bohater spod Lenino kpt. Władysław Wysocki. [Held von Lenino Hauptmann W. Wysocki.] Warszawa: Wyd. Min. Obrony Narod. 1981. 189 S. B 44732

Fox, J. P.: Der Fall Katyn und die Propaganda des NS-Regimes. In: Vierteljahrshefte für Zeitgeschichte. Jg. 30, 1982. H. 3. S. 462-499. BZ 4456:30

k 12 Ostfeldzug 1941-1945

k 12.01 Vorbereitung/Planung

Hillgruber, A.: Noch einmal: Hitlers Wendung gegen die Sowjet-
union 1940. In: Geschichte in Wissenschaft und Unterricht.
Jg. 33, 1982. H. 4. S. 214-226. BZ 4475:33
Knoll, W.: Kriegsspiele der faschistischen Wehrmachtführung zur
Vorbereitung des Überfalls auf die UdSSR. In: Militärgeschichte.
Jg. 20, 1981. Nr. 4. S. 459-478. BZ 4527:20
40. Jahrestag d. Überfalls auf die Sowjetunion. - Der Krieg trifft
jeden ins Herz! Dokumentation... Berlin: Aktion Sühnezeichen,
Evang. Akademie 1981. 68 S. Bc 2285
Reinhardt, K.: Vor vierzig Jahren: Unternehmen Barbarossa -
Anfang vom Ende. In: Heere international. 1981. Nr. 1.
S. 203-213. BZ 4754:1
Sommer, E. F.: Das Memorandum. Wie der Sowjetunion der
Krieg erklärt wurde. München: Herbig 1981. 429 S. B 45050
Stegemann, B.: Der Entschluß zum Unternehmen Barbarossa.
Strategie oder Ideologie. In: Geschichte in Wissenschaft und
Unterricht. Jg. 33, 1982. H. 4. S. 205-213. BZ 4475:33

k 12.02 Kampfhandlungen 1941-1945

Antosjak, A. V.: (Osvoboždenie na nemeckom jazyke, [dt.])
Befreiung. Moskau: APN-Verl. 1982. 73 S. Bc 2904
Bartsch, M.; Schebesch, H.-F.; Scheppelmann, R.: Der Krieg
im Osten 1941-1945. Köln: Pahl-Rugenstein 1981. 261 S. B 44785
Eickhoff, M.; Pagels, W.; Reschl, W.: Der unvergessene
Krieg. Hitler-Deutschland gegen die Sowjetunion 1941-1945.
Köln: vgs 1981. 192 S. B 44227
Kovalev, I. V.: Transport v Velikoj Otečestvennoj vojne (1941-45
gg.). [Der Transport im Grossen Vaterländischen Krieg.]
Moskva: Nauka 1981. 479 S. B 44121
Salisbury, H. E.: (The unknown War, [dt.]) Die Ostfront. Der
unvergessene Krieg 1941-1945. Wien: Molden 1981. 197 S. 08548
Vasilevskij, A. M.: Stavka i rukovodstvo vooruženaoj borboj
v gody Velikoj Otečestvennoj vojny. [Das Hauptquartier des Ober-
kommandos d. Sowjetischen Streitkräfte u. die Leitung des bewaffne-
ten Kampfes in d. Jahren d. Grossen Vaterländischen Krieges.] In:
Novaja i novejšaja istorija. God 1982. No. 2. S. 74-86. BZ 05334:1982

Ahto, S.: Aseveljet vastakkain. Lepin sota 1944-1945. [Waffen-
brüder gegeneinander. Der Krieg in Lappland.] 2. painos.
Helsinki: Kirjayhtymä 1980. 322 S. B 42870

Anfilov, V. A.: Proval gitlerovskogo "blickriga" pod Moskvoj.
[Das Fiasko von Hitlers Blitzkrieg bei Moskau.] In: Novaja i
novejšaja istorija. God 1981. No. 6. S. 88-111. BZ 05334:1981
Bethell, N.: (Russia besieged. [dt.]) Der Angriff auf Russland.
Amsterdam: Time-Life 1980. 208 S. 08205
Bezymenskij, L. A.: Die Schlacht um Moskau 1941.
Köln: Pahl-Rugenstein 1981. 293 S. B 44654
Galican, A. S.: Krušenie fašistskogo blickriga. K 40-letiju bitvy
pod Moskvoj. [Der Zusammenbrüch des faschistischen Blitzkrieges.
Zum 40. Jahrestag der Schlacht bei Moskau.] In: Voprosy istorii.
God 1981. No. 12. S. 18-33. BZ 05317:1981
Galican, A. S.; Muriev, D. Z.: Tula - gorod-geroj. [Tula -
Heldenstadt.] Moskva: Voenizdat 1981. 157 S. B 45106
Gusev, A. M.: El'brus v ogne. [Der Elbrus im Feuer.] Moskva:
Voenizdat 1980. 206 S. B 43586
Hackl, O.: Operative Führungsprobleme der Heeresgruppe Don
bzw. Süd bei den Verteidigungsoperation zwischen Donez und Dnepr
im Februar und März 1943. 1. 2. In: Truppenpraxis. Jg. 26, 1982.
No. 3. S. 191-200; 4. S. 268-274. BZ 05172:26
Hass, G.: Die Schlacht bei Moskau. Zu einigen militärpolitischen
Schlußfolgerungen der bürgerlichen Historiographie. In: Militär-
geschichte. Jg. 20, 1981. Nr. 5. S. 517-527. BZ 4527:20
Jaus, O.: Die Offensive 1942 - "Fall Blau". In: Österreichischer
Soldatenkalender. 1982. S. 26-33. F 1035:1982
Jukes, G.: (Stalingrad: The turning point. [dt.]) Stalingrad. Die
Wende im Zweiten Weltkrieg. Rastatt: Moewig 1982. 222 S. B 46235
40 let bitvy pod Moskvoj. [Der 40. Jahrestag der Schlacht bei Moskau.]
In: Voenno-istoričeskij žurnal. God 23, 1981. No. 12.
S. 16-76. BZ 05196:1981
Piekalkiewicz, J.: Die Schlacht um Moskau. Bergisch Galdbach:
Lübbe 1981. 288 S. 08584
Boevoe primenenie rodov vojsk v bitve pod Moskvoj. [Der Kampfein-
satz der Waffengattungen in der Schlacht bei Moskau.] In: Voenno-
istoričeskij žurnal. God 24, 1982. No. 1. S. 11-43. BZ 05196:1982
Samsonov, A. M.: Poraženie Vermachta pod Moskvoj. [Die Nieder-
lage der Wehrmacht bei Moskau.] Moskva: Moskovskij rabočij
1981. 334 S. B 45069
Skipper, G. C.: Battle of Stalingrad. Chicago: Childrens Pr.
1981. 44 S. B 45186
Sobczak, K.: Wyzwolenie Warszawy. [Die Befreiung Warschaus
am 17. 1. 1945.] In: Wojskowy Przegląd Historyczny. Rok 26, 1981.
Nr. 4. S. 13-24. BZ 4490:26
Tieke, W.: Im Südabschnitt der Ostfront. Krim - Stalingard -
Kaukasien 42-43. Folge 1-3. In: Der Freiwillige. Jg. 28, 1982.
H. 10.-12. Getr. Pag. BZ 05165:28
Zubakov, V. E.: Leningrad - gorod-geroj. [Leningrad - Helden-
stadt.] Izd. 2-e, dop. Moskva:
Voenizdat 1981. 213 S. B 45107

Truppengeschichten

Aleksandrov, A. M. : Chleb i bronja. Dokumental' naja povest'. [Brot und Panzer. Eine dokument. Erzählung. (Kampfweg d. Kantemirower Garde-Panzer-Division.)] Moskva: DOSAAF 1981. 110 S. Bc 2611

Baumeister, O. : Das Divisionslazarett 162 im Krieg gegen Russland. T. 1. 2. In: Deutsches Soldatenjahrbuch. Jg. 29, 1981. S. 234-239; 30, 1982. S. 198-203. F 145:29

Davidič, V. N. : Žizni svoej ne ščadja. Boevoj put' 20-j strelkovoj Baranovičskoj... divizii. [Ihr Leben wurde nicht geschont. Kampfweg d. 20. Schützen-Division.] Moskva: Voenizdat 1981. 222 S. B 45442

Drëmov, I. F. : Nastupala groznaja bronja. [Der furchteregende Panzer griff an. (Erinnerungen a. d. 8. mech. Garde-Korps.)] Kiev: Politizdat Ukrainy 1981. 166 S. Bc 2849

Nikiforov, A. P. : V ogne roždennaja. [Im Feuer geboren. (Kampfweg der 42. Garde-Panzer-Brigade.)] Mosvka: DOSAAF 1981. 103 S. Bc 2850

Rukavišnikov, G. P. : Zarnicy našej junosti. [Wetterleuchten unserer Jugend. (Komsomolzen d. 506. Schützenregiments 1944-1945.)] Moskva: DOSAAF 1981. 237 S. B 45513

Šimanskij, V. P. : Pozyvnye našich serdec. [Die Rufzeichen unserer Herzen. (Kampfweg d. 116. Panzer-Brigade 1942-45.)] Moskva: Voenizdat 1980. 190 S. Bc 2408

Terechov, A. F.; Skirdo, M. P.; Mironov, A. K. : Gvardejskaja Tamanskaja. Boevoj put'... [Die Tamaner Garde.] Izd. 3-e, ispr. i dop. Moskva: Voenizdat 1981. 268 S. B 44847

Kriegserlebnisse

Archipov, V. S. : Vremja tankovych atak. [Die Zeit der Panzerangriffe.] Moskva: Voenizdat 1981. 270 S. B 44972

Babadžanjan, A. C. : Dorogi pobedy. [Strassen des Sieges.] 3-e izd. , ispr. i dop. Moskva: Voenizdat 1981. 300 S. B 45108

Chomulo, M. G. : Polk, k boju! [Regiment, auf in den Kampf! Kriegserinnerungen.] Moskva: Voenizdat 1980. 263 S. B 44525

Na Doroge žizni. Vospominanija o frontovoj Ladoge. [Auf dem Lebensweg. Erinnerungen a. d. Ladoga-Front.] Moskva: Voenizdat 1980. 590 S. B 40953

Govorjat pogibšie geroi 1941-1945. Predsmertnye pis'ma... [Die toten Helden sprechen. Letzte Briefe sowjet. Kämpfer gegen die deutsch-faschistischen Aggressoren.] 7-e, dop. izd. Moskva: Politizdat 1982. 286 S. B 45785

Kurist, L. I. : Atakujut tankisty. [Die Panzersoldaten greifen an.] Kiev: Politizdat Ukrainy 1981. 198 S. B 43526

Masolov, N. V. : Leningrad v serdce moem. Ob A. V. Germane. [Leningrad in meinem Herzen.] Moskva: Politizdat 1981. 124 S. Bc 2401

Okorokov, A. D.: Slovo, veduščee v boj. [Der Ruf, der dich in den
Kampf führt.] Moskva: Voenizdat 1980. 349 S. B 43592
Pančevski, P.: (Ogneni Pŭtišta, [russ.]). Ognennye dorogi.
Vospominanija. [Wege im Feuer.] Moskva: Voenizdat 1980.
191 S. B 44165
Bessmertnye Podvigi. Posvjaščaetsja gerojam Velikoj Otečestvennoj
vojny... [Unsterbliche Heldentaten.] Moskva: Voenizdat 1980.
350 S. B 44527
Potechin, J. F.: Soldatskaja Vernost'. [Soldatentreue.]
Leningard: Lenizdat 1981. 118 S. Bc 2507
Radwanski, T.: Karpatczykami nas zwali. [Wir wurden Karpaten-
schützen genannt.] (Wyd. 2, popr. i uzup.) Warzawa: Wyd. Min.
Obrony Narod. 1980. 365 S. B 44848
Sljusarenko, Z. K.: Synovnij Dolg. [Sohnespflicht.] Kiev:
Politizdat 1981. 331 S. B 45580
Vasil' ev, V. E.: I duch naš molod. [Und unser Geist ist jung.
Kriegserinnerungen.] Moskva: Voenizdat 1981. 367 S. B 45448

k 12.04 Besetzte Gebiete

Arad, Y.: Ghetto in flames. The struggle and destruction of the
jews in Vilna in the holocaust. Jerusalem: Yad Vashem 1980.
500 S. B 45160
Bačilo, F. A.: Ostajuś žit'. Zapiski komandira diversionnoj
gruppy. [Ich bleibe am Leben. Aufzeichnungen d. Kommandeurs
e. Sabotagegruppe.] Minsk: "Belaruś" 1981. 141 S. Bc 2678
Dallin, A.: German Rule in Russia. 1941-1945. 2. ed. London:
Macmillan 1981. XX, 707 S. B 44772
The Einsatzgruppen or murder commandos. New York: Garland
1982. 250 S. 08706:10
Handrack, H.-D.: Das Reichskommissariat Ostland. Die Kultur-
politik der deutschen Verwaltung zwischen Autonomie und Gleich-
schaltung 1941-1944. Hann. Münden: Gauke 1981. 281 S. B 44596
Kurowski, M.: Akcja ewakuacyjna w ZSRR 1941-1942. [Die Eva-
kuierungsaktion in der Sowjetunion.] In: Wojskowy Przegląd
Historyczny. Rok 27, 1982. Nr. 1. S. 104-118. BZ 4490:27
Leščenja, S. K.: S Parolem gorkoma. Zapiski sekretarja Minskogo
podpol' nogo gorkoma partii. [Mit der Parole des Stadtkomitees.]
Minsk: "Belaruś" 1981. 238 S. B 45450
Melkov, L. A.: Kerč'. Povest' -chronika... [Kertsch. Erz. Chronik
in Dokumenten...] Moskva: Politizdat 1981. 197 S. Bc 2825
Müller, R.-D.: Industrielle Interessenpolitik im Rahmen des
"Generalplans Ost". In: Militärgeschichtliche Mitteilungen. 1981.
Nr. 1. S. 101-141. BZ 05241:1981
Wilhelm, H.-H.: Der SD und die Kirchen in den besetzten Ost-
gebieten 1941/42. In: Militärgeschichtliche Mitteilungen. 1981.
Nr. 1. S. 55 99. BZ 05241:1981

k 12.05 Partisanenkrieg

Kanjuka, M.: Povest' ogenennych let. [Erzählung aus den Kriegsjahren. (Partisanenkampf im Gebiet von Kirowograd Ukraine.)]
Moskva: Politizdat 1981. 220 S. Bc 2553
Kasatkin, M. A.: V Tylu nemecko-fašistskich armij "Centr". [Im Rücken d. dt. -faschist. Armeen d. Heeresgruppe "Mitte".]
Moskva: "Mysl" 1980. 316 S. B 43594
Kosterina, N.: (Dnevnik, [dt.]) Das Tagebuch der Nina Kosterina. Frankfurt: Verl. Neue Kritik 1981. 121 S. Bc 2689
Naumov, M. I.: Zapadnyj Rejd. Dnevnik partizanskogo komandira. [Raid nach Westen. Tagebuch e. Partisanenkommandeurs.]
Kiev: Politizdat Ukrainy 1980. 309 S. B 40957
Rudak, A. D.: Ékzamen na zrelost'. [Reifeprüfung. (Partisanen im Gebiet von Gomel.)] Minsk: "Belaruś" 1981. 285 S. B 44698

k 12.3 Südosteuropa 1944-45

Baerentzen, L.: Anglo-German Negotiations during the German retreat from Greece in 1944. Copenhagen, Gothenburg: University 1980. S. 23-62. Bc 2214
Ceauşescu, I.: Războiul întregului popor pentru apărarea patriei la romani. [Der allgemeine Volkskrieg zur Verteidigung des Vaterlandes bei den Rumänen.] Bucureşti: Editura Militară 1980.
533 S. B 44750
Constantiniu, F.; Ionescu, M. E.: Planuri eşuate: reacţia hitleristă la insurecţia română din august 1944. [Gescheiterte Pläne: Hitlers Reaktion a. d. rumänischen Aufstand vom August 1944.] In: Revista de istorie. Tom. 34, 1981. Nr. 11.
S. 1991-2008. BZ 4578:34
Fegyverrel a hazáért. Magyar ellenállási és partizánharcok a második viláfháború idején. [Mit der Waffe für das Vaterland. Der ungarische Widerstand u. Partisanenkampf während des Zweiten Weltkrieges.] Budapest: Kossuth könyv. 1980. 295 S. 08547
Komunisté v čele protifašistického odboje na severní Moravě. Sborník vzpomínek. [Kommunisten an der Spitze des antifaschistischen Aufstandes in Nordmähren.] Ostrava: Profil 1980.
301 S. B 43485
Schelling, G.: Festung Vorarlberg. Ein Bericht über das Kriegsgeschehen 1945 in Vorarlberg. 2. Aufl. Bregenz: Teutsch 1980.
169 S. B 45474
Šimovček, J.: K histórii prvých partizánskych skupín na Slovensku. [Zur Geschichte der ersten Partisanengruppen in der Slowakei.]
1. 2. In: Historie a vojenství. Roč. 31, 1982. No. 2.
S. 61-81; 3. S. 49-67. BZ 4526:31
Sládek, O.: Spálená Země. [Verbrannte Erde.] Praha: Naše vojsko 1980. 301 S. B 44164

Žampach, V.: Partyzánské Portréty. [Partisanen-Porträts.]
Brno: Blok 1980. 419 S. B 43438

k 12.4 Ost- und Mitteldeutschland 1945

Arndt, W.: Ostpreußen, Westpreußen, Pommern, Schlesien, Sudetenland 1944/45. Die Bild-Dokumentation der Flucht u. Vertreibung aus den deutschen Ostgebieten. Friedberg: Podzun-Pallas 1981. 208 S. B 45350
Dohmen, K.: Märkisches Tagebuch. (1945.) Frankfurt: Fischer 1981. 49 S. Bc 2719
Dzipanow, R.: 1 Armia WP w bitwie o Wał Pomorski. [Die 1. Armee des Polnischen Heeres in der Schlacht um die Pommernstellung.] (Wyd. 2.) Warszawa: Wyd. Min. Obrony Narod. 1980. 190 S. Bc 2471
Haupt, W.: Als die Rote Armee nach Deutschland kam. Der Untergang der Divisionen in Ostpreußen, Danzig, Westpreußen, Mecklenburg, Pommern, Schlesien, Sachsen, Berlin u. Brandenburg. Friedberg: Podzun-Pallas 1981. 160 S. B 44517
Kaczmarek, K.: Oni szturmowali Berlin. [Sie erstürmten Berlin.] Warszawa: Książka i Wiedza 1980. 164 S. B 44015
Kur, T.: 9 Maja 1945. I polskie to było zwycięstwo. [Der 9. Mai 1945. Das war der polnische Sieg.] Warszawa: Krajowa Agencja Wydawn. 1981. Getr. Pag. 08583
Steiniger, E.: Abgesang 1945. Ein Erlebnisbericht. Leer: Rautenberg 1981. 328 S. B 45043
Zaremba, P.: Pierwsze poznańskie Dni 1945 roku. Styczeńmarzec. [Die ersten Tage des Jahres 1945 in Posen. Januar-März.] Poznań: Wyd. Poznańskie 1980. 216 S. Bc 2472

k. 20 Nordeuropa/Nordsee/Nordmeer

V studenych Glubinach. [In eiskalten Tiefen. (Ubootkrieg im Eismeer.)] Moskva: Voenizdat 1980. 343 S. B 40968
Puzyrev, V. P.: Belomorskaja Flotilija v Velikoj Otečestvennoj vojne. [Die Weissmeerflottille im Grossen Vaterländischen Krieg.] Moskva: Voenizdat 1981. 218 S. B 44521

k 21 Finnisch-russischer Winterkrieg

Condon, R. W.: (The Winter War. Russia against Finland. [dt.]) Winterkrieg Rußland - Finnland. München: Moewig 1980. 298 S. B 44803
Talvisodan historia. [Die Geschichte des Winterkrieges.] 1-4. Porvoo: Söderström 1977-79. Getr. Pag. 08291

k 22 Nordfeldzug 1940

Baden-Powell, D.: Operation Jupiter. SOE's secret war in
Norway. London: Hale 1982. 208 S. B 45525
Bjørnsen, B.: Narvik 1940. 2. oppl. Oslo: Gyldendal Norsk Forl.
1980. 359 S. B 43178
Brinkmann, A. jr.: Det smeller mellom fjord og fjell. Striden
til lands i Hordaland 1940. Tyske angrepsberetninger i lys av
norske forsvarstiltak. Bergen: Grieg 1980. 149 S. B 43303
Elting, J. R.: Battles for Scandinavia. Alexandria: Time-Life
Books 1981. 208 S. 08777
Jørgensen, A. R.: 9. April. De spildte muligheders dag.
København: Gyldendal 1980. 182 S. B 43974
Kosiarz, E.: Na Wodach Norwegii. [In den Gewässern Norwegens.
(Polnische Schiffe auf Seite der Engländer im Norwegenfeldzug.)]
Warszawa: Książka i Wiedza 1982. 165 S. Bc 3027

k 22.4 Besatzungszeit

Eidem, K.: Aulaen brenner! Norske studenter under hakekorset.
Oslo: Gyldendal Norsk Forl. 1980. 153 S. B 43312
Eriksen, H. K.: Partisaner i nord. Oslo: Tiden Norsk Forl. 1979.
237 S. B 43311
Haga, A.: Kystens Partisaner. Den hemmelige militaere nord-
sjøtrafikk 1943-45. Oslo: Cappelen 1980. 239 S. B 43965
Jensen, M. E.: Var det dét vaerd? København: Tiden 1980.
160 S. B 43320
Kjersgaard, E.: Besaettelsen 1940-45. 1. 2. København:
Politikens Forl. 1980-81. 335, 335 S. B 42210
Pedersen, A. F.: Kampen på havet. En kriegsseilers beretning.
Oslo: Aschehoug 1980. 169 S. B 43298
Ravn, O.: Besaettelsetiden 9. april 1940 -5. maj 1945. En bevidst-
hedsantologi. København: Gyldendal 1980. 245 S. B 43983
Røjel, J.: Kaeft, trit og retning. En sabotørs erindringer. 2. udg.
1. opl. København: Samleren 1981. 187 S. B 44954
Roslyng-Jensen, P.: Vaernenes Politik - politikernes vaern.
Studier i dansk militaerpolitik under besaettelsen 1940-45.
København: Gyldendal 1980. 541 S. B 43985
Tortzen, C.: Søfolk og skibe 1939-1945. Den danske handelsflådes
historie under anden verdenskrig. I. København: Grafisk Forl. 1.
1981. 719 S. B 45015

k. 30 Westeuropa/Atlantik

k 30.3 Luftkrieg im Westen

Barker, R.: The RAF at war. Alexandria: Time-Life Books 1981.
176 S.   08778
The Battle of Britain. Then and now. Ed.: W. G. Ramsey.
London: Battle of Britain Pr. 1980. 718 S.   08601
Bitwo o Wielka Brytanię. [Die Schlacht um Grossbritannien.]
Warszawa: Krajowa Agencja Wydawn. 1980. 78 S.   Bc 0618
Blake, L.: Bromley in the front-line. The story of the London
borough of Bromley under enemy air attack... Bromley:
[Selbstverl.] 1980. 44 gez. Bl.   Bc 2227
Block, G. D. M.: Allied Aircraft versus Axis aircraft. Old Greenwich: WE Publ. 1980. 133 S.   B 45715
Bowyer, C.: Air War over Europe. 1939-1945. London: Kimber
1981. 235 S.   B 45386
Green, W.: Aircraft of the Battle of Britain. London: Sydney:
Jane's 1980. 64 S.   Bc 0640
Johnson, D.: V for vengeance. The second Battle of London.
London: Kimber 1981. 203 S.   B 43960
Kingdom, A. R.: The Newton Abbot Blitz. Oxford: Oxford Publ.
Comp. 1979. 30 S.   Bc 2103
Król, W.: Zarys działan polskiego lotnictwa w Wielkiej
Brytanii 1940-1945. [Abriss der Operationen der polnischen
Luftwaffe in Grossbritannien.] Warszawa: Wyd. Komunikacji i
Łączności 1981. 195 S.   Bc 2603
Smith, D. W. G. G.: Spitfire into battle. London:
Murray 1981. 235 S.   B 44854
Stewart, J. D.: Bermondsey in war, 1939-1945. London:
Bermondsey and Rotherhithe society 1981. 92 S.   Bc 2485
Trescatheric, B.; Hughes, D. J.: Barrow at war. Barrow-in-
Furness: Furness Museum 1979. 48 S.   Bc 2200
Wintle, F.: The Plymouth Blitz. St. Teath: Bossiney 1981.
96 S.   Bc 2451

Goluecke, F.: Schweinfurt und der strategische Luftkrieg 1943.
Der Angriff der US Air Force vom 14. Oktober 1943 gegen
die Schweinfurter Kugellagerindustrie. Paderborn:
Schöningh 1980. 444 S.   B 42057
Hoseason, J.: The 1000 Day Battle. An ill. account of
operations in Europe of the 8th Air Forces 2nd Air Div...
Lowestoft: Gillingham 1979. 256 S.   Bc 0579
Lay, B.: Presumed dead. The survival of a bomb group
commander. New York: Dodd, Mead 1980. 140 S.   B 44761
MacCrary, J. R.; Scherman, D. E.: First of the many.
A journal of action with the men of the eighth air force.

Repr. London: Robson Books 1981. XVI, 241 S.   B 44621
Magenheimer, H.: Der Luftkrieg über Deutschland und die
Rüstungsanstrengungen 1942-1945. In: Österreichische militärische Zeitschrift. Jg. 20, 1982. H. 2. S. 117-126.   BZ 05214:20
Mainz zerstört. Erinnerung an die Vergangenheit - Warnung vor einer Atomkriegszukunft. Mainz: AStA d. Univ. 1982. 51 S.   D 2459
Rostow, W.W.: Pre-Invasion Bombing Strategy. General Eisenhower's decision of March 25, 1944. Austin: Univ. of Texas Pr. 1981. XIII, 166 S.   B 45233
Searby, J.: Essen. (5 march 1943. Battle of the Ruhr.) Chippenham: The Nutshell Press 1978. 94 S.   Bc 0665
Schnatz, H.: Der Luftkrieg im Raum Koblenz 1944/45. Boppard: Boldt 1981. XIV, 592 S.   B 44464
Smith, D.O.: The target was Marienburg. In: Air force. Vol. 65, 1982. No. 9. S. 122-128.   BZ 05349:65
Stahl, J.: Bunker und Stollen für den Luftschutz im Raum Siegen... Kreuztal: Verl. Die Wielandschmiede 1980. 112 S.   Bc 0564
Suessmann, G.: Auch Festungen müssen sterben. Die Aufklärung des Flugzeugabsturzen am 2.3.1945 bei Benterode. Staufenberg: Selbstverl. 1981. 47 S.   Bc 2561
Ueberschär, G.R.; Wette, W.: Bomben und Legenden. Die schrittweise Aufklärung des Luftangrifs über Freiburg am 10. Mai 1940. Freiburg: Rombach 1981. 210 S.   B 45475

Cooksley, P.G.: Operation Thunderbolt. The Nazi warships' escape 1942. London: Hale 1981. 190 S.   B 45649

k 32 Westfeldzug 1940

Beekman, F.S.A.; Kurowski, F.: Der Kampf um die Festung Holland. Herford: Mittler 1981. 217 S.   B 45032
Biegański, W.; Kowalski, W.T.: W Cieniu linii Maginota. [Im Schatten der Maginotlinie.] Warszawa: Krajowa Agencja Wydawn. 1980. 78 S.   Bc 0601
Brand, H.: Die lange Morgen in mei. 10 mei 1940. Meppel: Boom 1980. 237 S.   B 46309
Dahms, H.G.: Angriff auf Eben-Emael. Belgien am 10. und 11. Mai 1940. In: Damals. Jg. 13, 1981. H. 11. S. 858-868. BZ 4598:13
Gounand, P.: L'invasion de la Bourgogne en juin 1940. Dijon ville ouverte. In: Revue d'histoire de la deuxième guerre mondiale. Année 31, 1981. No. 123. S. 3-16.   BZ 4455:31
Lefevre, E.: Dunkerque. La bataille des dunes. Paris: Lavauzelle 1981. 157 S.   08636
Maalderink, P.G.H.: De open achterpoort van de Vesting Holland. In: Militaire spectator. Jg. 150, 1981. No. 7. S. 191-220.   BZ 05134:150

k 33 Besetzter Westen 1940–1944

k 33.4 Besatzungszeit und Widerstand

k 33.41 Niederlande

Barnouw, D.: Van NIVO tot Reichsschule. Nationaalsocial. onderwijsinstellingen in Nederland. Nederlandse meisjes in Duitse vakantiekampen... 1940. 's-Gravenhage: Staatuitgeverij 1981.
112 S.   Bc 2627
Felderer, D.: Anne Frank's Diary - a hoax. Torrance: Institute for Historical Review 1979. 92 S.   Bc 2907
Hirschfeld, G.: Collaboration and attentism in the Netherlands 1940-1941. In: Journal of contemporary history. Vol. 16, 1981.
No. 3. S. 467-486.   BZ 4552:16
Onderzoek naar de activiteiten van de heer Weinreb in de Duitse bezettingstijd. Anvulling op het Weinreb-report. 's-Gravenhague: Tweede Kamer der Staten-Generaal 1981. 79 S.   Bc 0594
Schnabel, E.: Anne Frank, Spur eines Kindes.
Frankfurt: Fischer 1981. 157 S.   Bc 2323
Veld, N. K. C. A. in't: De Ereraden voor de kunst en de zuivering van de kunstenaars. 's-Gravenhage: Staatsuitgeverij 1981.
120 S.   Bc 2628

k 33.43 Frankreich

La France et la question juive. 1940-1944. Actes du colloque du Centre de documentation Juive Contemporaine. 10 au 12 mars 1979. Paris: Messinger 1981. 413 S.   B 44660
Hartmann, P. C.: Die politische und wirtschaftliche Entwicklung Frankreichs im Zweiten Weltkrieg. In: Landesgeschichte und Zeitgeschichte. 1980. S. 179-192.   B 43789
Laborie, P.: Résistants Vichyssois et autres. L'évolution de l'opinion et des comportements dans "Le Lot"de 1939 à 1944. Paris: Centre national de la Recherche scientifique 1980. 395 S.   B 43450
La Martinière, J. de: Le decret et la procedure Nacht und Nebel. Nuit et brouillard. Orléans: La Martinière 1980. 69 S.   Bc 0639
Smirnov, V. P.: De Goll'i Žiro. [De Gaulle und Giraud. Aus der Geschichte d. franz. Komitees d. nationalen Befreiung.] In: Novaja i novejšaja istorija. God. 1982. No. 1. S. 108-124; No. 2.
S. 135-153.   BZ 05334:1982
Stańczyk, H.: Zgrupowania Piechoty Polskiej we Francji. [Der Verband Polnischer Infanterie in Frankreich.] In: Wojskowy Przegląd Historyczny. Rok 26, 1981.
Nr. 4. S. 192-210.   BZ 4490:26

Vormeier, B.: Die Deportierung deutscher und österreichischer Juden aus Frankreich. Paris: Ed. La Solidarité 1980. 120 S. Bc 0697

Einzelne Gebiete/Orte

Canaud, J.: Les maquis du Morvan. Evolution d'ensemble et aspects sociologiques. In: Revue d'histoire de la deuxième guerre mondiale. Année 31, 1981. No. 123. S. 51-74. BZ 4456:29

Comte, B.; Garrier, G.: Mémoires de maîtrise inédits sur l'histoire lyonnaise de 1940 à 1944. In: Revue d'histoire de la deuxième guerre mondiale et des conflits contemporains. Année 32, 1982. No. 125. S. 89-100. BZ 4455:32

Delpech, F.: Les souvenirs d'un passeur non violent. René Nodot et le service social des étrangers. In: Revue d'histoire de la deuxième guerre mondiale et des conflits contemporains. Année 32, 1982. No. 125. S. 73-87. BZ 4455:32

Huillier, F. L': Strasbourg sous l'occupation allemande et sa libération en 1944. In: Revue historique des armées 1981. No. 3. S. 131-150. BZ 4465:1981

Martinet, J.-C.: Eléments pour une chronologie de la résistance dans la Nièvre. In: Revue d'histoire de la deuxième guerre mondiale. Année 31, 1981. No. 123. S. 31-50. BZ 4456:31

Meuret, R.: L'activité de l'Etat-Major départemental des FFI en Cote-d'Or (juin-spetembre 1944). In: Revue d'histoire de la deuxième guerre mondiale. Année 31, 1981. No. 123. S. 75-90. BZ 4456:31

Nicault, M.: Les F.F.I. de l'Indre. In: Revue historique des armées. 1981. No. 4. S. 183-214. BZ 4465:1981

Pryce-Jones, D.: Paris in the Third Reich. A history of the German occupation, 1940-1944. London: Collins 1981. X, 294 S. 08643

Saint-Louis, M. G. de: Les réquisitions de main-d'oeuvre pour l'Allemagne dans le Rhône. In: Revue d'histoire de la deuxième guerre mondiale et des conflits contemporains. Année 32, 1982. No. 125. S. 7-31. BZ 4455:32

Stürmel, M.: Das Elsaß und die deutsche Widerstandsbewegung in der Sicht eines ehemaligen Abgeordneten der Elsässischen Volkspartei. In: Landesgeschichte und Zeitgeschichte. 1980. S. 59-128. B 43789

Taege, H.: Wo ist Kain? Enthüllungen und Dokumente zum Komplex Tulle und Oradour. Lindhorst: Askania 1981. 389 S. B 44472

Higgs, D. P.: Life in Guernsey under the Nazis, 1940-1945. [New ed.] St. Peter Port: Toucan Pr. 1979. 65 S. Bc 2608

Ramsey, W. G.: The War in the Channel Islands. Then and now. London: Battle of Britain Pr. 1981. 254 S. 08608

Stroobant, F.: One Man's War. (Channel Islands.) London: Corgi Books 1981. 173 S. Bc 2613

Tremayne, J.: War on Sark. The secret letters... Exeter:
Webb and Bower 1981. 207 S. B 43949

k 34 Invasion im Westen 1944

Belchem, D.: Victory in Normandy. London: Chatto & Windus
1981. 192 S. 08566
Combaux, E.: Le BCRA et l'opération Overlord. In: Défense
nationale. Année 38, 1982. Juin. S. 73-85. BZ 4460:38
Leasor, J.: Code name Nimrod. Boston: Houghton Mifflin 1981.
VII, 263 S. B 44427
Miniewicz, J.: Fortyfikacje Wału Atlantyckiego. [Die Befesti-
gungsanlagen des Atlantikwalls.] In: Wojskowy Przegląd Histo-
ryczny. Rok 27, 1982. Nr. 1. S. 119-140. BZ 4490:27
Navard, J.: La Libérations avec les chars. Paris: Nouv. Ed.
Latines 1980. 348 S. B 44824
Paine, L.: D-Day. London: Hale 1981. 210 S. B 44878
Rohmer, R.: Patton's Gap. An account of the Battle of Normandy
1944. London: Arms and Armour Pr. 1981. 240 S. B 45336
Shapiro, M. J.: D-Day. Omaha beach. New York: McKay 1980.
58 S. B 44487
Warner, P.: The D-Day Landings. London: Kimber 1980.
309 S. B 44205
Weigley, R. F.: Eisenhower's Lieutenants. The campaign of
France and Germany 1944-1945. Bloomington: Indiana Univ. Pr.
1981. XVIII, 800 S. B 43851
White, Sir B.: The artificial Invasion harbours called Mulberry.
London: The Viking Group 1980. 13 S. Bc 0556

Cousine, A.: La manoeuvre blindée Saverne-Strasbourg. In:
Revue militaire suisse. Année 127, 1982. No. 7.
S. 309-345. BZ 4528:127
Florentin, E.: Stalingrad en Normandie. La destruction de la VII.
armée allemande dans la poche Argentan-Falaise 31 juillet-22 août
1944. 15. ed. Paris: Pr. de la Cité 1981. 379 S. B 44141
Gourmen, P.: L opération Cobra. In: Revue militaire suisse.
Année 126, 1981. No. 10. S. 448-467. BZ 4528:126
Kemp, A.: The unknown Battle: Metz 1944. New York: Stein and
Day 1981. XIV, 261 S. B 45117
Maertz, J.: Luxemburg in der Ardennenoffensive 1944/45. 8., durch-
ges. u. erw. Aufl. Luxemburg: 1981: Sankt-Paulus-Dr. 546 S. B 45166
Mawson, S.: Arnhem Doctor. London: Orbis Publ. 1981.
170 S. B 44359
Reed, J.: Assault on Walcheren. Operation infatuate. In: After the
battle. 1982. No. 36. S. 1-38. BZ 05047:1982
Schulten, J. W. M.: De strijd bij Meijel. In: Militaire spectator.
Jg. 151, 1982. No. 1. S. 5-20. BZ 05134:151

Skibiński, F.: Bitwa pod Falaise. [Die Schlacht bei Falaise (1944).] In: Wojskowy Przegląd Historyczny. Rok 26, 1981. Nr. 2. S. 204-231. BZ 4490:26
Wilt, A. F.: The French Riviera Campaign of August 1944. Carbondale: Southern Illinois Univ. Pr. 1981. 208 S. B 45201

k 35 Endkampf um Westdeutschland 1945

Dzieszyński, R.: Sladami wilkołaków. [Auf den Spuren der Wehrwölfe.] Warszawa: Krajowa Agencja Wyd. 1980. 169 S. Bc 2355
Ehmer, H.: Die Besetzung Badens im April 1945. In: Landesgeschichte und Zeitgeschichte. 1980. S. 35-58. B 43789
Das Ende, das ein Anfang war! Die letzten Tage des Dritten Reiches. Erinnerungen... Freiburg: Herder 1981. 127 S. Bc 2489
Euler, H.: Die Entscheidungsschlacht an Rhein und Ruhr 1945. 2. Aufl. Stuttgart: Motorbuch-Verl. 1981. 276 S. 08784
Georg, E.: Krieg und Kriegsgeschehen im Haigerer Raum. Haiger: Stadtverwaltung 1981. 90 S. Bc 2997
Hohenstein, A.; Trees, W.: Hölle im Hürtgenwald. Die Kämpfe vom Hohen Venn bis zur Rur September 1944 bis Februar 1945. Aachen: Triangel 1981. 320 S. 08687
Kramp, H.: Rurfront 1944/45. Zweite Schlacht am Hubertuskreuz zwischen Wurm, Rur und Inde. Geilenkirchen: Gatzen 1981. 592 S. 08585
Struss, D.: Das war 1945. Fakten, Daten, Zahlen, Schicksale. München: Heyne 1980. 191 S. B 43554

k. 40 Mittelmeerraum

Luft- und Seekrieg

Attard, J.: The Battle of Malta. London: Kimber 1980. 252 S. B 44342
Begouen-Demeaux: Une action navale française en 1940. In: Revue historique des armées. 1981. No. 2. S. 181-199. BZ 4465:1981
Bowyer, C.; Shores, C.: Desert Air Force at war. London: Allan 1981. 128 S. 08645
Douglas-Hamilton, Lord J.: The Air Battle for Malta. The diaries of a fighter pilot. Edinburgh: Mainstream Publ. 1981. 208 S. B 45430
Galli, L.: Incursioni aeree nel Bresciano (1944-1945). Brescia: Del Moretto 1980. 151 S. 08586
Loose, B.: Kap Matapan 1941: Minuten der Wahrheit. In: Marine-Kalender der DDR. 1982. S. 64-77. F 1447:1982
Pischedda, D.: Guerra in Egeo. 1940-1945. Un marinaio racconta. Poggibonsi: Lalli 1979. 173 S. B 44674

Shores, C.; Ring, H.; Hess, W.N.: (Fighters over Tunisia.
[dt.]) Tunesien 42/43. Luftkämpfe über Feld und Wüste.
Stuttgart: Motorbuch-Verl. 1981. 610 S. B 44960
Smith, P.C.: Action imminent. Three studies of the naval war in
the Mediterranean Theatre during 1940. London: Kimber 1980.
353 S. B 44349
Jugoslovensko ratno Vazduhoplovstvo u Narodnooslobodilačkom ratu.
[Die jugoslawische Luftwaffe im Volksbefreiungskrieg.] Beograd:
Vojnoizdavački zavod 1981. 489 S. B 44167

k 41 Balkanfeldzug 1941

Mikeln, M.: Pekel 1941. [Hölle 1941.] Ljubljana: Cankarjeva
založba 1981. 289 S. B 45536
Quarrie, B.: Panzers in the Balkans and Italy. Cambridge:
Stephens 1981. 94 S. B 44150
Rawski, T.; Rzepniewski, A.: Balkany 1940-1941. [Der
Balkan.] Warszawa: Krajowa Agencja Wyd. 1980. 78 S. Bc 0755
Simpson, T.: Operation Mercury. The battle for Crete, 1941.
London: Hodder & Stoughton 1981. 316 S. B 44784

k 41.7 Besetzter Balkan 1941—44

k 41.73 Jugoslawien

Jovićević, M.: Psihički Stres u ratu s posebnim osvrtom na
iskustva iz NOR-a. [Der psychische Stress im Krieg mit einzel-
nen Rückblicken a. Erfahrungen i. Volksbefreiungskrieg.] Beograd:
Vojnoizdavački zavod 1981. 311 S. B 44852
Leksikon Narodnooslobodilačkog rata i revolucije u Jugoslaviji
1941-1945. [Lexikon d. Volksbefreiungskrieges u. d. Revolution in
Jugoslawien.] Knj. 1. 2. Beograd: "Narodna knjiga" 1980.
XVII, XIII, 1254 S. 08521
Matić, M.: Štampa narodnooslobodilačkog pokreta Jugoslavije
1941-1945. [Die Presse d. Nationalen Befreiungsbewegung Jugosla-
wiens.] In: Vojnoistorijski glasnik. God 31,1980. Broj 3.
S. 85-111. BZ 4531:31
Milošević, S.D.: Izbeglice i preseljenici na teritoriji okupirane
Jugoslavije 1941-1945. godine. [Flüchtlinge u. Umsiedler im be-
setzten Gebiet Jugoslawien.] Beograd: Inst. za savremenu
istoriju 1981. 394 S. B 44752
(Titove istorijske Odluke, [dt.]) Tito's historische Beschlüsse
1941-1945. Belgrad: Narodna Armija 1980. 214 S. B 44119
Fočanski Propisi. [Die Satzungen von Foca (des Volksbefreiungs-
komitees).] Sarajevo: "Oslobodenje" 1981. 28 S. B 44166

Strategija oružane borbe u Narodnooslobodilačkom ratu 1941-1945.
[Die Strategie des bewaffneten Kampfes i. Volksbefreiungskrieg.]
Beograd: Vojnoizdavački zavod 1980. 734 S. B 44741
S u b o t i ć , V. : Partizanska taktika u Narodnooslobodilačkom ratu.
[Die Taktik der Partisanen i. Volksbefreiungskrieg.] T. 1. In:
Vojnoistorijski glasnik. God 32, 1981. Broj 1. S. 21-47. BZ 4531:32
Ž i v k o v i ć , N. : Prilog proučavanju sistema okupacije u Jugoslaviji
u drugom svetskom ratu. [Beitrag z. Studium d. Besatzungssystems
in Jugoslawien i. Zweiten Weltkrieg.] In: Vojnoistorijski glasnik.
God 31, 1980. Broj 3. S. 243-266. BZ 4531:31

Einzelne Gebiete/Orte

B a i ć , D. : Kotar Vrginmost u NO Borbi 1941-1945. [Der Bezirk
Vrginmost i. Nationalen Befreiungskampf.] Beograd 1980:
Vojna Štamparija. 959 S. B 45751
G o d i n a , F. : Prekmurje 1941-1945. Prispevek k zgodovini NOB.
[Prekmurje.] 2. dop. izd. Murska Sobota: Pomurska založba 1980.
292 S. B 45664
H a r i š , I. : Dnevnik diverzantskih akcija u Hrvatskoj. [Tagebuch d.
Diversionsaktionen i. Kroatien.] Zagreb: "Spektar" 1981.
480 S. B 45452
H r e č k o v s k i , S. : Diljsko (Brodsko) vojno područje u narodno-
oslobodilačkom ratu. [Der Militärbezirk v. Dilj (Brod) im Volks-
befreiungskrieg.] In: Vojnoistorijski glasnik. God 31, 1980.
Broj 3. S. 113-156. BZ 4531:31
I v k o v i ć , V. : Nevesińe 1941. [Nevesinje.] Mostar: Prva kńiževna
komuna 1980. 387 S. B 44701
L e n g e l -Krizman, N. : Zagreb u NOB-u. [Zagreb i. Volksbefreiungs-
kampf.] Zagreb: Globus 1980. 297 S. B 44832
O d i ć , S. : Desant na Drvar. Maja 1944. Drvarska operacija.
[Landung im Drvartal. Mai 1944.] Beograd: Vojnoistrorijski
Institut 1981. 314 S. B 43487
P e r i ć , J. : Olovo u narodnooslobodilačkoj borbi.
[Olovo im nationalen Befreiungskampf.] Tuzla:
"Univerzal" 1981. 386 S. B 45509
T r a j k o v i ć , A. : Tako cy ich učili. Vrański okrug u NOB 1941-45.
Eločini okupatora. [Der Bezirk v. Vranje i. Volksbefreiungskampf.]
2. izd. Beograd: "Borba" OOUR Ekonomska politika 1980.
321 S. B 42010

Truppengeschichte

Slovenski Bataljon prve krajiške proletarske udarne brigade. Oris
bojne roti in spomini. [Das slowenische Bataillon der 1. Krajisker
proletarischen Stossbrigade.] Ljubljana: Samozaložba 1980.
217 S. B 44115
J a n , I. : Kokrški Odred. Narodnoosvobodilni boj pod Karavankami.

[Die Kokrski Abteilung. D. nationale Befreiungskampf a. Fusse der
Karawanken.] 1-3. Ljubljana: Partizanska knjiga 1980.
525, 577, 567 S. B 45445
P a n i ć , R. : Treća Vojvod'anska NOU brigada. [Die 3. Vojvodiner
Volksbefreiungsstossbrigade.] Beograd: Vojnoizdavački zavod
1980. 653 S. B 44731
S t r l e , F. : Tomšičeva Brigada. [1. Slowenische proletarische
Stossbrigade Tone Tomšič.] Del 1. Ljubljana 1980. 607 S. B 44733
V u k s a n o v i ć , M, / Prva proleterska Brigada. [Die 1. proletarische
Brigade.] Beograd: Narodna knjiga 1981. 532 S. B 45439
Z o r i ć , R. : Četvrta Krajiška Brigada. [Die 4. Krajisker Brigade.]
Beograd 1980. 426 S. B 45510

k 41.74 Griechenland

K a p s a l i , G. D. : O Rommel epese stin Kriti. Agnostes selides apo
ti machi tis erimou kai tin ethniki antistasi tis Kritis. [Rommel
wurde i. Kreta geschlagen. Unbekanntes ü. d. Kampf i. d. Wüste und
den nationalen Aufstand der Kreter.] Athina: Knosos 1981.
229 S. B 43708
M a t h i o p o u l o s , B. P. : Eikones katochis. Fotographikes marti-
ries apo ta germanika archeia gia tin iroiki antistasi tou ellinikou
laou. [Bilder des Besatzungsregimes.] Athina: Metopi 1980.
270 S. 08686
S a r a f i s , S. : ELAS: Greek Resistance Army. London: Merlin
1980. CI, 556 S. B 44151
T r a c z y k o w s k i , J. : ELAS znaczyło wolność. [ELAS bedeutet
Freiheit. (Polen i. d. griechischen Partisaneneinheit ELAS.)]
Warszawa: Krajowa Agencja Wyd. 1980. 129 S. Bc 2475

k 41.75 Albanien

Epopeja e luftes antifashiste nacionalçlirimtare e popullit shqiptar
1939-1944. [Das Epos d. antifaschistischen nationalen Befreiungs-
kampfes d. albanischen Volkes.] Tiranë: "8 Nëntori" 1980.
Getr. Pag. 08660
S h e h u , M. : Der Kampf um die Befreiung Tiranas. Tirane: Verl.
"8 Nentori" 1980. 130 S. Bc 2250
S t a m m , C. : Zur deutschen Besetzung Albaniens 1943-1944. In:
Militärgeschichtliche Mitteilungen. 1981. Nr. 2.
S. 99-120. BZ 05241:1981

k 42 Afrika

Crosskill, W. E.: The Two Thousand Mile War. London: Hale
1980. 224 S. B 44344
King, M. J.: William Orlando Darby. A military biography.
Hamden: Archon Books 1981. IX, 219 S. B 45184
Krautkrämer, E.: General Giraud und Admiral Darlan in der
Vorgeschichte der alliierten Landung in Nordafrika. In: Vierteljahrshefte für Zeitgeschichte. Jg. 30, 1982. H. 2.
S. 206-255. BZ 4456:30
Strawson, J.: El Alamein. Desert victory. London: Dent 1981.
191 S. B 44622
Wardrop, J. R.: Tanks across the desert. The war diary of Jake
Wardrop. Ed.: G. Forty. London: Kimber 1981. 222 S. B 45528

Biegański, W.: Polskie siły zbrojne na Bliskim i Środkowym
Wschodzie. [Polnische Streitkräfte im Nahen und Mittleren
Osten.] In: Wojskowy Przegląd Historyczny. Rok 27, 1982.
Nr. 1. S. 75-103. BZ 4490:27
Perrett, B.: British Tanks in N. Africa, 1940-42.
London: Osprey 1981. 40 S. Bc 0888

k 44 Südeuropa

Bollmann, H.: Operation Shingle. In: Allgemeine Schweizerische
Militärzeitschrift. Jg. 147, 1981. Nr. 11. S. 691-702. BZ 05139:147
Linsenmeyer, W. S.: Italian peace feelers before the fall of
Mussolini. In: Journal of contemporary history. Vol. 16, 1981.
No. 4. S. 649-662. BZ 4552:16
Trevelyan, R.: Rome '44. The battle for the eternal city.
London: Secker & Warburg 1981. 366 S. B 44867

Casali, L.: Storia della resistenza a Modena. T. 1. Modena:
ANPI 1980. VIII, 391 S. B 45071
Garzilli, F.: La Resistenzia monarchica in Italia nel 1943-45.
Napoli: Unione Monarchica Italiana 1978. 30 S. Bc 2929
Greil, L.: Marzabotto. Begriff e. infamen Weltbetrugs. In Gaeta
lebendig begraben: Major Walter Reder, Opfer italien. "Friedenspolitik". E. Dokument. 3. Aufl. München: Greil 1977. 77 S. Bc 2626
Manno Tolu, R.: L'Archivio di Foscolo Lambardi conservato nell'
Istituto Storico della Resistenza in Toscana. Firenze: Giunta
Regionala Toscana 1980. 110 S. Bc 0677
Oddati, N.: Carlo Petrone: Un cattolico in esilio, 1939-1944.
Pref.: G. de Rosa. Roma: Ed. Cinque Lune 1980. 174 S. Bc 2450
Vinciguerra, R.: Elisa. La partigiana di Monza ed i suoi
compagni. 2. ed. Monza 1980: Provelli. 173 S. B 43910

k. 50 Ostasien/Pazifik

k 50.1 Landkrieg

Barnhart, M. A.: Japan's economic security and the origins of the Pazific war. In: The journal of strategic studies. Vol. 4, 1981. No. 2. S. 105-124. BZ 4669:4

Iriye, A.: Power and culture. The Japanese-American war, 1941-1945. Cambridge: Harvard Univ. Pr. 1981. IX, 304 S. B 45292

Manchester, W.: Goodbye, Darkness. A memoir of the Pacific war. London: Joseph 1981. 401 S. B 44618

k 50.2 Seekrieg

Flisowski, Z.: Od Morza Koralowego po Midway. [Vom Korallenmeer nach Midway.] Poznań: Wyd. Poznańskie 1981. 193 S. Bc 2550

Puškin, A.: Analiz opyta boevych dejstvij podvodnych lodok Japanii na Tichom okeane v gody vtoroj mirovoj vojny. [Analyse der Kampferfahrungen der japanischen Unterseeboote im Stillen Ozean während des 2. Weltkrieges.] In: Morskoj sbornik. God 1981. No. 12. S. 22-34. BZ 05252:1981

Reese, L. F.: Men of the blue ghost. USS Lexington CV-16. Historic events of world war 2 in the Pacific as told by the men who lived them 1943-1946. San Diego: Lexington Book Co. 1980. 923 S. 08682

Skipper, G. C.: Submarines in the Pacific. Chicago: Children's Pr. 1981. 46 S. B 45291

Toyama, S.: Nissin, nichiro, daitoa kaisen shi. [Seeschlachtengeschichte des japan. -chin. , japan. -russ. Krieges u. 2. Weltkrieges.] Tokyo: Hara schobo 1979. 581 S. B 43623

k 50.3 Luftkrieg

Air Raid: Pearl Harbor! Recollections of a day of infamy. Ed.: P. Stillwell. Annapolis: Naval Inst. Pr. 1981. VIII, 299 S. 08675

Alexander, P.: We find and destroy. History of 458 Squadron. Sydney: The 458 Squadron Council 1979. XVI, 290 S. B 43722

Boeman, J.: Morotai. A memoir of war. Garden City: Doubleday 1981. 278 S. B 44077

Christy, J.: World war 2: US Navy and Japanese Combat Planes. Blue Ridge Summit: TAB Books 1981. 159 S. B 44498

Darby, C.: Pacific Aircraft Wrecks and where to find them. Melbourne: Kookaburra Techn. Publ. 1979. 80 S. 08614

Lengerer, H.; Kobler-Edamatsu, S.: Die Entstehung des Operationsplanes für den Angriff auf die US-Pazifikflotte in

Pearl Harbor. In: Marine-Rundschau. Jg. 78, 1981. H. 12.
S. 645-655. BZ 05138:78
Mondey, D.; Nalls, L.: USAAF at war in the Pacific. London:
Allan 1980. 160 S. 08539
Parnell, N. M.: Whispering Death. A history of the RAAF's
Beaufighter squadrons. Sydney: Reed 1980. 128 S. 08751
Rikugun-kōkū, sakusen-kiban no kensetsu, unyo. [Operations-
planung und Verlauf der Heeresluftflotte.] Tokyo: Asagumo-
Shinbun-sya 1979. 469 S. F 1520:97
Rust, K. C.: Tenth Air Force story... in World War II.
Temple City: Historical Aviation Album 1980. 64 S. Bc 0580
Rust, K. C.: Twentieth Air Force story... in World War II.
Temple City: Historical Aviation Album 1979. 64 S. Bc 0581
Saga of the superfortress. The dramatic story of the B-29 and
the Twentieth Air Force. Ed.: S. Birdsall. Garden City:
Doubleday 1980. 346 S. 08780
Spight, E. L.; Spight, J. L.: Eagles of the Pacific. Consair-
ways... Memoirs of an air transport service during world war 2.
Temple City: Historical Aviation Album 1980. 224 S. B 44438
Urbanowicz, W.: Latające Tygrysy. [Fligende Tiger. (Erinne-
rungen e. poln. Jagdfliegers a. d. chinesisch-japanischen Front.)]
[Wyd. 2.] Lublin: Wyd. Lubelskie 1980. 255 S. Bc 2474

k 51 Ostasien

The fateful Choice. Japan's advance into Southeast Asia, 1939-1941.
Ed.: J. W. Morley. New York: Columbia Univ. Pr. 1980.
XI, 366 S. B 43620
Drea, E. J.: Nomonhan: Japanese-Soviet tactical combat 1939.
Fort Leavenworth: U. S. Army Command and General Staff
College 1981. 114 S. Bc 0611
Dunlop, R.: Behind Japanese Lines. With the OSS in Burma.
Chicago: Rand McNally 1979. 448 S. B 45126
Ferguson, T.: Desperate Siege. The Battle of Hongkong. Toronto:
Doubleday 1980. VIII, 252 S. B 43917
Japan in Asia, 1942-1945. Ed.: W. H. Newell. Singapore:
University Press 1981. 123 S. Bc 2384
Lesouef, P.: Slim en Birmanie. Ou la lucidité d'un chef de
guerre. In: Revue historique des armées. 1982. No. 1.
S. 53-70. BZ 05443:1982
Pobeda na reke Chalchin-Gol. [Der Sieg am Chalchin-Gol-Fluss.
1939.] Moskva: Nauka 1981. 142 S. Bc 2600
Saint Macary, P.: Quelques réflexions sur la conduite d'une
stratégie. Défaite et victoire en Birmanie (1942-1945). In:
Stratégique. 1982. No. 13. S. 69-91. BZ 4694:1982

k 52 Pazifik

Davidson, O.R.; Willems, J.C.; Kahl, J.A.: The Deadeyes.
The story of the 96th Infantry Division. Nashville: The Battery Pr.
1981. XVI, 310 S.   08746
Flisowski, Z.: Od Iwodzimy do Zatoki Tokijskiej. [Von Iwo Jima
bis zur Bucht von Tokio (1945).] Poznań: Wyd. Poznańskie 1980.
205 S.   Bc 2249
Gorškov, S.: Strategičeskie operacii na Tichookeanskom teatre
voennych dejstvij vo vtoroj mirovoj vojne. Po opytu vooružennych
sil Japonii. [Strategische Operationen auf dem pazifischen Kriegs-
schauplatz im 2. Weltkrieg.] In: Voenno-istoričeskij žurnal.
God 23, 1981. No. 8. S. 58-65.   BZ 05196:1981
Hammel, E.M.; Lane, J.E.: 76 Hours. The invasion of Tarawa.
New York: Belmont Tower Books 1980. 304 S.   B 43916
Horner, D.M.: Australia and allied intelligence in the Pacific in
the Second World War. Canberra: The Strategic and Defence
Studies Centre 1980. 47, 2 S.   Bc 0921
Nortier, J.J.: De bezetting van Bandjermasin in februari 1942.
In: Militaire spectator. Jg. 151, 1982. No. 2. S. 73-85.   BZ 05134:151
Nortier, J.J.: Samarinda 1942, de riviervloot van een landmacht-
kapitein. In: Militaire spectator. Jg. 150, 1981. No. 7.
S. 318-331.   BZ 05134:150
Oakes, B.: Muzzle Blast... Six years of war with the 2/2 Austra-
lian Machine Gun Battalion, A.I.F. Sidney: Selbstverl. 1980.
301 S.   B 43727
Wheeler, K.: Der Weg nach Tokyo. Amsterdam: Time-Life
1981. 207 S.   08638
Y'Blood, W.T.: Red sun setting. The battle of the Philippine
Sea. Annapolis: Naval Inst. Pr. 1981. XI, 257 S.   B 45497

k 55 Japan

Children of Hiroshima. Ed.: Y. Fukushima. Tokyo: Comm. for
"Children of Hiroshima" 1980. 33 S.   B 45127
Hiroshima - Nagasaki. 1945 bis heute. Die Auswirkungen der
ersten Atombomben. Hamburg: Isa-Shobo 1981. 55 S.   Bc 2515
Hiroshima and Nagasaki. A photographic record of an historical
event. Materials presented... 23.May - 23 June 1978. Hiroshima,
Nagasaki: UN. Staff Recreation Council 1978. 23 S.   Bc 0671
Hiroshima and Nagasaki. The physical, medical, and social effects
of the atomic bombings. London: Hutchinson 1981.
XLV, 706 S.   B 44628
Hiroshima und Nagasaki. Bilder, Texte, Dokumente. Hrsg.:
G. Greune u. K. Mannhardt. Köln: Pahl-Rugenstein 1982.
143 S.   Bc 2948
Oe, K.: Hiroshima Notes. Tokyo: YMCA Pr. 1981. 181 S.   Bc 2672

K 6 Geschichte seit 1945

K 6 E Politische Geschichte

Altermatt, U.: Entwicklungslinien der internationalen Politik: Vom souveränen Nationalstaat zur transnationalen Weltgesellschaft? In: Innen- und Aussenpolitik. 1980. S. 45-57.   B 44602

Aron, R.: Ideology in search of a policy. In: Foreign affairs. Vol. 60, 1982. No. 3. S. 503-524.   BZ 05149:60

Balfour, M.: The Adversaries. America, Russia and the Open World 1941-1962. Boston: Routledge & Kegan Paul 1981. XV, 259 S.   B 43763

Cornwell, R. D.: World History in the twentieth century. New ed. Harlow: Longman 1980. X, 566 S.   B 43937

Gambino, A.: Storia e problemi del mondo di oggi. 1943/1980. 2. ed. Roma-Bari: Laterza 1981. 383 S.   B 44897

Gerbore, P.: I Responsabili. Roma: Volpe 1980. 150 S.   B 45253

L'Immaginazione senza potere. Mito e realta' 'del '68. [Hrsg.:] M. D'Eramo. Roma: Mondo Operaio 1978. 208 S.   B 44828

Laqueur, W.: The political Psychology of appeasement. Finlandization and other unpopular essays. New Brunswick: Transaction Books 1980. X, 283 S.   B 44706

Lebow, R. N.: Between Peace and war. The nature of international crisis. Baltimore: Johns Hopkins Univ. Pr. 1981. XI, 350 S.   B 44502

Mock, A.: Die internationale Situation in den achtziger Jahren. In: Europäische Rundschau. Jg. 9, 1981. Nr. 4. S. 29-37.   BZ 4615:9

Ostellino, P.: Gli USA, l'URSS, la Cina, l'Europa e la distensione. In: Affari esteri. Anno 13, 1981. No. 51. S. 267-284.   BZ 4373:13

Portisch, H.: Augenzeuge des Weltgeschehens. Zusammenhänge, Hintergründe und Perspektiven '81. Wien: ORAC 1981. 295 S.   B 44549

Quester, G. H.: National security and national purpose. The West, the Soviet Union, and China. In: Air University review. Vol. 33, 1982. No. 3. S. 18-32.   BZ 4544:33

Valdes-Phillips, P.; Salazar-Sparks, J.: Política mundial contemporánea. Santiago: Bello 1979. XII, 278 S.   B 42499

Wie gefährdet ist der Frieden? Brennpunkte der Weltpolitik. Hrsg.: A. Buchholz u. M. Geiling. Frankfurt: Ullstein 1981. 172 S.   Bc 2654

E 2 Internationale Probleme

E 2.2 Nachkriegsprozesse/Kriegsverbrechen

Auschwitz im IG-Farben Prozeß. Holocaust-Dokumente? Hrsg. :
U. Walendy. Vlotho: Verl. f. Volkstum u. Zeitgeschichtsforschung
1981. 404 S. B 44176
Biddiss, M.: The Nuremberg Trial. Two exercises in judgment.
In: Journal of contemporary history. Vol. 16, 1981. No. 3.
S. 597-615. BZ 4552:16
Bower, T.: Blind Eye to murder. London: Deutsch 1981.
501 S. B 43919
Fritzsche, H.: Vor dem Tribunal der Sieger. Gesetzlose Justiz
in Nürnberg. Preussisch Oldendorf: Schütz 1981. 336 S. B 44201
Maser, W.: 1946: Der Nürnberger Prozess. T. 1. 2. In: Damals.
Jg. 13, 1981. H. 10. S. 831-847; H. 11. S. 939-954. BZ 4598:13
Punishing the perpetrators of the holocaust. The Brandt, Pohl, and
Ohlendorf cases. New York: Garland 1982. 266 S. 09706:17
Smith, B. F.: The Road to Nuremberg. London: Deutsch 1981.
303 S. B 45252
Zbrodnie i sprawcy. Ludobójstwo hitlerowskie przed sądem
ludzkości i historii. [Verbrechen u. Täter. Der nazistische Völkermord vor dem Gericht der Menscheit u. d. Geschichte.]
Warszawa: Państw. Wyd. Nauk. 1980. 943 S. B 43486

E 2.6 Ost-West-Konflikt

Anderson, T. H.: The United States. Great Britain, and the Cold
War 1944-1947. Columbia: Univ. of Missouri Pr. 1981.
XI, 256 S. B 44494
Corterier, P.: L'Europe et les relations Est-Ouest: problèmes
actuel et perspectives. In: Politique étrangère. Année 47, 1982.
No. 1. S. 21-32. BZ 4449:47
Douglas, R.: From war to cold war, 1942-48. London:
Macmillan 1981. 224 S. B 45223
Frei, D.; Ruloff, D.: Entspannung in Europa. Perzeption und
Realität. In: Politische Vierteljahresschrift. Jg. 23, 1982. H. 1.
S. 27-45. BZ 4501:23
Grasset, P.: La Drôle de détente. Bruxelles: Vokaer 1979.
258 S. B 43649
Höpker, W.: Der Westen ist stärker als er denkt. Plädoyer für
ein globales Verbundsystem. München: Olzog 1981. 172 S. B 45306
Holbraad, C.: Kampen om verden. Supermagter of international
konflikt. København: Berlingkse Forl. 1980. 260 S. B 43173
LaFeber, W.: America, Russia, and the cold war 1945-1980.
4. ed. New York: Wiley 1980. XIII, 334 S. B 44506

Lundestad, G.: America, Scandinavia and the cold war 1945-1949.
Oslo: Universitetsforl. 1980. VI, 434 S. B 43319
McGeehan, R.: Ist eine neue Entspannung möglich? Gedanken zum
Zustand der Ost-West-Beziehungen. In: Europa-Archiv. Jg. 37,
1982. Folge 11. S. 327-336. BZ 4452:37
Schwarz, H.-P.: "Europäische Interessen" im Ost-West-Verhältnis. Ein Scheinproblem. In: Beiträge zur Konfliktforschung.
Jg. 12, 1982. Nr. 1. S. 5-26. BZ 4594:12
Schweigler, G.: Europa, Amerika und die Entspannung. In: Aus
Politik und Zeitgeschichte. 1982. B 28. S. 3-14. BZ 05159:1982
Tatu, M.: Les relations Est-Ouest: gérer la tension. In:
Politique étrangère. Année 46, 1981. No. 2. S. 287-298. BZ 4449:46
Wettig, G.: Einmischung in den Ost-West-Beziehungen. In: Aussenpolitik. Jg. 33, 1982. Nr. 2. S. 124-137. BZ 4457:33
Wettig, G.: Sicherheitspolitische Vertrauensbildung in den Ost-West-Beziehungen. In: Friedens-Warte. Bd 63, 1980.
S. 49-67. BZ 4693:63
Wolfe, A.: The Rise and fall of the "Soviet threat". Domestic
sources of the cold war consensus. 2nd print. Washington:
Institute for Policy Studies 1981. 94 S. Bc 2211
Wolffsohn, M.: Die Debatte über den Kalten Krieg. Polit. Konjunkturen - histor. -polit. Analysen. Opladen: Leske Verl. u.
Budrich 1982. 61 S. Bc 2774

E 2.7 Nord-Süd-Konflikt

Badini, A.: Nord-Sud. Dialogo o contraposizione? In: Affari
esteri. Anno 13, 1981. No. 51. S. 346-358. BZ 4373:13
Gomane, J.-P.: Le dialogue Nord-Sud du quotidien et ses implications pour la défense. In: Défense nationale. Année 38, 1982.
Février. S. 33-49. BZ 4460:38
Gusy, C.: Völkerrecht und Politik im Prozess der friedlichen Beilegung des Nord-Süd-Konflikts. Frankfurt: Athenäum-Verl. 1981.
73 S. Bc 2330
Holm, H.-H.: A banner of hope? North-South negotiations and the
new international development strategy for the eighties. In: Cooperation and conflict. Vol. 16, 1981. No. 4. S. 197-215. BZ 4605:16
Holtz, U.: Die Nord-Süd-Beziehungen in den 80er Jahren. Aufgaben der Entwicklungspolitik. In: Beiträge zur Konfliktforschung.
Jg. 11, 1981. Nr. 3. S. 5-31. BZ 4594:11
The North-South dialogue. Berlin: German Development Institute
1979. 94 S. Bc 2818
Stanley, T. W.: An unorthodox view of the North-South dialogue.
In: The Atlantic community quarterly. Vol. 18, 1980/81. No. 3.
S. 310-322. BZ 05136:18
Sulimma, H. G.: Nord-Süd-Dialog und der Gipfel von Cancún. In:
Aussenpolitik. Jg. 33, 1982. Nr. 1. S. 47-59. BZ 4457:33

Wionczek, M.S.: What can be done with the Brandt commission's report? In: Asia Pacific Community. No. 13, 1981.
S. 94-112. BZ 05343:13

E 3 Ereignisse/Konferenzen

Gojawiczyńska, B.: Sprawa węgierska na konferencji pokojowej w Paryżu. [Die Ungarnfrage auf der Friedenskonferenz in Paris.] In: Sprawy Międzynarodowe. Rok 34, 1981. Zeszyt 5.
S. 131-140. BZ 4497:34
Groeben, H. von der: Zum 25. Jahrestag der Unterzeichnung der Rom-Verträge. Betrachtungen e. Zeitzeugen. In: Aus Politik und Zeitgeschichte. 1982. B 12. S. 3-16. BZ 05159:1982
Köllner, E.-L.: Meine Genfer Mission. Als finanzwissenschaftl. Berater bei d. Genfer Abrüstungsverhandlungen 1976. München: Selbstverl. 1982. 127 S. Bc 2819
KSZE
Aboville, B. d': Le projet de conférence européenne sur le désarmement et l'échéance de Madrid. In: La sécurité de l'Europe dans les Années 1980. S. 393-403. B 44240
Chojnacka, M.: KBWE a system pokojowego załatwiania sporów w Europie. [Die KSZE u. das System der friedlichen Beilegung v. Konflikten in Europa.] In: Sprawy Międzynarodowe. Rok 35, 1982.
Zeszyt 4. S. 91-102. BZ 4497:35
Lachowski, Z.: Zachodnioeuropejska współpraca polityczna w procesie KBWE. [Die westeuropäische politische Zusammenarbeit während der KSZE.] In: Sprawy Międzynarodowe. Rok 35, 1982.
Zeszyt 4. S. 55-70. BZ 4497:35
Mellbin, S.G.: Beograd-mødet 1977-78. Helsingforskonferencens opfølgning. København: Forsvarskommandoen 1978. 68 S. Bc 2071
Nötzold, J.: Die zweite KSZE-Folgekonferenz in Madrid. In: Aussenpolitik. Jg. 33, 1982. Nr. 2. S. 138-146. BZ 4457:33
Pusch, H.: Das KSZE-Folgetreffen in Madrid - Dilemma oder Hoffnung. In: Europäische Wehrkunde. Jg. 31, 1982. H. 7.
S. 194-199. BZ 05144:31
Roth, M.: Ende der Entspannung? Die Dritte Konferenz über Sicherheit und Zusammenarbeit in Europa, Madrid 1980-81. In: Zeitgeschichte. Jg. 9, 1981. H. 2. S. 35-51. BZ 4617:9
Šahovič, M.: Die fortdauernde Bedeutung der KSZE-Schlußakte - The lasting significance of the final act of the Helsinki conference on security and cooperation in Europe. In: Kooperative Rüstungssteuerung. 1981. S. 129-138. B 44992
Yost, D.S.: Rüstungskontrolle im KSZE-Prozess. Zum Stand der Verhandlungen über ein Mandat für eine Konferenz über Abrüstung auf dem Madrider Folgetreffen. In: Europa Archiv. Jg. 37, 1982. Folge 18.
S. 545-552. BZ 4452:37

K 6 F Kriegsgeschichte

Anderson, G.: Krigene etter krigen. Oslo: Gyldendal Norsk Forl. 1980. 283 S. B 43325

Bull, H.: Force in international relations. The experience of the 1970s and prospects for the 1980s. In: New directions in strategic thinking. 1981. S. 17-33. B 44615

Hedegaard Jensen, L.: Den permanente Krise. Tiden 1962-79. København: GAD 1979. 310 S. B 45874

Konflikte unserer Zeit - Konflikte der Zukunft. Hrsg.: D. Frei. Zürich: Schulthess 1981. 160 S. B 45009

Lovino, F.; Caruso, G.: Conflitti nel mondo. In: Rivista militare. Anno 105, 1982. No. 1. S. 15-25. BZ 05151:105

Rybecký, V.: Lokální války po druhé světové válce. [Lokale Kriege nach dem Zweiten Weltkrieg.] In: Československý časopis historický. Ročnik 30, 1982. Čislo 1. S. 19-34. BZ 4466:30

Scheler, W.; Kiessling, G.: Gerechte und ungerechte Kriege in unserer Zeit. Berlin: Militärverl. d. DDR 1981. 146 S. Bc 2386

Schwarz, U.: Zwischen Frieden und Krieg. Düsseldorf: Econ 1981. 176 S. B 43901

War in peace. An analysis of warfare since 1945. Ed.: A. Brown, S. Elder. London: Orbis Publ. 1981. VIII, 312 S. 08646

Zorgbibe, C.: Les Risque de guerre. Paris: Ed. de la RPP 1981. 172 S. B 44061

F 60.1 Krieg in Indochina

Charbonneau, R.; Maigre, J.: Les Parias de la victoire. Indochine-Chine 1945. Paris: France-Empire 1980. 397 S. B 45141

Héduy, P.: La Guerre d'Indochine 1945-1954. Paris: SPL 1981. 358 S. 08695

Linder, J. B.; Gregor, A. J.: The Chinese communist air force in the "punitive" war against Vietnam. In: Air University review. Vol. 32, 1981. No. 6. S. 67-77. BZ 4544:32

Maclear, M.: Vietnam: the ten thousand day war. London: Thames Methuen 1981. X, 368 S. B 45362

Overfallet på Kampuchea. Hvorfor angrep Vietnam? Red.: L. Jørgensen. Oslo: Forl. Oktober 1979. 192 S. B 43158

Sienkiewicz, M.: Wojna wyzwoleńcza narodów Indochin 1945-1975. Aspekty wojskowe. [Der Befreiungskrieg der Völker Indochinas.] Warszawa: Wyd. Min. Obrony Narod. 1979. 322 S. B 43839

F 601.2 Krieg in Vietnam 1957–75

e. Politische Geschichte

Chandler, R.W.: War of ideas. The U.S. propaganda campaign in Vietnam. Boulder: Westview 1981. 301 S.   B 45150
Papp, D.S.: Vietnam: The view from Moscow, Peking, Washington. Jefferson: McFarland 1981. V, 257 S.   B 44291
Shawcross, W.: Sideshow: Kissinger, Nixon and the destruction of Cambodia. New York: Simon & Schuster 1979. 467 S.   B 43942
Thies, W.J.: When governments collide. Coercion and diplomacy in the Vietnam conflict 1964-1968. Berkeley: Univ. of Calif. Pr. 1980. XIX, 446 S.   B 43570

f. Militärische Geschichte

Anderson, W.C.: BAT-21. Englewood Cliffs: Prentice-Hall 1980. 188 S.   B 44284
Cahill, J.: If you don't like the war, switch the damn thing off! Don Mills: Musson 1980. 207 S.   B 43832
Cincinnatus: Self-destruction. The disintegration and decay of the United States army during the Vietnam era. New York: Norton 1981. 288 S.   B 44708
Cuong Ngo-Anh: Die Vietcong. Anatomie e. Streitmacht im Guerillakrieg. München: Bernard u. Graefe 1981. 299 S.   B 44822
Fairfax, D.: Department of Defence. - Navy in Vietnam. A record of the Royal Australian navy in the Vietnam war, 1965-1972. Canberra: Australian Governm. Publ. Service 1980. 232 S.   Bc 0820
Herz, M.F.; Rider, L.: The prestige Press and the Christmas bombing, 1972. Washington: Ethics and Public Pol. Center 1980. XIII, 103 S.   B 44683
Katcher, P.R.N.: Armies of the Vietnam war, 1962-1975. London: Osprey 1981. 40 S.   Bc 0658
Luckow, U.T.: Victory over ignorance and fear. The U.S. minelaying attack on North Vietnam. In: Naval War College review. Vol. 35, 1982. No. 1. S. 17-27.   BZ 4634:35
Mersky, P.B.; Polmar, N.: The naval Air War in Vietnam. Annapolis: The Nautical and Aviation Comp. 1981. XIII, 224 S.   B 45239
Parks, W.H.: Rolling thunder and the law of war. In: Air University review. Vol. 33, 1982. No. 2. S. 2-23.   BZ 4544:33
Schneider, D.K.: Air Force heroes in Vietnam. Maxwell Air Force Base: Air War College 1979. 86 S.   Bc 2692
Stanton, S.L.: Vietnam Order of battle. Washington: U.S. News Books 1981. XVII, 396 S.   08752
Starry, D.A.: Armoured Combat in Vietnam. Poole:

Blandford 1981. XII, 250 S. B 44870
Thompson, J. C.: Rolling Thunder. Understanding policy and program failure. Chapel Hill: The University of North Carolina Pr. 1980. XV, 199 S. B 43841
Trinquier, R.: Les maquis d'Indochine. In: Revue historique des armées. 1981. No. 4. S. 215-237. BZ 4465:1981
Welsh, D.: The History of the Vietnam war. London: Hamlyn 1981. 192 S. 08681

F 602 Nahostkriege

Delmas, C.: Il y a vingt-cinq ans: Suez-Budapest. In: Défense nationale. Année 37, 1981. Octobre. S. 89-104. BZ 4460:37
McCauley, B.: Hungary and Suez, 1956. The limits of Soviet and American power. In: Journal of contemporary history. Vol. 16, 1981. No. 4. S. 777-800. BZ 4552:16

Taylor, J.: Pearl Harbour II. The true story of the sneak attack by Israel upon the U.S.S. "Liberty", June 8, 1967. London: Regency Pr. 1980. 232 S. B 44157

Adan, A.: On the Banks of the Suez. San Rafael: Presidio Pr. 1980. XII, 479 S. B 44223
Bandmann, Y.; Cordova, Y.: The Soviet nuclear threat towards the close of the Yom Kippur War. In: The Jerusalem journal of international relations. Vol. 5, 1980. No. 1. S. 94-110. BZ 4756:5
Bar-Siman-Tov, Y.: Constraints and limitations in limited local war. The case of the Yom Kippur War. In: The Jerusalem journal of international relations. Vol. 5, 1981. No. 2. S. 46-61. BZ 4756:5
Bechtoldt, H.: Sinai-Rückzug. Angriff auf den PLO-Staat. In: Aussenpolitik. Jg. 33, 1982. H. 3. S. 263-271. BZ 4457:33
Blechman, B. M.; Hart, D. M.: The political utility of nuclear weapons. The 1973 Middle East crisis. In: International security. Vol. 7, 1982. No. 1. S. 132-156. BZ 4433:7
Eshel, D.: Kanalüberquerung. T. 1-3. In: Kampfmagazin. 1981. Nr. 8-12. Getr. Pag. BZ 05407:1981
Jonge, J. H. de: Strijd om de Golan tijdens de Jom-Kippoeroorlog. In: Militaire spectator. Jg. 151, 1982. Nr. 3. S. 114-135. BZ 05134:151
Kampfhubschrauber im Yom Kippur Krieg 1973. In: Kampfmagazin. 1982. Nr. 2. S. 32-44. BZ 05407:1982
Solis, E. A.: Lecciones para no olvidar. In: Revista de la escuela superior de guerra. Año 59, 1981. No. 455. S. 23-42. BZ 4631:59
Woltjer, T. G.: Sinai 14 oktober 1973. De dag van de ommekeer. In: Militaire spectator. Jg. 150, 1981. No. 7. S. 308-317. BZ 05134:150

F 603 Krieg in Korea 1950—1953

Cumings, B.: The Origins of the Korean war. Liberation and
the emergence of separate regimes 1945-1947. Princeton:
Univ. Pr. 1981. XXXI, 606 S.   B 45179
Horn, E.: Die Seestreitkräfte der USA im Aggressionskrieg gegen
die Koreanische Demokratische Volksrepublik 1950 bis 1953.
In: Marine-Kalender der DDR. 1982. S. 15-23.   F 1447:1982
O'Neill, R.: Australia in the Korean war 1950-53. Vol. 1.
Canberra: Australian Gov. Publ. Service 1981. 548 S.   B 44535

F 620 Kriege in Asien

Sodhi, H. S.: "Operation Windfall". Emergence of Bangladesh.
New Delhi: Allied Publ. 1980. XX, 303 S.   B 44414

Amin, S. H.: The Iran-Iraq war. Legal implications. In: Marine
policy. Vol. 6, 1982. No. 3. S. 193-218.   BZ 05102:6
Le Conflit irako-iranien. Inst. d. Études et de Recherches des
Éditions du monde arabe. Paris: Éd. du Monde arabe 1981.
323 S.   B 44537
Frade Merino, F.: La guerra entre Iraq e Iran. In: Ejercito.
Año 43, 1982. No. 505. S. 55-61.   BZ 05173:43
Hussein, S.: Volltext der bedeutenden Ansprache ... anlässlich d.
Verabschiedung e. neuen Einheit v. Kämpfern d. Volksarmee an die
Front. 1982. Bonn: Botschaft d. Republik Irak 1981. 10 S.   Bc 2082
Zum iranisch-irakischen Krieg. Stellungnahme des "Bund Kommunistischer Kämpfer". Berlin: Rat Iran. Studenten 1981. 25 S.   D 2372
O'Ballance, E.: The Iraq-Iran war. In: Marine corps gazette.
Vol. 66, 1982. No. 2. S. 44-50.   BZ 05286:66
Winkler, T. H.: Lehren aus dem Golfkrieg. In: Friedens-Warte.
Bd 63, 1980. S. 107-114.   BZ 4693:63

F 650 Kriege in Afrika

Bergot, E.: La Guerre des appelés en Algérie. 1956-1962.
Paris: Pr. de la Cité 1980. 281 S.   B 43651
Delarue, J.: L'O.A.S. contre de Gaulle. Paris: Fayard 1981.
312 S.   B 44253
Porteu de la Morandière, F.: Soldats du Djebel. Paris:
SPL 1979. 379 S.   08696

Obasanjo, O.: My Command. An account of the Nigerian Civil
War 1967-1970. Ibadan: Heinemann 1980. XIII, 177 S.   B 43758

F 680 Kriege in Amerika

Falkland-Konflikt
Amusategui de la Cierva, E. de; Gamboa Ballester, J. L.:
La crisis de Las Malvinas. In: Revista general de marina.
Tomo 202, 1982. Junio. S. 723-735. BZ 4619:202
Amusátegui de la Cierva, E. de; Gamboa Ballester, J. L.:
Estudio analítico de una crisis. In: Revista general de marina.
Tomo 203, 1982. Julio. S. 21-38. BZ 4619:203
Bologna, A. H.: Malvinas. Las negociaciones y las propuestas de
Ridley. In: Estrategia. 1980/81. 67/68. S. 101-113. BZ 4639:1980/81
Dokumente zum Konflikt um die Falkland-Inseln.
(April-Mai 1982.) In: Europa-Archiv. Jg. 37, 1982.
Folge 19. S. D 473- D 508. BZ 4452:37
The Falkland Islands. In: Navy international. Vol. 87, 1982. No. 5.
S. 1028-1045. BZ 05105:87
The Falkland crisis. Operations and progress after April 13. In:
Navy international. Vol. 87, 1982. No. 6. S. 1094-1099. BZ 05105:87
The Falkland crisis. Operations and progress after May 7. In: Navy
international. Vol. 87, 1982. No. 7. S. 1158-1166. BZ 05105:87
Der Falklandkrieg. Die militärischen Ereignisse. In: Österreichische
militärische Zeitschrift. Jg. 20, 1982. H. 4. S. 305-316. BZ 05214:20
Die Falklandkrise im Spiegel von "The Sun". Dokumentation. In:
Beiträge zur Konfliktforschung. Jg. 12, 1982. Nr. 2.
S. 147-165. BZ 4594:12
Gugliamelli, J. E.: Islas Malvinas. Exigir definiciones a Gran
Bretaña en las negociaciones sobra soberania. In: Estrategia.
1980/81; 67/86. S. 5-17. BZ 4639:1980/81
Haffa, A.; Werz, N.: Von der Krise in den Krieg. Der argent.-
brit. Konflikt im Südatlantik. In: Blätter des iz3w. 1982. Nr. 101.
S. 9-18. BZ 05130:1982
Meister, J.: Der Streit um die Falkland-Inseln. In: Marine-Rund-
schau. Jg. 79, 1982. H. 6. S. 301-307. BZ 05138:79
Rønneberg, H. B. M.: Falklandsøyene og krigen mellom Argentina
og Storbritannia i perspektiv. In: Norsk militaert tidsskrift.
Årg. 152, 1982. H. 7. S. 291-300. BZ 05232:152
Sartori, L.: Malvinas. Visita de Ridley y perspectivas. In:
Estrategia. 1980/81. 67/68. S. 114-122. BZ 4639:1980/81
Talon, V.: La guerra del Atlantico sur. In: Defensa. Año 5, 1982.
No. 50. S. 50-57. BZ 05344:5
Vernant, J.: La crise des îles Falkland. In: Défense nationale.
Année 38, 1982. Juin. S. 103-110. BZ 4460:38
Wagner, W.: Der Konflikt um die Falkland-Inseln. Ein Streit um
d. hergebrachte Weltordnung. In: Europa-Archiv. Jg. 37, 1982.
Folge 17. S. 509-516. BZ 4452:37
Wood, D.; Hewish, M.: Der Falkland-Konflikt. T. 1. Der Luft-
krieg. In: Internationale Wehrrevue. Jg. 15, 1982. Nr. 8.
S. 977-980. BZ 05263:15

L Länderteil

L 020 Naher und Mittlerer Osten

a./c. Allgemeines

Duignan, P.; Gann, L.H.: The Middle East and North Africa. The challenge to Western security. Stanford: Hoover Inst. Pr. 1981. 141 S. B 44067
The Middle East. U.S. policy, Israel, oil and the Arabs. 4th ed. Washington: Congressional Quarterly 1979. VII, 244 S. Bc 0530
Nahost: Stimmen der Opposition. Palästina zwischen Krieg und Staatsgründung. Beiträge z. ESG-Seminar... 19. bis 22.Juni 1980 in Bendorf/Rh. Darmstadt 1981. 75 S. D 2433
Politisches Lexikon Nahost. Hrsg.: U. Steinbach. 2. neubearb. Aufl. München: Beck 1981. 411 S. B 44107
Otto, I.; Schmidt-Dumont, M.: Frauenfragen im modernen Orient. E. Auswahlbibliographie. Hamburg: Dt. Orient-Institut 1982. XV, 247 S. Bc 0747
Kämpfendes Palästina. Zeitschrift (1978 ff.: Zeitung) d. Gesellschaft Schweiz-Palästina. Lausanne: Gesellsch. Schweiz-Palästina 1976-81. Getr. Pag. DZ 66
Für ein unabhängiges, freies, demokratisches Palästina. Bochum: GUAS 1981. 153 S. D 2324
Palästina-Zeitung. Berlin: Palästinakomitee Westberlin. 1979-81. Getr. Pag. DZ 374
Perlmutter, A.: Political Roles and military rulers. London: Cass 1981. VI, 313 S. B 44161
Electoral Politics in the Middle East. Issues, voters and elites. London: Croom Helm 1980. 335 S. B 43882
Siddiqui, K.: The State of the Muslim world today. London, Toronto: The Open Press Ltd 1980. 20 S. Bc 2380

d. Land und Volkstum

Palästinenser

Amos, J. W.: Palestinian Resistance. Organization of a nationalist movement. New York: Pergamon 1980. XXII, 471 S.   B 44441
Ashkenasi, A.: The Structure of ethnic conflict and Palestinian political fragmentation. Berlin: Freie Universität 1981. 84 S.   Bc 0668
Palästinensische Frauen. Der alltägliche Kampf. Hrsg.: I. Kossmann u. L. Scharenberg. Berlin: Das arabische Buch 1982. 147 S. Bc 3063
Paech, N.; Stuby, G.: Kein Platz für das palästinensische Volk? Geschichte u. Perspektiven des Palästina-Konflikts. In: Blätter für deutsch und internationale Politik. Jg. 27, 1982. H. 9. S. 1097-1121; H. 10. S. 1214-1236.   BZ 4551:27
Für ein unabhängiges, freies, demokratisches Palästina. Hrsg.: Bochum: General-Union Arab. Studenten 1981. 153 S.   D 2324
Plascov, A.: A Palestinian state? Examining the alternatives. London: Internat. Institute for Strategic Studies 1981. 59 S.   Bc 0774
Said, E. W.: (The Question of Palestine. [dt.]) Zionismus und palästinensische Selbstbestimmung. Stuttgart: Klett-Cotta 1981. 276 S.   B 44593
Schiller, D. T.: Palästinenser zwischen Terrorismus und Diplomatie. D. paramilit. palästinensische Nationalbewegung von 1918 bis 1981. München: Bernard u. Graefe 1982. 479 S.   B 46254

PLO

La Charte de l'O.L.P. Texte et Commentaire. Genève: Ed. de l'Avenir 1978. 69 S.   Bc 2185
Konzelmann, G.: Arafat. Verhängnis oder Hoffnung? Bergisch-Gladbach: Lübbe 1981. 315 S.   B 44566
Taylor, A. R.: The PLO in Inter-Arab politics. In: Journal of Palestine studies. Vol. 11, 1982. No. 2. S. 70-81.   BZ 4602:11
Wolffsohn, M.: Israel's PLO policy, 1977-1981. In: Orient. Jg. 22, 1981. H. 3. S. 413-430.   BZ 4663:22
Yodfat, A. Y.; Arnon-Ohanna, Y.: PLO. Strategy and Tactics. London: Croom Helm 1981. 225 S.   B 43757

e. Politik

Arnaud, J.-M.: La charnière arabe de l'Afrique. In: Stratégique. 1982. No. 13. S. 7-29.   BZ 4694:1982
Campbell, J. C.: The Middle East. A house of containment built on shifting sands. In: Foreign affairs. Vol. 60, 1982. No. 3. S. 593-628.   BZ 05149:60
Dynamics of third party intervention. Kissinger in the Middle East. Ed.: J. Z. Rubin. New York: Praeger 1981. XXI, 303 S.   B 45187

Giniewski, P.: La politique suicidaire de l'Occident au Moyen
 Orient. In: Rivista di studi politici internazionale. Anno 48, 1981.
 No. 3. S. 351-368. BZ 4451:48
Levtzion, N.: International Islamic Solidarity and its limitations.
 Jerusalem: Hebrew University 1979. 67 S. Bc 2303
The Middle East in world politics. Ed.: M. Ayoob. London: Croom
 Helm 1981. 217 S. B 43764
Snow, D. M.: The multiple faces of the Middle East. A review.
 In: Parameters. Vol. 11, 1981. No. 4. S. 43-52. BZ 05440:2

k. Geschichte

Aliboni, R.: The strategic and regional balance in the Middle
 East and the Red Sea region. In: The Atlantic community quarterly.
 Vol. 19, 1981. No. 1. S. 37-49. BZ 05136:19
Aliboni, R.: Sicherheitsprobleme im Nahen und Mittleren Osten -
 von innen gesehen. In: Europa-Archiv. Jg. 36, 1981. Folge 19.
 S. 567-578. BZ 4452:36
Dayan, M.: Break-Through. A personal account of the Egypt-
 Israel peace negotiations. London: Weidenfeld & Nicolson 1981.
 368 S. B 44856
Engmann, G.: Spannungsherd Nahost. Kriege zwischen Israel und
 den Arabern. Berlin: Militärverl. d. DDR 1981. 94 S. Bc 2747
Gilboa, E.: Simulation of conflict and conflict resolution in the
 Middle East. Jerusalem: Hebrew University 1980. 59 S. Bc 2304
Jabber, P.: Not by War alone. Security and arms control in the
 Middle East. Berkeley: Univ. of Calif. Pr. 1981. XII, 212 S. B 43574
Jureidini, P. A.; MacLaurin, R. D.: Beyond Camp David.
 Emerging alignments and leaders in the Middle East. Syracuse:
 Univ. Pr. 1981. XXII, 197 S. B 44179
Klieman, A. S.: Israel, Jordan, Palestine: The search for a
 durable peace. Beverly Hills, London: Sage 1981. 96 S. Bc 2481
Kiselev, V. I.: Palestinskaja Problema i bližnevostočnyj krizis.
 [Das Palästinaproblem u. die Nahostkrise.] Kiev: Politizdat
 Ukrainy 1981. 190 S. B 44846
Palestina. En bakgrund till Mellanösternkonflikten. Red.:
 L. G. Hellström. Stockholm: Ordfront/Palestinagrupperna i Sverige
 1980. 351 S. B 43157
Reske-Nielsen, E.: Magtspillet i Mellemøsten. København:
 Berlingske Forl. 1981. 210 S. B 44900
Riad, M.: The Stuggle for peace in the Middle East. London:
 Qartet Books 1981. 365 S. B 44964
Sid-Ahmed, M.: Le conflit israélo-arabe: les chances d'une paix
 générale. In: Politique étrangère. Année 46, 1981. No. 4.
 S. 795-812. BZ 4449:46

L 059.1 Blockfreie Staaten

Colard, D.: Le Mouvement des pays non-alignés. Paris:
La Doc. franç. 1981. 167 S.   B 45403
Dokumente der Nichtpaktgebundenen. Hauptdok. 1.-6. Gipfelkonferenz d. nichtpaktgebundenen Staaten 1961-1979. Ausgew. u. eingel.:
R. Wünsche. Berlin: Staatsverl. d. DDR 1981. 294 S.   B 44944
Fritsche, K.: Die Bewegung blockfreier Staaten. Bestand d.
Dokumentationsstelle Bewegung Blockfreier Staaten, Dortmund.
Stand: 20. Juni 1981. Dortmund: Dokumentationsstelle Bewegung
Blockfreier Staaten 1981. 87 S.   D 02337
Kardelj, E.: Die historischen Wurzeln der Nichtpaktgebundenheit.
Belgrad: Sozial. Theorie u. Praxis 1979. 89 S.   Bc 2886
Luif, P.: Die Bewegung der blockfreien Staaten und Österreich.
Laxenburg: Austrian Institute for international Affairs 1981.
109 S.   Bc 2962
Rajan, M.S.: The Non-aligned Movement. The New Delhi conference and after. In: Southeast Asian affairs. 1982.
S. 60-72.   BZ 05354:1982
Willetts, P.: The Non-Aligned in Havanna. London: Pinter 1981.
XVII, 283 S.   B 43951

L 059.2 Dritte Welt

Armes nucléaires et conflits dans le Tiers Monde. Les débats.
Conclusions. In: Défense nationale. Année 38, 1982. Juillet.
S. 61-75, 81-91.   BZ 4460:38
Ayoob, M.: Autonomy and intervention. Super powers and the
Third World. In: New directions in strategic thinking. 1981.
S. 104-116.   B 44615
Soziale Befreiung der 3. Welt! Solidaritätsfonds für d. sozialen
Befreiungskampf d. 3. Welt! Stuttgart: Juso-Landesverband 1981.
23 S.   D 2330
Cleveland, H.; Goodpaster, A.J.; Wolf, J.J.: After Afghanistan - the long haul. Safeguarding security and independence in
the Third World. Boulder: Westview 1980. 71 S.   Bc 2308
Informationsdienst 3. Welt. Dossier. Bern 1975-80. Getr. Pag. DZ 65a
Dritt-Welt-Konflikte und internationale Sicherheit. Hrsg.: C. Bertram.
Bonn: Osang Verl. 1981. 186 S.   B 44309
Guernier, M.: (Tiers Monde - trois quarts du monde. [dt.])
Die Dritte Welt: drei Viertel der Welt. München: Piper 1981.
180 S.   B 44579
Hallwood, P.; Sinclair, S.W.: Oil, debt and development:
OPEC in the Third World. London: Allen & Unwin 1981.
X, 206 S.   B 43946
Imperialismen og den tredje verden. En antologi red.: P. Neersø og
H. Plaschke. København: Aurora 1980. 362 S.   B 43236

Lellouche, P.: Conséquences politiques et stratégiques de la prolifération nucléaire dans le Tiers Monde. In: Défense nationale. Année 38, 1982. Juillet. S. 37-60. BZ 4460:38
Muni, S. D.: Arms build-up and development: Linkages in the Third world. Canberra: The Strategic and Defence Studies 1980. 106 S. Bc 2234
Oleszczuk, T.: The liberalization of dictatorship: The Titoist lesson to the Third World. In: The Journal of Politics. Vol. 43, 1981. No. 3. S. 818-830. BZ 4441:43
Third-World Conflict and international security. Pt. 1. 2. London: Internat. Institute for Strategic Studies. 1981. 58, 59 S. Bc 0777
Aktionshandbuch Dritte Welt. Hrsg. v. BUKO (Bundeskongress der entwicklungs-politischen Aktionsgruppen)... 6., erw. Aufl. Wuppertal: Jugenddienst-Verl.; Kiel: Magazin Verl. 1982. 216 S. D 2469
Information Dritte Welt. Nr. 18(1974)-49(1982). Dortmund: Informationszentrum Dritte Welt 1974-82. Getr. Pag. DZ 85
Kontaktbuch Dritte Welt. Für alle, die etwas tun wollen. Mit e. Verz. aller entwicklungspolitischen Aktionsgruppen im Postleitzahlbereich 44-47. Neuaufl. Münster: Westfälische Wilhelms-Univ., Arbeitsst. Entwicklungspolitik 1982. 84 S. D 2432
Williams, G.: Third world political Organizations. London: Macmillan 1981. XIII, 133 S. B 45123

e. 2 Außenpolitik

Etzold, T. H.: Responding to Soviet intervention in the Third World. In: Naval War College review. 1982. May/June. S. 25-35. BZ 4634:1982
Mardek, H.; Wünsche, R.: Die Staaten Asiens, Afrikas und Lateinamerikas im internationalen Entspannungsprozess. In: Jahrbuch Asien, Afrika, Lateinamerika. 1975. S. 11-32. BZ 4765:1975
Schlesinger, J. R.: Die internationalen Auswirkungen der Dritt-Welt-Krise. Eine Betrachtung aus amerikanischer Sicht. In: Dritt-Welt-Konflikte und internationale Sicherheit. 1981. S. 9-21. B 44309
Schwarzbeck, F.: Frankreich - Dritte Welt. Eine neue Politik unter Mitterand? Hamburg: Dt. Übersee-Institut 1981. 36 S. Bc 2959
The Soviet Union in the Third World. Successes and failures. Ed.: R. H. Donaldson. Boulder: Westview 1981. XIV, 458 S. B 44155
Supermacht oder Schutzmacht? Die "Dritte Welt" und die Aussenpolitik der UdSSR. In: Sozialismus. 1982. H. 4. S. 96-103. BZ 05393:1982
Trofimenko, H.: The Third World and the U.S.-Soviet competition. A Soviet view. In: Foreign affairs. Vol. 59, 1981. No. 5. S. 1021-1040. BZ 05149:59

L 080 Entwicklungsländer

Ehrenberg, E.: Politische und ökonomische Probleme der Abrüstung in Entwicklungsländern am Beispiel Ägyptens, Irans und Indiens. Bonn: Dt. Gesellsch. f. Friedens- u. Konfliktforschung 1980. 17 S. Bc 0824

Grimm, R.; Haupt, H.-G.; Richter, I.: Zusammenarbeit der Mitgliedsländer des RGW mit den Entwicklungsländern. In: Deutsche Aussenpolitik. Jg. 27, 1982. H. 2. S. 14-30. BZ 4557:27

Matthies, V.: Süd-Süd-Beziehungen: Zur Kommunikation und Kooperation zwischen Entwicklungsländern. In: Aus Politik und Zeitgeschichte. 1982. B 34. S. 31-45. BZ 05159:1982

Obminskij, E. E.: Gruppa 77. Mnogostoronnjaja ėkonomičeskaja diplomatija razvivajuščichsja stran. [Die Gruppe der 77. Vielseitige ökonomische Diplomatie der Entwicklungsländer.] Moskva: "Meždunarodnye otnošenija" 1981. 251 S. B 44172

SŠA i razvivajuščiesja strany. 70-e gody. [USA u. die Entwicklungsländer. Siebziger Jahre.] Moskva: Nauka 1981. 292 S. B 45515

Staat und Entwicklung. Studien zum Verhältnis v. Herrschaft und Gesellschaft in Entwicklungsländern. Hrsg.: R. Hanisch, R. Tetzlaff. Frankfurt: Campus Verl. 1981. 656 S. B 44366

Winiecki, J.: Rola pomocy gospodarczej w polityce zagranicznej USA wobec krajów rozwijających się. [Die Rolle d. Wirtschaftshilfe in d. Aussenpolitik d. USA gegenüber den Entwicklungsländern.] Warszawa: Polski Inst. Spraw Międzynarodowych 1979. 310 S. B 45744

L 100 Europa/Mittel- und Westeuropa

a./d. Allgemeines

Finestone, J.: (The last Courts of Europe. [dt.]) Die letzten Fürstenhöfe Europas. Zürich: Orell Füssli 1981. 254 S. 08590

Fry, Earl H.; Raymond, G. A.: The other western Europe. A political analysis of the smaller democracies. Santa Barbara: ABC-Clio 1980. IX, 251 S. B 44001

Karasek, F.: Zusammenarbeit in Europa und Erziehung zu Europa. Rede... 10.12.1980 in Wien. Wien: Verl. f. Geschichte u. Politik 1981. 32 S. Bc 2720

Tudjman, F.: Nationalism in contemporary Europe. New York: Columbia Univ. Pr. 1981. 293 S. B 44002

e. Staat/Politik

e. 1 Innenpolitik

Istorija antivoennogo dviženija v kapitalističeskich stranach Evropy 1945-1976. [Die Geschichte d. Antikriegsbewegung in d. kapitalistischen Ländern Europas.] Moskva: Nauka 1981. 404 S.   B 45745
Mikaelsen, L.: European Protection of human rights. Alphen: Sijthoff u. Noordhoff 1980. XIII, 372 S.   B 43815

Europäische Gemeinschaft

Kirchner, E.; Schwaiger, K.: The Role of interest groups in the European Community. Aldershot: Gower 1981. XI, 178 S.   B 45316
Lücker, H. A.: Der Beitritt Spaniens und Portugals zur Europäischen Gemeinschaft. In: Politische Studien. Jg. 33, 1982. H. 263. S. 251-266.   BZ 4514:33
Scalingi, P.: The European Community in 1981: Pondering at the crossroads. In: Orbis. Vol. 25, 1981. No. 1. S. 123-144.   BZ 4440:25
Schipulle, H.: Die Entwicklungspolitik der Europäischen Gemeinschaft in 1980. Strassburg: Europ. Gemeinsch. 1981. 44 S.   Bc 0685
Strauss, F. J.: 25 Jahre Europäische Gemeinschaft. In: Politische Studien. Jg. 33, 1982. H. 263. S. 235-242.   BZ 4514:33
Tsoukalis, L.: The European Community and its Mediterranean enlargement. London: Allen & Unwin 1981. 273 S.   B 45330

e. 1.3 Parlamentswesen/Wahlwesen

Arbeit an der europäischen Einigung. Sachbeiträge aus d. Fraktion d. Europ. Volkspartei (Christl. -demokr. Fraktion) d. Europ. Parlaments. Gemeinsame Europäische Aussenpolitik. Strassburg: Fraktion d. Europ. Volkspartei 1981. 166 S.   Bc 2317
Butler, D.; Marquand, D.: European Elections and British politics. Harlow: Longman 1981. 193 S.   B 43931
Direktwahl '79, 7. -10. Juni. - Ergebnisse und gewählte Mitglieder in den 9 Mitgliedsländern... 2. rev. Ausg. Strassburg: Europ. Parlament 1979. 25 S.   Bc 0499
Läufer, T.: Die politische Rolle des Europäischen Parlaments. In: Europa-Archiv. Jg. 37, 1982. Folge 13. S. 397-404.   BZ 4452:37
Papisca, A.: Verso il nuovo Parlamento europeo. Chi, come perchê. Milano: Giuffrè 1979. 236 S.   B 43703
Pridham, G.; Pridham, P.: Transnational Party Co-operation and European integration. The proces towards direct elections. London: Allen and Unwin 1981. XII, 307 S.   B 44612
Thöne, E. M.: Das direkt gewählte Europäische Parlament. In: Zeitschrift f. Parlamentsfragen. Jg. 13, 1982. H. 2. S. 149-180. BZ 4589:13

e. 1.4 Parteiwesen

Anderson, G.: Fra stalinisme til sosialdemokrati? Politiske
strømninger i Sør-Europa. Oslo: Fabritius 1979. 127 S.   Bc 2299
Boggs, C.: The Impasse of European communism. Boulder:
Westview 1982. 181 S.   B 46304
Chiti-Batelli, A.: Verso un "Partito dell'Europa"? Manduria:
Lacaita Ed. 1979. 142 S.   B 41180
The Dilemma of eurocommunism. London: The Labour Party 1980.
67 S.   Bc 2091
Eurocommunism. The ideological and political-theoretical foundations. Ed.: G. Schwab. Westport: Greenwood Pr. 1981.
XXVI, 325 S.   B 44690
Eurocommunism between East and West. Bloomington: Indiana Univ.
Pr. 1980. IX, 373 S.   B 43618
Eurokommunismus - eine Herausforderung. Symposium anl. d. Journalistentagung 1978 Wien. Hrsg.: R. Prantner. Wien: Politische
Akademie 1980. 55 S.   Bc 2174
Unser Faschismus nebenan. Erfahrungen bei NATO-Partnern. Unter
Mitarb. v. G. Wallraff, E. Spoo. Reinbek: Rowohlt 1982.
309 S.   B 46276
Fascism in Europe. Ed.: S. J. Wolf. London: Methuen 1981.
408 S.   B 44868
Fašizm i antidemokratičeskie režimy v Evrope. Načalo 20-ch godov
- 1945 g. [Der Faschismus u. d. antidemokratischen Regime in
Europa. Beginn d. 20iger Jahre bis 1945.] Moskva: Nauka 1981.
188 S.   B 45747
Hassner, P.: Eurocommunism in the aftermath of Kabul. In: The
Atlantic community quarterly. Vol. 18, 1980/81. No. 4.
S. 453-463.   BZ 05136:18
Hermann, V.: Der Demokratieanspruch der Eurokommunisten
untersucht am Beisp. d. Kommunistischen Parteien Frankreichs,
Italiens u. Spaniens. Salzburg: Univ. 1980. 216 S.   08694
Horner, F.: Konservative und christdemokratische Parteien in
Europa. Geschichte, Programmatik, Strukturen. Wien:
Herold 1981. 232 S.   B 44652
Lutz, D. S.: Eurokommunismus und NATO. Bonn: Dt. Gesellsch. f.
Friedens- u. Konfliktforschung 1979. 18 S.   Bc 0815
Merchav, P.: Linkssozialismus in Europa zwischen den Weltkriegen. Einl.: H. Konrad. Wien: Europa-Verl. 1979.
XXVI, 129 S.   Bc 1704
In Search of eurocommunism. Ed.: R. Kindersley. London:
Macmillan 1981. XI, 218 S.   B 45317
Spiecker, M.: Eurokommunistische Grundrechtsbekenntnisse und
ihre Grenzen. In: Europäische Rundschau. Jg. 9, 1981. Nr. 4.
S. 95-110.   BZ 4615:9
Europas väg till socialismen. Stockholm: Arbetarkultur 1980.
351 S.   B 43329

Eurokommunismens vaekst og krise. Århus: Politica 1980.
335 S. B 43969
Webb, C. : Eurocommunism and foreign policy. London: Policy
Studies Institute 1979. 81 S. Bc 2381
Who were the fascists. Social roots of European fascism. Ed. :
S. U. Larsen [u. a.] with the assistance of G. Botz [u. a.].Bergen:
Universitetsforl. 1980. 816 S. B 43315

e. 2 Außenpolitik

Bracher, K. D. : Demokratische und totalitäre Europapolitik. In:
Innen- und Aussenpolitik. 1980. S. 73-85. B 44602
Political Change in Europe. The left and the future of the Atlantic
Alliance. Ed. : D. Eden a. F. E. Short. Oxford: Blackwell 1981.
XII, 163 S. B 44206
Autorenkollektiv.—China- Westeuropa. Berlin: Staatsverl. d. DDR
1981. 80 S. Bc 2496
Greilsammer, A. : Israel et l'Europe. Une histoire des relations
entre la Communauté européenne et l'etat d'Israel. Lausanne:
Fondation Jean Monnet pour l'Europe 1981. 165 S. B 45142
Hoffmann, S. : L'Europe et les Etats-Unis entre la discorde et
l'harmonie. In: Politique étrangère. Année 46, 1981. No. 3.
S. 553-568. BZ 4449:46
Lewis, F. : Alarm bells in the West. In: Foreign affairs. Vol. 60,
1982. No. 3. S. 551-572. BZ 05149:60
La Politica estera dell'Europa. Autonomia o dipendenza? A cura di
G. Bonvicini. Bologna: Mulino 1980. 189 S. B 44892
Surdo, V. : L'Europa e la crisi mediorientale. In: Affari esteri.
Anno 14, 1982. No. 54. S. 226-238. BZ 4373:14

f. Wehrwesen

f 0.1 Wehrpolitik

Abschreckung und Entspannung in Europa. Die Vereinigten Staaten
und die europäische Sicherheit. München: Bernard u. Graefe 1981.
140 S. B 43840
Bahr, E. : Gemeinsame Sicherheit. Gedanken zur Entschärfung der
nuklearen Konfrontation in Europa. In: Europa-Archiv. Jg. 37,
1982. Folge 14. S. 421-430. BZ 4452:37
Delmas, C. : Il y a trente ans... Le renversement des alliances.
In: Défense nationale. Année 38, 1982. Juin. S. 41-55. BZ 4460:38
Ducci, R. : Tentativi e speranze di una forza di dissuasione
europea. In: Affari esteri. Anno 13, 1981. No. 52.
S. 428-452. BZ 4373:13

Jacchia, E.: Europa e difesa. Roma: Rivista Marittima 1981.
171 S. Bc 2488
Lellouche, P.: La sécurité de l'Europe dans les années 80.
Essai de synthèse et de prospective. In: La sécurité de l'Europe
dans les années 80. 1980. S. 15-81. B 44240
Multan, W.: Strefy bezatomowe a bezpieczeństwo Europy. [Atomwaffenfreie Zonen u. europäische Sicherheit.] In: Sprawy Międzynarodowe. Rok 34, 1981. Zeszyt 7. S. 7-18. BZ 4497:34
Rose, F. de: La sécurité de l'Europe après l'Afghanistan. In: La sécurité de l'Europe dans les années 80. S. 335-343. B 44240
La Sécurité de l'Europe dans les années 80. Les relations Est-Ouest et le théâtre européen. Publ. sous la direction de P. Lellouche.
Paris: Inst. français des relations internat. 1980. 415 S. B 44240
Western Security: What has changed? What should be done? London:
Council on Foreign Relations 1981. 48 S. Bc 2452
Warum ein atomwaffenfreies Europa? Zürich: Schweizer. Friedensrat 1981. 27 S. Bc 2940

Rüstungspolitik

Neue Atomraketen in Europa? Informationen über: Abschreckungssystem.., 2. überarb. Aufl. Krefeld: DFG-VK 1981. 46 S. D 2342
Bertram, C.: The implications of theater nuclear weapons in
Europe. In: Foreign affairs. Vol. 60, 1981/82. No. 2.
S. 305-326. BZ 05149:60
Schlachtfeld Europa. Stuttgart: Die Grünen Baden-Württemberg 1982.
64 S. D 2439
Lutz, D. S.: Weltkrieg wider Willen? Eine Kräftevergleichsanalyse der Nuklearwaffen in und für Europa. Reinbek: Rowohlt 1981.
377 S. B 44572
Sichert die Rüstung der NATO den Frieden in Europa? Emden:
Arbeitskr. Gemeinde in d. Gesellschaft 1981. 38 S. D 2392
Treverton, G.: Nuclear weapons in Europe. London: Internat.
Institute for Strategic Studies 1981. 34 S. Bc 0778

Abrüstunspolitik

Macdonald, H.: Conventional arms control in Europe. In: Arms control. Vol. 2, 1981. No. 3. S. 284-312. BZ 4716:2
Myrdal, A.: Atomare Abrüstung in Europa. In: Befreiung. 1981.
Nr. 22/23. S. 11-51. BZ 4629:1981
Obrador Serra, F.: Propuesta negociable de un nuevo equilibrio nuclear en Europa. In: Revista general de marina. Tomo 202,
1982. Abril. S. 427-440. BZ 4619:202
Record, J.: Force Reductions in Europe. Starting over. Special rep. oct. 1980. Cambridge: Inst. f. Foreign Policy Analysis 1980.
92 S. B 44713
Wettig, G.: Umstrittene Sicherheit. Friedenswahrung und Rüstungsbegrenzung in Europa. Berlin: Berlin Verl. 1982. 192 S. B 45469
Wir wollen nicht zu Tode verteidigt werden. Für ein kernwaffenfreies Europa. Zürich: Schweizerrischer Friedensrat 1981.
35 S. Bc 2545

f 1.30 Waffengattungen und Dienste

Blacker, C.D.; Hussain, F.: Les forces nucléaires en Europe
et la maîtrise des armements. Un avenir incertain. In: La sécurité
de l'Europe dans les années 80. S. 303-319. B 44240
West-European Navies and the future. Ed.: J.H. Veldman a. F. T.
Olivier. Den Helder: Royal Netherlands Naval College 1980.
251 S. B 44676

g./h. Wirtschaft und Gesellschaft

Abelshauser, W.: Wiederaufbau vor dem Mahrshall-Plan. In:
Vierteljahrshefte für Zeitgeschichte. Jg. 29, 1981. H. 4.
S. 545-578. BZ 4456:29
Grewlich, K.W.: Technologie - die Sicherheit Europas. In:
Aussenpolitik. Jg. 32, 1981. Nr. 3. S. 211-222. BZ 4457:32
Hu, Y.: Europe under stress. Convergence and
divergence in the European Community. London:
Butterworth 1981. XI, 120 S. B 45361
Rutherford, M.: Can we save the Common Market?
Oxford: Balckwell 1981. 115 S. B 45375

Frauen in linken Organisationen. Hrsg.: U. Jelpke. Hamburg:
Buntbuch Verl. 1981. 272 S. B 43902
Nachkriegsgesellschaften im historischen Vergleich. Großbritannien,
Frankreich, Bundesrepublik. München: Oldenbourg 1982.
72 S. Bc 2715
Weidenfeld, W.: Die Jugend und die Europäische Einigung. In:
Aussenpolitik. Jg. 32, 1981. Nr. 3. S. 223-236. BZ 4457:32
Wolchik, S.L.: Women and politics in comparative perspective.
Europe and the Soviet Union. In: Women & politics. Vol. 1, 1980.
No. 2. S. 65-83. BZ 4763:1

Die Arbeiterbewegung europäischer Länder im Kampf gegen Faschismus und Kriegsgefahr in den zwanziger und dreißiger Jahren.
Int. Sammelbd. Hrsg.: H. Schumacher. Berlin: Dietz 1981.
469 S. B 44033
Dötsch, J.; Premssler, M.: EG und Arbeiterrechte. Der
Kampf um d. sozialen Rechte d. Werktätigen kapitalistischer
Länder Westeuropas. Berlin: Staatsverl. d. DDR 1981. 143 S. Bc 2238
Geary, D.: European Labour Protest 1848-1939. London:
Croom Helm 1981. 195 S. B 43952
Michel, J.: L'échec de la grève générale des mineurs européens
avant 1914. In: Revue d'histoire moderne et contemporaine.
Tome 29, 1982. Avril-Juin. S. 214-234. BZ 4586:29
Movimento operaio e societa' industriale in Europa.
1870-1970. Venezia: Marsilio 1981. 276 S. B 45542

k. Geschichte

Dietz, H.: Europas letzte Stunde? Briefe an einen Enkel.
Freiburg: Herder 1981. 158 S.   Bc 2492
Europa von der französischen Revolution zu den nationalstaatlichen
Bewegungen des 19. Jahrhunderts. Hrsg.: W. Bussmann.
Stuttgart: Klett-Cotta 1981. XX, 1077 S.   F 1541:5
Hart, T. G.: The Spread of extra European conflicts to Europe.
Concepts and analysis. Stockholm: The Swedish Institute of
Internat. Affairs 1979. 91 S.   Bc 0587
Hillgruber, A.: Europa in der Weltpolitik der Nachkriegszeit.
1945-1963. 2., erg. Aufl. München: Oldenbourg 1981. 188 S.   B 44192
Laloy, J.: L'Europa dal 1945. Coercizione o riconciliazione. In:
Affari esteri. Anno 14, 1982. No. 53. S. 1-10.   BZ 4373:14
Twentieth Century Europe. Ed. with an introd.: E. Weber.
St. Louis: Forum Pr. 1980. Getr. Pag.   Bc 0542
Urwin, D. W.: Western Europe since 1945. A short political history.
3. ed. London: Longman 1981. XIV, 376 S.   B 44985

L 101   Nordeuropa/Skandinavien

Andrén, N.: Gegenwärtige Sicherheitsprobleme in Nordeuropa.
Das "Nordische Gleichgewicht" und seine Bedingungen. In: Aus
Politik und Zeitgeschichte. 1982. B 37. S. 3-13.   BZ 05159:1982
Elvander, N.: Skandinavisk Arbetarrörelse. Stockholm:
Liber 1980. 359 S.   B 43328
Kuhnle, S.; Svåsand, L.: Nordic political Science 1976-1979.
A bibliography. Oslo: Univ. Forl. 1981. 58 S.   Bc 2334
Lindström, T. S.: Nordic defense - is the flank being turned? In:
The journal of social, political and economic studies. Vol. 6, 1981.
No. 3. S. 307-325.   BZ 4670:6
Lorenz, E.: Samefolket i historien. Oslo: Pax Forl. 1981.
120 S.   Bc 2787
Lunde, J.: Forslag til økonomisk politik fra arbejderbevaegelsen
i Danmark, Norge og Sverige. Aalborg:
Univ.-Forlag 1981. 151 S.   B 45883
Olsen, O. J.: Industripolitik i Danmark, Norge og Sverige:
en oversigt over statslige virksomheder og industristøtte i de
tre lande. København: Jørgen Paludan 1980. 165 S.   B 45847
Putensen, G.; Stropp, D.: Nordeuropa und einige Fragen der
militärischen Entspannung. In: Deutsche Aussenpolitik.
Jg. 27, 1982. H. 4. S. 72-85.   BZ 4557:27
Samene - urbefolkning og minoritet. Hva er grunnlaget for samenes
krav om rettigheter som eget folk? Tromsø: Universitetsforl.
1980. 195 S.   B 43316
Schmaltz-Jørgensen, H.: Parlamenterne i Norden. 3. udg.
København: Erichsen 1981. 116 S.   B 44902

L 102 Nordosteuropa/Baltikum

Päts, K.: Millega riigipea rahul ei olnud. Löike Konstantin Pätsi
  könedest kommentaaridege H. Talvar. [Auszüge aus Reden von
  Konstantin Päts, komment. v. H. Talvar.] Tallinn: Ajalehe
  "Kodumaa" 1979. 32 S.   Bc 1735
Pankseev, A. K.: (Estonskij Narod v Velikoj Otečestvennoj Vojne,
  [dt.]) Das estnische Volk im Grossen Vaterländischen Krieg.
  Tallinn: Perioodika 1980. 166 S.   Bc 2364

Schiemann, P.: Leitartikel, Reden und Aufsätze in Auswahl. Hrsg.
  u. komm.: H. Donath. Frankfurt: [Donatz] 1980. VIII, 957 S.   08577

Kaslas, B. J.: La Lithuanie et la seconde guerre mondiale. Recueil
  des documents. Paris: Maissonneuve et Larose 1981.
  XVI, 347 S.   B 44239

L 103 Osteuropa

e. Staat/Politik

Bergman, K.: Tredje Bordet från höger. Över gränser i Östeuropa.
  Teckningar: B. Berg. Stockholm: Liber 1981. 251 S.   B 45272
Drâganu, T.: Structures et institutions constitutionnelles des pays
  socialistes européens. Paris: Economica 1981. 181 S.   B 44238
Für Frieden und Abrüstung! Dokumentation des Pariser Treffens
  kommunistischer Arbeiterparteien Europas vom 28. u. 29. April
  1980. Berlin: Zeitungsdienst 1980. 157 S.   Bc 2096
Gitelman, Z.: The politics of socialist restoration in Hungary and
  Czechoslovakia. In: Comparative politics. Vol. 13, 1981. No. 2.
  S. 187-210.   BZ 4606:13
Marxist Governments. A world survey. Ed.: B. Szajkowski.
  Vol. 1-3. London: Macmillan 1981. 822 S.   B 43865
Hegedüs, A.: Sozialismus und Bürokratie. Reinbek: Rowohlt
  Verl. 1981. 187 S.   B 43627
Larrabee, F. S.: Instability and change in Eastern Europe. In:
  International security. Vol. 6, 1981/82. No. 3. S. 39-64.   BZ 4433:6
Osadczuk-Korab, B. A.: Antagonismen im Ostblock. In: Konflikte
  unserer Zeit - Konflikte der Zukunft. 1981. S. 57-71.   B 45009
Political Participation in communist systems. Ed.: D. E. Schulz,
  J. S. Adams. New York: Pergamon Pr. 1981. IX, 334 S.   B 45212
Posadas, J.: Der Krieg, der Frieden und die Funktion der soziali-
  stischen Länder. Ausgew. Texte von 1977 bis 1981. Frankfurt:
  Ed. Wissenschaft, Kultur und Politik 1982. 55 S.   D 2386
Die Raktionen auf d. Ereignisse in Polen. (Jugoslawien, Rumänien,
  Ungarn, Bulgarien, Albanien.) In: Südosteuropa.

Jg. 31, 1982. H. 2. S. 93-118. BZ 4762:31
Rullmann, H. P.: Ist der Kommunismus reformierbar? Nach dem polnischen Herbst - Frühling in Osteuropa? München: Goldmann 1981. 188 S. B 44804
Shoup, P. S.: The East European and Soviet Data Handbook. Political, social, and developmental indicators, 1945-1975. New York: Columbia Univ. Pr. 1981. XV, 482 S. 08513
Sik, O.: Grenzen und Möglichkeiten einer Reformpolitik in Ost- und Mitteleuropa. In: Politik und Kultur. Jg. 8, 1981. H. 6. S. 3-36. BZ 4638:8

e. 2 Außenpolitik

Bündnispolitik im Sozialismus. Red.: H. Hümmler. Berlin: Dietz 1981. 296 S. B 43702
Soviet- East European Dilemmas. Coercion, competition and consent. Ed.: K. Dawisha and P. Hanson. London: Heinemann 1981. XIII, 226 S. B 43754
Manai, D.: Discours juridique soviétique et interventions en Hongrie et en Tchécoslovaquie. Paris: Droz 1980. 283 S. B 44665
Papst, J.: Internationale Beziehungen neuen Typs. Erfahrungen, Entwicklungsetappen, Probleme. Berlin: Staatsverl. d. DDR 1981. 187 S. Bc 2325
The foreign Policies of East Europe. New Approaches. Ed.: R. H. Linden. New York: Praeger 1980. XII, 322 S. B 44396
Posadas, J.: Der Krieg, der Frieden und die Funktion der sozialistischen Länder. Ausgew. Texte von 1977 bis 1981. Frankfurt: Ed. Wissenschaft, Kultur und Politik 1982. 55 S. D 2386
Quilitzsch, S.: Höhepunkte in der Zusammenarbeit sozialistischer Länder im vergangenen Jahr. In: Deutsche Aussenpolitik. Jg. 27, 1982. H. 1. S. 5-19. BZ 4557:27
Radice, L.: Prelude to appeasement: East Central European diplomacy in the early 1930's. New York: Columbia Univ. Pr. 1981. VIII, 218 S. B 44443
East-West Relations and the future of Eastern Europe. Politics and economics. Ed.: M. Bornstein. London: Allen and Unwin 1981. X, 301 S. B 44634
Sozialismus und internationale Beziehungen. Berlin: Dietz 1981. 259 S. B 43699

g./h. Wirtschaft und Gesellschaft

Jakubowski, J.: Międzynarodowe Organizacje gospodarcze krajów RWPG. Zagadnienie prawne. [Die internationale Wirtschaftsorganisation der Länder des RGW. Rechtliche Fragen.] Warszawa: Państw. Wyd. Nauk. 1980. 294 S. B 42512

Machowski, H.: Zur Politischen Ökonomie der Beziehungen
zwischen der RGW und der EWG. In: Aus Politik und Zeitgeschichte.
1982. B 12. S. 33-44. BZ 05159:1982
Marszałek, A.: Mechanizmy i narzędzia integracji gospodarczej
krajów RWPG. [Die Mechanismen u. Werkzeuge der wirtschaftlichen Integration der Länder des Rates für gegenseitige Wirtschaftshilfe.] Warszawa: Państw. Wyd. Nauk. 1981. 189 S. B 44511
Polesella, F.: I paesi del socialismo reale. Dalla crisi delle
economie alla crisi del sistema. In: Affari esteri. Anno 14, 1982.
No. 54. S. 161-171. BZ 4373:14
Radu, M.: Eastern Europe and the Third World. East vs. South.
New York: Praeger 1981. XVIII, 356 S. B 45388
Lexikon RGW. Hrsg.: M. Engert. Leipzig: Bibliogr. Inst. 1981.
282 S. B 43696
Schiavone, G.: The Institutions of COMECON. New York:
Holmes and Meier 1981. VII, 260 S. B 43685
Zwass, A.: Ein Einparteienregime ist keine Alternative
zur Demokratie. In: Europäische Rundschau.
Jg. 10, 1982. Nr. 3. S. 107-121. BZ 4615:10

Jancar, B.: Elite analysis in applied research on women in communist society. In: Women & politics. Vol. 1, 1980. No. 2.
S. 47-64. BZ 4763:1
Révész, L.: Studenten im Sozialismus. Wien: Europaverl. 1981.
403 S. B 44721
Ströbinger, R.: Roter Kolonialismus. Minderheiten im Ostblock.
Zürich: Ed. Interfrom 1981. 92 S. Bc 2058
Wolchik, S. L.: Eastern Europe. In: The politics of the second
electorate. 1981. S. 252-277. B B 44630

k. Geschichte

Bühlow, J. B.: Ostrevolution. Krefeld: Sinus-Verl. 1981.
203 S. B 44508
Ethnic Diversity and conflict in Eastern Europe. Ed.: P. F. Sugar.
Santa Barbara: ABC-Clio 1980. XII, 553 S. B 44202
Eastern Europe in the 1980s. Ed.: S. Fischer-Galati. Boulder:
Westview 1981. XVII, 291 S. B 44491
Halvorsen, D.: Øst-Europa - idé og virkelighet. Oslo: Gyldendal
1979. 203 S. B 43165
Windsor, P.: Change in Eastern Europe. London: The Royal
Institute of International Affairs 1980. 49 S. Bc 0613

L 104 Südosteuropa/Donauraum/Balkan

Bariéty, J.: Der Tardieu-Plan zur Sanierung des Donauraums (Februar-Mai 1932). In: Internationale Beziehungen in der Weltwirtschaftskrise 1929-1933. 1980. S. 361-387. B 44601
Campus, E.: The little Entente and the Balkan alliance. Bucureşti: Academiei Republicii Socialiste România 1978. 207 S. Bc 2636
Golczewski, M.: Der Balkan in deutschen und österreichischen Reise- und Erlebnisberichten 1912-1918. Wiesbaden: Steiner 1981. 288 S. B 44841
Pissulla, P.: Südosteuropa und die Europäische Gemeinschaft. Zwischenbilanz e. außenwirtschaftl. Entwicklung. In: Südosteuropa-Mitteilungen. Jg. 21, 1981. Nr. 4. S. 3-15. BZ 4725:21
Ránki, G.: Gazdaság és külpolitika. A nagyhatalmak harca a délkelet-európai gazdasági hegemóniáért (1919-1939). [Wirtschaft und Aussenpolitik. Die Kämpfe der Grossmächte um die südosteuropäische Wirtschaftshegemonie.] Budapest: Magvetö Kiadó 1981. 352 S. B 44820

L 111 Albanien

Çami, F.; Hysi, G.: Constitution of triumphant socialism. Tirana: "8 Nëntori" 1980. 153 S. Bc 2765
Hoxha, E.: Die Chruschtschowianer. Tirana: Verl. "8 Nëntori" 1980. 532 S. B 44169
Tönnes, B.: Regierungswechsel in Albanien. Von Mehmet Shehu zu Adil Çarçani. In: Südosteuropa. Jg. 31, 1982. H. 2. S. 132-145. BZ 4762:31
Tönnes, B.: Die Spät-Ära Enver Hoxha. Zu den gegenwärtigen Tendenzen in der albanischen Politik. In: Osteuropa. Jg. 32, 1982. H. 9. S. 715-726. BZ 4459:32

L 119 Belgien

Beule, N. de: Het Belgisch Trotskisme. De geschiedenis van een groep oppositionele kommunisten 1925-1940. Amsterdam: Ekolog. Uitgev. 1980. 276 S. B 43934
Carpinelli, G.: Belgium. In: Fascism in Europe. 1981. S. 283-306. B 44868
Cunibert, J. P.; Vos, L. de; Strobbe, M.: La Force terrestre belge 1945-1980. Bruxelles: A.S.B.L. Forum de la Force terrestre 1982. 175 S. 08710
Dodd, N. L.: The Belgian armed forces. In: Defence. Vol. 13, 1982. No. 3. S. 108-124. BZ 05381:13
Huyghebaert, K.: De Belgsiche militaire revalidatieen readaptatie-instellingen tijdens de eerste wereldoorlog. In: Revue belge

d'histoire militaire. Année 24,1981. No. 2. S. 173-196. BZ 4562:24
Kane, J. E. : Flemish and Walloon nationalism. Devolution of a
previously unitary state. In: Ethnic resurgence in modern democratic states. 1980. S. 122-171. B 45208
Man, H. de: A documentary Study of Hendrik de Man, socialist
critics of marxism. Princeton: Univ. Pr. 1979. 362 S. B 43830
Weerdt, D. de: Socialisme en Socialistische Arbeiderwbeweging in
Belgie. Bibliografie van werken en tijdschriftartikels... Brussel:
Emile Vanderveldeinstituut 1979. 123 S. Bc 2484
Willequet, J. : Die Regierung König Alberts und die Wiederaufrüstung Deutschlands 1932-1934. In: Internationale Beziehungen in
d. Weltwirtschaftskrise 1929-1933. 1980. S. 129-153. B 44601

L 123 Bulgarien

Apostolski, M. : Pogledi vrz jugoslovensko-bulgarskite odnosi
vo vtorata svetska vojna. [Einblicke in die jugoslawisch-bulgarischen Beziehungen im Zweiten Weltkrieg.] Skopje: "Naša kniga"
1980. 430 S. B 44831
Dimitŭr Blagoev. Biografija. Sofija: Partizdat 1979. 527 S. B 43744
Firsov, F. I. : Georgij Dimitrov - vydajuščijsja revoljucioner-
leninec. In: Novaja i novejšaja istorija. God 1982. No. 1.
S. 75-92; 2. S. 87-106; 3. S. 73-91. BZ 05334:1982
Grigorova, Ž. C. : Alternativi v bŭlgaro-turskite otnošenija
9. IX, 1944-1947 g. [Alternativen in den bulgarisch-türkischen
Beziehungen vom 9. 9. 1944 bis 1947.] In: Balkanite sled vtorate
svetovna vojna. T. 2, 1980. S. 12-86. B 36331:2
Jackowicz, J. : Polityka zagraniczna Bułgarii na przełomie lat.
[Die Aussenpolitik Bulgariens an der Wende der Jahre 1946/47.]
In: Z Dziejów stosunków polsko-radzieckich i rozwoju wspólnoty
państw socjalistycznych. Tom 23, 1981. S. 63-82. BZ 4664:23
Kosev, K.; Voelkl, E.; Wedel, E.: Hundert Jahre Bulgarien.
1878-1978. Hrsg.: E. Wedel; E. Völkl. Regensburg: Osteuropainstitut 1980. 58 S. Bc 2532
Letopiś važnejšich sobytij sovetsko-bolgarskich otnošenij družby i
sotrudničestva 1944-1980. [Chronik d. wichtigsten Ereignisse d.
sowjetisch-bulgarischen Zusammenarbeit.] Kiev: "Naukova
dumka" 1981. 182 S. B 45581
Schönfeld, R. : Bulgariens Aussenhandelspolitik und die Rolle der
deutschen Wirtschaft. In: Südosteuropa. Jg. 31, 1982. H. 7-8.
S. 398-412. BZ 4762:31
Sirkov, D. : Vŭnšnata Politika na Bŭlgarija 1938-1941. [Die Aussenpolitik Bulgariens.] Sofija: "Nauka i izkustvo" 1979. 343 S. B 44014
Aleksandŭr Stambolijski - život, delo, zaveti. [... -Leben, Werk,
Vermächtnis.] Sofija: Izd. -vo -na BZNS 1980. 636 S. B 44011
Živkow, T. : Statesman and builder of new Bulgarie. Osford:
Pergamon Pr. 1982. XXXII, 414 S. 08748

L 125 Dänemark

e. Staat/Politik

Andersen, J.: Den danske stats Krise. Aalborg: Aalborg Univ. -
Forl. 1980. 56 S. Bc 2797
Askholm Madsen, P.; Madsen, J.O.: Fra sandkasse til
kadreparti? VS's dannelse og udvikling 1967-1973.
København: VS-Forl. 1980. 387 S. B 43330
Djursaa, M.: Denmark. In: Fascism in Europe. 1981.
S. 236-256. B 44868
Fitzmaurice, J.: Politics in Denmark. London: Hurst 1981.
XIV, 173 S. B 44218
Gravesen, B.: Velfaerdsstatens Krise. Århus: Modtryk 1980.
250 S. B 45280
Hammerich, P.: En Danmarkskrønike 1945-72. 1-3. København:
Gyldendal 1976-80. 599, 666, 737 S. B 27141
Hejgaard, D.: I det lange Løb. 1.-3. København: Tiden 1979-81.
226, 310, 301 S. B 40406
Krogh, T.: Nu dages det, brødre! Den danske arbejderbevaegelses
historie. 1:1871-1924. København: Borgen 1981. 168 S. B 43171
Merklin, J.: Demokratiert undergraves oppefra. København:
Rosenkilde og Bagger 1980. 189 S. B 43326
Scharnberg, C.: 20 års Kamp for fred. Artikler og taler gennem
20 år - fra atomkampagnen til Aalborg fredskonference.
Aalborg: Komm. S. 1981. 72 S. Bc 2792
Socialdemokratiet - hvilken fremtid? København: Forl. SOC 1981.
88 S. Bc 2811
Sovjetunionen, Østeuropa og dansk sikkerhedspolitik. Red.: O. Nørgaard, P. Carlsen. Esbjerg: Sydjysk Univ. Forl. 1981. 191 S.B 45296
Vestergård, J.J.; Risager, P.: Det politiske System i Danmark. Konflikt eller harmoni. Herning: Systime 1981.
159 S. Bc 2788

f. Wehrwesen

Albrechtsen, S.; Hesselholt Clemmesen, M.: Debat om dansk
forsvar. København: Forsvarskommandoen 1981. 54 S. Bc 2256
Forsvar os vel. Hvidbog om dansk forsvar og sikkerhedspolitik i
internationalt perspektiv. København: Informations Forl. 1980.
93 S. Bc 2796
Forsvarsakademiet 1830-1980. Udg. af Forsvarsakademiet under
red.: M. Rosenløv. København: Forsvarsakademiet 1980.
155 S. B 42482
Liebe, P.I.; Borgstrøm, E.: "Vort Forsvar" (1881-1908).
Indholdsfortegnelse. København: Det kongelige

Garnisonsbibliotek 1981. 151 S. B 43782
Liebe, P.I.; Borgstrøm, E.: Dansk Krigshistorie i det nittende århundrede 1800-1899. Literaturfortegnelse. København:
Det kongelige Garnisonsbilbioteket 1981. 157 S. B 43781
Madsen, F.: Sikkerhedspolitik i 80'erne. Danmarks alternativer i internationalt perspektiv. Herning: Systime 1981. 220 S. Bc 2790
Muusfeldt, H.: Flådens skibe. Torpodobåde. In: Tidsskrift for søvaesen. Årg. 1953, 1982. Marts/april-H. S. 100-131. BZ 4546:153
Muusfeldt, H.: Flådens skibe. Undervandsbåde. In: Tidsskrift for søvaesen. Årg. 153, 1982. Maj/juni-H. S. 174-189. BZ 4546:153
Ramsing, B.: Den hemmelige Tjeneste. København: Gyldendal 1980. 129 S. B 43979
Saabye, E.J.: I Medvind. En søofficers erindringer. København: Gyldendal 1981. 178 S. B 44953

g./h. Wirtschaft und Gesellschaft

Als, J.: Danske Virksomheder med kooperativt praeg. En oversigt over leverandør-, forbruger- og medarbejderejede virksomheder i Danmark. Esbjerg: Sydjysk Univ.-Forl. 1981. 123 S. Bc 2808
Andersen, H.: Danmerk - en multinational koloni? København: Reitzel 1981. 144 S. B 44901
Bidsted, O.; Enevoldsen, B.; Varming, M.: Beboerhåndbogen. Det kan blive bedre. København: Gyldendal 1980.
144 S. B 43964
Christensen, A.; Nielsen, H.: Krise og arbejdsløshed.
Aalborg 1926-36. Aalborg: Aalborg Univ. Forl. 1979. 160 S. B 45279
Elementer til en alternativ økonomisk politik. Af en gruppe SF økonomer m. v. Kobenhavn: SP Forl. 1981. 123 S. Bc 2795
Ladsen, S.: Stilladskonflikten - erfaringer fra stilladsarbejdernes kamp januar-maj 1978. København: Politisk revy 1981.
120 S. Bc 2802
Lerche Nielsen, J.: Ideologier i Danmark under krisen. 2., rev. udg. København: Vindrose 1981. 149 S. Bc 2807
Miljøkamp - erfaringer, kritik, visioner. En debatbog. København: NOAH 1980. 184 S. B 43220
Møller, P.: Flere visne Blomster. En kritisk antologi om Tvind.
Århus: Huset 1980. 287 S. B 45267

Geisler, B.; Helverskov Larsen, J.; Sehested, K.: Fagbevaegelse og kvindeliv. Analyse af et forbunds varetagelse af kvinders interesser... Aalborg: Aalborg Univ. Forl. 1981. 229 S. B 45273
Graae, B.: Kvinderne og freden. Århus: Aros 1980. 143 S. B 43301
Possing, B.: Arbejderkvinder og Kvindearbejde i København ca. 1870-1906. Aalborg: Univ. Forl. 1980. 148 S. Bc 2160
Vasbo, V.: (Al den løgn om kvinders svaghed. [dt.]) Tagebuch.
Berlin: Amazonen Frauenverl. 1980. 273 S. B 44905

Vi kvinder finder os i for meget. Syersker i Herning 1930-80.
Århus: Fagtryk 1980. 98 S. Bc 2141

L 130 Deutschland/Bundesrepublik Deutschland

a. Allgemeines

Der gefesselte Riese. Die Bundesrepublik Deutschland aus der Sicht
ausländischer Korrespondenten. Düsseldorf: Econ 1981.
302 S. B 45089
Und es bewegt sich doch. Texte wider die Resignation. Ein deutsches Lesebuch. Hrsg.: G. Heidenreich. Frankfurt: Fischer 1981.
205 S. B 44450
Das Volk ohne Staat. Von der Babylonischen Gefangenschaft der
Deutschen. Hrsg.: H. Grosser. Bad Neustadt: Pfaehler 1981.
126 S. B 45000
Zahlenspiegel. Bundesrepublik Deutschland - Deutsche Demokratische
Republik. Ein Vergleich. 2. Aufl. Bonn: Bundesministerium f.
innerdeutsche Beziehungen 1981. 108 S. Bc 0610

c. Biographien

Brandler, H.; Deutscher, I.: Unabhängige Kommunisten.
Der Briefwechsel zwischen H. Brandler u. I. Deutscher 1949 bis
1967. Hrsg. v. H. Weber. Berlin: Colloquium Verl. 1981.
XXIV, 292 S. B 45075
Die in Bonn. Regieren - opponieren. Hrsg.: G. Pursch.
Frankfurt: Ullstein 1981. 232 S. B 44795
Gutsche, W.; Petzold, J.: Das Verhältnis der Hohenzollern zum
Faschismus. In: Zeitschrift für Geschichtswissenschaft.
Jg. 29, 1981. H. 10. S. 917-939. BZ 4510:29
Maletzke, E.: Neues von den "Nordlichtern". Zuweilen lästerhafte
Bemerkungen über große u. kleine Leute. Rendsburg: Möller 1981.
159 S. B 44552

Abs
Hermann J. Abs. Eine Bildbiographie. Hrsg.: M. Pohl. Mainz:
v. Hase u. Koehler 1981. 192 S. 08632
Adenauer
Konrad Adenauer. Leben und Politik. Hrsg.: A. Rummel. Stuttgart:
Verl. Bonn Aktuell 1981. 63 S. 08742
Albertz
Albertz, H.: Blumen für Stukenbrock. Biographisches. Stuttgart:
Radius Verl. 1981. 295 S. B 45024

Bahro
Menschliche Emanzipation. Rudolf Bahro und der demokratische
   Sozialismus. Hrsg.: H. Kremendahl, T. Meyer. Frankfurt:
   Europ. Verl. -Anst. 1981. 188 S. B 44088
Barzel
Barzel, R.: Unterwegs. Woher und wohin? München: Droemer
   Knaur 1982. 238 S. B 46390
Bebel
Bebel, S.: Schriften 1862-1913. Hrsg.: C. Stephan. Bd 1. 2.
   Frankfurt: Büchergilde Gutenberg 1981. 467, 401 S. B 45294
Beck
Ivens, K.: Generaloberst Ludwig Beck. In: Geschichte. Nr. 48, 1982.
   S. 40-44. BZ 05043:48
Beyerle
Josef Beyerle. Beispiel e. christl. Politikers. Tagung d. Konrad-Adenauer-Stiftung Stuttgart, 14. 9, 1981. Bearb.: G. Buchstab.
   Melle: Knoth 1981. 46 Bl. Bc 2700
Bismarck
Mitchell, I. R.: Bismarck and the development of Germany.
   Edinburgh: Holmes McDougall 1980. 142 S. Bc 0686
Brandt
Brandt, W.: Geschichte als Auftrag. Willy Brandts Reden zur Geschichte d. Arbeiterbewegung. Hrsg.: I. Fetscher. Berlin:
   Dietz 1981. 336 S. B 44723
Buber-Neumann
Buber-Neumann, M.: Von Potsdam nach Moskau. Stationen eines
   Irrweges. Köln–Lövenich: Hohenheim Verl. 1981. 456 S. B 44575
Engels
Bleuel, H. P.: Friedrich Engels. Bürger und Revolutionär. Die
   zeitgerechte Biographie eines großen Deutschen. Bern: Scherz
   1981. 384 S. B 44190
Eulenburg
Burmeister, H. W.: Prince Philipp Eulenburg-Hertefeld (1847-
   1921). Wiesbaden: Steiner 1981. IX, 189 S. B 44809
Fechenbach
Schueler, H.: Auf der Flucht erschossen. Felix Fechenbach
   1894-1933. Köln: Kiepenheuer u. Witsch 1981. 303 S. B 44412
Frank
Frank, P.: Entschlüsselte Botschaft. Ein Diplomat macht Inventur.
   Stuttgart: DVA 1981. 399 S. B 44101
Galm
Galm, H.: Ich war halt immer ein Rebell. 2. Aufl. Offenbach:
   Saalbau Verl. 1981. 234 S. B 45021
Hansen
Ditmar Gatzmagen, Willi Piecyk [Hrsg.]
   - Karl-Heinz Hansen. Dokumente eines Konfliktes.
   Bornheim-Merten: Lamuv 1981.
   155 S. Bc 2446

Hanussen
Frei, B.: Der Hellseher. Leben und Sterben des Erik Jan Hanussen.
 Köln: Prometh Verl. 1980. 151 S. B 44576
Heimerich
Heimerich, H.: Lebenserinnerungen eines Mannheimer Oberbürgermeisters. Aus d. Nachlaß hrsg. u. bearb.: J. Schadt.
 Stuttgart: Kohlhammer 1981. 82 S. B 44583
Heydrich
Graber, G. S.: The Life and times of Reinhard Heydrich. New York:
 McKay 1980. VII, 245 S. B 44081
Hitler
Berthold, W.: Die 42 Attentate auf Adolf Hitler. München:
 Blanvalet 1981. 255 S. B 44106
Eitner, H.-J.: "Der Führer". Hitlers Persönlichkeit und Charakter. München: Langen-Müller 1981. 430 S. B 45312
Hitler. Biografía del personaje. México: Cruz 1979. 26 S. Bc 1940
Irving, D.: (Hitlers's Doctors and his medical health, [dt.]) Wie
 krank war Hitler wirklich? Der Diktator u. seine Ärzte. Originalausgabe. München: Heyne 1980. 139 S. Bc 2272
MacKale, D. M.: Hitler: The survival myth. New York: Stein and
 Day 1981. XII, 270 S. B 43374
Suster, G.: Hitler: The occult messiah. New York: St. Martin's
 Pr. 1981. XVIII, 231 S. B 45197
Kühn
Kühn, H.: Aufbau und Bewährung. Die Jahre 1945-1978. Hamburg:
 Hoffmann u. Campe 1981. 382 S. B 44606
Lahr
Lahr, R.: Zeuge von Fall und Aufstieg. Private Briefe 1934-1974.
 Hamburg: Knaus 1981. 623 S. B 44551
Luxemburg
Geras, N.: (The Legacy of Rosa Luxemburg. [dt.]) Rosa Luxemburg. Kämpferin für einen emanzipatorischen Sozialismus.
 Berlin: Olle u. Wolter 1979. 189 S. B 44594
Maizière
Ulrich de Maizière. Stationen eines Soldetenlebens. Hrsg.: L. Domröse. Herford: Mittler 1982. 224 S. B 45627
Marcuse
Spuren der Befreiung - Herbert Marcuse. Ein Materialienbuch zur
 Einf. i. sein polit. Denken. Hrsg.: D. Clausen. Darmstadt:
 Luchterhand 1981. 276 S. B 43896
Marx, E.:
Tsuzuki, C.: (The Life of Eleanor Marx, [dt.])
 Eleanor Marx: Geschichte ihres Lebens.
 1855-1898. Berlin: Colloquium Verl.
 1981. 296 S. B 43800
Marx, K.:
Friedenthal, R.: Karl Marx. Sein Leben und seine Zeit.
 München: Piper 1981. 651 S. B 44310

Gespräche mit Marx und Engels. Hrsg.: H. M. Enzensberger.
Frankfurt: Suhrkamp 1981. XI, 763 S. B 44567
M a r x , K.: (Letters [Briefe, engl.] of...) in seinen Briefen. Ausgew.
u. komm.: S. K. Padover. München: Beck 1981. 611 S. B 43629
Möller
M ö l l e r , A.: Tatort Politik. München: Droemer Knaur 1982.
527 S. B 46658
Müller
M ü l l e r , G.: Gebhard Müller blickt zurück. ... Festgabe d. Landtags v. Baden-Württemberg. Stuttgart: Landtag Baden-Württemberg
1980. 48 S. Bc 0548
Nicolai
Z u e l z e r , W.: Der Fall Nicolai. Frankfurt: Societäts-Verl. 1981.
447 S. B 44581
Paasche
"Auf der Flucht erschossen..." Schriften u. Beitr. v. u. über Hans
Paasche. Repr. Bremen: Selbstverl. 1981. 298 S. B 43889
Renger
R e n g e r , A.: Fasziniert von Politik. Beiträge zur Zeit.
Stuttgart: Seewald Verl. 1981. 334 S. B 44644
Riezler
T h o m p s o n , W. C.: In the Eye of the storm. Kurt Riezler and the
crises of modern Germany. Iowa City: Univ. of Iowa Pr. 1980.
XI, 301 S. B 43726
Schlageter
F r a n k e , M.: Albert Leo Schlageter. Der erste Soldat des 3. Reiches.
Die Entmythologisierung eines Helden. Köln: Prometh Verl. 1980.
157 S. B 45002
Schmidt
B ö l l i n g , K.: Die letzten 30 Tage des Kanzlers Helmut Schmidt.
"Da war ein richtiger grosser Schmerz!" In: Der Spiegel.
Jg. 36, 1982. Nr. 41. S. 61-127. BZ 05140:36
S c h m i d t , H.: Maximen politischen Handelns. Bemerkungen zu
Moral, Pflicht und Verantwortung des Politikers. Rede... -12. 3.
1981. Bonn: Presse- u. Informationsamt 1981. 61 S. Bc 2151
Speer
S c h m i d t , M.: Albert Speer. Das Ende eines Mythos. Speers wahre
Rolle im Dritten Reich. Bern: Scherz 1982. 301 S. B 46268
Stinnes
S t i n n e s , E. H.: A Genius in chaotic times. (Hugo Stinnes.)
Bern: Selbstverl. 1979. 65 S. B 44008
Thälmann
K a u l , F. K.: "... ist zu exekutieren!" Ein Steckbrief d. deutschen
Klassenjustiz. Berlin: Verl. Neues Leben 1981. 174 S. Bc 2669
Der Mord, der nie verjährt. Protokoll ... üb. d. Behinderung d.
Strafverfolgung gegen d. Mörder Ernst Thälmanns in der BRD.
Veranst. am 12. 2. 1980. Berlin: Staatsverl. d. DDR 1980.
64 S. Bc 2540

Wehner
Wehner, H.: Zeugnis. Hrsg.: G. Jahn. Köln: Kiepenheuer &
 Witsch 1982. 428 S. B 46279
Weizsäcker, E. von
Blasius, R.A.: Für Großdeutschland - gegen den großen Krieg.
 (Ernst von Weizsäcker.) Köln: Böhlau 1981. VIII, 187 S. B 45038
Weizsäcker, R. von
Richard von Weizsäcker. Hrsg.: H. Reuther. Bonn: Transcontact-
 Verl. Ges. 1980. 9 gez. Bl. Bc 0535
Wiedfeldt
Schröder, E.: Otto Wiedfeldt. Eine Biographie. 2. überarb. Aufl.
 Neustadt: Schmidt 1981. 181 S. Bc 2882
Winter
Winter, E.: Mein Leben im Dienst des Völkerverständnisses. Bd 1.
 Berlin: Akademie-Verl. 1981. 193 S. B 44380
Zetkin
Babičenko, L.G.; Petrova, T.N.: Klara Cetkin - plamennaja
 revoljucionerka i internacionalistka, vernyj drug Stany Sovetov.
 [Klara Zetkin - eine leidenschaftl. Revolutionärin u. Internationa-
 listin, treuer Freund d. Sowjetlandes.] In: Novja i novejšaja
 istorija. God 1981. No. 5. S. 97-115; 6. S. 68-87. BZ 05334:1981

d. Land und Volkstum

Asylanten-Sammellager kommen. Ausländer-Stopp. Deutschland den
 Deutschen! Ein Asyl-Sach-Comic. Ulm: amnesty international
 1981. 44 S. D 02433
Azmaz, A.: Migration of Turkish "Gastarbeiters" of rural origin
 and the contribution to development in Turkey. Saarbrücken, Fort
 Lauderdale: Breitenbach 1980. V, 131 S. Bc 2533
Bade, K.J.: Die "Gastarbeiter" des Kaiserreichs - oder: Vom Aus-
 wanderungsland des 19. Jahrhunderts zum "Einwanderungsland
 Bundesrepublik"? In: Geschichte in Wissenschaft und Unterricht.
 Jg. 33, 1982. H. 2. S. 79-97. BZ 4475:33
Bech, R.; Faust, R.: Die sogenannten Gastarbeiter. Ausländische
 Beschäftigte in der BRD. Frankfurt: Verl. Marxist. Blätter 1981.
 227 S. B 44714
Brandt, H.: Probleme mit ausländischen Mitbürgern. In: Die Neue
 Gesellschaft. Jg. 29, 1982. Nr. 6. S. 519-528. BZ 4572:29
Dohse, K.: Ausländische Arbeiter und bürgerlicher Staat.
 Königstein: Hain 1981. 460 S. B 45034
Haack, F.-W.: Wotans Wiederkehr. Blut-, Boden- und Rasse-
 Religion. München: Claudius Verl. 1981. 255 S. B 45300
Heckmann, F.: Die Bundesrepublik: Ein Einwanderungsland? Zur
 Soziologie der Gastarbeiterbevölkerung als Einwandererminorität.
 Stuttgart: Klett-Cotta 1981. 279 S. B 44184
Hoffmann, B.; Opperskalski, M.; Solmaz, E.: Graue Wölfe,

Koranschulen, Idealistenvereine. Türkische Faschisten in der
Bundesrepublik. Köln: Pahl-Rugenstein 1981. 138 S.   B 44914
Nordisch-germanischer Jahrweiser. 1982. Berlin: Kampfgruppe
Priem 1981. 13 ungez. Bl.   D 02339
Mehrlaender, U.: The "human resource" problem in Europe.
Migrant labor in the Federal Republic of Germany. In: Ethnic resurgence in modern democratic states. 1980. S. 77-100.   B 45208
Schütt, P.: "Der Mohr hat seine Schuldigkeit getan..." Gibt es
Rassismus in der Bundesrepublik? Dortmund: Weltkreis-Verl.
1981. 263 S.   B 43632
Von der Verfolgung ins Sammellager. Argumente gegen d. Asylpolitik
in d. Bundesrepublik Deutschland. Frankfurt: Rechtshilfekomitee
f. Ausländer 1981. 30 S.   D 02414

Judentum

Baum, R. C.: The Holocaust and the German elite. Genocide and
national suicide in Germany, 1871-1945. Totowa: Rowman and
Littlefield 1981. IX, 374 S.   B 45083
Blick zurück ohne Haß. Juden aus Israel erinnern sich an Deutschland.
Hrsg.: D. Bednarz, M. Lüders. Köln: Bund-Verl. 1981.
175 S.   B 44301
The Crystal Night Pogrom. New York: Garland 1982. 402 S.   08706:3
Dokumente zur Geschichte des deutschen Zionismus. 1882-1933.
Hrsg. u. eingel.: J. Reinharz. Tübingen: Mohr 1981.
IL, 580 S.   B 45086
Jewish Emigration. The S. S. St. Louis affair and other cases.
New York: Garland 1982. 270 S.   08706:7
Jewish Emigration from 1933 to the Evian Conference of 1938.
New York: Garland 1982. 282 S.   08706:5
Ferencz, B. B.: (Less than slaves, [dt.]) Lohn des Grauens. Die
verweigerte Entschädigung f. jüdische Zwangsarbeiter. Frankfurt:
Campus Verl. 1981. 283 S.   B 44722
Fikentscher, H.: Sechs Millionen Juden vergast - verbrannt. Die
Opfer verständlich dargest. Arhus: Kritik-Verl. 1980. 62 S.   Bc 2362
Kaplan, M. A.: Die jüdische Frauenbewegung in Deutschland. Organisation und Ziele des Jüdischen Frauenbundes 1904-1938.
Hamburg: Christians 1981. 353 S.   B 45020
Kralovitz, R.; Kralovitz, B.: Hedwig Burgheim oder die Reise
nach Giessen. Bericht über d. Leben e. Lehrerin. Giessen:
Lenz 1981. 44 S.   Bc 2439
Propaganda and aryanization. 1938-1944. New York: Garland 1982.
288 S.   08706:4
Rosenthal, L.: Wie war es möglich? Zur Geschichte d. Judenverfolgungen in Deutschland v. d. Frühzeit bis 1933. Darmstadt:
Verl. Darmstädter Blätter 1981. 185 S.   Bc 2926
Schwartz, D. R.: Classified List of articles concerning emigration
in Germany. Jewish periodicals, Jan. 30, 1933 to Nov. 9, 1938.

New York: Saur 1982. XXII, 177 S.   B 37999:3,2
Silbermann, A.: Sind wir Antisemiten? Ausmaß und Wirkung eines sozialen Vorurteils in der Bundesrepublik Deutschland. Köln: Verl. Wissenschaft u. Politik 1982. 231 S.   B 45213
Das Sonderrecht für die Juden im NS-Staat. E. Slg. d. gesetzl. Maßnahmen u. Richtlinien. Inhalt u. Bedeutung. Hrsg.: J. Walk. Heidelberg: Müller 1981. XVII, 472 S.   B 44308
The judicial System and the jews in Nazi Germany. New York: Garland 1982. 290 S.   08706:13
Walendy, U.: Deutsch-israelische Fakten. Vlotho: Verl. v. Volkstum u. Zeitgeschichtsforschung 1981. 40 S.   Bc 0694
Weltsch, R.: Die deutsche Judenfrage. Ein kritischer Rückblick. Königstein: Jüdischer Verl. 1981. 128 S.   B 44409

e. Staat/Politik

e. 1 Innenpolitik

e. 1.1 Staat u. Recht

bis 1945

Boldt, H.: Der Artikel 48 der Weimarer Reichsverfassung. Sein histor. Hintergrund u. seine polit. Funktion. In: Die Weimarer Republik. 1980. S. 288-309.   B 43735
Jasper, G.: Justiz und Politik in der Weimarer Republik. In: Vierteljahrshefte für Zeitgeschichte. Jg. 30, 1982. H. 2. S. 167-205.   BZ 4456:30

nach 1945

Asyl - ein Grundrecht? Bremen: Informationszentrum f. Menschenrechte 1980. 40 S.   D 2443
Blair, P. M.: Federalism and judicial review in West Germany. Oxford: Clarendon Pr. 1981. XVII, 332 S.   B 43786
Conradt, D. P.: Political culture, legitimacy and participation. In: West European politics. Vol. 4, 1981. No. 2. S. 18-34.   BZ 4668:4
Fritzsche, R.: Funktion und Bestand der deutschen Staatsangehörigkeit nach dem Grundvertragsurteil. Frankfurt, Bern: Lang 1981. XXI, 132 S.   Bc 2718
Grundgesetz und sozialer Wandel. Zum 30jährigen Bestehen des Grundgesetzes. Leverkusen: Leske Verl. u. Budrich 1979. 138 S.   Bc 2464
Habermas, J.: Kleine politische Schriften. Frankfurt: Suhrkamp 1981. 533 S.   B 43742

Kremer, H.-P.; Maßeling, W.: Aufrüstung, Sozialabbau und
  Entdemokratisierung. In: Blätter für deutsche und internationale
  Politik. Jg. 27, 1982. H. 2. S. 177-191. BZ 4551:27
Kühnl, R.: Wohin geht die Bundesrepublik? Politische u. ideologische Tendenzen u. Perspektiven. In: Blätter für deutsche und
  internationale Politik. Jg. 27, 1982. H. 9. S. 1036-1074. BZ 4551:27
Laufer, H.: Das föderative System der Bundesrepublik Deutschland.
  4., überarb. Aufl. München: Bayer. Landeszentrale f. polit.
  Bildungsarbeit 1981. 280 S. B 43859
Mangoldt, H. von: Deutsche Staatsangehörigkeit und Abgrenzungspolitik - die Entwicklung des deutschen Staatsangehörigkeitsrechts
  seit den 60er Jahren. In: Politik und Kultur. Jg. 8, 1981. H. 4.
  S. 27-46. BZ 4638:8
Rommel, M.: Abschied vom Schlaraffenland. Gedanken über
  Politik und Kultur. Stuttgart: DVA 1981. 267 S. B 44304
Rudel, G.: Die Entwicklung der marxistischen Staatstheorie in
  der Bundesrepublik. Frankfurt: Campus Verl. 1981. 177 S. B 44642
Smith, G.: Does West German democracy have an 'efficient secret'?
  In: West European politics. Vol. 4, 1981. No. 2. S. 166-176. BZ 4668:4
Sozialisten und Demokratie. Hrsg.: Koordinationsrat d. Projektgruppe Anti-Repression. Offenbach: Verlag 2000 1980. 95 S. Bc 2098
Steinhaus, K.: Zu einigen Entwicklungstendenzen des politischen
  Klimas in der Bundesrepublik. In: Marxistische Studien.
  1981. Nr. 4. S. 143-155. BZ 4691:1981

e. 1.16 Strafrecht

bis 1945

Bringmann, F.: KZ Neuengamme. Berichte, Erinnerungen,
  Dokumente. Frankfurt: Röderberg-Verl. 1981. 164 S. B 44908
Ibach, K.: Kemna. Wuppertaler Konzentrationslager 1933-1934.
  2. Aufl. Wuppertal: Hammer 1981. 132 S. B 43190
Johe, W.: Neuengamme. Zur Geschichte der Konzentrationslager in
  Hamburg. 2. durchges. Aufl. Hamburg: Landeszentrale f. polit.
  Bildung 1981. 92 S. Bc 2960
Kahn, A.; Seiter, W. H.: Hitlers Blutjustiz. Ein noch zu bewältigendes Kapitel dt. Vergangenheit. Einf.: N. Paech. Frankfurt:
  Röderberg 1981. 80 S. Bc 2687
Kiedrzyńska, W.: Międzynarodowa bibliografia hitlerowskich
  obozów koncentracyjnych. 1933-1976. [Internationale Bibliographie
  der Nazi-Konzentrationslager.] In: Biuletyn Głównej Komisji
  Badania Zbrodni Hitlerowskich w Polsce. T. 30, 1981.
  S. 9-240. F 986:30
KZ in Leonberg. Eine Stadt will sich erinnern. ... Dokumentation e.
  Veranstaltung zur 35. Wiederkehr d. Errichtung d. Lagers.
  Leonberg: Haus d. Begegnung 1980. Getr. Pag. Bc 0512

Mladenow, B. D.: Prasa polska wobec procesu lipskiego 1933.
[Die polnische Presse zum Leipziger Prozess 1933.] In: Z dziejów stosunków polsko-radzieckich i rozwoju wspólnoty państw socjalistycznych. T. 24, 1982. S. 171-190. BZ 4664:24
NS-Recht in historischer Perspektive. München: Oldenbourg 1981. 156 S. B 43961
Overesch, M.: Ernst Thapes Buchenwalder Tagebuch von 1945. In: Vierteljahrshefte für Zeitgeschichte. Jg. 29, 1981. H. 4. S. 631-672. BZ 4456:29
Process o podžoge rejchstaga i Georgij Dimitrov. Dokumenty. [Der Reichstagbrandprozess u. Georgi Dimitrov. Dokumente.] T. 1. Moskva: Politizdat 1981. 636 S. B 45575
Das Recht des Unrechtstaates. Arbeitsrecht u. Staatsrechtswissenschaften im Faschismus. Frankfurt: Campus Verl. 1981. 269 S. B 45207
Steinbach, P.: Nationalsozialistische Gewaltverbrechen. Die Diskussion in d. dt. Öffentlichkeit nach 1945. Berlin: Colloquium-Verl. 1981. 108 S. Bc 2257

nach 1945

Broszat, M.: Siegerjustiz oder strafrechtliche "Selbstreinigung". Aspekte der Vergangenheitsbewältigung d. dt. Justiz während der Besatzungszeit 1945-1949. In: Vierteljahrshefte für Zeitgeschichte. Jg. 29, 1981. H. 4. S. 477-544. BZ 4456:29
Das Gefängnis als Verhaltensfabrik. Über Psychologen u. ihre Versuche zur Verhaltenssteuerung, über Gehirnwäscheprogramme u. d. "neuen" Hochsicherheitstrakte. Köln: Fachschaft Psychologie 1981. 71 S. D 2426
The German Guerrilla: Terror, reaction, and resistance. Orkney: Cienfuegos Press; Minneapolis: Soil of Liberty 1981. 106 S. Bc 2922
Inquisitionsprozesse heute - Hexenprozess der Neuzeit. Wie unerwünschte Kritik unterdrückt wird. Dokumentation. Lausanne: Kritik-Verl. 1981. 74 S. Bc 2361
Kumm, A. W.: Staatsgeheimnisschutz und Patentschutz von geheimen Erfindungen. Rückblick, kritische Lage u. Ausblick. Bad Honnef: Bock u. Herchen 1980. 65 S. Bc 2128
Przedawnienie i ściganie zbrodni przeciwko pokojowi, zbrodni wojennych i zbrodni przeciwko ludzkości w systemie prawa RFN. [Die Verjährung u. Verfolgung von Verbrechen gegen d. Frieden...] Warszawa: Wyd. Prawnicze 1981. 76 S. Bc 3015
Strohmaier, J.: Manfred Roeder - ein Brandstifter. Dokumente und Hintergründe zum Stammheimer Neofaschisten-Prozess. Stuttgart 1982. 60 S. D 2444
Tilford, R.: The state, university reform and the 'Berufsverbot'. In: West European politics. Vol. 4, 1981. No. 2. S. 149-165. BZ 4668:4
Walendy, U.: Das Recht, in dem wir leben. Vlotho: Verlag für Volkstum u. Zeitgeschichtsforschung 1982. 40 S. Bc 0804

e. 1.2 Regierung / Verwaltung / Polizei

bis 1945

Caplan, J.: Recreating the civil service. Issues and ideas in the Nazi regime. In: Government party and people in Nazi Germany. 1980. S. 34-56.   Bc 2345
Heller, K. H.: The remodeled preatorians. The German Ordnungspolizei as guardians of the "new order". In: Nazism and the common man. 1981. S. 45-64.   B 45196
Schulz, G.: Erste Stationen und Perspektiven der Regierung Brüning (1930). In: Die Weimarer Republik. 1980. S. 349-367.   B 43735
Siggemann, J.: Die kasernierte Polizei und das Problem der inneren Sicherheit in der Weimarer Republik. Frankfurt: Fischer 1980. 211, 29 S.   B 43787

nach 1945

"Auf dieser Regierung liegt kein Segen!" (König Kohl - Bube Strauss.) In: Der Spiegel. Jg. 36, 1982. Nr. 40. S. 17-24.   BZ 05140:36
Baring, A.; Görtemaker, M.: Machtwechsel. Die Ära Brandt - Scheel. Stuttgart: Dt. Verl. Anst. 1982. 831 S.   B 45695
"Kohl biegt ein in die Via Crucis." In: Der Spiegel. Jg. 36, 1982. Nr. 39. S. 6-25.   BZ 05140:36
Kohl, H.: Für eine Politik der Erneuerung. Regierungserklärung vor dem Deutschen Bundestag vom 13. Oktober 1982. Bonn: Presse- u. Informationsamt... 1982. 56 S.   Bc 3111
Levin, B.; Stanger, T.: West Germany turns right. In: Newsweek. Vol. 100, 1982. No. 15. S. 8-13.   BZ 05142:100
Paterson, W. E.: The chancellor and his party. Political leadership in the Federal Republic. In: West European politics. Vol. 4, 1981. No. 2. S. 3-17.   BZ 4668:4
Prittie, T.: (The velvet Chancellors. [dt.]) Kanzler in Deutschland. Stuttgart: Klett-Cotta 1981. 300 S.   B 44547
Schmidt, H.: Bericht zur Lage der Nation. Regierungserklärung vor dem Deutschen Bundestag am 9. April 1981. Bonn: Presse-u. Informationsamt 1981. 59 S.   Bc 2150

Der Bundesrat als stabilisierender Faktor in Staat und Gesellschaft. Ansprachen aus Anlass d. 500. Sitzung des Bundesrates (4. 6. 1981). Bonn: Bundesrat 1981. 34 S.   Bc 2274
Erdmann, K. D.: Der Bundesrat - eine historische Standortbestimmung. In: Geschichte in Wissenschaft und Unterricht. Jg. 33, 1982. H. 4. S. 193-204.   BZ 4475:33
Jasper, G.: Der Bundesrat und die europäische Integration. In: Aus Politik u. Zeitgeschichte. 1982. B. 12. S. 17-32.   BZ 05159:1982

Koschnick, H.: Konsens im Bundesrat. Ansprache vor d. Bundesrat, 6.11.1981. Bonn: Bundesrat 1981. 14 S. Bc 2623

Roemer, P.: Schrifttum über den Bundesrat der Bundesrepublik Deutschland und seine unmittelbaren Vorläufer. Eine Auswahlbibliographie. Bonn: Bundesrat 1982. VIII, 151 S. Bc 2893

Blanke, B.: Demokratische Verfassung und "Verfassungsfeinde". Die Spaltung d. Demokratie. Hannover: SOAK-Verl. 1979. 34 S. Bc 2448

Alternative Stadtpolitik. Grüne, rote und bunte Arbeit in den Rathäusern. Hamburg: VSA-Verl. 1981. 158 S. B 44647

Poske, F.: Der Seegrenzschutz 1951-1956. München: Bernard & Graefe 1982. 312 S. B 45428

Im Staat der "Inneren Sicherheit". Polizei, Verfassungsschutz, Geheimdienste, Datenkontrolle im Betrieb. Beiträge u. Dokumente. Frankfurt: Röderberg 1981. 191 S. B 44903

Verfassungsschutz und Rechtsstaat. Beiträge aus Wissenschaft und Praxis. Hrsg. v. Bundesminist. d. Innern. Köln: Heymanns 1981. X, 333 S. B 44367

e. 1.3 Parlamentswesen / Wahlwesen

Parlamentswesen

Der Deutsche Bundestag. Gegenwart u. Geschichte. Portr. e. Parlaments. Pfullingen: Neske 1981. 199 S. 08661

Ley, R.: Die Auflösung der Parlamente im deutschen Verfassungsrecht. In: Zeitschrift für Parlamentsfragen. Jg. 12, 1981. H. 3. S. 367-377. BZ 4589:12

Mende, E.: Bilanz aus der Distanz. Ist der Parlamentarismus in einer Krise? Hamburg: Staats- u. wirtschaftspolit. Gesellschaft 1981. 24 S. Bc 2617

Der Reichstag. Bilder zur deutschen Parlamentsgeschichte. Bonn: Dt. Bundestag 1981. 39 S. Bc 0673

Scholz, P.: Parlamentsreform seit 1969. Eine Bilanz ihrer Wirkungen im Deutschen Bundestag. In: Zeitschrift für Parlamentsfragen. Jg. 12, 1981. H. 2. S. 273-286. BZ 4589:12

Stürmer, M.: Koalitionen und Oppositionen. Bedingungen parlamentarischer Instabilität. In: Die Weimarer Republik. 1980. S. 237-253. B 43735

Wahlwesen

Bundestagswahl 80. Dokumentation d. zentralen Illustrierten- u.
Tageszeitungs-Anzeigen... Bonn: Vorstand d. SPD 1980.
14 Bl. Bc 0500
H e i s e l e r , J. H. von: Bestimmungsfaktoren des Wahlverhaltens.
In: Marxistische Studien. 1981. Nr. 4. S. 173-186. BZ 4691:1981
N o r p o t h , H.: Wählerverhalten in der Bundesrepublik. Frankfurt:
Campus Verl. 1980. 112 S. Bc 1630
P r i d h a m , G.: The 1980 Bundestag election. A case of 'normality'.
In: West European politics. Vol. 4, 1981. No. 2.
S. 112-123. BZ 4668:4
R o h e , K.: Wahlanalyse im historischen Kontext. Zu Kontinuität u.
Wandel von Wahlverhalten. In: Historische Zeitschrift. Bd 234,
1982. S. 337-356. BZ 4444:234
Wahl-Boykott? Haben Frauen noch die Wahl? Eine Streitschrift zu den
Wahlen '80. Autorinnen, Interviews: S. de Beauvoir [u. a.]. Köln:
Emma Frauenverl. GmbH 1980. 70 S. Bc 0669
W e w e r , G.: Den Wahlkampf befrieden? Fairneßabkommen und
polit. Kultur. In: Aus Politik und Zeitgeschichte. 1982. B 14-15.
S. 29-46. BZ 05159:1982
W o y k e , W.; S t e f f e n s , U.: Stichwort: Wahlen. Ein Ratgeber für
Wähler, Wahlhelfer u. Kandidaten. 3. überarb. Aufl. Leverkusen:
Leske-Verl. u. Budrich 1981. 176 S. Bc 2586

e. 1.4 Parteiwesen

bis 1945

H i l l e r von Gärtringen, F. Frhr. von: Monarchismus in der deutschen Republik. In: Die Weimarer Republik. 1980.
S. 254-271. B 43735
H o l z b a c h , H.: Das "System Hugenberg". Die Organisation bürgerlicher Sammlungspolitik vor dem Aufstieg der NSDAP.
Stuttgart: Dt. Verl. -Anst. 1981. 360 S. B 43739
KPD
H e e r , H.: Sozialfaschismus. Die Politik d. KPD 1928-33, die
Selbstkritik d. Komintern. Bonn: Hartmann 1980. 28 S. Bc 0560
H e i d e r , P.: Probleme der Militärpolitik der Kommunistischen
Partei Deutschlands (1919-1945). In: Militärgeschichte.
Jg. 21, 1982. Nr. 1. S. 5-28. BZ 4527:21
K i n n e r , K.: Die Bildungsarbeit der KPD 1919 bis 1923. In: Zeitschrift für Geschichtswissenschaft. Jg. 29, 1981. H. 10.
S. 894-904. BZ 4510:29
K ü h n r i c h , H.: Einige Fragen des Kampfes der KPD in der ersten
Periode des zweiten Weltkrieges. In: Beiträge zur Geschichte

der Arbeiterbewegung. Jg. 24, 1982. Nr. 1. S. 25-39.   BZ 4507:24
Studien zur ideologischen Entwicklung der KPD 1919-1923.
  Berlin: Dietz 1981. 254 S.   B 43697
Die illegale Tagung des Zentralkomitees der KPD am 7. Februar 1933 in Ziegenhals bei Berlin. 3. überarb. u. erw. Aufl.
  Berlin: Dietz 1981. 124 S.   Bc 2667

NSDAP

Braun, H.: Der Bund Deutscher Mädel (BDM) - Faschistische Projektionen von der "neuen deutschen Frau". In: Ergebnisse. 1981.
  Nr. 15. S. 92-124.   BZ 4700:1981
Herzstein, R. E.: Le parti national-socialiste face à la France. Appréciation et propagande dans les institutions du parti 1939-1945. In: Revue d'histoire de la deuxième guerre mondiale. Année 31,
  1981. No. 124. S. 69-96.   BZ 4455:31
Huebsch, N. A.: The "Wolf cubs" of the new order. The indoctrination and training of the Hitler Youth. In: Nazism and the
  common man. 1981. S. 93-114.   B 45196
Kardel, H.: Hitlers Verrat - am Nationalsozialismus. Genf:
  Marva 1981. 135 S.   Bc 2373
Kennerström, B.: Från kupp till kontrarevolution. Två faser i den tyska nazismens utveckling. Lund: Arkiv för studier i arbetarrörelsens historia 1980. 106 S.   Bc 2116
Klose, W.: Generation im Gleichschritt. Die Hitlerjugend. Ein Dokumentarber. Erw. und akt. Neuausg. Oldenburg: Stalling
  1982. 296 S.   B 45720
Kühnl, R.: Der deutsche Faschismus - Ursachen und Herrschaftsstruktur. In: Jahrbuch für Zeitgeschichte. 1980-81.
  S. 101-120.   BZ 4672:1980-81
Mitchell, O. C.: Criminals of the dream. Nazi storm troopers during the drive to power and the early days of the Reich. In:
  Nazism and the common man. 1981. S. 11-42.   B 45196
Nicholls, A. J.: Germany. In: Fascism in Europe. 1981.
  S. 65-91.   B 44868
Noakes, J.: The Nazi Party and the Third Reich. The myth and reality of the one-party state. In: Government party and people
  in Nazi Germany. 1980. S. 11-33.   Bc 2345
Reitlinger, G.: The SS. Alibi of a nation. 1922-1945. Repr.
  London: Arms and Armour Pr. 1981. XI, 502 S.   B 44678
Thöne, A. W.: Das Licht der Arier. Licht-, Feuer- u. Dunkelsymbolik des Nationalsozialismus. München: Minverva Publikation
  1979. 106 S.   Bc 2130

SPD

Beyer, M.; Winkler, G.: Revolutionäre Arbeitereinheit. Eisenach,
  Gotha, Erfurt. 2. Aufl. Berlin: Dietz 1981. 155 S.   Bc 2668
Boll, F.: Frieden ohne Revolution? Bonn: Dt. Gesellsch. f. Friedens-
  u. Konfliktforschung 1981. 14 S.   Bc 0827
Breitman, R.: German Socialism and Weimar democracy. Chapel
  Hill: Univ. of North Carolina Pr. 1981. XII, 283 S.   B 45180

Elsner, M.; Wöltje, E.: Sozialdemokratie und Agrarfrage
1863-1895. In: Ergebnisse. 1981. Nr. 14. S. 12-130.   BZ 4700:1981
Engelberg, E.: Kleinbürgerliche Demokratie und Sozialdemokratie in den achtziger Jahren des 19. Jahrhunderts. In: Zeitschrift für Geschichtswissenschaft. Jg. 30, 1982. H. 7. S. 590-608. BZ 4510:30
Geyer, D.: Kautskys Russisches Dossier. Deutsche Sozialdemokraten als Treuhänder des russischen Parteivermögens 1910-1915. Frankfurt: Campus Verl. 1981. XXI, 688 S.   B 45210
Guttsman, W. L.: The German Social Democratic Party, 1875-1933. London: Allen & Unwin 1981. XII, 362 S.   B 44158
Hofmann, G.: Die deutsche Sozialdemokratie und die Sozialreformen von 1889. In: Zeitschrift für Geschichtswissenschaft. Jg. 30, 1982. H. 6. S. 511-523.   BZ 4510:30
Laschitza, A.: Thesen zu einigen Forschungsergebnissen und -problemen über die Herausbildung der Krise der deutschen Sozialdemokratie (1910 bis 1914). In: Beiträge zur Geschichte der Arbeiterbewegung. Jg. 23, 1981. Nr. 4. S. 528-542.   BZ 4507:23
Leuschen-Seppel, R.: Zwischen Staatsverantwortung und Klasseninteresse. Die Wirtschafts- u. Finanzpolitik der SPD zur Zeit der Weimarer Republik unter bes. Berücksichtigung der Mittelphase 1924-1928/29. Bonn: Verl. Neue Gesellschaft 1981.
XX, 312 S.   B 44183
Miller, S.; Potthoff, H.: Kleine Geschichte der SPD. Darstellung und Dokumentation 1848-1980. 4., überarb. u. erw. Aufl.
Bonn: Verl. Neue Gesellschaft 1981. 416 S.   B 44199
Niemann, H.: Die 'Partei der Freiheit'. (1939.) In: Zeitschrift für Geschichtswissenschaft. Jg. 29, 1981. H. 10.
S. 905-916.   BZ 4510:29
Protokoll über die Verhandlungen des Parteitages der Sozialdemokratischen Partei Deutschlands. Abgeh. zu Dresden v. 13. bis 20. Sept. 1903. Nachdr. Berlin: Dietz 1981. 448, XXVI S.   B 44182
Ritter, F.: Theorie und Praxis des demokratischen Sozialismus in der Weimarer Republik. Frankfurt: Campus Verl. 1981.
320 S.   B 43659
Schorske, K. E.: (German Social Democracy of 1905-1917, [dt.])
Die große Spaltung: Die dt. Sozialdemokratie 1905-1917.
Berlin: Olle & Wolter 1981. 451 S.   B 43795
Schulze, H.: Die SPD und der Staat von Weimar. In: Die Weimarer Republik. 1980. S. 272-286.   B 43735
Steinberg, H.-J.: Die deutsche Sozialdemokratie im Wilhelminischen Reich. In: Ergebnisse. 1981. Nr. 14. S. 4-11.   BZ 4700:1981
Internationale Stellung und internationale Beziehungen der deutschen Sozialdemokratie 1871-1900 — unter bes. Berücksichtigung i. Zusammenarbeit m. d. österreichischen Arbeiterbewegung -. Leipzig: Karl-Marx-Univ. 1981. 95 S.   Bc 2845
Winkler, H. A.: Klassenbewegung oder Volkspartei? Zur Programmdiskussion in der Weimarer Sozialdemokratie 1920-1925. In: Geschichte u. Gesellschaft. Jg. 8, 1982. H. 1. S. 9-54.   BZ 4636:8

Zentrum

Die Protokolle der Reichstagsfraktion der Deutschen Zentrumspartei 1920-1925. Bearb.: R. Morsey u. K. Ruppert. Mainz: Matthias-Grünewald-Verl. 1981. XLI, 714 S.   B 45144

nach 1945

Konservative Bilanz der Reformjahre. Kompendium des modernen christlich-freiheitlichen Konservatismus. Hrsg.: L. Bossle. Würzburg: Naumann 1981. 665 S.   B 45037

Naßmacher, K.-H.: Öffentliche Rechenschaft und Parteifinanzierung. In: Aus Politik und Zeitgeschichte. 1982. B 14-15. S. 3-18.   BZ 05159:1982

Politische Parteien auf dem Weg zur parlamentarischen Demokratie. in Deutschland. Entwicklungslinien bis zur Gegenwart. Hrsg.: L. Albertin u. W. Link. Düsseldorf: Droste Verl. 1981. 452 S.   B 44410

Schoeps, J.H.; Knoll, J.H.; Bärsch, K.-E.: Konservativismus, Liberalismus, Sozialismus. München: Fink 1981. 259 S.   B 44794

Tomala, M.: Partie polityczne Bundestagu wobec "problemu niemieckiego". [Die politischen Parteien des Bundestages und die "deutsche Frage".] In: Sprawy Międzynarodowe. Rok 34, 1981. Zeszyt 6. S. 39-60.   BZ 4497:34

CDU

Wer mit wem? - Braunzonen zwischen CDU/CSU und Neonazis. Ein Nachschlagewerk für Antifaschisten. Hamburg: Buntbuch Verl. 1981. 192 S.   B 44191

Buchhaas, D.: Die Volkspartei. Programmatische Entwicklung der CDU 1950-1973. Düsseldorf: Droste Verl. 1981. 366 S.   B 44904

Die CDU/CSU im Parlamentarischen Rat. Sitzungsprotokolle der Unionsfraktion. Bearb.: R. Salzmann. Stuttgart: Klett-Cotta 1981. XLIV, 701 S.   B 44786

CDU-Programmatik. Grundlagen u. Herausforderungen. Hrsg.: W. Schönbohm. München: Olzog 1981. 270 S.   B 45035

Die Gründung der Union. Traditionen, Entstehung und Repräsentanten. Hrsg.: G. Buchstab u. K. Gotto. München: Olzog 1981. 278 S.   B 44924

Kohl, H.: Die CDU. Portr. e. Volkspartei. Schwieberdingen: Rüber 1981. 208 S.   08652

Die Rechte vor der Macht. CDU - die Konservativen. In: Sozialismus. 1982. H. 3. S. 32-43.   BZ 05393:1982

Steiner, G.: Die Haltung der CDU/CSU zu den Verträgen von Moskau, Warschau und zum Grundlagenvertrag Anfang der siebziger Jahre. In: Zeitschrift für Geschichtswissenschaft. Jg. 30, 1982. H. 2. S. 99-110.   BZ 4510:30

FDP
Hess, J.C.; Steensel van der Aa, E. van: Bibliographie zum
deutschen Liberalismus. Göttingen: Vandenhoeck u. Ruprecht
1981. 148 S. Bc 2569
Koerfer, D.: Die FDP in der Identitätskrise. Die Jahre 1966-1969
im Spiegel der Zeitschrift "liberal". Stuttgart: Klett-Cotta 1981.
236 S. B 44807

Kommunistische Gruppen
Benser, G.: Aufruf der KPD vom 11. Juni 1945. Berlin: VEB Dt.
Verl. d. Wissenschaften 1980. 43 S. Bc 0553
Knoche, H.-J.: Die DKP. Organisation, Ideologie, Politik.
Hannover: Niedersächs. Landeszentrale f. Polit. Bildung 1980.
63 S. Bc 2176
Lehndorff-Felsko, A.; Rische, F.: Der KPD-Verbotsprozeß
1954 bis 1956. Wie es dazu kam - sein Verlauf - die Folgen.
Frankfurt: Verl. Marxist. Blätter 1981. 220 S. B 43731
Mies, H.: 8. Tagung des Parteivorstands der DKP. ... Die Kraft
der Partei auf das Neue orientieren. Referat. Neuss:
Verlag UZ 1981. 32 S. Bc 0572
Nie wieder darf ein Krieg von deutschen Boden ausgehen. Vorschläge
d. Deutschen Kommunist. Partei f. e. alternative Sicherheitspolitik.
Neuss: UZ 1982. 27 S. Bc 0832
Vilmar, F.; Rudzio, W.: Politische Apathie und Kaderpolitik.
In: Aus Politik und Zeitgeschichte. 1981. B 46.
S. 13-38. BZ 05159:1981
Weyer, H.: Die DKP. Programm-Strategie-Taktik. Bonn:
Hohwacht-Verl. 1979. 103 S. Bc 2097

Neonazistische Gruppen
Biemann, G.: Rechtsradikalismus-Report. Jahresübersicht 1981/
82 über Tendenzen im bundesdt. Neofaschismus und seinem Um-
feld. In: Blätter für deutsche und internationale Politik.
Jg. 27, 1982. H. 4. S. 471-491. BZ 4551:27
5 Millionen Deutsche: "Wir sollten wieder einen Führer haben..."
Die SINUS-Studie über rechtsextremistische Einstellungen...
Vorw.: M. Greiffenhagen. Reinbek: Rowohlt 1981. 139 S. Bc 2394
Doerry, T.: Antifaschismus in der Bundesrepublik. Vom antifa-
schistischen Konsens 1945 bis zur Gegenwart. Frankfurt:
Röderberg 1980. 62 S. Bc 2032
Dokumente, Fakten und Hinweise zur Entwicklung des Faschismus
und Neonazismus in der BRD und anderen Ländern. [Nebst:] Er-
gänzung 1978. Wien: Internat. Föderation d. Widerstandskämpfer
1977-1979. 93, 111 S. Bc 0646
Elm, L.: Aufbruch ins Vierte Reich? Zu Herkunft u. Wesen einer
konservativen Utopie. Berlin: Dietz 1981. 182 S. Bc 2846
Dem Faschismus das Wasser abgraben. Zur Auseinandersetzung mit
dem Rechtsradikalismus. München: Juventa Verl. 1981.
256 S. B 44909
Geiss, E.: "Rechtsterrorismus". Was ist das? Bürgerinitiative

gegen Kriegsschuld- und antideutsche Greuellügen. Stade 1982.
60 S. D 2333
Hennig, E.: Neonazistische Militanz und Rechtsextremismus unter
Jugendlichen. In: Aus Politik und Zeitgeschichte. 1982. B 23.
S. 23-37. BZ 05159:1982
The new Order. No. 13, 1978-44, 1982. Ed.: G. Lauck. Lincoln:
NSDAP-AO. 1978-82. Getr. Pag. DZ 311
Pomorin, J.; Junge, R.; Biemann, G.: Geheime Kanäle.
Der Nazi-Mafia auf der Spur. Dortmund: Weltkreis-Verl. 1981.
185 S. B 44555
Pröhuber, K.-H.: Die nationalrevolutionäre Bewegung in Westdeutschland. Hamburg: Verl. Dt.-Europ. Studien 1981. 227 S. B 45794
Roeder, M.: Für jeden Tag. Deutscher Jahrweiser. 1982. Sprüche
und Gedichte, Ermahnungen und Gedenktage. 1-3.
Schwarzenborn 1982. 104, 79, 84 S. D 2354
Schneider, R.: Die SS ist ihr Vorbild. Neonazistische Kampfgruppen und Aktionskreise in der Bundesrepublik. Frankfurt:
Röderberg-Verl. 1981. 208 S. B 44907
Wagener, G.: Ein rechtsradikaler Jugendlicher berichtet: "Ich
heisse Gerald Wagener..." Vorw.: H. Richter. München:
dvk-Verl. 1981. 96 S. Bc 2592
Wüllen, W. van: Die Phrase von der "Vergangenheitsbewältigung".
Würzburg: Naumann 1979. 39 S. Bc 2042

SPD

Dokumente. SPD-Parteitag. - Beschlüsse zur Aussen-, Friedens-
und Sicherheitspolitik. 19.-23. April '82 München. Bonn:
Vorstand d. SPD 1982. 23 S. Bc 2894
Brandt, W.: Den eigenen Weg neu finden. Rede... Berlin, 4. April
1981. Bonn: Vorstand d. SPD 1981. 17 S. Bc 0591
Czerwick, E.: Oppositionstheorien und Außenpolitik. Eine Analyse
sozialdemokratischer Deutschlandpolitik 1955 bis 1966.
Königstein: Hain 1981. 219 S. B 43728
Hansen, K.-H.: Für eine sozialdemokratische Friedens- und
Sicherheitspolitik. München: dvk-Verl. 1981. 42 S. Bc 0706
Krupp, H.-J.: Sozialdemokratische Wirtschaftspolitik. In: Die
neue Gesellschaft. Jg. 29, 1982. Nr. 2. S. 119-128. BZ 4572:29
Oppeln, S. von: Die neuere energiepolitische Diskussion in der
SPD. Zwischen sozialliberalem Krisenmanagement u. demokrat. -
sozial. Politik. Berlin: Freie Universität 1980. 125 S. Bc 0604
Sozialistische Perspektive. Zur Diskussion um die Herforder Thesen.
Position u. Gegenposition. Berlin: spw-Verl. 1979. 75 S. Bc 2100
Schacht, K.: SPD in den 80er Jahren. Soziologische und politische
Aspekte der Krise der Sozialdemokratie. In: Marxistische Studien.
1982. Nr. 5. S. 143-156. BZ 4691:5
Linke Sozialdemokraten und bundesrepublikanische Linke. Diskussion a. Beisp. d. Herforder Thesen. Berlin: spw-Verl. 1981.
217 S. B 45026
SPD. Porträt einer Partei. Hrsg.: E. Bahr.

München, Wien: Olzog 1980. 163 S. Bc 2057
SPD und "Nach"rüstung. Berlin: Alternative Liste 1982. 30 S. D 02405
Zukunft SPD. Aussichten linker Politik in der Sozialdemokratie.
Hamburg: VSA-Verl. 1981. 172 S. B 43799
T i l l i c h , P. : Die sozialistische Entscheidung. Neuaufl. Berlin:
Medusa Verl. 1980. 131 S. B 44842
V o i g t , K. D. : Sozialdemokratische Sicherheitspolitik. In: Sozialismus. 1982. H. 2. S. 26-34. BZ 05393:1982
Wahlparteitag der Sozialdemokratischen Partei Deutschlands am
9./10. Juni 1980... Protokoll der Verhandlungen, Anl.
Bonn: Selbstverl. 1980. 502 S. B 43783
Z o r a t t o , B. : Volksfront in Aktion. Zusammenarbeit der SPD und
d. DGB mit d. italienischen Kommunisten. Stuttgart: Oltreconfine
1981. 14 S. Bc 2958

Umweltschutzparteien

B ü r k l i n , W. P. : Die Grünen und die "Neue Politik". Abschied vom
Dreiparteiensystem? In: Politische Vierteljahresschrift.
Jg. 22, 1981. H. 4. S. 359-382. BZ 4501:22
Frieden. Das Friedensprogramm der Grün Alternativen Liste (GAL).
Friedenspolitik in Hamburg. Hamburg: GAL 1982. 23 S. D 2458
Die Grünen. Exklusiv-Interviews, Fakten u. Fotos, Berichte, Analysen, Meinungen, Flugblätter und Plakate. Hamburg:
Schulz 1980. 82 S. D 2461
Für eine bessere Republik. Alternativen d. demokratischen Bewegung.
Hrsg. : H. Billstein, K. Naumann. Köln: Pahl-Rugenstein 1981.
257 S. B 43791
S c h r o e d e r , K.; S u e s s , W. : Zur politischen Einschätzung der
Alternativbewegung. Berlin: Otto-Suhr-Institut 1980.
III, 55 Bl. Bc 0496
Auf der Suche nach Zukunft. Alternativbewegung und Identität.
Hrsg. : J. A. Schülein. Giessen: Focus Verl. 1980. 188 S. B 44998

Friedensbewegung

A l b r e c h t , U. : Kündigt den Nachrüstungsbeschluss! Argumente für
die Friedensbewegung. Frankfurt: Fischer 1982. 180 S. Bc 2936
A r n d t , H. -J. : Die staatlich geförderte Friedens- und Konfliktforschung in der Bundesrepublik Deutschland von 1970 bis 1979.
München: Bayer. Staatskanzlei 1980. 168 S. Bc 0710
B a h r o , R. : Überlegungen zu einem Neuansatz der Friedensbewegung
in Deutschland. In: Befreiung. 1981. Nr. 21. S. 9-37. BZ 4629:1981
B a s t i a n , G. : "Aspekte der Friedenspolitik". Notwendige Anmerkungen zum NATO-Doppelbeschluß in der Darstellung der Bundesregierung. In: Blätter für deutsche und internationale Politik.
Jg. 26, 1981. H. 9. S. 1033-1053. BZ 4551:26
B r e d o w , W. von: Zusammensetzung und Ziele der Friedensbewegung in der Bundesrepublik Deutschland. In: Aus Politik und Zeitgeschichte. 1982. Bd 24. S. 3-13. BZ 05159:1982
B u s c h m a n n , M. : Antwort von Martha Buschmann an Petra Kelly.

Ein Briefwechsel. Neuss: UZ 1982. 30 S. Bc 0803
Friedensfibel. 2. Aufl. Frankfurt: Eichborn 1982. 192 S. 09718
Grünewald, G.: Zur Geschichte des Ostermarsches der Atom-
  waffengegner. In: Blätter für deutsche und internationale Politik.
  Jg. 27, 1982. H. 3. S. 303-322. BZ 4551:27
Harms, T.: Probleme der neuen Friedensbewegung. In: Marxisti-
  sche Studien. 1982. Nr. 5. S. 201-212. BZ 4691:5
Hassner, P.: Was geht in Deutschland vor? Wiederbelebung der
  Deutschen Frage durch Friedensbewegung und alternative Gruppen.
  In: Europa-Archiv. Jg. 37, 1982. Folge 17. S. 517-526. BZ 4452:37
Keine neuen Atomraketen in die Bundesrepublik! Frieden sichern
  durch Neutralität und NATO-Austritt. Positionen d. Volksfront
  gegen Reaktion, Faschismus und Krieg... Essen 1981. 17 S. D 2319
Zuviel Pazifismus? Hrsg.: F. Duve. Reinbek: Rowohlt 1981.
  236 S. B 44798
Rabe, K. K.; Schuettke, P.: Keine neuen Atomwaffen in der Bun-
  desrepublik. Eine Argumentationshilfe. Berlin: Aktion Sühne-
  zeichen/Friedensdienste 1982. 95 S. D 2448
Schmid, G.: Die "Friedensbewegung" in der Bundesrepublik
  Deutschland. In: Österreichische militärische Zeitschrift.
  Jg. 20, 1982. H. 4. S. 289-298. BZ 05214:20
Stellungnahmen zu dem von der Bayerischen Staatsregierung in Auf-
  trag gegebenen Gutachten über die Förderungstätigkeit der
  DGFK. Materialien zum Austritt der Länder Baden-Württemberg
  und Schleswig-Holstein... Bonn-Bad Godesberg: Dt. Ges. für
  Friedens- u. Konfliktforschung 1981. 124 S. Bc 0746
In letzer Stunde. Aufruf zum Frieden. München: Kindler 1982.
  167 S. B 46283
Wörner, M.: The "Peace Movement" and NATO. An alternative
  view from Bonn. In: The Atlantic community quarterly.
  Vol. 20, 1982. No. 1. S. 10-17. BZ 05136:20

Extremistische Gruppen

Der Blues. Gesammelte Texte d. Bewegung 2. Juni. Bd 1. 2.
  Berlin 1982. 926 S. D 2430
Jaschke, H.-G.: Gewalt von rechts vor und nach Hitler. In: Aus
  Politik und Zeitgeschichte. 1982. B 23. S. 3-21. BZ 05159:1982
Koch, A.: Extremismus und Radikalismus in unserer Gesellschaft.
  Theorie, Erscheinungsformen, Taktik und Ziele.
  Herford, Bonn: Marximilian -Verl. 1980. 27 S. Bc 1969
Kramer, F. E.: Rote Armee Fraktion. En undersøgelse af RAF's
  teoretiske gundlag. Specialeopg. Hist. Inst. Århus Univ.
  Århus: Univ. 1979. 94 Bl. Bc 0719
Maase, K.: Neue Bewegung: Gesellschaftliche Alternative oder kul-
  tureller Bruch? In: Marxist. Studien. 1982. Nr. 5. S. 10-41. BZ 4691:5
Suess, W.; Schroeder, K.: Theorieeinflüsse u. Politikverständ-
  nisse von der APO zur Alternativbewegung. Berlin:
  Otto-Suhr-Institut 1980. 77 Bl. Bc 0497

e. 2 Außenpolitik

bis 1945

Becker, J.: Probleme der Außenpolitik Brünings. In: Internationale Beziehungen in der Weltwirtschaftskrise 1929-1933. 1980.
S. 265-286. B 44601
Fletcher, R.: Karl Leuthner's greater Germany: The pre-1914 Pan-Germanism of an Austrian socialist. In: Canadian Review of studies in nationalism. Vol. 9, 1982. No. 1. S. 57-80. BZ 4627:9
Gosmann, W.: Die Stellung der Reparationsfrage in der Außenpolitik der Kabinette Brüning. In: Internationale Beziehungen in der Weltwirtschaftskrise 1929-1933. 1980. S. 237-263. B 44601
Grathwol, R.P.: Stresemann and the DNVP. Reconciliation or revenge in German foreign policy 1924-1928. Lawrence: The Regents Pr. of Kansas 1980. XIII, 299 S. B 43719
Pazifismus in der Weimarer Republik. Beiträge zur historischen Friedensforschung. Paderborn: Schöningh 1981. 181 S. B 44029
Aussenpolitische Beziehungen
Borejsza, J.W.: Die Rivalität zwischen Faschismus und Nationalsozialismus in Ostmitteleuropa. In: Vierteljahrshefte für Zeitgeschichte. Jg. 29, 1981. H. 4. S. 579-614. BZ 4456:29
Hildebrand, K.: Das Deutsche Reich und die Sowjetunion im internationalen System 1918-1932. In: Die Weimarer Republik. 1980.
S. 38-61. B 43735
Link, W.: Die Beziehungen zwischen der Weimarer Republik und den USA. In: Die Weimarer Republik. 1980. S. 62-92. B 43735
Maksimyčev, I.F.: Diplomatija mira protiv diplomatii vojny. Očerk sovetsko-germanskich diplomatičeskich otnošenij v 1933-1939 godach. [Diplomatie des Friedens gegen die Diplomatie des Krieges. Studie der sowjetisch-deutschen diplomatischen Beziehungen in den Jahren 1933-1939.] Moskva: "Meždunarodnye otnošenija" 1981. 286 S. B 44254
Nesvadba, F.: Imperialistické plány fašistického Německa ptroti samostatnosti Československa. [Imperialistische Pläne des faschistischen Deutschlands gegen die Selbständigkeit der Tschechoslowakei.] 1. 2. In: Historie a vojenství. Roěn. 31, 1982. No. 2.
S. 95-111; 3. S. 128-143. BZ 4526:31
Schröder, H.-J.: Economic appeasement. Zur brit.-u. amerikan. Deutschlandpolitik vor dem 2. Weltkrieg. In: Vierteljahrshefte für Zeitgeschichte. Jg. 30, 1982. H. 1. S. 82-97. BZ 4456:30
Schröder, H.-J.: Die deutsche Südosteuropapolitik und die Reaktion der angelsächsischen Mächte 1929-1933/34. In: Internationale Beziehungen in der Weltwirtschaftskrise 1929-1933. 1980.
S. 343-360. B 44601
Schuker, S.A.: Frankreich und die Weimarer Republik. In: Die Weimarer Republik. 1980. S. 93-112. B 43735

Schultz, G.: Deutschland und Polen vom Ersten zum Zweiten Weltkrieg. In: Geschichte in Wissenschaft und Unterricht. Jg. 33, 1982.
H. 3. S. 154-172. BZ 4475:33
Wegner-Korfes, S.: Politische und ökonomische Hintergründe der Rußlandpolitik der Regierung des "neuen Kurses" im Jahre 1890. In: Zeitschrift für Geschichtswissenschaft. Jg. 30, 1982. H. 4.
S. 322-334. BZ 4510:20
Weinberg, G. L.: Deutschlands Wille zum Krieg. Die internationalen Beziehungen 1937-1939. In: Sommer 1939. 1979.
S. 15-32. B 43899
Wippermann, W.: Der "deutsche Drang nach Osten". Ideologie und Wirklichkeit eines polit. Schlagwortes. Darmstadt: Wissenschaftliche Buch-Gesellschaft 1981. 153 S. Bc 2366

nach 1945

Boguslawski, A.: Rückzug aus Europa? Das europapolitische Bewusstsein der Deutschen im Spiegel der Demoskopie. In: Europa-Archiv. Jg. 37, 1982. Folge 1. S. 9-20. BZ 4452:37
Coffey, J. I.: Issues in West German security policy. An American perspective. In: United States interests and Western Europe: arms control, energy, and trade. 1981. S. 49-77. B 44933
Dreyfus, F.-G.: Pacifisme et neutralisme en Allemagne Fédérale aujourd'hui. In: Défense nationale. Année 38, 1982. Janvier.
S. 7-21. BZ 4460:38
Es geht um unsere Sicherheit. Bündnis, Verteidigung, Rüstungskontrolle. 2. erg. Aufl. Bonn: Auswärtiges Amt.... 1981. 80 S. Bc 2691
Genscher, H.-D.: Deutsche Aussenpolitik. Ausgew. Grundsatzreden 1975-1980. Stuttgart: Verl. Bonn aktuell 1981. 335 S. B 46230
Haftendorn, H.: L'Allemagne fédérale et les paradoxes de la sécurité européenne. In: La sécurité de l'Europe dans les années 80. 1980. S. 197-212. B 44240
Hanrieder, W.: Fragmente der Macht. Die Außenpolitik der Bundesrepublik. München: Piper 1981. 194 S. B 44779
Hanrieder, W., Auton, G. P.: The foreign Policies of West Germany, France, and Britain. Englewood Cliffs: Prentice-Hall 1980. XVIII, 314 S. B 43577
Le Gloannec, A.-M.: Bundesrepublik Deutschland - Finnlandisierung und Germanisierung. In: Europäische Rundschau.
Jg. 9, 1981. Nr. 3. S. 29-41. BZ 4615:9
Mietkowska-Kaiser, I.; Thomas, S.: Vorspiel zum Wandel. Zur Außenpolitik d. Großen Koalition in d. BRD 1966-1969. In: Zeitschrift f. Geschichtswissenschaft. Jg. 30, 1982. H. 5.
S. 387-412. BZ 4510:30
Morgan, R.: West Germany's foreign Policy agenda. Beverly Hills, London: Sage 1978. 80 S. Bc 2106
Noack, P.: Die Außenpolitik der Bundesrepublik Deutschland. 2., überarb. u. erw. Aufl. Stuttgart: Kohlhammer 1981. 216 S. B 43538

Pfetsch, F.R.: Die Außenpolitik der Bundesrepublik 1949-1980.
München: Fink 1981. 285 S. B 45055
Pfetsch, F.R.: Einführung in die Außenpolitik der Bundesrepublik
Deutschland. Eine systematisch-theoretische Grundlegung.
Opladen: Westdt. Verl. 1981. 210 S. B 44187
Rasch, H.: Proteste sind nicht genug. Die Bundesrepublik braucht
eine Alternative zur NATO-Politik. In: Blätter für deutsche und
internationale Politik. Jg. 27, 1982. H. 3. S. 329-340. BZ 4551:27
Reden zu Deutschland. Eine Dokumentation ausgew. Reden, Vorträge
und Erklärungen d. Jahres 1980 zur deutschen Frage unter bes.
Berücksichtigung ostdeutscher Thematik. Bonn: Kulturstiftung der
deutschen Vertriebenen 1981. 190 S. B 44923
Rovan, J.: La Repubblica Federale e la tentazione neutralista. In:
Affari esteri. Anno 13, 1981. No. 52. S. 405-427. BZ 4373:13
Saeter, M.: The Federal Republic, Europe and the world. Perspectives on West German foreign policy. Oslo: Universitetsforl. 1980.
119 S. Bc 2154

Aussenpolitische Beziehungen

Ammon, H.; Brandt, P.: Wege zur Lösung der "Deutschen
Frage". In: Befreiung. 1981. Nr. 21. S. 38-71. BZ 4629:1981
Barcz, J.: Oznaczanie granic na mapach zachodnio-niemieckich a
stosunki Polska-RFN. [Die Markierung der Grenzen auf den westdeutschen Karten u. die Beziehungen zwischen Polen und der Bundesrepublik Deutschland.] In: Sprawy Międzynarodowe. Rok 34,
1981. Zeszyt 8. S. 109-124. BZ 4497:34
Czempiel, E.-O.: Deutschland - USA. Kooperation und Irritationen. In: Aussenpolitik. Jg. 33, 1981. Nr. 2. S. 14-29. BZ 4457:33
Dokumente zum Besuch des sowjetischen Staats- und Parteichefs
Breshnjew in Bonn im November 1981. In: Europa-Archiv.
Jg. 37, 1982. Folge 1. S. D 1- D 17. BZ 4452:37
Franke, E.; Lorenz, P.; Ronneburger, U.: Elemente der
Deutschlandpolitik. In: Politik und Kultur. Jg. 8, 1981. H. 5.
S. 40-67. BZ 4638:8
Gatzke, H.W.: Germany and the United States. A "special relationship?" Cambridge: Harvard Univ. Pr. 1980. XVI, 314 S. B 43565
Gaus, G.: Texte zur deutschen Frage. Mit d. wichtigsten Dokumenten zum Verhältnis der beiden dt. Staaten. Darmstadt:
Luchterhand 1981. 127 S. Bc 2643
Graml, H.: Die Legende von der verpassten Gelegenheit zur sowjetischen Notenkampagne des Jahren 1952. In: Vierteljahrshefte
für Zeitgeschichte. Jg. 29, 1981. H. 3. S. 307-341. BZ 4456:29
Hacke, C.: Henry Kissingers Erinnerungen an die Ostpolitik der
Bundesrepublik Deutschland. In: Politik und Kultur. Jg. 8, 1981.
H. 5. S. 23-39. BZ 4638:8
Israel - Reflexionen über ein Engagement. Bearb. u. hrsg.: R. Bernstein. Berlin: Dt.-israel. Arbeitskreis f. Frieden... 1980.
123 S. Bc 2279
Kohl, H.: La RFA et l' Ostpolitik. In: Politique étrangère.

Année 46, 1981. No. 3. S. 541-552. BZ 4449:46
Korzycki, W.: Reakcje RFN na stan wojenny w Polsce. [Die Reaktionen der BRD auf den Kriegszustand in Polen.] In: Sprawy Międzynarodowe. Rok 35, 1982. Zeszyt 5. S. 107-120. BZ 4497:35
Lucius, R. von: Zwischen Frontstaaten und Apartheid. In: Die politische Meinung. Jg. 26, 1981. H. 199. S. 63-73. BZ 4505:26
Michalsky, H.: Détente at work - the record of inter-German relations. In: West European politics. Vol. 4, 1981. No. 2. S. 97-111. BZ 4668:4
Mirončuk, V. D.: Sovetsko-zapadno-germanskie Otnošenija na sovremennom ètape. [Sowjetisch-westdeutsche Beziehungen der Gegenwart (1966-1980).] Kiev: "Višča škola" 1981. 165 S. Bc 2885
Nolte, E.: Der Weltkonflikt in Deutschland. Die Bundesrepublik und die DDR im Brennpunkt des Kalten Krieges 1949-1961. München: Piper 1981. 189 S. B 43540
Paktfreiheit für beide deutsche Staaten. Oder Bis, daß der Tod uns eint? 2. Aufl. Berlin: Alternative Liste 1982. 149 S. D 2471
Robert, R.: Die Bundesrepublik und der Irak. Eine Bilanz. In: Orient. Jg. 22, 1981. H. 2. S. 195-218. BZ 4663:22
Roth, M.: Zwei Staaten in Deutschland. Die sozialliberale Deutschlandpolitik und ihre Auswirkungen 1969-1978. Opladen: Westdt. Verl. 1981. 266 S. B 45211
Steinbach, U.: Deutsche Politik für Nahost und den Golf. In: Aussenpolitik. Jg. 32, 1981. Nr. 4. S. 315-331. BZ 4457:32
Das deutsch-deutsche Treffen am Werbellinsee. Dokumentation zum Treffen des Bundeskanzlers... mit d. Generalsekretär des ZK der SED... 11.-13.12.1981. Bonn: Bundesministerium für innerdeutsche Beziehungen 1982. 66 S. Bc 2822
Sereznyj Vklad v upročenie mira i bezopasnosti. Vizit Federal'nogo kanclera FRG G. Smidta... [Ein ernst zunehmender Beitrag zur Festigung d. Friedens u. d. Sicherheit. Besuch d. Bundeskanzlers d. BRD H. Schmidt u. d. Aussenministers H. D. Genscher in d. Sowjetunion vom 30. Juni - 1. Juli 1980.] Moskva: Politizdat 1980. 40 S. Bc 2248
Wettig, G.: Die Bundesrepublik Deutschland als Faktor der sowjetischen Westpolitik. In: Beiträge zur Konfliktforschung. Jg. 12, 1982. Nr. 2. S. 45-71. BZ 4594:12
Wettig, G.: Die sowjetische Deutschland-Note vom 10. März 1952. Wiedervereinigungsangebot oder Propagandaaktion? In: Deutschland-Archiv. Jg. 15, 1982. Nr. 2. S. 130-148. BZ 4567:15
Windsor, P.: Germany and the Western alliance: Lessons from the 1980 crises. London: Internat. Institute for Strategic Studies 1981. 30 S. Bc 0780
Winters, P. J.: Die innerdeutschen Beziehungen nach dem Treffen Schmidt-Honecker. In: Europa-Archiv. Jg. 37, 1982. Folge 3. S. 77-84. BZ 4452:37
Zieger, G.: Die Folgevereinbarungen zum Grundlagenvertrag. In: Aus Politik u. Zeitgeschichte. 1982. B 40. S. 19-30. BZ 05159:1982

f. Wehrwesen

f. 0.1 Wehrpolitik

bis 1945

Bruch, R. vom: "Deutschland und England. Heeres- oder Flottenverstärkung?" In: Militärgeschichtliche Mitteilungen. 1981.
Nr. 1. S. 7-35. BZ 05241:1981
Geyer, M.: Rüstungsbeschleunigung und Inflation. Zur Inflationsdenkschrift des Oberkommandos der Wehrmacht vom November 1938. In: Militärgeschichtliche Mitteilungen. 1981. Nr. 2.
S. 121-186. BZ 05241:1981
Schildt, A.: Militärdiktatur mit Massenbasis? Die Querfrontkonzeption des Reichswehrführung um General von Schleicher am Ende der Weimarer Republik. Frankfurt: Campus Verl. 1981.
368 S. B 44643
Whaley, B.: Covert rearmament in Germany 1919-1939. Deception and misperception. In: The journal of strategic studies.
Vol. 5, 1982. No. 1. S. 3-39. BZ 4669:5

nach 1945

Aspekte der Friedenspolitik. Argumente zum Doppelbeschluss des Nordatlantischen Bündnisses. Bonn: Presse- u. Informationsamt 1981. 88 S. Bc 2226
Barth, P.; Pfau, G.; Streif, K.: Sicherheitspolitik und Bundeswehr. Frankfurt: Haag & Herchen 1981. 381 S. B 43788
Atom-Rampe Deutschland. "Beginnen wir mit der nuklearen Abrüstung in der Bundesrepublik". Giessen: Juso-Hochschulgruppe 1981. 18 S. D 02355
Es geht um unsere Sicherheit. 2. erg. Aufl. Bonn: Auswärtiges Amt 1981. 80 S. Bc 2691
Joffe, J.: German defense policy. Novel solutions and enduring dilemmas. In: The internal fabric of western security. 1981.
S. 63-96. B 44928
Kahn, H. W.: Das Geheimnis einer "Geheimdiplomatie" gegen das eigene Volk. Durch "Nach"rüstung zur Atommacht? In: Blätter für deutsche und internationale Politik. Jg. 26, 1981. H. 8.
S. 911-927; H. 9. S. 1079-1095. BZ 4551:26
Möglichkeiten der Verstärkung der abrüstungspolitischen Planungskapazität in der Bundesrepublik Deutschland. Bonn: Dt. Gesellsch. f. Friedens- u. Konfliktforschung 1980. 13 S. Bc 0825
Rilling, R.: Militärische Forschung in der BRD. In: Blätter für deutsche und internationale Politik. Jg. 27, 1982. H. 8.
S. 938-967. BZ 4551:27

Schmid, F.; Maehler, K.: Abrüsten oder totrüsten. Zur Rüstungspolitik der BRD. Frankfurt: Verl. Marxist. Blätter 1981.
196 S. B 43734
Schoessler, D.; Jung, M.: SIPLA-Studie. - Sicherheitspolitik. Planungsprobleme in der Bundesrepublik. Ein Überblick. Bonn: Dt. Gesellsch. f. Friedens- u. Konfliktforschung 1980. 16, IX S. Bc 0819
Sicherheitspolitik der Bundesrepublik Deutschland. Dok. 1945-1977. T. 1. 2. Köln: Verl. Wissenschaft und Politik 1978-1979.
456, 633 S. B 31672
Vollmer, G.; Bredthauer, K. D.: Atomkrieg auf deutschem Boden? Atomwaffen, Bundeswehr und mögliche Alternativen deutscher Sicherheitspolitik. In: Blätter für deutsche und internationale Politik. Jg. 26, 1981. H. 11. S. 1293-1313. BZ 4551:26
Vorschläge zur Abrüstung in der Bundesrepublik. Düsseldorf:
WI-Verl. 1980. 80 S. Bc 2896

f. 0.2 Wehrorganisation / Wehrstruktur

f.1 Heer

Alte Armee, Reichswehr, Wehrmacht

Haupt, W.: Reichswehr und Rote Armee. Ein Beitrag zur Geschichte einer zehnjährigen geheimen Zusammenarbeit. In: Deutsches Soldatenjahrbuch. Jg. 30, 1982. S. 118-128. F 145:30
John, H.: Das Reserveoffizierskorps im Deutschen Kaiserreich 1890-1914. Ein sozialgeschichtl. Beitr. zur Untersuchung des gesellschaftl. Militarisierung im Wilhelminischen Deutschland.
Frankfurt: Campus Verl. 1981. 602 S. B 44368
Stumpf, R.: Der Wehrmacht-Elite: Rang- und Herkunftsstruktur der deutschen Generale und Admirale 1933-1945. Boppard:
Boldt 1982. XIII, 399 S. B 45722

Bundeswehr

Bredow, W. von: Asymmetric images of the enemy. The problem of political education in the armed forces of the two German states. In: Journal of political a. military sociology. Vol. 9, 1981. No. 1.
S. 31-41. BZ 4724:9
Dillkofer, H.; Klein, P.: Der Unteroffizier der Bundeswehr. II. Rekrutierung, Berufszufriedenheit, Selbst- u. Fremdbild.
München: Sozialwiss. Inst. d. Bundeswehr 1981. 223 S. B 44639
Hahn, O.: Bundeswehr als Wirtschaftsfaktor. Erlangen, Nürnberg:
Friedrich-Alexander-Universität 1980. 43 S. Bc 0585
Ilsemann, C.-G. von: 25 Jahre Bundeswehr. Aus Vorträgen und

Aufsätzen d. Kommand. Generals II. Korps... 1979-80.
Ulm: II. Korps Pressestelle 1980. 117 Bl. Bc 0490
Ilsemann, C. -G. von: Die Innere Führung in den Streitkräften.
Regensburg: Walhalla u. Praetoria Verl. 1981. X, 503 S. B 34694:5
25. Kommandeurtagung der Bundeswehr. Bonn: Bundesministerium d.
Verteidigung 1982. 103 S. Bc 2771
Kutz, M.: Offizierausbildung in der Bundeswehr. Historische und
strukturelle Probleme. In: Aus Politik und Zeitgeschichte.
1982. B 16. S. 3-15. BZ 05159:1982
Mann, S.: Zu Fragen der Führungsspitze der Bundeswehr. In:
Ulrich de Maizière. Stationen eines Soldatenlebens. 1982.
S. 59-75. B 45627
Model, H.; Prause, J.: Generalstab im Wandel. Neue Wege bei
der Generalstabsausbildung in der Bundeswehr. München:
Bernard u. Graefe 1982. 279 S. B 45110
Rosen, C. von: Bildungsreform und Innere Führung. Reformansätze
für schuliche Stabsoffizierausbildung, dargest. am Beisp. der
Stabsakademie der Bundeswehr 1966-1973. Weinheim: Beltz 1981.
XIV, 440 S. B 45018
Schulze, F.-J.; Bundeswehr im Bündnis. In: Ulrich de Maizière.
Stationen eines Soldatenlebens. 1982. S. 33-58. B 45627
Schulze, F.-J.; Ilsemann, C. -G. von: Bundeswehr, Staat, Gesellschaft. Ein Cappenberger Gespräch. Köln: Grote 1981.
99 S. Bc 2419
Verteidigung, Sicherheit und Frieden. T. 3: Appelle, Standpunkte,
Meinungen. Bonn: Bundesministerium d. Verteidigung 1982.
48 S. Bc 2917:3

f. 1.30 Waffengattungen und Dienste

Alte Armee und Reichswehr

Bardéy, G.: Die Eiserne Division 1919-1920. T. 1. 2. In: Deutsches
Soldatenjahrbuch. Jg. 29, 1981. S. 81-92; 30, 406-415. F 145:29
Geschichte des 11. (Sächs.) Infanterie-Regiments, späteren Infanterie-Regiments 11 u. Grenadier-Regiments 11 von 1918-1945.
Bad Godesberg 1981: Malzkorn. 295 S. 08656
Hoffmann, K. O.: Signal-, Telegraphen-, Nachrichten- und Fernmeldetruppe. T. 1-3. In: Deutsches Soldatenjahrbuch. Jg. 29, 1981.
S. 353-365; 30, 1982. S. 185-191; 31, 1983. S. 257-263. F 145:29
Das bayerische Kadettenkorps. 1756-1920. Sonderausstellung.
Ingolstadt: Verl. Donau-Kurier 1981. 96 S. Bc 2724
Modrach, S.: Das deutsche Militärtransportwesen von der zweiten Hälfte des 19. Jahrhunderts bis zum Ende des ersten Weltkrieges. In: Militärgeschichte. Jg. 21, 1982. Nr. 3. S. 305-317. BZ 4527:21
Pioniere. Ingenieurtruppen in vier Jahrhunderten. Sonderausstellung.

Ingolstadt: Verl. Donau-Kurier 1981. 104 S. Bc 2723
Pohlman, H.: Die Grenadier- und Leib-Regimenter des deutschen
Heeres von 1914. In: Deutsches Soldatenjahrbuch. Jg. 30, 1982.
S. 387-393. F 145:30

Wehrmacht

Engelmann, J.: Lohn der Tapferkeit. Aus der Geschichte des Artillerie-Regiments 18 der 18. Infanterie/Panzergrenadierdivision, Liegnitz. 1. 2. Oldenburg: Selbstverl. 1980-81. 165 S. Bc 0428
Erb, H.: Kradschützen. Die Geschichte d. schnellsten Truppe des Heeres. Stuttgart: Motorbuch-Verl. 1981. 211 S. B 44039
Haupt, W.: Das Buch der Infanterie. Marschiert, gesiegt, gelitten, geopfert. Friedberg: Podzun-Pallas 1982. 208 S. 08790
Kaltenegger, R.: Die Stammdivision der deutschen Gebirgstruppe. Weg und Kampf der 1. Gebirgs-Division 1936-1945. Graz: Stocker 1981. 375 S. B 44587
Die 3. Kompanie, SS-Panzer-Regiment 12. 12. SS-Panzerdivision "Hitlerjugend". Preußisch-Oldendorf 1978: Kölle. 152 S. B 43885
Kühn, D.: Bilder und Skizzen zur Geschichte des Reiter-Regiments 1, Panzer-Grenadier-Regiment 21. T. 3: 1942-1945. Erlangen: Selbstverl. 1980. 91 S. Bc 0513
Mabire, J.: La Panzerdivision Wiking. La lutte finale: 1943-1945. Paris: Fayard 1981. 421 S. B 44237
Macksey, K. J.: Panzerdivision. Wien, München: Molden 1978. 192 S. Bc 2281
Musculus, F.: Geschichte der 111. Infanterie-Division. 1940-1944. Hamburg: Traditionsverband 111. Inf. -Div. 1980. XVI, 440 S. B 42027
Radke, H.: Die deutsche Kavallerie im 2. Weltkrieg. Zur Chronik ihrer Wiedergeburt. T. 1-14. In: Deutsches Soldatenjahrbuch. Jg. 16, 1968- 31, 1983. Getr. Pag. F 145:30
Scheibert, H.: Die Gespenster-Division. Eine deutsche Panzer-Division (7.) im Zweiten Weltkrieg. Friedberg: Podzun-Pallas 1981. 159 S. B 44938
Scheibert, H.: Panzergrenadiere, Kradschützen und Panzeraufklärer. Entstehung, Gliederung, Ausrüstung, Einsatz. Bilddokumentation. Friedberg: Podzun-Pallas 1982. 176 S. 08773
Stöber, H.: Die lettischen Divisionen im VI. SS-Armeekorps. Osnabrück: Munin 1981. 368 S. B 44371
Vetter, F.: Die 78. Infanterie- und Sturmdivision 1938-1945. Ein Dok. in Bildern. Friedberg: Podzun-Pallas 1981. 176 S. B 43753
Wagemann, E.: Fern der Heimat - für die Heimat. Bildchronik der drei Regimenter. "Generaloberst von Seeckt". Köln: Selbstverl. 1981. 303 S. 08631
Weidinger, O.: Division "Das Reich" im Bild. Osnabrück: Munin-Verl. 1981. 286 S. 08648
Windrow, M.: The Panzer Divisions. Rev. ed. London: Osprey 1982. 40 S. Bc 0852

Bundeswehr

Cimniak, R.: Verpflegungswirtschaft in der Bundeswehr. 4. neubearb. Aufl. Heidelberg: von Decker 1981. 219 S.   B 43780

Csoboth, I.: Marksteine und Wendepunkte in der Entwicklung der deutschen Heeresfliegertruppe. Überblick u. Ausblick nach 25 Jahren. In: Truppenpraxis. Jg. 26, 1982. No. 9. S. 641-658. BZ 05172:26

Csoboth, I.: Drei Jahre Panzerabwehrhubschrauberregimenter im Heer. In: Wehrtechnik. 1982. Nr. 5. S. 64-74.   BZ 05258:1982

Festschrift zum 25-jährigen Bestehen der 3. Panzerdivision am 30. Juni 1981 in Buxtehude. Buxtehude: 3. Pz. Division 1981. 20 S.   Bc 2705

Heyden, W. v. d.: Territorialheer : seine Bedeutung als Mittler für die Bundeswehr und die verbündeten Streitkräfte. In: Truppenpraxis. Jg. 25, 1981. No. 11. S. 861-870.   BZ 05172:25

Krauß, B. V.; Siebrecht, H.: Schule Technische Gruppe 1 und Fachschule des Heeres für Technik. In: Wehrtechnik. 1982. Nr. 4. S. 73-86.   BZ 05258:1982

Panzerbrigade 8. Informationsschrift f. Gäste und Soldaten. Koblenz: Mönch 1979. XXX, 28 S.   Bc 2704

25 Jahre Schule der gepanzerten Kampftruppen. Verantw.: Oberstlt. Schrader. Munster: Schule d. gepanz. Kampftruppen 1981. Getr. Pag.   Bc 0625

Die wirtschaftliche Bedeutung der Bundeswehr und der britischen Streitkräfte in der Garnison Osnabrück. Bearb.: J. Marin. Osnabrück: Amt f. Stadtentwicklungsplanung... 1980. Getr. Pag.   Bc 0573

Dein Standort Diepholz. Informationsschrift f. Gäste u. Soldaten. Verantw.: Major Riechert. 3. Aufl. Koblenz: Bonn: Mönch 1981. 48 S.   Bc 2311

Festschrift zur Fahnenweihe 24. -25. Juli 1982. Bad Reichenhall. Bad Reichenhall: Dt. Soldaten- u. Kameradschaftsbund in Bayern 1982. 52 S.   Bc 2942

Hörter, K.; Hensel, M.: Chronik des Truppenübungsplatzes [und] der Garnison Heuberg bei Stetten am Kalten Markt. Gesch. d. Garnisonsorts Stetten am Kalten Markt u. s. Umbegung. 1. Tübingen 1980: Metz. 216 S.   B 43797

Laszka, D. -A.: Die Artillerie der Garnison Verden. Unter bes. Berücksichtigung. 10. Feldartilleriebrigade. Dörverden: Selbstverl. 1980. 43, 9 S.   Bc 2619

Lex, K. -D.; Viebrock, C. -C.: Dein Standort Lüneburg. 6. Aufl. Koblenz, Bonn: Mönch 1981. 56 S.   Bc 2312

Tag der offenen Tür: Merzig. 25 Jahre Kaserne "Auf der Ell". 15. 8. 1981. Informationsschrift... 2. Aufl. Verantw.: Oberstlt. Harff. Koblenz, Bonn: Mönch 1981. 48 S.   Bc 2315

f. 1.40 Militärwesen

Bald, D.: Der deutsche Offizier. Sozial- und Bildungsgeschichte des deutschen Offizierskorps im 20. Jahrhundert. München: Bernard u. Graefe 1982. 168 S. B 46252

Dostal, A.W.T.; Hesselbarth, A.: Tradition in der Bundeswehr - eine empirische Untersuchung durch Betroffene. In: Deutsche Studien. Jg. 20, 1982. H. 77. S. 52-73. BZ 4535:20

Driftmann, H.H.: Grundzüge des militärischen Erziehungs- und Bildungswesen in der Zeit 1871-1939. Regensburg: Walhalla u. Praetoria-Verl. 1980. XI, 263 S. Bc 2287

Civic Education in the military. The German case. [By] R. Zoll, G.-M. Meyer. [Engl. Text.] Munich: Sozialwissenschaftliches Institut der Bundeswehr 1982. 135 S. B 2963

Göricke, H.-O.: Ausbildung und Erziehung in der Bundeswehr. In: Ulrich de Maizière. Stationen eines Soldatenlebens. 1982. S. 77-106. B 45627

Juul-Heider, E.: Officerskorpsets traditionsgrundlag og haerens forhold til Weimarrepubliken i Tyskland 1918-1933. In: Militaert tidsskrift. Årg. 111, 1982. Marts-H. S. 93-106. BZ 4385:111

Kern, L.; Kruse, H.; Petrelli, S.: Die Argumentationsmuster in den Auffassungen gesellschaftlich relevanter Gruppen zur Traditionspflege in der Bundeswehr. München: Sozialwiss. Institut der Bundeswehr 1981. 84 S. Bc 2436

Kruse, H.; Bald, D.: Der lebenskundliche Unterricht in der Bundeswehr. München: Sozialwiss. Institut d. Bundeswehr 1981. II, 123 S. Bc 2699

Seidler, F.W.: Das Militär in der Karikatur. München: Bernard u. Graefe 1982. 184 S. 08724

Toeche-Mittler, J.: Musikmeister Ahlers. Ein Zeitbild unserer Militärmusik. 1901-1945. Stuttgart: Spemann 1981. 145 S. B 45206

Tradition als Last? Legitimationsprobleme der Bundeswehr. Hrsg.: K.-M. Kodalle. Köln: Verl. Wiss. u. Politik 1981. 210 S. B 44570

Zimmermann, P.: Die Hochschulen der Bundeswehr. Ein Reformmodell in der Bewährung. In: Aus Politik und Zeitgeschichte. 1982. B 16. S. 17-42. BZ 05159:1982

Soltau, H.: Volksbund Deutsche Kriegsgräberfürsorge. Sein Werden und Wirken. 2. Aufl. Kassel: Volksbund Dt. Kriegsgräberfürsorge 1981. 29 S. Bc 2520

Timm, W.: Kyffhäuserkameradschaft Unna-Colonie. Werden und Weg eines Soldatenverbandes durch ein Jahrhundert. 1880-1980. Unna: Kyffhäuserkameradschaft 1980. 72 S. Bc 2060

30 Jahre Kreisverband Wiesbaden. Verband der Heimkehrer... Bild-Dokumentation. Red.: K. Ackermann [u. a.]. Wiesbaden: Verband der Heimkehrer 1981. 76 S. Bc 0634

Militaria

A n g o l i a , J. R.: On the Field of honour. A history of the Knight's
Cross bearers. Vol. 1. San Jose: Bender 1979. 287 S.   B 45758
J a u s , O.: Österreicher als Ritterkreuzträger. In: Österreichischer
Soldatenkalender 1982. S. 45-59.   F 1035:1982
K l i e t m a n n , K.-G.: Auszeichnungen des Deutschen Reiches 1936-
1945. Ein Dokument ziviler und militärischer Verdienst- u. Ehren-
zeichen. Stuttgart: Motorbuch Verl. 1981. 238 S.   B 44042
K n o e t e l , H.: Univormkunde. Das deutsche Heer. Friedensunifor-
men bei Ausbruch des Weltkrieges. 2. Aufl., völlig überarb. u. erw.
v. F. Herrmann. Bd 1.-3. Stuttgart: Spemann 1982.
Getr. Pag.   B 46160
M a i , H.: Elemente preussischer und deutscher Uniformierung in
der Dienstbekleidung des Heeres und der Luftwaffe der Bundeswehr.
T. 1. 2. In: Deutsches Soldatenjahrbuch. Jg. 29, 1981. S. 295-299;
30, 1982. S. 306-311.   F 145:29
R o t t e , H.: Die Ritter des Königlich Preussischen Hausordens von
Hohenzollern mit Schwertern der Kaiserlichen Marine im Ersten
Weltkrieg. In: Deutsches Soldatenjahrbuch. Jg. 29, 1981. S. 339-342;
30, 1982. S. 342-345.   F 145:29

f. 1.42 Wehrrecht

B r a n d t , J.: Zur Wehrverfassung. In: Ulrich de Maizière. Statio-
nen eines Soldatenlebens. 1982. S. 19-31.   B 45627
G r o s s m a n n , G.: Bundeswehrsicherheitsrecht. System. Darst. u.
Kommentar zum Gesetz über d. Anwendung unmittelbaren Zwanges
u. d. Ausübung bes. Befugnisse durch Soldaten d. Bundeswehr. u.
zivile Wachpersonen. Köln: Heymanns 1981. XXVI, 435 S.   B 44447
H i n z , H.: Die gerichtliche Kontrolle der militärischen Disziplin in
der Bundesrepublik Deutschland und der DDR. In: Beiträge zur
Konfliktforschung. Jg. 12, 1982. Nr. 1. S. 117-134.   BZ 4594:12
M e s s e r s c h m i d t , M.: Deutsche Militärgerichtsbarkeit im Zwei-
ten Weltkrieg. Aus: Die Freiheit des Anderen. Baden-Baden 1980.
S. 111-142.   Bc 2703
P r e u s c h o f f , K.-J.: Soziale Kontrolle und abweichendes Verhalten
in militärischen Einheiten, dargest. a. Beispiel d. eigenmächtigen
Abwesenheit. Bonn: Bundesminst. d. Verteidigung 1980.
176 S.   Bc 2721
P u z i c h a , K.; M e i s s n e r , A.: ... Unter die Soldaten? Junge
Männer zwischen Bundeswehr und Wehrdienstverweigerung.
Opladen: Leske & Budrich 1981. 215 S.   B 44109

D a u m , U.: Grundsatzurteile zur Kriegsdienstverweigerung.
2. völlig neubearb. Aufl. Olching: Bauer 1981. 208 S.   B 46414
Ich bin kein Kanonenfutter. Hamburg: Aktion gegen

Kriegsvorbereitung und Krieg 1982. 23 S.   D 02385
Kriegsdienstverweigerung. Informationen zum Verfahren des KDV-
Antragstellung, Begründung, Gewissensprüfung, Fragenkatalog
und Adressen. Neuaufl. München: Selbstorganisation d. Zivil-
dienstleistenden 1981. 52 S.   D 2431
K r u m m a c h e r , J.; H e f e r m e h l , H.: Ratgeber für Kriegsdienst-
verweigerer. Praktische Hilfe... und fünf Liedern v. G. Schinkel.
2. Aufl. Stuttgart: Radius-Verl. 1981. 128 S.   Bc 2930
Die Realisierung eines Grundrechts. Zur Neuregelung d. Anerken-
nungsverfahrens für Kriegsdienstverweigerer u. zur Neugestaltung
d. Zivildienstes. Klausurtagung am 23. u. 24. März 1981. Rehburg-
Loccum: Evang. Akademie 1981. 95 S.   D 02426
T h o m a s , T.; H a e b e r l e i n , H.: Die neue KDV-Gesetzesregelung.
Eine Argumentationshilfe zur Diskussion. Essen: Deutsche Frie-
densgesellschaft 1982. 19 S.   D 2405
"Trotz alledem!" Dokumentation einer Totalverweigerung - Zivil -
dienstverweigerung. Hrsg.: N. Heitkamp. Münster: SZD-Verl.
1981. 151 S.   Bc 2187
Wehrdienst leisten? Kriegsdienst verweigern? Eine Materialmappe.
2. Aufl. Münster: Pax Christi 1980. Getr. Pag.   D 02353
Wenn Christen den Kriegsdienst verweigern. Bremen: Evang. Ar-
beitsgemeinsch. z. Betreuung d. Kriegsdienstverweigerer 1981.
114 S.   D 2422
W i l l e k e , B.: Prozesserklärung. Hannover: War Resister Inter-
nationale 1982. 31 S.   D 2457

Zivildienst

D o e r i g , H.: Gewissensfreiheit und Diskriminierungsverbot als
Grenzen einer Neugestaltung des Zivildienstes nach Art. 12a Abs. 2
GG. Eine verfassungsrechtliche u. rechtsvergleichende Unter-
suchung. Baden-Baden: Nomos-Verlagsges. 1981. 208 S.   B 44989
Lebenslänglich für den Kanzler? Bremen: Selbstorganisation d.
Zivildienstleistenden 1982. 52 S.   D 2419
O r t n e r , W.: Zur Tätigkeit von Zivildienstleistenden im Behinderten-
bereich. Voraussetzungen, Realisierungen, Folgen. Dortmund:
Selbstverl. 1981. 172 S.   08593
Zivildienst in Kirche und Diakonie. Ersatzdienst oder sozialer
Friedensdienst. Frankfurt: Diakonisches Werk in Hessen und
Nassau 1982. 56 S.   D 2421

f. 2 Kriegsmarine

B e a v e r , P. : German destroyers and escorts. Cambridge:
Stephens 1981. 94 S. Bc 2344

B r a c k e , G. : Die Einzelkämpfer der Kriegsmarine. Einmann-
torpedo- und Sprengbootfahrer im Einsatz. Stuttgart: Motorbuch
Verl. 1981. 310 S. B 45250

Dein Standort Eckernförde. Informationen f. Gäste u. Soldaten. 5. Aufl.
Koblenz: Mönch 1982. 64 S. Bc 2821

E l f r a t h , U. : Deutsche Zerstörer. 1934-1945. Entwicklung, Ein-
sätze, Verbleib. Eine Dokumentation in Bildern. Friedberg:
Podzun-Pallas 1981. 153 S. B 45354

F l u m e , W. : Minenlegen und Minenabwehr. Die Flotille der Minen-
streitkräfte. In: Wehrtechnik. 1982. Nr. 7. S. 33-45. BZ 05258:1982

F l u m e , W. ; R o h w e r , J. : U-Bootbau in Deutschland. In: Marine-
Rundschau. Jg. 79, 1982. H. 9. S. 474-484. BZ 05138:79

F r i c k e , D. : Deutscher Flottenverein und Regierung 1900-1906.
In: Zeitschrift für Geschichtswissenschaft. Jg. 30, 1982. H. 2.
S. 141-157. BZ 4510:30

J u n g , D. ; M a a s s , M. ; W e n z e l , B. : Tanker und Versorger der
deutschen Flotte. 1900-1980. Stuttgart: Motorbuch Verl. 1981.
632 S. B 44385

K o o p , G. ; G a l l e , K. ; K l e i n , F. : Von der Kaiserlichen Werft
zum Marinearsenal. Wilhelmshaven als Zentrum der Marinetechnik
seit 1870. München: Bernard & Graefe 1982. 216 S. 08721

L a m p e , J. : Das Flottengesetz von 1900 und der Kampf der revolu-
tionären deutschen Sozialdemokratie gegen das maritime Wett-
rüsten. In: Militärgeschichte. Jg. 20, 1981. Nr. 4.
S. 441-450. BZ 4527:20

25 Jahre Marinearsenal. 1957-1982. Verantw. v. d. Inhalt: H. Eggert.
Koblenz, Bonn: Mönch 1982. 72 S. Bc 2964

25 Jahre Marinefliegerdivision. Verantw. : K. D. Fischer. 2. Aufl.
Koblenz, Bonn: Mönch 1981. 80 S. Bc 2916

Menschenführung in der Marine. Herford, Bonn: Mittler 1981.
123 S. Bc 2095

Das U-Boot-Ehrenmal Möltenort. Kiel: U-Boot-Kameradschaft 1981.
72 S. Bc 2275

P r a t e r , H. -J. : Minenräumtechnik im Umbruch. TROIKA, der Weg
zu sicherer und kosteneffektiverer Minenabwehr. In: Nauticus.
Jg. 35, 1982. S. 165-181. BZ 4373:13

S t j e r n a , L. : Utvecklingen av ubåtsvapen och ubåtskrigföring i
Tyskland 1935-1939. In: Militärhistorisk tidskrift. Årg 1981.
S. 39-84. BZC 2:1981

V o ß b e r g , J. : Unterstützung für die Flotte: Auftrag, Organisation u.
Aufgaben des Marineunterstützungskommandos. In: Jahrbuch
der Marine. 1981. Nr. 15. S. 76-84. BZ 05110:15

W e i g e l , D. : Fregatte Bremen. Typschiff einer neuen dt. Fregat-
tenklasse. In: Jahrbuch d. Marine. 1981. Nr. 15. S. 50-64. BZ 05110:15

f. 3 Luftwaffe

Christy, J.: World war 2: Luftwaffe Combat Planes and aces.
Blue Ridge Summit: TAB Books 1981. 144 S.   B 44294
Cooper, M.: The German Air Force. 1933-1945. An anatomy of
failure. London: Jane 1981. V, 406 S.   B 44963
Jagdbombengeschwader 34. (Memmingen.) Informationsschr. f. Gäste
u. Soldaten. 4. Aufl. Verantw.: Major Ackermann. Koblenz,
Bonn: Mönch 1981. 80 S.   Bc 2313
Murray, W.: The Luftwaffe before the Second World War. A mission, a strategy? In: The journal of strategic studies. Vol. 4, 1981.
No. 3. S. 261-270.   BZ 4669:4
Nauroth, H.: Die deutsche Luftwaffe vom Nordkap bis Tobruk,
1939-1945. 500 Bilder vom Einsatz und Ende der Luftwaffe.
Friedberg: Podzun-Pallas 1981. 234 S.   B 45352
Nicolaisen, H.-D.: Die Flakhelfer. Luftwaffenhelfer und Marinehelfer im Zweiten Weltkrieg. Berlin: Ullstein 1981. 304 S.   B 43895
Nowarra, H. J.: Fernaufklärer. 1915-1945. Entstehung, Entwicklung, Einsatz. Stuttgart: Motorbuch Verl. 1982. 207 S.   08731
Nowarra, H. J.: Nahaufklärer 1910-1945. Stuttgart: Motorbuch
Verl. 1981. 198 S.   B 44037
Nowarra, H. J.: Fremde Vögel unterm Balkenkreuz. Friedberg:
Podzun-Pallas 1981. 48 S.   Bc 0679
Philpott, B.: The Encyclopedia of German military aircraft.
London: Arms and Armour Pr. 1980. 192 S.   08641
Price, A.: The Luftwaffe 1933-1945. Vol. 1.2. London: Arms and
Armour Press 1981. 68, 68 S.   Bc 0691
Thomer, E.: Planungen, Aufstellungen, Verbände... 25 Jahre
deutsche Luftwaffe. In: Jahrbuch der Luftwaffe. Jg. 14, 1981.
S. 86-93.   F 0107:14
Wakefield, K.: The first Pathfinders. The operational history of
Kampfgruppe 100. 1939-1941. London: Kimber 1981. 256 S.   B 45379

f. 4 Zivilverteidigung/Bevölkerungsschutz

ABC der Zivilverteidigung. 3. überarb. u. erw. Aufl. v. H. Schlesinger
[u. a.].Hrsg.: H. Kirchner, H. G. Merk. Mannheim: Südwestdt.
Verl. Anst. 1982. 176 S.   Bc 2947
Besslich, W.: Sicherstellung der Vorsorgung - Rechtsgrundlagen.
2. wesentl. erw. Aufl. Mannheim: Südwestdt. Verlagsanst. 1981.
Getr. Pag.   B 44702
Raven, W. von: Löcher im Schirm der Sicherheit. Bemerkungen
zum Zivilschutz. In: Heere international. Nr. 1. 1981.
S. 74-84.   BZ 4754:1
Tiefffluglärm und was damit zusammenhängt. Denkanstöße d. Bürgerinitiative gegen Tiefffluglärm. Biebelheim 1980.
37 S.   D 2427

g. Wirtschaft

g. 1 Volkswirtschaft

bis 1945

Baudis, D.; Nussbaum, H.: Wirtschaft und Staat in Deutschland vom Ende des 19. Jahrhunderts bis 1918/19. Vaduz: Topos Verl. 1978. XIII, 426 S. B 43883:1

Borchardt, K.: Zwangslagen und Handlungsspielräume in der großen Wirtschaftskrise der frühen dreißiger Jahre. In: Die Weimarer Republik. 1980. S. 318-339. B 43735

Herbst, L.: Die Mobilmachung der Wirtschaft 1938/39 als Problem des nationalsozialistischen Herrschaftssystem. In: Sommer 1939. 1979. S. 62-106. B 43899

Holtfrerich, C.-L.: Amerikanischer Kapitalexport und Wiederaufbau der deutschen Wirtschaft 1919-1923 im Vergleich zu 1924-1929. In: Die Weimarer Republik. 1980. S. 131-157. B 43735

John, J.: Verbandspolitik und Rechtsentwicklung 1922-1926. Zur polit. Rolle d. Spitzenverbände des dt. Monopolkapitals in der Weimarer Republik. In: Jahrbuch für Geschichte. Bd 24, 1981.
S. 127-173. BZ 4421:24

Koellner, L.; Kutz, M.: Wirtschaft und Gesellschaft in beiden Weltkriegen. Berichte u. Bibliographien. München: Sozialwiss. Inst. d. Bundeswehr 1980. 303 S. B 44636

Petzold, J.: Großgrundbesitzer - Bauern- NSDAP. In: Zeitschrift für Geschichtswissenschaft. Jg. 29, 1982. H. 12.
S. 1128-1139. BZ 4510:29

Schmelzkopf, R.: Die deutsche Handelsschiffahrt 1914-1919. Schiffsregister aller Prisen-, Embargo- u. Beuteschiffe von über 500 BRT. München: Schmidt 1981. 53 S. Bc 2178

Zumpe, L.: Wirtschaft und Staat in Deutschland 1933-1945. Vaduz: Topos Verl. 1980. VII, 552 S. B 43883:3

nach 1945

Dyson, K. H. F.: The politics of economic management in West Germany. In: West European politics. Vol. 4, 1981. No. 2.
S. 35-55. BZ 4668:4

Leinemann, J.: Die deutsche Depression. 1-3. In: Der Spiegel. Jg. 36, 1982. Nr. 3. -5. Getr. Pag. BZ 05140:36

Leineweber, B.: Pflugschrift. Über Politik und Alltag in Landkommunen u. anderen Alternativen. Frankfurt: Verl. Neue Kritik 1981. 207 S. B 45311

Schmidt, M.: Die BRD in Ökonomie und Politik des gegenwärtigen Kapitalismus. In: IPW-Berichte. 1981. H. 12. S. 1-13. BZ 05326:10

Simon, K.: Entwicklungspolitische Strategien von Regierung und Parteien in der Bundesrepublik Deutschland. In: Aus Politik und Zeitgeschichte. 1982. B 34. S. 3-17. BZ 05159:1982
Skibiński, J.: Gospodarcza Integracja Europy Zachodniej w polityce RFN. [Die wirtschaftliche Integration Westeuropas in der Politik der Bundesrepublik Deutschland.] Warzawa: Państw. Wyd. Nauk. 1980. 377 S. B 41519
Story, J.: The Federal Republic - a conservative revisionist. In: West European politics. Vol. 4, 1981. No. 2. S. 56-86. BZ 4668:4

g. 3 Industrie

Bossel, H.: Umrisse der zukünftigen Energieversorgung der Bundesrepublik. In: Blätter für deutsche und internationale Politik. Jg. 27, 1982. H. 4. S. 491-499; H. 5. S. 605-617. BZ 4551:27
Hampe, P.: Energiepolitik in der Bundesrepublik Deutschland. In: Aus Politik und Zeitgeschichte. 1982. B 35. S. 3-18. BZ 05159:1982
Imbusch, H.: Arbeitsverhältnis und Arbeiterorganisationen im deutschen Bergbau. Eine geschichtliche Darstellung. Nachdr. d. Ausg. 1908. Berlin: Dietz Nachf. 1980. XXXVIII, XVI, 720 S. B 43478
Ohlsen, M.: Milliarden für den Geier oder Der Fall des Friedrich Flick. 2. Aufl. Berlin: Verl. d. Nation 1981. 446 S. B 44381
Schaaf, P.: Ruhrbergbau und Sozialdemokratie. Die Energiepolitik der Großen Koalition 1966-1969. Marburg: Verl. Arbeiterbewegung u. Gesellschaftswissenschaft 1978. 474 S. B 44592
Kohlekraftwerk Weitefeld-Elkenroth. Für wenige ein Gewinn - für alle ein Verlust! Eine Dokumentation. Altenkirchen: Die Grünen 1981. 14 S. D 02363

Rüstungsindustrie

Blaich, F.: Wirtschaft und Rüstung in Deutschland 1933-1939. In: Sommer 1939. 1979. S. 33-61. B 43899
Ehrenberg, E.: Der deutsche Rüstungsexport. Beurteilung und Perspektiven. München: Bernard u. Graefe 1981. 126 S. Bc 2040
Für den Frieden produzieren. Alternativen zur Kriegsproduktion in der Bundesrepublik. Hrsg.: J. Huffschmid. Köln: Pahl-Rugenstein 1981. 161 S. B 44912
Gottschalk, A.; Eihsen, M.: Rüstung und militärisch-industrieller Komplex im staatsmonopolistischen Kapitalismus der BRD. In: Marxistische Studien. 1981. Nr. 4. S. 63-82. BZ 4691:1981
Daimlers Rüstung für Südafrika. Eine Dokumentation. 2. Aufl. Stuttgart: Lokalgr. Stuttgart d. Anti-Apartheid-Bewegung 1982. 61 S. D 2517
Rüstungs- oder Sozialstaat? Zur wirtschaftlichen und sozialen Notwendigkeit von Abrüstung in der Bundesrepublik. Ein Handbuch. Köln: Pahl-Rugenstein 1981. 286 S. B 43793

Kernenergie

Bohlinger, R.: Artikel 9 II Grundgesetz und die Errichtung eines
  Plutoniumstaates. Wobbenbüll: Verl.f.biolog. Sicherheit 1980.
  Getr. Pag. Bc 2126
Gewaltfrei widerstehen. Brokdorf-Protokolle gegen Schlagstöcke und
  Steine. Hrsg.: U.Kleinert. Reinbek: Rowohlt 1981. 189 S. B 44024
Karweina, G.: Der Megawattclan. Hamburg: Gruner u.Jahr 1981.
  287 S. B 44405
Kretschmann, B.: Gorleben. Eine Fotodokumentation über die
  Republik "Freies Wendland". Frankfurt: Selbstverl. 1980.
  28 Bl. Abb. Bc 2367
Zint, G.: Gegen den Atomstaat. 300 Fotodokumente. Erw. Ausg.
  Stand: Ende März 1981. 12. Aufl. Frankfurt: Zweitausendeins 1981.
  524 S. B 44085

g. 4 Handel

Bourgeois, D.: Les relations économiques germano-suisses
  1939-1945. In: Revue d'histoire de la deuxième guerre mondiale.
  Année 31,1981. No.121. S.49-61. BZ 4455:31
Bryl-Warewicz, E.: Stosunki ekonomiczne RFN z krajami socja-
  listycznymi. [Die Wirtschaftsbeziehungen der BRD zu den soziali-
  stischen Ländern.] In: Sprawy Międzynarodowe. Rok 34,1982.
  Zeszyt 10. S.37-56. BZ 4497:34
Lambrecht, H.: Der Innerdeutsche Handel. Ein Güteraustausch im
  Spannungsfeld von Politik und Wirtschaft. In: Aus Politik und
  Zeitgeschichte. 1982. B 40. S.3-17. BZ 05159:1982
Maull, H.W.: Das Erdgas-Röhrengeschäft mit der Sowjetunion:
  Gefahr für die wirtschaftliche Sicherheit? In: Europa-Archiv.
  Jg. 36,1981. Folge 24. S.745-754. BZ 4452:36
Seidelmann, R.: Die sowjetischen Energieimporte in die Bundes
  republik Deutschland. In: Beiträge zur Konfliktforschung.
  Jg.12,1982. Nr.1. S.27-66. BZ 4594:12

g. 6 Finanz- und Geldwesen

Hofmann, W.: Kriegsgewinnverschleierung bei Aktiengesellschaf-
  ten. Zu ihrer Technik und Politik. [Nachdruck d. Ausg. Berlin
  1920.] Frankfurt; Tokyo: Keip-Yushodo 1980. 92 S. Bc 2420
Lüke, R.E.: 13.Juli 1931. Das Geheimnis der deutschen Bankkrise.
  Frankfurt: Knapp 1981. 200 S. B 44298
Stuhlpfarrer, K.: Der deutsche Plan einer Währungsunion mit
  Österreich. In: Anschluß 1938. 1981. S.271-294. B 43848
Die Wiederherstellung des deutschen Kredits. D. Londoner Schulden-
  abkommen.(1952.) Stuttgart, Zürich: Belser 1982. 115 S. Bc 2949

h. Gesellschaft

h. 0 Sozialwissenschaft

Bade, K. J.: Arbeitsmarkt, Bevölkerung und Wanderung in der Weimarer Republik. In: Die Weimarer Republik. 1980. S. 160-187.   B 43735

Baumann, W.: Die im Schatten leben. Armut und Lohnabhängigkeit in der Bundesrepublik. Köln: Pahl-Rugenstein 1981. 185 S.   B 45455

Canis, K.: Kontinuität und Diskontinuität im junkerlich-bourgeoisen Klassenkompromiß 1890-1897. In: Zeitschrift für Geschichtswissenschaft. Jg. 30, 1982. H. 1. S. 23-38.   BZ 4510:30

The Emergence of the welfare state in Britain and Germany. 1850-1950. Ed.: W. J. Mommsen. London: Croom Helm 1981. 443 S.   B 43881

Die andere deutsche Frage. Kultur und Gesellschaft der Bundesrepublik nach dreissig Jahren. Hrsg.: W. Scheel. Stuttgart: Klett-Cotta 1981. 344 S.   B 44553

Gesellschaft und Verteidigung. Aufgaben, Motivation, Hemmnisse. Bonn: Verl. Offene Worte 1978. 76 S.   Bc 248

Heute schon gelebt? Alltag und Utopie. Hrsg.: N. Kremeyer [u. a.]. Offenbach: Verl. 2000 1981. 228 S.   B 45023

Leibfried, S.; Tennstedt, F.: Berufsverbote und Sozialpolitik 1933. Die Auswirkungen der nationalsozialist. Machtergreifung auf die Krankenkassenverwaltung und die Kassenärzte. 3. Aufl. Bremen: Univers. Bremen 1981. 325 S.   B 45349

Männer und Frauen sind gleichberechtigt. Zur politischen Emanzipation der Frau in der Bundesrepublik Deutschland. München: Bayer. Landeszentrale f. polit. Bildungsarbeit 1981. 176 S.   B 46963

Maier, C.: Zwischen Taylorismus und Technokratie. Gesellschaftspolitik im Zeichen industrieller Rationalität in den zwanziger Jahren in Europa. In: Die Weimarer Republik. 1980. S. 188-213.   B 43735

Naumann, K.: "Flucht und Vertreibung". Aktuelle und historische Aspekte eines bundesdeutschen Syndroms. In: Blätter für deutsche und internationale Politik. Jg. 26, 1981. H. 8. S. 981-995.   BZ 4551:26

Renn, O.: Die sanfte Revolution. Zukunft ohne Zwang. Essen: Girardet 1980. XV, 192 S.   Bc 2273

Stuemke, H.-G.; Finkler, R.: Rosa Winkel, rosa Listen. Homosexuelle und "Gesundes Volksempfinden" von Auschwitz bis heute. Reinbek: Rowohlt Verl. 1981. 512 S.   B 45301

Weise, F.-J.: Dienstzeitende. Was ist zu tun? Langen: Pahl und Ardelt 1981. 94 S.   Bc 2946

Die Zukunft des deutschen Volkes aus biologischer und politischer Sicht. Referate... Kongress der Gesellschaft für Freie Publizistik. ... 29.-31. 8. 1980... Coburg: Nation Europa Verl. 1980. 130 S.   Bc 2246

h. 1 Bevölkerung und Familie

Frauenfrage

Geschichte

Arendt, H.-J.: Grundzüge der Frauenpolitik des faschistischen deutschen Imperialismus 1933-1939. In: Jahrbuch für Geschichte. Bd 24, 1981. S. 313-349. BZ 4421:24

Der alltägliche Faschismus. Frauen im Dritten Reich. Berlin: Dietz 1981. 221 S. B 43794

Katalog. - Frauenalltag und Frauenbewegung 1890-1980. Historisches Museum Frankfurt. Basel: Stroemfeld/Roter Stern 1981. 08578

Frauenbewegung und Häuserkampf - unversöhnlich? 2. Aufl. Berlin: Verein für Frauenkommunikation Moabit 1982. 51 S. D 2374

Für eine demokratische Frauenpolitik. Grundsätze und Forderungen d. DKP. Überarb. Fassung-Entwurf. Düsseldorf: Plambeck 1982. 27 S. Bc 3085

Frevert, U.: Traditionelle Weiblichkeit und moderne Interessenorganisation. Frauen im Angestelltenberuf 1918-1933. In: Geschichte u. Gesellschaft. Jg. 7, 1981. H. 3/4. S. 507-533. BZ 4636:7

Greven-Aschoff, B.: Die bürgerliche Frauenbewegung in Deutschland 1894-1933. Göttingen: Vandenhoeck u. Ruprecht 1981. 313 S. B 44543

Hall, J.: West Germany. In: The politics of the second electorate. 1981. S. 153-181. B 44630

Heim, C.: Josefa Halbinger. Jahrgang 1900. Lebensgeschichte eines Münchner Arbeiterkindes, nach Tonbandaufzeichnungen zsgest. u. niedergeschr. 2. Aufl. München: Obalski u. Astor 1981. 135 S. B 44533

Richebacher, S.: Uns fehlt nur eine Kleinigkeit. Deutsche proletarische Frauenbewegung 1890-1914. Frankfurt: Fischer 1982. 325 S. B 46215

Schwarzer, A.: 10 Jahre Frauenbewegung. So fing es an! Köln: Emma-Frauenverl. 1981. 252 S. B 45025

Shaffer, H. G. Women in the two Germanies. New York: Pergamon Pr. 1981. XVI, 235 S. B 45243

Sind das noch Damen! Vom gelehrten Frauenzimmer-Journal zum feministischen Journalismus. Hrsg.: R.-E. Geiger u. S. Weigel. München: Frauenbuchverl. 1981. 239 S. B 44562

Stephenson, J.: Nationalsozialistischer Dienstgedanke, bürgerliche Frauen und Frauenorganisationen im Dritten Reich. In: Geschichte und Gesellschaft. Jg. 7, 1981. H. 3/4. S. 555-571. BZ 4636:7

Wellner, G.: Industriearbeiterinnen in der Weimarer Republik. Arbeitsmarkt, Arbeit und Privatleben 1919-1933. In: Geschichte und Gesellschaft. Jg. 7, 1981. H. 3/4. S. 534-554. BZ 4636:7

Wohin geht die Frauenbewegung? 22 Protokolle, aufgezeichnet v. G. Gassen. Frankfurt: Fischer 1981. 246 S. B 44467

Probleme

Bohnert, I.: Kein gleiches Recht auf Unrecht. Informationen und Aktionen zu "Frauen und Militarismus". Karlsruhe: Dt. Friedensgesellschaft 1982. 51 S.   D 02401

Dertinger, A.: Weiber und Gendarmen. Vom Kampf staatsgefährdender Frauenspersonen um ihr Recht auf politische Arbeit. Köln: Bund-Verl. 1981. 192 S.   B 43894

Diederich, E.: "...und eines Tages merkte ich, ich war nicht mehr ich selber, ich war ja mein Mann!" Eine polit. Autobiographie. Offenbach: Verl. 2000 1981. 140 S.   Bc 2587

Dokumentation. Seminar: Frauen und Militarismus. Saarbrücken: AStA-Frauenreferat 1981. 96 S.   D 02456

Flessner, H.; Knake-Werner, H.: Sich einmischen, seine Identität finden, gemeinsam kämpfen. In: Marxistische Studien. Nr. 5, 1982. S. 170-188.   BZ 4691:5

Frankenthal, K.: Der dreifache Fluch: Jüdin, Intellektuelle, Sozialistin. Frankfurt: Campus-Verl. 1981. 320 S.   B 43893

Frauen für Frieden. Altenkirchen: Die Grünen, Arbeitskreis Frieden 1982. 12 ungez. Bl.   D 2353

Frauen gegen Krieg und Militarismus. 2., veränd. Aufl. Simtshausen: Frauen-Gruppe der "Anstiftung zum Frieden" 1982. 22 S.   D 2361

Seminar: Frauen und Militarismus. Seminarmappe. Saarbrücken 1981. 136 S.   D 2412

Friauf, K. H.: Gleichberechtigung der Frau als Verfassungsauftrag. Rechtsgutachten... Stuttgart: Kohlhammer 1981. 34 S. Bc 2422

Hahn, O.: Die Heranziehung von Frauen zum Militärdienst als ökonomisches Problem. Erlangen-Nürnberg: Friedrich-Alexander-Universität 1981. 40 Bl.   Bc 0849

Laudowicz, E.: Frauen und Friedensbewegung. Überlegungen zur aktuellen Diskussion. In: Blätter für deutsche und internationale Politik. Jg. 27, 1982. H. 1. S. 74-89.   BZ 4557:27

Marcks, M.: Roll doch das Ding, Blödmann! München: Frauenbuchverl. 1981. 100 S.   B 43630

Patriarchat oder Klassengesellschaft? Thesen zur Frauenbefreiung. In: Sozialismus. 1981. H. 4. S. 57-71.   BZ 05393:1981

Pein, M.: Was sollen Frauen wählen? Zur Wahlkampagne der Frauenzeitung "Emma". Hamburg: Borsum 1980. 18 S.   Bc 0493

Pross, H.: Von der Rechtsgleichheit zur Gleichberechtigung. In: Aus Politik und Zeitgeschichte. 1982. B 45. S. 14-25. BZ 05159:1981

Puhle, H.-J.: Warum gibt es so wenige Historikerinnen? Zur Situation der Frauen in der Geschichtswissenschaft. In: Geschichte und Gesellschaft. Jg. 7, 1981. H. 3/4. S. 364-393.   BZ 4636:7

Warnat, B.: Gleichberechtigung von Männern und Frauen. Ist der Staat am Zuge? In: Aus Politik und Zeitgeschichte. 1981. B 45. S. 3-13.   BZ 05159:1981

Weil ich das Leben liebe. Persönliches u. Politisches aus dem Leben engagierter Frauen. Hrsg.: E. Laudowicz; D. Pollmann.

Köln: Pahl-Rugenstein 1981. 207 S. B 44656
Wiggershaus, R.: Feministische Positionen. In: Aus Politik und
Zeitgeschichte. 1981. B 45. S. 27-38. BZ 05159:1981

Jugendfrage
Bacia, J.; Scherer, K.-J.: Passt bloss auf! Was will die neue
Jugendbewegung? Mit einem Kommentar v. W. Brandt. Berlin:
Olle u. Wolter 1981. 159 S. Bc 2655
Barth, P.: Jugend und Bundeswehr. In: Aus Politik und Zeitge-
schichte. 1982. B 16. S. 43-53. BZ 05159:1982
Frackmann, M.; Kuhls, H.; Luehn, K.-D.: Null Bock oder
Mut zur Zukunft? Jugendliche in der Bundesrepublik.
Hamburg: VSA-Verl. 1981. 159 S. B 44920
Gay, P.: Hunger nach Ganzheit. In: Die Weimarer Republik. 1980.
S. 224-236. B 43735
Giesecke, H.: Vom Wandervogel bis zur Hitlerjugend. Jugend-
arbeit zwischen Politik und Pädagogik. München: Juventa Verl. 1981.
232 S. B 45215
Jugend und Staat im Widerstreit. Vorträge auf d. Arbeitstagung am
1.12.1979 in Heilbronn. Heidelberg, Karlsruhe: Müller 1980.
52 S. Bc 2047
Lessing, H.; Liebel, M.: Wilde Cliquen. Szenen einer anderen
Arbeiterjugendbewegung. Bensheim: Päd. Extra Buchverl. 1981.
164 S. B 43551
Lorig, W.: Aussteigermentalität und politische Apathie Jugend-
licher. In: Aus Politik und Zeitgeschichte. 1982. B 32/33.
S. 41-54. BZ 05159:1982
Die Lust am Aufruhr. Dokumente u. Analysen aus d. neuen Jugend-
bewegung. Birkenfeld: Living Guerilla Verl. 1981. 36 S. D 2336
Schmid, G.: Zur Soziologie der Friedensbewegung und des Jugend-
protestes. In: Aus Politik und Zeitgeschichte. 1982. B 24.
S. 15-30. BZ 05159:1982
Schütte, J.: Revolte und Verweigerung. Zur Politik u. Sozialpsy-
chologie d. Spontibewegung. Giessen: Focus-Verl. 1980.
160, XXX S. Bc 2260
Stachura, P.D.: The German Youth Movement 1900-1945.
An interpretative and documentary history. London:
Macmillan 1981. X, 246 S. B 43956
Stolze, S.: Innenansicht. Eine bürgerliche Kindheit, 1938-1945.
Vorw.: S. Haffner. Berlin: Suhrkamp 1981. 183 S. Bc 2462

Bernhard, O.; Görgmaier, D.: Hausbesetzungen. Symptom
einer Fehlentwicklung u. Medium d. Gesellschaftskritik. In: Poli-
tische Studien. Jg. 32, 1981. H. 260. S. 581-593. BZ 4514:32
Hausbesetzer. Wofür sie leben, wie sie leben und wie sie leben
wollen. Hrsg.: S. Aust u. S. Rosenbladt. Hamburg:
Hoffmann u. Campe 1981. 253 S. B 44411

h. 2 Stand und Arbeit

Arbeiterbewegung

Die Arbeiterbewegung und der Wandel gesellschaftlichen Bewusstseins und Verhaltens. Diskussionspapier. Bonn: SPD 1982.
54 S. Bc 2767
Baroth, H. D.: Gebeutelt aber nicht gebeugt. Erlebte Geschichte. Köln: Bund-Verl. 1981. 112 S. Bc 2094
Berichte über die Verhandlungen der Vereinstage deutscher Arbeitervereine 1863 bis 1869. Nachdr. Hrsg.: D. Dowe. Berlin: Dietz 1980. LI, 188, XI S. B 43476
Flohr, B.: Arbeiter nach Maß. Die Disziplinierung der Fabrikarbeiterschaft während der Industrialisierung Deutschlands im Spiegel von Arbeitsordnungen. Frankfurt: Campus Verl. 1981.
194 S. B 45008
Kahn-Freund, O.: Labour Law and politics in the Weimar Republic. Ed. with and introd.: R. Lewis. Oxford: Blackwell 1981.
260 S. B 44631
Kaiser, J.-C.: Arbeiterbewegung und organisierte Religionskritik. Proletar. Freidenkerverbände i. Kaiserreich u. Weimarer Republik. Stuttgart: Klett-Cotta 1981. 380 S. B 44793
Salter, S.: Class harmony or class conflict? The industrial working class and the National Socialist regime 1933-1945. In: Government party and people in Nazi Germany. 1980. S. 76-97. Bc 2345

Berendt-Haas, H.: Wir erinnern uns! Arbeitsdienst im Rheinland - Bezirk X. Wuppertal: Selbstverl. 1982. 114 S. Bc 3044
Schiöberg, E.: - Das war Suckau, ein Lager des Freiwilligen Arbeitsdienstes. Elsenfeld: Selbstverl. 1980. 74 S. Bc 0577

Gewerkschaften

bis 1945

Beier, G.: Die illegale Reichsleitung der Gewerkschaften, 1933-45. Köln: Bund-Verl. 1981. 118 S. Bc 2491
Braunthal, G.: (Socialist Labor and politics in Weimar Germany, [dt.]) Der Allgemeine Deutsche Gewerkschaftsbund. Zur Politik der Arbeiterbewegung in der Weimarer Republik. Köln: Bund-Verl. 1981. 242 S. B 44461
Deppe, F.; Rossmann, W.: Wirtschaftskrise, Faschismus, Gewerkschaften. Dok. z. Gewerkschaftspolitik 1929-1933. Köln: Pahl-Rugenstein 1981. 341 S. B 45031
90 Jahre Industriegewerkschaft 1891 bis 1981. Vom Deutschen Metallarbeiter-Verband zur Industriegewerkschaft Metall. Ein Bericht in Wort und Bild. Köln: Bund-Verl. 1981. 607 S. 08573
Kunz, A.: Stand versus Klasse. Beamtenschaft und Gewerkschaften

im Konflikt um den Personalabbau 1923/24. In: Geschichte und
Gesellschaft. Jg. 8, 1982. H. 1. S. 55-86. BZ 4636:8
Stollberg, G.: Die Rationalisierungsdebatte 1908-1933. Freie Gewerkschaften zwischen Mitwirkung und Gegenwehr. Frankfurt:
Campus Verl. 1981. 214 S. B 44100
Zollitsch, W.: Einzelgewerkschaften und Arbeitsbeschaffung. Zum
Handlungsspielraum der Arbeiterbewegung in der Spätphase der
Weimarer Republik. In: Geschichte und Gesellschaft. Jg. 8, 1982.
H. 1. S. 87-115. BZ 4636:8

nach 1945

Zwischen Anpassung und Arbeitskampf. Gewerkschaften am Scheideweg. In: Kritisches Gewerkschaftsjahrbuch. 1981/82.
S. 84-108. BZ 4682:1981/82
DGB und Wirtschaftskrise. In: Sozialismus. 1981. H. 6.
S. 10-17. BZ 05393:1981
Esser, J.; Fach, W.: Gewerkschaften als Säule im 'Modell
Deutschland'? In: Kritisches Gewerkschaftsjahrbuch. 1981/81.
S. 51-62. BZ 4682:1980/81
Fehrmann, E.; Metzner, U.: Angestellte und Gewerkschaften.
Ein historischer Abriß. Köln: Bund-Verl. 1981. 189 S. B 44457
Frieden durch Abrüstung. Gewerkschaftsbeschlüsse. München:
Bürgerinitiative für Frieden und Abrüstung 1981. 11 S. D 02368
Hoffmann, J.: Einheitsgewerkschaft oder "korporatistische Blockbildung"? In: Prokla. Jg. 11, 1981. Nr. 2. S. 6-26. BZ 4613:11
Koch, U. E.: Angriff auf ein Monopol. Gewerkschaften außerhalb
des DGB. Köln: Dt. Inst.-Verl. 1981. 456 S. B 44646
Niedenhoff, H.-U.: Noch mehr Macht dem DGB? Der Dt. Gewerkschaftsbund nach seinem 3. Grundsatzprogramm. Köln: Dt. Instituts-
Verl. 1981. 112 S. Bc 2565
Pfeifer, S.: Gewerkschaften und Kalter Krieg 1945 bis 1949. Die
Interzonenkonferenzen der deutschen Gewerkschaftsbünde, die
Entwicklung des Weltgewerkschaftsbundes u. der Ost-West-Konflikt.
Köln: Pahl-Rugenstein 1980. 400 S. B 44557
Pirker, T.: Die blinde Macht. Die Gewerkschaftsbewegung in Westdeutschland. T. 1. 2. Berlin: Olle u. Wolter 1979. 319, 338 S. B 44560
Sind die Gewerkschaften für "alle" da? In: Kritisches Gewerkschaftsjahrbuch. 1980/81. S. 62-77. BZ 4682:1980/81
Streeck, W.: Gewerkschaftliche Organisationsprobleme in der
sozialstaatlichen Demokratie. Königstein: Athenäum 1981.
XIV, 510 S. B 45217
Von der Westzone zum Kalten Krieg. Restauration und Gewerkschaftspolitik im Nachkriegsdeutschland. Hamburg: VSA-Verl.
1982. 220 S. B 46285
Wöhrle, A.: Gewerkschaften und Friedensbewegung. In: Blätter für
deutsche und internationale Politik. Jg. 26, 1981. H. 12.
S. 1446-1460. BZ 4551:26

Arbeitsprobleme

Betriebsrätegesetz vom 4. Febr. 1920 mit Wahlordnung und Protokoll der Konferenz d. Vertreter d. Verbandsvorstände vom 25. April 1919. Hrsg.: D. Dowe. Berlin: Dietz 1981. Getr. Pag.   B 45099

No Future! - es sei denn, die eigene. Vom Arbeiten in e. alternativen Betrieb. Bensheim: Pädex-Verl. 1982. 18 ungez. Bl.   D 2452

Hoffmann, R. W.: Arbeitskampf im Arbeitsalltag. Formen, Perspektiven u. gewerkschaftspolit. Probleme... Frankfurt, New York: Campus-Verl. 1981. 155 S.   Bc 2557

Kocka, J.: Die Angestellten in der deutschen Geschichte 1850-1980. Vom Privatbeamten zum angestellten Arbeitnehmer. Göttingen: Vandenhoeck u. Ruprecht 1981. 235 S.   B 43628

Macht Atomenergie Arbeitsplätze sicherer? Hamburg: Bezirksvorstand d. DKP 1981. 41 S.   D 02416

Melke, R.: Das Verhältnis von Arbeiterklasse und einem Teil der Klasse, am Beispiel der proletarischen Industrieangestellten in der BRD. In: Jahrbuch für Wirtschaftsgeschichte. 1981. T. 2. S. 201-241.   BZ 4414:1981

Mitbestimmung. Ursprünge und Entwicklung. Referate... 5. öffentl. Vortragsveranstaltung d. Gesellsch. f. Unternehmensgeschichte, 5.5.1980... Hrsg.: H. Pohl, Wiesbaden: Steiner 1981.116 S. Bc 2418

Pickshaus, K.: Streiks und gewerkschaftliche Gegenmacht. Funktion und Entwicklungstendenzen von Streiks in der Bundesrepublik. In: Marxistische Studien. 1981. Nr. 4. S. 203-221.   BZ 4691:1981

Protokoll der Verhandlungen des Ersten Reichskongresses der Betriebsräte Deutschlands. Abgehalten vom 5.-7. Okt. 1920 zu Berlin. Erster Reichsbetriebsräte-Kongreß f. die Metallindustrie. Abgeh. v. 5.-7. Dez. 1921 in Leipzig. Nachdr. Berlin: Dietz 1981. Getr. Pag.   B 45099

h. 3 Wohlfahrt und Fürsorge

Sanfte Alternativen. R. Lutz, Hrsg. Ein Öko-Log-Buch. Materialien z. Gestaltung wünschenswerter Zukünfte. Weinheim: Beltz 1981. 199 S.   Bc 0670

Gatzka, W.: WHW-Abzeichen. Ein Führer durch das interessante Sammelgebiet der Serien des Winter-Hilfs-Werks von 1933 bis 1945. München: Heyne 1981. 268 S.   B 44189

Hucke, J.: Förderung umweltfreundlicher Produkte und Verfahren - ein Aufgabenschwerpunkt künftiger Umweltpolitik. In: Aus Politik und Zeitgeschichte. 1982. B 35. S. 35-44.   BZ 05159:1982

Wie möchten wir in Zukunft leben. Der 'harte' und der 'sanfte' Weg. München: Beck 1981. 239 S.   B 44925

Wollasch, H.-J.: 1945: Die "Stunde Null" als Stunde der Caritas. In: Landesgeschichte und Zeitgeschichte. 1980. S. 367-381.   B 43789

i. Geistesleben

i. 1 Wissenschaft

Glaser, H.: Industriekultur und demokratische Identität. In: Aus Politik und Zeitgeschichte. 1981. B 41. S. 3-46. BZ 05159:1981
Hofer, W.: 50 Jahre danach. Über den wissenschaftlichen Umgang mit dem Dritten Reich. In: Geschichte in Wissenschaft und Unterricht. Jg. 34, 1983. H. 1. S. 1-28. BZ 4475:34
Kettel, A.: Volksbibliothekare und Nationalsozialismus. Zum Verhalten führender Berufsvertreter während d. nat. soz. Machtübernahme. Köln: Pahl-Rugenstein 1981. 130 S. Bc 2194
Public Oponion in semisovereign Germany. The HICOG surveys, 1949-1955. Ed.: A. J. Merritt and R. L. Merritt. Urbana: Univ. of Illinois Pr. 1980. XXV, 273 S. B 43831
Reichel, P.: Politische Kultur der Bundesrepublik. Opladen: Leske u. Budrich 1981. 288 S. B 45248
Stamm, T.: Zwischen Staat und Selbstverwaltung. Die deutsche Forschung im Wiederaufbau 1945-1965. Köln: Verl. Wissenschaft und Politik 1981. 351 S. B 45079

i. 2 Kunst

Haitzinger, H.: Politische Karikaturen. München: Bruckmann 1981. Getr. Pag. B 45178
Moreau, C.: Mit dem Zeichenstift gegen den Faschismus. 99 ausgew. polit. Karikaturen a. d. J. 1935-1945. Berlin: Lit-Pol-Verl. Ges. 1980. 99 S. 08625
Schmidt, E.: Pazimedia. Zeichnungen in d. pazifistisch-sozialistischen Bildungsarbeit. Lübeck: Pazifist. -Sozialist. Gruppe 1982. 27 S. D 02431
Steiger, I.: Politische Karikaturen. München: Bruckmann 1981. Getr. Pag. B 45177

Die Aguaruna und der Zorn des Werner Herzog. Untertitel: Wem der Film reißt, für den gilt ein übergeordnetes Gesetz. Theaterstück üb. e. progressiven Filmemacher u. die Indianer. München: Lateinamerika-Komitee 1981. 74 S. D 2403
Buchheim, L. -G.: U 96. Szenen aus dem Seekrieg. Ein Film. Hamburg: Knaus 1981. 348 S. B 44568
Hilchenbach, M.: Kino im Exil. Die Emigration deutscher Filmkünstler 1933-1945. München: Saur 1982. 286 S. B 46037
Das Lehrstück "Holocaust". Zur Wirkungspsychologie eines Medienereignisses. Opladen: Westdt. Verl. 1982. 178 S. Bc 2927

i. 3 Literatur

bis 1945

Drewitz, I.: Die zerstörte Kontinuität. Exilliteratur und Literatur des Widerstandes. Wien: Europaverl. 1981. 206 S.   B 44306

Eichenlaub, R.: Ernst Toller et l'expressionnisme politique. Paris: Klincksieck 1980. 310 S.   B 45838

Schäfer, H. D.: Das gespaltene Bewußtsein. München: Hanser 1981. 254 S.   B 44726

Schneider, S.: Das Ende Weimars im Exilroman. Literar. Strategien zur Vermittlung von Faschismustheorien. München: Saur 1980. XI, 575 S.   B 43677

nach 1945

Benjamin auf Italienisch. [Aus d. ital.] Aspekte e. Rezeption. Hrsg.: M. Brodersen. Frankfurt: Verl. Neue Kritik 1982. 158 S.   Bc 3105

Bethmann, H.: Rot oder tot? Argumente gegen Krieg und Gewalt. Göttingen: Herodot 1982. 48 S.   Bc 3021

Hau, W.: Sponti-Sprüche. Ich geh' kaputt, gehst Du mit? 5. Aufl. Frankfurt: Eichborn 1982. 32 Bl.   Bc 2751

Heidenreich, G.: Die ungeliebten Dichter. Die Ratten- u. Schmeißfliegen-Affäre. Eine Dokumentation. Frankfurt: Eichborn Verl. 1981. 133 S.   B 43543

Kurscheid, R.: Kampf dem Atomtod! Schriftsteller im Kampf gegen e. dt. Atombewaffnung. Köln: Pahl-Rugenstein 1981. 406 S.   B 44792

Laßt mich bloß in Frieden. Ein Lesebuch. Hrsg.: H. Veske [u. a.]. Hamburg: Buntbuch-Verl. 1981. 155 S.   B 44546

Leu, D.: Wohin der Groschen fällt. Schwarze Reportagen aus dem Entwicklungsland Bundesrepublik. Köln: Verl. Wissenschaft und Politik 1981. 103 S.   B 44558

Antifaschistische Literatur. Hrsg.: L. Winkler. Bd 1-3. Kronberg: Scriptor-Verl. 1977-1979. 290, 286, 284 S.   B 29505

Phantasie gegen Atomkraft. "Kampf dem Atomtod" in den 50er Jahren. Ein Lesebuch. Köln: Prometh Verl. 1981. 143 S.   Bc 2559

Roeder, M.: Für jeden Tag. Deutscher Jahrweiser. 1982. Sprüche, und Gedichte, Ermahnungen u. Gedenktage. Schwarzenborn 1982. Getr. Pag.   D 2354

Waffenglanz und Totentanz. Ein Antikriegsbuch. Hrsg.: H. Kawalun. Dortmund: Weltkreis-Verl. 1981. 155 S.   B 43900

Walendy, U.: Der moderne Index. Vlotho: Verl. f. Volkstum und Zeitgeschichtsforschung 1980. 40 S.   Bc 0522

Weber, B.: Der deutsche Faschismus als Thema neuerer Jugendliteratur. Zwischen Verdrängung und Aufklärung. Frankfurt: Lang 1980. 101 S.   Bc 2558

i. 4 Presse und Propaganda

Baum, B.; Kleinoeder, R.: Die "Süddeutsche Zeitung" und der
Frieden: Wem dient ihre Berichterstattung? Untersuchungszeit-
raum: 1981. München: Arbeitskr. Frieden d. Evangl. Studentenge-
meinde 1982. 32 S.   D 2398
Brill, H.: Das ganze Deutschland. Vertrauliche private Informa-
tionsbriefe, Bibliographische Notizen 1961-1970. Bensberg:
Selbstverl. 1979. 109 S.   Bc 2634
Dudek, P.; Jaschke, H.-G.: Die 'neue' rechtsextreme Jugend-
presse in der Bundesrepublik Deutschland. In: Aus Politik und
Zeitgeschichte. 1981. B 43. S. 21-35.   BZ 05159:1981
Kardel, H.: Ein Zug durch Springers Gemeinde. (Vom atomaren
Treiben in den deutschen Selbstmord.) Genf: Marva 1981.
144 S.   Bc 2186
Kirwin, G.: Waiting for retaliation. A study in nazi propaganda
behaviour and German civilian morale. In: Journal of contemporary
history. Vol. 16, 1981. No. 3. S. 565-583.   BZ 4552:16
Rote Fahne Karikatur. RF 1975-1980. Hrsg.: Kommun. Arbeiter-
bund... Stuttgart: Verl. Neuer Weg 1980. Getr. Pag.   Bc 0584
Schell, M.: Protokoll eines Komplottes. ("Quick" u. "Stern".)
Mainz: v. Hase u. Koehler 1980. 159 S.   B 43738
Schmückle, G.: War das nötig, Herr Minister? ...Spiegel-Affäre
1962 und die Doppelrolle des Generals Gehlen. In: Der Spiegel.
Jg. 36, 1982. Nr. 35. S. 71-80.   BZ 05140:36
Riesengroßes Verzeichnis aller Alternativzeitungen. Bonn:
Arbeitsgruppe Alternativpresse 1981. 99 S.   D 02341
Zum Lichte empor. Mai-Festzeitungen der Sozialdemokratie
1891-1914. Hrsg.: U. Achten. Berlin: Dietz Nachf. 1980. 216 S. 08727

i. 5 Schule und Erziehung

Hars, R.: Die Bildungsreformpolitik der Christl.-Demokratischen-
Union in den Jahren 1945 bis 1954. Ein Beitr. zum Problem des
Konservatismus in der deutschen Bildungspolitik. Frankfurt:
Lang 1981. XII, 394 S.   B 45007
Der Heldentod will gelernt sein! Wehrkunde: Militarisierung an den
Schulen. Freiburg: Bunte Liste 1972. 37 S.   D 2485
Kaiser, R.; Loddenkemper, H.: Nationalsozialismus - totale
Manipulation in der beruflichen Bildung? Frankfurt: Lang 1980.
118 S.   Bc 2247
Literaturübersicht zur Friedenserziehung. 2. Aufl. Berlin: Aktion
Sühnezeichen/Friedensdienste 1982. 25 S.   D 02406
Pfisterer, K.: Wehrkunde an Schulen? Kriege werden im Schul-
zimmer erzeugt lange bevor sie im Schulzimmer besprochen
werden. Dokumentation, Materialien, Einschätzungen. Karlsruhe:
Dt. Friedensgesellschaft 1982. 51, 16 S.   D 02402

Ruge-Schatz, A.: Die Anfänge der Schulverwaltung in der französischen Besatzungszone nach 1945. In: Landesgeschichte und Zeitgeschichte. 1980. S. 355-366. B 45789

Hochschulwesen/Studentenbewegung

Diskus. Frankfurter Studentenzeitung. 1974-81. Frankfurt: Diskus-Verl. 1974-81. Getr. Pag. DZ 232
Jusos. Wahlsondernummer. 1. 2. -4. 2. 82. Mainz: Jungsozialisten-Hochschulgruppe 1982. 11 S. D 02360
Lindemann, M. E.; Mitchell, O. C.: Swastika over the academic cloister. The triumph of national socialism in the universities. In: Nazism and the common man. 1981. S. 117-135. B 45196
Mayer, U.: Zwischen Anpassung und Alternativkultur oder das politische Bewusstsein und Handeln der Studenten. Bonn: Verl. Neue Gesellsch. 1981. 115 S. Bc 2184
Semester. Informationen d. NHB München SS' 82. München 1982. 21 S. D 02411
In Verantwortung. 1881-1981. Verband der Vereine Deutscher Studenten. Hrsg.: D. Gutekunst u. D. Jakob. Tirschenreuth: Nickl 1981. 278 S. B 43622
Wahldokumentation '81. München: Naionaldemokr. Hochschulbund 1981. 86 S. D 02359
Wille zur Zukunft. Arbeitskreis Nationaldemokratischer Akademiker, ANA, im NHB-Bundesvorstand. München 1981. 26 S. D 0458

i. 6 Kirche und Religion

Damals: Christen im Widerstand. Heute: Christen in der Verantwortung. 19. Dt. Evang. Kirchentag. Hamburg:VVN 1981. 30 S. Bc 2197
Doering-Manteuffel, A.: Katholizismus und Wiederbewaffnung. Die Haltung der dt. Katholiken gegenüber d. Wehrfrage 1948-1955. Mainz: Matthias-Grünewald Verl. 1981. XXXI, 259 S. B 43785
Goss-Mayr, H.: Hoffnung leben - Todesstrukturen überwinden. D. Berrigan: Kreuz kontra Krieg. K. Lübbert: Ein Traum. Uetersen: Versöhnungsbund 1982. 23 S. D 2449
Höllen, M.: Heinrich Wienken, der "unpolitische" Kirchenpolitiker. Eine Biographie aus drei Epochen des deutschen Katholizismus. Mainz: Matthias-Grünewald-Verl. 1981. XXVII, 160 S. B 44936
Hofen, K.: Das Bistum Speyer in den Jahren religiöser Bedrückung durch den Nationalsozialismus. Geschichtl. Notizen. Speyer: Archiv d. Bistums 1980. 61 S. Bc 2363
Honecker, M.: Kontroversen um den Frieden in der evangelischen Kirche und Theologie. In: Politische Studien. Jg. 33, 1982. H. 261. S. 17-26. BZ 4514:33
Lindt, A.: Das Zeitalter des Totalitarismus. Polit. Heilslehren u. ökum. Aufbruch. Stuttgart: Kohlhammer 1981. 264 S. B 44911

Ohne Rüstung leben! Vorw.: K. Scharf. Karikaturen: Jals u. Wolter.
 Gütersloh: Gütersloher Verlagsh. G. Mohn 1981. 94 S. Bc 2951
Predigthilfe zum Volkstrauertag 1979. Tag der Mahnung zur Versöhnung und zum Frieden. Kassel: Volksbund Dt. Kriegsgräberfürsorge
 1979. 16 gez. S. Bc 2518
Röhm, E.; Thierfelder, J.: Evangelische Kirche zwischen
 Kreuz und Hakenkreuz. Einf.: K. Scholder. Stuttgart: Calwer Verl.
 1981. 160 S. Bc 2682
Was können die Kirchen für den Frieden tun? Hrsg.: Evang. Kirchenamt f. d. Bundeswehr. 2. Aufl. Gütersloh: Mohn 1981. 109 S. Bc 2750
Wegner, E.: Christen im Friedenskampf. In: Konsequent.
 Jg. 11, 1982. Nr. 4. S. 79-84. BZ 4591:11

k. Geschichte

k. 0 Allgemeine Geschichte

Berlin und Preußen und das Reich. 1888. Ein dt. Bilderbuch. ... Ges.
 u. erl.: K. J. Lemmer. Berlin: Rembrandt Verl. 1981. 123 S. 08629
Dietwart, H.: Hundert Jahre deutsches Schicksal. Rosenheim:
 Dt. Verlagsges. 1981. 376 S. B 44661
Evans, R. J.: Rethinking the German past. In: West European
 politics. Vol. 4, 1981. No. 2. S. 134-148. BZ 4668:4
Faulenbach, B.: Ideologie des deutschen Weges. Die deutsche Geschichte in der Historiographie zwischen Kaiserreich und Nationalsozialismus. München: Beck 1980. IX, 516 S. B 43737
Haffner, S.: Die sieben Todsünden des Deutschen Reiches im
 Ersten Weltkrieg. Überarb. u. erw. Fassung. Bergisch Gladbach:
 Lübbe 1981. 158 S. B 44451
Heydemann, G.: Geschichtswissenschaft im geteilten Deutschland.
 Entwicklungsgeschichte, Organisationsstruktur, Funktionen,
 Theorie- u. Methodenprobleme in der BRD u. DDR. Frankfurt:
 Lang 1980. 267 S. B 43499
Rexheuser, R.; Ruffmann, K.-H.: Rußland und die staatliche
 Einheit Deutschlands im 19. und 20. Jahrhundert. In: Aus Politik
 und Zeitgeschichte. 1982. B 9. S. 12-19. BZ 05159:1982
Schwarz, H.-P.: Geschichtsschreibung und politisches Selbstverständnis. In: Aus Politik und Zeitgeschichte. 1982. B 36.
 S. 3-16. BZ 05159:1982
Wendt, B.-J.: Deutschland in der Mitte Europas. Grundkonstellationen der Geschichte. In: Deutsche Studien. Jg. 19, 1981. H. 75.
 S. 220-275. BZ 4535:19

Timm, U.: Deutsche Kolonien. München: Verl. Autoren Ed. 1981.
 218 S. 08571

k. 4 Weimarer Republik 1919—1933

Abraham, D.: The Collapse of the Weimar Republic. Political
  economy and crisis. Princeton: Univ. Pr. 1981. 366 S.   B 44091
Ballhause, W.: Zwischen Weimar und Hitler. Sozialdokumentari-
  sche Fotografie 1930-1933. München: Schirmer-Mosel 1981.
  155 S.   Bc 0676
Köhler, H.: Geschichte der Weimarer Republik. Berlin:
  Colloquium Verl. 1981. 95 S.   Bc 2195
Krönnemann, E.; Krusch, H.-J.: Aktionseinheit gegen Kapp-
  Putsch. Berlin: VEB Dt. Verl. d. Wissenschaften 1980. 43 S.   Bc 0514
Overesch, M.; Saal, F. W.: Die Weimarer Republik.
  Düsseldorf: Droste Verl. 1982. 686 S.   B 45097:1
Die Weimarer Republik. Belagerte Civitas. Hrsg.: M. Stürmer.
  Königstein: Athenäum 1980. 407 S.   B 43735
Weissbecker, M.: Flucht nach Weimar. 1918-1919. Berlin: VEB
  Dt. Verl. d. Wissenschaften 1981. 43 S.   Bc 0734
Wir erlebten das Ende der Weimarer Republik. Zeitgenossen berich-
  ten. Hrsg.: R. Italiaander. Düsseldorf: Droste 1982. 240 S.   08728

Orlova, M. I.: Nojabŕskaja revoljucija v Germanii v osveščenii
  bur žuaznoj i social-reformistskoj istoriografii FRG. [Die Novem-
  berrevolution in Deutschland in d. Darlegung d. bürgerlichen u. d.
  sozial-reformistischen Geschichtsschreibung der BRD.] In: Novaja
  i novejšaja istorija. God 1981. No. 6. S. 33-53.   BZ 05334:1981
Schmidt, E.-H.: Heimatheer und Revolution 1918. Die militär.
  Gewalten zwischen Oktoberreform u. Novemberrevolution.
  Stuttgart: Dt. Verl. Anst. 1981. 456 S.   B 45641

k. 5 Drittes Reich 1933—1945

Alltag im 2. Weltkrieg. Berlin: Courage 1980. 82 S.   Bc 0549
Government, party and people in Nazi Germany. Ed.: J. Noakes.
  Exeter: Univ. 1981. 103 S.   Bc 2345
Holmsten, G.: Kriegsalltag. 1939-1945 in Deutschland.
  Düsseldorf: Droste 1982. 127 S.   08766
Kehrl, H.: Realitäten im Dritten Reich. Vlotho: Verl. f. Volkstum
  und Zeitgeschichtsforschung 1979. 40 S.   Bc 0559
Kershaw, I.: Popular opinion in the Third Reich. In: Government
  party and people in Nazi Germany. 1980. S. 57-75.   Bc 2345
Köhler, J.: Klettern in der Großstadt. Geschichten vom Überleben
  1933 bis 1945. Berlin: Wagenbach 1981. 247 S.   B 44407
Nazism and the common man. Essays in German history. 1929-1939.
  2. ed. Ed.: O. C. Mitchell. Washington: Univ. Pr. of America 1981.
  VI, 157 S.   B 45196
Nipperdey, T.: 1933 und die Kontinuität der deutschen Geschichte.
  In: Die Weimarer Republik. 1980. S. 374-392.   B 43735

Der Reichstagsbrand. Die Provokation des 20. Jahrhunderts. Forschungsergebnis. Luxemburg: Verl. Der Freundeskreis 1978.
444 S. B 45049
Die Reihen fast geschlossen. Beiträge zur Geschichte des Alltags unterm Nationalsozialismus. Hrsg.: D. Peukert u. J. Reulecke.
Wuppertal: Hammer 1981. 464 S. B 44597
R u h l , K. -J.: Brauner Alltag. 1933-1939 in Deutschland.
Düsseldorf: Droste 1981. 167 S. 08599
S c h w i n g e , E.: Bilanz der Kriegsgeneration. 6. durchges. u. erw.
Aufl. Marburg: Elwert 1981. 99 S. B 44102
W h i t i n g , C.: The Home Front: Germany. Alexandria: Time Life Books 1982. 208 S. 08692
Wirtschaft, Recht und Staat im Nationalsozialismus. Analysen des Inst. f. Sozialforschung 1939-1942. Hrsg.: H. Dubiel u. A. Söllner.
Frankfurt: Europ. -Verl. -Anst. 1981. 366 S. B 43656

k. 5.1 Widerstandbewegung 1933—1945

B e n z , W.: Eine liberale Widerstandsgruppe und ihre Ziele. Hans Robinsohns Denkschrift aus dem Jahre 1939. In: Vierteljahrshefte für Zeitgeschichte. Jg. 29, 1981. H. 3. S. 437-471. BZ 4456:29
G a l a n t e , P.; S i l i a n o f f , E.: 20 juillet 1944: Hitler est-il mort?
Paris: Plon 1981. 268 S. B 44134
G o e b , A.: Er war sechzehn, als man ihn hängte. Das kurze Leben des Widerstandskämpfers Bartholomäus Schink. Reinbek:
Rowohlt Verl. 1981. 157 S. Bc 2490
H a u s e r , O.: England und der deutsche Widerstand 1938 im Spiegel britischer Akten. In: Weltpolitik, Europagedanke, Regionalismus. 1982. S. 509-527. B 46511
H e r v é , F.; W i s b a r , R.; Leben, frei und in Frieden... Frauen gegen Faschismus u. Krieg. Frankfurt: Röderberg 1981. 63 S. Bc 2681
H o l m s t e n , G.: Deutschland Juli 1944. Soldaten, Zivilisten, Widerstandskämpfer. Düsseldorf: Droste 1982. 160 S. 08717
K á r n ý , M.: Mnichov s Hitlerem či bez Hitlera? [München mit oder ohne Hitler? Die Ziele der konservativen deutschen Opposition gegen Hitler z. Zeit d. Münchner Abkommens.] In: Československý časopis historický. Rok 30, 1982. Číslo 2. S. 173-191; čislo 3. S. 382-395. BZ 4460:30
R e m e r , O. E.: Verschwörung und Verrat um Hitler. Urteil des Frontsoldaten. 2. Aufl. Preussisch Oldendorf: Schütz 1982.
336 S. B 48005
T h u n -Hohenstein, R. G. Graf von: Der Verschwörer. General Oster und die Militäropposition. Berlin: Severin & Siedler 1982.
304 S. B 45733
Z e c h l i n , E.: Erinnerung an Arvid und Mildred Harnack. In: Geschichte in Wissenschaft und Unterricht. Jg. 33, 1982. H. 7.
S. 395-404. BZ 4475:33

k. 6 Geschichte seit 1945

Bikini. Die fünfziger Jahre. Kalter Krieg und Capri-Sonne. Zusammengest.: E. Siepmann. Berlin: Elefanten-Press 1981. 317 S. 08628

Chamberlin, B. S.: Todesmühlen. Ein früher Versuch zur Massen-"Umerziehung" im besetzten Deutschland 1945-1946. In: Vierteljahrshefte für Zeitgeschichte. Jg. 29, 1981. H. 3.
S. 420-436. BZ 4456:29

La Dénazification par les vainqueurs. La politique culturelle des occupants en Allemagne 1945-1949. Etudes réunies par J. Vaillant. Lille: Pr. Univ. 1981. 299 S. B 43643

Doenhoff, M. Gräfin: Von gestern nach Übermorgen. Zur Geschichte der Bundesrepublik Deutschland. Hamburg: Knaus 1981. 317 S. B 44595

Drewitz, I.: Kurz vor 1984. Stuttgart: Radius-Verl. 1981. 214 S. B 44840

Duewell, K.: Entstehung und Entwicklung der Bundesrepublik Deutschland (1945-1961). Eine dokumentarische Einführung. Köln: Böhlau 1981. XII, 403 S. B 45073

Die deutsche Einheit kommt bestimmt. Hrsg.: W. Venohr. Bergisch-Gladbach: Lübbe 1982. 192 S. B 46196

Engelmann, B.: Wir sind wieder wer. Auf den Weg ins Wirtschaftswunderland. München: Bertelsmann 1981. 317 S. B 44105

Erwartungen. Kritische Rückblicke der Kriegsgeneration. München: Olzog 1980. 310 S. B 44198

Ežov, V. D.: Kak i kem byla raskolota Germanija. [Wie und durch wen wurde Deutschland gespalten.] In: Novaja i novejšaja istorija. God 1981. No. 5. S. 41-59. BZ 05334:1981

Grieser, H.: Literaturbericht. Deutsche Geschichte seit 1945. T. 1. In: Neue Politik. Jg. 27, 1982. Nr. 1. S. 58-68. BZ 4628:27

Haupt, M.: Die Berliner Mauer. Vorgeschichte, Bau, Folgen. Literaturbericht u. Bibliographie zum 20. Jahrestag des 13. August 1961. München: Bernard u. Graefe 1981. IX, 230 S. B 43556

Heck, B.: L' Europa e la questione tedesca. In: Affari esteri. Anno 13, 1981. No. 51. S. 285-302. BZ 4373:13

Heydorn, H.-J.: Konsequenzen der Geschichte. Polit. Beitr. 1946-1974. Frankfurt: Syndikat 1981. 377 S. B 44720

Hömig, H.: Die Bundesrepublik als historische Grösse. Würzburg: Naumann 1981. 24 S. Bc 2590

Die fünziger Jahre. Als das Leben wieder anfing. Hrsg.: D. Franck. München: Piper 1981. 199 S. 08626

Mann, A.: Comeback. Germany 1945-1952. London: Macmillan 1980. X, 242 S. B 43809

Müller-List, G.: Eine neue Moral für Deutschland? Die Bewegung für moralische Aufrüstung u. ihre Bedeutung beim Wiederaufbau 1947-1952. In: Aus Politik und Zeitgeschichte. 1981. B 44.
S. 11-23. BZ 05159:1981

Nielsen, H. K.: Vesttysklands Historie - et materialistisk

grundrids. Aalborg: Aalborg Univ. -Forl. 1981. 83 S. Bc 2779
O v e r e s c h , M.: Bremer Interzonenkonferenz Oktober 1946. Ihr historisch-politischer Stellenwert. In: Deutschland Archiv. Jg. 14, 1981. Nr. 11. S. 1172-1190. BZ 4567:14
P i n g e l , F.: "Die Russen am Rhein?" Zur Wende der britischen Besatzungspolitik im Frühjahr 1946. In: Vierteljahrshefte für Zeitgeschichte. Jg. 30, 1982. H. 1. S. 98-116. BZ 4456:30
P o l l e r , H.: Politik im Querschnitt. Zahlenspiegel 81/82. Stuttgart: Verl. Bonn aktuell 1981. 159 S. B 44649
S c h i c k e l , A.: Zeitgeschichte am Scheidewege. Anspruch und Mängel westdeutscher Zeitgeschichte. 2. Aufl. Würzburg: Naumann 1981. 37 S. Bc 2589
S c h n e i d e r , P.: Die Botschaft des Pferdekopfs und andere Essais aus einem friedlichen Jahrzehnt. Darmstadt: Luchterhand 1981. 252 S. B 44694
S c h n e i d e r , U.: Grundzüge britischer Deutschland- und Besatzungspolitik. In: Zeitgeschichte. Jg. 9, 1981. H. 3. S. 73-89. BZ 4617:9
S p e i e r , H.: From the Ashes of disgrace. A journal from Germany 1945-1955. Amherst: Univ. of Mass. Pr. 1981. IX, 314 S. B 45226
S t e i n i n g e r , R.: Die britische Deutschlandpolitik in den Jahren 1945/46. In: Aus Politik und Zeitgeschichte. 1982. B 1/2. S. 28-47. BZ 05159:1982
U f f e l m a n n , U.: Wirtschaft und Gesellschaft in der Gründungsphase der Bundesrepublik Deutschland. In: Aus Politik und Zeitgeschichte. 1982. B 1/2. S. 3-27. BZ 05159:1982
Weihnachten 1945. Ein Buch der Erinnerungen. Hrsg.: C. H. Casdorff. Königstein: Athenäum 1981. VII, 197 S. B 44906
W h e t t e n , L. L.: Germany East and West. Conflicts, collaboration, and confrontation. New York: Univ. Pr. 1980. XIV, 215 S. B 44759

l. Länder

L 130.0 Berlin

A b r a s i m o v , P. A.: Zapadnyj Berlin - včera i segodnja. [Westberlin - gestern und heute.] Moskva: "Meždunarodnye otnošenija" 1980. 215 S. B 43584
Berliner Alltag im Dritten Reich. Düsseldorf: Droste 1981. 179 S. 08589
B o r o w s k i , H. R.: A narrow victory. The Berlin blockade and the American military response. In: Air University review. Vol. 32, 1981. No. 5. S. 18-30. BZ 4544:32
Bundeswehrproblematik in West-Berlin. 6., überarb. u. erw. Aufl. Berlin: Dt. Friedensgesellschaft 1982. 23 S. D 2442
C a t u d a l , H.: Was wußten die westlichen Geheimdienste vor der Mauer. In: Deutschland-Archiv. 1981. Nr. 8. S. 880-892. BZ 4567:14

500 000 gegen Reagan und NATO. Dokumentation: 10. 6. in Bonn.
NATO-Politik 1949-1982. Reagan in Berlin. Göttingen: Verl.
Die Werkstatt 1982. 111 S. Bc 0842

Greese, K.; Otto, W.: Zum Schutz des Sozialismus und des Friedens. Der 13. August 1961. In: Beiträge zur Geschichte der Arbeiterbewegung. Jg. 23, 1981. Nr. 4. S. 483-497. BZ 4507:23

Haupt, M.: Die Berliner Mauer. Vorgeschichte, Bau, Folgen. Literaturbericht und Bibliographie zum 20. Jahrestag des 13. August 1961. München: Bernard u. Graefe 1981. IX, 230 S. B 43556

Herre, F.: Unter den Linden. Eine Strasse in Berlin: Ihre und unsere Geschichte. In: Damals. Jg. 14, 1982. H. 9.
S. 770-794. BZ 4598:14

Kolenberger, L.; Schwarz, H.-A.: Die alternative Bewegung in West-Berlin. Eine Bestandsaufnahme. Berlin: FU 1980.
II, 92 S. Bc 0839

Mikulska-Góralska, B.: Berlin Zachodni w procesie odprężenia. [Westberlin im Entspannungsprozess.] In: Sprawy Międzynarodowe. Rok 34, 1981. Zeszyt 9. S. 27-44. BZ 4497:34

Morgan, R.; Bray, C.: Berlin in the post-détenteera. In: The World today. Vol. 38, 1982. S. 81-89. BZ 4461:38

Petschull, J.: Die Mauer. August 1961. Hamburg: Gruner & Jahr 1981. 173 S. B 44023

Petzold, J.: Generalprobe für Hitler. (20. Juli 1932 in Berlin.) Berlin: VEB Dt. Verl. d. Wissenschaften 1980. 42 S. Bc 0533

Rühle, J.; Holzweissig, G.: 13. August 1961. Die Mauer von Berlin. Köln: Edition Deutschland Archiv 1981. 176 S. B 44311

Berliner Wahlergebnis 1979 unter der Lupe. Berliner Wahlen am 18. März 1979. Berlin: Landeszentrale f. polit. Bildungsarbeit 1979. 34 S. Bc 0739

Wahlprogramm zu den Neuwahlen am 10. Mai 1981. Für Demokratie und Umweltschutz. Berlin: Alternative Liste 1981. 78 S. D 02428

Walker, S. G.: Bargaining over Berlin: A re-analysis of the first and second Berlin Crises. In: The Journal of Politics. Vol. 44, 1982. No. 1. S. 152-164. BZ 4441:44

Wettig, G.: Das Vier-Mächte-Abkommen in der Bewährungsprobe. Berlin im Spannungsfeld von Ost und West. Berlin: Berlin Verl. 1981. 279 S. B 44312

Abgeräumt? 8 Häuser geräumt... Klaus-Jürgen Rattay tot. Berlin 22. 9. 81. Eine Dokumentation. Berlin: Ermittlungsausschuss im Mehringhof 1981. 91 S. D 02343

Dokumentation zu den Hausbesetzerprozessen. Berlin: Doku-Gruppe 1981. 95 S. D 2327

Laurisch, B.: Kein Abriß unter dieser Nummer. 2 Jahre Instandbesetzung in der Cuvrystraße in Berlin-Kreuzberg. Giessen: Anabas 1981. 235 S. B 44988

Legal, illegal, scheissegal! Der illustrierte Häuserkampf. Hamburg: VSA-Verl. 1981. Getr. Pag. Bc 2445

"Berliner Linie" gegen Instandbesetzer. Die "Vernunft" schlägt immer wieder zu! Dokumentation d. Ereignisse vom 3.2.79 bis zum 11.8.81. 2. Aufl. erg. bis z. 28.8.81. Berlin 1981. 59 S. D 02439

L 130.1 Westdeutsche Länder und Orte

<u>Baden-Württemberg</u>
S'Blättle. Stadtzeitung für Stuttgart und Umgebung. Nr. 0-64. Stuttgart: s'Blättle-Kollektiv 1974-81. Getr. Pag. DZ 78
Da ist nirgends nichts gewesen außer hier. Das "rote Mössingen" im Generalstreik gegen Hitler. Berlin: Rotbuch 1982. 227 S. B 45739
1. Stuttgarter Friedensschule. 19.-20. Dezember 1981. Stuttgart: Friedensoffensive Südwest 1981. 115 S. D 2332
Gurs - Vorhölle von Auschwitz. Antisemitismus in Pforzheim 1920-1980. Dokumente, Fotos, Berichte. Pforzheim: Stadt Pforzheim 1980. 237 S. Bc 0731
J o h n , H.: Der Rundfunk in Südwestdeutschland in der Zeit vor und nach dem Zusammenbruch des Jahres 1945. In: Landesgeschichte und Zeitgeschichte. 1980. S. 153-177. B 43789
K l u g e , U.: Südwestdeutschland in der Nachkriegszeit 1945-1949. In: Landesgeschichte und Zeitgeschichte 1980. S. 225-248. B 43789
Landesgeschichte und Zeitgeschichte. Kriegsende 1945 und demokratischer Neubeginn am Oberrhein. Hrsg.: H. Schwarzmaier. Karlsruhe: Braun 1980. 447 S. B 43789
N ü s k e , G. F.: Neuere Literatur zur Geschichte der südwestdeutschen Länder 1945-1952. In: Landesgeschichte und Zeitgeschichte. 1980. S. 383-422. B 43789
S a t t l e r , K.-O.: Sanierung contra wohnen. Die Freiburger Juni-Demonstration ums "Dreisameck" u. ihr Hintergrund. Ein Bildbericht. Freiburg: Dreisam-Verl. 1980. 68 S. Bc 2144
S c h e c k , M.: Zwischen Weltkrieg und Revolution. Zur Geschichte der Arbeiterbewegung in Württemberg 1914-1920. Köln: Böhlau 1981. 365 S. B 43897
S c h ö n t a g , W.: Das erste Jahr des Landesbezirks Baden im Spiegel der Akten der Amerikanischen Militärregierung (1945 bis Mai 1946). Eine quellenkundliche Untersuchung. In: Landesgeschichte und Zeitgeschichte. 1980. S. 193-214. B 43789
S c h w a r z m a i e r , H.: Die südwestdeutsche Presse in der Umbruchzeit des Jahres 1945. In: Landesgeschichte und Zeitgeschichte. 1980. S. 129-151. B 43789
W e i n a c h t , P.-L.: Neugliederungsbestrebungen im deutschen Südwesten und die politischen Parteien (1945-1951). In: Landesgeschichte und Zeitgeschichte. 1980. S. 329-354. B 43789
Wie wir den Weg zum Sozialismus fanden. Erinnerungen badischer Sozialdemokraten. Hrsg. u. bearb. v. J. Schadt. Stuttgart: Kohlhammer 1981. 68 S. B 44561

Bayern
Bauer, M.: Kopfsteinpflaster. Erinnerungen. Main: Eichborn 1981.
160 S. B 44811
Bayern in der NS-Zeit. Hrsg.: M. Broszat [u. a.].[I]-4.
München: Oldenbourg 1977-1981. Getr. Pag. B 44608
Friedensadressbuch Bayern. Nürnberg: Dt. Friedensgesellschaft-
Vereinigte Kriegsdienstgegner 1981. 54 S. D 2349
Hitzer, F.: Der Mord im Hofbräuhaus. Unbekanntes und Vergesse-
nes aus der Baierischen Räterepublik. Frankfurt: Röderberg-Verl.
1981. 527 S. B 44915
Hoppe, M.: München, April '82. Ostermärsche, SPD-Parteitag,
Demonstrationen. Vorw.: D. Lattmann. Olching: SBV-Verl. 1982.
109 S. Bc 2989
Large, D. C.: The Politics of law and order: A history of the
Bavarian Einwohnerwehr, 1918-1921. Philadelphia: American
Philosophical Society 1980. 87 S. Bc 0681
Die Nürnberger Massenverhaftung. Dokumente und Analysen.
Reinbek: Rowohlt Verl. 1981. 314 S. B 44469
Nürnberg im Dritten Reich. Bilder, Bücher, Dokumente.
Nürnberg: Stadtbibliothek 1979. 78 S. Bc 2170
Rasp, H.-P.: Eine Stadt für tausend Jahre. München - Bauten und
Projekte für die Hauptstadt der Bewegung. München: Süddt. Verl.
1981. 248 S. B 44598
Ruppert, W.: Industriekultur in Deutschland. Das Beispiel der
Region Nürnberg. In: Aus Politik und Zeitgeschichte. 1982.
B 9. S. 3-11. BZ 05159:1982
Schmalz-Jacobsen, C.: Klimawechsel. Berichte aus dem politi-
schen Parterre. Reinbek: Rowohlt 1981. 87 S. Bc 2142
Schmid, F.; Cullmann, A.: Das Pulverfass. Rüstungs- und
Raketenzentrum Südbayern. 3., überarb. Aufl. m. d. Pulverfass-
Karte. München: Bezirksvorstand d. DKP-Südbayern 1981.
100 S. D 2441
Schultheis, H.: Juden in Mainfranken 1933-1945 unter bes. Be-
rücksichtigung der Deportationen Würzburger Juden.
Bad Neustadt: Rötter 1980. XIV, 941 S. B 43740
Eine folgenschwere Weihnachtsnacht oder: Eine kleine Aktion macht
viel Wind... München: KPD-Demonstration 24.12.1980.
München: Verl. Freies Buch 1981. 10 Bl. Bc 2397

Bremen
Adamietz, A.: Grüne im Parlament. Ein Erfahrungsbericht aus
der Bremischen Bürgerschaft. In: Kritische Justiz. Jg. 14, 1981.
H. 4. S. 384-401. WLB Z 8101:14
Friedensland Bremen? Rüstungsproduktion in Bremen. Bremen:
Arbeitskreis gegen den Krieg 1982. 10 S. D 2499
Schweitzer, C.-C.: Bremer Bundeswehrkrawalle. Gefahren
für unseren Staat und ihre Verschleierung im Streit der polit.
Parteien im parlamentarischen Untersuchungsverfahren.
Baden-Baden: Nomos Verlagsges. 1981. 100 S. B 44996

Hamburg

Bading, L.: Beispiel Hamburg: Soziale Bewegungen, politische Strömungen und Verallgemeinerungen, Wahlen. In: Marxistische Studien. Nr. 5, 1982. S. 107-142.   BZ 4691:5

Beschlüsse zur Parlamentsarbeit. Hamburg: GAL-Grün-Alternative Liste 1982. 11 S.   D 2464

Es geht los! Aufruf zur Gründung d. Alternativen Liste Hamburg. Hamburg 1981. 44 S.   D 02399

Grobecker, K.; Loose, H.-D.; Verg, E.: ... mehr als ein Haufen Steine. Hamburg 1945-1949. Hamburg: Kabel 1981. 252 S.   08588

Hamburger Frauengruppen stellen sich vor. Läden, Projekte, Gruppen, Stadtplan. 2., erw. überarb. Aufl. Hamburg 1982. 54 S.   D 2460

Kuehl, H.: Die Gewerkschaftspolitik der KPD von 1945 bis 1956. Die Rolle d. Parteimitglieder in betriebl. Konflikten. ... dargest. anhand d. Hamburger Werftarbeiterstreiks von 1955. Hamburg: Junius-Verl. 1981. 246 S.   Bc 2686

Programm für Hamburg. Hamburg: Grün-Alternative Liste 1982. 55 S.   D 02422

Antifaschistischer Widerstand und Arbeiterbewegung. Hamburg 1932-1948. Erw. Dokumentation d. Ausstellung... Hamburg: D u. m-Verl. 1979. 90 S.   Bc 0707

Hessen

Betr.: Atomwaffenfreie Zone [in Frankfurt]. T. 1-3. Frankfurt: Die Grünen 1982. 90. 39, 30 S.   D 02449

Blankenberg, H.: Politischer Katholizismus in Frankfurt am Main. 1918-1933. Mainz: Matthias-Grünewald-Verl. 1981. XIX, 317 S.   B 44935

Die junge Garde. Arbeiterjugendbewegung in Frankfurt am Main 1904-1905. Hrsg.: F. Neuland u. A. Werner-Codt. Gießen: Anabas-Verl. 1980. 349 S.   B 43477

Kaul, G.; Bratu, A. E.; Scholz, S.: Die Stromer vom roten Stinkblatt. Von d. Anfängen d. Offenbacher SPD u. ihrer Zeitung. Repr. Offenbach: Saalbau-Verl. 1980. 155 S.   Bc 2567

Klemm, B.: Die Arbeiter-Partei (Sozialistische Einheitspartei) Hessen 1945-1954. Entstehungsbedingungen, Geschichte u. Programmatik einer dritten deutschen Arbeiterpartei nach dem Zweiten Weltkrieg. Hannover: SOAK-Verl. 1980. 245 S.   B 45017

Landesprogramm. Die Grünen - Hessen. Frankfurt 1982. 165 S.   D 02441

Geheime Stadtpolizei. Göttingen: Alternative-Grüne-Initiativen-Liste 1982. 23 S.   D 02374

Stuebling, R.: Die Sozialdemokratie in Frankfurt am Main von 1891 bis 1910. Gießen: Anabas-Verl. 1981. 170 S.   B 45006

Wir brauchen keinen Wetterhahn, um zu wissen, woher der Wind weht! Geschichten a. d. täglichen Leben: Indercity Nied, Eschersheimerlandstr. 79, Paragraph 129a 'Schwarzer Block'. Frankfurt 1982. 82 S.   D 02378

Bürger im Widerstand. 170 Bilddokumente 1977-81. Startbahn-West.
Diemelstadt-Volkmarsen, Biblis, 2 Jahre B-8 Dammbesetzung.
Frankfurt: Kretschmann 1981. 32 gez. Bl. Bc 0653
Staatsgewalt gegen Bürgerrechte. – Frankfurt, Rohrbachstraße 3-19.
Ein Beispiel, wie in Hessen der Widerstand gegen die Startbahn
West gebrochen werden soll. Frankfurt: Die Grünen im Römer
1982. 72 S. D 02377
K a r a s e k , H. : Das Dorf im Flörisheimer Wald. Darmstadt:
Luchterhand 1981. 208 S. B 44952
Der Konflikt um die Frankfurter Flughafenerweiterung. Bericht e.
Schweizer Beobachtergruppe. Basel: Busch 1981. 56 S. Bc 2622
O e s e r , K. : Es ist nie zu spät. Bürgerprotest gegen Startbahn
West. Der "Umweltpfarrer" berichtet... Dreieich: Bioverl.
Gesundleben 1982. 183 S. Bc 2935
Dokumentation. – Polizeieinsatz in Walldorf Sonntag, den 31. Januar
1982. Walldorf: Bürgerinitiative gegen die Flughafenerweiterung
1982. 51 S. D 02437
Startbahn 18 West. Bilder e. Räumung. Hrsg. : M. Himmelheber u.
K. Philipp. Darmstadt: Minotaurus Projekt 1982. 24 S., 40 Bl.Bc 0753
Widerstand gegen den Bau der Startbahn 18-West in Zeugenaussagen.
E. Dokumentation d. Bunten Hilfe z. Widerstand gegen d. Bau d.
Startbahn 18-West von Oktober 1981 bis Januar 1982. Frankfurt:
1982. 181 S. D 2480
Dokumentation. - Praktischer Widerstand gegen Atomanlagen und
Startbahn West. Frankfurt: Bunte Hilfe 1982. 40 S. D 02436

Niedersachsen

Stellungnahme zur Situation d. politischen Asylbewerber in Niedersachsen. – Asylpraxis in Deutschland. Rettet die Menschenrechte!!!
Dokumentiert u. zsgest. v. ausländischen u. deutschen Betroffenen.
Hannover: Initiativausschuß "Ausl. Mitbürger" 1981. 28 S. D 02403
B e r g e r , P. : Gegen ein braunes Braunschweig. Skizzen zum
Widerstand 1925-1945. Hannover: SOAK-Verl. 1980. 208 S. B 45042
B o l l , F. : Massenbewegungen in Niedersachsen. 1906-1920. Eine
sozialgeschichtliche Untersuchung zu den unterschiedlichen Entwicklungstypen Braunschweig u. Hannover. Bonn: Verl. Neue
Gesellschaft 1981. 353 S. B 44194
Braunschweig unterm Hakenkreuz. Bürgertum. Justiz und Kirche.
Eine Vortragsreihe ... Hrsg. : H. Kramer. Braunschweig:
Magni-Buchladen 1981. 189 S. Bc 2556
Hannoversche Frauen gegen den Faschismus 1933-1945. Lebensberichte. E. Beitrag z. Stadtgeschichte. Hannover: Vereinigung d.
Verfolgten d. Naziregimes 1982. 54 S. Bc 0806
Kirche und Nationalsozialismus in Braunschweig. Hrsg. : D. Kuessner.
Braunschweig: Magni-Buchladen GmbH 1980. 96 S. Bc 2134
R e c k e r , M. -L. : Die Grosstadt als Wohn- und Lebensbereich
im Nationalsozialismus. Zur Gründung der "Stadt
des KdF-Wagens". Frankfurt: New York: Campus Verl.
1981. 152 S. Bc 2710

Nordrhein-Westfalen
A d a m s e n , H. R. : Investitionshilfe für die Ruhr. Wiederaufbau,
Verbände und Soziale Marktwirtschaft 1948-1952. Wuppertal:
Hammer 1981. 294 S. B 44999
B r o z i o , N. : Gewerkschaftlicher Wiederaufbau im nördlichen Ruhrgebiet 1945-1947. Münster: Ed. Westfäl. Dampfboot 1980.
166 S. Bc 2050
B u c h l o h , I. : Die nationalsozialistische Machtergreifung in Duisburg. Eine Fallstudie. Duisburg: Braun 1980. XVII, 216 S. B 45045
H o h e n s e e , H. : Duisburger Notgeld. Duisburg: Braun 1980.
VIII, 202 S. Bc 2716
J o s c z o k , D. : Die Entwicklung der sozialistischen Arbeiterbewegung in Düsseldorf während des 1. Weltkrieges. Reinbek: Einhorn-Presse-Verl. 1980. 196 S. Bc 2568
K l e i n - R e s s i n k , A. : Textilarbeiter und Nationalsozialismus im Westmünsterland. E. regionale Unters. z. Auseinandersetzung kathol. Arbeiter m. d. Faschismus. Münster: Ed. Westfäl.
Dampfboot 1981. 163 S. B 45347
Köln nach dem Nationalsozialismus. Der Beginn des gesellschaftlichen u. politischen Lebens in den Jahren 1945/46. Hrsg. : O. Dann.
Wuppertal: Hammer Verl. 1981. 260 S. B 44584
K r a u m e , H. -G. : Duisburg im Krieg. 1939-1945. Düsseldorf:
Droste 1982. 113 S. 08764
M e y e r , W. R. : Das Ruhrgebiet in der Strukturkrise. In: Der Bürger im Staat. Jg. 31, 1981. H. 3. S. 224-230. BZ 05147:31
P a l l u s , H. : Zu Clara Zetkins Wirken während des Ruhrkonflikts 1923. In: Zeitschrift für Geschichtswissenschaft. Jg. 30, 1982. H. 4.
S. 335-342. BZ 4510:30
S c h n ö r i n g , K. : Auschwitz begann in Wuppertal. Jüdisches Schicksal unter dem Hakenkreuz. Wuppertal: Hammer 1981.
142 S. B 43911
S c h r ö t e r , H. : Geschichte und Schicksal der Essener Juden. Gedenkbuch für die jüdischen Mitbürger der Stadt Essen. Essen 1980:
Druck-Partner. 811 S. B 44635
Der erste Weltkrieg. Berichte aus Dormagener Schulchroniken.
Dormagen, Zons, Nievenheim, Gohr, Stürzelberg. Bearb. u. eingel.:
H. A. Pankalla. Köln: Rheinland-Verl. 1980. 96 S. Bc 2987

Rheinland-Pfalz
"Rote Tage" im Rheinland. Demonstrationen d. Roten Frontkämpferbundes (RFB) im Gau Mittelrhein 1925-1928. Wentorf: Einhorn Presse Verl. 1980. 175 S. Bc 2053
W ü n s c h e l , H. -J. : Der Neoseparatismus in der Pfalz nach dem Zweiten Weltkrieg. In: Landesgeschichte und Zeitgeschichte.
1980. S. 249-327. B 43789

Saargebiet
R e p g e n , K. : Die Saar-Frage im Bundesparteivorstand der Christlich-Demokratischen Union Deutschlands 1950-1955. In:
Innen-und Aussenpolitik. 1980. S. 87-125. B 44602

Schleswig-Holstein
Stolz, G.: Geschichte der Polizei in Schleswig-Holstein. Heide:
 Boyens 1978. 460 S. B 43888

L 130.2 Deutsche Demokratische Republik/DDR

a. Allgemeines

Ash, T.G.: "Und willst du nicht mein Bruder sein..." Die DDR
 heute. Hamburg: Spiegel-Verl. 1981. 207 S. B 45298
Böhme, I.: Die da drüben! Sieben Kapitel DDR. Bilder
 v. W. Götze. Berlin: Rotbuch-Verl. 1982. 125 S. Bc 3118
DDR. Werk von Generationen - Werk von Millionen. Anschauungs-
 material zum 30. Jahrestag d. Gründung d. DDR. Berlin: Dietz 1979.
 95 S. Bc 0503
Dieckmann, G.: Macht der Arbeiterklasse - Macht des ganzen
 Volkes. Berlin: Dietz 1981. 90 S. Bc 2242
Für ein sozialistisches Vaterland. Berlin: Mil. Verl. d. DDR 1981.
 292 S. B 44946
Zahlenspiegel. Bundesrepublik Deutschland- Deutsche Demokratische
 Republik. Ein Vergleich. 2. Aufl. Bonn: Bundesministerium für
 innerdeutsche Beziehungen 1981. 108 S. Bc 0610

c. Biographien

Heyl, W.: Christ im Sozialismus-Freiheit und Dienst. Berlin:
 Union Verl. 1981. 359 S. B 44815
Hoffmann, H.: Mannheim, Madrid, Moskau. Erlebtes aus drei
 Jahrzehnten. Berlin: Militärverl. d. DDR 1981. 438 S. B 44377
Kappelt, O.: Braunbuch DDR. Nazis in der DDR. Berlin:
 Reichmann 1981. 424 S. B 44816
Kaul, F.: In Robe und Krawatte. Der Verteidiger hat das Wort.
 Berlin: Verl. Das Neue Berlin 1981. 350 S. B 44945
Loest, E.: Durch die Erde ein Riß. Ein Lebenslauf. Hamburg:
 Hoffmann u. Campe 1981. 413 S. B 44300
Rothe, L.; Woitinas, E.: Hermann Matern. Aus seinem Leben
 und Wirken. Berlin: Dietz 1981. 195 S. B 44382
Verner, P.: Auf bewährtem Kurs für Sozialismus und Frieden.
 Ausgew. Reden u. Aufsätze. Berlin: Dietz 1981. 511 S. B 44032
Wegner-Korfes, S.: Zur Biographie von Otto Korfes. In: Zeit-
 schrift für Geschichtswissenschaft. Jg. 30, 1982. H. 1.
 S. 51-62. BZ 4510:30

e. Staat/Politik

e. 1 Innenpolitik

Die Auslegung der Ostverträge und Fragen der gesamtdeutschen
Staatsangehörigkeit der Ostdeutschen. Bonn: Kulturstiftung der
deutschen Vertriebenen 1980. 146 S. Bc 2535
DDR-Haftwesen und Justiz. Neuester Stand. Interviews. 53. Pressekonferenz. Berlin: Arbeitsgemeinschaft 13. August... 1982.
19 S. D 02410
Finn, G.; Fricke, K. W.: Politischer Strafvollzug in der DDR.
Köln: Verl. Wissenschaft und Politik 1981. 166 S. B 45044
Klump, B.: Freiheit hat keinen Preis. Ein dt. -dt. Report.
München: Herbig 1981. 351 S. B 44695
Staatliche Leitung bei der Gestaltung der entwickelten sozialistischen
Gesellschaft. Berlin: Staatverl. d. DDR 1981. 253 S. B 45054
Mangoldt, H. von: Deutsche Staatsangehörigkeit und Abgrenzungspolitik - die Entwicklung des deutschen Staatsangehörigkeitsrechts
seit den 60er Jahren. In: Politik und Kultur. Jg. 8, 1981. H. 4.
S. 27-46. BZ 4638:8
Die unbekannte Opposition in der DDR. Kommunistische Arbeiter
gegen das Honecker-Regime. Dortmund: Verl. Roter Morgen 1980.
48 S. Bc 2684
Schneider, E.: Die Wahlen zur Volkskammer der DDR (1981) und
zum Obersten Sowjet der UdSSR (1979). In: Zeitschrift für Parlamentsfragen. Jg. 12, 1982. H. 4. S. 489-508. BZ 4589:12
Schuller, W.: Geschichte und Struktur des politischen Strafrechts
der DDR bis 1968. Ebelsbach: Gremer 1980. XXIV, 487 S. B 44453
Verdross, A.; Simma, B.; Geiger, R.: Territoriale Souveränität und Gebietshoheit. Zur völkerrechtlichen Lage der Oder-
Neisse-Gebiete. Bonn: Kulturstiftung d. dt. Vertriebenen 1980.
152 S. Bc 2536
Verletzung von Menschenrechten. E. Dokumentation d. Verletzungen...
gegenüber Deutschen... 2. neubearb. Aufl. Bonn: Kulturstiftung d.
dt. Vertriebenen 1980. 102 S. Bc 2534
Wietstruk, S.: Neue Macht schafft neues Recht! Berlin: Staatsverl.
d. DDR 1980. 167 S. Bc 2673

e. 1.4 Parteiwesen

Bräuer, A.; Conrad, H.: Kaderpolitik der SED - fester Bestandteil der Leitungstätigkeit. 2. Aufl. Berlin: Dietz 1981. 63 S. Bc 2385
Dokumente und Materialien der Zusammenarbeit zwischen der Sozialistischen Einheitspartei Deutschlands und der Kommunistischen
Partei Kubas. 1971-1977. Berlin: Dietz 1979. 282 S. B 44943
Mauersberger, E.: 35 Jahre Sozialistische Einheitspartei

Deutschlands. Die Führungsrolle der SED-Landesparteiorg. Sachsen-Anhalt von 1946-1952 im Spiegel d. Literatur. Halle: Univ. -u. Landesbibliothek 1981. 30 S. Bc 2837

McCauley, M.: Power and authority in East Germany: The Socialist Unity Party (SED). London: Institute for the Study of Conflict 1981. 28 S. Bc 2604

Mittag, G.: Direktive des X. Parteitages der SED zum Fünfjahrplan für die Entwicklung der Volkswirtschaft der DDR... 1981 bis 1985. 2. Aufl. Berlin: Dietz 1981. 96 S. Bc 2670

Mittag, G.; Schuerer, G.: 13. Tagung d. ZK d. SED, 11. -12. Dez. 1980. - Aus dem Bericht des Politbüros an die 13. Tagung des ZK der SED. Zum Volkswirtschaftsplan 1981. Berlin: Dietz 1980. 174 S. Bc 2243

Die 3. Tagung des Zentralkomitees der SED. In: Deutschland-Archiv. Jg. 15, 1982. Nr. 1. S. 93-109. BZ 4567:15

Agsten, R.; Bogisch, M.: Zur Geschichte der LDPD, 1949-1952. T. 1. 2. Berlin: Verl. Der Morgen 1982. 130, 150 S. Bc 2925

e. 2 Außenpolitik

Banerjee, J.: GDR and detente. Divided Germany and East-West-relations. An outsider's perspective. Bonn: Europa-Verl. 1981. 92 S. Bc 2562

Bruns, W.: Außenpolitik auf dem X. Parteitag der SED. In: Aussenpolitik. Jg. 32, 1981. H. 3. S. 237-250. BZ 4457:32

Bruns, W.: Nach dem Spitzentreffen Schmidt-Honecker. In: Aussenpolitik. Jg. 33, 1982. H. 2. S. 113-123. BZ 4457:33

Burens, P. -C.: Die DDR und der "Prager Frühling". Bedeutung und Auswirkungen der tschechoslowakischen Erneuerungsbewegung für d. Innenpolitik der DDR im Jahr 1968. Berlin: Duncker u. Humblot 1981. 188 S. B 45100

Croan, M.: DDR-Neokolonialismus in Afrika. Bonn: Deutsche Afrika-Stiftung 1981. 31 S. Bc 2149

Die DDR im Warschauer Pakt und im Rat für Gegenseitige Wirtschaftshilfe. Bonn: Verl. Neue Gesellschaft 1981. 41 S. Bc 2755

Paktfreiheit für beide deutsche Staaten. Oder Bis, daß der Tod uns eint? 2. Aufl. Berlin: Alternative Liste 1982. 149 S. D 2471

f. Wehrwesen

Dissmann, W.: Bewaffnete Organe in der "DDR". München: CSU 1980. 28 S. Bc 0510

Foged-Christiansen, H. B.: Muldvarpekrigen. Østtysk spionage i Danmark. København: ZAC 1980. 120 S. B 43227

Handbuch für den Wachoffizier der Volksmarine.

Berlin: Mil. Verl. d. DDR 1981. 522 S. B 44036
Ich war Grenzaufklärer. Eine Vertrauensperson des Staatssicherheitsdienstes d. DDR, als Unteroffizier an d. Grenzlinie eingesetzt, berichtet u. dokumentiert. ... Eine Dokumentation d. Arbeitsgemeinschaft 13. August. 54. Pressekonferenz. ... Interviews u. Zus.-Stellung: Rainer Hildebradt [u. a.].Berlin: Verl. Haus am Checkpoint Charlie 1982. 73 S. D 02453
P a u l , M.; L i e b i g , H.: Grenzsoldaten. Berlin: Militärverl. d. DDR 1981. 158 S. 08605
S c h l e c h t e , K.-D.: Bewaffnete Organe der DDR. Eine Auswahlbibliographie. In: Deutschland-Archiv. Jg. 15, 1981. Nr. 8. S. 866-879. BZ 4567:14
W a g n e r , D.: Die Kampfgruppen der Arbeiterklasse in der DDR. In: Beiträge zur Konfliktforschung. Jg. 11, 1981. Nr. 4. S. 115-128. BZ 4594:11

g./h. Wirtschaft und Gesellschaft

B u c k , H. F.: Zur Lage der Staatsfinanzen der DDR am Ende der Fünfjahrplanperiode 1976-1980. In: Deutschland-Archiv. Jg. 14, 1981. H. 11. S. 1158-1172. BZ 4567:14
D i t t r i c h , G.: Zu den Reproduktionsquellen und einigen Veränderungen in der sozialen Struktur der Arbeiterklasse der DDR während der Übergangsperiode vom Kapitalismus zum Sozialismus. In: Jahrbuch für Wirtschaftsgeschichte. 1981. T. 2. S. 243-279. BZ 4414:1981
Die Kraft unserer Klasse. Der Freie Deutsche Gewerkschaftsbund - treuer Kampfgefährte der Partei der Arbeiterklasse. Berlin: Verl. Tribüne 1980. 167 S. 08622
L a m b r e c h t , H.: Der Innerdeutsche Handel - ein Güteraustausch im Spannungsfeld von Politik und Wirtschaft. In: Aus Politik und Zeitgeschichte. 1982. B 40. S. 3-17. BZ 05159:1982
P l a t e , B. von: Zur Grundsatzdiskussion in der DDR über die Frage des Wirtschaftswachstums. In: Deutschland-Archiv. Jg. 16, 1982. H. 1. S. 37-55. BZ 4567:15
R o e s l e r , J.: Die gewerkschaftliche Mitbestimmung in der volkseigenen Industrie 1948-1950. In: Zeitschrift für Geschichtswissenschaft. Jg. 28, 1981. H. 11. S. 1018-1026. BZ 4510:29

h. 1 Bevölkerung und Familie

B o r k o w s k i , D.: Für jeden kommt der Tag... Stationen einer Jugend in der DDR. Frankfurt: Fischer 1981. 453 S. B 44640
B o w e r s , S.: The mobilization of youth in marxist East Germany. In: The journal of social and political studies. Vol. 5, 1980. No. 4. S. 163-182. BZ 4670:5

Freiburg, A.; Mahrad, C.: FDJ. Der sozialistische Jugendverband der DDR. Opladen: Westdt. Verl. 1982. 377 S.   B 46241
Freiburg, A.: "Freie Deutsche Jugend". Aufgaben und Strukturen der FDJ. In: Deutsche Studien. Jg. 19, 1981. H. 76.
S. 360-372.   BZ 4536:19
Freiburg, A.: Entwicklung, Struktur und Funktionen der FDJ.
In: Politik und Kultur. Jg. 9, 1982. H. 2. S. 61-78.   BZ 4638:9
Mahrad, C.: Die internationale Arbeit der FDJ. In: Politik und Kultur. Jg. 9, 1982. H. 3. S. 50-61.   BZ 4638:9
Mahrad, C.: Jugendpolitik der SED. In: Deutsche Studien.
Jg. 19, 1981. H. 76. S. 346-359.   BZ 4535:19
Schubert, F.: Die Frau in der DDR. Ideologie u. konzeptionelle Ausgestaltung ihrer Stellung in Beruf u. Familie. Opladen: Leske u. Budrich 1980. 259 S.   B 45080

i. Geistesleben

Kreutzberg, M.: Zum Faschismusbild in der Kunst der DDR. In: Politik und Kultur. Jg. 9, 1982. H. 3. S. 20-31.   BZ 4638:9
Lerch, R.; Kantel, D.; Spindeldreier, U.: Die Militarisierung der Gesellschaft in der DDR. Bonn: Bonner Friedensforum 1982. 61 S.   D 2486
Nordmann, I.: Kulturrevolution bei Marx und in der DDR. Über das Verhältnis von Theorie und Praxis. Berlin: Spiess 1980.
XI, 540 S.   B 44586
Pröll, B.: Vormilitärische Erziehung in beiden deutschen Staaten - vergleichbare Vorbereitung auf den Wehrdienst? Beschreibung, Analyse, Bewertung, Dokumentation. Frankfurt: Haag u. Herchen 1981. 60 S.   B 43536

k. Geschichte

Geschichte der Deutschen Demokratischen Republik. Berlin:
Dt. Verl. d. Wissenschaft 1981. 402 S.   B 44031
Heydemann, G.: Marxistisch-leninistische Zeitgeschichte in der DDR. In: Aus Politik und Zeitgeschichte. 1982. B 36.
S. 17-26.   BZ 05159:1982
Mauersberger, E.; Beyer, W.: 30 Jahre Deutsche Demokratische Republik. 1949-1979. Halle: Univers.-u. Landesbibliothek 1979. 26 S.   Bc 2836
Weber, H.: DDR. Grundriss der Geschichte. 1945-1981. 3. überarb. u. erg. Aufl. Hannover: Fackelträger 1982. 242 S.   Bc 2950
Der Weg nach Pankow. Zur Gründungsgeschichte der DDR.
Kolloquium des Instituts für Zeitgeschichte. München, Wien: Oldenbourg 1980. 91 S.   Bc 2261

L 130.3 Ostdeutsche Länder bis 1945

Birnbaum, M. P.: Staat und Synagoge 1918-1938. Eine Geschichte d. Preuß. Landesverbandes jüdischer Gemeinden 1918-1938. Tübingen: Mohr 1981. XII, 298 S. B 45001

Förtsch, E.: Preussen-Bild und historische Traditionen in der DDR. In: Deutsche Studien. Jg. 19, 1981. H. 75. S. 276-287. BZ 4535:19

Geflohen und vertrieben. Augenzeugen berichten. Hrsg.: R. Mühlfenzl. Köngistein: Athenäum 1981. 271 S. 08591

Hubatsch, W.: Die Volksabstimmung in Ost- und Westpreussen 1920. - Ein demokratisches Bekenntnis zu Deutschland. Hamburg: Staats- und wirtschaftspolit. Gesellsch. 1980. 15 S. Bc 3043

Karp, H.-J.: Germanisierung oder Seelsorge? Zur Tätigkeit reichsdeutscher Priester in den dem Deutschen Reich eingegliederten Gebieten Polens, 1939-1945. In: Zeitschrift für Ostforschung. Jg. 30, 1981. H. 1. S. 40-74. BZ 4469:30

Körner, G.: Einsatz des Selbstschutzes in Oberschlesien 1921. Bilddok. Dülmen: Laumann 1981. 176 S. 08666

Kulczycki, J. J.: School Strikes in Prussian Poland, 1901-1907: The struggle over bilingual education. New York: Columbia Univ. Pr. 1981. XXII, 279 S. B 44177

Maciejewski, J.: Wspomnienia z tamtych lat. [Erinnerungen aus jenen Jahren. (Erinnerungen d. Vizepräsidenten von Stettin).] Wrocław: Ossolineum 1980. 184 S. B 43437

Möller, H.: Die preussischen Oberpräsidenten der Weimarer Republik als Verwaltungselite. In: Vierteljahrshefte für Zeitgeschichte. Jg. 30, 1982. H. 1. S. 1-26. BZ 4456:30

Petry, L.: Schlesien im Wechsel von kultureller Rand- und Binnenlage. In: Zeitschrift f. Ostforschung. Jg. 30, 1981. H. 1. S. 19-39. BZ 4469:30

Letzte Tage in Schlesien. Tagebücher, Erinnerungen und Dokumente der Vertreibung. Zsgest. u. hrsg.: H. Hupka. München: Langen Müller 1981. 357 S. B 44696

Verbrechen an Deutschen. Die Opfer im Osten. 3. Aufl. Hrsg.: W. Ahrens. Sauerlach-Arget: Verl. f. Öffentlichkeitsarbeit in Wirtschaft u. Politik 1980. 95 S. Bc 2190

Walendy, U.: Deutsches Schicksal Westpreussen. Vlotho: Verl. f. Volkstum u. Zeitgeschichtsforschung 1981. 40 S. Bc 0695

Wyglenda, W.: Bibliografia plebiscytu i powstań śląskich. Wybór. [Bibliographie des Volksentscheids u. der schlesischen Aufstände. Auswahl.] Opole: Wyd. Inst. Śląskiego 1979. 43 S. Bc 2318

Zayas, A. M. de: (Nemesis at Potsdam. [dt.]) Die Anglo-Amerikaner und die Vertreibung der Deutschen. Vorgeschichte, Verlauf, Folgen. 6., erw. Aufl. München: Beck 1981. 304 S. B 43547

L 135 Finnland

e. Staat/Politik

Apunen, O.; Rytövuori, H.: Ideas of 'survival' and 'progress' in the Finnish foreign policy tradition. In: Journal of peace research. Vol. 19, 1982. No. 1. S. 61-82. BZ 4372:19
Arter, D.: Kekkonen's Finland. Enlightened despotism or consensual democracy? In: West European politics. Vol. 4, 1981. No. 3. S. 219-234. BZ 4668:4
Haavio-Mannila, E.: Finland. In: The politics of the second electorate. 1981. S. 228-251. B 44630
Hirn, W.: Finnland nach Kekkonen - Kontinuität oder Wandel? In: Aus Politik und Zeitgeschichte. 1982. B 37. S. 21-30. BZ 05159:1982
Kekkonen, U.: (Tamminiemi. [dt.]) Gedanken eines Präsidenten. Finnlands Standort in der Welt. Düsseldorf: Econ 1980. 142 S. B 44108
Krosby, H. P.: (Finland and the Soviet Union 1944-1978. [dt.]) Friede für Europas Norden. Die sowjetisch-finnischen Beziehungen von 1944 bis zur Gegenwart. Wien: Econ 1981. 502 S. B 45005
Maude, G.: The further shores of finlandization. In: Cooperation and conflict. Vol. 17, 1982. No. 1. S. 3-16. BZ 4605:17
Seppälä, R.: "Poika". Mies ja myytti. ["Der Junge"]. Der Mann und der Mythos.] Helsinki: Tammi 1979. 214 S. B 45269
Sinkkonen, S.; Haavio-Mannila, E.: The impact of the women's movement and legislative activity of women mps on social development. In: Women, power and political systems. 1981. S. 195-215. B 44390
Upton, A. F.: Finland. In: Fascism in Europe. 1981. S. 191-222. B 44868

k. Geschichte

Klinge, M.: L'Histoire de Finlande en bref. Helsinki: Otava 1980. 118 S. Bc 2301
Puntila, L. A.: (Suomen poliittinen Historia 1809- 1977, [dt.]) Politische Geschichte Finnlands 1809-1977. Helsinki: Otava 1980. 274 S. B 43968
Schaper, E.; Salis, G. von: Die Gedenkstätte in Montreux. Mannerheim, Marschall von Finnland. 2. Aufl. Weinfelden: Schweizer. Vereinigung d. Freunde Finnlands 1981. 37 S. Bc 2941
Sinivalkoinen Suomi 1939-1941 julkisten asiakirjojen valossa. Vuonna 1941 ilmestyneen Suomen sinivalkoisen kirjan (I-II) dokumentit, kommentteja ja täydennystä. [Das blauweiße Finnland 1939-1941 im Lichte offizieller Dokumente.] 1. 2. Espoo: Alea Kirja 1978-79. 120, 161 S. Bc 1823

Upton, A. F.: The Finnish Revolution 1917-1918. Minneapolis:
Univ. Pr. 1980. 608 S.   B 45114

L 137   Frankreich

c. Biographien

Baal, G.: Un salon dreyfusard, des lendemains de l'affaire à la
grande guerre. La Marquise Arconati-Visconti es ses amis. In:
Revue d'histoire moderne et contemporaine. Tome 28, 1982.
Juillet-Septembre. S. 433-463.   BZ 4586:28
Caillet, G.: De Gaulle. Le Journal du monde 1890-1970.
Paris: Denoel 1980. 124 S.   Bc 0555
Christienne, C.: Ader et Mitchell. In: Revue historique des
armées. 1982. No. 1. S. 25-41.   BZ 05443:1982
Dumas, R.: Philibert Besson. Le député terrible. St. Etienne:
Le Hénaff 1980. 141 S.   B 45411
Ellis, J. D.: The early Life of Georges Clemenceau. 1841-1893.
Lawrence: The Regents Pr. of Kansas 1980. XIX, 272 S.   B 44096
Engelkes, H.: Mitterand. Aus der Nähe gesehen. Düsseldorf:
Econ 1981. 336 S.   B 45093
García-Salvattecci, H.: Sorel y Mariátegui. Lima: Delgado
Valenzuela 1980. 276 S.   B 42418
Hertzog-Cachin, M.: Regards sur la vie de Marcel Cachin.
Paris: Éd. Sociales 1980. 273 S.   B 43473
Krause-Jensen, E.: Den revolutionaere Sartre. Omkring Jean-
Paul Sartres venstresocialisme. København: Rhodos 1979.
280 S.   B 42236
Mitterand, F.; Claisse, G.: Ici et maintenant. Conversations
avec G. Claisse. Paris: Fayard 1980. X, 309 S.   B 43455
Mitterand, F.: (Ici et maintenant. [dt.]) Der Sieg der Rose.
Düsseldorf: Econ 1981. 287 S.   B 44559
Pottecher, F.: Le proces Pétain. Paris: Lattès 1980. 541 S. B 44242
Woyke, W.: Mitterand - Politischer Wandel in Frankreich. In:
Aussenpolitik. Jg. 32, 1981. Nr. 4. S. 344-357.   BZ 4457:32

e. Staat/Politik

e. 1 Innenpolitik

L'Agression. L'état-Giscard contre le secteur public. Paris:
Club socialiste du livre 1981. 323 S.   B 44961
Berne, J.: La Campagne présidentielle de Valéry Giscard d'Estaing
en 1974. Paris: Pr. Univ. de France 1981. 208 S.   B 44049

Bloch, C.: Wechselwirkungen zwischen Innen- und Aussenpolitik in Frankreich 1870-1970. In: Innen- und Aussenpolitik. 1980. S. 149-171. B 44602
Bourret, J.-C.: G.I.G.N. Mission impossible. Les exploits des gendarmes anti-terroristes. Paris: France-Empire 1981. 246 S. B 44247
Costa, J. M.: L' Anti-Giscard. La révolution par les urnes. Paris: La Pensée Universelle 1981. 157 S. B 44054
Debray, R.: (Le Pouvoir intellectuel en France. [dt.]) "Voltaire verhaftet man nicht!" Die Intellektuellen und die Macht in Frankreich. Köln-Lövenich: Hohenheim Verl. 1981. 292 S. B 44658
France de gauche vote à droite. Paris: Pr. de la Fond. Nat. des Scienc. Pol. 1981. 355 S. B 44050
Goguel, F.: Chroniques électorales. T. 1. Paris: Presses de la Fondation nationale des Sciences politiques 1981. 171 S. B 44663
Kimmel, A.: Das Parlament in der V. französischen Republik. Grundstrukturen und Reformprobleme. In: Zeitschrift für Parlamentsfragen. Jg. 12, 1981. H. 2. S. 235-251. BZ 4589:12
Lidderdale, D. W. S.: The Parliament of France. Repr. Westport: Hyperion Pr. 1979. 296 S. B 45348
Machin, H.; Wright, V.: Why Mitterand won: the French presidential elections of April-May 1981. In: West European politics. Vol. 5, 1982. No. 1. S. 5-35. BZ 4668:5
Mastias, J.: Le Sénat de la Ve République: Réforme et renouveau. Paris: Economica 1980. X, 527 S. B 45113
Ménudier, H.: Die Außenpolitik als Thema im französischen Wahlkampf 1981. In: Beiträge zur Konfliktforschung. Jg. 11, 1982. Nr. 4. S. 57-95. BZ 4594:11
Parzymies, S.: Rząd lewicy we Francji wobec problemów bezpieczeństwa i rozbrojenia. [Die Regierung der Linken in Frankreich u. das Problem der Sicherheit u. Abrüstung.] In: Sprawy Międzynarodowe. Rok 34, 1981. Zeszyt 10. S. 7-22. BZ 4497:34
Präsidentschafts- und Parlamentswahlen; Mitterand gewählt; neue Regierung. In: Weltgeschehen. 1981. H. 2. S. 181-212. BZ 4555:1981
Rials, S.: Le Premier Ministre. Paris: PUF 1981. 127 S. Bc 2411
Sur, S.: Le Système politique de la Ve République. Paris: PUF 1981. 127 S. B 44082

e. 1.4 Parteiwesen

Braunerhielm, R.: Folkfront och krigshot. Frankrike inför andra världskriget. Stockholm: Ordfront 1981. 138 S. B 45264
Buffin, D.; Gerbaud, D.: Les Communistes. Paris: Michel 1981. 283 S. B 44248
Cadres: L' alternative socialiste. Préf.: F. Mitterand. Paris: Club Socialiste du Livre 1981. 100 S. Bc 2504
Le Congrès de Tours. 18e Congrès national du Parti socialiste.

Texte intégral. Paris: Éd. Sociales 1980. 918 S. B 44677
Dabezies, P.: French political parties and defense policy. Divergences and consensus. In: Armed forces and society. Vol. 8, 1982.
No. 2. S. 239-256. BZ 4418:8
Daix, P.: Les Hérétiques du P. C. F. Paris: Laffont 1980.
350 S. B 44137
Deli, P.: De Budapest à Prague. Les sursauts de la gauche française. Paris: Éd. Anthropos 1981. 320 S. B 44420
Eisenhammer, J. S.: The French communist party, the General confederation of labour, and the nuclear debate. In: West European politics. Vol. 4, 1981. No. 3. S. 252-266. BZ 4668:4
Elleinstein, J.: Ils vous trompent, camarades! Paris:
Belfond 1981. 213 S. B 44244
Études sur le Congrès de Tours. Paris: SEPIRM 1980. 171 S. B 44541
Projet socialiste. -Pour la France des années 80. Paris:
Club soc. du Livre 1981. 380 S. B 44830
Goulemot, J. M.: Le Clairon de Staline. Paris: Le Sycomore 1981.
161 S. B 44056
Griotteray, A.: Lettre aux Giscardo-Gaullistes sur une certaine idée de la France. Paris: Mengès 1980. 250 S. B 44889
Huntzinger, H.: La politique extérieure du Parti socialiste. In:
Politique étrangère. Année 47, 1982. No. 1. S. 33-44. BZ 4449:47
Johnson, R. W.: The long March of the French Left. New York:
St. Martin's Pr. 1981. XV, 345 S. B 43760
Lavau, G.: A quoi sert le Parti communiste français? Paris:
Fayard 1981. 443 S. B 44243
Lawson, K.: The impact of party reform on party systems. The case of the RPR in France. In: Comparative politics. Vol. 13, 1981.
No. 4. S. 401-419. BZ 4606:13
Parti socialiste. La France au pluriel. Préf.: F. Mitterand.
Paris: Ed. Entente 1981. 127 S. Bc 2412
Seidelin Hansen, M.: Den franske Folkefront 1935 til 1938. Dens forudsaetninger og sammenbrud. København: Gyldendal 1980.
283 S. B 43977
Teitgen, J.: Le Gaullisme en question. Paris: Juillard 1981.
151 S. B 43635
Warner, G.: France. In: Fascism in Europe. 1981.
S. 307-327. B 44868

e. 2 Außenpolitik

Aurillac, M.: L'épée demeure l'axe du monde. In: La sécurité de l'Europe dans les Années 80. S. 357-367. B 44240
Bahu-Leiser, D.: De Gaulle, les français et l'Europe. Paris:
Pr. Univ. de France 1981. 259 S. B 44051
Čerkasov, P. P.: Politika Francii v Afrike. [Frankreichs Politik in Afrika in den 70iger Jahren des 20. Jahrhunderts.]

In: Voprosy istorii. God 1982. No. 8. S. 49-64. BZ 05317:1981
F o i a r d , P. A. de: Betrachtungen zur französischen Sicherheits-
politik. In: Heere international. Jg. 1,1981. S. 103-116. BZ 4754:1
H a r r i s o n , M. M.: The reluctant Ally. France and the Atlantic
security. Baltimore: The John Hopkins Univ. 1981.
XIII, 304 S. B 45148
K u ź n i a r , R.: Polityka zagraniczna nowego rządu Francji. [Die
Aussenpolitik der neuen französischen Regierung.] In: Sprawy
Międzynarodowe. Rok 34,1981. Zeszyt 12. S. 7-28. BZ 4497:34
M é n u d i e r , H.: Kontinuität und Wandel in der Aussenpolitik Frank-
reichs unter Präsident Mitterand. In: Europa-Archiv. Jg. 37,1982.
Folge 3. S. 67-76. BZ 4452:37
M ü n c h h a u s e n , T. Frhr. von: Frankreichs Beziehungen zur arabi-
schen Welt. In: Aussenpolitik. Jg. 32,1982. H. 4.
S. 358-372. BZ 4457:32
P a r z y m i e s , S.: Stosunki Francji z Izraelem. [Frankreichs Be-
ziehungen zu Israel.] In: Sprawy Międzynarodowe. Rok 35,1982.
Zeszyt 5. S. 53-66. BZ 4497:35
P o i d e v i n , R.; B a r i é t y , J.: (Les Relations franco-allemandes,
[dt.]) Frankreich und Deutschland. Die Geschichte ihrer Beziehun-
gen 1815-1975. München: Beck 1982. 498 S. B 45797
The foreign Policies of the French left. Ed. : S. Serfaty. Boulder:
Westview 1979. XI, 124 S. B 44098
S a i n t B r i d e s , Lord: Foreign policy of socialist France. In:
Orbis. Vol. 26,1982. No. 1. S. 35-48. BZ 4440:26
S c h w a r z b e c k , F.: Frankreich - Dritte Welt. Eine neue Politik
unter Mitterand? Hamburg: Dt. Übersee-Institut 1982. 36 S. Bc 2959

e. 3 Kolonialpolitik

A n d r e w , C. M. ; K a n y a - F o r s t n e r , A.: France overseas. The
great war and the climax of French imperial expansion.
London: Thames and Hudson 1981. 302 S. B 44879
G u i l l e m i n , J.: L'importance des bases dans la politique mili-
taire de la France en Afrique Noire francophone et à Madagascar.
In: Le mois en Afrique. Année 16,1981. No. 188/189.
S. 31-44. BZ 4748:16
L a b o n d e , J.: De Gaulles Algerienpolitik. Krefeld: Sinus-Verl.
1981. 107 S. Bc 2566
R u s c i o , A.: Le mendésisme et l'Indochine. In: Revue d'histoire
moderne et contemporaine. Tome 19,1982. Avril-Juin.
S. 324-342. BZ 4586:29
S p i t t l e r , G.: Verwaltung in einem afrikanischen Bauernstaat.
Das koloniale Französisch-West-Afrika 1919-1939.
Wiesbaden: Steiner 1981. 208 S. B 46496

f. Wehrwesen

f. 01 Wehrpolitik

Becker, J. M.: Mitterands Militärpolitik. In: Blätter für deutsche und internationale Politik. Jg. 27, 1982. H. 2. S. 192-206. BZ 4551:27
Berger, P.: Défense de la France et intervention en Europe. In: Défense nationale. Année 38, 1982. Janvier. S. 23-39. BZ 4460:38
David, D.; Halleman, G.-P.: Les missiles de croisière et la défense française. In: Défense nationale. Année 38, 1982. Mai. S. 31-47. BZ 4460:38
Defline, X.: La France et les SALT III. In: La sécurité de l'Europe dans les années 80. S. 381-391. B 44240
Dolent, J.; Daquin, T.: La Sécurité militaire. Paris: Éd. du Cerf 1981. 127 S. B 44070
Geneste, M.: Deterrence through terror or deterrence through defense. The emerging nuclear debate. In: Armed forces and society. Vol. 8, 1982. No. 2. S. 223-238. BZ 4418:8
Kolodziej, E. A.: French security policy. Decisions and dilemmas. In: Armed forces and society. Vol. 8, 1982. No. 2. S. 185-221. BZ 4418:8
Plantey, A.: Pour une nouvelle approche du concept de défense. In: Défense nationale. Année 38, 1982. Août-Septembre. S. 7-20. BZ 4460:38
Resistance a la militarisation nationale et internationale. Réflexions et perspectivs d'action. Compte-rendu Paris: Collectif contre la Militarisation 1980. Getr. Pag. Bc 0683

f. 1 Heer

Cailleteau, F.: Elite selection in the French army officer corps. In: Armed forces and society. Vol. 8, 1982. No. 2. S. 257-274. BZ 4418:8
Dutailly, H.: Les Problèmes de l'armée de terre française. 1935-1939. Paris: État-major de l'Armée de Terre Service Historique 1980. 449 S. B 46266
Laulan, Y.: France and his army in the 1980s. In: The internal fabric of western security. 1981. S. 97-128. B 44928
Manuel de savoir-vivre à l'usage des appelés. Paris: Rompons les rangs 1981. 62 S. Bc 2465
Martin, M. L.: From periphery to center. Women in the French military. In: Armed forces and society. Vol. 8, 1982. No. 2. S. 303-333. BZ 4418:8
Porch, D.: The March to the Marne. The French army 1871-1914. Cambridge: Univ. Pr. 1981. VIII, 294 S. B 45341
Thomas, H. J.-P.; Rosenzveig, C.: French NCOs. Career

strategies and attitudes. In: Armed forces and society. Vol. 8, 1982.
No. 2. S. 275-301. BZ 4418:8

Benavente, J. P.: More majorum. Le 2. Étranger de Parachutistes. Vanves 1982. Technic Impr. 315 S. 08726
Blond, G.: Histoire de la Légion étrangère. 1831-1981.
Paris: Plon 1981. 383 S. B 44136
Comor, A. P.: L'image de la Légion étrangère à travers la littérature française. In: Revue historique des armées. 1981.
No. 3. S. 157-179. BZ 4465:1981
Le Mire, H.: L'Épopée moderne de la Légion 1940-1976.
Paris: SPL 1977. 359 S. 08697

f. 2 Kriegsmarine/Luftwaffe

Barthélemy, R.: Histoire du transport aérien militaire français.
Paris: France-Empire 1981. 462 S. B 46315
Fleury, G.: Fusiliers marins et commandos. Baroudeurs de la royale. Paris: Copernic 1980. 167 S. 08729
Guigini, J.: The 2400-tonners of the French navy. In: Warship international. Vol. 18, 1981. No. 2. S. 111-156. BZ 05221:18
Le Masson, H.: Les Sous-marins français des origines (1863) à nos jours. Paris: Ed. de la Cité-Brest 1980. 320 S. 08561

g./h. Wirtschaft und Gesellschaft

Les Bases du fonctionnement démocratique de la CFDT. Paris: Montholon-Serv. 1981. 31 S. Bc 2661
Bouc, A.: Le Libéralisme contre la démocratie. Les procédés politiques du capitalisme libéral. Paris: Le Sycomore 1981.
221 S. B 44057
Relations CFDT - CGT. Unité d'action ou sectarisme. Paris: Montholon-Services 1980. 56 S. Bc 2662
Chadeau, E.: L'industrie française d'aviation à la veille de la première guerre mondiale. 1. 2. In: Revue historique des armées.
1982. No. 2. S. 61-81; 3. S. 181-206. BZ 4465:1981
Hellmann, R.: Die Europäische Gemeinschaft und die neue französische Wirtschaftspolitik. Wieviel Wandel können die Mitgliedstaaten der Gemeinschaft zumuten? In: Europa-Archiv. Jg. 37, 1982.
Folge 18. S. 537-544. BZ 4452:37
Montaldo, J.: La Maffia des syndicats. Paris: Michel 1981.
429 S. B 44236
Smith, W. R.: Paradoxes of plural unionism. CGT-CFDT relations in France. In: West European politics. Vol. 4, 1981. No. 1.
S. 38-53. BZ 4668:4

Frauen bei LIP. Osnabrück 1982. 127 S. Bc 2461
García Guadilla, N.: Libération des femmes: Le M. L. F. Mouvement de Libération des Femmes. Paris: PUF 1981. 146 S. B 44538
Mossuz-Lavau, J.; Sineau, M.: France. In: The politics of the second electorate. 1981. S. 112-133. B 44630
Quel président pour les femmes? Réponses de François Mitterand. Préf.: G. Halimi. Paris: Gallimard 1981. 146 S. Bc 2605
Tristan, A.; Pisan, A. de: (Histoires du M. L. F. [dt.]) Jedesmal, wenn eine Frau sich wehrt... Geschichten aus der französischen Frauenbewegung. Frankfurt: Verl. Frauenpolitik 1979. 220 S. B 45011

k. Geschichte

Badea, M.: Franţa (Regimul de la Vichy). [Frankreich (Die Regierung von Vichy).] In: Anale de istorie. Anul 27, 1981. No. 5. S. 143-171. BZ 4536:27
Beaucé, T. de: Le Désir de guerre. Paris: Hachette 1981. 323 S. B 44250
Chapsal, J.: La Vie politique sous la V. République. Paris: PUF 1981. 708 S. B 43472
La France, demain... Clubs Perspectives et Réalites. Paris: Hachette 1981. 235 S. B 44233
Giscard d'Estaing, V.: L'État de la France. Paris: Fayard 1981. X, 295 S. B 44235
Gruszyński, J.: Społeczność polska we Francji w latach 1918-1978. Problemy integracyjne trzech pokoleń. [Die polnische Gemeinschaft in Frankreich in d. Jahren 1918-1978.] Warszawa: Państw. Wyd. Nauk. 1981. 313 S. B 44743
Paraf, P.: La France de 1914. Le passé et l' avenir nous parlent. Paris: Les Éd. du Sorbier 1981. 167 S. B 44135
Prebensen, H.: Frankrig 1940-1980. Storhed eller velfaerd? København: Reitzel 1981. 150 S. Bc 2546
Singer, B.: Modern France. Mind, politics, society. Seattle: Univ. of Washington Pr. 1980. VII, 229 S. B 44080
Tint, H.: France since 1918. 2. ed. London: Batsford 1980. 221 S. B 44154

l. Länderteil

Favrot, B.: Le Gouvernement allemand et le clergé catholique lorrain de 1890 à 1914. Wiesbaden: Steiner 1981. 284 S. B 44599
Goulag breton, psychiatrie politique, campagne populaire. La campagne du Comité parisien pour la libération de Gildas Le Coent. Marseille: Ed. Potemkine 1980. 25 S. Bc 0684

Humbert, J.: Le général Georges Humbert, gouverneur de Strasbourg 1919-1921. In: Revue historique des armées. 1981. No. 3.
S. 116-130. BZ 4465:1981

L 139 Griechenland

Brown, J.: The armed forces of Greece. In: Defence yearbook.
92. ed., 1982. S. 28-49. F 149:92
Esche, M.: Die Kommunistische Partei Griechenlands 1941-1949.
Ein Beitr. zur Politik der KKE vom Beginn der Resistance bis zum
Ende des Bürgerkriegs. München: Oldenbourg 1982. 397 S. B 45666
Kaminski, P.: Der VII. Kongreß der KI und die Kommunistische
Partei Griechenlands (1934-1936). In: Beiträge zur Geschichte der
Arbeiterbewegung. Jg. 24, 1982. Nr. 1. S. 14-24. BZ 4507:24
Meinardus, R.: Griechenlands gestörtes Verhältnis zur NATO.
In: Europa-Archiv. Jg. 37, 1982. Folge 4. S. 105-114. BZ 4452:37
Michałowska-Gorywoda, K.: Rozwój współpracy gospodarczej
między Grecją a EWG. [Die Entwicklung der wirtschaftlichen Zusammenarbeit zwischen Griechenland u. der EWG.] In: Sprawy
Międzynarodowe. Rok 34, 1981. Zeszyt 4. S. 77-94. BZ 4497:34
Šterev, P.: Vŭznikvane i sŭštnost na krizata v grŭckata buržoazna
partijna sistema ot petdesette godini. [Die Entstehung u. das Wesen
d. Krise d. griechischen bürgerlichen Parteiensystems in den 50iger
Jahren.] In: Balkanite sled vtorata svetovna vojna. T. 2, 1980.
S. 131-176. B 36331:2
Tzermias, P.: Papandreous "anderes Griechenland". In: Europäische Rundschau. Jg. 10, 1982. Nr. 1. S. 13-27. BZ 4615:10

L 141 Großbritannien

c. Biographien

Bartram, P.: David Steel. His life and politics. London:
Allen 1981. 200 S. B 45363
Field, G. G.: Evangelist of race. The Germanic vision of Houston
Stewart Chamberlain. New York: Columbia Univ. Pr. 1981.
X, 565 S. B 43720
Gilbert, M.: Churchill's political Philosophy. Oxford: Univ. Pr.
1981. 119 S. B 44857
Heald, T.; Mohs, M.: H.R.H. The man who will be king.
(Prinz Charles.) London: Sphere Books 1979. 233 S. B 44387
Hoggart, S.; Leigh, D.: Michael Foot: A portrait. London:
Hodder and Stoughton 1981. 216 S. B 44617
Hough, R.: Mountbatten. Ein außergewöhnliches Leben.
Wien: Neff 1981. 336 S. B 44578

Jenkins, R.: A political biography. Tony Benn. London:
Writers and Readers 1980. 291 S. B 44860
Kersaudy, F.: Churchill and de Gaulle. London: Collins 1981.
476 S. B 44619
Kluke, P.: Winston Churchill und die alliierte Intervention im revolutionären Russland. In: Innen- und Aussenpolitik. 1980.
S. 127-147. B 44602
Murray, P.: Margaret Thatcher. Rev. ed. London: Allen 1980.
238 S. B 44215
Shinwell, E.: Manny Shinwell. Lead with the Left. My first ninety-six years. London: Cassell 1981. XI, 202 S. B 43948
Smith, T.: Zur Verbindung von Gedanke und Tat in der britischen Politik. Der Fall Thatcher. In: Zeitschrift für Parlamentsfragen.
Jg. 12, 1981. H. 4. S. 562-572. BZ 4589:12
Trythall, A. J.: The downfall of Leslie Hore-Belisha. In: Journal of contemporary history. Vol. 16, 1981. No. 3. S. 391-411. BZ 4552:16
Tsuzuki, C.: Edward Carpenter 1844-1929. Prophet of human fellowship. Cambridge: Univ. Pr. 1980. X, 237 S. B 43672
Wilson, J.: Memories of a labour leader. The autobiography of
J. Wilson. Repr. Firle: Caliban Books 1980. XV, 319 S. B 44495
Wright, A. W.: G.D.H. Cole and socialist democracy. Oxford:
Clarendon Pr. 1979. 301 S. B 43844

e. Staat/Politik

e. 1 Innenpolitik

Bédarida, F.: L'expérience de la Grande-Bretagne et la politique de Mme Thatcher. In: Politique étrangère. Année 46, 1981. No. 3.
S. 593-610. BZ 4449:46
Burrows, B.; Denton, G.: Devolution of federalism? Options for a United Kingdom. London: Macmillan 1980. XII, 94 S. B 44485
Englefield, D.: Parliament and information. The Westminster scene. London: The Library Assoc. 1981. 132 S. B 43957
Evans, H.: Downing Street Diary. The Macmillan years 1957-1963.
London: Hodder & Stoughton 1981. 318 S. B 43939
Lippman, M.: The debate over a bill of rights in Great Britain.
The view from Parliament. In: Universal human rights. Vol. 2,
1980. No. 4. S. 25-42. BZ 4714:2
Norton, P.: Dissension in the House of Commons, 1974-1979.
Oxford: Clarendon Pr. 1980. XXXIV, 524 S. B 44430
Punnett, R. M.: British Government and politics. 4. ed.
London: Heinemann 1980. XIV, 558 S. B 44210
Rose, P.: Backbenchers Dilemma. London: Muller 1981. 198 S. B 43769
Smith, G.; Polsby, N. W.: British Government and its discontents. New York: Basic Books 1981. XVI, 202 S. B 44358

Stephenson, H.: Mrs. Thatcher's first Year. London:
Norman 1980. 128 S. B 43869
Williams, S.: Politics is for people. London:
Lane 1981. 230 S. B 45389
Wymer, I. K.: Labour in office 1974-76 and the quest for socialism.
Bognor Regis: New Horizon 1980. 167 S. B 44986

e. 1.4 Parteiwesen

Anwar, M.: Votes and policies: Ethnic minorities and the general election 1979. London: Commission for Racial Equality 1980. 82 S. Bc 2201
Rose, R.: Towards Normality. Public opinion polls in the 1979 election. Glasgow: University of Strathclyde 1979. 42 S. Bc 0624

Billig, M.; Cochrane, R.: The National front and youth. In: Patterns of prejudice. Vol. 15, 1981. No. 4. S. 3-15. BZ 4556:15
Burkett, T.: Sozialismus und Sozialdemokratie. "The long division of labour" in Großbritannien. In: Zeitschrift für Parlamentsfragen. Jg. 12, 1981. H. 4. S. 544-561. BZ 4589:12
Coxall, W. N.: Parties and pressure groups. Harlow: Longman 1980. IX, 150 S. B 43932
Hartley, A.: Wandlungen und Kontinuität des englischen Konservativismus. In: Europäische Rundschau. Jg. 10, 1982. Nr. 1. S. 49-62. BZ 4615:10
Hodgson, G.: Labour at the crossroads. The political and economic challenge to the Labour Party in the 1980s. Oxford: Robertson 1981. X, 257 S. B 44703
Macintyre, S.: A proletarian Science. Marxism in Britain 1917-1933. Cambridge: Univ. Pr. 1980. XII, 286 S. B 44765
Owen, D.: Face the future. London: Cape 1981. VIII, 552 S. B 43715
Rix-Mackenthun, C.: Die Parteitage der britischen Labour Party 1980 und 1981. In: Zeitgeschichte. Jg. 8, 1981. H. 11-12. S. 443-457. BZ 4617:8
Setzer, H.: Parteidemokratie im britischen System. Möglichkeiten und Grenzen. In: Zeitschrift für Politik. Jg. 29, 1982. H. 1. S. 33-49. BZ 4473:29
Skidelsky, R.: Great Britain. In: Fascism in Europe. 1981. S. 257-282. B 44868
Steel, D.: Labour at 80... time to retire. London: Liberal Publ. Dept. 1980. 12 S. Bc 2112
Tomlinson, J.: Left-right. The march of political extremism in Britain. London: Calder 1981. VI, 152 S. B 44003

e. 2 Außenpolitik

Foster, A.: The times and appeasement. The second phase. In:
Journal of contemporary history. Vol. 16, 1982. No. 3.
S. 441-465. BZ 4552:16
Kennedy, P.: The Realities behind diplomacy: Background
influences on British external policy, 1865-1980. London:
Allen and Unwin 1981. 416 S. B 45343
Niedhart, G.: Multipolares Gleichgewicht und weltwirtschaftliche
Verflechtung. In: Die Weimarer Republik. 1980. S. 113-130. B 43735
Parker, R.A.C.: Probleme britischer Außenpolitik während der
Weltwirtschaftskrise. In: Internationale Beziehungen in der Welt-
wirtschaftskrise 1929-1933. 1980. S. 3-20. B 44601
Retreat from power. Studies in Britain's foreign policy of the
twentieth century. Vol. 1. 2. Ed.: D. Dilks. London: Macmillan
1981. 213, 189 S. B 44341

Aussenpolitische Beziehungen

Bologna, D. A. B.: Conflicto reino unido de Gran Bretana y Repu-
blica Argentina. In: Revista de la escuela de defensa nacional.
Año 7, 1979. No. 26. S. 87-98. BZ 4388:7
Darwin, J.: Britain, Egypt and the Middle East. Imperial policy in
the aftermath of war 1918-1922. London: Macmillan 1981.
XVII, 333 S. B 43717
Eisen, J.: Anglo-Dutch relations and European unity 1940-1948.
Hull: University of Hull 1980. 60 S. Bc 2585
Ghilardi, F.: Politica estera e trasformismo. La relazioni
anglo-italiane dal 1878 al 1888. Milano: Angeli 1981. 104 S. Bc 2737
Hall, H.H.: British air defense and Anglo-French relations,
1921-1924. In: The journal of strategic studies. Vol. 4, 1981. No. 3.
S. 271-284. BZ 4669:4
Jaitner, K.: Aspekte britischer Deutschlandpolitik 1930-32.
In: Internationale Beziehungen in der Weltwirtschaftskrise 1929-
1933. 1980. S. 21-38. B 44601
Manne, R.: The Foreign Office and the failure of Anglo-Soviet
rapprochement. In: Journal of contemporary history. Vol. 16, 1981.
No. 4. S. 725-755. BZ 4552:16
O'Brien, C.C.: Neighbours. Four lectures... in memory of
Christopher Ewart-Biggs. London, Boston: Faber and Faber
1980. 96 S. Bc 2092
Puto, A.: In den Annalen der englischen Diplomatie geblättert.
Tirana: "8 Nentori" 1980. 244 S. Bc 2638
Ross, G.: Foreign Office attitudes to the Soviet Union 1941-45.
In: Journal of contemporary history. Vol. 16, 1982. No. 3.
S. 521-540. BZ 4552:16
Wilson, H.: The Chariot of Israel. Britain, America and the state
of Israel. London: Weidenfeld and Nicolson 1981. 406 S. B 43877

e. 3 Kolonialpolitik

Davey, A.: The British Pro-Boers 1877-1902. Cape Town:
  Tafelberg 1978. 220 S. B 45130
Holland, R. F.: Britain and the Commonwealth Alliance 1918-1939.
  London: Macmillan 1981. VIII, 248 S. B 43945
Lau Siu-kai: The government, intermediate organizations, and
  grass-roots politics in Hong Kong. In: Asian survey. Vol. 21, 1981.
  No. 8. S. 865-884. BZ 4437:21
Leue, H.-J.: Britische Indien-Politik 1926-1932. Wiesbaden:
  Steiner 1981. 295 S. B 43904
Monroe, E.: Britain's Moment in the Middle East. 1914-1971.
  New and rev. ed. London: Chatto and Wintus 1981. 254 S. B 43724
Rose, R.; MacAllister, I.: United Kingdom Facts. London:
  Macmillan 1982. X, 168 S. 08678

f. Wehrwesen

f. 01 Wehrpolitik

Clarke, M.: The nuclear Destruction of Britain. London: Croom
  Helm 1982. 291 S. B 44932
Cyr, A.: The elements of British security policy. In: Armed forces
  and society. Vol. 8, 1982. No. 3. S. 389-404. BZ 4418:8
Freedman, L.: Britische Verteidigungspolitik nach dem Falkland-Krieg. In: Europa-Archiv. Jg. 37, 1982. Folge 16.
  S. 496-506. BZ 4452:37
Gooch, J.: The Prospect of war. Studies in British defence policy
  1847-1942. London: Cass 1981. VIII, 163 S. B 43688
Greenwood, D.; Drake, J.: The United Kingdom's current
  defence programme and budget. Aberdeen: Centre for Defence
  Studies 1980. 65 S. Bc 0786
Hill-Norton: An anatomy of defence policy. In: Defence yearbook.
  92. ed., 1982. S. 109-121. F 149:92
MacMahan, J.: British nuclear Weapons. For and against.
  London: Junction Books 1981. X, 165 S. B 45530
Martin, L.: The domestic content of British defense policy. In:
  The internal fabric of western security. 1981. S. 153-176. B 44928
Nailor, P.; Alford, J.: The Future of Britain's deterrent force.
  London: Internat. Institute for Strategic Studies 1980. 37 S. Bc 0768
Politicians and defence. Studies in the formulation of British defence
  policy 1845-1970. Ed.: I. Beckett and J. Gooch. Manchester: Univ.
  Pr. 1981. XXII, 202 S. B 43817
Varlov, S. V.: Anglija i problema ograničenija strategičeskich
  vooruženij. [England u. d. Probl. d. Einschränkung strategischer
  Waffen.] In: Voprosy istorii. God 1982. No. 9. S. 57-73. BZ 05317:1982

f. 1 Heer

Barker, D.: Soldiering on. An unofficial portrait of the British army. London: Deutsch 1981. 256 S.   B 44637
Cox, R. H. W.: Military Badges of the British empire 1914-18. London: Benn 1982. 363 S.   08699
Dennis, P.: The Territorial Army in aid of the civil power in Britain, 1919-1926. In: Journal of contemporary history. Vol. 16, 1981. No. 4. S. 705-724.   BZ 4552:16
Jewell, B.: British Battledress 1937-61. London: Osprey 1981. 40 S.   Bc 0693
Messenger, C.: Die britische Rheinarmee heute. In: Kampfmagazin. 1981. Nr. 8. S. 18-32.   BZ 05407:1981
Robertson, B.: The Army and aviation. A pictorial history. London: Hale 1981. 255 S.   B 44937
Shepperd, G. A.: Sandhurst. Feltham: Country Life Books 1980. 223 S.   B 44159
Smith, D. G.: The British Army 1965-80. Combat and Service dress. Repr. London: Osprey 1979. 40 S.   Bc 0505

f. 2 Kriegsmarine

Bassett, R.: Battle-Cruisers. A history 1908-48. London: Macmillan 1981. VIII, 296 S.   B 44882
Carew, A.: The Lower Deck of the Royal Navy. 1900-39. The Invergordon mutiny in perspective. Manchester: Univ. Pr. 1981. XX, 269 S.   B 45333
Cocker, M. P.: Destroyers of the Royal Navy 1893-1981. London: Allan 1981. 136 S.   B 45246
Ellis, P.: Aircraft of the Royal Navy. London: Jane 1982. 176 S.   08735
Ereira, A.: The Invergordon Mutiny. A narrative history of the last great mutiny in the Royal Navy and how it forced Britain off the gold standard in 1931. London: Routledge and Kegan Paul 1981. 182 S.   B 45338
Hill, J. R.: The Royal Navy. Today and tomorrow. London: Allan 1981. 144 S.   08644
Horsfield, J.: The Art of leadership in war. The Royal Navy from the age of Nelson to the end of World War II. Westport: Greenwood 1980. 240 S.   B 45357
Longstaff, R.: The fleet Air Arm. A pictorial history. London: Hale 1981. 256 S.   B 45337
Marder, A. J.: Old Friends, new enemies: The Royal Navy and the Imperial Japanese Navy. Strategic illusions, 1936-1941. Osford: Clarendon Pr. 1981. XXXII, 533 S.   B 44162

Michajlov, A.; Rudas, S.; Kvitnickij, A.: VMS Velikobritanii nastojaščee i bližajšee buduščee. [Die Seestreitkräfte Grossbritanniens heute u. in nächster Zukunft.] In: Morskoj sbornik. God 1982. No. 7. S. 78-89. BZ 05252:1982
Northcott, M.: Hood. London: Arms and Armour Press 1981. 60 S. Bc 0735
Shortt, J. G.: The special Air service and Royal Marines special boat squadron. Colour plates: Angus McBride. London: Osprey 1981. 40 S. Bc 0630
Sturtivant, R.: Fleet Air Arm at war. London: Allan 1982. 144 S. 08700

f. 3 Luftwaffe

Andrews, C. F.; Morgan, E.: Supermarine Aircraft since 1914. London: Putnam 1981. 399 S. B 43935
Beetham, M.: Air power and the Royal Air Force. In: Defence yearbook. 92. ed., 1982. S. 2-14. F 149:92
Bowyer, C.: The Encyclopedia of British military aircraft. London: Arms and Armour Pr. 1982. 224 S. 08754
Donne, M.; Fowler, C.: Per Ardua ad astra. Seventy years of the RCF and the RAF. London: Muller 1982. 191 S. 08744
Dover, V.: The Sky Generals. London: Cassell 1981. 215 S. B 43920
Ferguson, A. P.: A History of Royal Air Force Woodvale. 2nd ed. Liverpool: Merseyside Aviation Society Ltd 1980. 67 S. Bc 2483
Freedman, L.: Britain: The first ex-nuclear power? In: International security. Vol. 6, 1981. No. 2. S. 80-104. BZ 4433:6
Freedman, L.: Force de frappe nationale et arms control. Le cas de la Grande-Bretagne. In: La sécurité de l'Europe dans les années 80. 1980. S. 161-179. B 44240
Halley, J. J.: The Squadrons of the Royal Air Force. Tonbridge: Air-Britain 1980. 379 S. B 44203
Halpenny, B. B.: Military Airfields of Lincolnshire and the East Midlands. Cambridge: Stephens 1981. 217 S. B 44871
Mercer, P.: British military Airfields. Loughborough: Jackson Publ. 1981. 43 S. Bc 2539
Mercer, P. S.: A directory of British military aviation and US military aviation in Europe. Loughborough: Jackson 1980. 110 S. Bc 0643
Rawlings, J. D. R.: Coastal Support and special squadrons of the RAF and their aircraft. London: Jane's 1982. 270 S. 08712
Robertson, B.: British Military Aircraft Serials. 1911-1979. Rev. ed. Cambridge: Stephens 1979. 366 S. B 46299
Strong, C.; Hart-Davis, D.: Fighter Pilot. London: Queen Anne Pr. 1981. 167 S. B 45342
Turner, M.; Bowyer, C.: Royal Air Force. The aircraft in service since 1918. London: Hamlyn 1982. 208 S. 08753

g./h. Wirtschaft und Gesellschaft

Arnold, G.: The Unions. London: Hamilton 1982. 240 S.   B 44624
Hawkins, K.: Trade Unions. London: Hutchinson 1981.
    259 S.   B 43923
Kidner, R.: Trade Unions. London: Sweet and Maxwell 1980.
    88 S.   Bc 2205
Marsh, D.; Locksley, G.: Trade union power in Britain. The recent debate. In: West European politics. Vol. 4, 1981. No. 1.
    S. 19-37.   BZ 4668:4
Winchester, D.: Die britischen Gewerkschaften in der Krise. In: Kritisches Gewerkschaftsjahrbuch. 1981/82.
    S. 27-39.   BZ 4682:1981/82

Hills, J.: Britain. In: The politics of the second electorate.
    1981. S. 8-32.   B 44630
Rowbotham, S.: Nach dem Scherbengericht. Über das Verhältnis von Feminismus und Sozialismus. Berlin: Rotbuch Verl. 1981.
    112 S.   Bc 2220
Welch, S.: Sex differences in political activity in Britain. In: Women & politics. Vol. 1, 1980. No. 2. S. 29-46.   BZ 4763:1

k. Geschichte

Heren, L.: Alas, alas for England. What went wrong with Britain.
    London: Hamish Hamilton 1981. 177 S.   B 43811
Longmate, N.: The Home Front. An anthology of personal experience 1938-1945. London: Chatto and Windus 1981.
    XIII, 242 S.   B 44762
Minns, R.: Bombers and mash. The domestic front. 1939-1945.
    London: Virago 1981. 206 S.   B 43814

l. Länder/Gebiete

Clark, D.: Colne Valley: radicalism to socialism. London: Longman 1981. XIII, 225 S.   B 43818
Drucker, H. M.: Scottish nationalism and devolution (stage one, up to 1978). Tegionalism and the political party system. In: Ethnic resurgence in modern democratic states. 1980. S. 101-121.   B 45208
Hagerty, J. M.: Leeds at war. 1914-1918; 1939-45. Wakefield: EP Publ. Ltd. 1981. 100 S.   Bc 0742
Kessler, L.; Taylor, E.: Yorkshire at war. The story of fighting Yorkshire at home and abroad, 1939-1945. Clapham: Dalesman 1980. 112 S.   Bc 0642
Król, J.: Problem autonomii szkockiej. [Das Problem der schottischen Autonomie.] In: Sprawy Międzynarodowe.

Miller, W.L.; Brand, J.; Jordan, M.: Oil and the Scottish voter 1974-79. London: Social Science Research Council 1980. 111 S. Bc 2358

Southall. 23. April 1979. The report of the Unofficial Committee of Enquiry. Nottingham: Russell Pr. 1980. 192 S. B 44482

Irish Action. Nationalist politics in Northern Ireland in the Stormont period... Belfast: Athol Books 1979. 58 S. Bc 2453

Bell, J.B.: The secret Army. The IRA 1916-1979. Rev. and upd. ed. Dublin: Academy Pr. 1979. XIV, 481 S. B 44926

Bleakley, D.: Arbeit, Lohn und Liebe. Die Geschichte der Saidie Patterson im Kampf um Frieden in Nordirland. Gelnhausen, Berlin, Stein: Burckhardthaus-Laetare Verl. 1981. 112 S. Bc 2923

Derrick, P.: Fetch Felix. The fight against the Ulster bombers 1976-1977. London: Hamish Hamilton 1981. 184 S. B 43810

Elliott, S.: Northern Ireland. The first election to the European parliament. Belfast: Queen's University 1980. 64 S. Bc 2346

Faligot, R.: Nous avons tué Mountbatten! L' IRA parle. Paris: Picollec 1981. 227 S. B 45413

Gribin, N.P.: Tragedija Ol'stera. [Die Tragödie Ulsters.] Moskva: "Meždunarodnye otnošenija" 1980. 190 S. Bc 1540

Holland, J.: Too long a Sccrifice. Life and death in Northern Ireland since 1969. New York: Dodd, Mead 1981. XVI, 217 S. B 44486

Istratov, V.N.; Kolpakov, A.D.: Tragedija Ol'stera. [Die Tragödie Ulsters.] In: Novaja i novejšaja istorija. God 1982. No. 2. S. 121-134; 3. S. 111-122. BZ 05334:1982

MacCann, E.: War and an Irish town. New updated ed. London: Pluto Pr. 1980. 176 S. B 45121

Morton, G.: Home rule and the Irish question. London: Longman 1980. 121 S. Bc 2284

Northern Ireland: Problems and perspectives. London: Institute for the Study of Conflict 1982. 48 S. Bc 2758

O'Ballance, E.: Terror in Ireland. The heritage of hate. Novato: Presidio Pr. 1981. VIII, 287 S. B 45193

O'Dowd, L.; Rolston, B.; Tomlinson, M.: Northern Ireland: between civil rights and civil war. London: CSE Books 1980. 223 S. B 45122

Pistoi, P.: Una Communita' sotto controlo. Milano: Angeli 1981. 175 S. B 44948

Sands, B.: Tagebuchaufzeichnungen der ersten 17 Tage seines Hungerstreiks. Aufsätze. Frankfurt: Anti-H. Block/Armagh Komitee 1981. 59 S. D 2321

Sinn Fein. I.R.A. 1981. Hrsg.: F. Gallagher. Frankfurt 1981. 40 S. D 02340

Taylor, P.: Beating the terrorists? Interrogation in Omagh, Gough and Castlereagh. Harmondsworth: Penguin Books 1980. 347 S. B 41904

L 143 Irland (Eire)

C u r r a n , J. M. : The Birth of the Irish Free State 1921-1923.
Univ. of Alabama Pr. 1980. VI, 356 S. VI, 356 S.   B 43560
D e v l i n , P. : Yes we have no bananas. Outdoor relief in Belfast
1920-39. Belfast: Blackstaff Pr. 1981. IX, 195 S.   B 44623
D w y e r , T. R. : Eamon De Valera. Dublin: Gill & Macmillan 1980.
156 S.   B 43683
G a l l a g h e r , T. : The dimensions of fianna fail rule in Ireland.
In: West European politics. Vol. 4, 1981. No. 1. S. 54-68. BZ 4668:4
H a r v e y , B. : Cosgrave's Coalition. 2. ed. Wembley: Selecteditions
1980. 215 S.   B 44987
O'C o r c o r a , M. ; H i l l , R. J. : The Soviet Union in Irish foreign
policy. In: International affairs. Vol. 58, 1982. No. 2.
S. 254-270.   BZ 4447:58
O' F a r r e l l , P. : Who's who in the Irish war of independence
1916-1921. Dublin: Mercier Pr. 1980. 186 S.   B 44769
P e a r s e , P. H. : The Letters of P. H. Pearse. Ed. : S. O Buachalla.
Gerrards Cross: Smythe 1980. XXIV, 504 S.   B 43870
R a n s o m , B. : Connoly's Marxism. London: Pluto Press 1980.
126 S.   Bc 2203

L 145 Italien

c. Biographien

A d a m s o n , W. L. : Hegemony and revolution. A study of Antonio
Gramsci's political and cultural theory. Berkeley: Univ. of
California Pr. 1980. X, 304 S.   B 44071
A n d e r s o n , P. : (The Antinomies of Antonio Gramsci. [dt.])
Antonio Gramsci. Eine kritische Würdigung. Berlin: Olle u.
Wolter 1979. 112 S.   B 44588
B e r g a m i , G. : Gramsci, comunista critico. Il politico e il pensatore. Milano: Franco Angeli 1981. 137 S.   Bc 2541
B e r l i n g u e r , G. : Un eurocomunista in America. Note di viaggio.
Bari: De Donato 1980. 114 S.   Bc 2111
B i s c h o f f , J. : Einführung Gramsci. Hamburg: VSA-Verl. 1981.
160 S.   Bc 2570
Giacomo Brodolino e la politica italiana degli anni '60. Interventi di
G. Amato [u. a.].Venezia: Marsilio 1981. VII, 107 S.   Bc 2711
C a n u l l o , L. : Taccuino di un militante. Quarant' anni di lotta
politica a Roma. Roma: Editori Riuniti 1981. 121 S.   Bc 2659
C a t t i De Gasperi, M. R. : Alcide de Gasperi. Bibliografia. Gli
scritti di De Gasperi, la sua figura e la sua opera nella stampa
italiana ed estera dal 1922 al 1978. Brescia:
Morcelliana 1980. 46 S.   Bc 2581

Ghirelli, A.: Caro Presidente. (Sandro Pertini.) 3. ed.
Milano: Rizzoli 1981. 226 S. B 44896
Killinger, C.: Gaetano Salvemini e le autorità americane. Documenti inediti del FBI. In: Storia contemporanea. Anno 12, 1982.
No. 3. S. 403-439. BZ 4590:12
Lajolo, L.: Gramsci. Un uomo sconfitto. Milano: Rizzoli 1980.
179 S. B 43493
Mengozzi, D.: Gramsci e il futurismo, 1920-1922. Marinetti e una mostra all' "Ordine Nuovo" Urbino: FIAP 1981. 133 S. Bc 2908
Michajlenko, V. I.: O dnevnikach Čiano ("Operacija graf"). [Über Cianos Tagebücher ("Unternehmen Graf").] In: Novaja i novejšaja istorija. God 1981. No. 5. S. 150-163. BZ 05334:1981
Nanni, T.; Valera, P.: Benito Mussolini. Roma: Carucci 1980.
192 S. B 45111
Noce, T.: (Rivoluzionaria professionale, [dt.]) Estella, Autobiografie e. ital. Revolutionärin. Frankfurt: Cooperative 1981.
413 S. B 44843
Pellicani, L.: Gramsci. An alternative communism? Stanford: Hoover Inst. Press 1981. XV, 120 S. Bc 2753

e. Staat/Politik

e. 1 Innenpolitik

Amiconi, N.: Le Sbarre. Milano: Vangelista 1980. 157 S. B 43639
Bertuzzi, A.: Scusate signori del palazzo. Milano: Rizzoli 1979.
182 S. B 43653
Chiellino, C.: Italien. Bd 1. München: Beck 1982. 265 S. B 44307
Civolani, E.: L' Anarchismo dopo la comune. I casi italiano e spagnolo. Milano: Angeli 1981. 266 S. B 44949
Verso la nuova Costituzione. Indice analitico dei lavori della Assemblea Costituente Spoglio sistematico delle riviste giuridiche dell' epoca. Bologna: Il Mulino 1980. 290 S. B 43452
Farneti, P.: Stato e mercato nella sinistra italiana: 1946-1976.
Torino: Fondazione Giovanni Agnelli 1980. 46 S. Bc 2582
Giulio, F. di; Rocco, E.: Un Ministro-Ombra si confessa.
Milano: Rizzoli 1979. 156 S. B 43638
Mobilità senza movimento. Le elezioni del 3 giugno 1979.
Bologna: Il Mulino 1980. 160 S. B 43451
Alle Origini della costituzione italiana. I lavori preparatori della "Commissione per studi attinenti alla riorganizzazione dello Stato". Bologna: Il Mulino 1979. 904 S. B 44536
Varsori, A.: La Gran Bretagna e le elezioni politiche italiane del 18 aprile 1948. In: Storia contemporanea. Anno 13, 1982. No. 1.
S. 5-70. BZ 4590:13

Borucki, P.: Czerwone Brygady - czarna rzeczywistość Włoch.
[Rote Brigaden - düstere Realität der Italiener.] Warszawa:
Krajowa Agencja Wyd. 1980. 169 S. B 44524
Ceppi, G.: Non abbiamo sognato. Verona: Bertani 1980.
141 S. B 44826
Manconi, L.: Vivere con il terrorismo. Milano: Mondadori 1980.
202 S. B 43664
Romano, S.: Le radici culturali del terrorismo. In: Affari
esteri. Anno 14, 1982. No. 54. S. 172-182. BZ 4373:14
Vasale, C.: Terrorismo e ideologia in Italia. Metamorfosi della
rivoluzione. Roma: Armondo Armando 1980. 102 S. Bc 2996

e. 1.4 Parteiwesen

Drake, R.: The theory and practice of Italian nationalism, 1900-
1906. In: The journal of modern history. Vol. 53, 1981. No. 2.
S. 213-241. BZ 4448:53
Hanning, J.: The Italian radical party and the 'new politics'. In:
West European politics. Vol. 4, 1981. No. 3. S. 267-281. BZ 4668:4
Leoni, F.: Storia dei partiti politici italiani. 4. ed. Napoli:
Guida 1980. 573 S. B 43453

DC

Lombardo, A.: Democrazia Cristiana e questione nazionale. La
nuova nazionalizzazione delle masse. Milano: SugarCo 1981.
127 S. Bc 2712
Rosa, G. de: Dal Cattolicesimo liberale alla Democrazia Cristiana
del secondo dopoguerra. Torino: Fondazione Giovanni Agnelli
1979. 41 S. Bc 2657
Staffa, G.: Il Partito dei Democratici Cristiani dal 1941 al luglio
1944. Roma: F.I.A.P. 1980. 61 S. Bc 2110

PCI

Amendola, E. P.: Storia fotografica del partito comunista italiana.
Vol. 1. 2. Roma: Ed. Riuniti 1981. Getr. Pag. 08705
Bertelli, S.: Il Gruppo. La formazione del guppo dirigente del
PCI 1936-1948. Milano: Rizzoli 1980. 424 S. B 44898
Fritzsche, K. P.: Italokommunismus - Sozialismus ohne Marx?
Der Revisionismus des Italokommunismus. Frankfurt:
Haag u. Herchen 1980. 153 S. Bc 2030
Ledda, R.: Le Parti communiste italien et les problèmes de la
sécurité européenne. In: La sécurité de l'Europe dans les années
80. 1980. S. 225-238. B 44240
Somai, G.: Sul rapporto tra Trockij, Gramsci e Bordiga
(1922-1926). In: Storia contemporanea. Anno 13, 1982.
No. 1. S. 73-98. BZ 4590:13
Timmermann, H.: Die italienischen Genossen gehen auf Distanz.
Zur jüngsten Kontroverse zwischen d. KPI u. d. KPdSU. In: Ost-
europa. Jg. 32, 1982. H. 6. S. 443-460. BZ 4459:32

PSI
Cacciatore, G.: La sinistra Socialista nel dopoguerra. Meridionalismo e politica unitaria in Luigi Cacciatore. Bari: Dedalo 1981. 426 S. B 45139
Galli, G.: Storia del socialismo italiano. Roma-Bari: Laterza 1980. VIII, 372 S. B 44895
Landolfi, A.: La Sinistra nel labirinto. Cosenza: Lerici 1980. 143 S. Bc 2505
LaPalombara, J.: Socialist alternatives. The Italian variant. In: Foreign Affairs. Vol. 60, 1982. No. 4. S. 924-942. BZ 05149:60
Pugliese, O.: Storia del partito socialista. Immagini 1872-1980. Venezia: Marsilio 1981. Getr. Pag. B 45770
Rolando, S.: Caro Avanti! Mille lettere dall'interno del PSI. Venezia: Marsilio 1979. XIV, 226 S. B 44670

Faschismus
Canzio, S.: La Dittatura debole. Storia dell'Italia fascista e dell' antifascismo militante dal 1926 al 1945. Milano: La Pietra 1980. 762 S. B 43645
Fonta, I.: Neofascismul în Italia. [Neofaschismus in Italien.] In: Revista de istorie. Tomul 34, 1981. Nr. 10. S. 1919-1939.BZ 4578:34
Loenne, K.-E.: Faschismus als Herausforderung. Die Auseinandersetzung der "Roten Fahne" u. des "Vorwärts" mit d. italien. Faschismus 1920-1933. Köln: Böhlau 1981. XII, 382 S. B 45022
Pirjevec, J.: Italienischer Faschismus: Merkmale einer Ideologie. In: Jahrbuch für Zeitgeschichte. 1980-81. S. 79-100. BZ 4672:1980/81
Poulsen, H.: Fascisme og nazisme 1919-1945. København: Berlingske Forl. 1980. 239 S. B 43175
Roberts, D.D.: The syndicalist Tradition and Italian fascism. Chapel Hill: Univ. of North Carolina Pr. 1979. X, 410 S. B 44357
Rosignoli, G.; Crociani, P.; Granata, L.: MVSN 1923-1943. Badges and uniforms of the Italian fascist militia. Farnham: Rosignoli 1980. 120, 40 S. Bc 2090
Woolf, S.J.: Italy. In: Fascism in Europe. 1981. S. 39-63. B 44868

e. 2 Außenpolitik

Ghilardi, F.: Politica estera e trasformismo. La relazioni anglo-italiane dal 1878 al 1888. Milano: Angeli 1981. 104 S. Bc 2737
Merlini, C.; Silvestri, S.: L'Italie et crise de la détente. In: La sécurité de l'Europe dans les années 80. 1980. S. 213-224. B 44240
Petersen, J.: Italien und Südosteuropa 1929-1932. In: Internationale Beziehungen in der Weltwirtschaftskrise 1929-1933. 1980. S. 393-411. B 44601
Puaux, F.: Regards sur la politique étrangère de l'Italie. In: Politique étrangère. Année 46, 1981. No. 2. S. 307-322. BZ 4449:46

Quartararo, R.: Roma tra Londra e Berlino. La politica estera
   fascista dal 1930 al 1940. Roma: Bonacci 1980. 838 S.   B 43492
Realtà e immagine della politica estera italiana. Una ricerca diretta
   da C. Mongardini. Roma: Giuffrè 1980. 151 S.   Bc 2413

f. Wehrwesen

Brauzzi, A.: I cinque "Garibaldi". A cento anni dalla morte di
   Garibaldi. In: Rivista marittima. Anno 115, 1982. No. 4.
   S. 29-52.   BZ 4453:115
Ferrante, O.: Il Lago degli aeroplani. Vigna di Valle, Museo
   Storico dell'aeronautica militare. Vigna di Valle: Museo Storico;
   Roma: Santo Pietro Ed. 1980. 143 S.   Bc 0801
Gallinari, V.: L'Esercito italiano nel primo dopoguerra 1918-20.
   Roma: Stato Magg. dell'Esercito 1980. 286 S.   B 45255
Galuppini, G.: Le uniformi della marina italiana dal 1930 al 1982.
   In: Rivista marittima. Anno 115, 1982. No. 1. S. 17-43.   BZ 4453:115
Giambartolomei, A.: I bersaglieri. In: Rivista militare.
   Anno 104, 1981. No. 6. S. 102-112.   BZ 05151:104
Masini, G.: Il Commissariato militare aeronautico nel suo profilo
   storico. Vol. 1. 2. Roma: Ateneo e Bizzarri 1977-1979.
   127, 161 S.   08673
Perrelli, E.; Doni, E.: Il corpo di commissariato dell'esercito.
   In: Rivista militare. Anno 104, 1981. No. 6. S. 37-56.   BZ 05151:104
Salatiello, L.: Euromissili, bomba al neutrone, strategia della
   NATO e situazione dell'esercito italiano. In: Rivista militare.
   Anno 105, 1982. No. 2. S. 25-39.   BZ 05151:105
Silvestri, S.: The Italian paradox. Consensus amid instability.
   In: The internal fabric of western security. 1981. S. 129-152. B 44928

g./h. Wirtschaft und Gesellschaft

Acocella, G.: Questione meridionale e sindacalismo cattolico
   nell'opera di Domenico Colasanto. Roma: Finlavoro 1981.
   127 S.   Bc 2749
Brodolini, G.: Dalla Parte dei lavoratori. Cosenza: Lerici
   1979. XLIV, 350 S.   B 43029
Camarda, A.; Peli, S.: L'altro Esercito. La classe operaia
   durante la prima guerra mondiale. Milano: Feltrinelli 1980.
   178 S.   B 43665
Ehnmark, A.: Palatset. Ett reportage från Italien. Stockholm:
   Norstedt 1979. 120 S.   B 45260
Giovannini, E.: Lelio Basso e la rifondazione socialista del
   1947. Cosenza: Lerici 1980. 75 S.   Bc 2191
Ribero, A.: La Questione femminile in Italia. Torino:
   Paravia 1980. 63 S.   Bc 0800

Turone, S.: Storia del sindacato in Italia 1943-1980. 2. ed.
Roma: Laterza 1981. VII, 560 S.   B 44891
Urbanistica fascista. A cura di A. Mioni. Milano: Angeli 1980.
344 S.   B 44951
Weber, M.: Italy. In: The politics of the second electorate.
1981. S. 182-207.   B 44630

i. Geistesleben

Armellini, G.: Le Immagini del fascismo nelle arti figurative.
Milano: Fabbri 1980. 184 S.   08607
Botti, A.: Religione questione cattolica e DC nella politica comunista 1944-45. Rimini: Maggioli Ed. 1981. 120 S.   Bc 2658
Fappani, A.; Molinari, F.: Chiesa e Repubblica di Salo.
Torino: Marietti 1981. 218 S.   B 45076
Sabbatucci, G.: La Stampa del combattentismo (1918-1925).
Bologna: Cappelli 1980. 292 S.   B 43704
Sanctis, G. de: La Congiura di San Michele. Milano: Pan Ed. 1979.
109 S.   Bc 2823
Spadolini, G.: La Revisione del Concordato. Diario di due anni,
novembre 1976 - dicembre 1978. Firenze: Le Monnier 1979.
69 S.   Bc 2183

k. Geschichte

Bosco, E. D.: Vom "Historischen Kompromiß" zur "Demokratischen Alternative". Zur Entwicklung in Italien seit Ende der 70er Jahre. In: Blätter für deutsche und internationale Politik, Jg. 27,
1982. H. 1. S. 95-108.   BZ 4557:27
Cerreti, G.: Italia allo specchio. Milano: Teti 1980. 210 S. B 44823
Goldoni, L.; Sermasi, E.: Fiero l'occhio svelto il passo.
Milano: Mondadori 1979. 123 S.   Bc 0507
Montanelli, I.; Cervi, M.: L'Italia dell'asse. 1936- 10 guigno 1940. Milano: Rizzoli 1980. 474 S.   B 45138
Paolucci, V.: La Repubblica sociale italiana e il partito fascista repubblicano. Settembre 1943 - marzo '44. Urbino: Argalìa 1979.
243 S.   B 45072
Renda, F.: Contadini e democrazia in Italia 1943-1947. Napoli:
Guida 1980. 125 S.   Bc 2503

l. Einzelne Gebiete/Orte

Arieti, S.: The Parnas. (Pisa.) New York: Basic Books 1979.
165 S.   B 43605
Bergonzini, L.: Bologna 1943-1945. Politica ed economia in un

centro urbano nei venti mesi dell'occupazione nazista.
Bologna: CLUEB 1980. XII, 218 S. B 44673
B l o k, A.: (The Mafia of a Sicilian village 1860-1960. [dt.]) Die
Mafia in einem sizilianischen Dorf. 1860-1960. Eine Studie über
gewalttätige bäuerliche Unternehmer. Frankfurt: Suhrkamp 1981.
362 S. B 44086
B o r i o, F.: I Sindaci della libertà. (Torino.) Torino: Eda 1980.
264 S. 08655
C a l a p s o, J.: Donne ribelli. Un secolo di lotte femminili in
Sicilia. Palermo: Flaccovio 1980. 236 S. B 44894
C a l i a, I.: La "questione sarda" nella storiografia del secondo
dopoguerra. In: Storia contemporanea. Anno 12, 1981. No. 3.
S. 489-522. BZ 4590:12
C e r r e t i, G.: I Ragazzi della fila rossa. (Sesto Fiorentino.)
Milano: Vangelista 1978. 284 S. B 44672
F i n k e l s t e i n, M. S.: Appunti per una storia del movimento separatista siciliano. In: Storia contemporanea. Anno 12, 1981. No. 3.
S. 463-485. BZ 4590:12
G r a n z e r, B.; S c h ü t z e, B.: Corazzu. Bilder des Widerstandes
an den Mauern Orgosolos. Köln: Prometh-Verl. 1979. 38 Bl. Bc 0486
L e o n i, B.: Come nasce un confine. In: Rivista militare. Anno 105,
1982. No. 3. S. 11-24. BZ 05151:105
M a n n o Tolu, R.: Inventario. L'Archivio di Foscolo Lombardi conservato nell'Istituto storico della Resistenza in Toscana. Firenze:
Giunta regionale toscana 1980. 110 S. Bc 0677
M i c c i c h è, G. S.: Il Sindacato in Sicilia 1943-1971. Roma: Ed.
Sindacale Italiana 1980. 252 S. B 43929
M i s é f a r i, E.; M a r z o t t i, A.: L'Avvento del fascismo in
Calabria. Cosenza: Pellegrini 1980. 199 S. B 44671
M u s s o, S.: Gli Operai di Torino 1900-1920. Milano: Feltrinelli
1980. 226 S. B 43663
N e l l o, P.: L'evoluzione economico-sociale, la struttura agraria,
le origini del fascismo a Bologna (1880-1920). Brevi note a proposito di due recenti pubblicazioni. In: Storia contemporanea.
Anno 12, 1981. No. 3. S. 443-462. BZ 4590:12
P a l l a n t e, P.: Il Partito comunista italiano e la questione nazionale Friuli - Venezia Giulia. 1941-1945. Udine: Del Bianco 1980.
283 S. B 43908
P a s s u e l l o, M.; F u r e g o n, N.: Le Origini del fascismo a
Vicenza e le lotte sociali fra il 1919 e il 1922. Vicenza:
Pozza 1981. XXIV, 217 S. B 46319
P e r i l l o, G.; G i b e l l i, C.: Storia della Camera del lavoro di
Genova. Roma: Ed. Sind. Ital. 1980. 463 S. B 43926
P e r n a, C.: Classe sindacato operaismo al Petrolchimico di Porto
Marghera. Roma: Ed. Sind. Italiana 1980. 309 S. B 43928
P e r r a, G.; C o n t i, G.: Sesto Fiorentino dall'antifascismo alla
Resistenza. Milano: Vangelista 1980. 341 S. B 43640
P r i d h a m, G.: The Nature of the Italian party system. A regional

study. (Toscana.) London: Croom Helm 1981. 282 S. B 43872
P u n z o , M.: Socialisti e radicali a Milano. Cinque anni di ammistrazione democratica. 1899-1904. Firenze: Sansoni 1979.
XI, 380 S. B 45078
R o s e n , E. R.: Andrea Finocchiaro Aprile und die Anfänge des sizilianischen Separatismus (1941-1943). In: Innen- und Aussenpolitik. 1980. S. 619-633. B 44602
S e i d e l m a n , R.: Urban movements and communist power in Florence. In: Comparative politics. Vol. 13, 1981. No. 4.
S. 437-459. BZ 4606:13
T a d d e i , F.: Il Pignone di Firenze (1944-1954). Con un saggio di
L. Mangalaviti: Il Pignone tra resistenza e ricostruzione. Firenze: La Nuova Italia 1980. 144 S. Bc 2223
Südtirol ─────────
E r m a c o r a , F.: Über den Stand der Südtirolfrage im Jahre 1981. In: Österreichisches Jahrbuch für Politik. 1981.
S. 297-330. BZ 4676:1981
S t e u r e r , L.: Südtirol zwischen Rom und Berlin 1919-1939. Wien: Europaverl. 1981. 482 S. B 44717

L 147 Jugoslawien

e. Staat/Politik

e. 1 Innenpolitik

Politische Haft in Jugoslawien. Bonn: amnesty international 1972.
84 S. D 2343
K a r d e l j , E.: (Tito i jugoslovenska socijalistička revolucija, [engl.]) Tito and socialist revolution of Yugoslavia. Belgrade: Socialist Thought and Practice 1980. 275 S. B 44145
K o l b , C. E. M.: The criminal trial of Yugoslav poet Vlado Gotovac. An eyewithness account. In: Human rights quarterly. Vol. 4, 1982.
No. 2. S. 184-211. BZ 4753:4
L e m a n , G.: Arbeiterselbstverwaltung und Gewerkschaften in Jugoslawien. In: Aus Politik und Zeitgeschichte. 1982. B 29-30.
S. 27-38. BZ 05159:1982
R e i n h a r t z , D.: Milovan Djilas: a revolutionary as a writer.
New York: Columbia Univ. Pr. 1981. XIII, 112 S. B 45155
R u l l m a n n , H. -P.: Jugoslawien: Die Rolle der Zentralorganisationen. Armee u. Verwaltung als Faktoren d. Stabilität in d. Krise.
In: Deutsche Studien. Jg. 19, 1981. H. 74. S. 107-123. BZ 4535:19
R u t y n a , Z.: Geneza Tymczasiwego Rządu Demokratycznej Federacyjnej Jugosławii (marzec 1945 r.). [Die Gründung der Provisorischen Regierung des Demokratischen Föderativen Jugoslaviens

im März 1945.] In: Z dziejów stosunków polsko-radzieckich i rozwoju wspólnoty państw socjalistycznych. Tom 22, 1980.
S. 55-96. BZ 4664:22
Statut des Bundes der Kommunisten Jugoslawiens. Beograd: Verl. Sozialist. Theorie u. Praxis 1979. 89 S. Bc 2056
Tito, J. B. : Sechzig Jahre des revolutionären Kampfes des Bundes der Kommunisten Jugoslawiens. Belgrad: STP 1981. 77 S. Bc 2480

e. 2 Außenpolitik

Krizman, B. : Pavelić izmedu Hitlera i Mussolinija. [Pavelić zwischen Hitler u. Mussolini.] Zagreb: Globus 1980. 617 S. B 44132
Reuter-Hendrichs, I. : Jugoslawiens Rolle in der Blockfreienbewegung. In: Südosteuropa. Jg. 31, 1982. H. 2. S. 119-131. BZ 4762:31
Suppan, A. : Anschluß und Anschlußfrage in Politik und öffentlicher Meinung Jugoslawiens. In: Anschluß 1983. 1981. S. 68-85. B 43848
Tito, J. B. : Nichtpaktgebundenheit. Gewissen und Zukunft der Menschheit. Belgrad: Sozialist. Theorie u. Praxis 1979.
182 S. B 43481
Tönnes, B. : Kosovo und die jugoslawisch-albanischen Beziehungen. In: Europäische Rundschau. Jg. 10, 1982. Nr. 2. S. 55-65. BZ 4615:10

f. Wehrwesen

Lutovac, M.; Pavlica, J. : Krivična Zaštita Oružanih Snaga SFRJ. [Der Strafschutz der Streitkräfte der Sozialistischen Föderativen Republik Jugoslawien.] Beograd: Vojnoizdavački zavod 1980. 298 S. B 40716
Paparella, T. : Le système de défense en Yougoslavie. In: Défense nationale. Année 38, 1982. Août-Septembre.
S. 69-87. BZ 4460:38
Todorović, B. : Yugoslavia's total national Defence. Origin and development. Belgrade: Socialist Thought and Practice 1980.
74 S. Bc 2887

k. Geschichte

Barker, E. : Državni udar u Beogradu i Britanci - Vojni puč 27. ožujka 1941. [Der Staatsstreich in Belgrad u. die Engländer - Militärputsch vom 27. März 1941.] In: Časopis za suvremenu povijest. God 13, 1981. Broj 1. S. 7-28. BZ 4582:13
The Creation of Yugoslavia. 1914-1918. Ed. : D. Djordjevic. Santa Barbara: Clio Books 1980. VIII, 228 S. B 44444
Huebbenet, G. von: Jugoslawien nach Tito. In: Aussenpolitik. Jg. 32, 1981. Nr. 3. S. 262-273. BZ 4457:32

Karapandzich, B. M.: The bloodiest Yugoslav Spring. 1945-...
Tito's Katyns and Gulags. New York: Carlton Pr. 1980.
176 S. B 43612
Kardelj, E.: Boj za priznanje in neodvisnost nove Jugoslavije
1944-1957. [Kampf um die Anerkennung u. Unabhängigkeit des
neuen Jugoslawiens 1944-1957. Erinnerungen.] Ljubljana:
Državne založba Slovenije 1980. 265 S. B 42879
Oleszczuk, T.: The commanding heights and liberalization. The
case of Yugoslavia. In: Comparative politics. Vol. 13, 1981.
No. 2. S. 171-185. BZ 4606:13
Sundhaussen, H.: Geschichte Jugoslawiens 1918-1980.
Stuttgart: Kohlhammer 1982. 224 S. B 45308

1. Einzelne Gebiete/Orte

Artisien, P. F. R.; Howells, R. A.: Die Unruhen in Kosovo und
das jugoslawisch-albanische Verhältnis. In: Europa-Archiv.
Jg. 36, 1981. Folge 21. S. 639-648. BZ 4452:36
Die Ereignisse in der SAP Kosovo. Ursachen und Folgen der Aktion...
Belgrad: "Internat. Politik" 1981. 36 S. Bc 0617
Die Forderung, Kosova den Status einer Republik zuzuerkennen, ist
gerecht. Tirana: Verl. "8 Nëntori" 1981. 59 S. Bc 2826
Pavlowitch, S. K.; Biberaj, E.: The Albanian Problem in
Yugoslavia: Two views. London: Institute for the Study of
Conflict 1982. 43 S. Bc 2901
Rullmann, H. P.: Mordauftrag aus Belgrad. Dokumentation über
die Belgrader Mordmaschine. Hamburg: Rullmann 1980.
56 S. Bc 2511
Unruhen in Kossowo. In: Weltgeschehen 1981. H. 2.
S. 138-153. BZ 4555:1981
Wehler, H.-U.: Nationalitätenpolitik in Jugoslawien. Die deutsche
Minderheit 1918-1978. Göttingen: Vandenhoeck & Ruprecht 1980.
164 S. B 40090
Why were police violence and tanks used against the Albanians of
Kosova? Tirana: "8 Nëntori" 1981. 20 S. Bc 2766

L 163 Niederlande

Baehr, P. R.: Concern for development aid and fundamental human
rights. The dilemma as faced ba the Netherlands. In: Human rights
quarterly. Vol. 4, 1982. No. 1. S. 39-52. BZ 4753:4
Eisen, J.: Anglo-Dutch relations and European unity 1940-1948.
Hull: University of Hull 1980. 60 S. Bc 2585
Faltas, S.: Philips: electronics and the arms trade. In: Current
research on peace and violence. Vol. 4, 1981. No. 3.
S. 195-217. BZ 05123:4

Laqueur, W.: Der neue Neutralismus. In: Europäische Rundschau.
  Jg. 9, 1981. Nr. 3. S. 11-28. BZ 4615:9
Länderporträt Niederlande. Überblick über Bewaffnung und Ausrüstung. In: Wehrtechnik. 1982. Nr. 8. S. 59-89. BZ 05258:1982
Oderisi, C.: L'Olanda che cambia. In: Affari esteri. Anno 13,
  1981. No. 52. S. 505-516. BZ 4373:13
Schulten, C. M.; Smits, F. J. H. T.: Grenadiers en jagers in
  Nederland. 's-Gravenhage: Staatsuitgev. 1980. 160 S. 08634
Von der Dunk, H.: Die Niederlande im Kräftespiel zwischen Kaiserreich und Entente. Wiesbaden: Steiner 1980. 44 S. Bc 2099
Vuren, A. J. van: The Royal Netherlands army today. In: Military
  review. Vol. 62, 1982. No. 4. S. 13-28. BZ 4468:62

L 165 Norwegen

e. Staat/Politik

Aberle, E.: Vi må ikke glemme. Boken er ført i pennen av
  A. Møller. Oslo: Cappelen 1980. 74 S. B 43972
Alta-bilder. Alta-pictures. 12 års kamp for Alta-Kautokeinovassdraget. 12 years' struggle for the Alta-Kautokeino watercourse.
  Oslo: Pax Forl. 1981. 144 S. 08650
Colbjørnsen, T.; Korsnes, O.; Nordhaug, O.: Fagbevegelsen - interesseorganisasjon og administrator. Bergen: Universitetsforl. 1981. 195 S. B 43350
Derry, T. K.: Norway. In: Fascism in Europe. 1981.
  S. 223-236. B 44868
Enholm, K.: Høyt Spill. Arbeiderpartiets base- og atompolitikk.
  Kjensgjerninger og vurderinger. Oslo: Folkereisning mot krig
  1981. 51 S. Bc 2799
Haslund Gleditsch, N.: Vaer utålmodig menneske! Erindringer.
  Oslo: Gyldendal 1980. 139 S. B 43305
Holst, J. J.: Norway's search for a Nordpolitik. In: Foreign
  affairs. Vol. 60, 1981. No. 1. S. 63-86. BZ 05149:60
Johansen, P. O.: Arbeidervern og revolusjonsfrykt. Borgerlige
  politikeres reaksjon på vedtakene om å danne permanente arbeidervern i begynnelsen av 1930-årene. In: Tidsskrift for arbeiderbevegelsens historie. 1981. Nr. 1. S. 131-178. BZ 4660:1981
Larsen, R. T.: Styrt fra Moskva? Erindringer 1960-1980.
  Oslo: Cappelen 1980. 330 S. B 43986
Mikkelsen, M.: Elva skal leve. Oslo: Cappelen 1980. 223 S. B 43980
Norge i 1905. En kavalkade i bilder og tekst. Red.: T. Greve og
  J.-L. Opstad. Oslo: Aschehoug 1980. 140 S. 08496
Olstad, F.: Fra matopprør til streik.
  In: Tidsskrift for arbeiderbevegelsens historie. 1981.
  Nr. 1. S. 115-130. BZ 4660:1981

Selliaas, A.-E.: Politisk politi i Norge 1914-1937. In:
Tidsskrift for arbeiderbevegelsens historie. Årg. 1982.
H. 2. S. 53-91. BZ 4660:1982
Sosialisme på norsk. Red.: S. Hansson, R. Slagstad. Oslo:
Pax Forl. 1981. 352 S. B 43324

f. Wehrwesen

Brenchley, F.: Norway and her Soviet neighbour: NATO's arctic frontier. London: Institute for the Study of Conflict 1982.
20 S. Bc 2731
Christensen, D.: Brennpunkt Nord-Norge. Oslo: Cappelen 1980.
151 S. B 43963
Eide, V.: Haerens fremtidige organisasjon. Våpenog utstyrstekniske perspektiver. In: Norsk militaert tidsskrift. Årg. 152, 1982.
H. 5. S. 191-198. BZ 05232:152
Fjeld, O. T.: Kystartilleriet gjennom 150 år. Våpenet med de mange novne- og organisasjonsendringer. Hovedtrekk i utviklingen 1831-1981. In: Norsk militaert tidsskrift. Årg. 151, 1981.
H. 6. S. 269-292. BZ 05232:151
Forhåndslagring i Norge? Red.: M. Barth. 2. utv. utg. Oslo:
Pax Forl. 1980. 224 S. B 43161
Galtung, J.; Hansen, P.: Totalforsvar. Opplegg til en ny forsvarsdebatt i Norge. Oslo: Univ.-Forl. 1981. 55 S. Bc 2810
Johansen, P. O.: Da Generalstaben var overvåkningspoliti. Perioden 1918-1943. In: Tiddskrift for arbeiderbevegelsens historie. Årg. 1982. H. 2. S. 9-52. BZ 4660:1982
Olstad, A.: Glimt av Haerens historie i de siste 150 år. T. 1-8. In: Norsk militaert tidsskrift. Årg. 151, 1981.
H. 1-9. Getr. Pag. BZ 05232:151

L 171 Österreich

c. Biographien

Hindels, J.: Otto Bauer ist jung geblieben! Hrsg. anl. d. 100. Geburtstages von Otto Bauer. Wien: SPÖ 1981. 31 S. Bc 2543
Kolb, F.: Es kam ganz anders. Betrachtungen eines alt gewordenen Sozialisten. Wien: Österr. Bundesverl. 1981. 212 S. B 44994
Miksch, H.: General der Infanterie Edmund Glaise von Horstenau. Soldat, Historiker, Politiker. T. 1, 2. In: Deutsches Soldatenjahrbuch. Jg. 30, 1982. S. 99-107; 31, 1983. S. 389-393. F 145:30
Rieder, H.: Kaiser Karl. Der letzte Monarch Österreich-Ungarns 1887-1922. München: Callwey 1981. 403 S. B 44641
Röttinger, C.; Angerer, R.: Also sprach Bruno K[reisky].
Wien: Amalthea 1981. 132 S. B 45028

Seco, E.: Der Fall Androsch. Eine sozialistische Karriere in den siebziger Jahren. Wien: Multiplex Media Verl. 1981. 96 S.   Bc 2365
Stadler, K. R.: The Kreisky phenomenon. In: West European politics. Vol. 4, 1981. No. 1. S. 5-18.   BZ 4668:4
Whiteside, A. G.: (The Socialism of fools. [dt.]) Georg Ritter von Schönerer. Alldeutschland und sein Prophet. Graz: Verl. Styria 1981. 344 S.   B 45052

e. Staat/Politik

e. 1 Innenpolitik

Bosmans, J.: Innen- und aussenpolitische Probleme bei der Aufhebung der Völkerbundkontrolle in Österreich 1924-1926. In: Zeitgeschichte. Jg. 9, 1982. H. 6. S. 189-210.   BZ 4617:9
Botz, G.: Schuschniggs geplante "Volksbefragung" und Hitlers "Volksabstimmung" in Österreich. In: Anschluß 1938. 1981. S. 220-243.   B 43848
Butterwegge, C.: Gramsci und der Austromarxismus. Zur Renaissance zweier Politiktheorien der Zwischenkriegszeit. In: Marxistische Studien. 1981. Nr. 4. S. 126-142.   BZ 4691:1981
Deutsch, R.: Chronologie eines Kampfes. (SPÖ.) Wien: Arbeitsgemeinsch. f. sozialwissensch. Publizistik 1978. 83 S.   Bc 2063
Ettmeyer, W.: Der Stellenwert des Liberalen in der ÖVP. Wien: Wiener Pressverein 1981. 40 S.   Bc 2544
Glaser, E.: Im Umfeld des Austromarxismus. Ein Beitrag zur Geistesgeschichte d. österr. Sozialismus. Wien: Europaverl. 1981. 591 S.   B 44719
Khol, A.: Die neue Politik der ÖVP nach ihrem Reformparteitag 1980. Der selbständige Mensch in der Gemeinschaft. Wien: ÖVP 1981. 9 Bl.   Bc 0702
Kriechbaumer, R.: Österreichs Innenpolitik 1970-1975. Wien: Verl. f. Geschichte u. Politik 1981. XXII, 453 S.   B 45056
Kriechbaumer, R.: Zwischen Revisionismus und Dogmatismus. Die Diskussion der SPÖ zum neuen Programm 1978. In: Österreichisches Jahrbuch für Politik. 1981. S. 111-142.   BZ 4676:1981
Neisser, H.: Parlamentsreform in Österreich. In: Zeitschrift für Parlamentsfragen. Jg. 12, 1981. H. 2. S. 261-272.   BZ 4589:12
Oberleitner, W. E.: Politisches Handbuch Österreichs 1945-1980. Abgeschlossen am 20. Jänner 1981. Wien: Österr. Bundesverl. 1981. 287 S.   B 45013
15 Jahre junge ÖVP. Hrsg.: J. Höchtl. Wien: Junge ÖVP 1980. 146 S.   Bc 2262
Pauley, B. F.: Hitler and the forgotten Nazis. A history of Austrian National Socialism. London: MacMillan 1981. XXI, 221 S.   B 45128

Programm der Kommunistischen Partei Österreichs. Entwurf.
Wien: KPÖ 1980. 32 S. Bc 0614
Stadler, K.R.: Austria. In: Fascism in Europe. 1981.
S. 93-115. B 44868
Sully, M.A.: Political Parties and elections in Austria.
London: Hurst 1981. XIII, 194 S. B 44211
Von Hitler zu Burger? Zur Geschichte, Ideologie und Rechtssituation
der NDP. Wien: Junge Generation in der SPÖ 1981. 80 S. Bc 2542
Von der Klassengesellschaft zur sozialen Demokratie. Kommentiert:
W. Neugebauer... Vorw.: K. Blecha. Wien: Verl. d. SPÖ 1979.
100 S. Bc 2538

e. 2 Außenpolitik

Csáky, E.-M.: Der Weg zur Freiheit und Neutralität. Dokumente
zur österr. Außenpolitik 1945-1955. Wien: Braumüller 1980.
IX, 461 S. B 43732
Eberwein, W.-D.; Neuhold, H.: The Adaption of foreign
ministries to structural changes in the international system. A
comparative study of the ministries for foreign affairs of Austria
and the FRG. Laxenburg: Austrian Institute for Internat. Affairs
1981. 75 S. Bc 2988
Hummelberger, W.: Österreich und die Kleine Entente im
letzten Halbjahr vor dem Anschluß. In: Anschluß 1938. 1981.
S. 44-67. B 43848
Pahr, W.: Zur österreichischen Aussenpolitik 1979. Vortrag...
14.12.1979. Wien: Bundesminist. f. Auswärtige Angelegenheiten
1979. 18 S. Bc 0477
Rauchensteiner, M.: Spätherbst 1956. Die Neutralität auf dem
Prüfstand. Wien: Österr. Bundesverl. 1981. 123 S. B 45004
Szirtes, J.I.: Austriacka polityka neutralności. [Österreichs
Neutralitätspolitik.] In: Sprawy Międzynarodowe. Rok 34, 1981.
Zeszyt 5. S. 41-54. BZ 4497:34
UdSSR - Österreich. 1938-1979. Dokumente und Materialien.
Moskau: Nowosti 1980. 216 S. B 44229
Vetschera, H.: Soziale Verteidigung, ziviler Widerstand, immer-
während Neutralität. Wien: Braumüller 1978. 175 S. B 44716

f. Wehrwesen

Allmayer-Beck, J.C.: Die Führung vielsprachiger Streitkräfte.
Die k. und k. Armee als Beispiel. In: Heere international.
Nr. 1. 1981. S. 235-348. BZ 4754:1
Broucek, P.: Die militärische Situation Österreichs und die Ent-
stehung der Pläne zur Landesverteidigung. In: Anschluß 1938.
1981. S. 135-163. B 43848

Das Bundesheer der Zweiten Republik. Eine Dok. Gesamtred.:
M. Rauchensteiner. Wien: Österr. Bundesverl. 1980. 237 S.   B 43802
C h r a s k a , W. : Die Heimwehr und die Erste Republik Österreich.
Überlegung zur österreichischen Staatswerdung nach dem Zusammenbruch der Monarchie 1918. Kiel 1981. 217 S.   B 43860
D u i ć , M. : Die Bundesheerreform und ihre Entwicklung. Eine vorwiegend militärische Bestandsaufnahme. In: Österreichisches
Jahrbuch für Politik. 1981. S. 331-350.   BZ 4676:1981
E b e r l , E. : 300 Jahre "Belgier". Skizzen zur Regimentsgeschichte
des k. u. k. Infanterieregiments Nr. 27. In: Österreichischer
Soldatenkalender. 1982. S. 64-73.   F 1035:1982
S t e i n b ö c k , E. : Die bewaffnete Macht Österreichs im Jahre 1938.
In: Anschluß 1938. 1981. S. 109-134.   B 43848
Allgemeine Wehrpflicht und Zivildienst in Österreich. Wien: Sozialwissensch. Arbeitsgemeinschaft 1980. 10 S.   Bc 2219

g./h. Wirtschaft und Gesellschaft

Arbeiterbewegung und Arbeiterdichtung. Referate. Hrsg.: N. Britz.
München: Verl. "Die Brücke" 1980. 115 S.   B 45176
D e u t s c h , R. : Chance auf Veränderung. Wien: Arbeitsgemeinschaft
f. sozialwissensch. Publizistik 1979. 117 S.   Bc 2064
E h m e r , J. : Frauenarbeit und Arbeiterfamilie in Wien. Vom Vormärz bis 1934. In: Geschichte und Gesellschaft. Jg. 7, 1981.
H. 3/4. S. 438-473.   BZ 4636:7
G l a s n e c k , J. : Die Strategie der internationalen Sozialdemokratie
und der Februarkampf der österreichischen Arbeiter 1934. In:
Jahrbuch für Geschichte. Bd 24, 1981. S. 283-312.   BZ 4421:24
S c h a u s b e r g e r , N. : Der Anschluß und seine ökonomische Relevanz.
In: Anschluß 1938. 1981. S. 244-270.   B 43848
W e g s , R. J. : Die österreichische Kriegswirtschaft 1914-1918.
Wien: Schendl 1979. 194 S.   Bc 2196

k. Geschichte

A c k e r l , I. : Nationalsozialistische "Wiedergutmachung". In:
Anschluß 1938. 1981. S. 206-219.   B 43848
Anschluss 1938. Protokoll des Symposiums in Wien am 14. u. 15. März
1978. München: Oldenbourg Verl. 1981. 464 S.   B 43848
Revolutionäre Bewegungen in Österreich. Hrsg.: E. Zöllner. Red.:
H. Möcker. Wien: Österr. Bundesverl. 1981. 175 S.   Bc 2732
B i l k e , M. : Zeitgenossen der "Fackel". Wien: Löcker 1981.
326 S.   B 45091
Dokumentation zur österreichischen Zeitgeschichte. 1955-1980.
Wien: Jugend u. Volk 1981. 622 S.   B 45030
D u s e k , P. ; W e i n z i e r l , E. ; P e l i n k a , A. : Zeitgeschichte im

Aufriß. Österreich von 1918 bis in die achtziger Jahre. Wien:
TR-Verlagsunion 1981. 335 S. B 44297

E g e r , R. : Krisen an Österreichs Grenzen. Das Verhalten Österreichs während des Ungarnaufstandes 1956 und der tschechoslowakischen Krise 1968. Ein Vergleich. München: Herold 1981.
223 S. B 44910

Die Ereignisse des 15. Juli 1927. Protokoll des Symposiums in Wien am 15. Juni 1977. Wien: Verl. f. Geschichte u. Politik 1979.
256 S. B 44452

H a a s , H. : Die Okkupation Österreichs in den internationalen Beziehungen. In: Anschluß 1938. 1981. S. 16-43. B 43848

J a m b o r , W. : "Das Ende wird furtchbar sein!" Wird das Ende furchtbar sein? Österreich unter und nach Kreisky. Wien:
Herold 1981. 176 S. B 44645

L o v r e k , H. M. : Erinnerungen eines Auslandsösterreichers. 1943-1948. Kriegs- u. Nachkriegsjahre in Österreich, 1949-1980 Kolumbien. Wien: Österr. Lateinamerika-Institut 1981. 95 S. Bc 2900

M a l e t a , A. : Bewältigte Vergangenheit. Österreich 1932-1945.
Graz: Styria 1981. 250 S. B 44808

N e u g e b a u e r , W. ; S t e i n e r , H. : Widerstand und Verfolgung in Österreich. In: Anschluß 1938. 1981. S. 86-108. B 43848

O b e r m a i e r , W. : 60 Jahre Republik - 1918 Jahr der Wende.
183. Wechselausstellung d. Wiener Stadt- u. Landesbibliothek. Wien:
Stadt-u. Landesbibliothek 1978. 16 S. Bc 0511

Österreich - die Zweite Republik, 1945-1980. Histor. Sonderausstellung im Schloss Pottenbrunn... Gesamtgest. : S. Nasko.
St-Pölten: Magistrat d. Stadt 1980. 336 S. Bc 0571

Von der Besatzung zum Staatsvertrag. Sonderausstellung... der Österr. Nationalbibliothek, 12. 5. -4. 6. 1980. Winn: Gesellschaft d.
Freunde d. Österr. Nationalbibliothek 1980. 68 S. Bc 0599

W e i n z i e r l , E. : Christen und Juden nach der NS-Machtergreifung in Österreich. In: Anschluß 1983. 1981. S. 175-205. B 43848

l. Länderteil u. Orte

H a m m e r s t e i n , H. von: Im Anfang war der Mord. Erlebnisse als Bezirkshauptmann von Braunau am Inn und als Sicherheitsdirektor v. Oberösterr. in d. Jahren 1933 und 1934. Hrsg. : H. Slapnicka.
München: Oldenbourg 1981. 144 S. B 45051

Kärnten. Volksabstimmung 1920. Voraussetzungen, Verlauf, Folgen.
Wien: Löcker 1981. 264 S. B 45088

K o n r a d , H. : Das Entstehen der Arbeiterklasse in Oberösterreich.
Wien: Europaverl. 1981. 519 S. B 44700

M e r l , E. : Besatzungszeit im Mühlviertel. 2. Aufl. Linz: OLV-Buchverl. 1980. 333 S. B 43792

N e u m a n n , W. : Kärnten 1918-1920. Ereignisse - Dokumente - Bilder. 2. Aufl. Klagenfurt:

Verl. d. Landesmuseums f. Kärnten 1980. 140 S. Bc 0740
S e l i g e r , M.: Sozialdemokratie und Kommunalpolitik in Wien. Zu
einigen Aspekten sozialdemokratischer Politik in der Vor- und
Zwischenkriegszeit. Wien: Jugend u. Volk 1980. 173 S. B 44295
S t e i n e r , H.: Ruch oporu w Wiedniu w 1938 r. [Die Widerstands-
bewegung in Wien 1938.] In: Z Pola Walki. Rok 23, 1980. Nr. 4.
S. 131-141. BZ 4559:23
T a u c h e r , F.: Damals in Wien. Anfang ohne Ende. Wien:
Europaverl. 1981. 200 S. B 44715
W i d d e r , H.: Die neue Burgenländische Landesverfassung. In:
Österreichisches Jahrbuch für Politik. 1981. S. 53-80. BZ 4676:1981

L 174 Polen

e. Staat/Politik

e. 1 Innenpolitik

A l b i n , J.: Geneza światowego Związku Polaków z Zagranica.
[Die Entstehung des Weltbundes der Polen im Ausland.] In:
Dzieje najnowsze. Rok 13, 1981. No. 3. S. 57-91. BZ 4685:13
B a d e r , E. -M.: Das "polnische Modell" von 1980-81. Ein neues
Regierungssystem und seine Schwächen. In: Europa-Archiv.
Jg. 37, 1982. Folge 8. S. 219-230. BZ 4452:37
B a u m o e l l e r , P.; J u n g , M.; T a u d i e n , R.: "Aus Polen wieder
Polen machen". Polen-Kurzdokumentation. Bremen: Dt. Friedens-
Union 1982. 20 S. D 02413
C h o j n o w s k i , A.: Koncepcje polityki narodowościowej rządów
polskich w latach 1921-1939. [Konzeptionen der Nationalitäten-
politik der polnischen Regierungen.] Wrocław: Ossolineum 1979.
262 S. Bc 2267
K o r z e c , P.: Juifs en Pologne. La question juive pendant l'entre-
deux-guerres. Paris: Pr. de la Fondation nationale des Sciences
politiques 1980. 326 S. B 43647
K o w a l s k i , J.; R a d z i k o w s k a , B.; W i n c z o r e k , P.: Problemy
rozwoju demokracji socjalistycznej w PRL. [Probleme der Ent-
wicklung der sozialistischen Demokratie in der Volksrepublik
Polen.] Warszawa: Książka i Wiedza 1981. 400 S. B 44512
Trzydzieści pięć Lat działalności Żydowskiego Instytutu Historycz-
nego w Polsce Ludowej. Dzieje instytutu i jego zbiory. [35 Jahre
Tätigkeit des Jüdischen Histor. Instituts in Volkspolen. Warszawa:
Państw. Wyd. Nauk. 1980. 160, LXIX S. B 44740
M a r c z a k , T.: U zródeł referendum z 30 czerwca 1946 roku. [Aus
den Quellen des Referendums v. 30. Juni 1946.] In: Dzieje najnowsze.
Rok 13, 1981. No. 3. S. 151-172. BZ 4685:13

Oschlies, W.: Exodus Poloniae? Polnische Ausreise- u. Emigrationsfragen 1980-1982. In: Beiträge zur Konfliktforschung.
Jg. 12, 1982. Nr. 2. S. 89-115.   BZ 4594:12
Zagajewski, A.: Polen. Staat im Schatten der Sowjetunion.
Reinbek: Rowohlt Verl. 1981. 207 S.   B 43546

Kriegsrecht 1981

Bader, E.-M.: Der Staatsstreich gegen den polnischen "Gesellschaftsvertrag", Die Verfassungswirklichkeit 1980-81 und der Coup des 13. Dez. 1981. In: Europa-Archiv. Jg. 37, 1982.
Folge 9. S. 277-286.   BZ 4452:37
Checinski, M.: Die Militärführung und der Machtkampf in Polen.
In: Osteuropa. Jg. 32, 1982. H. 5. S. 379-385.   BZ 4459:32
Checinski, M.: Terror und kommunistische Politik in Polen.
In: Osteuropa. Jg. 32, 1982. H. 9. S. 741-753.   BZ 4459:32
The Crisis in Poland. A nation under the heel. In: Newsweek.
Vol. 99, 1982. No. 1. S. 4-15.   BZ 05142:99
Dokumente zur Krise in Polen. 2: Internationale Auswirkungen der Verhängung des Kriegszustandes. In: Europa-Archiv. Jg. 37, 1982.
Folge 6. S. D 157-D 176.   BZ 4452:37
Lammich, S.: Die rechtliche Regelung des Kriegszustandes in Polen. Verfassungsrechtliche Aspekte. In: Osteuropa. Jg. 32, 1982.
H. 5. S. 386-392.   BZ 4459:32
Lippe, P. von der; Heese, V.: Kriegsrecht in Polen: Wie es dazu kam. In: Osteuropa. Jg. 32, 1982. H. 3. S. 200-212.   BZ 4459:32
Michnik, A.: "Wir sind alle Geiseln". Bericht aus e. Gefängnis d. polnischen Militärregimes. In: Der Spiegel. Jg. 36, 1982.
Nr. 10. S. 128-138.   BZ 05140:36
Osadczuk-Korab, B. A.: Von langer Hand vorbereitet. ... Zur Entstehungsgeschichte des Militärcoups von General Jaruzelski.
In: Osteuropa. Jg. 32, 1982. H. 4. S. 261-267.   BZ 4459:32
Polen: Analyse einer internationalen Krise: Die Verhängung des Kriegsrechts und seine internationalen Folgen. In: Weltgeschehen.
1982. H. 1. S. 1-32.   BZ 4555:1982

Parteiwesen

Andreski, S.: Poland. In: Fascism in Europe. 1981.
S. 171-189.   B 44868
Hartmann, K.: Die Erneuerungsbewegung in Polen. 2. Die Partei in der Krise. In: Osteuropa. Jg. 31, 1982. H. 12.
S. 1045-1076.   BZ 4459:31
Zur Krise in Polen. Der IX. Ausserordentliche Parteitag der Polnischen Vereinigten Arbeiterpartei, 14.-20. Juli 1981. In: Europa-Archiv. Jg. 36, 1982. Folge 20. S. D 529-D 550.   BZ 4452:36
Mlynář, Z.: Die polnischen Kommunisten zwischen Scylla und Charybdis. In: L'80. 1981. H. 20. S. 142-154.   BZ 4644:1981
XVI Plenum KC PZPR. 19 października 1979 r. Podstawowe dokumenty i materiały. [16. Plenum des Zentralkomitees der

Polnischen Vereinigten Arbeiterpartei.] Warszawa:
Książka i Wiedza 1979. 198 S. B 44697
R h o d e , G. : Partei im raschen Wandel. Teil 1. 2. In: Osteuropa.
Jg. 32, 1982. H. 4. S. 272-291; H. 5. S. 393-401. BZ 4459:32
S y z d e k , B. : Program budowy Ludowej Polski na I zjeździe PPR
w 1945 r. [Das Programm für den Aufbau Volkspolens auf dem
1. Parteitag der Polnischen Arbeiterpartei 1945.] In: Z Pola
Walki. Rok 23, 1980. Nr. 4. S. 25-45. BZ 4559:23
Z e m k e , J. : ZSL w systemie politycznym Polski Ludowej. [Die
Vereinigte Volkspartei im politischen System Volkspolens.]
Warszawa: Państw. Wyd. Nauk. 1979. 337 S. B 44016

e. 2 Außenpolitik

B r e d t h a u e r , K. D. : Europa in Gefahr. Polen und die Friedens-
frage. In: Blätter für deutsche und internationale Politik.
Jg. 27, 1982. H. 2. S. 165-176. BZ 4551:27
J a c k o w i c z , J. : Stosunki polsko-bulgarskie w latach 1967-1981.
[Die polnisch-bulgarischen Beziehungen.] In: Sprawy Między -
narodowe. Rok 34, 1981. Zeszyt 9. S. 73-84. BZ 4497:34
K o w a l s k i , W. T. ; S k r z y p e k , A. : Stosunki polsko-radzieckie
1917-1945. [Polnisch-russische Beziehungen.] Warszawa:
Krajowa Agencja Wyd. 1980. 305 S. B 44850
L i c z m a ń s k i , R. : Próby odnowienia polsko-francuskiego sojuszu
politycznego w latach 1945-1947. [Versuche, das polnisch-fran-
zösische Bündnis zu erneuern.] In: Sprawy Międzynarodowe.
Rok 35, 1982. Zeszyt 5. S. 121-136. BZ 4497:35
R y c h ł o w s k i , B. : Cele i uwarunkowania polskiej polityki
zagranicznej. [Ziele u. Bedingungen der polnischen Aussenpolitik.]
In: Sprawy Międzynarodowe. Rok 35, 1982. Zeszyt 3.
S. 7-26. BZ 4497:35
S i n g e r , D. : The Road to Gdansk. Poland and the USSR. New York:
Monthly Review Pr. 1981. 256 S. B 45227
Z i ę b a , R. : Stanowisko Polski w sprawie paryskich traktatów
pokojowych 1947 r. [Die Stellung Polens zu den Pariser Friedens-
verträgen.] Warszawa: Państw. Wyd. Nauk. 1981. 226 S. B 45519

f. Wehrwesen

L'Armée aux époques des grandes transformations sociales. Red. :
E. Kozłowski et J. Wimmer. Varsovie: Ed. du Minist. de la
Défence Nat. 1980. 410 S. B 44114
B l a c k , J. : Militärseelsorge in Polen. Analyse und Dokumentation.
Stuttgart: Seewald 1981. 173 S. B 44589
B o r k o w s k i , M. ; K r z e m i ń s k i , C. : Mała Kronika polskiego
lotnictwa wojskowego. [Kleine Chronik der polnischen Luftwaffe.]

Warszawa: Towarzystwo Wiedzy Obronnej 1979. 166 S.   Bc 2341
K o r b o n s k i , A.: The dilemmas of civil-military relations in
contemporary Poland. 1945-1981. In: Armed forces and society.
Vol. 8, 1981. No. 1. S. 3-20.   BZ 4418:8
K o r p a l s k a , W.: Władysław Eugeniusz Sikorski. Biografia polityczna. [W. E. Sikorski. Eine politische Biographie.] Wrocław:
Ossolineum 1981. 263 S.   B 44836
K o w a l s k i , T. J.: Godło i barwa w lotnictwie polskim 1918-1939.
[Das Staatswappen u. die Nationalfarben im polnischen Flugwesen.]
Warszawa: Wyd. Komunikacji i Łączności 1981. 151 S.   Bc 2713
K r z e m i ń s k i , C.: Pułki Ludowego Lotnictwa Polskiego 1943-1945.
[Die Geschwader der Luftwaffe Volkspolens.] Warszawa: Wyd.
Komunikacji i Łączności 1981. 101 S.   Bc 2745
L i s o w s k i , W.: Polskie korpusy kadetów w latach 1918-1939. [Die
polnischen Kadettenkorps i. d. Jahren 1918-1939.] In: Wojskowy
Przegląd Historyczny. Rok 26, 1981. Nr. 2. S. 155-186.   BZ 4490:26
M a d e j , K.: Polskie Symbole wojskowe 1943-1978. Godło... [Polnische militärische Symbole.] Warszawa: Wyd. Min. Obrony
Narod. 1980. 189 S.   B 44127
M i ś k i e w i c z , B.: Stan badań historyczno-wojskowych w Polsce.
[Der Stand der historisch-militärischen Forschungen in Polen.]
In: Studia i materiały do historii wojskowości. Tom 23, 1981.
S. 3-19.   F 1122:23
M o r g a ł a , A.: Samoloty bombowe i szturmowe w lotnictwie polskim.
[Bomben- u. Kampfflugzeuge in der polnischen Luftfahrt.]
Warszawa: Wyd. Komunikacji i Łączności 1981. 168 S.   Bc 3084
M o r g a ł a , A.: Polskie Samoloty wojskowe 1945-1980.
[Polnische Militärflugzeuge.] Warszawa: Wyd. Min. Obrony
Narod. 1981. 485 S.   B 44742
P i l a r c z y k , Z.: Odznaki pułkowe w wojsku polskim okresu
międzywojennego. [Regimentsabzeichen im polnischen Heer
in der Zwischenkriegszeit.] In: Studia i materiały do historii
wojskowości. Tom 23, 1981. S. 265-283.   F 1122:23
P r z y m a n o w s k i , J.: Tarcza i miecz. [Schild und Schwert.
Zum 35. Jahrestag der Polnischen Volksarmee.] Warszawa:
Inst. Wyd. "Nasza Księgarnia" 1980. 75 S.   Bc 0701
S c h m i e d e r e r , U.: Das polnische Militärregime. Der 'militärische Weg zum Sozialismus'? In: Prokla. Jg. 12, 1982. Nr. 3. (H. 48).
S. 3-17.   BZ 4613:12
S t a w e c k i , P.: Rodowód i struktura społeczna korpusu oficerskiego
Drugiej Rzeczypospolitej. [Abstammung u. gesellschaftliche Struktur des Offizierskorps d. Zweiten Republik.] In: Studia i materiały
do historii wojskowości. Tom 23, 1981. S. 231-264.   F 1122:23
Z a l o g a , S. J.: The Polish Army, 1939-1945. London:
Osprey 1982. 40 S.   Bc 0736
Ż a r o ń , P.: Armia polska w ZSRR, na Bliskim i Środkowym
Wschodzie. [Die polnische Armee in der UdSSR, im Nahen und Mittleren Osten.] Warszawa: Krajowa Agencja Wyd. 1981. 278 S.   B 44973

g./h. Wirtschaft und Gesellschaft

Kozłowski, C.: Zarys dziejów polskiego ruchu robotniczego do 1948 roku. [Abriss der Geschichte der polnischen Arbeiterbewegung bis zum Jahr 1948.] Warszawa: Książka i Wiedza 1980. 681 S. B 44749

Sozialistische Kriegswirtschaft. In: Sozialismus. 1982. H. 2. S. 41-47. BZ 05393:1982

Krzemiński, C.: Lotnictwo polskie w pierwszych latach powojennych. [Die polnische Luftfahrt in den ersten Nachkriegsjahren. (1945-1949.)] Warszawa: Krajowa Agancja Wyd. 1981. 153 S. Bc 2848

Lippe, P. M. von der; Heese, V.: Askese bei leerem Kochtopf. Polens Wirtschaft im Spiegel d. polnischen Presse. In: Die politische Meinung. Jg. 26, 1981. Nr. 197. S. 23-32. BZ 4505:26

Portes, R.: The Polish crisis: Western economic policy options. London: Royal Institute of International Affairs 1981. VII, 58 S. Bc 2350

Ruch robotniczy w Polsce Ludowej. [Die Arbeiterbewegung in Volkspolen.] Warszawa: Wiedza Powszechna 1980. 646 S. B 44171

"Solidarität"

Bingen, D.: Solidarność - eine polnische Gewerkschaft und gesellschaftliche Bewegung. In: Aus Politik und Zeitgeschichte. 1982. B 29/30. S-3.25. BZ 05159:1982

Für eine neue Gesellschaft. Die programmatischen Aussagen von Solidarność. In: Sozialismus. 1982. H. 3. S. 96-104. BZ 05393:1982

Hartmann, K.: Die Erneuerungsbewegung in Polen. 1. "Solidarität" - die neue Kraft. In: Osteuropa. Jg. 31, 1981. H. 9-10. S. 923-942. BZ 4459:31

Interniert... und im Widerstand. Hrsg.: Ausschuß der Komitees und Initiativen "Solidarität mit Solidarność". Frankfurt 1982. 32 S. D 02381

Larsson, M.: Det började i Gdansk. Stockholm: Författarförlaget 1981. 159 S. B 45276

MacShane, D.: Solidarity. Poland's independent trade union. Nottingham: Spokesman 1981. 172 S. B 44783

Opgør med den autoritaere socialisme. Solidaritets planer og forslag til samfundsmaessige og økonomiske reformer. Dokumenter fra Polen 1981. København: Kurasje/Politisk revy 1982. 136 S. Bc 2780

Sawicki, C.: Die Entwicklung der "Solidarność"-Bewegung in Polen. In: Blätter für deutsche und internationale Politik. Jg. 26, 1981. H. 11. S. 1354-1368. BZ 4551:26

Simon, H.: (Face aux Ouvriers polonais, [dt.]) Polens Arbeiter auf dem Wege der Selbstbefreiung. Osnabrück 1981. 58 S. D 2390

Solidarität mit Solidarność. Informationsbulletin. Frankfurt: Aussch. d. Komitees u. Initiativen "Solidarität mit

Solidarność". Nr. 1. 1981 ff. Getr. Pag. DZ 252
Tygodnik Solidarność. Nr. 37. Faks. Ausg. Frankfurt: Koordinations-
ausschuß d. Komitees u. Initiativen "Solidarität mit Solidarność"
1982. 14 S. D 02407

i. Geistesleben

Jarowiecki, J.; Myśliński, J.; Notkowski, A.: Prasa
   polska w latach 1939-1945. [Die polnische Presse i. d. Jahren
   1939-1945.] Warszawa: Państw. Wyd. Nauk. 1980. 196 S.   B 44128
Jarowiecki, J.: Konspiracyjna Prasa w Krakowie w latach
   okupacji hitlerowskiej 1939-1945. [Die Untergrundpresse in Krakau
   i. d. Jahren d. Naziokkupation 1939-1945.] Kraków: Wyd Literackie
   1980. 427 S. B 45446
Markiewicz, S.: Państwo i kościół w Polsce Ludowej. [Staat und
   Kirche in Volkspolen.] Warszawa: Ludowa Spółdzielnia Wyd. 1981.
   291 S. B 45517
Piegsa, J.: Die Rolle der Kirche in Polen. In: Politische Studien.
   Jg. 33, 1982. Nr. 264. S. 389-400. BZ 4514:33

k. Geschichte

Aber eines Tages war das nicht mehr so. Polen 1980. Hrsg.:
   T. Gaehme. Köln: Prometh Verl. 1981. 160 S. B 44548
Andelman, D. A.: Contempt and crisis in Poland. In: International
   security. Vol. 6, 1981/82. No. 3. S. 90-103. BZ 4433:6
Bader, E. -M.: Polens Weg in die Sackgasse. Oligarchie u. Gesell-
   schaft vor und nach dem 13. Dezember 1981. In: Europa-Archiv.
   Jg. 37, 1982. Folge 12. S. 381-392. BZ 4452:37
Begegnungen mit Polen 81. Ergebnisse e. Studienreise d. Amtes für
   staatsbürgerliche Bildung ... Einf.: E. Hessenauer. Kiel: Amt f.
   staatsbürgerl. Bildung in Schleswig-Holstein 1981. 75 S. Bc 2501
Beyrau, D.: Antisemitismus und Judentum in Polen, 1918-1939.
   In: Geschichte und Gesellschaft. Jg. 8, 1982. H. 2.
   S. 205-232. BZ 4636:8
Dimet, J.; Estager, J.: Pologne, une révolution dans le
   socialisme? Paris: Éd. Sociales 1981. 275 S. B 45112
Dokumente zur Krise in Polen. (September - Dezember 1981.) In:
   Europa-Archiv. Jg. 37, 1982. Folge 4. S. D 99 - D 130. BZ 4452:37
Dzieje Gdyni. [Geschichte Gdingens.] Pod red. R. Wapińskiego.
   Wrocław: Ossolineum 1980. 338 S. B 43747
Golczewski, F.: Polnisch-jüdische Beziehungen 1881-1922. Eine
   Studie zur Geschichte des Antisemitismus in Osteuropa.
   Wiesbaden: Steiner 1981. IX, 391 S. B 45209
Grela, M.: Oficjalne reakcje zagraniczne na wydarzenia w Polsce
   (od 1 sierpnia 1980 r. do 13 grudnia 1981 r.). [Ausländische

offizielle Reaktionen zu den Ereignissen in Polen vom 1. Aug. 1980
bis zum 13. Dez. 1981.] In: Sprawy Międzynarodowe. Rok 35, 1982.
Zeszyt 4. S. 103-118. BZ 4497:35
Halvorsen, D.; Pieniewska Sandbu, N.: Polske Dialoger 1980.
Analyser, kommentarer, samtaler. Oslo: Gyldendal 1981.
150 S. B 45262
Hartmann, K.: Die Erneuerungsbewegung in Polen. In: Osteuropa.
Jg. 32, 1982. H. 1. S. 10-30. BZ 4459:32
Hraber, R.; Tokarz, Z.; Wilczur, J. E.: Kriegsschicksale
polnischer Kinder. Warszawa: Verl. Interpr. 1981. 229 S. B 45440
Jaenecke, H.: Polen. Träumer, Helden, Opfer. Hamburg:
Gruner und Jahr 1981. 288 S. B 45074
Katborg, K.; Keldorff, S.: Den polske Sommer. Socialistiske
perspektiver. København: SP Forl. 1980. 191 S. B 45281
König, H.: Polen - nach dem 13. Dezember. Bericht. In: Osteuropa.
Jg. 32, 1982. H. 9. S. 754-778. BZ 4459:32
Die Krise in Polen. Ursachen - Probleme - Auswirkungen. In:
Osteuropa. Jg. 31, 1981. H. 11. S. 997-1034. BZ 4459:31
Kriwanek, G.: Polen. Solidarität als Hoffnung. Zürich: Orell
Füssli 1981. 19 S. B 43548
Lederer, J.: Mein Polen lebt. Zwei Jahrhunderte Kampf gegen
Fremdherrschaft. Köln: Bund-Verl. 1981. 269 S. B 44302
MacDonald, H.: The Western Alliance and the Polsih crisis. In:
The World today. Vol. 38, 1982. No. 2. S. 42-50. BZ 4461:38
Muttergé, J.: Wohin steuert Polen? Luxemburg: Coopérative
Ouvrière de Presse et d' Editions 1981. 88 S. Bc 2438
Pradetto, A.: Polen: Zwischen Resignation und Widerstand. In:
Osteuropa. Jg. 32, 1982. H. 10. S. 801-811. BZ 4459:32
Rhode, G.: Geschichte einer Krise. In: Die politische Meinung.
Jg. 26, 1981. Nr. 197. S. 13-22. BZ 4505:26
Royen, C.: Polen - wohin? Bedingungen und Grenzen der politischen
Erneuerung. In: Europa-Archiv. Jg. 36, 1982. Folge 23.
S. 709-720. BZ 4452:36
Schaff, A.: Die polnische Lektion. In: Europäische Rundschau.
Jg. 10, 1982. Nr. 2. S. 3-34. BZ 4615:10
Thee, M.: Focus on. The Polish drama. Its meaning and internatio-
nal impact. In: Journal of peace research. Vol. 19, 1982.
No. 1. S. 1-10. BZ 4372:19
Wagner, W.: La crise polonaise: contexte historique et dimension
intérieure. In: Politique étrangère. Année 47, 1982. No. 1.
S. 63-74. BZ 4449:47
Wolf, W.; Engert, S.: Polen. Der lange Sommer der Solidarität.
Bd 1. 2. Frankfurt: isp-Verl. 1981. 383 S. B 46499
Wollstein, G.: Polen 1980 - Hoffnungen in Ostmitteleuropa. In: Ge-
schichte in Wissensch. u. Unterricht. Jg. 33, 1982. H. 1. S. 21-40.
Zaremba, Z.: La Commune de Varsovie. Trahie par Staline,
massacrée par Hitler. V. Serge: La nouvel impérialisme russe.
Paris: Spartacus 1982. 48, 46 S. Bc 3096

L 175 Portugal

e. Staat/Politik

Almeida, P. R. de: História do colonialismo português em África.
Cronologia. Vol. 1-3. Lisboa: Ed. Estampa 1978-79.
496, 318, 476 S. B 41483
Dez Anos para mudar Portugal. Proposta PS para os anos 80.
A Aprovado no III Congresso do Partido Socialista. Lisboa:
Ed. Portugal Socialista 1979. 314 S. B 42430
Bouscaren, A. T.: The puzzles of Portuguese politics. In: The
journal of social, political and economic studies. Vol. 6, 1981.
No. 3. S. 327-344. BZ 4670:6
Cunhal, A.: Os chamados Governos de iniciativa presidencial.
1. 2. Lisboa: Ed. "Avante!" 1980. 271, 260 S. B 24051:13.14
Cunhal, A.: Kurs auf Sieg. Berlin:
Dietz 1982. 360 S. B 43695
Pimlott, B.: Portugal - two battles in the war of the
constitution. In: West European politics. Vol. 4, 1981. No. 3.
S. 86-296. BZ 4668:4
Thomashausen, A.: Verfassung und Verfassungswirklichkeit
im neuen Portugal. Berlin: Duncker u. Humblot 1981. 503 S. B 45464

k. Geschichte

Da Costa, R.: Elementos para a história do movimento operário
em Portugal. 1. 2. Lisboa: Assírio e Alvim 1979.
229, 335 S. B 42428
Eisfeld, R.: Revolutionäre und gegenrevolutionäre Bewegungen
in Portugal seit 1974. Rolle und Entwicklung der Streitkräfte.
In: Politische Vierteljahresschrift. Jg. 23, 1982. H. 2.
S. 153-177. BZ 4501:23
Gomes, C.; Manuel, A.: Sobre Portugal. Diálogos. Lisboa:
A Regra do Jogo 1979. 181 S. B 41330
Goncalves, V.: Acerca da Doutrina militar para Portugal e as
suas forcas armadas. 2. ed. Coimbra: Centelha 1979. 76 S. Bc 1895
As Greves de 8 e 9 de Maio de 1944. Lisboa: Ed. Avante 1979.
126 S. Bc 2124
Il Portogallo. In: Rivista militare. Anno 104, 1981. No. 6.
S. 25-36. BZ 05151:104
Rodrigues, A.; Borga, C.; Cardoso, M.: Abril nos
quartéis de Novembro. 2. ed. Amadora: Bertrand 1979.
483 S. B 41624

L 177 Rumänien

e. Staat/Politik

e. 1 Innenpolitik

Barbu, Z.: Rumania. In: Fascism in Europe. 1981.
S. 151-170. B 44868
Dezvoltarea partidului clasei muncitoare din România in perioada
1893-1918. [Die Entwicklung der Partei der Arbeiterklasse Rumäniens...] In: Anale de istorie. Anul 27, 1981. No. 5.
S. 121-142. BZ 4536:27
Ghermani, D.: Rumäniens innenpolitische Schwierigkeiten. Der
Rückgriff auf "Law and Order" soll Abhilfe schaffen. In: Südosteuropa. Jg. 31, 1982. H. 2. S. 146-154. BZ 4762:31
Ghermani, D.: Wachablösung im rumänsichen Führungsapparat.
In: Südosteuropa. Jg. 31, 1982. H. 6. S. 345-353. BZ 4762:31
Hartl, H.: Die Lage der Deutschen in Rumänien. In: Südosteuropa-Mitteilungen. Jg. 21, 1981. Nr. 4. S. 33-48. BZ 4725:21
Începuturile mişcării muncitoreşti şi socialiste în România. [Die
Anfänge der Arbeiter- u. Sozialistischen Bewegung in Rumänien.]
In: Anale de istorie. Anul 27, 1981. No. 4. S. 127-171. BZ 4536:27
Matichescu, O.: 45 de ani de la procesul de la Braşov al militanţilor comunişti şi antifascişti. [Der 45. Jahrestag des Prozesses
v. Brasov (Kronstadt) gegen militante Kommunisten u. Antifaschisten. (1936.)] In: Revista de istorie. Tomul 34, 1981. Nr. 6.
S. 1049-1063. BZ 4578:34
Matichescu, O.: Le procès des militants communistes et antifascistes de Braşov (mai-juin 1936). In: Revue roumaine d'histoire.
Tome 20, 1981. No. 3. S. 395-410. BZ 4577:20
Matichescu, O.: "Scinteia" - tribună de luptă a Partidului Comunist Roman în anii ilegalităţii. ["Scinteia" - Tribüne des Kampfes d.
Kommunist. Partei Rumäniens i. d. Jahren der Illegalität.] In:
Revista de istorie. Tomul 34, 1981. No. 9. S. 1635-1649. BZ 4578:34
Menschenrechte in der Sozialistischen Republik Rumänien. Frankfurt:
Internat. Gesellsch. f. Menschenrechte 1982. 28 S. D 02432
Michael-Titus, C.: Romania under pressure. Report 2.
London: Panopticum Press 1981. 43 S. Bc 2656
Muşat, M.; Arimia, V.: Nicolae Titulescu - apărător al unităţii,
independenţei şi suveranităţii naţionale. [Nicolae Titulescu - Verteidiger der nationalen Einheit, Unabhängigkeit und Souveränität.]
In: Anale de istorie. Anul 28, 1982. No. 1. S. 53-64. BZ 4536:28
Nelson, D. N.: Democratic Centralism in Romania: A study of local
communist politics. New York: Columbia Univ. Pr. 1980.
XII, 186 S. B 44711
Sistemul politic al Republicii Socialiste România. Studii.

[Das politische System der Sozialistischen Republik Rumänien.
Studien.] București: Ed. politică 1979. 280 S. B 43490
S m â r c e a , V.; T ă n ă s e s c u , F.: Rolul istoric al mișcării
noastre muncitorești în lupta poporului român pentru unitata
națională... [Die historische Rolle unserer Arbeiterbewegung im
Kampf des rumänischen Volkes für nationale Einheit, Unabhängigkeit u. territoriale Integrität...] In: Anale de istorie.
Anul 27, 1981. No. 4. S. 51-78; 5. S. 42-75. BZ 4536:27

e. 2 Außenpolitik

C a m p u s , E.: Din Politica externă a României 1913-1947. [Die Aussenpolitik Rumäniens.] București: Ed. politică 1980. 635 S. B 45103
E n e s c u , I.: Politica externă a României în perioada 1944-1947.
[Die Aussenpolitik Rumäniens .] București: Ed. stiintifica si
enciclopedică 1979. 468 S. B 43595
G h e r m a n i , D.: Die rumänische Aussenpolitik im Spannungsfeld
von Autonomie und Blocktreue. In: Südosteuropa.
Jg. 31, 1982. H. 5. S. 259-264. BZ 4762:31
G h e r m a n i , D.: Rumäniens Nahostpolitik. Bestandsaufnahme einer
diplomatischen Vermittlertätigkeit. In: Südost-Europa.
Jg. 31, 1982. H. 1. S. 28-45. BZ 4762:31
G r a s s o , V.: Linee di continuita' della politica estera romena.
In: Affari esteri. Anno 14, 1982. No. 54. S. 239-249. BZ 4373:14
M o i s u c , V.: Un épisode de l' histoire des relations franco-roumaines dans l' entre-deux-guerres. In: Revue d' histoire de la
deuxième guerre mondiale. Année 32, 1982. No. 126.
S. 77-93. BZ 4455:32
Š e v j a k o v , A. A.: Sovetsko-rumynskie otnošenija i Nikolae Titulesku. [Die sowjetisch-rumänischen Beziehungen u. Nicolae
Titulescu.] In: Voprosy istorii. God 1982. No. 5.
S. 46-59. BZ 05317:1982

g./h. Wirtschaft und Gesellschaft

A d a m , I. I.: Economia Transilvaniei în timpul primului război
mondial. [Die Wirtschaft Siebenbürgens während des ersten Weltkriegs.] In: Revista de istorie. Tomul 34, 1981. Nr. 11.
S. 2009-2028. BZ 4578:34
C e a u ș e s c u , N.: Die Erhöhung der Rolle der Frau im ökonomischen und sozial-politischen Leben des sozialistischen Rumänien.
Bukarest: Polit. Verl. 1981. 154 S. Bc 2584
C e a u ș e s c u , N.: (Revoluția tehnico-stiintifică si progresul tehnic',
[dt.].) Die wissenschaftl. -technische Revolution und der technische
Fortschritt. Bukarest: Polit. Verl. 1981. 166 S. Bc 2881
C e a u ș e s c u , N.: (Tineretul - viitorul natiunii noastre socialiste.

[dt.]) Die Jugend - Die Zukunft unserer sozialistischen Nation.
Bukarest: Polit. Verl. 1981. 279 S. B 45081
Ghermani, D.: Rumäniens Wirtschaftskrise. In: Südosteuropa.
Jg. 31, 1982. H. 3-4. S. 207-219. BZ 4762:31
Iosa, M.: Situaţia ţărănimii din România în timpul primului
război mondial. [Die Situation der Bauern Rumäniens während des
ersten Weltkrieges.] In: Revista de istorie. Tomul 34, 1981.
No. 9. S. 1651-1668. BZ 4578:34

k. Geschichte

Ardeleanu, I.; Muşat, M.: Confirmarea internaţională a Marii
Uniri din 1918. [Die internationale Anerkennung der "Grossen
Union" von 1918.] In: Revista de istorie. Tomul 34, 1981.
No. 8. S. 1423-1444. BZ 4578:34
Bîrdeanu, N.; Nicolaescu, D.: Contribuţii la istoria marinei
române. [Beiträge zur Geschichte d. rumän. Marine.] Vol. 1.
Bucuresti: Ed. ştiinţifică şi enciclopedică 1979. 350 S. B 43634
Caballero Jurado, C.: El ejercito rumano en la S[egunda]
G[uena] M[undial]. In: Defensa. Año 5, 1982. No. 47.
S. 56-63. BZ 05344:5
Independenţa României. Bibliografie. [Die Unabhängigkeit Rumäniens.
Bibliographie.] Bucureşti: Ed. Acad. Republicii Socialiste România
1979. XXV, 307 S. B 44737
Rácilá, E.: Contribuţii privind lupta Românilor pentru apărarea
partiei în primul război mondial... [Beiträge z. Kampf d. Rumänen
f. d. Verteidigung d. Vaterlandes im 1. Weltkrieg.] Bucureşti: Ed.
ştiinţifica şi enciclopedica 1981. 423 S. B 44838
România în războiul pentru independenţă (1877-1878). Contribuţii
bibliografice. [Rumänien im Unabhängigkeitskrieg.] Ed. 2-a, rev.
şi compl. Bucureşti: Ed. militară 1979. 85 S. Bc 1527
Unc, G.; Deac, A.: 1918. Gărzile naţionale române din Transil-
vania. [1918. Die rumänischen Nationalgarden in Siebenbürgen.]
Bucuresti: Ed. Militară 1979. 230 S. Bc 2744
Vinogradov, V. N.: O učastii Rumynii v pervoj mirovoj vojne.
[Über die Beteiligung Rumäniens am Ersten Weltkrieg.]
In: Voprosy istorii. God 1982. No. 8. S. 56-69. BZ 05317:1982
Zaharia, G.: Powstanie sierpniowe 1944 r. w Rumunii. [Der
Augustaufstand von 1944 im Rumänien.] In: Z Dziejów stosunków
polsko-radzieckich i rozwoju wspólnoty państw socjalistycznych.
Tom 23, 1981. S. 17-39. BZ 4664:23

L 179 Rußland/Sowjetunion/UdSSR

a./d. Allgemeines

Carlebach, E.: Reise in den Bolschewismus. Reportagen aus der UdSSR. 1955-1980. Frankfurt: Verl. Marxist. Bl. 1981. 205 S. B 43733
Feichtner, W.; Seyr, B.: Sowjetunion. Bd 1. München: Beck 1981. 203 S. B 44305
Füllberg-Stollberg, K.: Die Darstellung der UdSSR nach 1945 in den Geschichtsbüchern der BRD. Göttingen: Musterschmidt 1981. 245 S. B 45029
Kupferberg, F.: Marxistisk Sovjetforskning. Rapport från Sovjetkonferenserna i Roskilde, London och Oslo. Aalborg: Aalborg Universitetsforl. 1978. 183 S. B 42220
Levi, A.: Scenari sovietici. In: Affari esteri. Anno 14, 1982. No. 54. S. 141-160. BZ 4373:14
Medish, V.: The Soviet Union. Englewood Cliffs: Prentice-Hall 1981. IX, 367 S. B 43941
Die Sowjetunion. Red.: H.-G. Wehling. Stuttgart: Kohlhammer 1981. 192 S. B 43907
Tucker, R. C.: Swollen state, spent society. Stalin's legacy to Brezhnev's Russia. In: Foreign affairs. Vol. 60, 1981/82. No. 2. S. 414-435. BZ 05149:60

Volkstum/Nationalitäten

Abramovič, A.: V rešajuščej Vojne. Učastnie i rol' Evreev SSSR v vojne protiv nacizma. [Im entscheidenden Krieg. Teilnahme u. Rolle d. Juden d. UdSSR im Krieg gegen den Nazismus.] T. 1. Tel'-Aviv 1981. 509 S. B 45750
Bohmann, A.: Russen und Russifizierung in der Sowjetunion. In: Aussenpolitik. Jg. 32, 1982. H. 3. S. 251-261. BZ 4457:32
Brissaud, J.-M.: L'Antisémitisme en Union soviétique. Paris: IREP 1980. 329 S. B 43706
Buchsweiler, M.: Deutsche Landkreise (Rayons) und deutsche Kreiszeitungen in der UdSSR. (1926-1941.) In: Osteuropa. Jg. 32, 1982. H. 8. S. 671-682. BZ 4459:32
Fleischhauer, I.: "Unternehmen Barbarossa" und die Zwangsumsiedlung der Deutschen in der UdSSR. In: Vierteljahrshefte für Zeitgeschichte. Jg. 30, 1982. H. 2. S. 299-321. BZ 4456:30
Kappeler, A.: Historische Voraussetzungen des Nationalitätenproblems im russischen Vielvölkerreich. In: Geschichte und Gesellschaft. Jg. 8, 1982. H. 2. S. 159-183. BZ 4636:8
Novikov, N.: Nationalitäten der UdSSR im Lichte des Parteikongresses und der Volkszählungsergebnisse. In: Osteuropa. Jg. 31, 1981. H. 9-10. S. 812-824. BZ 4459:31
Nur eine alte Geschichte? Jüdische Minderheit in der UdSSR.

Zürich: Selbstverl. 1980. 19 S. Bc 2572
S c h a l h o r n , B.: Ein russisch dominierter Vielvölkerstaat. Nationalitätenprobleme in der Sowjetunion. In: Die Sowjetunion.
1981. S. 155-171. B 43907
S i m o n , G.: Nationsbildung und "Revolution von oben". Zur neuen sowjetischen Nationalitätenpolitik der dreißiger Jahre. In: Geschichte und Gesellschaft. Jg. 8, 1982. H. 2. S. 233-257. BZ 4636:8
S i m o n , G.: Russen und Nichtrussen in der sowjetischen Gesellschaft. In: Aus Politik und Zeitgeschichte. 1982. B 17/18.
S. 26-44. BZ 05159:1982
S z a j k o w s k i , Z.: An illustrated Sourcebook of Russian antisemitism 1881-1978. Vol. 1. 2. New York: Ktav Publ. 1980.
233, 245 S. 08688

c. Biographien

A z o v c e v , N. N.: V. I. Lenin i sovetskaja voennaja nauka. [V. I. Lenin u. die sowjetische Militärwissenschaft.] Izd. 2-e, ispr. i dop.
Moskva: Nauka 1981. 349 S. B 43585
B a r r o n , J.: MiG Pilot. The final escape of Lieutenant Belenko.
New York: McGraw-Hill 1980. 224 S. B 44089
B r e ž n e v , L. I.: Izbrannye Proizvedenija. V 3 tomach. [Ausgew.
Werke.] T. 1-3. Moskva: Politizdat 1981. 543, 511, 623 S. B 44513
B r e ž n e v , L. I.: (Vospominanija, [dt.]) Erinnerungen.
Moskau: Nowosti 1982. 63 S. Bc 2708
B r o u e , P.: L'Assassinat de Trotsky. Bruxelles:
Ed. Complexe 1980. 192 S. B 44234
C r a c k n e l l , B.: The Failure of Admiral Kolchak. Harrow:
Eureditions 1978. 42 S. Bc 2551
G r i g o r e n k o , P. G.: Erinnerungen. München: Bertelsmann 1981.
574 S. B 44103
Nikolaj Nikolaevič Inozemcev. Moskva: Nauka 1981. 101 S. Bc 2884
J a c o b s , D. N.: Borodin. Stalin's man in China. Cambridge:
Harvard Univ. Pr. 1981. 369 S. B 44505
L j u b i m o v , L. A.: Prisvoit' posmertno... Dokum. očerk o Geroe Sovetskogo Sojuza Michaile Orlove. [Nach d. Tode verliehen...
Dokument. Studie ü. d. Helden der Sowjetunion Michail Orlov.]
Riga: "Avots" 1981. 133 S. Bc 2746
M a n d e l , E.: (Trotsky. A study in the dynamic of his thought. [dt.])
Leo Trotzki. Eine Einführung in sein Denken. Berlin:
Olle und Wolter 1981. 166 S. B 44797
M u r a v́ e v a , L. L.; S i v o l o p - K a f t a n o v a , I. I.: Lenin v Londone.
Pamjatnye mesta. [Lenin in London. Denkwürdige Stätten.]
Moskva: Politizdat 1981. 221 S. B 44520
O g a r e f f , V.: Leaders of the Soviet Republics 1971-1980. A guide to posts and occupants. Canberra: ANU 1980. XV, 452 S. 08715
O Sergo Ordžonikidze. Vospominanija, očerki, stat'i sovremennikov.

239

[Über Sergo Ordžonikidze.] Moskva: Politizdat 1981. 286 S. B 45514
Plechanova, R. M. : Vospominanija R. M. Plechanovoj o žizni
G. V. Plechanova v Pariže 1880, 1881 gg. [Erinnerungen ü. d. Leben
G. V. Plechanovs in Paris.] In: Novaja i novejšaja istorija.
God 1981. No. 6. S. 132-143. BZ 05334:1981
Ponomarev, B. N. : Selected Speeches and writings.
Oxford: Pergamon Pr. 1981. XV, 372 S. B 44484
Frudnikov, V. V. : Na edinom Dychanii. [In einem Atemzug
(Georgij Nikolaev Pylaev).] Moskva: Politizdat 1981. 93 S. Bc 2400
Ravindranathan, T. R. : Bakunin in Naples. An assessment.
In: The journal of modern history. Vol. 53, 1981. No. 2.
S. 189-212. BZ 4448:53
Venturi, A. : Guerra e rivoluzione. Plechanov e il socialismo
italiano, 1914-1917. In: Storia contemporanea. Anno 12, 1981.
No. 6. S. 835-881. BZ 4590:12
Wie wir regieren lernten. Erinnerungen an Lenin aus den ersten
Jahren der Sowjetmacht. Berlin: Dietz Verl. 1981. 397 S. B 44376

e. Staat/Politik

e. 1 Innenpolitik

e.1.1 Staat und Recht

Besançon, A. : Les failles de l' Union Soviétique. In: Défense
nationale. Année 37, 1981. No. 7. S. 33-44. BZ 4460:37
Bialer, S. : The harsh decade. Soviet policies in the 1980s. In:
Foreign affairs. Vol. 59, 1981. No. 5. S. 999-1020. BZ 05149:59
Brahm, H. : Beharrung und Veränderung in der sowjetischen Innenpolitik. In: Aus Politik und Zeitgeschichte. 1981. B 48.
S. 11-21. BZ 05159:1981
Carrère d' Encausse, H. : Les failles de l' Union Soviétique. In:
Défense nationale. Année 37, 1981. No. 7. S. 57-70. BZ 4460:37
Kerimow, D. A. -A. : (Konstitucija SSSR i razvitie politiko-pravovoj teorii, [dt.]) Verfassung der UdSSR und politisch-rechtliche
Theorie. Berlin: Staatsverl. d. DDR 1981. 216 S. Bc 2574
Meyer, G. : Bürokratischer Sozialismus. Struktur und Wandel des
sowjet. Herrschaftssystems. In: Die Sowjetunion. 1981.
S. 113-140. B 43907
Nørgaard, O. : Politisk Deltagelse i Sovjetunionen.
Demokratisering eller manipulation. Århus:
Selskabet for Osteuropastudier 1979.
241 S. B 43244
Thomas, R. : Ideologie und Politik in der Sowjetunion.
In: Die Sowjetunion. 1981. S. 45-66. B 43907

Turchin, V.: The Inertia of fear and the scientific worldview.
Oxford: Robertson 1981. XII, 300 S. B 44398

Amalrik, A.: UdSSR - 1984 und kein Ende. Essays.
Frankfurt: Ullstein 1981. 110 S. Bc 2192
Fireside, H.: Soviet Psychoprisons. New York: Norton 1979.
XVIII, 201 S. B 43834
Holmberg, H.; Ignats, U.: Sovjetdiktaturens Ansikte.
Stockholm: Ordfront 1980. 163 S. B 43159
Meyer, B.: Die sowjetische Dissidentenbewegung in der bundesdeutschen Presse. Frankfurt: Campus Verl. 1981. 163 S. B 44047

e. 1.2 Regierung / Verwaltung / Polizei

Brahm, H.: Das Nachfolgeproblem im sowjetischen Herrschaftssystem. Köln: Bundesinstitut f. ostwissenschaftl. u. internat.
Studien 1980. 69 S. Bc 0647
Composition of the USSR Supreme Soviet, March 1979. Reading:
Newspaper Archive Developments Ltd. 1979. 70 S. Bc 0568
Dellenbrant, J. A.: Soviet regional Policy. A quantitative inquiry into the social and political development of the Soviet republics. Stockholm: Almqvist and Wiksell Internat. 1980.
192 S. B 43984
Hazard, J. N.: The Soviet System of government. 5. ed. rev.
Chicago: Univ. Pr. 1980. XIV, 330 S. B 43581
Hough, J. F.: Soviet Leadership in transition. Washington:
Brookings Inst. 1980. XI, 175 S. B 44687
Leggett, G.: The Cheka. Lenin's political police. Oxford:
Univ. Pr. 1981. XXXV, 514 S. B 43743
Der Machtkampf in Moskau. Bedrängter Breschnew. Die Krise im Kreml. In: Der Spiegel. Jg. 36, 1982. Nr. 11. S. 120-140. BZ 05140:36
Mills, R. M.: The Soviet leadership problem. In: World Politics.
Vol. 33, 1982. No. 4. S. 590-613. BZ 4464:33
Schneider, E.: Die Wahlen zur Volkskammer der DDR (1981) und zum Obersten Sowjet der UdSSR (1979). In: Zeitschrift für Parlamentsfragen. Jg. 12, 1981. H. 4. S. 489-508. BZ 4589:12
Schulz, E.: Die sowjetische Führung vor dem Generationswechsel.
Mögliche Auswirkungen auf die Sowjetunion und Osteuropa. In:
Europa-Archiv, Jg. 37, 1982. Folge 15. S. 449-458. BZ 4452:37
Urban, M. E.: Information and participation in Soviet local government. In: The Journal of Politics. Vol. 44, 1982. No. 1.
S. 64-85. BZ 4441:44

e. 1.4. Parteiwesen

Brežnev, L. I.: (Otčetnyj Poklad central'nogo komitete KPSS...
[dt.]) Rechenschaftsbericht d. Zentralkomitees d. KPdSU an den
XXVI. Parteitag... 23.2.1981. Moskau: APN-Verl. 1981.
149 S. Bc 2338
Dokumente und Resolutionen. Materialien des XXVI. Parteitages
d. Kommunist. Partei der Sowjetunion. Moskau 23. Febr. -3. März
1981. Moskau: APN-Verl. 1981. 264 S. B 44734
Hill, R.; Frank, P.: The Soviet Communist Party. London:
Allen and Unwin 1981. 167 S. B 43954
Honecker, E.: XXVI. Parteitag der KPdSU. - Grussansprache an
den XXVI. Parteitag d. Kommunist. Partei der Sowjetunion,
24. Februar 1981. Berlin: Dietz 1981. 16 S. Bc 2847
Józsa, G.: Das Sanktuarium des Systems. Die Partei. In: Die
Sowjetunion. 1981. S. 67-86. B 43907
KPSS o Vooružennych Silach Sovetskogo Sojuza. Dokumenty 1917-
1981. [Die Kommunist. Partei d. Sowjetunion über die Streitkräfte
d. Sowjetunion.] Moskva: Voenizdat 1981. 621 S. B 45577
Materialien zum XXVI. Parteitag. In: Osteuropa. Jg. 31, 1981.
H. 9-10. S. A 489 - A 559. BZ 4459:31
Meissner, B.: Die KPdSU zwischen Stillstand und Wandel. In:
Osteuropa. Jg. 31, 1982. H. 9-10. S. 701-731. BZ 4459:31
Meissner, B.: Parteiführung, Parteiorganisation und soziale
Struktur der KPdSU. In: Osteuropa. Jg. 31, 1981. H. 9-10.
S. 732-768. BZ 4459:31
Rosenfeldt, N. E.: Stalinstyrets Nervecenter. Nye studier i
kilderne til det sovjetiske kommunistpartis hemmelige kancelli.
København: Slavisk Inst. 1980. 131 S. Bc 2782
Rychłowski, B.: Międzynarodowe aspekty XXVI Zjazdu KPRZ.
[Internationale Aspekte des 26. Parteitages der KPdSU.] In: Sprawy
Międzynarodowe. Rok 34, 1981. Zeszyt 4. S. 7-26. BZ 4497:34
Trockij, L. D.: The Challenge of the left opposition. 1926-1927.
Ed.: N. Allen. New York: Pathfinder Pr. 1980. 548 S. B 45189
Urban, J.: Vojenskopolitické aspekty záveru XXVI. sjezdu KSSS.
[Militärpolitische Aspekte des VXVI. Parteitages der KPdSU.]
In: Historie a vojenství. Rok 30, 1981. No. 4. S. 3-19. BZ 4526:30

e. 2 Außenpolitik

Beyme, K. von: Sowjetische Außenpolitik zwischen Machtdemon-
stration und Entspannungsbedürfnis. In: Die Sowjetunion. 1981.
S. 172-190. B 43907
Bonwetsch, B.: Aussenpolitik als Innenpolitik. Zur Rolle auswärt.
Beziehungen f. d. innere Machttrivalität in d. Sowjetunion, 1953-63.
In: Deutsche Studien. Jg. 20, 1982. H. 777S. 3-25. BZ 4535:20
Brežnev, L. I.: (Naš Kurs - mir i socializm, [dt.]) Unser Kurs.

Frieden und Sozialismus. Reden u. Ansprachen... 1980.
Moskau: APN-Verl. 1981. 151 S. Bc 2621
The domestic Context of Soviet foreign policy. Ed. : S. Bialer.
Boulder: Westview 1981. XVIII, 441 S. B 43762
Cutler, R. M. : The formation of Soviet foreign policy: Organizational and cognitive perspectives. In: World Politics.
Vol. 34, 1982. No. 3. S. 418-436. BZ 4464:34
Dirnecker, R. : Sowjetische Weltpolitik unter Breschnew.
Berlin: Duncker u. Humblot 1981. 140 S. Bc 2269
Fälschungen, Falschinformationen, Politische Einflussnahme.
Washington: US. Aussenministerium 1981. 15 S. Bc 0711
Fischer, A. : Sowjetische Außenpolitik in der Weltwirtschaftskrise 1929-1933. In: Internationale Beziehungen in der Weltwirtschaftskrise 1929-1933. 1980. S. 65-83. B 44601
Furtak, R. K. : Die sowjetische Aussenpolitik - Fortsetzung der Entspannungsstrategie. In: Osteuropa. Jg. 31, 1981. H. 9-10.
S. 855-873. BZ 4459:31
Gallois, P. M. : The Soviet global threat and the west. In: The Atlantic community quarterly. Vol. 20, 1982. No. 1.
S. 18-29. BZ 05136:20
Gasteyger, C. : Die Sowjetunion als Weltmacht. In: Innen- und Aussenpolitik. 1980. S. 271-282. B 44602
Gertler, J. : Die Rolle der Streitkräfte in der sowjetischen Außenpolitik. In: Aus Politik und Zeitgeschichte. 1982.
B 17/18. S. 3-25. BZ 05159:1982
Gray, C. S. : The most dangerous decade: Historic mission, legitimacy, and dynamics of the Soviet Empire in the 1980s. In:
Orbis. Vol. 25, 1981. No. 1. S. 13-28. BZ 4440:25
Istorija vnešnej politiki SSSR. 1917-1980. [Geschichte d. Aussenpolitik d. UdSSR.] Izd. 4-e, pererab. i dop. Tom 1. 2. Moskva:
Nauka 1980-1981. 510, 756 S. B 43488
Kuznecov, V. : (Sovetskij Sojuz predlagaet..., [dt.]) Die Sowjetunion schlägt vor... Die gegenwärtige internationale Lage und die Initiativen Moskaus. 2. erg. Aufl. Moskau: APN-Verl. 1981.
110 S. Bc 2442
Lebow, R. N. : Clear and future danger. Managing relations with the Soviet Union in the 1980s. In: New directions in strategic thinking. 1981. S. 221-245. B 44615
Lüders, C. H. : Ideologie und Machtdenken in der Außen- und Sicherheitspolitik der Sowjetunion. Breshnew denkt anders.
Baden-Baden: Nomos Verl. -Ges. 1981. 113 S. B 44991
Meissner, B. : Innenpolitische Bestimmungsfaktoren der sowjetischen Aussenpolitik. In: Innen- und Aussenpolitik. 1980.
S. 255-269. B 44602
Nogee, J. L.; Donaldson, R. H. : Soviet foreign Policy since World War II. New York: Pergamon Pr. 1981. VII, 320 S. B 45364
Sevost'janov, P. P. : Nakanune velikoj bitvy. [Am Vorabend der grossen Schlacht. (Die Aussenpolitik der Sowjetunion 1939-1941.)]

In: Novaja i novejšaja istorija. God 1981. No. 4.
S. 99-128. BZ 05334:1981
Strel'cova, N.; Strel'cov, J.: (Sovetskaja Ugroza: real'nost'
ili mif?, [dt.]) Die sowjetische Gefahr: Realität oder Hirngespinst?
Eine Untersuchung. Moskau: APN-Verl. 1980. 83 S. Bc 1640
Valenta, J.: Soviet use of surprise and deception. In: Survival.
Vol. 24, 1982. No. 2. S. 50-61. BZ 4499:24
Voprosy sovetskoj vnešne-političeskoj propagandy. [Fragen der sowjetischen aussenpolitischen Propaganda.] Moskva: "Meždunarodnye
otnošenija" 1980. 255 S. B 42957
Walker, W. Sir: The next Domino? London: Covenant Books 1980.
XVI, 371 S. B 44351
Weiss, A. von: Die nichtstaatlichen Organisationen in der Globalpolitik der Sowjetunion. In: Zeitschrift für Politik.
Jg. 29, 1982. H. 2. S. 185-205. BZ 4473:29
Zagladin, V.: (Sovetskaja Filosofija mira, [dt.]) Sowjetische
Philosophie des Friedens. Friedensprogramm in Aktion.
Moskau: APN-Verl. 1981. 199 S. Bc 2441
Zimmerman, W.; Axelrod, R.: The "Lessons" of Vietnam and
Soviet foreign policy. In: World Politics. Vol. 34, 1981. No. 1.
S. 1-24. BZ 4464:34

Aussenpolitische Beziehungen

Franzke, J.: Politische Aspekte der Freundschaftsverträge der
UdSSR mit befreiten Ländern. In: Deutsche Aussenpolitik.
Jg. 27, 1982. H. 4. S. 31-42. BZ 4557:27
The Soviet Union in the Third World. Successes and failures.
Ed.: R. H. Donaldson. Boulder: Westview 1981. XIV, 458 S. B 44155

Afrika
Bienen, H.: Soviet political relations with Africa. In: International
security. Vol. 6, 1982. No. 4. S. 153-173. BZ 4433:6
Implications of Soviet and Cuban activities in Africa for U.S. policy.
Georgetown: Center for Strategic and Internat. Studies 1979.
73 S. Bc 2759
St. John, R. B.: The Soviet penetration of Libya. In: The World
today. Vol. 38, 1982. No. 4. S. 131-138. BZ 4461:38
Amerika
Bathurst, R. B.: On creating an enemy. In: Naval War College
review. Vol. 34, 1981. No. 6. S. 14-26. BZ 4634:34
Hyland, W. G.: U.S.-Soviet relations. The long road back. In:
Foreign affairs. Vol. 60, 1982. No. 3. S. 525-550. BZ 05149:60
Kriesberg, L.: Noncoercive inducements in U.S.-Soviet conflicts.
Ending the occupation of Austria and nuclear weapons tests. In:
Journal of political & military sociology. Vol. 9, 1981. No. 1.
S. 1-16. BZ 4724:9
Sovetsko-meksikanskie Otnošenija (1917-1980). Sbornik dokumentov.

[Sowjet. -mexikanische Beziehungen.] Moskva: "Meždunarodnye otnošenija" 1981. 111 S.   Bc 2352

Pipes, R.: U.S.-Soviet Relations in the era of détente. Boulder: Westview 1981. XVIII, 227 S.   B 44066

Podlesnyj, P.T.: Amerikanskie Koncepcii razvitija otnošenij s SSSR. [Amerikanische Vorstellungen z. Entwicklung d. Beziehungen mit der UdSSR.] Moskva: Nauka 1980. 181 S.   Bc 2342

Richman, J.: The United States and the Soviet Union. The decision to recognize. Raleigh: Camberleigh and Hall 1980. XI, 287 S. B 43850

Rühl, L.: Das globale Duell der beiden Supermächte. In: Konflikte unserer Zeit - Konflikte der Zukunft. 1981. S. 19-44.   B 45009

Sizonenko, A.I.: Stanovlenie otnošenij SSSR so stranami Latinskoj Ameriki (1917-1945 gg.). [Die Entwicklung der Beziehungen der UdSSR mit den Ländern Lateinamerikas.] Moskva: Nauka 1981. 198 S.   Bc 2601

Solženicyn, A.: The mortal Danger. How misconceptions about Russia imperil America. 2nd ed. New York: Harper and Row 1980. 130 S.   Bc 2777

Valenta, J.: The USSR, Cuba, and the crisis in Central America. In: Orbis. Vol. 25, 1981. No. 3. S. 715-746.   BZ 4440:25

Asien

Bräker, H.: Die Sowjetunion und der Mittlere Osten. Politik im Spannungsfeld von strategischen Zielsetzungen und Islam-Frage. In: Aus Politik und Zeitgeschichte. 1982. B 17/18. S. 45-62.   BZ 05159:1982

Chubin, S.: Gains for Soviet policy in the Middle East. In: International security. Vol. 6, 1982. No. 4. S. 122-152.   BZ 4433:6

Chubin, S.: Soviet Policy towards Iran and the Gulf. London: Internat. Institute for Strategic Studies 1980. 50 S.   Bc 0769

Chubin, S.: (Soviet Policy towards Iran and the Golf. [dt.]) Die Sowjetunion und die Staaten am Persischen Golf. München: Bernard u. Graefe 1981. 133 S.   B 44423

Dawisha, K.: Sowjetische Entscheidungsfindung im Nahen Osten. In: Beiträge zur Konfliktforschung. Jg. 11, 1981. Nr. 3. S. 33-55.   BZ 4594:11

Dunn, K.A.: Constraints on the USSR in Southwest Asia: A military analysis. In: Orbis. Vol. 25, 1981. No. 3. S. 607-630. BZ 4440:25

Friedgut, T.H.: The Middle East in Soviet global strategy. In: The Jerusalem journal of international relations. Vol. 5, 1980. No. 1. S. 66-93.   BZ 4756:5

Hubel, H.: Die sowjetische Nah- und Mittelostpolitik. Bestimmungsfaktoren u. Ziele sowie Ansatzpunkte f. Konfliktregelungen... Bonn: Forschungsinst. d. Dt. Gesellsch. f. ausw. Politik 1982. II, 68 S.   Bc 2754

Istorija sovetsko-mongol'skich otnošenij. [Geschichte d. sowjetisch-mongolischen Beziehungen. (1605-1979.)] Moskva: Glavnaja red. vostočnoj lit. izd. va "Nauka" 1981. 351 S.   B 45663

Otnošenija Sovetskogo Sojuza s narodnoj Koreej. 1945-1980.

Dokumenty i materialy. [Die Beziehungen d. Sowjetunion zur Volksrepublik Korea.] Moskva: Nauka 1981. 422 S.   B 43591
Robinson, T.W.: The Soviet Union and Asia in 1981. In: Asian survey. Vol. 22, 1982. No. 1. S. 13-32.   BZ 4437:22
Rubinstein, A.Z.: Die sowjetisch-iranischen Beziehungen unter Khomeini. In: Osteuropa. Jg. 31, 1982. H. 7. S. 558-575. BZ 4459:32
Rubinstein, A.Z.: The last years of peaceful coexistence: Soviet-Afghan relations 1963-1978. In: The Middle East Journal. Vol. 36, 1982. No. 2. S. 165-183.   BZ 4463:36
Simon, S.W.: The Soviet Union and Southeast Asia: Interests, goals, and constraints. In: Orbis. Vol. 25, 1981. No. 1. S. 53-88. BZ 4440:25
Tahir-Kheli, S.: Soviet fortunes on the southern tier. Afghanistan, Iran, and Pakistan. In: Naval War College review. Vol. 34, 1981. No. 6. S. 3-13.   BZ 4634:34
Weidemann, D.: 60 Jahre Orientverträge. Eine Wende in der Geschichte der internationalen Beziehungen. In: Deutsche Aussenpolitik. Jg. 27, 1982. H. 2. S. 95-109.   BZ 4557:27

Europa

Cziomer, E.: Aspekty stosunków ZSRR - RFN. [Aspekte der Beziehungen zwischen der UdSSR und der BRD.] In: Sprawy Międzynarodowe. Rok 34, 1981. Zeszyt 12. S. 29-42.   BZ 4497:34
Cziomer, E.: Stanowisko ZSRR wobec "Sprawy niemieckiej" i stosunków wzajemnych między NRD i RFN 1945-1975. [Die Einstellung der UdSSR zur deutschen Frage u. d. wechselseitigen Beziehungen zwischen der DDR u. d. BRD.] In: Z Dziejów stosunków polsko-radzieckich i rozwoju wspólnoty państw socjalistycznych. Tom 23, 1981. S. 125-164.   BZ 4664:23
Soviet- East European Dilemmas. Coercion, competition and consent. Ed.: K. Dawisha and P. Hanson. London: Heinemann 1981. XIII, 226 S.   B 43754
Fejtö, F.: La politique allemande de l'URSS (1945-1982). In: Défense nationale. Année 38, 1982. Avril. S. 31-42.   BZ 4460:38
Girault, R.: Die französisch-sowjetischen Beziehungen und die Weltwirtschaftskrise. In: Internationale Beziehungen in der Weltwirtschaftskrise 1929-1933. 1980. S. 39-63.   B 44601
Hoxha, E.: Die Chruschtschowianer. Tirana: Verl. "8 Nentori" 1980. 532 S.   B 44169
Hyland, W.G.: The USSR and the Western Alliance. In: The Atlantic community quarterly. Vol. 19, 1981. No. 3. S. 312-330.   BZ 05136:19
Krosby, H.P.: (Finland and the Soviet Union 1944-1978. [dt.]) Friede für Europas Norden. Die sowjetisch-finnischen Beziehungen von 1944 bis zur Gegenwart. Wien: Econ 1981. 502 S.   B 45005
Kusnierz, B.: Stalin and the Poles. Repr. Westport: Hyperion Pr. 1981. XX, 317 S.   B 44401
Laloy, J.: Sans guerre et sans paix. L'Union soviétique et l'Europe occidentale. In: La sécurité de l'Europe dans les années 80. 1980. S. 95-104.   B 44240

Letopiś važnejšich sobytij sovetsko-bolgarskich otnošenij družby i
  sotrudničestva 1944-1980. [Chronik d. wichtigsten Ereignisse der
  sowjetisch-bulgarischen Beziehungen d. Freundschaft u. Zusammen-
  arbeit.] Kiev: "Naukova dumka" 1981. 182 S. B 45581
Maksimyčev, I. F.: Diplomatija mira protiv diplomatii vojny.
  Očerk sovetsko-germanskich diplomatičeskich otnošenij v 1933-
  1939 godach. [Diplomatie des Friedens gegen die Diplomatie des
  Krieges.] Moskva: "Meždunarodnye otnošenija" 1981. 286 S. B 44254
Manne, R.: The Foreign Office and the failure of Anglo-Soviet
  rapprochement. In: Journal of contemporary history.
  Vol. 16, 1981. No. 4. S. 725-755. BZ 4552:16
Mirončuk, V. D.: Sovetsko-zapadno-germanskie Otnošenija na
  sovremennom ètape. [Sowjetisch-westdeutsche Beziehungen der
  Gegenwart. (1966-1980.)] Kiev: "Višča škola" 1981. 165 S. Bc 2885
Moltke, K.: Pengemagten og kongekuppet i 1920. Ulfborg:
  Skipper Klement 1979. 282 S. B 42235
Ross, G.: Foreign Office attitudes to the Soviet Union 1941-1945.
  In: Journal of contemporary history. Vol. 16, 1981. No. 3.
  S. 521-540. BZ 4552:16
UdSSR-Österreich. 1938-1979. Dokumente und Materialien.
  Moskau: Nowosti 1980. 216 S. B 44229
Wegner-Korfes, S.: Politische und ökonomische Hintergründe der
  Rußlandpolitik der Regierung des "neuen Kurses" im Jahre 1980.
  In: Zeitschrift für Geschichtswissenschaft. Jg. 30, 1982. H. 4.
  S. 322-334. BZ 4510:30

f. Wehrwesen

f. 0.1 Wehrpolitik

Agursky, M.: The Soviet military-industrial Complex. Jerusalem:
  Hebrew University 1980. 32 S. Bc 2305
Barlow, W. J.: Soviet damage-denial. Strategy, systems, SALT,
  and solution. In: Air University review. Vol. 32, 1981. No. 6.
  S. 2-20. BZ 4544:32
Christensen, J.: Den sovjetiske Militaerteori. The Soviet mili-
  tary thought. En tematiseret bibliografi. A categorized bibliogra-
  phy. Århus: Arkona 1980. 57 S. Bc 2778
Cobb, T. W.: The future of the Soviet defense burden. The political
  economy of contemporary Soviet security policy. In: Naval War
  College review. Vol. 34, 1981. No. 4. S. 30-52. BZ 4634:34
Čujkov, V. I.: Missija v Kitae. Zapiski voennogo sovetnika. [Mis-
  sion in China. Aufzeichnungen e. Militärberaters.] Moskva:
  Glavnaja red. vostočnoj lit. 1981. 268 S. B 45578
Diplomacy of power. Soviet armed forces as a political instrument.
  Washington: Brookings 1981. XVI, 733 S. B 44688

Donnelly, C. N.: The development of Soviet military doctrine.
In: Military review. Vol. 62, 1982. No. 8. S. 38-51. BZ 4468:62
The illustrated Encyclopedia of the strategy, tactics and weapons of
Russian military power. Ed.: R. Bonds. New York:
St. Martin's Pr. 1980. 249 S. 08594
Epstein, J. M.: Soviet vulnerabilities in Iran and the RDF deterrent. In: International security. Vol. 6, 1981. No. 2.
S. 126-158. BZ 4433:6
Erickson, J.: Computers and commanders in the Soviet military
system. A general survey. In: Defence yearbook. 92. ed., 1982.
S. 79-95. F 149:92
Gormley, D. M.: Understanding Soviet motivations for deploying
long-range theater nuclear forces. In: Military review.
Vol. 61, 1981. No. 9. S. 20-34. BZ 4468:61
Hines, J. G.: The principle of mass in Soviet tactics today. In:
Military review. Vol. 62, 1982. No. 8. S. 13-23. BZ 4468:62
Holzman, F. D.: Soviet military spending. Assessing the numbers
game. In: International security. Vol. 6, 1982. No. 4.
S. 78-101. BZ 4433:6
Jilke, W.: Die sowjetische Militärmacht. In: Truppendienst.
Jg. 21, 1982. H. 2. S. 120-131. BZ 05209:21
Jukes, G.: Soviet strategy 1965-1990. In: New directions in
strategic thinking. 1981. S. 60-74. B 44615
Kaplan, F. M.: Dubious Specter. A skeptical look at the Soviet
nuclear threat. Rev. 2nd print. Washington: Institute for Policy
Studies 1980. 93 S. Bc 2392
Mihalka, M.: Soviet strategic deception, 1955-1981. In: The
journal of strategic studies. Vol. 5, 1982. No. 1. S. 40-93. BZ 4669:5
Millett, S. M.: Soviet perceptions of nuclear strategy and implications for U. S. deterrence. In: Air University review.
Vol. 33, 1982. No. 3. S. 50-61. BZ 4544:33
Petersen, P. A.: The Soviet conceptual framework for the application of military power. In: Naval War College review.
Vol. 34, 1981. No. 3. S. 15-25. BZ 4634:34
Pfeifer, W.: Durch militärische Parität zur politischen Überlegenheit. In: Beiträge zur Konfliktforschung. Jg. 12, 1982. No. 1.
S. 67-82. BZ 4594:12
Pilster, H.-C.: Russland, Sowjetunion. Werden, Wesen und Wirken einer Militärmacht. Herford: Mittler 1981. 448 S. B 44921
Soviet military Power. Washington: Departm. of Defense 1981.
99 S. Bc 0675
Simes, D. K.: The military and militarism in Soviet society. In:
International security. Vol. 6, 1981/82. No. 3. S. 123-143. BZ 4433:6
Sonnenfeldt, H.; Hyland, W. G.: Soviet Perspectives on
security. London: Internat. Instit. for Strategic Studies 1979.
24 S. Bc 0763
The Soviet-Union and ballistic missile defense. Special report.
Cambridge: Inst. for Foreign Policy Analysis 1980. XI, 71 S. Bc 2244

Sowjetmacht der 80er Jahre. Sowjetische Globalstrategie und internationale Sicherheit. München: Bernard & Graefe 1981.
240 S. B 43741
La Stratégie soviétique et l'arrivée de la gauche au pouvoir en France. In: Défense nationale. Année 37, 1981. Décembre.
S. 49-64. BZ 4460:37
Soviet Strategy. Ed.: J. Baylis and G. Segal. London: Croom Helm 1981. 263 S. B 43765
Soviet military Thinking. Ed.: D. Leebaert. London: Allen & Unwin 1981. XII, 300 S. B 44862
U s t i n o v , D. F.: (Protiv gonki vooruž' nij i ugrozy vojny, [dt.]) Gegen das Wettrüsten und die Kriegsgefahr. Artikel... der "Prawda", 25. 7. 1981. Moskau: APN-Verl. 1981. 30 S. Bc 2440
V e g o , M. N.: Die Militärbeziehungen zwischen der UdSSR und Jugoslawien seit 1961. In: Osteuropa. Jg. 32, 1982. H. 4.
S. 303-321. BZ 4459:32
V e r n a , R.: Prospettive per la politica di potere sovietica per gli anni ottanta. P. 1. 2. In: Rivista marittima. Anno 115, 1982.
No. 2. S. 45-56; 3. S. 13-34. BZ 4453:115
W a g e n l e h n e r , G.: Militärische Überlegenheit, Gewalt und Krieg in den Aussagen der sowjetischen Führung. In: Beiträge zur Konfliktforschung. Jg. 11, 1981. Nr. 4. S. 5-35. BZ 4594:11
W i n d s o r , P.: La puissance militaire, instrument de la politique soviétique. In: Politique étrangère. Année 47, 1982. No. 1.
S. 45-62. BZ 4449:47

f. 0. 2 Wehrorganisation

f. 1 Heer

A m e l' č e n k o , V. V.: Sovetskaja Gvardija. [Die sowjetische Garde.]
Moskva: DOSAAF 1981. 79 S. Bc 2458
B a g r a m j a n , I. C.: Boevaja Slava. [Kriegsruhm.] Moskva: DOSAAF 1981. 85 S. Bc 2764
D o n n e l l y , C. N.: Concezione sovietica della guerra in montagna. In: Rivista militare. Anno 53, 1981. No. 5. S. 277-321. BZ 4502:53
Revoljucionnoe Dviženie v russkoj armii v 1917 godu. Sbornik statej. [Die revolutionäre Bewegung in der russischen Armee.]
Moskva: Nauka 1981. 295 S. B 43593
E r i c k s o n , J.: Führungsfähigkeit und Führungsmethoden in der Sowjetarmee. In: Heere international. Jg. 1, 1981. S. 26-40. BZ 4754:1
I s b y , D. C.: Weapons and tactics of the Soviet army. London: Jane 1981. 384 S. 08738
J o n e s , E.; G r u p p , F. W.: Political socialization in the Soviet military. In: Armed forces and society. Vol. 8, 1982.
No. 3. S. 355-387. BZ 4418:8

Kotljar, N. M.: Imenem zakona. [Im Namen des Gesetzes. Militärjustiz. Moskva: Voenizdat 1981. 221 S. B 44978
Madill, D. L.: The continuing evolution of the Soviet ground forces. In: Military review. Vol. 62, 1982. No. 8. S. 52-68. BZ 4468:62
Venner, D.: Histoire de l'Armée Rouge. 1. Paris: Plon 1981. 301 S. B 44142

f. 2 Kriegsmarine

Berg, K.: Whiskey-Klasse 137 i Karlskronas skjaergård. Et resyme sett fra den norske forsvarsattacheens plass i Stockholm. In: Norsk militaert tidsskrift. Årg. 152, 1982. H. 1. S. 25-39. BZ 05232:152
Breyer, S.: Die Krivak-II-Klasse. Versuch der "Anatomie" einer sowjetischen FK-Fregatte. In: Soldat und Technik. Jg. 25, 1982. Nr. 9. S. 501-511. BZ 05175:25
Černov, J. M.: Sud' ba vysokaja "Avrory". [Das erhabene Schicksal der "Aurora".] Moskva: Politizdat 1980. 284 S. B 44528
Hanks, R. J.: The unnoticed Challenge: Soviet maritime strategy and the global choke points. Cambridge: Institue for Policy Analysis 1980. XI, 68 S. Bc 2390
Hansen, F.: Sovjetisk flådestrategi i det indiske Ocean. In: Toddskrift for søvaesen. Årg. 152, 1981. Sept./Okt. S. 329-368. BZ 4546:152
Johnson Theutenberg, B.: U 137 - Folkrätt och neutralitetspolitik i tillämpning. In: Kungliga Krigsvetenskapsakademiens tidskrift. Årg. 186, 1982. H. 2. S. 85-129. BZ 4718:186
Kehoe, J. W.; Brower, K. S.; Meier, H. A.: U. S. and Soviet ship design practices, 1950-1980. In: United States Naval Institute. Proceedings. Vol. 108, 1982. No. 5. S. 118-133. BZ 05163:108
Kuczera, A.: Krążownik Aurora. [Der Kreuzer Aurora.] Warszawa: Wyd. Min. Obrony Narod. 1981. 15 S. Bc 2509
Labayle-Couhat, J.: Forces et faiblesses de la marine soviétique. In: Défense nationale. Année 37, 1981. No. 7. S. 87-98. BZ 4460:37
Leifland, L.: U 137, U 238 och fredens hav. In: Kungliga Krigsvetenskapsakademiens handlingar. Årg. 186, 1982. H. 2. S. 80-90. BZ 4384:186
Tkačenko, B. A.: Istorija razmagničivanija korablej Sovetskogo Voenno-Morskogo Flota. [Die Geschichte d. Entmagnetisierung der Schiffe d. Sowjetischen Kriegsmarine.] Leningrad: Nauka 1981. 221 S. B 45583
Train, H. D.: The growing Soviet naval menace. In: The Atlantic community quarterly. Vol. 19, 1981. No. 1. S. 50-62. BZ 05136:19
Ubåt 137 på svenskt vatten. Dokumentation. In: Militaert tidsskrift. Årg. 111, 1982. April-H. S. 117-127. BZ 4385:111
Usenko, N. V.: Okeanskij Maksimum. [Höchste Bereitschaft auf den Meeren.] Mosvka: Voenizdat 1980. 268 S. B 44123

f. 3 Luftwaffe

Beljakov, A. V.: V Polet skvoź gody. [Im Flug durch die Jahre.]
Moskva: Voenizdat 1981. 348 S.   B 44746
Kennedy, R.: Soviet theater-nuclear forces: Implications for NATO
defense. In: Orbis. Vol. 25, 1981. No. 2. S. 331-350.   BZ 4440:25
Olleschik, D. von: Die Frontluftarmeen der Sowjetunion. In: Jahrbuch der Luftwaffe. Jg. 14, 1981. S. 32-43.   F 0107:14
Ponomarev, A. N.: Pokoriteli naba. [Die Eroberer des Himmels.]
Moskva: Voenizdat 1980. 198 S.   B 45749
Ros, C.: De Russische luchtlandingstroepen. In: Militaire spectator. Jg. 150, 1981. No. 12. S. 549-570.   BZ 05134:150
Smith, M. J.: The Soviet Air and strategic rocket Forces, 1939-1980. A guide to sources in English. Santa Barbara: ABC-Clio
1981. XLIV, 321 S.   B 44226
Taylor, J. W. R.: Gallery of Soviet aerospace weapons. In: Air
force. Vol. 65, 1982. No. 3. S. 95-110.   BZ 05349:65

Sobik, E.: Die Zivilverteidigung in der Sowjetunion. In: Deutsche
Studien. Jg. 20, 1982. H. 77. S. 74-89.   BZ 4535:20
Weinstein, J. M.: Soviet civil defense and the US deterrent. In:
Parameters. Vol. 12, 1982. No. 1. S. 70-83.   BZ 05120:12

g. Wirtschaft

Blau, T.; Kirchheimer, J.: Dipendenze europee e capacita' di
pressione sovietiche. Il gasdotto dello Yamal. In: Affari esteri.
Anno 14, 1982. No. 54. S. 183-198.   BZ 4373:14
D'jakov, J. L.: Podvig stroitelej industrii tyla 1941-1945 gg.
[Die Heldentat der Erbauer der Industrie im Rücken der Front.]
Moskva: Nauka 1981. 173 S.   Bc 2602
Einsatz von Zwangsarbeitern beim Bau der Erdgasleitung Sibirien-Europa. Dokumentation. Frankfurt: Internat. Gesellschaft für
Menschenrechte 1982. 39 S.   D 02447
Gustafson, T.: Energy and the Soviet Bloc. In: International
security. Vol. 6, 1981/82. No. 3. S. 65-89.   BZ 4433:6
Höhmann, H. -H.: Der erstarrte Koloß. Wirtschaftspolitik und
Wirtschaftsreformpolitik der UdSSR in der Ära Breshnew. In: Aus
Politik und Zeitgeschichte. 1981. B 48. S. 23-33.   BZ 05159:1981
Hussain, A.; Tribe, K.: Marxism and the agrarian question.
Vol. 1. 2. London: Macmillan 1981. 152, 167 S.   B 44361
Merl, S.: Der Agrarmarkt und die Neue Ökonomische Politik. Die
Anfänge staatlicher Lenkung der Landwirtschaft in der Sowjetunion
1925-1928. München: Oldenbourg 1981. 530 S.   B 43962
Problemy istorii sovetskogo krest'-janstva. Sbornik statej. [Probleme d. Geschichte d. sowjetischen Bauern.] Moskva:
Nauka 1981. 348 S.   B 45518

Raupach, H.: Wo liegen die Probleme der Sowjetwirtschaft? Zur
wirtschaftl. Entwicklung der Sowjetunion. In: Die
Sowjetunion. 1981. S. 141-154. B 43907
Die sowjetische Rüstung. Pentagon-Papier zur sowjetischen Rüstung.
München: Bernard & Graefe 1981. 92 S. Bc 0725
Schuler-Jung, H.: Ökonomie und Politik in Sowjetrußland 1920-1924.
Zum Prozeß der Willensbildung in der KPR (B) in d. ersten Jahren
d. Neuen Ökonomischen Politik. Marburg: Verl. Arbeiterbewegung
u. Gesellschaftswissenschaft 1978. 271 S. B 44605
Sovetskij rečnoj Transport v Velikoj Otečestvennoj vojne. [Der sowjetische Binnenschiffstransport im Grossen Vaterländischen
Krieg.] Moskva: Voenizdat 1981. 327 S. B 44519
Westwood, J. T.: The Soviet Union and the southern sea route. In:
Naval War College review. Vol. 35, 1982. No. 1. S. 54-67. BZ 4634:35
Planlose Wirtschaft. Zum Charakter der sowjetischen Gesellschaft.
Hamburg: Junius Verl. 1981. 195 S. B 44554

h. Gesellschaft

Brahm, H.: Die Sowjetunion - eine konservative Gesellschaft. In:
Osteuropa. Jg. 32, 1982. H. 7. S. 531-544. BZ 4459:32
Butenschön, M.: Zur Lage der Frauen in der Sowjetunion: Zurück
an den Samowar? In: Europäische Rundschau. Jg. 10, 1982.
Nr. 2. S. 67-79. BZ 4615:10
Evans, J.: The Communist Party of the Soviet Union and the
women's question. The case of the 1936 decree "in defence of
mother and child". In: Journal of contemporary history.
Vol. 16, 1981. No. 4. S. 757-775. BZ 4552:16
Gridin, S. P.; Medvedev, F. E.: (Sovetskie Profsojuzy. Voprosy
i otvety. [dt.]) Sowjetische Gewerkschaften. Fragen u. Antworten.
Moskau: APN-Verl. 1981. 97 S. Bc 2353
Rabočij Klass SSSR 1917-1977 gg. Ukazatel' sovetskoj literatury,
izdannoj v 1971-1977 gg. [Die Arbeiterklasse d. UdSSR.] Sost.:
V. N. Zemskov. 1-4. Moskva: Akad. nauk, Inst. istorii 1978.
Getr. Pag. B 43005
Lovenduski, J.: USSR. In: The politics of the second electorate.
1981. S. 278-298. B 44630
Meissner, B.: Das Sowjetsystem im Wandel. Sowjetstaat und
Sowjetgesellschaft von Lenin bis Breshnew. In: Die Sowjetunion.
1981. S. 87-112. B 43907
O'Brien, M. L.: Women and the Soviet military. In: Air University
review. Vol. 33, 1982. No. 2. S. 76-85. BZ 4544:33
Piccard, E.-F.: Suivez Lénine! Principales manifestations de la
vie russe sous le régime soviétique. Neuchâtel: Ed. du
Lis Martagon 1980. 139 S. B 44007
Teckenberg, W.: Das Leben in sowjetischen Städten. Einige
sozio-demographische Aspekte. In: Osteuropa.

Jg. 32, 1982. H. 2. S. 87-99. BZ 4459:32
Tjažel'nikov, E. M.: Sojuz molodych lenincev. [Leninscher
Kommunistischer Jugendverband der Sowjetunion.] Izd. 2-e, dop.
Moskva: Politizdat 1980. 366 S. B 42877

i. Geistesleben

Benningsen, A.; Lemercier-Quelquejay, C.: Les Musulmans
oubliés. L'Islam en U.R.S.S. aujourd'hui. Paris: Maspero
1981. 315 S. B 44055
Novaja Istorija. Ukazatel' literatury izdannoj v SSSR na russkom
jazyke 1917-1940. [Neue Geschichte. Verzeichnis der Literatur,
d. v. 1917-1940 in der UdSSR in russischer Sprache erschienen
ist.] Č. 1. Moskva: Izd-vo Moskovskogo univ. 1980. 357 S. B 44981
Ohrlander, G.: Ridån går upp. Några reflexioner om grunderna i
revolutionär kulturpolitik från ryska revolutionen till krossandet
av "De Fyras Gäng" i Kina. Stockholm: Oktoberförl. 1979.
162 S. B 43228
Popov, N. P.; Gorochov, N. A.: Sovetskaja voennaja Pečat' v
gody Velikoj Otečestvennoj vojny 1941-1945. [Die sowjetische
Militärpresse i. d. Jahren des Grossen Vaterländischen Krieges.]
Moskva: Voenizdat 1981. 416 S. B 44979
Rapport secret au Comité central sur l'état de l'église en URSS.
Paris: Seuil 1980. 186 S. B 43652
Rushing, F. W.; Ailes, C. P.: Education and human resources
in Soviet development strategy. In: Comparative Strategy.
Vol. 3, 1982. No. 3. S. 219-244. BZ 4686:3
Spieler, S.: Autonomie oder Reglementierung. Die russische Uni-
versität am Vorabend des Ersten Weltkrieges. Köln: Böhlau
1981. XI, 249 S. B 44582

k. Geschichte

k. 1 Geschichte bis 1917

Francq, H. G.: The Knout and the Scythe and The story of the
hyenas. New York: Vantage Pr. 1980. 299 S. B 45125
Jena, D.: Proletariat, Arbeiterbewegung, Marxismus, Partei in
Rußland 1883-1903. In: Zeitschrift für Geschichtswissenschaft.
Jg. 30, 1982. H. 9. S. 799-815. BZ 4510:30
Ulam, A. B.: Russiá s failed Revolutions. From the Decembrists
to the Dissidents. London: Weidenfeld & Nicolson 1981.
453 S. B 43776

k. 2 Revolution 1917

Gorodeckij, E. N.: Sovetskaja Istoriografija Velikogo Oktjabrja.
1917-seredina 30-ch godov. Očerki. [Die sowjetische Geschichtsschreibung d. Oktoberrevolution. 1917 - Mitte der 30iger Jahre.
Studien.] Moskva: Nauka 1981. 365 S. B 45520
Hasegawa, T.: The February Revolution: Petrograd, 1917.
Seattle: Univ. of Washington Pr. 1981. XXII, 652 S. B 44685
Sovetskaja Istoriografija Velikoj Oktjabŕskoj socialističeskoj revoljucii. [Die sowjetische Geschichtsschreibung d. Grossen Sozialistischen Oktoberrevolution.] Moskva: Nauka 1981. 292 S. B 44122
Die russische Revolution 1917. Der Aufstand der Arbeiter, Bauern und Soldaten. E. Dokumentation. Hrsg.: R. Lorenz. München: Nymphenburger Verlagshaus 1981. 376 S. B 43729
Sozialistische Revolution in einem unterentwickelten Land? Texte der Menschewiki zur russischen Revolution und zum Sowjetstaat a. d. Jahren 1903 bis 1940. Hamburg: Junius Verl. 1981. 218 S. B 44580

k. 3 Geschichte seit 1917

Bach Nielsen, E.: Sovjetunionens Historie. København:
Munksgaard 1980. 251 S. B 43314
Barber, J.: Soviet Historians in crisis, 1928-1932. New York:
Holmes and Meier 1981. XIII, 194 S. B 44208
Bialer, S.: Das schwierige Jahrzehnt. Sowjetpolitik in den achtziger Jahren. In: Europäische Rundschau. Jg. 10, 1982.
Nr. 1. S. 29-48. BZ 4615:10
Gray, C. S.: Reflections on empire. The Soviet connection. In:
Military review. Vol. 62, 1982. No. 1. S. 2-13. BZ 4468:62
Haegglöf, G.: Sovjet-Ryssland i går, i dag, i morgon.
Stockholm: Norstedt 1979. 251 S. B 43308
Heller, M.; Nekrich, A.: (Ot zimnego Dvorce do krem'evskoj steny. [dt.]) Geschichte der Sowjetunion. Bd 1. 2.
Königstein: Athenäum 1981-82. 348, 453 S. B 45216
Sovjetunionens Historie 1917-1970. En forskningsoversigt. Red.:
N. E. Rosenfeldt. Aarhus: Univ. -Forl. 1979. 282 S. B 42227
Hösch, E.; Grabmüller, H. -J.: Daten der sowjetischen Geschichte. Von 1917 bis zur Gegenwart. München: dtv 1981.
308 S. B 44853
Lönnberg, A.: Sovjetunionen - gåta och granne. In: Kungliga Krigsvetenskapsakademiens tidskrift. Årg. 185, 1981. H. 6.
S. 221-255. BZ 4718:185
The Soviet Union, 1981. In: Current History. Vol. 80, 1981. No. 468.
S. 305-346. BZ 05166:80
Tucker, R. C.: Aufgeblähter Staat, abgenützte Gesellschaft.
Stalins Vermächtnis an Breschnjew. In: Europäische Rundschau.
Jg. 10, 1982. Nr. 2. S. 81-108. BZ 4615:10

Yin Ching-yao : New Type of imperialism. The Soviet Union,
its revolution and expansion. Taipeh: World Anti-Communist
League 1981. 33 S. Bc 2915

l. Einzelne Gebiete/Orte

Afanasyan, S.: L'Arménie, l'Azerbaidjan et la Géorgie. De
l'indépendance à l'instauration du pouvoir soviétique. 1917-1923.
Paris: Harmattan 1981. 265 S. B 45016
Boisanger, C. de: Moscou en 1925. L'U. R. S. S. entre Lénine et
Staline. Paris: La Pensée universelle 1981. 157 S. B 44059
Fedynsky, A.: Stirrings in the Soviet Ukraine. In: The Washington
quarterly. Vol. 4, 1981. No. 4. S. 116-125. B 44478
Koenker, D.: Moscow Workers and the 1917 revolution. Princeton: Univ. Pr. 1981. XIV, 420 S. B 44478
Kolesnik, A. D.: RSFSR v gody Velikoj Otečestvennoj vojny.
Problemy tyla i vsenarodnoj pomošči frontu. [Die Russ. Sozialist.
Föderative Sowjetrepublik in den Jahren d. Grossen Vaterländischen
Krieges. Probleme d. Etappe u. d. Hilfe d. ganzen Volkes für die
Front.] Moskva: Nauka 1982. 326 S. B 46335
Konstitucija (Osnovnoj zakon) Estonskoj Sovetskoj Socialističeskoj
Respubliki. Prinjata... 13. aprelja 1978 goda. [Verfassung (Grundgesetz) der Estnischen Sowjetischen Sozialistischen Republik.]
Tallin: "Eesti raamat" 1979. 102 S. 08670
Kosyk, W.: La Politique de la France à l'égard de l'Ukraine.
Mars 1917 -Fevr. 1918. Paris: IHRIC 1981. 304 S. B 45404
Očerki istorii Leningradskoj organizacii KPSS. [Studien zur Gesch.
d. Leningrader Organisation der KPdSU (1883-1977.)] Tom. 1. 2.
Leningrad: Lenizdat 1980. 517, 539 S. B 43778
Očerki istorii Moskovskoj organizacii KPSS. [Studien zur Geschichte
d. Moskauer Organisation der KPdSU.] Kn. 1.
Moskva: Moskovskij rabočij 1979. 560 S. B 44147
Proches et lointaines. De la Parution d'un samizdat de femmes à
Leningrad. (10 déc. 1979.) Paris: Ed. Tierce 1980. 96 S. Bc 2224
Sansone, V.: Al di qua dell'Afghanistan. L'Asia centrale sovietica.
Torino: Società Ed. Internazionale 1980. 326 S. B 44675
Revoljucionnye Sobytija v Karelii v gody pervoj russkoj revoljucii
1905-1907. Sbornik dokumentov i materialov.] [Revolutionäre
Ereignisse in Karelien in den Jahren d. 1. russ. Revolution
1905-1907.] Izd. 2-e, ispr. i dop. Petrozavodsk:
"Karelija" 1981. 173 S. B 46338
Strauss, W.: Vision Großturkestan. Die islamische Renaissance
in der Sowjetunion. In: "Die Dritte Welt". Jg. 8, 1980. Nr. 3-4.
S. 329-340. BZ 4601:8
Whiting, A. S.: Siberian Development and East Asia. Threat or
promise? Stanford: Univ. Pr. 1981. IX, 276 S. B 45727

L 183 Schweden

c. Biographien

Andersson, S.: På Per Albins Tid. Stockholm: Tidens Förl.
1980. 351 S. B 43230
Stroebinger, R.: Das Rätsel Wallenberg. Stuttgart: Burg Verl.
1982. 247 S. B 46292
Urquhart, B.: International peace and security. Thoughts on the
twentieth anniversary of Dag Hammarskjold's death. In: Foreign
affairs. Vol. 60, 1981. No. 1. S. 1-16. BZ 05149:60
Vonhoff, H.: Auskunft über Elsa Brändström. Ein Leben für Gefangene, Verfolgte und Hilflose. München: Evang. Presseverband
f. Bayern 1980. 61 S. Bc 2101

e. Staat/Politik

Bresky, T.; Scherman, J.; Schmid, I.: Med SAF vid rodret.
Granskning av en kamporganisation. Stockholm: Liber 1981.
380 S. B 45258
Elgström, O.: Active foreign policy as a preventive strategy
against dependence. In: Cooperation and conflict. Vol. 16, 1981.
No. 4. S. 237-248. BZ 4605:16
Lindqvist, S.: Hamiltons Slutsats. Politiska artiklar från 70-talet.
Stockholm: Bonniers 1980. 206 S. B 43297
Lindström, E.: The Swedish parliamentary System.
How responsibilities are divided and decisions are made.
Stockholm: The Swedish Institute 1982. 97 S. Bc 3224
Ohlsson, P.: Bättre aktiv idag. Handbok för alternativgrupper.
Stockholm: Liber 1982. 168 S. B 46005
Olsson, T.: Pappersmassestrejken 1932. En studie av facklig
ledning och opposition. Lund: Arkiv för Studier i Arbetarrörelsens Historia 1980. 495 S. B 43219
Petersen, H.: Schweden. Bewährte Demokratie und neue Zeit.
Köln: Verl. Wissen und Politik 1981. 214 S. B 43892
Radetzki, M.: Sverige och den tredje världen. Industrins roll i
den internationella utvecklingen. Stockholm: Studieförbundet
Näringsliv och Samhälle 1980. 184 S. Bc 2804
Surtekonflikten - en bok om arbetarkommittén och dess kamp mot
PLM. Red.: B. Östling. Mölndal: Fri Press 1980. 176 S. B 45257
Trots allt. Alternativen lever. Utg. av en arbetsgrupp inom Statens
ungdomsråd. Stockholm: Liber 1980. 156 S. B 43243
Widgren, J.: Svensk Invandrarpolitik. En faktabok.
Lund: LiberLäromedel 1980. 150 S. B 43167
Wigforss, E.: Skrifter i urval. 1-9. Stockholm:
Tiden 1980. Getr. Pag. B 43182

e. 1.4 Parteiwesen

Arbetarklassens barn. [Av] S. Helmersson och B. Gustafsson.
Stockholm: Rabén och Sjögren 1980. 231 S. B 43176
Estreen, R.: "Jag skulle bli slaf? - Nej, så djäflar anamma!"
Den svenska arbetarklassens historia i årtal. Göteborg:
Fri Press 1980. 109 S. Bc 2138
Framtid för Sverige. Förslag till handlingslinjer för att förva
Sverige ur krisen. Programmet... 16. Juni 1981.
Stockholm: Tiden 1981. 139 S. B 45268
Holmberg, S.: Svenska Väljare. Stockholm: Liber 1981.
432 S. B 45275
Lindhagen, J.: Ett Mått av prövning. Kring den socialdemokratiska
särarten. Lund: Zenit 1980. 123 S. S. Bc 2115
Nilsson, T.: Lag eller näve. Stockholm: Tidens Förl. 1980.
252 S. B 43239
Norman, B.: Ådalen 31. En berättelse. Ny utvidgad uppl.
Stockholm: Rabén och Sjögren 1981. 204 S. B 45283
Östling, B.: Den "andra" Arbetarrörelsen och reformismens
framväxt. Stockholm: Federativs 1980. 79 S. Bc 2800
Sainsbury, D.: Swedish social democratic ideology and electoral
politics 1944-1948. A study of the functions of party ideology.
Stockholm: Almqvist and Wiksell 1980. 192 S. B 43318
Sundvik, I.: Branting eller Palm? Ledarstriden 1885-87.
Stockholm: Tiden 1981. 186 S. B 45263
Marxistisk teori för politisk handling. Studiekurs utarbetad av
Vänsterpartiet kommunisterna. Stockholm: Arbetarkultur 1980.
299 S. B 45278
Det nödvändiga uppbrottet. En debattbok om 80-talets socialdemo-
kratiska politik. Stockholm: Rabén och Sjögren 1980. 323 S. B 43169

f. Wehrwesen

Andrén, N.: Sweden's defence doctrines and changing threat
perceptions. In: Cooperation and conflict. Vol. 17, 1982. No. 1.
S. 29-39. BZ 4605:17
Bjärnlid, H.: Försvarsdebatt och försvarsfråga 1980. Några
iakttagelser och frågor. In: Kungliga Krigsvetenskapsakademiens
handlingar. Årg. 185, 1981. H. 1. S. 1-12. BZ 4384:185
Ekman, S.: La politique de défense de la Suède durant la seconde
guerre mondiale. In: Revue d'histoire de la deuxième guerre
mondiale. Année 32, 1982. No. 126. S. 3-36. BZ 4455:32
Försvar för frihet och fred. Röster ur svensk försvarsdebatt.
Stockholm: Ordfront 1980. 224 S. B 43222
Scheiderbauer, S.: Uppbyggnaden av flygvapnets första
radarsystem 1944-1953. In: Militärhistorisk tidskrift.
Årg. 1981. S. 85-120. BZC 2:1981

Wachtmeister, H.: Säkerhetspolitiska konvekvenser av den nya
havsrätten. In: Tidskrift i sjöväsendet. Årg. 145, 1982. Nr. 1.
S. 19-48.   BZ 4494:145

g./h. Wirtschaft und Gesellschaft

Aftonbladet - en svensk historia. Stockholm: Tidens Förl. 1980.
428 S.   B 43322
Eduards, M.: Sweden. In: The politics of the second electorate
1981. S. 208-227.   B 44630
Elmbrant, B.: Hungermarschen 1917. Bjästa: CEWE 1980.
133 S.   B 43245
Eriksson, B.; Eriksson, K. -E.: Sverige 2020 - en framtid
för människor. Slutrapport från projektet Sveriges framtida
energiförsörjning i ett historiskt och globalt perspektiv.
Göteborg: Tvärtryck 1980. XXI, 219 S.   B 43229
Forssberg, L. R.: Möte med makten. Intervjuer om Sverige och
världen inför 80-talet. Stockholm: Ordfront 1980. 202 S.   B 43163
Jansson, E.: Solidaritet över gränserna. En skrift om fackligt
internationellt arbete. Stockholm: Prisma 1980. 150 S.   Bc 2118
Liedman, S. -E.: Surdeg. En personlig bok om idéer och ideologier. Stockholm: Författarförl. 1980. 244 S.   B 41327

L 185 Schweiz

e. Staat/Politik

Amstutz, P.: Wird die Schweiz das 158. Mitglied der UNO? In:
Europäische Rundschau. Jg. 10, 1982. Nr. 2. S. 47-54.   BZ 4615:10
Dietschi, E.: 60 Jahre eidgenössische Politik. Ein Beitrag zur
Parteigeschichte des schweizerischen Freisinns. Bern: Freisinnig-
Demokratische Partei 1979. 462 S.   B 44940
Dokumentation. (Polit. Initiative gegen d. Gebrauch v. Gummigeschossen u. chem. Kampfmitteln durch d. Polizei. 31. 1. 1981.) Zürich:
Verein betroffener Eltern 1981. 24 gez. Bl.   Bc 0844
Hertig, H. -P.: Partei, Wählerschaft oder Verband? Entscheidfaktoren im eidgenössischen Parlament. Bern:
Francke 1980. 142 S.   Bc 1669
Kreis, G.: Politique intérieure. Etat démocratique en état de
siège. In: Revue d' histoire de la deuxième guerre mondiale.
Année 31, 1981. No. 121. S. 71-82.   BZ 4455:31
Unser Parlament 1979-83 - und was das Volk von ihm erwartet.
Zürich: Tagesanzeiger 1980. 28 S.   Bc 0476
Max Petitpierre. Seiz ans de neutralité active. Aspects de la polit.
étrangère de la Suisse. 1945-1961. Ed.: L. -E. Roulet.

Neuchâtel: Ed. de la Baconnière 1980. 461 S.   B 44668
Probst, R.: Welt im Konflikt - die Rolle der Schweiz. In: Konflikte unserer Zeit - Konflikte der Zukunft. 1981. S. 137-160.   B 45009
Rescue to Switzerland. The Musy and Saly Mayer affairs. New York: Garland 1982. 219 S.   08706:16
Tränengas, Selbsthilfe, Patientenrechte, Autonome Sanität. Dokumentation. Zürich: Verl. Citron Presse 1980. 111 S.   Bc 0602

g./h. Wirtschaft und Gesellschaft

An einem Ort muß man anfangen. Frauen-Protokolle aus der Schweiz ... von L. Wyss. Darmstadt: Luchterhand 1981. 200 S.   B 45401
Bucher, M.: Anarchie ist machbar Frau Nachbar. Jugendkrawalle. Bern: Hallwag 1981. 224 S.   B 43898
Feminismus und Sozialismus, Frauen und Arbeiterbewegung, Hausarbeit, Mutterschutz, Teilzeitarbeit... Volksfest d. Partei der Arbeit, Genf, 29.9.1979. Basel: Sekretariat d. Partei der Arbeit 1979. 46 S.   Bc 2218
Graf, C.: Innen- und aussenpolitische Aspekte schweizerischer Zensur während des Zweiten Weltkrieges. In: Innen- und Aussenpolitik. 1980. S. 553-569.   B 44602
Mesmer, B.: Wirtschaftsbarometer und Unternehmerfreiheit. In: Innen- und Aussenpolitik. 1980. S. 315-330.   B 44602

f. Wehrwesen

Busch, E.: Die Schweizer Milizarmee. Eine andere Wehrpflicht. In: Heere international. Jg. 1, 1981. S. 223-233.   BZ 4754:1
Dumartheray, A.: Der Waffenschmied. Kleiner Bericht über den schweizerischen Waffenexport u. d. Gegenmassnahmen. Basel: Selbstverl. 1981. 56 S.   Bc 2939
Erinnerungen an das Gebirgsfüsilier-Bataillon 109. Zur Geschichte e. zürcherischen Truppenkorpers 1952-1980. Zürich: Verein für Herausgabe d. Erinnerungsbuches 1981. 76 S.   Bc 0841
Kurz, H. R.: Die Militärallianz des dauernd neutralen Staates. In: Innen- und Aussenpolitik. 1980. S. 459-481.   B 44602
Kurz, H. R.: Problèmes militaires. In: Revue d'histoire de la deuxième guerre mondiale. A. 31, 1981. No. 121. S. 5-34.   BZ 4455:31

k. Geschichte

Die Angst der Mächtigen vor der Autonomie. Aufgezeigt am Beispiel Zürich. Horgen: Gegenverl. 1981. 206 S.   Bc 0723
Bucher, E.: La Suisse sous l'effet de la défaite française de 1940. In: Revue d'histoire de la deuxième guerre mondiale.

Année 31, 1981. No. 121. S. 83-96. BZ 4455:31
Gonseth, F.: Genève, 9 novembre 1932: Quand l'armée tirait sur
   la foule. Lausanne: Ed. Cedips 1980. 111 S. Bc 2329
Letter, P.: Philipp Etter und seine Zeit, 1891-1977. Christ,
   Staatsmann, Eidgenosse, Europäer. Freiburg (Schweiz):
   Kanisius-Verl. 1981. 128 S. Bc 2734
Mysyrowicz, L.; Favez, J.-C.: Refuge et représentation
   d'intérêts étrangers. In: Revue d'histoire de la deuxième guerre
   mondiale. Année 31, 1981. No. 121. S. 109-120. BZ 4455:31
Ruffieux, R.: De l'"ordre nouveau" à de nouvelles préoccupations.
   Le débat idéologique en Suisse romande. In: Revue d'histoire de la
   deuxième guerre mondiale. Année 31, 1981. No. 121.
   S. 97-107. BZ 4455:31

Enzelsberger, E. F.: Der außenpolitische Aufbruch des Fürsten-
   tums Liechtenstein. In: Österreichische Zeitschrift für Außen-
   politik. Jg. 21, 1981. H. 3. S. 175-197. BZ 4642:21

L 193 Spanien

c. Biographien

Garriga-Alemany, R.: Nicolás Franco, el hermano brujo.
   Barcelona: Ed. Planeta 1980. 371 S. B 42483
Gomez-Molleda, D.: El Socialismo español y los intelectuales.
   Cartas de líderes del movimiento obrero a Miguel de Unamuno.
   Salamanca: Ed. Univ. de Salamanca 1980. 550 S. B 42421
Moral i Querol, R.: Diari d'un exiliat. 1939-1945. Montserrat:
   Abadia de Montserrat 1979. 192 S. B 41621
Pozuelo-Escudero, V.: Los últimos 476 Días de Franco. 7. ed.
   Barcelona: Planeta 1980. 259 S. B 42486
Rodrigo, A.: Doctor Trueta. Héroe anónomi de dos guerras.
   Esplugas de Llobregat: Plaza y Janés 1980. 364 S. B 41615

e. Staat/Politik

Aparicio-Pérez, M. A.: Introducción al sistema política y con-
   stitucional español. Constitución de 1978. Barcelona:
   Ariel 1980. 183 S. Bc 1894
Dalmau-Olivé, M. J.: La Crisi del P.S.O.E. vista des del con-
   flicte Pallach-Reventós. Barcelona: Ed. Pòrtic 1979. 374 S. B 41627
Martín-Retortillo Baquer, L.: En los Albores de la democracia.
   Pequeñas intervenciones en el Senado. Zaragoza: Guara Ed. 1972.
   222 S. B 41629
Morán, F.: Una Politica exterior para España. Una alternativa

socialista. Barcelona: Ed. Planeta 1980. 414 S. B 44372
M o r o d o , R. : Acción Española. Orígenes ideológicos del
franquismo. Madrid: Tucar Ed. 1980. 410 S. B 42453
P a d i l l a -Bolívar, A. : El Movimiento comunista español.
Barcelona: Ed. Planeta 1979. 324 S. B 41333
P i ñ a r -López, B. : Hacia la III República? Madrid: Ed. Fuerza
Nueva 1979. 155 S. B 41963
Preston, P. : Spain. In: Fascism in Europe. 1981.S.329-351.B 44868
Prevost, G. : Eurocommunism and the Spanish communists. In:
West European politics. Vol. 4, 1981. No. 1. S. 69-84. BZ 4668:4
S á n c h e z -Gijón, A. : Spanien vor dem Beitritt zu den Europäischen
Gemeinschaften und zum Atlantischen Bündnis. In: Europa-Archiv.
Jg. 37, 1982. Folge 9. S. 268-276. BZ 4452:37
Silva-Muñoz, F. : La Fransición inacabada. Barcelona:
Ed. Planeta 1980. 222 S. B 41334
Togliatti, P.; Díaz, J.; Carrillo, S. : Los Comunistas y la
revolución española. Barcelona: Bruguera 1979. 157 S. B 41626

Matsell, C. : Spain. In: The politics of the second electorate.
1981. S. 134-152. B 44630
Partido feminista. Barcelona: Ed. de Feminismo 1979. 224 S. B 41005

f. Wehrwesen

Brauzzi, A. : La marina spagnola. In: Rivista marittima.
Anno 115, 1982. No. 1. S. 45-61. BZ 4453:115
Menaul, S. : The geo-strategic importance of the Iberian Peninsula.
London: Institute for the Study of Conflict 1981. 25 S. Bc 2642
Mérida, M. : Mis Conversaciones con los Generales. 20 entrevi-
stas con altos mandos del Ejército y de la Armada. 2. ed.
Esplugas de Llobregat: Plaza y Janés 1980. 270 S. B 41619
P é r e z -Reverte, A. : La infanteria de marina. In: Defensa.
Año 4, 1981. No. 43. S. 40-55. BZ 05344:4
Ripoll Molines, F. : The Spanish armed forces. In: Military
technology. Vol. 6, 1982. No. 2. S. 69-79. BZ 05107:6
Ruiz -Ocaña Remiro, C. : Los Ejércitos españoles. Las Fuerzas
Armadas en la defensa nacional. Madrid: Ed. San Martín 1980.
447 S. B 41628
Sopena Garreta, J. : Historia del Armamiento español.
T. 2-6. Barcelona 1979-80: Kopy. Getr. Pag.

Ramírez Gabarrús, M. : La industria española de defensa.
In: Tecnologia militar. Año 3, 1982. No. 5. S. 88-105. BZ 05350:3
Ramírez Gabarrús, M. : The Spanish defence industry.
In: Military technology. Vol. 6, 1982. No. 2.
S. 86-100. BZ 05107:6

k. Geschichte

Abella-Bermejo, R.: De la Semana tragica al 20-N. Esplugas de
Llobregat: Plaza y Janés 1980. 248 S.   B 41625

Antoni, M.: Spanien auf dem Weg zur parlamentarischen Demokratie. Parteien, Wahlen, Verfassung und polit. Entwicklung
1975 bis 1980. Frankfurt: Lang 1981. 423 S.   B 45003

Ben-Ami, S.: La Revolución desde arriba. España 1936-1979.
Barcelona: Ríopiedras Ed. 1980. 356 S.   B 42485

Bullejos, J.: España en la segunda República. Madrid:
Ed. Jucar 1979. 133 S.   Bc 1761

Corredera-Gutiérrez, E.: La Semana trágica. (1909.)
Zaragoza 1980. 222 S.   B 41622

Guernica. Picasso u. d. Spanische Bürgerkrieg. Hrsg.: Neue Gesellschaft f. Bildende Kunst. Berlin: Elefanten Press Verl. 1980.
159 S.   Bc 0524

Hermet, G.: Les Catholiques dans l'Espagne franquiste. T. 1.
Paris: Pr. de la Fondation nationale des Sciences politiques
1980. 370 S.   B 43650

Ponce, B.: Rapsodia española. Una crónica del siglo XX.
México: Ed. Porrúa 1979. 246 S.   B 42426

Romero-Pérez, L.: Cara y cruz de la República. 1931-1936.
Barcelona: Ed. Planeta 1980. 348 S.   B 42484

Vizcaíno-Casas, F.: Un Año menos. Diario. 4. ed.
Barcelona: Planeta 1979. 238 S.   B 41336

l. Einzelne Gebiete/Orte

Azurmendi-Otaegui, J.: Nazionalismo/internazionalismo
euskadin. Donostia: Hordago Publ. 1979. 160 S.   B 41011

Benet i Morell, J.: Combat per una Catalunya autónoma. Textos
d'ahir i d'avui. Barcelona: Bruguera 1980. 298 S.   B 41617

Fuente de la Ojeda, A. G.: Euzkadi, cancer de España.
Madrid: Vassallo de Mumbert 1980. 248 S.   B 42500

Garmendia-Urdangarain, J. M.: Historia de ETA. Vol. 1. 2.
San Sebastian: Haranburu 1979-80. 355, 307 S.   B 41010

Janke, P.: Spanish Separatism: ETA's threat to Basque democracy. London: The Institute for the Study of Conflict 1980.
19 S.   Bc 0489

Lasa-Apalategui, J.: El Pueblo vasco. Democracia testigo de
Europa. Zarauz 1980. 220 S.   B 41964

Orrantia, M.; Mendieta, L.: Euskadi: ¿Pacificación?
Documentos sobre el 28 de octubre de 1978. ...
Madrid: Ed. Libertarias 1980. 239 S.   B 41623

Portell, J. M.: Los Hombres de ETA. 4. ed.
Barcelona: DOPESA 1979. 282 S.   B 41484

L 195 Tschechoslowakei

e. Staat/Politik

e. 1 Innenpolitik

Franke, R.: London und Prag. Materialien zum Problem eines multinationalen Nationalstaates 1919-1938. München: Lerche 1981. 562 S. B 45039
Galandauer, J.: Šmeral. T. 1. Praha: Nakl. Svoboda 1981. 347 S. B 44173
Gottwald, K.: K vojenské Politice KSČ. [Zur Militärpolitik der Kommunistischen Partei der Tschechoslowakei.] 2. dop. vyd. Praha: Naše vojsko 1981. 490 S. B 44529
Klementová, J.: Ceskoslovenské odborové Hnutí v datech a faktech. [Die tschechoslowakische Gewerkschaftsbewegung in Daten u. Fakten. (1848-1978.)] Praha: Práce 1980. 264 S. B 44120
KSČ o ozbrojených silách. Dokumenty 1918-1981. [Die Kommunistische Partei der Tschechoslowakei über die Streitkräfte.] 2. dop. vyd. Praha: Naše vojsko 1981. 580 S. B 45512
Lammich, S.; Schmid, K.: Die Verfassung der Tschechoslowakei. Berlin: Berlin-Verl. 1981. 148 S. Bc 2372
Lenárt, J.: Vybrané Prejavy a state. [Ausgew. Reden u. Aufsätze.] Zv. 1. 2. Bratislava: Nakl. Pravda 1980-81. 695, 684 S. B 43489
Müller, A.: Die Antwort der Machtlosen. Opposition in der CSSR. In: Osteuropa. Jg. 32, 1982. H. 1. S. 31-42. BZ 4459:32
Myant, M. R.: Socialism and democracy in Czechoslovakia. 1945-1948. Cambridge: Univ. Pr. 1981. IX, 302 S. B 45366
Pachman, L.: Erfahrungen mit dem Marxismus. Wien: Veritas-Verl. 1980. 40 S. Bc 2133
Skilling, H. G.: Charter 77 and human rights in Czechoslovakia. London: Allen and Unwin 1981. XV, 363 S. B 44693
Szporluk, R.: The political Thought of Thomas G[arrigue] Masaryk. New York: Columbia Univ. Pr. 1981. 244 S. B 45222
Uhl, P.: Die Herausforderung. Frankfurt: isp-Verl. 1981. 235 S. B 46495
Vošahlíková, P.: Ideový a politický vývoj Československé sociální demokracie v době národní a demokratické revoluce... [Die ideologische u. politische Entwicklung d. tschechoslowakischen Sozialdemokratie in der Periode d. nationalen u. demokratischen Revolution.(Mai 1945-Nov. 47.)] In: Československý časopis historický. Rok. 29, 1981. Čislo 4. S. 515-545. BZ 4466:29
XVI Zjazd Komunistickej Strany Československa. Dokumenty a materiály. [Der 16. Parteitag der Kommunistischen Partei der Tschechoslowakei. (6.-10. April 1981.)] Bratislava: Nakl. Pravda 1981. 174 S. Bc 2467

k. Geschichte

Eidlin, F. H.: The Logic of "normalization". New York: Columbia Univ. Pr. 1980. VIII, 278 S.   B 45238
(A History of the Czechoslovak Republic 1918-1948. [dt.]) Geschichte der Tschechoslowakischen Republik Hrsg.: V. S. Mamatey u. R. Luža. Wien: Böhlau 1980. 553 S.   B 44600
Kaplan, K.: Der kurze Marsch. Kommunistische Machtübernahme i. d. Tschechoslowakei 1945-1948. München: Oldenbourg 1981. 266 S.   B 43633
Krystufek, Z.: The Soviet Regime in Czechoslovakie. New York: Columbia Univ. Pr. 1981. VII, 340 S.   B 44436
Levy, A.: So many Heroes. (1968.) Sagaponack: Second Chance Pr. 1980. 390 S.   B 45183
Matoušek, S.: Vznik a vývoj společného státu Čechů a Slováku. [Entstehung u. Entwicklung des gemeinsamen Staates der Tschechen u. Slowaken.] Praha: Academia 1980. 505 S.   B 43480
Procházka, T.: The Second Republic: The disintegration of post-Munich Czechoslovakia (oct. 1938 - march 1939). New York: Columbia Univ. Pr. 1981. VII, 231 S.   B 45224
Rice, C.: The problem of military elite cohesion in Eastern Europe. The case of Czechoslovakia. In: Air University review. Vol. 33, 1982. No. 2. S. 64-74.   BZ 4544:33
Schicksalsjahre der Tschechoslowakei 1945-1948. Hrsg.: N. Lobkowicz u. F. Prinz. München: Oldenbourg 1981. 181 S.   B 45036
Štúdie k československým vojenským dejinám. Zborník štúdií k 35. výročiu Slovenského Národného Povstania. [Studie zur tschechoslowakischen Militärgeschichte.] Praha: Vojenský hist. ústav 1979. 147 S.   Bc 2514
Vondrášek, V.: KSČ a mocenskopolitický zápas v Československu v průběhu roku 1947. [Die Kommunistische Partei der Tschechoslowakei und das Ringen um die Macht i. d. Tschechoslowakei während den Jahren 1947.] In: Československý časopis historický. Ročnik 1981. Číslo 4. S. 481-514.   BZ 4466:29
Wolchik, S. L.: Demography, political reform and women's issues in Czechoslovakia. In: Women, power and political systems. 1981. S. 135-150.   B 44390

l. Einzelne Gebiete/Orte

Dokumenty k dejinám KSČ na Slovensku. [Dokumente z. Geschichte d. Kommunistischen Partei de Tschechoslowakei i. d. Slowakei.] 2, (1929-1938). Bratislava: Nakl. Pravda 1980. 403 S.   B 42955
Gebhart, J.: Domáci odbojová fronta v českych zemich od vypuknutí 2. světové války do přepadení SSSR. [Die einheimische Widerstandsfront i. d. böhmischen Ländern seit Beginn des 2. Weltkrieges bis zum Überfall auf die UdSSR.] In: Historie a

vojenství. Ročník 31, 1982. No. 1. S. 65-90. BZ 4526:31
Rozvoj a zbližovanie národov a národnosti ČSSR. [Die Entwicklung
u. Annäherung der Völker u. Nationalitäten der Tschechoslowakei.]
Bratislava: Nakl. Pravda 1981. 335 S. B 45441
Zřídkaveselý, F.; Adámek, J.; Kroutil, M.: Brněnští
Občané v boji proti fašismu. [Brünner Bürger im Kampf gegen den
Faschismus.] Brno 1981. Vytisklo Rudé právo. 172 S. B 44845

L 198 Ungarn

e. Staat/Politik

Braham, R. L.: The Politics of genocide. The holocaust in
Hungary. Vol. 1. 2. New York: Columbia Univ. Pr. 1981.
XLII, X, 1269 S. B 43712
Erös, J.: Hungary. In: Fascism in Europe. 1981. S.117-150. B 44868
Gunst, P.: Politisches System und Agrarstruktur in Ungarn
1900-1945. In: Vierteljahrshefte für Zeitgeschichte.
Jg. 29, 1981. H. 3. S. 397-419. BZ 4456:29
Jannazzo, A.: La Crisi del marxismo nell' Ungheria delle
riforme. Roma: Bonacci 1980. 211 S. B 43805
Kádár, J.: Ausgewählte Reden und Aufsätze. Berlin:
Dietz 1981. 301 S. B 44814
Katzburg, N.: Hungary and the Jews. Policy and legislation
1920-1943. Ramat-Gan: Bar-Ilan Univ. Pr. 1981. 299 S. B 45070
Koevágó, L.: Nemzetiségek a mai Magyarországon. [Nationalitäten im heutigen Ungarn.] Budapest: Kossuth 1981. 187 S. B 45662
Puja, F.: Magyar Külpolitika. [Die ungarische Aussenpolitik.]
Budapest: Kossuth 1980. 329 S. B 44124
Relief in Hungary and the failure of the Joel Brand mission.
New York: Garland 1982. 249 S. 08706:15
Ruszoly, J.: A választási bíráskodás Magyarországon 1848-1948.
[Die Wahlprüfung in Ungarn.] Budapest: Közgazdasági és Jogi
Könyvkiadó 1980. 563 S. B 45687
Schoepflin, G.: Hungary between prosperity and crisis.
London: Institute for the Study of Conflict 1981. 28 S. Bc 2776
Szakály, S.: A Horthy-hadsereg tábori csendörségének
megszervezése és alkalmazása a második világháború
idején (1938-44). [Die Organisation und die Verwendung
der Feldgendamerie der Horthy-Armee während des
Zweiten Weltkrieges.] In: Hadtörténelmi Közlemények.
Évf. 28, 1981. No. 3. S. 376-402. BZ 4513:28
Unc, G.; Zaharescu, V.: Din cronica relațiilor romano-ungare
în anii 1918-1920. [Aus der Chronik der rumänisch-ungarischen
Beziehungen von 1918 bis 1920.] In: Anale de istorie.
Anul 27, 1981. No. 4. S. 105-126. BZ 4536:27

k. Geschichte

Bellér, B.: A magyarországi németek rövid Története. [Kurze Geschichte der Ungarndeutschen.] Budapest: Magvetö Kiadó. 1981. 210 S. Bc 2502

Berecz, J.: Ellenforradalom tollal és fegyverrel 1956. [Die Gegenrevolution mit Feder u. Waffe 1956.] 2. bövit. és javit. kiadás. Budapest: Kossuth 1981. 183 S. Bc 2743

Door, R.: Neueste Geschichte Ungarns. Von 1917 bis zur Gegenwart. Berlin: Dt. Verl. d. Wissenschaften 1981. 270 S. B 46320

Eye Witness in Hungary: The Soviet invasion of 1956.
Ed.: B. Lommax. Nottingham: Spokesman 1980. 183 S. B 43936

Heller, A.; Fehér, F.: Ungarn '56. Geschichte einer antistalinistischen Revolution. Hamburg: VSA-Verl. 1982. 206 S. B 46234

Júliustól júniusig. Dokumentumok 1956-1957 történetéböl. [Von Juli bis Juni. Dokumente aus der Geschichte 1956-1957.] Budapest: Kossuth 1981. 269 S. B 45694

Korom, M.: Magyarország ideiglenes nemzeti Kormánya és a fegyverszünet. (1944-1945). [Die provisorische ungarische Nationalregierung und das Waffenstillstandsabkommen. 1944-1945.] Budapest: Akad. 1981. 521 S. B 46088

Kovács, J.: Együtt a határterületi lakossággal 1945-1956. [Zusammen mit der Bevölkerung der Grenzgebiete. 1945-1956. (Ungarische Grenzschutztruppen.)] In: Hadtörténelmi Közlemények. Évf. 28, 1981. No. 3. S. 403-427. BZ 4513:28

Magyarország történeti Kronológiája. A kezdetektöl 1970-ig. [Historische Chronologie Ungarns. Von den Anfängen bis 1970.] Négy kötetben [In 4 Bd.]. Kötet 1.2. Budapest: Kiadó 1981-82. 360, 668 S. B 45686

Nemes, D.: A Biatorbágyi Merénylet és ami mögötte van... [Das Attentat von Biatorbágy und was dahinter steckte...] Budapest: Kossuth 1981. 303 S. B 45685

Sewann, G.: Sitzler, K.: Ungarn 1956: Volksaufstand-Konterrevolution-nationale Tragödie. Offizielle Retrospektive nach 25 Jahren. In: Südost-Europa. Jg. 31, 1982. H. 1. S. 1-18. BZ 4762:31

Tilkovszky, L.: (A német "népcsoportpolitika" és Magyarország. [dt.]) Ungarn und die deutsche "Volksgruppenpolitik". 1938-1945. Köln: Böhlau 1981. 368 S. B 44739

Vas, Z.: Horthy. (4. kiadás.) Budapest: Szépirodalmi Könyvkiadó 1981. 793 S. B 45134

Vasari, E.: (A Forradalom oknyomózó története 1945-1956. [dt.]) Die ungarische Revolution 1956. Ursachen, Verlauf, Folgen. Stuttgart: Seewald 1981. 416 S. B 44655

Zathureczky, G. von: Ungarn nach mehr als 25 Jahren. Der ungarische Freiheitskampf 1956. In: Politische Studien. Jg. 33. 1982. H. 262. S. 161-170. BZ 4514:33

L 200 Asien

Gopal, K.; Gopal, K.K.: West Asia and North Africa. A doc. study of major crisis. New Delhi: VIP 1981. XXXV, 434 S.   B 44775
Greene, F.: The United States and Asia in 1981. In: Asian survey. Vol. 22, 1982. No. 1. S. 1-12.   BZ 4437:22
Hertzfeldt, G.: Asien - Faktor des Friedens oder Schauplatz der Konfrontation? In: Deutsche Aussenpolitik. Jg. 26, 1981. H. 11. S. 40-60.   BZ 4557:26
Hommes d'état d'Asie et leur politique. Bruxelles: Bruylant 1980. 207 S.   B 44666
Nicholas, R.M.: Asean and the Pacific community debate. Much ado about something? In: Asian survey. Vol. 21, 1981. No. 12. S. 1197-1210.   BZ 4437:21
Robinson, T.W.: The Soviet Union and Asia in 1981. In: Asian survey. Vol. 22, 1982. No. 1. S. 13-32.   BZ 4437:22
Siemers, G.: Bibliographie asien- und ozeanienbezogener Bibliographien. 2. Aufl. Hamburg: Inst. f. Asienkunde 1981. VIII, 174 S.   Bc 0619
Torre, V.: Gli equilibri strategici nell'Asia Orientale. In: Rivista di studi politici internazionali. Anno 48, 1981. No. 4. S. 541-558.   BZ 4451:48
Tow, W.T.: Asian-Pacific alliance systems and transregional linkages. In: Naval War College review. Vol. 34, 1981. No. 5. S. 32-54.   BZ 4634:34

L 203 Ostasien

Chan, F.G.: Nationalism in East Asia. An annotated bibliography of selected works. New York: Garland 1981. XVIII, 170 S.   B 45240
Giesenfeld, G.: Land der Reisfelder. Vietnam: Laos. Kampuchea. Geschichte u. Gegenwart. Köln: Pahl-Rugenstein 1981. 220 S.   B 44913
Lent, J.A.: Freedom of press in East Asia. In: Human rights quarterly. Vol. 3, 1981. No. 4. S. 137-149.   BZ 4753:3
Solomon, R.H.: East Asia and the great power coalitions. In: Foreign affairs. Vol. 60, 1982. No. 3. S. 686-718.   BZ 05149:60
Zagoria, D.: Soviet policy and prospects in East Asia. In: International security. Vol. 5, 1980. No. 2. S. 66-78.   BZ 4433:5

Zagoria, D. S.: The strategic environment in East and Southeast Asia. In: Southeast Asian affairs. 1982. S. 86-102. BZ 05354:1982

1. Länderteil

Burma
Silverstein, J.: Burma in 1981. The changing of the guardians begins. In: Asian survey. Vol. 22, 1982. No. 2. S. 180-190. BZ 4437:22
Laos
Bedlington, S. S.: Laos in 1981. Small pawn on a larger board. In: Asian survey. Vol. 22, 1982. No. 1. S. 88-98. BZ 4437:22
Il'inskij. M. M.: Laos: čampa - cvetok revoljucii. (Iz bloknota žurnalista.) [Laos - Blume der Revolution. Aus d. Notizbuch eines Journalisten.] Moskva: Politizdat 1980. 172 S. Bc 2340
Zasloff, J. J.; Brown, M.: Laos. Coping with confinement. In: Southeast Asian affairs. 1982. S. 211-228. BZ 05354:1982
Nepal
Panday, D. R.: Nepal in 1981. Stagnation admidst change. In: Asian survey. Vol. 22, 1982. No. 2. S. 155-162. BZ 4437:22
Phadnis, U.: Nepal. The politics of referendum. In: Pacific affairs. Vol. 54, 1981. No. 3. S. 431-454. BZ 4450:54
Shah, S.: Developing an economy. Nepal's experience. In: Asian survey. Vol. 21, 1981. No. 10. S. 1060-1079. BZ 4437:21
Tibet
Wang Hsuan-chih : The true Features of Chinese communist "Tibet model". Taipeh: World Anti-Communist League 1982. 48 S. Bc 2757

L 204 Südostasien

Herres, F. R.: ASEAN. Ein Weg aus der Unterentwicklung? Grenzen und Möglichkeiten regionaler wirtschaftlicher Zusammenarbeit. München: Simon u. Magiera 1981. 143 S. B 44919
Kodikara, S.: Strategic Factors in interstate relations in South Asia. Canberra: The Strategic and Defence Studies Centre 1979. 87 S. Bc 2231
Kowalski, L. B.: Problemy integracyjne krajów ASEAN. [Integrationsprobleme der Länder der ASEAN.] In: Sprawy Międzynarodowe. Rok 34, 1981. Zeszyt 10. S. 69-80. BZ 4497:34
Kroef, J. M.: Communism in South East Asia. London: Macmillan 1981. 342 S. B 44865
Leifer, M.: Conflict and regional order in South-east Asia. London: Internat. Institute for Strategic Studies 1980. 39 S. Bc 0773
Lent, J. A.: The perpetual see-saw. Press freedom in the ASEAN countries. In: Human rights quarterly. Vol. 3, 1981. No. 1. S. 62-77. BZ 4758:3

Neher, C.D.: Politics in Southeast Asia. Cambridge:
 Schenkman 1981. VIII, 278 S. B 44219
Simon, S.W.: The Soviet Union and Southeast Asia. Interests,
 goals, and constraints. In: Orbis. Vol. 25, 1981. No. 1.
 S. 53-88. BZ 4440:25
Südostasien-Dokumentation. Wien: FÖJ 1979. 51 S. D 02361
Suhrke, A.: ASEAN: Adjusting to new regional alignments. In:
 Asia Pacific Community. 1981. No. 12. S. 11-33. BZ 05343:1981
Toba, R.: Japan's Southeast Asia policy in the last decade. In:
 Asia Pacific Community. 1982. No. 15. S. 30-43. BZ 05343:1982

L 211   Afghanistan

Afghanistan in crisis. Ed. by K. P. Misra. London: Croom Helm 1981.
 150 S. B 44483
Brönner, W.: Afghanistan. Revolution und Konterrevolution.
 Frankfurt: Verl. Marxist. Blätter 1980. 277 S. B 43730
Expedit, B.: Géographie et histoire militaires. La crise Afghane.
 In: Stratégique. 1981. No. 12. S. 7-43. BZ 4694:1981
Fukuyama, F.: Afghanistan. A trip report. In: Defence journal.
 Vol. 8, 1982. Nos. 6/7. S. 9-21. BZ 4382:8
Hundt, W.: Nationale Vaterländische Front in Afghanistan. In:
 Deutsche Aussenpolitik. Jg. 26, 1981. H. 10. S. 47-57. BZ 4557:26
Newell, N.P.; Newell, R.S.: The Struggle for Afghanistan.
 Ithaca: Cornell Univ. Pr. 1981. 236 S. B 44638
Poljakov, G.A.: Afganistan revoljucionnyj. [Das revolutionäre
 Afghanistan.] Moskva: "Meždunarodnye otnošenija" 1981.
 68 S. Bc 2697
Poulton, R.; Poulton, M.: Que sais-je? -L'Afghanistan. Paris:
 Presses Universitaires de France 1981. 127 S. Bc 2410
Rahin, S.M.: Afghanistan. Die Unterwerfung einer Nation. Eine Analyse d. sozio-ökonomischen Struktur u. d. simulierten Revolution.
 Bochum: Generalunion afghanischer Studenten im Ausland
 GUAfS) 1982. 120 S. D 2487
Rubinstein, A.Z.: The last years of peaceful coexistence: Soviet-Afghan relations 1963-1978. In: The Middle East Journal.
 Vol. 36, 1982. No. 2. S. 165-183. BZ 4463:36

Russische Intervention

Afghanistan. Selbstverwaltungsprojekte d. Widerstands. Hamburg:
 Solidaritätskomitee f. d. Afghanische Volk 1981. 20 S. D 2407
Afghanistan: What impact on Soviet tactics? In: Military review.
 Vol. 62, 1982. No. 3. S. 2-11. BZ 4468:62
Behrens, H.: Die Afghanistan-Intervention der UdSSR. Unabhängigkeit u. Blockfreiheit oder Mongolisierung Afghanistans. Eine Herausforderung für das internat. Krisenmanagement.

München: tuduv-Verlagsges. 1982. 227 S. B 46288
Büscher, H.: Die Afghanistan-Krise im Jahr 1982. Bestandsaufnahme u. Perpsektiven e. polit. Lösung. In: Vierteljahresberichte. Probleme der Entwicklungsländer. Nr. 87, 1982.
S. 37-52. BZ 4543:1982
Branner, J.: Mennesker på flugt. København: Gyldendal 1982.
72 S. Bc 0700
Braun, D.: Regionale Auswirkungen der sowjetischen Besetzung Afghanistans. In: Europa-Archiv. Jg. 37, 1982. Folge 16.
S. 477-486. BZ 4452:37
Buchhorn, M.: 40 Tage in Kabul. Eine Reportage über Russen, Rebellen, Revolutionäre. Weinheim: Beltz 1982. 187 S. B 45795
Chaliand, G.: Rapport sur la résistance afghane. Paris: Berger-Levrault 1981. 159 S. B 45412
Collins, J. J.: Afghanistan: the empire strikes out. In: Parameters.
Vol. 12, 1982. No. 1. S. 32-41. BZ 05120:12
Ehrenberg, E.: Afghanistan - Die sowjetische Invasion aus konflikttheoretischer Perspektive. In: Orient. Jg. 22, 1981. H. 1.
S. 69-88. BZ 4663:22
Afghanische Flüchtlinge in Pakistan. Eine Dokumentation der dt. Welthungerhilfe. Bonn: Dt. Welthungerhilfe 1980. 26 Bl. Bc 2396
Khalilzad, Z.: Soviet-occupied Afghanistan. In: Defence journal.
Vol. 7, 1981. No. 12. S. 19-36. BZ 4382:7
Koch-Olsen, O.: Afghanistan. In: Militaert tidsskrift. Årg. 110, 1981. Nov/Dec. -H. S. 323-341; Årg. 111, 1982.
Jan. -H. S. 14-19. BZ 4385:110/111
Matsson, R. J.: Politische und völkerrechtliche Aspekte der sowjetischen Invasion Afghanistans 1979/80 und die Position der Sowjetunion. In: Österreichische Zeitschrift für Außenpolitik.
Jg. 21, 1981. H. 2. S. 79-96. BZ 4642:21
Monks, A. L.: The Soviet intervention in Afghanistan. Washington, London: American Enterprise Institute for Public Policy Research 1981. 60 S. Bc 2773
Roy, O.: Afghanistan, die "Revolution" aus dem Nichts. In: Befreiung. 1981. Nr. 21. S. 78-88. BZ 4629:1981
Rubinstein, A. Z.: Afghanistan: Embraced by the bear. In: Orbis.
Vol. 26, 1982. No. 1. S. 135-154. BZ 4440:26
Samimy, S. M.: Hintergründe der sowjetischen Invasion in Afghanistan. Bericht u. Analyse. Vorw. P. Oesterdiekhoff. Bochum: Brockmeyer 1981. IV, 153 S. Bc 2685
Singleton, S.: The Soviet invasion of Afghanistan. In: Air University review. Vol. 32, 1981. No. 3. S. 2-20. BZ 4544:32
Singleton, S.: The Soviet invasion of Afghanistan. In: The Atlantic community quarterly. Vol. 19, 1981. No. 2. S. 186-200. BZ 05136:19
Steul, W.; Beitz, W. G.: Hilfe für Afghanistan. Stuttgart: Verl. Bonn aktuell 1981. 95 S. Bc 2929
Wafadar, K.: Afghanistan in 1981. The struggle intensifies.

In: Asian survey. Vol. 22, 1982. No. 2. S. 147-154. BZ 4437:22
The Afghan-Soviet war: Stalemate or evolution? - a nearby observer.
In: The Middle East Journal. Vol. 36, 1982. No. 2.
S. 151-164. BZ 4463:36

L 213   Arabische Staaten

a./d. Allgemeines

A j a m i , F. : The Arab Predicament. Arab political thought and
  practice since 1967. Cambridge: Cambridge Univ. Pr. 1981.
  XVI, 220 S. B 44068
F r y z e ł , T. : Liga Państw Arabskich. [Die Liga der Arabischen
  Staaten.] Warszawa: Wyd. Min. Obrony Narod. 1981. 165 S.   Bc 2469
K e l l y , J. B. : (Arabia, the Gulf and the West. [dt.]) Brennpunkt
  Golf. Die Ölstaaten und der Westen. Berlin: Ullstein 1981.
  308 S. B 44651
M ü n c h h a u s e n , T. Frhr. von: Frankreichs Beziehungen zur arabi-
  schen Welt. In: Aussenpolitik. Jg. 32, 1981. H. 4.
  S. 358-372. BZ 4457:32
O j o , O. : The relationship between the Organization of African Unity
  and the League of Arab states. In: Afrika-Spectrum. Jg. 16, 1981.
  H. 2. S. 131-142. BZ 4614:16
P o l k , W. R. : The Arab World. Cambridge: Harvard Univ. Pr. 1980.
  XXIII, 456 S. B 44504

1. Länderteil

Jemen
El-M e n s h a u i , M. ; M e y e r , A. ; K o s z i n o w s k i , T. :
  Zur politischen und wirtschaftlichen Situation des Jemen.
  Einführung und Dokumentation. Hamburg: Dt. -Orient-
  Institut 1980. 278 S. Bc 0593
Jordanien
B i n   T a l a l , el H. : Jordan's quest for peace. In: Foreign
  affairs. Vol. 60, 1982. No. 4. S. 802-813. BZ 05149:60
Saudi-Arabien
D a w i s h a , A. : Saudi Arabia's Search for security. London:
  Internat. Institute for Strategic Studies 1980. 36 S. Bc 0770
D a w i s h a , A.: (Saudi Arabia's Search for security, [dt.]) Saudi-
  Arabien und seine Sicherheitspolitik. München: Bernard und
  Graefe 1981. 96 S. Bc 2389
E n d e , W. : Religion, Politik und Literatur in Saudi-Arabien.
  In: Orient. Jg. 22, 1981. H. 3. S. 377-390. BZ 4663:22

Franzmathes, F.: Die Aussen- und Sicherheitspolitik Saudi-
 Arabiens. In: Orient. Jg. 22, 1981. H. 2. S. 241-256.   BZ 4663:22
Kuniholm, B. R.: What the Saudis really want: A primer for the
 Reagan administration. In: Orbis. Vol. 25, 1981. No. 1.
 S. 107-122.   BZ 4440:25
Saint-Michel, S.; Dufossé, B.: The Kingdom of Saudi-Arabia.
 Conception: M. Zaim. Paris: ABC-IMMM 1980. 46 S.   Bc 0674
Salameh, G.: Saudi Arabia: Development and dependance. In:
 The Jerusalem Quarterly. 1981. No. 20. S. 109-122.   BZ 05114:1981

Syrien

Dam, N. van: The Struggle for power in Syria. Sectarianism, regio-
 nalism and tribalism in politics, 1961-1980. London:
 Croom Helm 1981. 169 S.   B 44343
Rabinovich, I.: The foreign policy of Syria. Goals, capabilities,
 constraints and options. In: Survival. Vol. 24, 1982. No. 4.
 S. 175-183.   BZ 4499:24

L 215 Bangladesch

Franda, M.: Ziar Rahman's Bangladesh. T. 2: Poverty and
 discontent. Hanover: American Universities Field
 Staff 1979. 14 S.   Bc 0543:2
Hossain, I.: Bangladesh-India relations. Issues and problems.
 In: Asian survey. Vol. 21, 1981. No. 11. S. 1115. 1128.   BZ 4437:21
Khan, Z. R.: Ganladesh in 1981. Change, stability, and leadership.
 In: Asian survey. Vol. 22, 1982. No. 2. S. 163-170.   BZ 4437:22
Rahman, M.; Hasan, N.: Iron Bars of freedom. London:
 News & Media 1980. 288 S.   B 44774

L 221 China

a. Allgemeine Werke

Bloodworth, D.: The Chinese Looking Glass. Rev. and exp. ed.
 New York: Farrar, Straus, Giroux 1980. IX, 448 S.   B 43684
China. Daten, Bilder, Perspektiven. Mit e. Landesporträt v.
 U. u. J. Küchler. München: Bucher 1981. 160 S.   B 43655
Fraser, J.: (The Chinese - portrait of a people. [dt.]) Die neuen
 Chinesen. Wie die Menschen nach Mao leben, denken, empfinden,
 handeln. Bern: Scherz 1981. 319 S.   B 44025
Israeli, R.: The muslim minority in the people's republic of
 China. In: Asian survey. Vol. 21, 1981. No. 8. S. 901-919. BZ 4437:21
Mende, T.: (La Chine et son ombre. [dt.]) China. Weltmacht von
 morgen. Mit e. Nachwort. München: Goldmann 1981. 314 S. B 45163
Munthe-Kaas, H.: Kinas nye Ansikt.

Oslo: Tiden Norsk Forl. 1979. 315 S. B 43181
S o c i n i Leyendecker, R. : Cina fine '80. Impressioni di viaggio.
In: Rivista di studi politici internazionali. Anno 48, 1981. No. 2.
S. 237-250. BZ 4451:48
T u n g, J. : Bibliography of Chinese government serials, 1880-1949.
Material in Hoover Institution on War, Revolution and Peace.
Stanford: Hoover Institution 1979. 136 S. Bc 0596
W e g g e l, O. : China zwischen Revolution und Etikette. Eine Landeskunde. München: Beck 1981. 330 S. B 44303

c. Biographien

C h a o Shu-tso : Giant eternal. Chiang Kai-shek and his country.
Taipeh [um 1981]. 224 S. Bc 2769
C h e e k, T. : Deng Tuo. Culture, leninism and alternative marxism
in the Chinese communist party. In: The China quarterly.
1981. No. 87. S. 470-491. BZ 4436:1981
F o n t a n a, D. G. : Background to the fall of Hua Guofeng. In: Asian
survey. Vol. 22, 1982. No. 3. S. 237-260. BZ 4437:22
K r i v c o v, V. A. ; K r a s n o v a, V. A. : (Li Da-čzao og revoljucionnogo demokratizma k marksizmu-leninizmu, [dt.]) Li Dazhao -
vom revolutionären Demokraten zum Marxisten-Leninisten.
Berlin: Dietz 1981. 198 S. Bc 2840
M a o -Tse-tung : Texts. Schriften, Dokumente, Reden und Gespräche.
Bd 1-4. München: Hanser 1979-82. Getr. Pag. B 38365
M e l l e n t h i n, K. : Der Pekinger-Prozess. Dokumente und Analysen.
(Chiang Cing.) Hamburg: Buntbuch Verl. 1981. 111 S. Bc 2145

e. Staat/Politik

e. 1 Innenpolitik

B a u e r, E. : Ideologie und Entwicklung in der Volksrepublik China.
Bochum: Brockmeyer 1980. VIII, 670 S. B 43801
B r o d s g a a r d, K. E. : The democracy movement in China, 1978-79.
Opposition movements, wall poster campaigns, and underground
journals. In: Asian survey. Vol. 21, 1981. No. 7.
S. 747-774. BZ 4437:21
B u u l t j e n s, R. : China after Mao - death of a revolution. New York:
Internat. Study and Research Institute 1979. 79 S. Bc 2609
C h o u Wen-ching : Where are the Chinese communists headed.
Taipeh: World Anti-Communist League 1981. 90 S. Bc 2706
C h r i s t i a n s e n, F. ; P o s b o r g, S. ; W e d e l l -Wedellsborg, A. :
Den demokratiske Bevaegelse i Kina.
Kφbenhavn: Reitzel 1980. 129 S. B 43164

Christiansen, F.; Posborg, S.; Wedell-Wedellsborg, A.:
(Den demokratiske Bevaegelse in Kina. [dt.]) Die demokratische
Bewegung in China. Revolution im Sozialismus. München:
Simon u. Magiera 1981. 243 S. B 44916
Dirlik, A.; Krebs, E. S.: Socialism and anarchism in early
republican China. In: Modern China. Vol. 7, 1981. No. 2.
S. 117-151. BZ 4697:7
Dittmer, L.: China in 1981. Reform, readjustment, rectification.
In: Asian survey. Vol. 22, 1982. No. 1. S. 33-46. BZ 4437:22
Fincher, J. H.: Chinese Democracy. The self-government movement in local, provincal and national politics, 1905-1914.
London: Croom Helm 1981. 276 S. B 44760
Fyfield, J. A.: Re-Educating Chinese anti-communists. London:
Croom Helm 1982. 117 S. B 45154
Garside, R.: Coming alive. China after Mao. London:
Deutsch 1981. VIII, 458 S. B 43813
Goodman, D. S. G.: The provincial revolutionary committee in the
People's Republic of China, 1967-1979. An obituary. In: The
China quarterly. 1981. No. 85. S. 49-79. BZ 4436:1981
Harris, P.: Political China observed. London: Croom Helm 1980.
229 S. B 43864
Hazard, B.: Das maoistische Verwaltungsmodell. Ein nicht-bürokratischer Weg zur Verwirklichung von "Demokratie" und "Zentralismus". In: Staat und Entwicklung. 1981. S. 351-389. B 44366
Löwenthal, R.: Zum Stand der politischen Entwicklung in der
Volksrepublik China. In: Europa-Archiv. Jg. 36, 1981. Folge 20.
S. 597-604. BZ 4452:36
Schram, S. R.: To utopia and back. A cycle in the history of the
Chinese communist party. In: The China quarterly.
1981. No. 87. S. 407-439. BZ 4436:1981
Wang Hsuan-chih : The current Situation on mainland China.
Taipeh: World Anti-Communist League 1981. 34 S. Bc Bc 2707
Weggel, O.: Modernisierung und Entzauberung. Innenpolitik im
nachmaoistischen China. In: Aus Politik und Zeitgeschichte.
1982. B 39. S. 3-13. BZ 05159:1982

e. 2 Außenpolitik

Bonarski, M.: Polityka zagraniczna Chin w okresie pomaowskim.
[Die Aussenpolitik Chinas nach Mao.] In: Sprawy Międzynarodowe.
Rok 34, 1981. Zeszyt 5. S. 21-40. BZ 4497:34
China in the global community. Ed.: J. C. Hsiung and S. S. Kim.
New York: Praeger 1980. XIII, 271 S. B 43571
China und die Ost-West-Beziehungen. Berlin: Duncker u. Humblot
1981. 87 S. Bc 2379
Glaubitz, J.: Elemente der Außenpolitik Chinas seit Anfang der
siebziger Jahre. In: Aus Politik und

Zeitgeschichte. 1982. B 39. S. 29-38. BZ 05159:1982
Gurtov, M.; Hwang, B.-M.: China under threat. The politics of strategy and diplomacy. Baltimore: Johns Hopkins Univ. Pr. 1980. XI, 336 S. B 44501
Meienberger, N.: Funktionen der Aussenpolitik der Volksrepublik China. In: Innen- und Aussenpolitik. 1980. S. 283-295. B 44602
Mills, W.: Treatment of foreign policy issues in the regional Chinese press. In: Asian survey. Vol. 21, 1981. No. 7. S. 795-810. BZ 4437:21
Poser, G.: China in der Weltpolitik. Ergebnisse e. Studienreise. Bonn: Arbeitskr. f. Landerverteidigung 1978. 19 S. Bc 2630
Yin Ching-yao : Communist China's diplomatic Strategy and predicament. Taipeh: World Anti-Communist League 1982. 44S.Bc 2914

Aussenpolitische Beziehungen

Borisov, O.: Iz Istorii sovetsko-kitajskich otnošenij v 50-ch godach. (K diskussii v KNR o Mao Czêdune.) [Aus d. Geschichte der sowjetisch-chinesischen Beziehungen i. d. 50iger Jahren.] Moskva: "Meždunarodnye otnošenija" 1981. 142 S. Bc 2763
Chang Ya-chun : Chinese communist Activities in Africa - policies and challenges. Taipeh: World Anti Communist League 1981. 67 S. Bc 2309
China-Westeuropa. Berlin: Staatsverl. d. DDR 1981. 80 S. Bc 2496
Domes, J.: Entwicklung und Zukunftsperspektiven des chinesisch-sowjetischen Konflikts. In: Konflikte unserer Zeit - Konflikte der Zukunft. 1981. S. 121-134. B 45009
The Future of US-China relations. Ed.: J. B. Starr. New York: Univ. Pr. 1981. XIII, 270 S. B 45153
Galart, P.-H.: Réunification de la Chine? In: L'Afrique et l'Asie modernes. 1981. No. 131. S. 45-54. BZ 4689:1981.
Jacobsen, C. G.: Sino-Soviet Relations since Mao. The chairman's legacy. New York: Praeger 1981. 170 S. B 45191
Jain, R. K.: China South Asian Relations 1947-1980. Vol. 1. 2. Brighton: Harvester Pr. 1981. 599, 690 S. B 45085
Robinson, T. W.: Choice and consequence in Sino-American relations. In: Orbis. Vol. 25, 1981. No. 1. S. 29-52. BZ 4440:25
Schmick, K.-H.: Pekings neue Tibet-Politik. In: Internationales Asienforum. Vol. 12, 1981. H. 4. S. 309-339. BZ 4583:12
Segal, G.: China and Afghanistan. In: Asian survey. Vol. 21, 1981. No. 11. S. 1158-1174. BZ 4437:21
Strupp, M.: Chinas Grenzen mit Birma und mit der Sowjetunion. Völkerrechtliche Theorie und Praxis der Volksrepublik China. Hamburg: Inst. f. Asienkunde 1978. 472 S. B 43553
Stuart, J. L.: The forgotten Ambassador: The reports of J. L. Stuart. 1946-1949. Ed.: K. W. Rea a. J. C. Brewer. Boulder: Westview 1981. XXII, 345 S. B 44435
Tajima, T.: China and South-east Asia: Strategic interests and

policy prospects. London: Internat. Institute for Strategic
   Studies 1981. 38 S. Bc 0782
W e g g e l , O.: Die sino-sowjetische Grenze. (Ein alter Streit wird
   neu geführt; Versuch einer systematischen Darstellung.) In: China
   aktuell. Jg. 10, 1981. Sept. S. 582-590. BZ 05327:10
Y e e , H. S.: Beijing-Taipei reunification: Prospects and problems.
   In: Asia Pacific Community. 1982. No. 15. S. 44-58. BZ 05343:1982

f. Wehrwesen

Die deutsche Beraterschaft in China 1927-1938. The German
   advisory group in China. Hrsg.: B. Martin. Düsseldorf:
   Droste 1981. 503 S. B 44406
Chin-jih Chung-kuo jen-min chiehfang-chün. Jinri Zhongguo
   renmin jiefangjun. [Album z. Geschichte d. Roten Armee Chinas).]
   [Hrsg.:] Chieh-fang-chün hua-pao-she. [Peking:] Ch' ang-ch' eng
   ch' u-pan-she 1982. 71 S. Bc 0846
C h u Liang; C h a n g Tien-lin: W a n g Shih-hung: Changes and
   ideological problems in Chinese communist troops. Taipeh:
   World Anti-Communist League 1982. 54 S. Bc 2943
C u s a c k , T. R.; W a r d , M. D.; Military spending in the United Sta-
   tes, Soviet Union, and the People's Republic of China. In: The jour-
   nal of conflict resolution. Vol. 25, 1981. No. 3. S. 429-469. BZ 4394:25
G o d w i n , P. H. B.: China's defense modernization. Of tortoise shells
   and tigers' tails. In: Air University review. Vol. 33, 1982. No. 1.
   S. 2-19. BZ 4544:33
H ä g g m a n , B.: Chinese Intelligence and internal security: Past and
   present. A bibliographical selection with introduction. [o. O.:]
   Foundation for Conflict Analysis 1979. 28 Bl. Bc 0632
M e y e r , H.: Die Entwicklung der kommunistischen Streitkräfte in
   China von 1927 bis 1949. Dok. u. Komm. Berlin: de Gruyter 1982.
   X, 594 S. B 45684
N e l s e n , H. W.: The Chinese military System: An organizational
   study of the Chinese Liberation Army. 2. ed., rev. and upd.
   Boulder: Westview 1981. XX, 285 S. B 43996
P o l l a c k , J. D.: The evolution of Chinese strategic thought. In:
   New directions in strategic thinking. 1981. S. 137-152. B 44615
R o b i n s o n , T. W.: Chinese military modernization in the 1980s.
   In: The China quarterly. 1982. No. 90. S. 231-252. BZ 4436:1982
S t u a r t , D. T.; T o w , W. T.: Chinese military modernization. The
   Western arms connection. In: The China quarterly. 1982. No. 90.
   S. 253-270. BZ 4436:1982
S u t t o n , D. S.: Provincial Militarism and the Chinese Republic.
   The Yunnan army, 1905-25. Ann Arbor: Univ. of Michigan Pr. 1980.
   404 S. B 45198
T u r n b u l l , J.: China's national defence requirements. The politi-
   cal background. In: Defence. 1982. S. 5-23. BZ 05381:1982

g./h. Wirtschaft und Gesellschaft

Bergère, M.-C.: Capitalisme national et impérialisme. La crise des filatures chinoises en 1923. Paris: Ecole des Hautes Etudes en Sciences Sociales 1980. 84 S.   Bc 2175

Chan, M.K.: Historiography of the Chinese labor movement, 1895-1949. Stanford: Hoover Inst. 1981. 232 S.   08698

Chen Po-wen: The crumbling Chinese communist people's commune. Taipeh: World Anti-Communist League 1981. 58 S.   Bc 2756

Kraus, R.C.: Class Conflict in Chinese socialism. New York: Columbia Univ. Pr. 1981. X, 243 S.   B 45151

Machetzki, R.: VR China. Wirtschaft im Wandel? In: Aus Politik und Zeitgeschichte. 1982. B 39. S. 15-28.   BZ 05159:1982

i. Geistesleben

Chan, A.: Images of China's social structure: The changing perspectives of Canton students. In: World Politics. Vol. 34, 1982. No. 3. S. 295-323.   BZ 4464:34

Pepper, S.: China's universities. New experiments in socialist democracy and administrative reform - a research report. In: Modern China. Vol. 8, 1982. No. 2. S. 147-204.   BZ 4697:8

Spae, J.J.: (Church and China: Towards reconciliation? [dt.]) Kirche unterm roten Stern. Neue Hoffnung für Chinas Christen? Aachen: missio aktuell Verl. 1980. 144 S.   Bc 2717

Usov, V.N.: K voprosu ob ocenke maoistskoj "kul'turnoj revoljucii". [Zur Frage der Einschätzung der maoistischen "Kulturrevolution".] In: Voprosy istorii. God 1982, No. 2. S. 42-59.   BZ 05317:1982

k. Geschichte

Coble, P.M.: The Shanghai Capitalists and the nationalist government, 1927-1937. Cambridge: Harvard Univ. Pr. 1980. XIV, 357 S.   B 43576

Halimarski, A.: Wojna ludowowyzwoleńcza w Chinach 1946-1949. [Der nationale Befreiungskrieg in China.] In: Z dziejów stosunków polsko-radzieckich i rozwoju wspólnoty państw socjalistycznych. Tom 22, 1980. S. 97-141.   BZ 4664:22

Heimann, B.: Zur Intervention der USA während des Bürgerkrieges in China 1945 bis 1949. In: Militärgeschichte. Jg. 21, 1982. Nr. 3. S. 282-292.   BZ 4527:21

Landmann, H.: In den Fusstapfen der "Söhne des Himmels". Berlin: Dietz 1981. 144 S.   Bc 2843

Nebiolo, G.: L'Odissea cinese. Uomini e storia della Lunga Marcia. Milano: Rusconi 1981. 320 S.   B 44893

Rouleux, J.-P.: China in den 80er Jahren. In: Blätter für

deutsche und internationale Politik. Jg. 27, 1982. H. 1.
S. 40-55. BZ 4557:27
White, T. H.; Jacoby, A.: Thunder out of China. New York:
Da Capo Pr. 1980. VIII, 331 S. B 43606

L 225 Indien

Andersen, W. K.: India in 1981. Stronger political authority and social tension. In: Asian survey. Vol. 22, 1982. No. 2.
S. 119-135. BZ 4437:22
Jürgenmeyer, C.: Die 7. Parlamentswahlen in Indien. Ein triumphaler Sieg Indira Gandhis? In: Internationales Asienforum.
Vol. 12, 1981. No. 1. S. 5-44. BZ 4583:12
Kapur, J.: What price perjury. Facts of the Shah Commission.
New Delhi: Arnold-Heinemann 1978. 344 S. B 44214
Manor, J.: Party decay and political crisis in India. In: The
Washington quarterly. Vol. 4, 1981. No. 3. S. 25-40. BZ 05351:4
National and left Movements in India. Ed.: K. N. Panikkar.
New Delhi: Vikas 1980. 320 S. B 44417
Rao, R. V. R. C.: Strategic thinking in India in the 1970s. Prospects for the 1980s. In: New directions in strategic thinking. 1981.
S. 153-168. B 44615
Reid, C.: Envoy to Nehru. Delhi: Oxford Univ. Pr. 1981.
X, 301 S. B 43915
Sarhadi, A. S.: India's Security in resurgent Asia. New Delhi:
Heritage 1979. VIII, 338 S. B 44397
Singh, R. N.: India the sixth nuclear power. A comparative account of her potentials and nuclear policy. Patna: Chintamani
Prakashan 1978. XVIII, 182 S. B 44418
Tharamangalam, J.: The communist movement and the theory and practice of peasant mobilization in South India. In: Journal of contemporary Asia. Vol. 11, 1981. No. 4. S. 487-498. BZ 4671:11
Thomas, R. G. C.: Security relationships in Southern Asia. Differences in the Indian and American perspetives. In: Asian
survey. Vol. 21, 1981. No. 7. S. 689-709. BZ 4437:21
Weiner, M.: Congress restored. Continuities and discontinuities in Indian politics. In: Asian survey. Vol. 22, 1982. No. 4.
S. 339-355. BZ 4437:22

Carras, M. C.: Indira Gandhi. In the crucible of leadership.
A political biography. Bombay: Jaico Publ. House 1980.
XVI, 289 S. B 44416
Fischer, H.: Mahatma Gandhi. Persönlichkeit und Gestalter seiner Zeit. Berlin: Dt. Verl. d. Wissenschaften 1981. 144 S. B 44378
Tandon, P.: Return to Punjab. 1961-1975. New Delhi:
Vikas 1980. XIV, 227 S. B 44421

L 231 Irak

Baram, A.: The June 1980 elections to the National Assembly in
  Iraq. In: Orient. Jg. 22, 1981. H. 3. S. 391-412. BZ 4663:22
Ghareeb, E.: The Kurdish Question in Iraq. Syracuse: Syracuse
  Univ. Pr. 1981. X, 223 S. B 45245
Hussein, A.: Iraq. The eternal fire. 1972 Iraqi oil nationalization
  in perspective. Transl. from the Arabic. London: Third World
  Centre for Research and Publ. 1981. 256 S. B 44758
Hussein, S.: Rede des Staatspräsidenten der Republik Irak... auf
  d. Islamischen Gipfelkonferenz Ende Januar 1981 in Ta'if, Saudi
  Arabien. Bonn: Botschaft d. Republik Irak 1981. 44 S. Bc 2081
Matar, F.: Saddam Hussein ou le devenir irakien. Paris:
  Le Sycomore 1981. 211 S. B 44060
Robert, R.: Die Bundesrepublik und der Irak. Eine Bilanz. In:
  Orient. Jg. 22, 1981. H. 2. S. 195-218. BZ 4663:22

L 233 Iran

e. Staat/Politik

Eine Analyse über die allgemeine Lage der kommunistischen Bewegung und ihre Krise. Kampforganisation zur Befreiung der Arbeiterklasse (PEYKAR). Berlin: Symphatisant d. PEYKAR
  1981. 68 S. D 2380
Zur Arbeiterbewegung in Iran. Artikel aus KAR, Organ der Guerillaorganisation der Volksfedayin Irans (OIPEF). [o. O.:]Iran. Studentenorganisation 1981. 45 S. D 2387
Bill, J. A.: Power and religion in revolutionary Iran. In: The Middle
  East Journal. Vol. 36, 1982. No. 1. S. 22-47. BZ 4463:36
Farağ-ollāh-Mizāni: Die wissenschaftliche Grundlage der revolutionären Linie der Tudeh-Partei Irans. Interview mit d. Genossen
  Farağ-ollāh-Mizāni (Gavānsir). Berlin: Tudeh-Partei 1982.
  28 S. D 2363
Freund, W. S.: Welche Zukunft für den Iran? Die entwicklungspolitischen Grundideen des Abolhassan Banisadr. Wien: Braumüller
  1981. 53 S. Bc 2994
Hunt, P.: Inside Iran. Tring: Lion Publ. 1981. 159 S. Bc 2486
Kelidar, A.: Ayatollah Khomeini's concept of islamic government.
  In: Islam and power. 1981. S. 75-92. B 44391
Khomeini, was er sagte - was er tat! Artikel aus KAR, Organ der
  Guerillaorganisation der Volksfedayin Irans (OIPFG). Berlin:
  Iran. Studentenorganisation 1981. 52 S. D 2377
Khomeiny, R. M.: Principes politiques, philosophiques, sociaux
  et religieux. Extraits. Paris: Libres-Hallier 1979. 163 S. B 39902
Reform oder grundlegende Veränderungen. Eine Analyse d. Plattform

Banisadrs. Offener Brief an die Organisation der Volksmodjahedin
Irans. Artikel aus KAR, Organ d. Guerillaorganisation d. Volks-
fedayin Irans (OIPFG). Berlin: Iran. Studentenorganisation
1982. 22 S.   D 2376
Singh, K. R. : Iran. Quest for security. New Delhi: Vikas 1980.
X, 443 S.   B 44415
Unterdrückung der Frauen im Iran. Hannover: Autonome Iranische
Frauenbewegung im Ausland 1982. 43 S.   D 2484
Der historische Verlauf des Verrats der "Tudehpartei". Artikel aus
KAR, Organ d. Guerillaorganisation der Volksfedayin Irans, OIPFG.
[o. O.:] Iran. Studentenorganisation 1982. 30 S.   D 2388
At War with humanity... A Report on the human rights records of
Khomeini's regime. Ed. : The People's Mojahedin Organisation of
Iran (PMOI). [o. O.] 1982. 326 S.   D 2472

e. 2 Außenpolitik

Carswell, R. : Economic sanctions and the Iran experience. In:
Foreign affairs. Vol. 60, 1981/82. No. 2. S. 247-265.   BZ 05149:60
Ehrenberg, E.; Mallmann, W. : Rüstung und Wirtschaft am
Golf. Der Iran und seine Nachbarn. Bonn: Dt. Gesellsch. f. Friedens-
u. Konfliktforschung 1979. 16 S.   Bc 0816
Fatemi, F. S. : The U.S.S.R. in Iran. The background history of
Russian and Anglo-American conflict in Iran, its effects on
Iranian nationalism, and the fall of the Shah. South Brunswick:
Barnes 1980. 219 S.   B 43723
Iran. Die wirtschaftlichen Beziehungen zwischen BRD und Iran.
Aachen: Iran-Komitee 1981. 11 S.   D 2370
Nieder mit dem US-Imperialismus und seinen Lakaien! Iranische
Volksfedayin-Guerillas. Frankfurt: CISNU 1981. 17 S.   D 2366
Ramazani, R. K. : Who lost America? The case of Iran. In: The
Middle East Journal. Vol. 36, 1982. No. 1. S. 5-21.   BZ 4463:36
Rubinstein, A. Z. : Die sowjetisch-iranischen Beziehungen unter
Khomeini. In: Osteuropa. Jg. 32, 1982. H. 7. S. 558-575.   BZ 4459:32

k. Geschichte

Algar, H. : The Islamic Revolution in Iran. Ed. : K. Siddiqui.
London: The Open Press 1980. X, 69, 9' S.   Bc 0833
Behn, W. H. : Power and reaction in Iran. A supplement to the
bibliographies 'The Iranian opposition in exile and Islamic revo-
lution'. Berlin: Adiyok 1981. 116 S.   Bc 2993
Boumann, J. : Die islamische Revolution und Ayatollah Khomeini.
Wiesbaden: Orientdienst 1980. 16 S.   Bc 2356
Danesch, M. : Zur Sitaation im Iran. In: Blätter f. deutsche u. inter-
nationale Politik. Jg. 26, 1981. H. 10. S. 1203-1220.   BZ 4551:26

Forbis, W. H.: Fall of the peacock throne. The story of Iran.
New York: Harper and Row 1980. VIII, 305 S. B   B 44757
Heikal, M.: The Return of the Ayatollah. The Iranian revolution
from Mossadeq to Khomeini. London: Deutsch 1981. 217 S.   B 44934
Iran. Essays on a revolution in the making. Ed.: A. Jabbari,
R. Olson. Lexington: Mazda Publ. 1981. VIII, 214 S.   B 45231
Iran. Solidarität mit den Flüchtlingen. Aachen: Iran-Komitee
1981. 41 S.   D 2371
Ougaard, M.: Iran - fra enevaelde til islamisk republik.
København: Aurora 1981. 104 S.   Bc 2781
Savik, S.: Iran - Islam med gevaer. Oslo: Cappelen 1980.
103 S.   B 43976

L 235   Israel

e. Staat/Politik

Araber in Israel. Berlin: Dt.-israel. Arbeitskreis f. Frieden...
1981. 146 S.   Bc 2280
Berg, A.: Med Israel i kamp for fred. Oslo: Lunde 1979.
232 S.   B 43248
Flores, A.: Nationalismus und Sozialismus im arabischen Osten.
Kommunistische Partei u. arabische Nationalbewegung in Palästina,
1919-1948. Münster: Periferia Verl. 1980. XIII, 357 S.   B 45092
Friedenskräfte in Israel. Bearb. u. hrsg.: R. Bernstein. Berlin:
Dt.-israel. Arbeitskreis f. Frieden... 1981. 150 S.   Bc 2277
Isaac, R. J.: Party and politics in Israel. Three visions of a Jewish
state. New York: Longman 1981. XI, 228 S.   B 45569
Jiryis, S.: Domination by the law. In: Journal of Palestine
studies. Vol. 11, 1981. No. 1. S. 67-92.   BZ 4602:11
Liebl, K.: Die Einstellung der israelischen Parteien zum
Palästina-Problem. Frankfurt: Lang 1981. 287 S.   B 44997
Maccotta, G. W.: Israele e gli ebrei. In: Affari esteri.
Anno 14, 1982. No. 53. S. 67-81.   BZ 4373:14
Peretz, D.; Smooha, S.: Israel's tenth Knesset elections-
ethnic upsurgence and decline of ideology. In: The Middle East
Journal. Vol. 35, 1981. No. 4. S. 506-526.   BZ 4463:35
Perlmutter, A.: Begin's rhetoric and Sharon's tactics.
In: Foreign affairs. Vol. 61, 1982. No. 1.
S. 67-83.   BZ 05149:61
Sheffer, G.: Resolution vs. management of the Middle East
conflict. A reexamination of the confrontation between Moshe
Sharett and David Ben-Gurion. Jerusalem: The Hebrew University
1980. 58 S.   Bc 2306
Zamir, D.: Generals in politics. In: The Jerusalem Quarterly.
1981. No. 20. S. 17-35.   BZ 05114:1981

e. 2 Außenpolitik

Bialer, U.: "Our Place in the world." - Mapei and Israel's foreign policy orientation 1947-1952. Jerusalem: The Hebrew University 1981. 48 S. Bc 2307

Greilsammer, I.: Israel et l'Europe. Une histoire des relations entre la Communauté européenne et l'etat d'Israel. Lausanne: Fondation Jean Monnet pour l'Europe 1981. 165 S. B 45142

McTague, J.J.: Anglo-French negotiations over the boundaries of Palestine, 1919-1920. In: Journal of Palestine studies. Vol. 11, 1982. No. 2. S. 100-112. BZ 4602:11

Phillips, L.M.: Israel's Effort at maneuvering the United States Mideast strategy and the possible consequences for the future of the world. Albuquerque: Inst. for economic and political world stategic studies 1981. Getr. Pag. 08602

Rafael, G.: Destination Peace. Three decades of Israeli foreign policy. A personal memoir. London: Weidenfeld and Nicolson 1981. XI, 403 S. B 43874

Sagi, N.: (German Reparations. [dt.]) Wiedergutmachung für Israel. Die deutschen Zahlungen und Leistungen. Stuttgart: Seewald 1981. 261 S. B 43906

Shamir, Y.: Israel's role in a changing Middle East. In: Foreign affairs. Vol. 60, 1982. No. 4. S. 789-801. BZ 05149:60

k. Geschichte

Casalegno, C.: Israele, giustizia e libertà. Prem.: A. Galante Garrone. Roma: Carucci 1980. 149 S. Bc 2688

Dayan, M.: (Quest for peace, [dt.]) Die Mission meines Lebens. München: Bertelsmann 1981. 447 S. B 43631

Duncan, A.: The military threat to Israel. In: Survival. Vol. 24, 1982. No. 3. S. 98-107. BZ 4499:24

Eyal, E.; Eshel, D.: Die Wildpferde. Die Mustangstaffel der IAF. In: Kampfmagazin. 1981. Nr. 8. S. 33-49. BZ 05407:1981

Eyal, E.: Die hölzernen Wunder der IAF. In: Kampfmagazin. 1981. Nr. 9/10. S. 25-37. BZ 05407:1981

Israel. A country study. Ed.: R. F. Nyrop. 2. ed. Washington: US Gov. Print. Office 1979. XXVIII, 414 S. B 43852

Die Palästina-Frage 1917-1948. Hrsg.: H. Mejcher, A. Schölch, Paderborn: Schöningh 1981. 259 S. B 43913

Schonfeld, M.: Genocide in the Holy Land. Brooklyn: Neturei Karta 1980. 570 S. B 44922

Stein, J.G.; Tanter, R.: Rational Decision-Making. Israel's security choices, 1967. Columbus, Ohio: Ohio State Univ. Pr. 1980. XV, 399 S. B 43772

Von der Annexion Ost-Jerusalems z. Annexion der Golan-Höhen. In: Europa-Archiv. Jg. 37, 1982. Folge 20. S. D. 509-D542. BZ 4452:37

1. Einzelne Gebiete/Orte

Cattan, H.: Jerusalem. London: Croom Helm 1981. 229 S. B 43775
Clarke, T.: By Blood and fire. The attack on the King David Hotel. London: Hutchinson 1981. 346 S. B 44340
Dakkak, I.: Jerusalem's Via Dolorosa. In: Journal of Palestine studies. Vol. 11, 1981. No. 1. S. 136-149. BZ 4602:11
Jerusalem. Problems and prospects. Ed.: J. L. Kraemer. New York: Praeger 1980. VI, 243 S. B 44395

Abu Ayyash, A.-I.: Israeli planning policy in the occupied territories. In: Journal of Palestine studies. Vol. 11, 1981. No. 1. S. 111-123. BZ 4602:11
Abu Kishk, B.: Arab land and Israeli policy. In: Journal of Palestine studies. Vol. 11, 1981. No. 1. S. 124-135. BZ 4602:11
Abu-Lughod, J.: Israeli settlements in occupied Arab lands. Conquest to colony. In: Journal of Palestine studies. Vol. 11, 1981. No. 2. S. 16-54. BZ 4602:11
Baransi, S.: The story of a Palestinian under occupation. In: Journal of Palestine studies. Vol. 11, 1981. No. 1. S. 3-30. BZ 4602:11
Chruleva, V. A.: Politika Izrailja na okkupirovannych arabskich territorijach. [Die Politik Israels i. d. besetzten arabischen Gebieten.] In: Voprosy istorii. God 1982. No. 3. S. 54-69. BZ 05317:1982
Escribano, M.; Joubeh, N. El-: Migration and change in a West Bank village. In: Journal of Palestine studies. Vol. 11, 1981. No. 1. S. 150-160. BZ 4602:11
Gnesa, E.: Die von Israel besetzten Gebiete im Völkerrecht. Eine besetzungsrechtl. Analyse. Zürich: Schulthess 1981. XXVI, 223 S. B 45476
Harris, W. W.: Taking Root. Israeli settlement in the West Bank, the Golan and Gaza-Sinai, 1967–1980. Chichester: Research Studies Press 1980. XXII, 223 S. Bc 0644
Lesch, A. M.: Political Perceptions of the Palestinians on the West Bank and the Gaza Strip. Washington: The Middle East Institute 1980. 113 S. Bc 2283
Lustick, I.: Israel and the West Bank after Elon Moreh: The mechanics of de facto annexation. In: The Middle East Journal. Vol. 35, 1981. No. 4. S. 557-577 BZ 4463:35
Matar, I.: Israeli settlements in the West Bank and Gaza Strip. In: Journal of Palestine studies. Vol. 11, 1981. No. 1. S. 93-110. BZ 4602:11
Ruedy, J.: Formulation of Israeli Palestine policy. A consideration of the variables. In: Journal of Palestine studies. Vol. 10, 1981. No. 4. S. 44-60. BZ 4602:10
Sayigh, R.: Encounters with Palestinian women under occupation. In: Journal of Palestine studies. Vol. 10, 1981. No. 4. S. 3-26. BZ 4602:10
Talal, H. bin: Palestinian Self-determination. A study of the West Bank and Gaza Strip. London: Quartet Books 1981. 138 S. B 44965

Tamari, S.: Building other oeople's homes. The Palestinian peasant's household and work in Israel. In: Journal of Palestine studies. Vol. 11, 1981. No. 1. S. 31-66. BZ 4602:11

Yaniv, A.; Yishai, Y.: Israeli settlements in the West Bank: The politics of intransigence. In: The Journal of Politics. Vol. 43, 1981. No. 4. S. 1105-1128. BZ 4441:43

L 237 Japan

e. Staat/Politik

Ben-Zvi, A.: Prelude to Pearl Harbor. A study of American images toward Japan 1940-1941. New York: Vantage Pr. 1979. 168 S. B 43608

Dettloff, A.; Kirchmann, H.: Arbeitsstaat Japan. Exportdrohung gegen die Gewerkschaften. Reinbek: Rowohlt Verl. 1981. 180 S. B 43537

Japan's triangular Diplomacy. London: Institute for the Study of Conflict 1981. 27 S. Bc 2198

Drifte, R.: Sicherheit als Faktor der japanischen Aussenpolitik, 1945-1952. Bochum: Brockmeyer 1981. 175 S. Bc 2029

Esmein, J.: Le Japon et l'Asie. In: Défense nationale. Année 38, 1982. Février. S. 105-119. BZ 4460:38

Jain, R.K.: The USSR and Japan 1945-1980. New Delhi: Radiant Publ. 1981. XVI, 397 S. B 46127

Lester, R.K.: U.S.-Japanese nuclear relations. Structural change and political strain. In: Asian survey. Vol. 22, 1982. No. 5. S. 417-433. BZ 4437:22

Morris-Suzuki, T.: Japan and the Pacific Basin Community. In: The World Today. Vol. 37, 1981. No. 12. S. 454-460. BZ 4461:37

Morton, W.F.: Tanaka Giichi and Japan's China policy. Folkstone: Dawson 1980. 329 S. B 43680

Rhode, G.F.: Koreans in Japan. Ethnic problems in a developed Asian state. In: Ethnic resurgence in modern democratic states. 1980. S. 215-263. B 45208

Stockwin, J.A.A.: Japan's political crisis of 1980. In: Australian outlook. Vol. 35, 1981. No. 1. S. 19-32. BZ 4423:35

Toba, R.: Japan's Southeast Asia policy in the last decade. In: Asia Pacific Community. 1982. No. 15. S. 30-43. BZ 05343:1982

f. Wehrwesen

Buck, J.H.: Japan's defense policy. In: Armed forces and society. Vol. 8, 1982. No. 1. S. 79-98. BZ 4418:8

Cosby, I.P.S.G.: The Japanese arms industry, 1981. An assessment. In: Defence yearbook. Ed. 92, 1982. S. 50-65. F 149:92

Kataoka, T.: Waiting for a "Pearl Harbor". Japan debates
defense. Stanford: Hoover Institution Press 1980.
XVI, 79 S. Bc 2163
Momoi, M.: Strategic thinking in Japan in the 1970s and 1980s.
In: New directions in strategic thinking. 1981. S. 169-179. B 44615
Petersen, B. E.: Japan - et områdestudie. In: Militaert tidsskrift.
Årg. 111, 1982. April-H. S. 128-147. BZ 4385:111
Satoh, Y.: Le Japon et sa sécurité. In: Politique étrangère. Année
46, 1981. No. 4. S. 823-836. BZ 4449:46
Tsurutani, T.: Japan's security, defense responsibilities. In:
Orbis. Vol. 25, 1981. No. 1. S. 89-106. BZ 4440:25

k. Geschichte

Farnsworth, L. W.: Japan in 1981. Meeting the challenges. In:
Asian survey. Vol. 22, 1982. No. 1. S. 56-68. BZ 4437:22
Fukuzawa, H.: Aspekte der Marx-Rezeption in Japan. Spätkapitalisierung... dargest. am Beispiel der japan. Gesellschaft.
Bochum: Brockmeyer 1981. 155 S. Bc 2563
Hargadine, E.: Japan. In: The politics of the second electorate.
1981. S. 299-319. B 44630
Japan at war. Alexandria: Time-Life Books 1980. 208 S. 08647
Miyake, M.: : Die Lage Japans beim Ausbruch des Zweiten Weltkrieges. In: Sommer 1939. 1979. S. 195-222. B 43899
Shillony, B.-A.: Politics and culture in wartime Japan. Oxford:
Clarendon Pr. 1981. XII, 238 S. B 44859

L 243 Khmer/Kambodscha

Carney, T.: Kampuchea in 1981. Fragile stalemate. In: Asian
survey. Vol. 22, 1982. No. 1. S. 78-87. BZ 4437:22
Gomes, C. M.: The Kampuchea Connection. London: Grassroots
Publ. 1980. 173 S. Bc 2343
Kiernan, B.: Kampuchea 1979-82. National rehabilitation in the
eye of an international storm. In: Southeast Asian affairs.
1982. S. 167-195. BZ 05354:1982
Leifer, M.: The international representation of Kampuchea. In:
Southeast Asian affairs. 1982. S. 47-59. BZ 05354:1982
Sitte, F.: Die Roten Khmer. Völkermord im Fernen Osten.
Graz: Styria 1982. 223 S. B 46287
Soon, L. T.: ASEAN and the Cambodian problem. In: Asian survey.
Vol. 22, 1982. No. 6. S. 548-560. BZ 4437:22
Šubin, V. V.: Kampučija: sud naroda. [Kambodscha: Volksgericht
(gegen Pol Pot und Ieng Sary).] Moskva: "Jurid. literatura"
1980. 172 S. Bc 2466

Summers, L.; Detobel, R.; Koessler, R.: Kampuchea.
Ende des linken Traums oder Beginn einer neuen Sozialismus-
Debatte? München: Simon u. Magiera 1981. 119 S.   B 44917
Thion, S.; Kiernan, B.: Khmers rouges! Matériaux pour
l'histoire du communisme au Cambodge. Paris: Hallier-Michel
1981. 396 S.   B 45406
Werning, R.: Kampuchea nach 1975. Wiederaufbau im Zeichen
e. Illusion? Ein Essay. Frankfurt: Sendler 1982. 47 S.   Bc 2991

L 245 Korea

Boettcher, R.B.; Freedman, G.L.: Gifts of deceit. Sun
Myung Moon, Tongsun Park and the Korean Scandal. New York:
Holt, Rinehart & Winston 1980. XII, 402 S.   B 43750
Die CARP. Idee, Ursprung, Kontroversen. Frankfurt: Collegiate
Association for the Research of Principles 1982. 40 S.   D 2466
Fritz, G.; Scharf, K.: Krisenherd Korea. Stuttgart:
Radius-Verl. 1980. 126 S.   Bc 2221
Hayes, P.; Shorrock, T.: Dumping reactors in Asia. The U.S.
export-import bank and nuclear power in South Korea. In: Ampo.
Vol. 14, 1982. No. 1. S. 30-35; No. 2. S. 16-23.   BZ 05355:14
Hielscher, G.: Süd-Korea unter Chun Doo Hwan. In: Europa-
Archiv. Jg. 37, 1982. Folge 10. S. 315-324.   BZ 4452:37
Ho, S.P.S.: South Korea and Taiwan. Development prospects and
problems in the 1980s. In: Asian survey. Vol. 21, 1981. No. 12.
S. 1175-1196.   BZ 4437:21
Kim, B.: Nationalismus und Großmachtpolitik. Das Dilemma des
Nationalismus in Korea unter der US-Militärbesetzung 1945-1948.
München: Minerva-Publ. 1981. XXII, 499 S.   B 45214
Kim Il Sung : On the Building of the people's government. Vol. 1. 2.
Pyongyang: Foreign Language Publ. House 1978. 597, 618 S. B 43856
Kim Il Sung : Works. Vol. 1.-8. Pyongyang: Foreign Languages
Publ. House 1980-1981. Getr. Pag.   B 43858
Lee, C.-S.: Evolution of the Korean Workers' Party and the rise
of Kim Chŏng-il. In: Asian survey. Vol. 22, 1982. No. 5.
S. 434-448.   BZ 4437:22
Lee Youngh Ho : Military balance and peace in the Korean peninsula.
In: Asian survey. Vol, 21. 1981. No. 8. S. 852-864.   BZ 4437:21
Luther, H.U.: Südkorea. (K)ein Modell für die Dritte Welt.
Wachstumsdiktatur und abhängige Entwicklung. München:
Simon u. Magiera 1981. 232 S.   B 44918
McCormack, G.: North Korea: Kimilsungism path to socialism?
In: Sozialismus. 1981. H. 6. S. 50-61.   BZ 05386:13
Rees, D.: Crisis and continuity in South Korea. London: Institute
for the Study of Conflict 1981. 32 S.   Bc 2080
Rinser, L.: Nordkoreanisches Reisetagebuch. Frankfurt:
Fischer 1981. 143 S.   Bc 2052

Shinn, R.-S.: North Korea in 1981. First year for de facto successor Kim Jong Il. In: Asian survey. Vol. 22, 1982. No. 1. S. 99-106. BZ 4437:22
Suh, D.-S.: South Korea in 1981. The first year of the fifth republic. In: Asian survey. Vol. 22, 1982. No. 1. S. 107-115. BZ 4437:22

L 249 Libanon

Charaf, J.: Des origines de la crise libanaise. In: L'Afrique et l'Asie modernes. Année 1981. No. 130. S. 20-38. BZ 4689:1981
Furlong, R. D. M.: Israel schlägt zu. In: Internationale Wehrrevue. Jg. 15, 1982. Nr. 81 S. 1001-1007. BZ 05263:15
Giniewski, P.: Le Liban dans la stratégie globale de la Libye et les initiatives de l'Europe. In: Rivista di studi politici internazionali. Anno 49, 1982. No. 1. S. 21-36. BZ 4451:49
Jabre, A.: La Guerre du Liban. Paris: Belfond 1980. 345 S. B 43457
Khella, K.: Der israelische Krieg gegen den Libanon. Hamburg 1982. 36 S. D 2462
Khuri, F. I.: The social dynamics of the 1975-1977 war in Lebanon. In: Armed forces and society. Vol. 7, 1981. No. 3. S. 383-408. BZ 4418:7
Libanon: Die innenpolitische Entwicklung; Verschärfung der Kampfhandlungen; Waffenstillsstandsvereinbarung. In: Weltgeschehen: 1981. H. 3. S. 276-296. BZ 4555:1981
Brennender Libanon. Die Syrische Armee im Libanon. In: Kampfmagazin. 1981. Nr. 9/10. S. 38-51. BZ 05407:1981
Lübben-Pistofidis, I.: Vorläufige Bilanz des israelischen Libanonfeldzuges. In: Antiimperialistisches Informationsbulletin. Jg. 13, 1982. Nr. 9. S. 4-13. BZ 05283:13
Mahfoud, P. J.: Lebanon and the turmoil of the Middle East. New York: Vantage Pr. 1980. 60 S. B 43822
Picard, E.: Libanon in der Existenzkrise. Strategien nach Camp David. In: Europa-Archiv. Jg. 37, 1982. Folge 2. S. 39-48. BZ 4452:37
Spiller, R. J.: "Not war but like war!" The American intervention in Lebanon. Fort Leavenworth: U. S. Army Command and General Staff College 1981. 58 S. Bc 0612
Vocke, H.: Der umstrittene Krieg im Libanon. Samisdats, Zeitungsberichte, Dokumente. Hamburg: Deutsches Orient-Institut 1980. 279 S. Bc 0570

L 251 Malaysia

Abu Bakar, M.: Islamic revivalism and the political progress in
Malaysia. In: Asian survey. Vol. 21, 1981. No. 10.
S. 1040-1059.   BZ 4437:21
Gale, B.: Petronas. Malaysia's national oil corporation. In:
Asian survey. Vol. 21, 1981. No. 11. S. 1129-1144.   BZ 4437:21
Lim Mah Hui ; Canak, W.: The political economy of state policies
in Malaysia. In: Journal of contemporary Asia. Vol. 11, 1981.
No. 2. S. 208-224.   BZ 4671:11
Rao, V. V. B.: Malaysia. Development pattern and policy 1947-1971.
Singapore: Univ. Pr. 1980. XV, 267 S.   B 43710
Selvaratnam, V.: Malaysia in 1981. A year of political transi-
tion. In: Southeast Asian affairs. 1982. S. 245-272.   BZ 05354:1982
Stockwell, A. J.: British Policy and Malay politics during the
Malayan Union experiment 1942-1948. Kuala Lumpur: MBRAS
1979. XVI, 206 S.   B 43692
Wah, C. K.: A new assertiveness in Malaysian foreign policy. In:
Southeast Asian affairs. 1982. S. 273-282.   BZ 05354:1982

L 251.30 Singapur

Gook Aik Suan : Singapore. A third world fascist state. In: Journal
of contemporary Asia. Vol. 11, 1981. No. 2. S. 244-254.   BZ 4671:22
Hamill, I.: The strategic Illusion. The Singapore strategy and the
defence of Australia and New Zealand, 1919-1942. Singapore:
Univ. Pr. 1981. IX, IX, 387 S.   B 44213
Hiok, L. B.: Constraints on Singapore's foreign policy. In: Asian
survey. Vol. 22, 1982. No. 6. S. 524-535.   BZ 4437:22
Huat, C. B.: Singapore in 1981. Problems in new beginnings. In:
Southeast Asian affairs. 1982. S. 315-335.   BZ 05354:1982
Luther, H. U.: Ökonomie, Klassen und Staat in Singapur. Zum Ver-
hältnis von wirtschaftlichen u. politischen Veränderungen im Rah-
men von Entwicklungsprozessen. Frankfurt: Metzner 1980.
371 S.   B 44550
Luther, H. U.: Singapur: Rolle des Staates und Funktion der
Staatsbürokratie im peripheren Kapitalismus. In: Staat und
Entwicklung. 1981. S. 390-411.   B 44366
Neidpath, J.: The Singapore naval Base and the defence of
Britain's Eastern Empire, 1919-1941. Oxford: Clarendon Pr.
1981. XVII, 296 S.   B 43953
Schönenberger, T.: Der britische Rückzug aus Singapore
1945-1976. Zürich: Atlantis 1981. 230 S.   B 44200

L 259 Pakistan

Ali, S.R.: Pakistan's islamic bomb. In: Asia Pacific Community.
No. 16, 1982. S. 73-83. BZ 05343:16

Carroll, L.: Nizam-I-Islam. Processes and conflicts in Pakistan's programme of islamisation, with special reference to the position of women. In: The journal of Commonwealth & comparative politics. Vol. 20, 1982. No. 1. S. 57-95. BZ 4408:20

Chatterjee, P.: Bengal politics and the Muslim masses, 1920-47. In: The journal of Commonwealth & comparative politics.
Vol. 20, 1982. No. 1. S. 25-41. BZ 4408:20

Cohen, S.P.; Weinbaum, M.G.: Pakistan in 1981. Staying on.
In: Asian survey. Vol. 22, 1982. No. 2. S. 136-146. BZ 4437:22

Kamal, N.: Les dilemmes de la sécurité du Pakistan. In: Politique étrangère. Année 46, 1981. No. 4. S. 837-850. BZ 4449:46

Kennedy, C.H.: Policy formulation in Pakistan. Antecedents to Bhutto's administrative reforms. In: The journal of Commonwealth & comparative politics. Vol. 20, 1982. No. 1. S. 42-56. BZ 4408:20

Maass, C.D.: Machtverschiebung in Südasien. In: Internationale Politik. 1977/78. 1982. S. 314-333. BZ 4767:1977/78

Talbot, I.A.: The growth of the Muslim League in the Punjab, 1937-1946. In: The journal of Commonwealth & comparative politics. Vol. 20, 1982. No. 1. S. 5-24. BZ 4408:20

Young, P.L.: The Pakistani and Indian navies. In: Naval forces.
Vol. 3, 1982. No. 4. S. 34-38. BZ 05382:3

L 266 Sri Lanka

Gunewardena, V.: Man, media, and development. The press in Sri Lanka. In: Human rights quarterly. Vol. 3, 1981. No. 3.
S. 89-100. BZ 4753:3

Hecker, H.: Eine alternative Sozialbewegung in Südasien: Die Sarvodaya Shramadana in Sri Lanka. Frankfurt: Metzner 1981.
VII, 89 S. Bc 2674

Horowitz, D.L.: Coup Theories and officers' motives. Sri Lanka in comparative perspective. Princeton: Univ. Pr. 1980.
XIV, 239 S. B 44425

Kearney, R.N.: Women in politics in Sri Lanka. In: Asian survey.
Vol. 21, 1981. No. 7. S. 729-746. BZ 4437:21

Pfaffenberger, B.: The cultural dimension of Tamil separatism in Sri Lanka. In: Asian survey. Vol. 21, 1981. No. 11.
S. 1145-1157. BZ 4437:21

Wriggins, W.H.: Sri Lanka in 1981. Year of austerity, development councils, and communal disorders. In: Asian survey.
Vol. 22, 1982. No. 2. S. 171-179. BZ 4437:22

L 268 Taiwan

Copper, J.F.: Taiwan's recent election. Progress toward a
democratic system. In: Asian survey. Vol. 21, 1981. No. 10.
S. 1029-1039.   BZ 4437:21
Domes, J.: Political differentiation in Taiwan. Group formation
within the ruling party and the opposition circles 1979-1980. In:
Asian survey. Vol. 21, 1981. No. 10. S. 1011-1028.   BZ 4437:21
Gregor, A.J.; Chang, M.H.: Terrorism. The view from
Taiwan. In: Terrorism. Vol. 5, 1981. No. 3. S. 233-264.   BZ 4688:5
Halimarski, A.: Problem Tajwanu. [Das Taiwanproblem.] In:
Sprawy Międzynarodowe. Rok 35, 1982. Zeszyt 3.
S. 95-108.   BZ 4497:35
Snyder, E.K.; Gregor, A.J.: The military balance in the
Taiwan Strait. In: The journal of strategic studies. Vol. 4, 1981.
No. 3. S. 306-317.   BZ 4669:4
Snyder, E.K.; Gregor, A.J.; Chang, M.H.: The Taiwan
Relations Act and the defense of the Republic of China. Berkeley:
Inst. f. Int. Studies   1980.   132 S.   Bc 2212
Yee, H.S.: Beijing-Taipei reunification: Prospects and problems.
In: Asia Pacific Community. 1982. No. 15. S. 44-58.   BZ 05343:1982

L 269 Thailand

Dassé, M.: La Thailande. Une marche chaotique vers la démo-
cratie. In: Défense nationale. Année 38, 1982. Avril.
S. 101-111.   BZ 4460:38
Garrett, S.A.: Human rights in Thailand. A case of the Tham-
masat 18. In: Universal human rights. Vol. 2, 1980. No. 4.
S. 43-56.   BZ 4714:2
Indorf, H.H.: Thailand, the front-line state. In: Pacific defence
reporter. Vol. 8, 1982. No. 10. S. 36-44.   BZ 05133:8
Kirchbach, F.v.: Transnationale Unternehmen und Wirtschafts-
politik in Thailand. In: Staat und Entwicklung. 1981.
S. 591-617.   B 44366
Lysa, H.: Thailand in 1981. Reformulating the polity from within?
In: Southeast Asian affairs. 1982. S. 339-361.   BZ 05354:1982
Niksch, L.A.: Thailand in 1981. The Prem government feels the
heat. In: Asian survey. Vol. 22, 1982. No. 2. S. 191-199.   BZ 4437:22
Ongsuragz, C.: The communist party of Thailand. Consolidation
or decline. In: Southeast Asian affairs. 1982.
S. 362-374.   BZ 05354:1982
Randolph, R.S.; Thompson, W.S.: Thai insurgency: Contem-
poraray developments. Forew.: R.S. Cline.
Beverly Hills, London: Sage 1981. 88 S.   Bc 2253

Theeravit, K.: Thai-Kampuchean relations. Problems and prospects. In: Asian survey. Vol. 22, 1982. No. 6.
S. 561-576. BZ 4437:22

L 275   Türkei

e. Staat/Politik

Abadan-Unat, N.: Women in government as policy-makers and bureaucrats. The Turkish case. In: Women, power and political systems. 1981. S. 94-115. B 44390
Balkenhol, T.: Kariktürkei. Karikatürkiye von 1946 bis 1981. Hamburg: Buntbuch-Verl. 1981. 141 S. B 44181
Berberoglu, B.: Turkey in crisis. From state capitalism to neocolonialism. London: Zed Pr. 1982. IV, 149 S. B 46092
Campus, E.: Les relations entre la Turquie Kémaliste et la Roumanie entre les deux guerres mondiales. In: Revue roumaine d'histoire. Tome 20, 1981. No. 3. S. 411-433. BZ 4577:20
Ekrem, M. A.: Considérations sur les réformes intérieures et sur la politique étrangère de Kemal Atatürk. In: Revue roumaine d'histoire. Tome 20, 1981. No. 3. S. 435-454. BZ 4577:20
Grigorova, Ž. C.: Alternativi v bŭlgaro-turksite otnošenija 9. IX 9. IX. 1944-1947 g. [Alternativen in den bulgarisch-türkischen Beziehungen.] In: Blakanite sled vtorata svetovna vojna. T. 2, 1980. S. 12-86. B 36331:2
Gumpel, W.: Die Türkei und die EG. Ein neuer Anfang auf neuer Basis. In: Südosteuropa-Mitteilungen. Jg. 22, 1982. Nr. 1.
S. 37-45. BZ 4725:22
Hale, W.: The political and economic Development of modern Turkey. London: Croom Helm 1981. 279 S. B 44220
Johnson, M. O.: The role of the military in Turkish politics. In: Air University review. Vol. 33, 1982. No. 2. S. 49-63. BZ 4544:33
Landau, J. M.: The nationalist action party in Turkey. In: Journal of contemporary history. Vol. 17, 1982. No. 4. S. 587-606. BZ 4552:17
Marinkov, B. A.: Izgraždane na mnogopartijnata parlamentarna sistema v Turcija. [Übergang zu einem parlamentarischen Mehrparteiensystem in der Türkei 1945-1947.] In: Balkanite sled vtorata svetovna vojna. T. 2, 1980. S. 87-130. B 36331:2
Massaker im Militärgefängnis Diyarbakir. Führende Mitglieder d. PKK ermordet. Köln: Serxwebûn 1982. 51 S. D 2491
Militärs an der Macht. NATO-Land: Türkei. Bielefeld: Alternative Türkeihilfe 1982. 32 S. D 02435
Rondot, P.: La Turquie en question. In: Défense nationale. Année 38, 1982. Janvier. S. 71-89. BZ 4460:38
Sezer, D. B.: Turkey's Security policies. London: Internat. Institute for Strategic Studies 1981. 47 S. Bc 0775

k. Geschichte

Freiheit für die Türkei. Die Türkei nach dem Militärputsch.
Stuttgart: Jungsozialisten in d. SPD 1981. 19 S.   D 2329

Keskin, H.: Die Krise in der Türkei. Chancen des Militärs, Zukunft der Demokratie. In: Aus Politik und Zeitgeschichte. 1981.
B 40. S. 3-24.   BZ 05159:1981

Keskin, H.: Die Türkei. Vom Osmanischen Reich zum Nationalstaat. Werdegang einer Unterentwicklung. Berlin: Olle und Wolter 1981. 345 S.   B 44574

Roth, J.; Taylan, K.: Die Türkei. Republik unter Wölfen.
Bornheim: Lamuv 1981. 212 S.   Bc 2447

Tyrkiet - militaerkuppet og dets baggrund.| [Udg.:] Tyrkiets Støttekomité. Århus: Støttekomité 1981. 84 S.   Bc 2803

Weiker, W. F.: The Modernization of Turkey. From Ataturk to the present day. New York: Holmes and Meier 1981.
XIX, 303 S.   B 43863

Kemal Atatürk

Batu, H.: Célébration d'un centenaire. Kemal Atatürk. In:
Défense nationale. Année 38, 1982. Février. S. 81-97.   BZ 4460:38

Ciachir, N.: Informații din arhivele românești despre Mustafa Kemal Atatürk. [Informationen aus rumänischen Archiven über Mustafa Kemal Atatürk.] In: Revista de istorie. Tom 34, 1981.
Nr. 6. S. 1135-1148.   BZ 4578:34

Grothusen, K.-D.: Zuflucht bei Kemal Atatürk. In: Südosteuropa-Mitteilungen. Jg. 21, 1981. Nr. 4. S. 49-60.   BZ 4725:21

Kemal Atatürk, M.: (Citations de Mustafa Kemal Atatürk, [dt.])
Mustafa Kemal Atatürk aus Reden und Gesprächen. Heidelberg:
Gross 1981. 99 S.   Bc 2701

L 277 Vietnam

e. Staat/Politik

Almeida, P. R. de: A Questão do Vietname. Lisboa: Ed. Caminho 1979. 69 S.   Bc 1938

Chang, P.: The Sino-Vietnamese dispute over the ethnic Chinese.
In: The China quarterly. 1982. No. 90. S. 195-230.   BZ 4436:1982

Vietnamese Communism in comparative perspective. Ed.: W. S.
Turley. Boulder: Westview 1980. XIII, 271 S.   B 43597

Duiker, W. J.: The communist Road to power in Vietnam.
Boulder: Westview 1981. XVI, 393 S.   B 45182

Nyland, C.: Vietnam, the plan/market contradiction and the transition to socialism. In: Journal of contemporary Asia.
Vol. 11, 1981. No. 4. S. 426-448.   BZ 4671:11

Ogura, S.: Hanoi's Southeast Asia policy and Cambodia. In: Asia
Pacific Community. 1981. No. 14. S. 15-25. BZ 05343:1981
Smyser, W. R.: The independent Vietnamese: Vietnamese communism between Russia and China, 1956-1969. Athens: Ohio
Univers. Center for Internat. Studies 1980. 143 S. Bc 0717
Thê-Au-Du'O'ng : Die chinesische Minderheit in Vietnam als
Element des chinesisch-vietnamesischen Konflikts. Köln: Bundesinst. f. ostwissenschaftl. u. internat. Studien 1979. 39 S. Bc 0574
"Umerziehung" in Vietnam. Memorandum von amnesty international
u. d. Reaktion d. Regierung d. Sozialist. Republik Vietnam.
Bonn: amnesty international 1982. 56 S. D 2337
Willem, J.-P.: Les Naufragés de la liberté. Paris: Ed. S.O.S.
1980. 285 S. B 44778

k. Geschichte

Calafeteanu, I.: Mişcarea de rezistenţă a poporului indonezian
în anii celui de-al doilea război mondial. [D. Widerstandsbewegung
d. indonesischen Volkes während d. Zweiten Weltkrieges.] In:
Revista de istorie. Tom 34, 1981. Nr. 11. S. 2009-2028. BZ 4578:34
Duiker, W. J.: Vietnam since the fall of Saigon. Athens: Ohio
Univers. Center for Internat. Studies 1980. 77 S. Bc 0716
Hamel, B.: Résistance en Indochine 1975-1980. Paris:
IREP 1981. 268 S. B 43705
Meng, N. S.: Vietnam in 1981. The politics of perseverance. In:
Southeast Asian affairs. 1982. S. 377-394. BZ 05354:1982
Michael, F.: Indochinas weiter Weg zum Frieden. In: Blätter für
dt. u. internat. Politik. Jg. 27, 1982. H. 8. S. 968-982. BZ 4551:27
Pike, D.: Vietnam in 1981. Biting the bullet. In: Asian survey.
Vol. 22, 1982. No. 1. S. 69-77. BZ 4437:22
Vietnam. A history in documents. Ed.: G. Porter. New York:
Meridian Book 1981. 490 S. B 45157
Weggel, O.: Indochina im Berichtszeitraum (Juni 1981 - März
1982.) In: China aktuell. Jg. 10, 1982. No. 7; Jg. 11, 1982.
No. 3. Getr. Pag. BZ 05327:10

L 279 Zypern

Landau, J. M.: Johnson's 1964 Letter to Inönü and Greek lobbying
of the White House. Jerusalem: Hebrew Univ. 1979. 22 S. Bc 2302
Ra'anan, G. D.: Cyprus, 1974 to 1978. Problems of conflict resolution in a multiethnic country. In: Ethnic resurgence in modern
democratic states. 1980. S. 172-214. B 45208
Sauerwein, F.: Spannungsfeld Ägäis. Inform. , Hintergründe, Ursachen d. griechisch-türkichen Konflikts um Cypern u. d. Ägäis.
Frankfurt: Diesterweg u. Sauerländer 1980. 197 S. Bc 2131

L 300 Afrika

Abun-Nasr, J. M.: Überlegungen zur heutigen politischen Rolle des Islam in Afrika. In: Afrika spectrum. Jg. 17, 1982. No. 1.
S. 5-20. BZ 4614:17
Adelman, K. L.: African Realities. New York: Crane, Russak 1980. XIX, 170 S. B 44490
Anderson, D.: America in Africa, 1981. In: Foreign affairs.
Vol. 60, 1982. No. 3. S. 658-685. BZ 05149:60
Ansprenger, F.: Gewerkschaften in Afrika. Berlin: Freie Universität 1981. 45 S. Bc 0667
Bienen, H.: Soviet political relations with Africa. In: International security. Vol. 6, 1982. No. 4. S. 153-173. BZ 4433:6
Bienen, H. S.: Military rule and military order in Africa. In: Orbis. Vol. 25, 1982. No. 4. S. 949-966. BZ 4440:25
Implications of Soviet and Cuban activities in Africa for U. S. policy. Georgetown: Center for Strategic and Internat. Studies 1979.
73 S. Bc 2759
Köhler, V.: Entwicklungspolitik in Afrika - Voraussetzungen und Perspektiven. Bonn: Dt. Afrika-Stiftung 1981. 24 S. Bc 2615
Kunig, P.: Das völkerrechtliche Nichteinmischungsprinzip. Zur Praxis der Organisation der afrikan. Einheit (OAU) u. d. afrikan. Staatenverkehrs. Baden-Baden: Nomos 1981. 449 S. B 45012
Ojo, O.: The relationship between the Organization of African Unity and the League of Arab states. In: Afrika-Spectrum. Jg. 16, 1981.
H. 2. S. 131-142. BZ 4614:16
Ottaway, D.; Ottaway, M.: Afrocommunism. New York: Holmes and Meier 1981. 237 S. B 44929
Rossi, G.: OUA: un anno di attività (giugno 1980- giugno 1981). In: Rivista di studi politici internazionale. Anno 48, 1981. No. 3.
S. 415-430. BZ 4451:48
Scott, D.: Ambassador in black and white. Thirty years of changing Africa. London: Weidenfeld and Nicolson 1981.
XII, 258 S. B 44873
Spittler, G.: Die Struktur der Bürokratie in afrikanischen Agrarstaaten und die Agrarpolitik. In: Staat und Entwicklung.
1981. S. 297-318. B 44366
Thiam, A.: (La Parole aux négresses, [dt.]) Die Stimme der schwarzen Frau. Vom Leid der Afrikanerinnen.
Reinbek: Rowohlt 1981. 135 S. Bc 2395

Ugboaja Ohaegbulam, F.: Africa and superpower rivalry. Prospects for the future and possible remedies. In: Journal of African studies. Vol. 8, 1981/82. No. 4. S. 163-175. BZ 05368:8
Zartman, I. W.: Issues of African diplomacy in the 1980s. In: Orbis. Vol. 25, 1982. No. 4. S. 1025-1044. BZ 4440:25

L 301 Nordafrika

Barthel, G.; Preissler, H.: Nordafrika - Nahost im Ringen um die Lösung seiner nationalen und sozialen Probleme. Bilanz 1975. In: Jahrbuch Asien, Afrika, Lateinamerika. 1975. S. 107-136. BZ 4765:1975
Le Maghreb et l'Afrique subsaharienne. Paris: Ed. du Centre national de la Recherche scientifique 1980. VIII, 263 S. B 45140
Rondot, P.: Der Maghreb im Wandel. In: Europa-Archiv. Jg. 36, 1981. Folge 22. S. 669-678. BZ 4452:36
Thiam, I. D.: Les problèmes internationaux et régionaux de l'Afrique Noire. In: Le mois en Afrique. Année 17, 1982. No. 194-195. S. 16-34. BZ 4748:17

1. Länderteil

Mauretanien
Clausen, U.: Zur politischen Entwicklung Mauretaniens. In: Afrika spectrum. Jg. 17, 1982. Nr. 1. S. 33-46. BZ 4614:17
Demokratische Arabische Republik Sahara
Dessouki, A. E. H.: Domestic variables in inter-state conflict. A case study of the Sahara. In: Armed forces and society. Vol. 7, 1981. No. 3. S. 409-422. BZ 4418:7
Pérez-Reverte, A.: La guerra del desierto. In: Defensa. Año 4, 1981. No. 39. S. 20-31. BZ 05344:4
Tunesien
Richter-Dridi, I.: Frauenbefreiung in einem islamischen Land - ein Widerspruch? Am Beispiel Tunesien. Frankfurt: Fischer 1981. 253 S. B 44788

L 303 Ostafrika

Ayoob, M.: The Horn of Africa: Regional conflict a. super power involvement. Canberra: The Strategis and Defence Studies Centre 1978. 43 S. Bc 2230
Dragkampen på Afrikas Horn. Uppsala: Nordiska Afrikainst. 1979. 186 S. B 43224

1. Länderteil

Kenia
Berg-Schlosser, D.: Zur Funktion von Wahlen im politischen
   System Kenias. In: Staat und Entwicklung. 1981. S. 199-217. B 44366
Malawi
Braun, G.: Malawi. Entwicklungsmodell und Perspektiven. In:
   Internationales Afrikaforum. Jg. 18, 1982. H. 2.
   S. 171-180.   BZ 05239:18
Otzen, U.: Malawi: Struktur, Engpässe und Perspektiven der Ent-
   wicklung. In: Afrika spectrum. Jg. 16, 1982. H. 3.
   S. 369-380.   BZ 4614:16
Moçambique
Schoeller, W.: Mosambik - Struktur und Krise einer Dienstlei-
   stungs-Ökonomie im südlichen Afrika. In: Afrika spectrum.
   Jg. 16, 1982. H. 3. S. 345-368.   BZ 4614:16
Sudan
Sudan. Poverty and mismanagement. In: Horn of Africa.
   Vol. 4, 1981. No. 1. S. 55-67.   BZ 05380:4
Tetzlaff, R.: "Selbstverwaltung" und öffentliche Korruption als
   Herrschaftsphänomen der bürokratischen Kleinbourgeoisie. Das
   Beispiel des "sozialistischen" Sudan. In: Staat und Entwicklung.
   1981. S. 319-350.   B 44366
Wai, D. M.: The African-Arab Conflict in the Sudan. New York:
   Africana Publ. 1981. XXVI, 234 S.   B 43826
Wohlmuth, K.: Der Staat in peripheren Ökonomien und die trans-
   nationalen Konzerne. In: Staat und Entwicklung. 1981.
   S. 554-590.   B 44366
Uganda
Jørgensen, J. J.: Uganda. A modern history. London: Croom
   Helm 1981. 381 S.   B 43861
Menschenrechtsverletzungen in Uganda. Bonn: amnesty international.
   1982. 31 S.   D 2488
Zambia
Administration in Zambia. Ed.: W. Tordoff. Manchester:
   Univ. Pr. 1980. XI, 306 S.   B 43714

L 305 Südafrika

Afrika südlich der Sahara. Konflikte, Streitkräfte, Rüstung.
   Wien: Landesverteidigungsakademie 1981. 35 Bl.   Bc 0699
Afrika-Bulletin. Nr. 1-22. Basel: Afrika-Komitee 1976 -81.
   Getr. Pag.   DZ 132
Fourié, D.: Perspectives stratégiques vues de l'hémisphère
   sud. In: Défense nationale. Année 38, 1982. Juin.
   S. 57-72.   BZ 4460:38

Gann, L. H.; Duignan, P.: Africa south of the Sahara. The challenge to western security. Stanford: Hoover Inst. Pr. 1981. XIV, 114 S.   B 43843
Grundy, K. W.: The social costs of armed struggle in Southern Africa. In: Armed forces and society. Vol. 7, 1981. No. 3. S. 445-466.   BZ 4418:7
Kunze, J.: Antiimperialistischer Kampf und revolutionäre Veränderungen im subsaharischen Afrika. Bilanz 1975. In: Jahrbuch Asien, Afrika, Lateinamerika. 1975. S. 171-200.   BZ 4765:1975
Meyns, P.: Regionale Zusammenarbeit statt wirtschaftlicher Abhängigkeit. Bemühungen d. Konferenz zur Koordinierung d. Entwicklung im südlichen Afrika (SADCC). In: Europa Archiv. Jg. 37, 1982. Folge 10. S. 307-314.   BZ 4452:37
Ropp, K. Frhr. von der: Der Westen und der Wandel im Süden Afrikas. In: Aussenpolitik. Jg. 33, 1982. Nr. 1. S. 75-87.   BZ 4457:33
Ropp, K. Frhr. von der: Eine Zeitenwende für den Süden Afrikas? In: Aussenpolitik. Jg. 32, 1981. Nr. 3. S. 296-310.   BZ 4457:32
St. Jorre, J. de: South Africa. Is change coming? In: Foreign affairs. Vol. 60, 1981. No. 1. S. 106-122.   BZ 05149:60
Weilemann, P.: Die Vereinigten Staaten und das südliche Afrika. Überlegungen zum Verhältnis von Innen- und Außenpolitik. In: Zeitschrift für Politik. Jg. 29, 1982. H. 1. S. 66-90.   BZ 4473:29

1. Länderteil

Botswana
Kalley, J. A.: Bophuthatswana Politics and the economy. A select and annotated bibliography. Braamfontein: The South African Institute of Internat. Affairs 1978. 39 S.   Bc 0508

Lesotho
Zehender, W.: Lesotho - die Entwicklung eines aussenunabhängigen Landes. In: Afrika spectrum. Jg. 16, 1982. H. 3. S. 333-344.   BZ 4614:16

Transkei
Harding, L.: Unabhängigkeit der Transkei. Zur völkerrechtlichen u. polit. Problematik... 2. Aufl. Hamburg: Institut f. Afrika-Kunde 1980. 101 S.   Bc 2644

L 307 Westafrika

Wright, J. B.: Francophone black Africa since independence. London: Inst. for the Study of Conflict 1981. 32 S.   Bc 2264
Ziemer, K.: Mobilisierung oder Herrschaftssicherung? Zur Rolle d. polit. Parteien im frankophonen Afrika. In: Staat und Entwicklung. 1981. S. 155-198.   B 44366

1. Länderteil

Benin
Lachenmann, G.: Volksrepublik Benin: Schwierigkeiten auf dem Weg zu einer eigenständigen Entwicklung. In: Afrika Spectrum. Jg. 16, 1981. H. 2. S. 205-220. BZ 4614:16

Elfenbeinküste
Person, Y.: Colonisation et décolonisation en Côte-d'Ivoire. In: Le mois en Afrique. Année 16, 1981. No. 188/189. S. 15-30. BZ 4748:16

Guinea, Äquatorial
Fegley, R.: The U.N. Human Rights Commission. The Equatorial Guinea case. In: Human rights quarterly. Vol. 3, 1981. No. 1. S. 34-47. BZ 4753:3
Perez-Reverte, A.: Nuestro humbre en Guinea Ecuatorial. In: Defensa. Año 5, 1982. No. 47. S. 26-33. BZ 05344:5

Guinea-Bissao
Chazanov, A. M.: Put' Gvinei-Bisau k nezavisimosti. [Der Weg Guinea-Bissaos zur Unabhängigkeit.] In: Voprosy istorii. God 1981. No. 9. S. 93-103. BZ 05317:1981
Davidson, B.: No fist is big enough to hide the sky. The liberation of Guine and Cape Verde. Aspects of an African revolution. London: Zed Pr. 1981. XIV, 187 S. B 45082
Pierson-Mathy, P.: La Naissance de l'état par la guerre de libération nationale. Le cas de la Guinée-Bissau. Paris: UNESCO 1980. 155 S. B 44249

Kamerun
An African Experiment in nation building: The bilingual Cameroon Republic since reunification. Ed.: N. Kofele-Kale. Boulder: Westview 1980. LII, 369 S. B 44094

Kongo, Volksrepublik
Vizit Deni Sassu-Ngesso v Sovetskij Sojuz 12-17 maja 1981 goda. Dokumenty i materialy. [Besuch von Deni Sassou-Nguesso...] Moskva: Politizdat 1981. 39 S. Bc 2598

Liberia
Dosumu-Johnson, T. O.: Reflections of an African nationalist. New York: Vantage Pr. 1980. 301 S. B 43821
Kappel, R.: Die internationale Flotte unter der Flagge Liberias. Die Folgen der Neuordnung der internationalen Seeverkehrsordnung. In: Afrika spectrum. Jg. 17, 1982. Nr. 1. S. 47-66. BZ 4614:17
Mbome, F.: Légitimité du pouvoir et scènce politique en Afrique noire contemporaine. In: Le mois en Afrique. Année 16, 1981/1982. No. 192-193. S. 27-47. BZ 4748:16

Tschad
Hollick, J. C.: Civil war in Chad, 1978-82. In: The World Today. Vol. 38, 1982. No. 7-8. S. 297-304. BZ 4461:38
Hollick, J. C.: Der Bürgerkrieg in Tschad, 1978-1982. In: Europa-Archiv. Jg. 37, 1982. Folge 15. S. 467-476. BZ 4452:37

Zaire
Gould, D. J.: Bureaucratic Corruption and underdevelopment in the Third World. The case of Zaire. New York: Pergamon Pr. 1980. XVI, 183 S. B 44428

L 311 Abessinien / Äthiopien

Aliboni, R.: The Ethiopian revolution. Stabilization. In: Armed forces and society. Vol. 7, 1981. No. 3. S. 423-444. BZ 4418:7
Birgaus, J. A.: Die Revolution in Äthiopien. Allgemeines und Besonderes. In: Deutsche Aussenpolitik. Jg. 27, 1982. H. 2. S. 31-50. BZ 4557:27
Ethiopia. Conquest and terror. In: Horn of Africa. Vol. 4, 1981. No. 1. S. 8-19. BZ 05380:4
Magri, P. G.: La Politica estera etiopica e le questioni Eritrea e Somalia. 1941-1960. Milano: Giuffrè 1980. 259 S. B 43646
Rossi, G.: L'Africa italiana verso l'indipendenza (1941-1949). Milano: Giuffrè 1980. XVIII, 626 S. B 43707
Sherman, R.: Eritrea. The unfinished revolution. New York: Praeger 1980. XIX, 197 S. B 43578
Vizit Mangistu Chajle Mariama v Sovetskij Sojuz, 27 okt. -10. nojabrja 1980 g. Dokumenty i materialy. [Besuch v. Mengistu Haile Mariam i. d. Sowjetunion.] Moskva: Politizdat 1980. 64 S. Bc 2513
"Was wollt ihr denn hier?" Zu Besuch bei e. Revolution. Eritrea. Freiburg: Bundschuh-Druckerei u. Verl. 1981. 189 S. B 45351

L 313 Ägypten

Azzam, H. M.: Über Anwar el Sadat. Stuttgart: Poller 1982. 70 S. Bc 2931
Boutros-Ghali, B.: The foreign policy of Egypt in the post-Sadat era. In: Foreign affairs. Vol. 60, 1982. No. 4. S. 769-788. BZ 05149:60
Eidelberg, P.: Sadat's Strategy. Dollard des Ormeaux: Dawn Publ. 1979. 159 S. B 44078
Hottinger, A.: Ägypten nach der Ermordung Sadats. Die Moslemfanatiker als Ausdruck einer Gesellschaftskrise. In: Europa-Archiv. Jg. 36, 1981. Folge 23. S. 699-708. BZ 4452:36
Ibrahim, S. E.: Superpowers in the Arab world. In: The Washington quarterly. Vol. 4, 1981. No. 3. S. 81-96. BZ 05351:4
Israeli, R.: "I, Egypt": Aspects of president Anwar Al-Sadat's political thought. Jerusalem: The Magness Press 1981. 173 S. Bc 2921
Mueller, K. R.; Blaisse, M. W.: Anwar El Sadat. Letzte Bilder und Gespräche. Wien: Molden 1981. 75 S. B 45040

Rondot, P.: L'Egypte en attente du Sinai. In: Défense nationale.
Année 38, 1982. Avril. S. 43-60. BZ 4460:38
Stein, J. G.: Military deception, strategic surprise, and conventional deterrence. A political analysis of Egypt and Israel, 1971-73. In: The journal of strategic studies. Vol. 5, 1982. No. 1.
S. 94-121. BZ 4669:5

L 315 Algerien

Abrahamsson, H.; Hedman, S.: Den algeriska Utmaningen. En väg mot en oberoende socialistisk utveckling? Lund:
Studentlitteratur 1981. 271 S. B 45265
Les Archives de la révolution algérienne. Rass. et comm. par
M. Harbi. Paris: Les ed. jeune Afrique 1981. 583 S. B 45143
Bayo Adekson, J.: The Algerian and Mau Mau revolts: A comparative study in revolutionary warfare. In: Comparative Strategy.
Vol. 3, 1981. No. 1. S. 69-92. BZ 4686:3
Igl, G.: Sozialpolitik, soziale Sicherheit und Sozialrecht in Algerien.
In: Afrika-spectrum. Jg. 16, 1981. H. 1. S. 37-56. BZ 4614:16
Leggewie, C.: Algerien zwischen Etatismus und Massendemokratie. Zum Fortbestand "asiatischer" Strukturen von Produktion und Herrschaft in sozialist. Gesellschaften der Dritten Welt. In:
Staat und Entwicklung. 1981. S. 412-429. B 44366
Osterkamp, R.: Zur Effizienz der algerischen Wirtschafts- und Industrialisierungspolitik. In: Afrika-spectrum. Jg. 16, 1981. H. 1.
S. 71-86. BZ 4614:16
Vatin, J.-C.: Religious resistance and state power in Algeria.
In: Islam and power. 1981. S. 119-157. B 44391

L 316 Angola

Angola-Dokumentation. Bonn: Anti-Apartheid-Bewegung 1981.
13 S. D 02345
Decke, B.: (A Terra é nossa. [dt.]) Koloniale Gesellschaft und Befreiungsbewegungen in Angola. Bonn: Informationsstelle
Südliches Afrika 1981. 437 S. B 44470
Klinghoffer, A. J.: The Angolan War: A study in Soviet policy
in the Third World. Boulder: Westview 1980. VIII, 229 S. B 43609
Lagerström, B.: Och vi tog till vapen. Kvinna i Angola.
Uppsala: Nordiska Afrikainst. 1980. 144 S. B 43179
Ogunbadejo, O.: Non-alignment in Africa's international relations. The case of Angola. In: The Jerusalem journal of international
relations. Vol. 5, 1981. No. 2. S. 16-45. BZ 4756:5
Sitte, F.: Flug in die Angola-Hölle. Der vergessene Krieg.
Graz: Styria 1981. 224 S. B 44604

L 343   Libyen

Allan, J.A.: Lybia. The experience of oil. London: Croom Helm
1981. 328 S. B 44149
Barbar, A.M.al : Governments and politics in Lybia, 1969-1978:
A bibliography. Monticello: Vance 1979. 139 S. Bc 0595
Fathaly, O.I.el ; Palmer, M.: Political Development and social
change in Libya. Lexington: Lexington Books 1980.
XIII, 230 S. B 43835
Perrone Capano, C.: Nubi sul, Mediterraneo. La Siria e la Libia.
In: Affari esteri. Anno 13, 1981. No. 52. S. 473-495. BZ 4373:13
Rondot, P.: La tension américano-libyenne. In: Défense nationale.
Année 38, 1982. Août-Septembre. S. 99-112. BZ 4460:38
Vizit Muamara Kaddafi v Sovetskij Sojuz, 27-29 aprelJy 1981 goda.
Dokumenty i materialy. [Besuch v. Moamar el Gaddafi...]
Moskva: Politizdat 1981. 32 S. Bc 2512

L 349   Marokko

Heinrichs, H.-J.: Annäherung an Afrika. Reiseerfahrungen in
Marokko u. Überlegungen zum Polisario-Konflikt. Frankfurt:
Qumran 1980. 36 S. Bc 2564
Marokko. Bericht über eine Mission vom 10.-13. Februar 1981.
Bonn: amnesty international 1982. 86 S. D 2397

L 354 Namibia

Apartheid's Army in Namibia. South Africa's illegal military occupation. London: Internat. Defence and Aid Fund 1981. 74 S. Bc 2663
Coker, C.: Peacekeeping in Southern Africa. The United Nations
and Namibia. In: The journal of Commonwealth & comparative
politics. Vol. 19, 1981. No. 2. S. 174-186. BZ 4408:19
To Honour women's day. Profiles of leading women in the South
African and Namibian liberation struggles. London: Internat. Defence and Air Fund for Southern Africa 1981. 56 S. Bc 2324
Kienle, C.: Der völkerrechtliche Status Südwestafrikas-Namibias.
In: Friedens-Warte. Bd 63, 1980. S. 68-92. BZ 4693:63
Löwis of Menar, H. von: Die Rolle der Bundesrepublik im Namibia-
Konflikt. Ein Prüfstein deutscher Außenpolitik. In: Beiträge zur
Konfliktforschung. Jg. 12, 1982. Nr. 2. S. 117-144. BZ 4594:12
Perspectives of independent development in Southern Africa. The
cases of Zimbabwe and Namibia. Berlin: Dt. Institut f. Entwicklungs-
politik 1980. XIV, 183 S. Bc 2817

Remember Kassinga! And other papers on political prisoners and
   detainees in Namibia. London: Internat. Defence and Aid Fund
   1981. 52 S. Bc 2331
Schoeman, E.: South West Africa - Namibia. An internat. issue
   1920-1977. A select bibliography. Braamsfontein: The South Africa
   Institut of Internat. Affairs 1978. XVIII, 161 S. Bc 0509
Wöhe, G.: Schwarz auf Weiss: Südwestafrika-Namibia. Hintergrund-
   informationen mit e. Reisebericht. Hemsbach: [Selbstverl.] 1980.
   117 S. Bc 2162

L 357 Nigeria

Aluko, O.: Essays on Nigerian foreign policy. London: Allen and
   Unwin 1981. 288 S. B 44629
Anyanwu, K. C.: The bases of political instability in Nigeria. In:
   Journal of Black Studies. Vol. 13, 1982. No. 1. S. 101-118. BZ 4607:23
Awosika, K.: Women's education and participation in the labour
   force. The case of Nigeria. In: Women, power and political
   systems. 1981. S. 81-93. B 44390
Dudley, B. J.: The Nigerian elections of 1979. The voting decision.
   In: The journal of Commonwealth & comparative politics.
   Vol. 19, 1981. No. 3. S. 276-298. BZ 4408:19
Henderson, R. d'A.: Nigeria: Future nuclear power? In: Orbis.
   Vol. 25, 1981. No. 2. S. 409-424. BZ 4440:25
Hümmelchen, G.: Die nigerianische Marine. In: Marine Rund-
   schau. Jg. 79, 1982. H. 12. S. 642-646. BZ 05138:79
Joseph, R. A.: Democratization under military tutelage.
   Crisis and consensus in the Nigerian 1979 elections. In:
   Comparative politics. Vol. 14, 1981. No. 1. S. 75-100. BZ 4606:14
Kirk-Greene, A.; Rimmer, D.: Nigeria since 1970. A political
   and economic outline. London: Hodder and Stoughton 1981.
   XII, 161 S. B 45384
Koehn, P.: Prelude to civilian rule. The Nigerian elections of
   1979. In: Africa today. Vol. 28, 1981. No. 1. S. 17-45. BZ 4407:28
Labinjoh, J.: The National Party of Nigeria: A study in the social
   origins of a ruling organization. In: Afrika-spectrum. Jg. 16, 1981.
   H. 2. S. 193-204. BZ 4614:16
Madunagu, E.: Problems of socialism: The Nigerian challenge.
   London: Zed Press 1982. 177 S. Bc 2928
Nzemeke, A. D.: British Imperialism and African response: The
   Niger Valley, 1851-1905. Paderborn: Schöningh 1982. 379 S. B 46200
Ojo, O. J. B.: The impact of personality and ethnicity on the Nigerian
   elections of 1979. In: Africa today. Vol. 28, 1981. No. 1.
   S. 47-58. BZ 4407:28
Triaud, J.-L.: L'Islam et l'Etat en République. In: Le mois en
   Afrique. Année 17, 1982. No. 194-195. S. 35-48. BZ 4748:17

L 375 Südafrikanische Republik

a./d. Allgemeines

Informationsdienst Südliches Afrika. Bonn: Informationsstelle Südliches Afrika u. Anti-Apartheid Bewegung 1972-81. Getr. Pag. DZ 33
Children under apartheid. In photographs and text. London: Internat. Defence and Aid Fund for South Africa 1980. 120 S. Bc 0641
Cornevin, M.: Apartheid - Mythos und Wirklichkeit. Wuppertal: Hammer 1981. 189 S. B 44650
Jaarsveld, F. A. van: Die Evolusie van apartheid. Kaapstad: Tafelberg-Uitgew. 1979. 175 S. B 45118
Joubert, E.: Le long Voyage de Poppie Nongena. Paris: Belfond 1981. 315 S. B 44829
Joubert, E.: Der lange Weg der Poppie Nongena. Ein Lebensbericht aus Südafrika. Berlin: Ullstein 1981. 446 S. B 44571
Non à l'apartheid. Journal du Mouvement anti-apartheid de Suisse, branche romande. Nr. 1-20. Genève 1977-81. Getr. Pag. DZ 203
Simson, H.: The social Origins of Afrikaner fascism and its apartheid policy. Stockholm: Almqvist and Wiksell 1980. 234 S. B 43981
Südafrika. Weisse in der Wagenburg. Hrsg.: U. Kienzle, M. Beitr. v. J. Braun u. P. M. Schumacher. München; Zürich: Knaur 1982. 140 S. Bc 2952
Weinberg, E.: Portrait of a people. A personal photographic record of the South African liberation struggle. London: Internat. Defence and Aid Fund for South Africa 1981. 200 S. Bc 0569

e. Staat/Politik

... den Gefangenen Befreiung. Skizzen u. Dokumente zu Südafrika. Arbeitshilfen. 2., erw. Aufl. Hamburg: Evang. Missionswerk 1979. 100 S. D 01876
DuToit, D.: Capital and labour in South Africa. Class struggles in the 1970s. London: Kegan Paul 1981. XII, 495 S. B 43940
Focus. On political repression in Southern Africa. News Bulletin of the International Defence and Aid Fund. No. 1-37. London: Internat. Defence and Aid Fund for Southern Africa 1975-81. Getr. Pag. DZ 73
Gutteridge, W.: South Africa: Strategy for survival? London: Institute for the Study of Conflict 1981. 32 S. Bc 2291
Hanf, T.: Südafrika zwischen Konfliktregelung und Konfliktverschärfung. In: Konflikte unserer Zeit - Konflikte der Zukunft. 1981. S. 87-120. B 45009
Jaarsveld, F. A. van: Von der Apartheid zu den Anfängen eines demokratischen Pluralismus. In: Zeitschrift für Politik. Jg. 29, 1982. H. 1. S. 91-107. BZ 4473:29

Körner, P.: Südafrika zwischen Isolation und Kooperation. Ökonomische, politische u. militärische Zusammenarbeit des Apartheidstaates mit Submetropolen. Hamburg: Inst. f. Afrika-Kunde 1981. VII, 204 S. B 46325
Leistner, G. M. E.: Südafrika. Herausforderung an den Westen. Vorw.: H. D. Ortlieb. Hamburg: Verl. Weltarchiv 1981. 144 S. Bc 2555
Lerumo, A.: Fifty fighting Years. The Communist Party of South Africa 1921-1971. 2. rev. ed. London: Inkululeko Publ. 1980. 191 S. B 44691
Lucius, R. von: Südafrika: Schwarze Hoffnung, weisse Reformbereitschaft. Bonn: Dt. Afrika-Stiftung 1981. 88 S. Bc 2614
Malinowski, M. J.: Przemiany polityczne na Południu Afryki. [Politische Wandlungen in Südafrika.] In: Sprawy Międzynarodowe. Rok 34, 1981. Zeszyt 4. S. 59-76. BZ 4497:34
Meinardus, R.: Die Afrikapolitik der Republik Südafrika. Von der outward-looking policy bis zur Gegenwart. Bonn: Informationsstelle Südliches Afrika 1981. 491 S. B 44448
Schmidt, E.: Decoding corporate camouflage. U.S. business support for apartheid. Washington: Inst. for Policy Studies 1980. X, 127 S. B 45159
The Sun will rise. Statements from the dock by Southern African political prisoners. London: Internat. Defence and Aid Fund for Southern Africa 1981. 80 S. Bc 2266
Villiers, L. de: Secret Information. Cape Town: Tafelberg-Publ. 1980. 182 S. B 45119

k. Geschichte

Creutz, R.: Südafrika. Weiße Macht im schwarzen Kontinent. München: Tuduv 1981. 229 S. B 43542
Crocker, C. A.: South Africa's defense posture: Coping with vulnerability. Beverly Hills, London: Sage 1981. 104 S. Bc 2482
Gann, L. H.; Duignan, P.: Why South Africa will survive. A historical analysis. London: Groom Helm 1981. 312 S. B 44217
Huntington, S. P.: Reform and stability in South Africa. In: International security. Vol. 6, 1982. No. 4. S. 3-25. BZ 4433:6
Jaster, R. S.; South Africa's narrowing security options. London: Internat. Institute for Strategic Studies 1980. 51 S. Bc 0771
Jaster, R. S.: (South Africa's narrowing Security Opitons. [dt.]) Die Sicherheitspolitik Südafrikas. München: Bernard u. Graefe 1981. 135 S. B 44424
Kühne, W.: Südafrika am Beginn eines Guerillakrieges? In: Europa-Archiv. Jg. 37, 1982. Folge 10. S. 297-306. BZ 4452:37
Portisch, H.: Kap der letzten Hoffnung. Das Ringen um den Süden Afrikas. Wien: Molden 1981. 367 S. B 44556
Saul, J. S.; Gelb, S.: The Crisis in South Africa: New York, London: Monthly Review Press 1981. 156 S. Bc 3055

L 381 Tansania

Hofmeier, R.: Staatliche Entwicklungsplanung in Tanzania.
In: Staat und Entwicklung. 1981. S. 433-472. B 44366
Hofmeier, R.: Tanzania. Entwicklung und heutige Rolle der
Gewerkschaften. In: Internationales Afrikaforum. Jg. 17, 1981.
Nr. 3. S. 257-267. BZ 05239:17
Hofmeier, R.: Die tanzanischen Wahlen von 1980. Bestätigung des
Ujamaa-Kurses oder Ausdruck wachsender Unzufriedenheit? In:
Afrika-spectrum. Jg. 16, 1981. H. 2. S. 143-162. BZ 4614:16
Marzoli, E.: Tanzania: vent'anni di indipendenza. In: Rivista di
studi politici internazionali. Anno 49, 1982. No. 1.
S. 89-105. BZ 4451:49
Sachak, N.: Creating employment opportunities for rural women.
Some issues affecting attitudes and policy. In: Women, power and
political systems. 1981. S. 116-134. B 44390

L 398 Zimbabwe

Callinicos, A.: Southern Africa after Zimbabwe. London:
Pluto Pr. 1981. 186 S. B 44616
Dotti, E.; Vacchi, A.; Vacchi, L.: Dalla Rhodesia allo
Zimbabwe. Milano: Ottaviano 1979. 172 S. Bc 3074
Halbach, A. J.: Zimbabwe. Wirtschaftliche und politische Trend-
wende. In: Internationales Afrikaforum. Jg. 18, 1982. H. 2.
S. 157-170. BZ 05239:18
Hills, D.: The last Days of white Rhodesia. London: Chatto and
Windus 1981. 187 S. B 43716
Hudson, M.: Triumph or tragedy? Rhodesia to Zimbabwe.
London: Hamilton 1981. 252 S. B 43880
Jeske, J.: Zimbabwes Eingliederung in den regionalen Wirtschafts-
verbund des Südlichen Afrika. In: Afrika spectrum. Jg. 16, 1982.
H. 3. S. 267-296. BZ 4614:16
Linden, I.: The Catholic Church and the struggle for Zimbabwe.
London: Longman 1980. X, 310 S. B 45289
Martin, D.; Johnson, P.: The Struggle for Zimbabwe. The
Chimurenga War. London: Faber and Faber 1981.
XVII, 378 S. B 43767
Nyagumba, M.: With the People. An autobiography
from the Zimbabwe struggle. London: Allison and Busby
1980. 248 S. B 44388
Schaffmann, C.: Simbabwe ist frei! Berlin: Dietz 1980.
80 S. Bc 2239
Zimbabwe - ein Neuanfang. Informationsmappe. Bielefeld:
Aktionskomitee Afrika 1982. 9 ungez. Bl. D 02408

L 400 Amerika

L 402 Lateinamerika

Arismendi, R.: Ausgewählte Reden und Aufsätze. Berlin:
Dietz 1981. III, 399 S. B 44383
Briones, A.: Ideología del fascismo dependiente. (Estado y
"seguridad nacional".) México: Edicol 1978. 206 S. B 42448
Dahlin, T.C.; Gillum, G.P.; Grover, M.L.: The catholic
Left in Latin America. A compr. bibliography. Boston:
Hall 1981. XLVI, 410 S. B 45237
Kapitalistische Entwicklung und politische Repression. Hrsg.:
V. Bennholdt-Thomsen. 2. Aufl. Berlin: Olle u. Wolter 1980.
318 S. B 45456
Fitch, J.S.: Human rights and the U.S. military training program.
Alternatives for Latin America. In: Human rights quarterly.
Vol. 3, 1981. No. 4. S. 65-80. BZ 4753:3
Military Government and the movement toward democracy in South
America. Ed.: H. Handelman and T.G. Sandars. Bloomington:
Indiana Univ. Pr. 1981. XII, 388 S. B 45185
Integration und Kooperation in Lateinamerika. Paderborn:
Schöningh 1981. 314 S. B 44718
Kaeselitz, R.: Breite antiimperialistische Fronten in Latein-
amerika. In: Deutsche Aussenpolitik. Jg. 27, 1982. H. 4.
S. 56-71. BZ 4557:27
Kübler, J.: Der Kampf der Arbeiterklasse Lateinamerikas und
ihrer Verbündeten gegen Imperialismus und Faschismus. Bilanz
des Jahres 1977. In: Jahrbuch Asien, Afrika, Lateinamerika.
1978. S. 253-334. BZ 4765:1975
Lateinamerika anders. Berichte, Analysen, aktuelle Informationen.
Nr. 1-18. Wien: IGLA 1976-82. Getr. Pag. DZ 91
Probleme und Perspektiven der Linken. Hrsg.: V. Bennholdt-
Thomsen. Berlin: Olle u. Wolter 1981. 351 S. B 45459
Römmel, W.: Energia jądrowa w Ameryce Łacińskiej. [Atom-
energie in Lateinamerika.] In: Sprawy Międzynarodowe.
Rok 35, 1982. Zeszyt 1-2. S. 115-126. BZ 4497:35
Sánchez, W.: Third world perspectives on regional arrangements
for peace and security. In: The Jerusalem journal of international
relations. Vol. 5, 1981. No. 2. S. 1-15. BZ 4756:5

Sigmund, P. E.: Latin America. Change or continuity? In: Foreign affairs. Vol. 60, 1982. No. 3. S. 629-657. BZ 05149:60
Sizonenko, A. I.: Stanovlenie otnošenij SSSR so stranami Latinskoj Ameriki.(1917-1945 gg.) [Die Entwicklung der Beziehungen d. UdSSR m. d. Ländern Lateinamerikas.] Moskva: Nauka 1981. 198 S. Bc 2601
Internationale Strategien und Praxis der Befreiung. Hrsg.: V. Bennholdt-Thomsen. 2. Aufl. Berlin: Olle u. Wolter 1982. 336 S. B 46057
US-Intervention und kapitalistische Gegenrevolution. Hrsg.: T. Evers. Berlin: Olle u. Wolter 1982. 302 S. B 45058
Valencia-Carmona, S.: El Poder ejecutivo latinoamericano. México: Univ. Nac. Autónoma de México 1979. 151 S. Bc 1900
Verelendungsprozesse und Widerstandsformen. Hrsg.: V. Bennholdt-Thomsen. 2. Aufl. Berlin: Olle u. Wolter 1980. 325 S. B 45458
Wilhelmy, H.: Lateinamerika: Ein Halbkontinent zwischen Tradition und Fortschritt. In: Der Bürger im Staat. Jg. 32, 1982. H. 1. S. 3-13. BZ 05147:32
Zartmann, C. E.: The importance of South American navies. In: Naval forces. Vol. 2, 1981. No. 6. S. 34-47. BZ 05382:2

1. Länderteil

Ecuador
Martz, J. D.: The regionalist expression of Populism. Guayaquil and the CFP, 1948-1960. In: Journal of Interamerican studies and world affairs. Vol. 22, 1980. No. 3. S. 289-314. BZ 4608:22

Paraguay
Argaña, L. M.: Historia de las ideas políticas en el Paraguay. Asunción. Inst. Colorado de Cultura 1979. 304 S. B 42424
Lewis, P. H.: Paraguay under Stroessner. Chapel Hill: Univ. of North Carolina Pr. 1980. XI, 256 S. B 43567
Paraguay. Länderbericht. 2., überarb. Aufl. Giessen: Paraguay Arbeitsgemeinsch. 1981. 30 S. D 2338

Uruguay
Pearce, J.: Uruguay. General rule. London: Latin America Bureau 1980. 73 S. Bc 2348
Raimondi, F.: Uruguay, la sconfitta di un regime? In: Affari esteri. Anno 13, 1981. No. 51. S. 359-382. BZ 4373:13

Venezuela
Ameringer, C. D.: Leonardo Ruitz Pineda. Leader of the Venezuelan resistance, 1949-1952. In: Journal of Interamerican studies and world affairs. Vol. 21, 1979. No. 2. S. 209-232. BZ 4608:21
Betancourt, R.: Venezuela. Política y petróleo. 2. ed. Barcelona: Ed. Seix Barral 1979. VIII, 936 S. B 41485:1
Venezuela at the polls. The national elections of 1978. Ed.: H. R. Penniman. Washington: American Enterprise Inst. for Public Policy Research 1980. XVI, 287 S. B 44286

L 409 Mittelamerika

Antiinterventionsbewegung. Aktionsbroschüre. Hrsg.: Komitees d.
 Solidaritätsbewegungen zu Nicaragua, El Salvador u. Guatemala.
 Wuppertal: Ed. Nahua 1981. 47 S. Bc 2714
Anti-Interventionsbewegung. Materialsammlung. Hrsg.: Komitees d.
 Solidaritätsbewegungen zu Nicaragua, El Salvador u. Guatemala.
 Wuppertal: Ed. Nahua 1981. Getr. Pag. Bc 0752
Chronologie der Interventionspolitik und der Interventionen. Basisinformation zum Plakat der Anti-Interventions-Bewegung.
 Dortmund: Nicaragua-Komitee 1981. 22 S. D 2450
D i e t e r i c h , H.: Strategien des Imperialismus in Zentralamerika.
 Komment. u. zsgest. Offenbach: Verl. 2000 1981. 128 S. Bc 2588
D i e t e r i c h , H.: US-Strategie in Zentralamerika. Der Weg in den
 Krieg. Oberursel: Verl. Internationale Kritik 1982. 75 S. D 02367
El Salvador. Freiheitskämpfe in Mittelamerika. Guatemala, Honduras, El Salvador. Hrsg.: R. Jokisch. Reinbek: Rowohlt
 Verl. 1981. 249 S. B 43549
F e i n b e r g , R. E.: Central America. No easy answers. In: Foreign
 affairs. Vol. 59, 1981. No. 5. S. 1121-1146. BZ 05149:59
G o r g u e t t e , J.: Quelques vérités sur l'Amérique Centrale. In:
 Défense nationale. Année 38, 1982. Janvier. S. 91-107. BZ 4460:38
G r a b e n d o r f f , W.: Mittelamerika als internationale Krisenregion.
 In: Europa-Archiv. Jg. 37, 1982. Folge 8. S. 247-258. BZ 4452:37
Kongress gegen die Intervention in Zentralamerika. Dokumentation
 und Auswertung. Münster: Sozialwissensch. Studiengesellsch.
 Zentralamerika 1982. 118 S. D 2470
L i n d n e r , R.: Castros zweite Offensive. Die Kommunisten und der
 Guerillakrieg in Zentralamerika. In: Osteuropa. Jg. 32, 1982.
 H. 3. S. 226-237. BZ 4459:32
Materialien zum Kongreß gegen die US-Intervention in Zentralamerika. 18. -21. März. Münster: Sozialwiss. Studiengesellsch.
 Zentralamerika 1982. 288 S. D 2350
Revolutionen im Hinterhof der USA. Kubanisierung? Sowjetisierung?
 Grenada- Nicaragua- Kuba. Duisburg: Lateinamerika-Komitee
 1982. 94 S. D 2326

1. Länderteil

Costa Rica
S c h i f t e r - Sikora, J.: La Fase oculta de la guerra civil en Costa
 Rica. San José: EDUCA 1979. 158 S. Bc 1763
Panama
G r u b m a y r , H.: Die immerwährende Neutralität und der Panama-Kanal. In: Österreichische Zeitschrift für Außenpolitik.
 Jg. 21, 1981. H. 3. S. 198-221. BZ 4642:21

Navas, L.: El Movimiento obrero en Panamá. 1880-1914. 2. ed.
San José: EDUCA 1979. 176 S. B 41620

L 421 Argentinien

Bologna, D. A. B.: Conflicto reino unido de Gran Bretaña y Republica Argentina. In: Revista de la escuela de defensa nacional.
Año 7, 1979. No. 26. S. 87-98. BZ 4388:7
Ducatenzeiler, G.: Syndicats et politique en Argentine (1955-73).
Montréal: Les Presses d l'Univers. 1980. 294 S. B 45359
Due, T.: En Analyse af den klassemaessige baggrund for Peronismen. Aarhus: Aarhus Univ. 1978. 143 S. Bc 2806
Ferrer, A.: The Argentine economy, 1976-1979. In: Journal of
Interamerican studies. Vol. 22, 1980. No. 2. S. 131-162. BZ 4608:22
Fraga, D. J. A.: Aspectos geopoliticos del mar argentino. In:
Revista de la escuela de defensa nacional. Año 7, 1979. No. 26.
S. 11-31. BZ 4388:7
Guglialmelli, J. E.: Geopolítica del Cono Sur. Buenos Aires:
El Cid Ed. 1979. 268 S. B 41331
Lechini, G.: Una politica Argentina para el Africa. In:
Estrategia. 1981. No. 69. S. 82-91. BZ 4639:1981
Milenky, E. S.: Arms production and national security in Argentina. In: Journal of Interamerican studies and world affairs.
Vol. 22, 1980. No. 3. S. 267-288. BZ 4608:22
Potash, R. A.: The Army and politics in Argentina, 1945-1962.
Perón to Frondizi. Stanford: Univ. Pr. 1980. IX, 418 S. B 44348
Ray Balmaceda, R. C.: ¿Otra cuestion de limites con Chile?
In: Estrategia. 1981. No. 69. S. 106-130. BZ 4639:1981

L 423 Bolivien

Antezana-Ergueta, L.: Hernan Siles Zuazo. El estrategia a la
contrarevolución. La Paz: Ed. Luz 1979. 187 S. Bc 1941
Militärdiktatur Bolivien. Dokumentation u. Texte zur Ausstellung von
Studenten d. Hochschule d. Bundeswehr Hamburg 13. 4. -8. 5. 1981.
T. 1. 2. Hamburg: Evang. Hochschulgemeinde 1981. Getr.Pag. D 2344
Camargo-Crespo, A.: Chronologie eines heldenhaften Widerstandes. Siglo XX, 17. Juli 1980. [o. O.] 1981. 42 S. D 02352
Deide, J.: Ideologie und Legitimation einer abhängigen Militärdiktatur: Das Beispiel d. Regierung Banzer in Bolivien. 1971-1978.
E. ideologiekrit. u. militärsoziolog. Beitr. z. polit. Soziologie peripherer Gesellschaften in Lateinamerika. Frankfurt: Haag und
Herchen 1981. 393 S. B 43550
Díez de Medina, F.: La Marcha hacia el mar. 6 Conferencias sobre

la cuestión marítima y principales artículos de prensa en defensa
de los derechos de Bolivia pera volver al Pacífico. La Paz:
Casa Municipal de la Cultura "Franz Tamayo" 1979. 244 S.   B 42431
D o m i c h -Ruiz, M. : Ideología y mito. Los Orígenes del fascismo
boliviano. La Paz: Ed. Los Amigos del libro 1978. 319 S.   B 42467
Dunkerley, J. : Bolivia. Coup d' état. London: Latin America
Bureau 1980. 88 S.   Bc 2347
J o r d á n -Sandoval, S. : Bolivia y el equilibrio del cono sudamericano.
Cochabamba: Ed. Los Amigos del Libro 1979. 270 S.   B 42429
K o h l e r , L. : Unterdrückt, aber nicht besiegt. Die bolivianische
Bauernbewegung von den Anfängen bis 1981. Bonn: Informationss
stelle Lateinamerika 1981. 158 S.   D 2323
Kornberger, R. ; T o r r i c o Prada, G. : Noviembre negro.
Massaker und Widerstand in Bolivien. Bremen: Verl. Roter Funke
1980. 80 S.   Bc 0494
L e m a -Pelaez, R. : Con las Banderas del Movimiento Nacionalista
Revolucionario. El Sexenio: 1946-1952. La Paz: Ed. Los Amigos
del Libro 1979. 441 S.   B 42447
Lieser, J. : Bolibien. Strukturdaten, soziale u. wirtschaftliche
Probleme, Rohstoffe u. Abhängigkeit, Unterdrückung u. Widerstand.
Freiburg: Dritte Welt Lehrerinitiative 1981. 32 S.   D 0305
L o r a , G. : ¿Qué es el trotskysmo? Y Bolivia y la revolución per-
manente. La Paz: Ed. El Amauta 1978. 285 S.   B 42461
Prensa, política y país. Bolivia y sus problemas vistos desde un
foro. Cochamba: Ed. Universitaria 1978. 166 S.   Bc 1935
S á n c h e z -Bustamante, D. : Bolivia. Su estructura y sus derechos
en el Pacífico. 2. ed. La Paz: Banco Central de Bolivia, Acad.
Boliviana de la Historia 1979. XIV, 227 S.   B 42422
Sandoval -Rodríguez, I. : Culminación y ruptura del modelo nacio-
nal-revolucionario. Torres en el escenario política boliviano.
La Paz 1979. 203 S.   B 42459

L 425 Brasilien

B e l a u , D. : Autoritärer Staat und Wirtschaftskonzentration in Bra-
silien. In: Staat und Entwicklung. 1981. S. 473-513.   B 44366
Brasilien. Eine histor. -polit. Landeskunde. Quellen u. Anmerkungen.
Paderborn: Schöningh 1981. 301 S.   B 45220
Brasilien-Nachrichten. 2, 1977-7, 1982. Hrsg. : Aktion Brennpunkt
Brasilien, Marburg: Kathol. Hochschul- und
Studentengemeinden 1977-82. Getr. Pag.   DZ 80
Brazil in the international system: The rise of a middle power.
Ed. : W. A. Selcher. Boulder: Westview 1981. XXVII, 251 S.   B 44480
Fishlow, A. : The United States and Brazil. The case of the
missing relationship. In: Foreign affairs. Vol. 60, 1982.
No. 4. S. 904-923.   BZ 05149:60

Flores, M. C.: Die brasilianische Marine 1945-1981. In: Marine-
Rundschau. Jg. 79, 1982. H. 7. S. 358-369. BZ 05138:79
Hagen, A.: Brasiliens Außenpolitik in den 80er Jahren. In:
Deutsche Aussenpolitik. Jg. 26, 1981. H. 11. S. 61-72. BZ 4557:26
Levine, R. M.: Perspectives on the Mid-Vargas Years 1934-1937.
In: Journal of Interamerican studies and world affairs.
Vol. 22, 1980. No. 1. S. 57-80. BZ 4608:22
Luehr, V.: Grenzen der Durchsetzbarkeit der wirtschaftlichen und
politischen Strategien südamerikanischer Militärdiktaturen, Brasilien, Chile. Bonn: Dt. Gesellsch. f. Friedens- u. Konfliktforschung
1980. 11 S. Bc 0821
Moltmann, B.: Militär zwischen Politik und Profession. Die
brasilian. Streitkräfte 1880-1910. Mettingen: Brasilienkunde-Verl.
1981. 273 S. B 44534
Moura, C.: Diário da guerrilha do Araguaia. São Paulo:
Ed. Alfa-Omega 1979. 80 S. Bc 1762
Tabak, F.: Women's role in the formulation of public politices in
Brazil. In: Women, power and political systems. 1981.
S. 66-80. B 44390
Wesson, R.: The United States and Brazil. Limits of influence.
New York: Praeger 1981. XII, 179 S. B 45190

L 427 Chile

Almeyda, C.: Liberación y fascismo. Discursos políticos.
México: Ed. Nuestro Tiempo 1979. 195 S. B 42450
Angell, A.: Pinochet's Chile: back to the nineteenth century?
In: The World today. Vol. 38, 1982. No. 1. S. 18-25. BZ 4461:38
Bitar, S.: Transición, socialismo y democracia. La experiencia
chilena. México: Siglo XXI 1979. 380 S. B 42425
Die Diktatur institutionalisiert ihren Terror. In: Blätter des iz3w.
Nr. 96. S. 43-54. BZ 05130:1981
Lira, C.: (Asi vemos nuestro destierro. [dt.]) Und Chile ist weit
und nah. Drei Jahre Exil in der BRD. Wuppertal: Dritte Welt
Laden 1981. 145 S. B 45094
Puccio, O.: Ein Vierteljahrhundert mit Allende. Erinnerungen
seines Privatsekretärs. Köln: Pahl-Rugenstein 1981. 429 S. B 43539
Quinteros, H.: Diario de un preso político chileno. Madrid:
Ed. de la Torre 1979. 92 S. Bc 1766
Ray Balmaceda, R. C.: ¿Otra cuestion de limites con Chile?
In: Estrategia. 1981. No. 69. S. 106-130. BZ 4639:1981
Romeo, S.; Allende, A. P.: Entrevista en la clandestinidad a
Andrés Pascal Allende. [o. O.] 1980. 11 S. D 02007
Schubert, A.: Die Diktatur in Chile. Frankfurt: Campus 1981.
Verl. 1981. 153 S. B 44046
Zur Verteidigung der demokratischen Rechte in Chile. Bochum:
COSECH 1981. 38 S. D 2385

L 433 El Salvador

Arias Gómez, J.: Farabundo Martí. Volksaufstand in El Salvador.
Kiel: Magazin-Verl. 1980. 48 S.   Bc 2061

Baehr, R.: Notiert in El Salvador. Ein Reisebericht.
Münster: Christl. Initiative 1982. 13 S.   D 2465

El Salvador. Tübingen: amnesty international 1982. 46 S.   D 2352

El Salvador. Absage an d. Gewalt. Guerilla ohne Zukunft. München: Internat. Arbeitsgem. "Freiheit u. Demokratie 1982. 68 S.   D 2467

El Salvador. Gemeinsamer Hirtenbrief des Salvadorianischen Episkopats "Ein Nein der Gewalt, ein Ja dem Frieden"... München: Internat. Arbeitsgem. "Freiheit u. Demokratie 1982. 34 S.   D 02452

El Salvador - Massaker im Namen der Freiheit. Reinbek: Rowohlt 1982. 200 S.   Bc 2933

El Salvador. Un pueblo perseguido. Testimonios de cristianos.
Lima: Centro de Estudios y Publ. 1980. 148 S.   Bc 1937

El Salvador. Ein Volk wird unterdrückt. Stade: Informationswerkstatt Dritte Welt 1982. 23 S.   D 2451

Erdozaín, P.: San Romero de America. Das Volk hat dich heiliggesprochen. D. Geschichte d. Bischofs Oscar A. Romero von San Salvador. Wuppertal: Jugenddienst-Verl. 1981. 122 S.   B 44800

Fisher, S. W.: Human rights in El Salvador and U. S. foreign policy. In: Human rights quarterly. Vol. 4, 1982. No. 1. S. 1-38.   BZ 4753:4

Gewerkschafter in El Salvador. Schon das Wort Kollege kann den Tod bedeuten. Köln: Informationsstelle El Salvador 1982. 40 S.   D 2434

Kruger, A.: El Salvador's marxist revolution. In: The journal of social, political and economic studies. Vol. 6, 1981. No. 2. S. 119-139.   BZ 4670:6

Langhoff, U.: El Salvador. D. Geschichte. Die heutige Situation. 2. Aufl. Berlin 1981. 40 S.   D 2483

LeoGrande, W. M.: A splendid little war. Drawing the line in El Salvador. In: International security. Vol. 6, 1981. No. 1. S. 27-52.   BZ 4433:6

Martínez, A. G.: El Salvador. Une femme du Front de Libération témoigne. Paris: Des Femmes 1981. 263 S.   B 44052

Materialien zu El Salvador. Frankfurt: Antiimperial. Solidaritätskomitee 1981. 23 S.   D 02404

Prosterman, R. L.; Riedinger, J. M.; Temple, M. N.: Land reform and the El Salvador crisis. In: International security. Vol. 6, 1981. No. 1. S. 53-74.   BZ 4433:6

Sieglin, V.: El Salvador - Geschichte und gesellschaftliche Ursachen des Bürgerkrieges. In: Blätter für deutsche und internationale Politik. Jg. 27, 1982. H. 4. S. 455-471.   BZ 4551:27

Wofür sie heute kämpfen. FMLN - FDR. Für ein freies El Salvador. Programmatische Plattform der Revolutionären Demokratischen Regierung von El Salvador. 2., erw. Ausg. München: Informationsstelle El Salvador 1982. 32 S.   D 2401

L 435 Guatemala

Booth, J. A.: A Guatemalan nightmare. Levels of political violence, 1966-1972. In: Journal of Interamerican studies. Vol. 22, 1980.
No. 2. S. 195-225. BZ 4608:22
Guatemala. Solidaritätskalender 1982. München: Informationsstelle Guatemala 1981. 13 ungez. Bl. D 02351
Guatemala. Universität im Widerstand. Münster: Guatemalagruppe 1981. 40 S. D 2347
Lindblom, Bo: Lindblom, B.: Guatemala - hycklarnas paradis. Stockholm: Författarförlaget 1981. 209 S. B 45274
Manifest der Unidad Revolucionaria Nacional Guatemalteca - URNG. München: Informationsstelle Guatemala 1982. 38 S. D 2360
Rudel, C.: Guatemala. Terrorisme d'état. Paris: Karthala 1981. 183 S. B 44251
Sergeev, F. M.: "Operacija Gvatemala". (1954 g.) [Operation Guatemala.] In: Voprosy istorii. God 1981. No. 8.
S. 101-114. BZ 05317:1981
Wen macht die Banane krumm? Guatemala. Grundinformationen - Materialien - Aktionsvorschläge. Münster: Guatemala-Solidaritätsgruppe 1981. 58 S. D 02358

L 441 Kanada

Bindon, K. M.: More than patriotism. Canada at war 1914-1918. Toronto: Pers. Libr. Publ. 1979. 192 S. B 43752
Drouin, M.-J.; Malmgren, H. B.: Canada, the United States and the world economy. In: Foreign affairs. Vol. 60, 1981/82.
No. 2. S. 393-413. BZ 05149:60
Kashtan, W.: XXIV. Parteitag der Kommunisitschen Partei Kanadas, 5.-8.1.1980. Bericht d. Generalsekretärs... Polit. Hauptresolutionen... Schlusswort. Berlin: Dietz 1981. 111 S. Bc 2241
Legendre, C.: French Canada in crisis. A new society in the making? London: Minority Rights Group 1980. 19 S. Bc 0840
Lynch, T. G.: Canada's Flowers. History of the corvettes of Canada 1939-1945. Bennington: Internat. Graphics Corp. 1981.
99 S. Bc 0666
Naßmacher, K.-H.: Öffentliche Rechenschaft und Parteifinanzierung. In: Aus Politik und Zeitgeschichte. 1981. B 14-15.
S. 3-18. BZ 05159:1982
Ogelsby, J. C. M.: A Trudeau decade. Canadian-Latin American relations 1968-1978. In: Journal of Interamerican studies and world affairs. Vol. 21, 1979. No. 2. S. 187-208. BZ 4608:21
US policy towards Canada. The neighbor we cannot take for granted. In: The Atlantic community quarterly.

La nouvelle entente Québec-Canada. Proposition du gouvernement du
Québec pour une entente d'égal à égal: la souveraineté-association.
Québec: Ed. officiel 1979. 118 S. Bc 2225
The RCN [Royal Canadian Navy] in retrospect, 1910-1968. Ed.:
J. A. Boutilier. Vancouver: Univ. of British Columbia Pr. 1982.
XXX, 373 S. B 46081
Riekhoff, H. von; Sigler, J. H.; Tomlin, B. W.: Canadian -
US. relations: Policy environments, issues, and prospects.
Quebec: How Research Institute 1979. 149 S. Bc 2210
Stursberg, P.: Lester Pearson and the American dilemma.
Toronto: Doubleday 1980. XII, 333 S. B 43691
Canada's fighting Vehicles. Europe 1943-45. Ed.: W. A. Gregg.
2nd rev. ed. Ontario: The Canadian Military Historical Society
1980. 210 S. Bc 0783
Vickers, J. M.; Brodie, M. J.: Canada. In: The politics of the
second electorate. 1981. S. 52-82. B 44630
Wise, S. F.: The official History of the Royal Canadian Air Force.
Vol. 1. Toronto: Univ. Pr. 1980. 771 S. B 44433

L 443 Kolumbien

Moßmann, P.: Staat, innergesellschaftliche Machtblöcke und
Bauernbewegungen in Kolumbien. In: Staat und Entwicklung. 1981.
S. 248-267. B 44366
Meschkat, K.: Weltbank, Nationalstaat und Kleinbauern. In:
Staat und Entwicklung. 1981. S. 514-534. B 44366
Der längste und einsamste Streik. Ablauf u. Umstände d. Arbeits-
kampfes d. kolumbianischen Seeleute im Hamburger Hafen.
Hamburg: Kolumbien-Solidaritätskomitee 1982. 29 S. D 2455
Vázquez-Carrizosa, A.: El Poder presidencial en Colombia. La
crisis permanente del derecho constitucional. 2. ed.
Bogotá: Dobry 1979. 437 S. B 42427

L 445 Mexiko

Benítez, F.: Entrevistas con un solo tema: Lázaro Cárdenas.
México: Univ. Nac. Autónoma de México 1979. 124 S. Bc 1897
Córdova, A.: La Política de masas y el futuro de la izquierda
en México. México: Ed. Era 1979. 131 S. Bc 1901
Essays on the Mexican revolution. Revisionist views of the leaders.
Austin: Univ. of Texas Pr. 1979. XXI, 136 S. B 43836
Fabela, I.: La Política interior y exterior de Carranza.
México: Ed. Jus 1979. 269 S. B 42451

Henderson, P.V.N.: Félix Díaz, the Porfirians, and the Mexican revolution. Lincoln: Univ. of Nebraska Pr. 1981. XI, 239 S. B 44083
Interpretaciones de la revolución mexicana. 3. ed. México: Univ. Nac. Autónoma de México 1980. 150 S. Bc 1934
Jiménez González, E.: Embajador por 700 días. Misión confidencial. México: Pablos 1979. 106 S. B 42452
Medina, L.: Del Cardenismo al Avilacamachismo. México: Colegio de México 1978. VII, 410 S. B 42462
Philip, G.: Mexico and its neighbours. In: The World today. Vol. 37, 1981. No. 9. S. 356-362. BZ 4461:37
Powell, T.G.: Mexico and the Spanish civil war. Albuquerque: Univ. of New Mexico Pr. 1981. XIII, 210 S. B 44493
Richter, P.; Esser, K.: Schwerpunkt Mexiko. Zur Fortentwicklung d. bilateralen Kooperationspolitik d. Bundesrepublik Deutschland. Berlin: Dt. Institut f. Entwicklungspolitik 1981. IV, 110 S. Bc 2816
Rodríguez-Araujo, O.: La Reforma política y los partidos en México. 2. ed. México: Siglo XXI 1979. 267 S. B 41003
Scott, R.E.: National development and Mexico's foreign policy. In: International Journal. Vol. 37, 1982. No. 1. S. 42-59. BZ 4458:37
Soto, S.A.: The Mexican Woman: A study of her participation in the revolution, 1910-1940. Palo Alto: RandE Research Assoc. 1979. IV, 117 S. Bc 0616

L 447 Nicaragua

Calamai, M.: Il Fantasma di un' altra Cuba. L' America latina dopo la rivoluzione sandinista. Bari: De Donato 1979. 161 S. Bc 1592
Diederich, B.: Somoza. And the legacy of U.S. involvement in Central America. New York: Dutton 1981. IX, 352 S. B 45192
Dobrzycki, W.: Nikaragua: przemiany wewnętrzne a polityka zagraniczna. [Nicarague: Innere Wandlungen u. Aussenpolitik.] In: Sprawy Międzynarodowe. Rok 34, 1981. Zeszyt 7. S. 73-88. BZ 4497:34
Gispert-Sauch, A.: Nicaragua a un año de la victoria. Documentos, testimonios, reflexiones. Textos. Lima: Centro de Estudios y Publ. 1980. 172 S. Bc 1936
Goodsell, J.N.: Nicaragua: an interim assessment. In: International Journal. Vol. 37, 1982. No. 1. S. 91-107. BZ 4458:37
Grigulevič, I.P.: Augusto Sesar Sandino - general svobodnych ljudej. [Augusto César Sandino - General der freien Menschen.] In: Novaja i novejšaja istorija. God 1982. No. 1. S. 93-107; 2. S. 107-120. BZ 05334:1982
Krims, A.: Die Bedrohung der nicaraguanischen Revolution. In: Blätter für deutsche und internationale Politik. Jg. 27, 1982. H. 2. S. 222-234. BZ 4551:27

Lot, A.: Vorboten des Sturms. Die Diktatur der Armen. Aufzeichnungen aus dem neuen Nicaragua. München: Matthes und Seitz 1981. 156 S.   B 44345

Meiselas, S.: Nicaragua. June 1978 - July 1979. New York: Pantheon Books 1981. Getr. Pag.   B 45293

Moser, E.; Gonzáles R., F.; Friedrichs, P.: Nicaragua, die verratene Revolution? München: Internat. Arbeitsgem. "Freiheit und Demokratie" 1982. 87 S.   D 2437

Nicaragua - Die Chancen einer Revolution. Duisburg: Lateinamerika-Komitee 1982. 134 S.   D 2351

Nicaragua. Ein Volk nimmt sein Schicksal in d. eigene Hand. Köln: AStA Univ. Köln 1982. 39 S.   D 02415

La Revolucion nicaraguense. Pres. y selec. de textos: E. Pineda. Madrid: Ed. Revolucion 1980. 206 S.   B 46163

Die Revolution in Nicaragua. Zürich: Veritas Verl. Genossensch. 1980. 93 S.   Bc 2102

Selser, G.: Sandino, general de hombres libres. 2. ed. México: Ed. Diógenes 1979. 334 S.   B 42466

Sieg - für wen? Nicaragua. Vorboten des Sturms. Aufzeichnungen aus d. neuen Nicaragua. [o. O.] 1981. 143 S.   D 2373

Soulé, V.; Caroit, J.-M.: Nicaragua. Le modèle sandiniste. Paris: Le Sycomore 1981. 222 S.   B 44062

Weber, H.: Nicaragua. La revolution sandiniste. Paris: Maspero 1981. 184 S.   B 44058

Wheelock, J.: "Wir haben nun mal gewonnen!". Über Demokratie und Kriegsgefahr in Nicaragua. In: Der Spiegel. Jg. 35, 1981. Nr. 50, S. 142-154.   BZ 05140:35

L 453 Peru

Alvarado-Sánchez, J.: Reflexiones sobre el golpismo, la tiranía y la revolución. Anotaciones históricas y filosóficas acerca del libro "Testimonio de lucha" - documental para la historia del Perú - de José María de la Jara y Ureta. Lima: Ed. Minerva 1979. 237 S.   B 42464

Aricó, J.: Mariátegui y los orígenes del marxismo latinoamericano. México: Siglo XXI 1978. LVI, 321 S.   B 42455

Caravedo-Molinari, B.: Estado, presca y burguesia. 1939-1973. Lima 1979: Centro de Proyección Cristiana. 196 S.   B 42457

Chavez-Costa, A.: El Peru. Un Pueblo olvidado y sin voz. Lima: Programa Ed. 1978. 311 S.   B 42460

Falcón, J.: Amauta: Polémica y acción de Mariátegui. Lima: Ed. Amauta 1979. 246 S.   B 42465

Fernández-Salvatteci, J. A.: La revolución peruana. Yo acuso. Tacna 1978: Ed. El Siglo. 266 S.   B 42419

Gremliza, D.: Ziele und Ergebnisse der peruanischen Agrar-

reform. In: Staat und Entwicklung. 1981. S. 535-553. B 44366
H a y a de la Torre, V. R.: El Libro rojo de Haya de la Torre. Haya de la Torre y el cambio social en América Latina. Lima: Ed. Sudamérica 1979. 360 S. B 42456
K r u i j t, D.; V e l l i n g a, M.: Labor Relations and multinational corporations. The Cerro de Pasco Corporation in Peru (1902-1974). Assen: Van Gorcum 1979. XVIII, 262 S. B 43690
M a c C l i n t o c k, C.: Peasant Cooperatives and political change in Peru. Princeton: Princeton Univ. Pr. 1981. XVII, 418 S. B 43671
P e a s e - García, H.: Los Caminos del poder. 3 Años de crisis en la escena política. Lima: Desco 1979. 363 S. B 42463
R u j e l - Díaz, J. S.: El Aprismo frente al marxismo congelado. Análisis crítico de la primera tesis fundamental del marxismo. Lima: Ed. Periodisticas 1979. 51 S. Bc 1896
S p e s s a r t, S.: Garant oder Gegner? Militärregierung und städtische Marginalität in Lima, Peru, 1968-1975. Vier Fallstudien. Saarbrücken: Breitenbach 1980. XVIII, 499 S. B 44463

L 460 Vereinigte Staaten (USA)

a./d. Allgemeines

B o r c h, H. von: Amerika - Dekadenz und Größe. München: Piper 1981. 332 S. B 44188
C r o z i e r, M.: Le Mal américain. Paris. Fayard 1980. 295 S. B 43447
H e l m s, E.: USA. Staat und Gesellschaft. 5., völlig überarb. Neuaufl. Hannover: Fackelträger-Verl. 1981. 221 S. B 44197

B e n z, W.: Judenvernichtung aus Notwehr? Die Legenden um Theodore N. Kaufman. In: Vierteljahrshefte für Zeitgeschichte. Jg. 29, 1981. H. 4. S. 615-630. BZ 4456:29
B r o z e k, A.: Die polnische Einwanderung in die Vereinigten Staaten (1854-1939). In: Österreichische Osthefte. Jg. 23, 1981. H. 3. S. 239-251. BZ 4492:23
C a r s o n, C.: In Struggle. Cambridge: Harvard Univ. Pr. 1981. VIII, 359 S. B 44861
H a h n, F.: Zusammenarbeit u. Konflikt zweier Minderheiten in den USA. Der jüdische und schwarze Bevölkerungsteil. In: Beiträge zur Konfliktforschung. Jg. 11, 1981. Nr. 3. S. 79-96. BZ 4594:11
H a r t m a n n -Laugs, P. S.: Die politische Integration der Mexiko-Amerikaner. Eine Analyse mexikoamerikanischen Wahlverhaltens in d. Jahren 1960-1974. u. Berücks. sozioökonomischer Variablen. Frankfurt: Lang 1980. 258 S. B 43912
H e w l e t t, S. A.: Coping with illegal immigrants. In: Foreign

affairs. Vol. 60, 1981/82. No. 2. S. 358-378.　　　　　　BZ 05149:60
Lessing, J. C.: Guide to the oral history collection of the Research Foundation for Jewish Immigration, New York. New York: Saur 1982. XXXVI, 152 S.　　　　　　　　　　　　　　　B 37999:3,1
Mathias, C. M.: Ethnic groups and foreign policy. In: Foreign affairs. Vol. 59, 1981. No. 5. S. 975-998.　　　　　　　BZ 05149:59
Newton, M.: Bitter Grain. (The story of the Black Panther Party.) Los Angeles: Holloway House 1980. 218 S.　　　　　　　Bc 2393
Roche, J. P.: Immigration and nationality. A historical overview of United States policy. In: Ethnic resurgence in modern democratic states. 1980. S. 30-76.　　　　　　　　　　　　　　　　　B 45208
Shafir, S.: Roosevelt: His attitude towards American jews, the holocaust and zionism. Aus: Forum. No. 44, 1982. S. 37-52. Bc 2965
Wolfenstein, E. V.: The Victims of democracy. Malcolm X and the black revolution. Berkeley: Univ. of Calif. Pr. 1981. XI, 422 S.　　　　　　　　　　　　　　　　　　　　　　　B 44488

c. Biographien

Arnold, H. M.: Henry Kissinger and human rights. In: Universal human rights. Vol. 2, 1980. No. 4. S. 57-71.　　　　　　BZ 4714:2
Berger, J.: A new Deal for the world: Eleanor Roosevelt and American foreign policy. New York: Columbia Univ. Pr. 1981. XII, 177 S.　　　　　　　　　　　　　　　　　　　　　　B 44178
Biggs, B.: Gavin. Hamden: Archon Books 1980. 182 S.　　B 45244
Blankertz, S.; Nordpol, C.: Ronald Reagan an der Macht. Wie es dazu kommen konnte und was folgt daraus. Wetzlar: Büchse der Pandora 1981. 76 S.　　　　　　　　　　　　　　　　Bc 2924
Carlson, J.: George C. Wallace and the politics of powerlessness. The Wallace campaigns for the presidency, 1964-1976. New Brunswick: Transaction Books 1981. XV, 331 S.　　　　　　　B 45115
President Carter. 1978. Timely reports... Washington: Congressional Quarterly 1979. 86, 165 S.　　　　　　　　　　　　　Bc 0536
Cohen, W. I.: Dean Rusk. Totowa: Cooper Square Publ. 1980. XII, 375 S.　　　　　　　　　　　　　　　　　　　　　　B 44350
Cook, B. W.: The declassified Eisenhower. A divided legacy. Garden City: Doubleday 1981. XXIV, 432 S.　　　　　　　B 45204
Edwards, L.: Ronald Reagan. A political biography. Rev., updat. and exp. ed. Houston: Nordland 1980. 306 S.　　　　　　B 46300
Egloff, F. A.: Theodore Roosevelt: an American portrait. New York: Vantage Pr. 1980. 186 S.　　　　　　　　　　　B 43812
Hunsberger, W. D.: Clarence Darrow: a bibliography. Metuchen: The Scarecrow Pr. 1981. 215 S.　　　　　　　　　　　　B 45295
Investigation of the assassination of Martin Luther King, Jr. Hearings before the select Committee on assassinations of the U.S. House of Representatives. 95. Congress, 2. session. Vol. 1. -13. Washington: US Gov. Print Office 1979. Getr. Pag.　　　　B 44097

King, M. L.: Schöpferischer Widerstand. Reden, Aufsätze, Predigten. Hrsg.: G. W. Grosse. Gütersloh: Mohn 1980. 151 S.   B 44180

Kissinger, H.: For the record. Selected statements 1977-1980. London: Weidenfeld and Nicolson 1981. XIII, 332 S.   B 43871

Marshall, S. L. A.: Bringing up the rear. A memoir. San Rafael: Presidio Pr. 1979. XIII, 310 S.   B 44773

Meagher, S.; Owens, G.: Master Index to the J. F. K. assassination investigations: The reports and supporting volumes of the House Select Commitee on Assassinations and the Warren Commission. Metuchen: Scarecrow Pr. 1980. XI, 435 S.   B 43849

Mostovec, N. V.: Genri Uinston - nacional' nyj predsedatel' Kommunističeskoj partii SSA. [Henry Winston, nationaler Vorsitzender d. Kommunistischen Partei der USA.] In: Novaja i novejšaja istorija. God 1981. No. 3. S. 108-122; 4. S. 86-98.   BZ 05334:1981

Radford, A. W.: From Pearl Harbor to Vietnam. The memoirs. Ed.: S. Jurika. Stanford: Hoover Inst. Pr. 1980. XII, 476 S.   B 43682

Reagan the man, the president. Oxford: Pergamon Pr. 1981. VI, 201 S.   B 44353

Reagan, R. W.: (The official Ronald Wilson Reagan Quote Book, [dt.].) Die gesammelten Worte des Ronald W. Reagan. München: Heyne 1981. 111 S.   Bc 2493

Stone, E.: Andrew Young. Biography of a realist. Los Angeles: Holloway 1980. 215 S.   Bc 2204

Truman, H. S.: Off the Record. The private papers. Ed.: R. H. Ferrell. New York: Harper and Row 1980. VIII, 448 S.   B 44431

e. Staat/Politik

e. 1 Innenpolitik

e. 1.1 Staat und Recht

Barbrook, A.: Protest and pressure: The public interest and Pressure groups in the USA. 2nd print. Hull: University 1980. 14 Bl.   Bc 0534

Buenker, J. D.; Burckel, N. C.: Progressive Reform. A guide to information sources. Detroit: Gale 1980. XIII, 366 S.   B 43845

Christenson, R. M.: American Politics. Understanding what counts. Cambridge: Harper and Row 1980. 340 S.   Bc 0539

Howell, J. M.: Socioeconomic dilemmas of U.S. human rights policy. In: Human rights quarterly. Vol. 3, 1981. No. 1. S. 78-92.   BZ 4758:3

Leuenberger, T.: Herrschaftsstruktur und Machtverteilung im politischen System der USA. Berlin: Duncker u. Humblot 1981. 224 S.   B 45098

MacCarrick, E.M.: U.S. Constitution. A guide to information
  sources. Detroit: Gale 1980. IX, 390 S. B 43846
Murphy, P.L.: World War 1 and the origin of civil liberties in the
  United States. New York: Norton 1979. 285 S. B 43878
Pynn, R.E.: American Politics. Changing expectations. New York:
  Van Nostrand 1981. XIX, 619 S. B 45203
Solomon, M.: Reagan stößt auf Widerstand. Die neue Friedensbe-
  wegung in Amerika. In: Blätter für deutsche und internationale
  Politik. Jg. 27, 1982. H. 4. S. 397-428. BZ 4551:27
White, P.; Degen, G.R.: Neue politische Entwicklungen in den
  Vereinigten Staaten. Ronald Reagan and Neoconservatism. Preface
  to presidency? Gewerkschaften u. Präsident Carter. Göttingen:
  Musterschmidt 1980. 171 S. Bc 2049

e. 1.2 Regierung /Verwaltung /Polizei

Bitzer, L.; Rueter, T.: Carter vs Ford. The counterfeit debates
  of 1976. Madison: Univ. of Wisconsin Pr. 1980. XII, 428 S. B 43773
Blum, J.M.: The progressive Presidents. Roosevelt, Wilson,
  Roosevelt, Johnson. New York: Norton 1980. 221 S. B 43829
Borch, H. von: Das Roosevelt-Jahr. Ein Memento für Amerika.
  In: Aussenpolitik. Jg. 33, 1982. Nr. 2. S. 184-193. BZ 4457:33
Cronin, T.E.: The State of the presidency. 2. ed. Boston:
  Little, Brown 1980. VII, 417 S. B 43993
Grossman, M.B.; Kumar, M.J.: Portraying the president.
  The White House and the news media. Baltimore: Johns Hopkins
  Univ. Pr. 1981. X. 358 S. B 44073
Hodgson, G.: All Things to all men. London: Weidenfeld &
  Nicolson 1980. 296 S. B 43918
Jennings, G.: Into the Jaws of politics. The charge of the Peanut
  Brigade. (Carter.) Huntsville: Strode 1979. 215 S. B 43613
Lammers, A.: Roosevelt, Reagan en het Amerikaanse reveil.
  In: Internationale spectator. Jg. 35, 1981. Nr. 11.
  S. 653-663. BZ 05223:35
Presidency 1977. Washington: Congr. Quarterly 1978.
  52, 196 S. Bc 0537:9
The tethered Presidency. Congressional restraints on executive
  power. Ed.: T.M. Franck. New York: Univ. Pr. 1981.
  XIII, 299 S. B 45156
Roberts, J.C.: The conservative Decade. Emerging leaders of the
  1980s. Westport: Arlington House Publ. 1980. X, 340 S. B 44445

Kostin, P.V.: Tajnaja Policija SSA. FBR: prošloe i nastojaščee.
  [Die Geheimpolizei der USA. FBI: Vergangenheit und
  Gegenwart.] Moskva: [Mysl] 1981. 349 S. B 44747

e. 1.3 Parlamentswesen / Wahlwesen

Cohen, R. E.; Nurnberger, R. D.: Congressional Leadership:
Seeking a new role. Beverly Hills, London: Sage 1980. 88 S. Bc 2107
Haass, R.: Congressional Power: Implications for American
security policy. London: Internat. Institute for Strategic
Studies 1979. 38 S. Bc 0765
Muravchik, J.: The Senate and national security: a new mood.
Beverly Hills, London: Sage 1980. 88 S. Bc 2079
Tower, J. G.: Congress versus the president. The formulation and
implementation of American foreign policy. In: Foreign affairs.
Vol. 60, 1981/82. No. 2. S. 229-246. BZ 05149:60

Asher, H. B.: Presidential Elections and American politics.
Voters, candidates, and campaigns since 1952. Rev. ed.
Homewood: Dorsey 1980. XVII, 419 S. B 43599
Clem, A. L.: American electoral Politics: Strategies for renewal.
New York: Van Nostrand 1981. VIII, 246 S. B 44704
Cravit, L.: The Forty-Year-Parallel in presidential elections.
New York: Vantage Pr. 1980. 175 S. B 44768
The Electorate reconsidered. Ed.: J. C. Pierce and J. L. Sullivan.
Beverly Hills: Sage 1980. 293 S. B 44931
Fiorina, M. P.: Retrospective Voting in American national
elections. New Haven: Yale Univ. Pr. 1981. XI, 249 S. B 44292
Hill, D. B.; Luttbeg, N. R.: Trends in American electoral
behavior. Itasca: Peacock 1980. XII, 177 S. B 43617
Kessel, J. H.: Presidential Campaign Politics. Coalition strategies and citizen response. Homewood: Dorsey 1980.
XIII, 298 S. B 43610
Lösche, P.: Die amerikanischen Präsidentenwahlen 1980. Eine
Analyse aus deutscher Sicht. In: Zeitschrift für Parlamentsfragen.
Jg. 12, 1981. H. 4. S. 573-588. BZ 4589:12
Pomper, G. M.; Lederman, S. S.: Elections in America. Control and influence in democratic politics. 2. ed. New York:
Longman 1980. XVI, 256 S. B 43670
Sanford, T.: A Danger of democracy. The presidential nominating process. Boulder: Westview 1981. XIV, 184 S. B 43995
Smith, J. A.: American presidential Elections. Trust and the
rational voter. New York: Praeger 1980. XIII, 207 S. B 43566

e. 1.4 Parteiwesen

Amann, P. H.: Les fascismes américains des années trente.
Aperçus et réflexions. In: Revue d'histoire de la deuxième
guerre mondiale. Année 32, 1982. No. 126. S. 47-75. BZ 4455:32
Crotty, W. J.; Jacobson, G. C.: American Parties in decline.
Boston: Little, Brown 1980. XI, 267 S. B 43713

Daniel, C. E.: The A[merican] C[ivil] L[iberties] A[ct] and the
Wagner Act. Ithaca: Cornell Univ. 1980. 142 S. B 45290
Eisenstein, Z. R.: The sexual politics of the new right. Understanding the "crisis of liberalism" for the 1980s. In: Signs.
Vol. 7, 1981/82. No. 3. S. 567-588. BZ 4416:7
Goldberg, G. W.: Der Neo-Konservatismus in den USA. Verbindungslinien zur "Neuen Demokratie" Lateinamerikas. Würzburg:
Naumann 1979. 19 S. Bc 2045
Guarasci, R.: The Theory and practice of American marxism,
1957-1970. Lanham: Univ. Pr. of America 1980. 242 S. B 44426
Jackson, J. S., III; Hitlin, R. A.: The nationalization of the Democratic Party. In: The Western political Quarterly.
Vol. 34, 1981. No. 2. S. 270-286. BZ 4612:34
Levenstein, H. A.: Communism, anticommunism, and the CIO.
Westport: Greenwood 1981. XII, 364 S. B 44689
Naßmacher, K.-H.: Öffentliche Rechenschaft und Parteifinanzierung. In: Aus Politik und Zeitgeschichte. 1982.
B 14-15. S. 3-18. BZ 05159:1982
NS-Report. Ed.: G. Lauck. No. 1, 1975-12, 1978. Lincoln:
NSDAP-AO 1975-78. Getr. Pag. DZ 311
Political Parties in the eighties. Ed.: R. A. Goldwin. Washington:
American Enterprise Inst. f. Public Policy Research 1981.
152 S. B 44355
Wasser, H.: Zur Krise des amerikanischen Parteiwesens. In:
Zeitschrift für Politik. Jg. 29, 1982. H. 1. S. 50-65. BZ 4473:29

e. 2 Außenpolitik

Amerikanische Aussenpolitik im Wandel. Hrsg.: E.-O. Czempiel.
Stuttgart: Kohlhammer 1982. 170 S. B 46217
Chubin, S.: Die USA und die Dritte Welt. Motive, Ziele, Handlungsweisen. In: Dritt-Welt-Konflikte und Internationale Sicherheit.
1981. S. 69-89. B 44309
American Diplomacy in the twentieth century. Ed.: W. F. Kimball.
St. Louis: Forum Press 1980. Getr. Pag. Bc 0531
Evolving strategic realities: Implications for US policymakers.
Ed.: F.-D. Margiotta. Washington: National Defense Univ. Pr.
1980. XI, 222 S. B 45181
Foster, C. R.: Politisch-militärische Faktoren in den atlantischen
Beziehungen. Die Aussichten unter Reagen. In: Europäische
Rundschau. Jg. 10, 1982. Nr. 1. S. 107-114. BZ 4615:10
Greiner, B.: "Die ganze Welt ist Sache der NATO". Der globale
Herrschaftsanspruch der USA unter der Reagan-Administration.
In: Blätter für deutsche und internationale Politik. Jg. 27, 1982.
H. 1. S. 21-40. BZ 4557:27
Hacke, C.: Die Außenpolitik der Regierung Reagan im Spannungsfeld von Kontinuität und Wandel. In: Aus Politik und

Zeitgeschichte. 1982. B 13. S. 3-27. BZ 05159:1982
Henderson, B.: ERIC first Analysis. U.S. foreign policy.
Washington: U.S. Departm. of Health ... 1979. 93 Bl. Bc 0541
Hoffmann, S.: La crise et la politique étrangère de l'administration Carter. In: La sécurité de l'Europe dans les années 80.
S. 105-127. B 44240
Hollick, A. L.: U.S. foreign Policy and the law of the sea.
Princeton: Univ. Pr. 1981. XII, 496 S. B 44064
Jervas, G.: Amerikansk utrikespolitik i historisk belysning.
In: Kungliga Krigsvetenskapsakademiens tidskrift. Årg. 185, 1981.
H. 6. S. 257-281. BZ 4718:185
Kegley, C.W., jr.; Wittkopf, E.R.: The Reagan administration's world view. In: Orbis. Vol. 26, 1982. No. 1.
S. 223-244. BZ 4440:26
Kokošin, A.A.: SŠA: za fasadom global'noj politiki. (Vnutrennie faktory formirovanija vnešnej politiki amerikanskogo imperializma na poroge 8ß-ch godov.) [USA: Hinter der Fassade der Weltpolitik.]
Moskva: Politizdat 1981. 366 S. B 44133
Laursen, F.: Security versus access to resources: Explaining a decade of U.S. Oceanic policy. In: World Politics. Vol. 34, 1982.
No. 2. S. 197-229. BZ 4464:34
Leuenberger, T.: Die amerikanische Aussenpolitik vor Komplexität und Widerspruch, 1945-1980. In: Innen- und Aussenpolitik.
1980. S. 203-221. B 44602
Linville, R.P.: Assisting the Third World in the 1980s. In:
Military review. Vol. 61, 1981. No. 12. S. 8-20. BZ 4468:61
Liska, G.: Career of empire. America and imperial expansion over land and sea. Baltimore: Johns Hopkins Univ. Pr. 1978.
XI, 360 S. B 43854
Lowenthal, M.M.: Roosevelt and the coming of the war. The search for United States policy 1937-42. In: Journal of contemporary history. Vol. 16, 1981. No. 3. S. 413-440. BZ 4552:16
Nyporko, J.I.: Konstitucionnye Vzaimootnošenija prezidenta i kongressa SŠA v oblasti vnešnej politiki. [Die konstitutionellen Wechselbeziehungen zwischen dem Präsidenten u. dem Kongress der USA auf dem Gebiet der Aussenpolitik.] Kiev: "Naukova dumka" 1979. 161 S. Bc 1539
Osgood, R.E.: The revitalization of containment. In: Foreign affairs. Vol. 60, 1982. No. 3. S. 465-502. BZ 05149:60
Paarlberg, R.L.; Park, E.Y.; Wyman, D.L.: Diplomatic Dispute. U.S. conflict with Iran, Japan, and Mexico. Harvard: Center for Internat. Affairs. 1978. 170 S. B 43819
Paolucci, H.: Kissinger's War: 1957-1975. Whitestone: Griffon House 1980. 132 S. B 43619
Pastusiak, L.: Myśl konserwatywna a polityka zagraniczna Stanów Zjednoczonych. [Der konservative Gedanke u. die Aussenpolitik der Vereinigten Staaten.] In: Sprawy Międzynarodowe.
Rok 34, 1981. Zeszyt 10. S. 23-36. BZ 4497:34

Plischke, E.: U.S. foreign Relations. A guide to information
surces. Detroit: Gale 1980. XVII, 715 S. B 45200
Podhoretz, N.: (The present Danger, [dt.]) Der Riese taumelt.
Amerika in d. Bewährung. Stuttgart: Seewald 1981. 143 S. B 44789
U.S. policy in the world of the 1980s. In: The Atlantic community
quarterly. Vol. 19, 1981. No. 1. S. 95-106. BZ 05136:19
Probst, R.: Amerikanische Aussenpolitik. Präsident und Kongress
im Widerstreit. In: Innen- und Aussenpolitik. 1980.
S. 191-202. B 44602
President Reagan and American foreign policy. London: The Royal
Institute of International Affairs 1981. III, 38 S. Bc 2349
Schweigler, G.: Von Kissinger zu Carter. Entspannung im Widerstreit von Innen- u. Außenpolitik 1969-1981. München:
Oldenbourg 1982. 514 S. B 45769
Sevost'janov, I.: SŠA v meždunarodnych otnošenijach serediny
70-ch godov. [Die internationalen Beziehungen der USA in der Mitte
der siebziger Jahre.] In: Voprosy istorii. God 1982.
No. 5. S. 60-76. BZ 05317:1982
Shue, H.: Basic Rights. Subsistence, affluence, and U.S. foreign
policy. Princeton: Univ. Pr. 1980. XIII, 231 S. B 44939
Walt, L.W.: The eleventh Hour. Ottawa: Caroline House Publ.
1979. XIX, 100 S. B 43611
Wulf, H.: Zum Zusammenhang von Außen-, Militär- und Wirtschaftspolitik der Reagan-Administration. In: Blätter für deutsche
und internationale Politik. Jg. 27, 1982. H. 5. S. 544-571. BZ 4551:27

Aussenpolitische Beziehungen

Afrika
Libby, R.T.: Toward an africanized U.S. Policy for Southern
Africa: A strategy for increasing political leverage. Berkeley:
Institute of International Studies 1980. IX, 120 S. Bc 2282
Malinowski, M.J.: Wschodnioafrykańska polityka Stanów Zjednoczonych. [Die Ostafrikapolitik der Vereinigten Staaten.] In:
Sprawy Międzynarodowe. Rok 34, 1981. Zeszyt 12.
S. 65-80. BZ 4497:34
Utley, G.: Globalism or regionalism? United States policy towards
Southern Africa. London: Internat. Institute for Strategic
Studies 1980. 36 S. Bc 0766
Weilemann, P.: Die Vereinigten Staaten und das südliche Afrika.
Überlegungen zum Verhältnis von Innen- und Außenpolitik. In: Zeitschrift für Politik. Jg. 29, 1982. H. 1. S. 66-90. BZ 4473:29

Amerika

Armstrong, R.: Das Imperium schlägt zurück.
Die Lateinamerikapolitik in der Reagan-Ära. Bonn:
Informationsstelle Lateinamerika 1982. 52 S. D 2436

Berndtson, H.: Panamakanalen och dess betydelse för USA's
säkerhetspolitiska situation. In: Kungliga Krigsvetenskapsaka-
demiens tidskrift. Årg. 185, 1981. H. 2. S. 51-88. BZ 4718:185
Cohen, R.: Human rights diplomacy. The Carter administration and
the Southern Zone. In: Human rights quarterly. Vol. 4, 1982.
No. 2. S. 212-242. BZ 4753:4
Drouin, M.-J.; Malmgren, H.B.: Canada, the United States and
the world economy. In: Foreign affairs. Vol. 60, 1981/82.
No. 2. S. 393-413. BZ 05149:60
Fishlow, A.: The United States and Brazil. The case of the
missing relationship. In: Foreign affairs. Vol. 60, 1982.
No. 4. S. 904-923. BZ 05149:60
Goldaras, J.R.: Ser algo: E.U.-Cuba - Puerto Rico. Federalismo:
Unión para la defensa y la defensa de la unión. Miami:
Ed. Universal 1979. 121 S. B 41611
Hinckle, W.; Turner, W.W.: The Fish is red. The story of the
secret war against Castro. New York: Harper and Row 1981.
X, 373 S. B 44434
Niess, F.: Der Hinterhof der USA. Zur Geschichte der US-Latein-
amerikapolitik. In: Blätter für deutsche und internationale
Politik. Jg. 26, 1981. H. 8. S. 958-971. BZ 4551:26
US policy towards Canada. The neighbor we cannot take for granted.
In: The Atlantic coummunity quarterly. Vol. 19, 1981.
No. 3. S. 280-295. BZ 05136:19
Eine neue interamerikanische Politik für die 80er Jahre. Geheim-
dokument des Komitees von Santa Fé. Frankfurt: Antiimperiali-
stisches Solidaritätskomitee 1982. 40 S. D 2438
Purcell, S.K.: Mexico-U.S. relations. Big initiatives can cause
big problems. In: Foreign affairs. Vol. 60, 1981/82. No. 3.
S. 379-392. BZ 05149:60
Schoultz, L.: U.S. foreign policy and human rights violations in
Latin America. A comparative analysis of foreign aid distributions.
In: Comparative politics. Vol. 13, 1981. No. 2. S. 149-170. BZ 4606:13
Stursberg, P.: Lester Pearson and the American dilemma.
Toronto: Doubleday 1980. XII, 333 S. B 43691
US policies toward Mexico. Perceptions and perspectives. Ed.:
R.D. Erb and S.R. Ross. Washington: American Enterprise Insti-
tute for Public Policy Research 1979. 56 S. Bc 2237

Asien

Anderson, I.H.: Aramco. The United States and Saudi Arabia.
A study of the dynamics of foreign oil policy 1933-1950.
Princeton: Univ. Pr. 1981. XIII, 259 S. B 43991
Ben-Zvi, A.: Prelude to Pearl Harbor. A study of American ima-
ges toward Japan 1940-41. New York: Vantage 1979. 168 S. B 43608
Boettcher, R.B.:, Freedman, G.L.: Fits of deceit. Sun
Myung Moon, Tongsun Park and the Korean Scandal. New York:
Holt, Rinehart & Winston 1980. XII, 402 S. B 43750

Briggs, P. J.: Congress and the cold war. U. S. - China policy,
   1955. In: The China quarterly. 1981. No. 85. S. 80-95.   BZ 4436:1981
Bruzonsky, M. A.: America's Palestinian predicament. Fallacies
   and possiblities. In: International security. Vol. 6, 1981.
   No. 1. S. 93-110.   BZ 4433:6
Carswell, R.: Economic sanctions and the Iran experience. In:
   Foreign affairs. Vol. 60, 1981/82. No. 2. S. 247-265.   BZ 05149:60
The China Factor. Peking and the superpowers. Ed.: G. Segal.
   London: Croom Helm 1982. 210 S.   B 44966
The Future of US-China relations. Ed.: J. B. Starr. New York:
   Univ. Pr. 1981. XIII, 270 S.   B 45153
Gazit, S.: Risk, glory, and the rescue operation. (Iran.) In: International security. Vol. 6, 1981. No. 1. S. 111-135.   BZ 4433:6
Greene, F.: The United States and Asia in 1981. In: Asian survey.
   Vol. 22, 1982. No. 1. S. 1-12.   BZ 4437:22
Kattenburg, P. M.: The Vietnam Trauma in American foreign
   policy, 1945-75. New Brunswick: Transaction Books 1980.
   XVI, 354 S.   B 43987
Khalidi, W.: Regiopolitics. Toward a U. S. policy on the Palestine
   problem. In: Foreign affairs. Vol. 59, 1981. No. 5.
   S. 1050-1063.   BZ 05149:59
Lieberthal, K.: The strategic Triangle: Can the U. S. play the
   "China card"? Köln: Bundesinst. f. ostwissenschaftl. u. internat.
   Studien 1979. 61 S.   Bc 0575
Melbourne, R. M.: America and Iran in perspective. 1953 and
   1980. In: The Atlantic community quarterly. Vol. 18, 1980/81.
   No. 3. S. 346-362.   BZ 05136:18
Mikulin, A.: Japonsko v plánech USA a NATO. [Japan in den
   Plänen der USA und NATO.] In: Historie a vojenství.
   Ročnik 30, 1981. No. 4. S. 139-166.   BZ 4526:30
Pringle, R.: Indonesia and the Philippines. American interests in
   Island Southeast Asia. New York: Columbia Univ. Pr. 1980.
   XIII, 290 S.   B 43711
Ramazani, R. K.: Who lost America? The case of Iran. In: The
   Middle East Journal. Vol. 36, 1982. No. 1. S. 5-21.   BZ 4463:36
Robinson, T. W.: Choice and consequence in Sino-American
   relations. In: Orbis. Vol. 25, 1981. No. 1. S. 29-52.   BZ 4440:25
Shadid, M. K.: The United States and the Palestinians.
   London: Croom Helm 1981. 252 S.   B 43879
Shalom, S. R.: The United States and the Philippines. A study of
   neocolonialism. Philadelphia: ISHI 1981. XVII, 302 S.   B 44684
Shiels, F. L.: Tokyo and Washington. Dilemmas of a mature
   alliance. Lexington: Lexington Books 1980. XIII, 202 S.   B 43600
Snyder, E. K.; Gregor, A. J.; Hsia Chang, M.: The Taiwan
   relations act and the defense of the Republic of China. Berkeley:
   Institute for International Studies 1980. 132 S.   Bc 2212
Solomon, R. H.: East Asia and the great power coalition. In: Foreign affairs. Vol. 60, 1982. No. 3. S. 686-718.   BZ 05149:60

Stuart, J. L.: The forgotten Ambassador: The reports of John
 Leighton Stuart, 1946-1949. Ed.: K. W. Rea and J. C. Brewer.
 Boulder: Westview 1981. XXII, 345 S. B 44435
Stueck, W. W.: The Road to confrontation. American policy toward
 China and Korea, 1947-1950. Chapel Hill: Univ. of North Carolina
 Pr. 1981. 326 S. B 44281
Xiang, H.: On Sino-U. S. relations. In: Foreign affairs.
 Vol. 60, 1981. No. 1. S. 35-53. BZ 05149:60

Australien

Barclay, G. S. J.: In the stickly fly paper. The United States,
 Australian and Indonesia, 1959-1964. In: Naval War College
 review. Vol. 34, 1981. No. 4. S. 67-80. BZ 4634:34

Europa

Ashley, R. K.: The political Economy of war and peace. The Sino-
 Soviet-American triangle and the modern security problematique.
 London: Pinter 1980. XV, 384 S. B 44439
Bathurst, R. B.: On creating an enemy. In: Naval War College
 review. Vol. 34, 1981. No. 6. S. 14-26. BZ 4634:34
Brauch, H. G.: Amerikanische Ostpolitik, 1969-1978. Kontinuität,
 u. Wandel... f. e. Entspannungspolitik mit d. sozialist. Staaten.
 Bonn: Dt. Gesellsch. f. Friedens- u. Konfliktforschung 1980.
 22 S. Bc 0818
Czempiel, E. -O.: Deutschland - USA. Kooperation und Irritatio-
 nen. In: Aussenpolitik. Jg. 33, 1982. H. 1. S. 14-29. BZ 4457:33
Francis, D. R.: Dollars and diplomacy. Ambassador David
 Rowland Francis and the fall of tsarism, 1916-17. Ed.: J. H.
 Cockfield. Durham: Duke Univ. Pr. 1981. X, 149 S. B 44282
Griffith, W. E.: Bonn and Washington: From deterioration to
 crisis? In: Orbis. Vol. 26, 1982. No. 1. S. 117-134. BZ 4440:26
Hyland, W. G.: U. S. -Soviet relations. The long road back. In:
 Foreign affairs. Vol. 60, 1982. No. 3. S. 525-550. BZ 05149:60
Kriesberg, L.: Noncoercive inducements in U. S. -Soviet con-
 flicts. Ending the occupation of Austria and nuclear weapons tests.
 In: Journal of political & military sociology. Vol. 9, 1981. No. 1.
 S. 1-16. BZ 4724:9
Link, W.: Die Beziehungen zwischen der Weimarer Republik und
 den USA. In: Die Weimarer Republik. 1980. S. 62-92. B 43735
Nielebock, T.; Schwegler, W.; Wolf, K. D.: Restauration
 der amerikanischen Vorherrschaft oder westeuropäische Eman-
 zipation. In: Blätter für deutsche und internationale Politik.
 Jg. 27, 1982. H. 4. S. 429-455. BZ 4551:27
Pipes, R.: U. S. -Soviet Relations in the era of détente. Boulder:
 Westview 1981. XVIII, 227 S. B 44066
Plagemann, K. -E.: Westeuropapolitik der Reagan-Administra-
 tion. Ziele, Wirkungen und Reaktionen. In: Deutsche Aussenpolitik.
 Jg. 27, 1982. H. 2. S. 80-94. BZ 4557:27

Podlesnyj, P. T. : Amerikanskie Koncepcii razvitija otnošenij s
  SSSR. [Amerikanische Vorstellungen z. Entwicklung d. Beziehungen
  m. d. UdSSR.] Moskva: Nauka 1980. 181 S. Bc 2342
Reynolds, D. : The Creation of the Anglo-American alliance
  1937-1941. London: Europa Publ. 1981. XIII, 397 S. B 45431
Richman, J. : The United States and the Soviet Union. The decision
  to recognize. Raleigh: Camberleigh and Hall 1980. XI, 287 S. B 43850
Rowny, E. L. : Negotiating with the Soviets. In: The Atlantic
  community quarterly. Vol. 18, 1980/81. No. 3. S. 300-309.BZ 05136:18
United States Interests and Western Europe. Arms control, energy,
  and trade. Ed. : E. -O. Czempiel. Frankfurt: Campus Verl. 1981.
  159 S. B 44933

f. Wehrwesen

f. 0.10 Wehrpolitik

Binkin, M. ; Kyriakopoulos, I. : Paying the modern military.
  Washington: Brookings Institution 1981. 83 S. Bc 2460
Boyer, Y. : Les augmentations du budget de la défense américaine.
  Le cas des forces stratégiques. In: Défense nationale. Année 38,
  1982. Février. S. 51-65. BZ 4460:38
Clarke, D. L. : Politics of arms control. The role and effectiveness
  of the U. S. Arms Control and Disarmament Agency. New York:
  Free Pr. 1979. X, 277 S. B 44005
Cooper, J. M. : The Army and civil disorder. Federal military
  intervention in labor disputes, 1877-1900. Westport: Greenwood
  1980. XV, 284 S. B 43842
Fallows, J. : National Defense. New York: Random House 1981.
  XVII, 204 S. B 45241
Fischer, G. W. ; Crecine, J. P. : Defense spending, nondefense
  spending, and the need for fiscal restraint. Two models of the
  presidential budgetary process. In: Arms control. Vol. 2, 1981.
  No. 1. S. 66-106. BZ 4716:2
Geschichte der amerikanischen bewaffneten Intervention. Red.:
  T. Rodionowa. Bd 1. 2. Moskau: "Gesellschaftswiss. u. Gegenwart"
  1981. 239, 226 S. B 44126
Goldstein, W. : The opportunity costs of acting as a super power.
  U. S. military strategy in the 1980. In: Journal of peace research.
  Vol. 18, 1981. No. 3. S. 241-260. BZ 4372:18
Jones, D. C. : United States military posture for Fy 1982. An over-
  view. With suppl. prepared by the Organization of the Joint Chiefs
  of Staff. Washington: U. S. Governm. Print. Off. 1981.
  VIII, VI, 116 S. Bc 0837
Krell, G. : Capitalism and armaments. Business cycles and
  defense spending in the United States 1945-1979. In: Journal of

peace research. Vol. 18, 1981. No. 3. S. 221-240. BZ 4372:18
Martin, M. L.: Quelques aspects de la sociologie militaire aux
Etats-Unis. In: Défense nationale. Année 37, 1981. Octobre.
S. 105-119. BZ 4460:37
Sarkesian, S. C.: Beyond the Battlefield. The new military professionalism. New York: Pergamon Pr. 1981. XIII, 290 S. B 45234
America's Security in the 1980s. Part 1. 2. London: Internat.
Institute for Strategic Studies 1982. 52, 59 S. Bc 0802
National Security in the 1980s: From weakness to strength. Ed.:
W. S. Thompson. San Francisco: Inst. for Contemporary Studies
1980. XI, 524 S. B 44709
National Security Policy Organization in perspective. Ed.: L. J. Korb
and K. D. Hahn. Washington: American Enterprise Institute for
Publ. Policy Research 1981. 42 S. Bc 0788
U. S. Defense Policy. Weapons, strategy and commitments. 2nd ed.
Washington: Congressional Quarterly 1980. 130, 89 S. Bc 0750
U. S. Policy and low-intensity conflict. Potentials for military
struggles in the 1980s. Ed.: S. C. Sarkesian and W. L. Scully.
New Brunswick: Transaction Books 1981. VII, 221 S. B 45229

Strategie
Ball, D. J.: Politics and force levels. The strategic missile
program of the Kennedy administration. Berkeley: Univ. of
Calif. Pr. 1980. XXVI, 322 S. B 44680
Brož, I.: K Reaganově programu výstavby strategických sil USA
pro 80. léta. [Zu Reagans Programm d. Aufbaues strategischer
Kräfte d. USA für d. 80er Jahre.] In: Historie a vojenství.
Ročnik 31, 1982. No. 2. S. 135-150. BZ 4526:31
Child, J.: From "Color" to "Rainbow". U. S. strategic planning for
Latin America, 1919-1945. In: Journal of Interamerican studies
and world affairs. Vol. 21, 1979. No. 2. S. 233-259. BZ 4608:21
Dunn, K. A.: Strategy, the Soviet Union and the 1980s. In: Naval
War College review. Vol. 34, 1981. No. 5. S. 15-31. BZ 4634:34
Elliott, A. L.: The Gatsby effect in U. S. strategic affairs. In: Air
University review. Vol. 33, 1981. No. 79-89. BZ 4544:33
Gray, C. S.: National style in strategy. The American example.
In: International security. Vol. 6, 1981. No. 2. S. 21-47. BZ 4433:6
Klare, M. T.: Jederzeit, überall, mit allen Waffen... Die globale
Militärstrategie der USA unter Ronald Reagan. In: Blätter für
deutsche und internationale Politik. Jg. 27, 1982. H. 5.
S. 531-543. BZ 4551:27
Lodal, J. M.: Dissuasion et stratégie nucléaire. Vers une nouvelle
politique américaine dans les années 80. In: La sécurité de l'Europe dans les années 80. 1980. S. 129-159. B 44240
(Otkuda ischodit ugroza miru, [dt.]) Von wo die Gefahr für den
Frieden ausgeht. Moskau: Militärverl. d. Ministeriums für
Verteidigung 1982. 79 S. Bc 2768
U. S. strategic-nuclear Policy and ballistic missile defense:

The 1980s and beyond. Special report, April 1980. Cambridge: Institute for Foreign Policy Analysis 1980. XIII, 61 S.   Bc 2265
Rose, J. P. : The Evolution of U. S. army nuclear doctrine, 1945-80. Boulder: Westview 1980. XVI, 252 S.   B 43598
Rosenberg, D. A. : "A smoking radiating ruin at the end of two hours". In: International security. Vol. 6, 1981/82. No. 3. S. 3-38.   BZ 4433:6
Schilling, W. R. : U. S. strategic nuclear concepts in the 1970s. The search for sufficiently equivalent countervailing parity. In: International security. Vol. 6, 1981. No. 2. S. 48-79.   BZ 4433:6
Snow, D. M. : Nuclear Strategy in a dynamic world. American policy in the 1980s. University: Univ. of Alabama 1981. XII, 284 S.   B 44442
Snow, D. M. : Strategic uncertainty and nuclear deterrence. In: Naval War College review. Vol. 34, 1981. No. 6. S. 27-41.   BZ 4634:34
Utgoff, V. : In defense of counterforce. In: International security. Vol. 6, 1982. No. 4. S. 44-60.   BZ 4433:6

f. 0.20 Wehrorganisation

Abrahamson, J. L. : America Arms for a new century. The making of a great military power. New York: The Free Pr. 1981. XV, 253 S.   B 45145
Cordesman, A. H. : Deterrence in the 1980s. Pt. 1. : American strategic forces and extended deterrence. London: Internat. Institute for Strategic Studies 1982. 50 S.   Bc 0831
Jones, D. C. : United States military Posture for FY 1981. An overview. Washington: U. S. Gov. Print. Office 1980. 80 S. Bc 0623
Luttwak, E. N. : Why we need more "waste, fraud and mismanagement" in the Pentagon. In: Survival. Vol. 24, 1982. No. 3. S. 117-130.   BZ 4499:24
Millett, A. R. : The American political System and civilian control of the military: A historical perspective. Columbus: Mershon Center of the Ohio State Univers. 1979. 79 S.   Bc 2961
Rundell, W. : Military Money. A fiscal history of the U. S. army overseas in world war 2. College Station: Texas A and M Univ. Pr. 1980. XVII, 271 S.   B 43721
Scoville, H. : MX. Prescription for disaster. 2. print. Cambridge: MIT Pr. 1981. 231 S.   B 45149
Wit, J. S. : American SLBM. Counterforce options and strategic implications. In: Survival. Vol. 24, 1982. No. 4. S. 163-174.   BZ 4499:24

Gillet, J. -P. : Les Bérets verts. Les commandos de la CIA. Paris: Michel 1981. 241 S.   B 45405

Goehlert, R.; Hoffmeister, E.R.: The CIA: A bibliography.
Monticello: Vance Bibliographies 1980. 79 S.   Bc 0620
Lefever, E.W.; Godson, R.: The CIA and American ethic.
An unfinished debate. Georgetown: Ethics and Public
Policy Center 1979. X, 161 S.   B 43602
Meyer, C.: Facing Reality. From world federalism to the CIA.
New York: Harper & Row 1980. XIV, 433 S.   B 44777
Neuberger, G.: CIA in Afrika. In: Blätter für deutsche und internationale Politik. Jg. 26, 1981. H. 11. S. 1382-1394.   BZ 4551:26

f. 1 Heer

f. 1.30 Waffengattungen und Dienste

Boots, R.C.; Allen, T.M.: Military music Holdings at the
USAMHI, audio-visual archives. Carlisle Barracks: US Army
Military History Inst. 1981. VI, 381 S.   08665
Butler, J.S.: Inequality in the military: The black experience.
Saratoga: Century 21 Publ. 1980. 117 S.   Bc 0720
Darby, W.O.; Baumer, W.H.: Darby's rangers. We led the way.
San Rafael: Presidio Pr. 1980. XII, 198 S.   B 43561
Epstein, J.M.: Soviet vulnerabilities in Iran und The RDF deterrent. In: International security. Vol. 6, 1981. No. 2.
S. 126-158.   BZ 4433:6
Fabyanic, T.A.: Conceptual planning and the rapid deployment
joint task force. In: Armed forces and society. Vol. 7, 1981. No. 3.
S. 343-365.   BZ 4418:7
Forty, S.: American Armour. London: Allan 1981. 96 S.   B 43938
U.S. Ground Forces: Design and cost alternatives for NATO and
non-NATO contingencies. Washington: Congress of the United
States 1980. 87 S.   Bc 0789
Highlights in the history of the Army Nurse Corps. Ed.: E.A.
Shields. Washington: U.S. Army Center of Military History 1981.
88 S.   Bc 2879
Klein, R.: Wounded Men, broken promises. New York:
Macmillan 1981. 278 S.   B 45147
Moskos, C.C.: Making the all-volunteer force work. A national
service approach. In: Foreign affairs. Vol. 60, 1981. No. 1.
S. 17-34.   BZ 05149:60
Osur, A.M.: Black-white relations in the U.S. military 1940-1972.
In: Air University review. Vol. 33, 1981. No. 1. S. 69-78.   BZ 4544:33
Record, J.: The Rapid Deployment Force and U.S. military
intervention in the Persian Gulf. Cambridge: Inst. for Foreign
Policy Analysis 1981. 84 S.   Bc 2391
Record, J.: The RDF. Is the Pentagon kidding? In:

The Washington quarterly. Vol. 4, 1981. No. 3. S. 41-51. BZ 05351:4
Zaloga, S. J.; Loop, J. W.: Modern American Armour. Combat
vehicles of the United States army today. London: Arms and
Armour Pr. 1982. 88 S. 08740

f. 2 Kriegsmarine

Allard, D. C.; Crawley, M. L.; Edmison, M. W.: U. S. naval
History Sources in the United States. Washington: U. S. Gov.
Print. Office 1979. VII, 235 S. B 43718
Brown, F. C.; Lelle, J. E.; Sullivan, R. J.: The 4th Marines
and Soochow Creek. The legend and the medal. Bennington: Internat.
Graphics Corporation 1980. 26 S. Bc 0582
Coletta, P. E.: A Bibliography of American naval history. Annapolis: Naval Inst. Pr. 1981. XVIII, 453 S. B 45199
Coletta, P. E.: The United States Navy and defense unification.
1947-1953. Newark: Univ. of Delaware Pr. 1981. 367 S. B 44354
Gilchrist, S. F.: The cordon sanitaire - is it useful? Is it practical? In: Naval War College review. 1981. May/June.
S. 60-72. BZ 4634:1982
Hayward, T. B.: A conversation. - Naval Preparedness in the
1980s. Held on July 24, 1980. Washington: American Enterprise
Institute for Public Policy Research 1981. 19 S. B 2772
Hone, T. C.: Spending patterns of the United States Navy. 1921-1941.
In: Armed forces and society. Vol. 8, 1982. No. 3.
S. 443-462. BZ 4418:8
Kehoe, J. W.; Brower, K. S.; Meier, H. A.: U. S. and Soviet
ship design practices, 1950-1980. In: United States Naval Institute. Proceedings. Vol. 108, 1982. No. 5. S. 118-133. BZ 05163:108
Kelley, P. X.: A Discussion of the Rapid Deployment Force.
Washington: American Enterprise Institute for Public Policy
Research 1980. 10 S. Bc 0712
Lambrecht, R.: "Schnelle Eingreifkräfte" und Flottenaufmarsch
in der Golfregion. Ausdruck einer Aufwertung des Interventionismus-Prinzips in der USA-Militärdoktrin. In: Militärgeschichte.
Jg. 20, 1981. No. 5. S. 546-560. BZ 4527:20
The Marine Corps in the 1980s: Prestocking proposals, the rapid
deployment force, and other issues. Washington: U. S. Governm.
Printing Off. 1980. 74 S. Bc 0728
Maurer, J. H.: Fuel and the battle fleet. Coal, oil, and American
naval strategy, 1898-1925. In: Naval War College review.
Vol. 34, 1981. No. 6. S. 60-77. BZ 4634:34
O'Rourke, G. G.: Die große amerikanische Flugzeugträgerdebatte.
In: Nauticus. Jg. 35, 1982. S. 135-152. BZ 4373:13
Parker, T. W.: Theater nuclear warfare and the U. S. navy.
In: Naval War College review. Vol. 35, 1982.
No. 1. S. 3-16. BZ 4634:35

Polmar, N.: The American Submarine. Cambridge: Stephens
1981. XI, 172 S.   08690
Roberts, S.S.: U.S. navy building programs during world war II.
In: Warship international. Vol. 18, 1981. No. 3. S. 218-261. BZ 05221:18
Santelli, J.S.: A brief History of the 7th Marines. Washington:
History and Museums Division, U.S. Marine Corps 1980.
83 S.   Bc 0799
Serig, H.W.: The Iowa class. Needed once again. In: United States
Naval Institute. Proceedings. Vol. 108, 1982. No. 5.
S. 134-149.   BZ 05163:108
Shaping the general purpose navy of the eighties: Issues for fiscal
Years 1981-1985. Washington: US. Governm. Print. Office 1980.
143 S.   Bc 0527
Ships, aircraft and weapons of the United States Navy. Philadelphia:
U.S. Naval Publications and Forms Center 1980. 51 S.   Bc 0727
Terzibaschitsch, S.: The new US administration. A new promise
to the US navy? End of a decline? In: Military technology.
Vol. 6, 1982. No. 2. S. 44-56.   BZ 05107:6
Terzibaschitsch, S.: Comeback der alten Veteranen der U.S.
Navy: Die Schlachtschiffe der "Iowa"-Klasse werden reaktiviert.
In: Marine-Rundschau. Jg. 79, 1982. H. 2. S. 91-101.   BZ 05138:79
Terzibaschitsch, S.: Seemacht USA. Rüstung, Organisation,
Dislozierung, Entwicklung. Bd 1. 2. München: Bernard u. Graefe
1982. 852 S.   B 45429
Williams, J.A.: U.S. navy missions and force structure. A critical reappraisal. In: Armed forces and society. Vol. 7, 1981.
No. 4. S. 499-528.   BZ 4418:7

f. 3 Luftwaffe

Deurs, G. van: Anchors in the sky. Spuds Ellyson, The first naval
aviator. San Rafael: Presidio Pr. 1978. XV, 246 S.   B 44153
MacDonough, J.L.; Gardner, R.S.: Sky Riders. History of
the 327/401 glider infantry. Nashville: Battery Pr. 1980.
XIII, 162 S.   B 43604
Mercer, P.S.: The flying Units of the United States Air Force.
Loughborough: Jackson 1981. 26 S.   Bc 0692

g./h. Wirtschaft und Gesellschaft

Energy policy. 2nd ed. Washington: Congressional Quarterly
1981. 274 S.   Bc 0751
Gansler, J.S.: Can the defense industry respond to the Reagan
initiatives? In: International security.
Vol. 6, 1982. No. 4. S. 102-121.   BZ 4433:6

Gansler, J.S.: The Defense Industry. Cambridge:
MIT Pr. 1980. 346 S.   B 44289

Jackson, W.D.: Soviet images of the U.S. as nuclear adversary,
1969-1979. In: World Politics. Vol. 33, 1981. No. 4.
S. 614-638.   BZ 4464:33

Keeran, R.: The communist Party and the auto workers Unions.
Bloomington: Indiana Univ. Pr. 1980. X, 340 S.   B 43579

Lens, S.: Unrepentant Radical. An American activist's account
of five turbulent decades. Boston: Beacon 1980. 438 S.   B 43668

MacGowan, P.; Walker, S.G.: Radical and conventional models
of U.S. foreign economic policy making. In: World Politics.
Vol. 33, 1981. No. 3. S. 347-382.   BZ 4464:33

Sivaček, N.V.: "Novyj kurs" F. Ruzvel'ta. [Der "New Deal"
Roosevelts.] In: Voprosy istorii. God 1981. No. 9.
S. 45-63.   BZ 05317:1981

Solomon, R.: "The elephant in the boat?" The United States and
the world economy. In: Foreign affairs. Vol. 60, 1982. No. 3.
S. 573-592.   BZ 05149:60

Ueberhorst, H.: Das deutsche Element in der Arbeiterbewegung
der USA. In: Aus Politik und Zeitgeschichte. 1982. B 9.
S. 20-36.   BZ 05159:1982

Vogel, H.: Die Embargo-Politik der USA gegenüber der Sowjetunion nach Afghanistan. Erfahrungen u. Schlussfolgerungen. In:
Europa-Archiv. Jg. 36, 1981. Folge 20. S. 615-626.   BZ 4452:36

Benard, C.: Die geschlossene Gesellschaft und ihre Rebellen. Die
internationale Frauenbewegung.u. die Schwarze Bewegung in den
USA. Frankfurt: Syndikat 1981. 190 S.   B 45309

Boles, J.K.: The Politics of the equal rights amendment. Conflict
and the decision process. New York: Longman 1979.
X, 214 S.   B 44930

Boxer, M.J.: For and about women. The theory and practice of
women's studies in the United States. In: Signs. Vol. 7, 1981/82.
No. 3. S. 661-695.   BZ 4416:7

Cook, B.B.: Will women judges make a difference in women's
legal sights? A prediction from attitudes and simulated behaviour.
In: Women, power and political systems. 1981. S. 216-239.   B 44390

Cooper, J.L.: The seventh Decade. A study of the Women's
Liberation Movement. Dubuque: Kendall-Hunt 1980. 149 S.   Bc 2113

Evans, J.: USA. In: The politics of the second electorate.
1981. S. 33-51.   B 44630

Hartmann, W.: Die Vietnam-Generation und das amerikanische
Parteiensystem. Das Wahlverhalten der akademischen Jugend
Kaliforniens und der USA in den Wahlen 1972 und 1974.
Frankfurt: Lang 1980. 263 S.   B 43905

Hausen, K.: Women's history in den Vereinigten Staaten. In:
Geschichte und Gesellschaft. Jg. 7, 1981. H. 3/4.
S. 347-363.   BZ 4636:7

Hennig, M.; Jardim, A.: The managerial Woman.
London: Boyars 1978. XVII, 221 S. B 44394
McGlen, N.E.; O'Connor, K.: An analysis of the U.S. women's
rights movements. Rights as a public good. In: Women & politics.
Vol. 1, 1980. No. 1. S. 65-85. BZ 4763:1
Malkiel, T.S.: Journal d'une gréviste. Paris: Payot 1980.
214 S. B 44827
Meyer, P.: Keep your face to the sunshine. A lost chapter in the
history of woman suffrage. Edwardsville: Alcott Press 1980.
56 S. Bc 0680
Slavin Schramm, S.: Women in the American political system.
A selected bibliography. In: Women & politics. Vol. 1, 1980.
No. 1. S. 87-102. BZ 4763:1
Stewart, D.W.: The women's Movement in community politics
in the U.S. New York: Pergamon Pr. 1980. X, 146 S. B 44725
Stövling, B.: Svärma som bin. Kärleksprisningar och samtal
med 16 kvinnor i Nordamerika. Stockholm: Författarförl. 1980.
257 S. B 43168
Vieira, E.: The syndicalism of the intellectuals. A commentary on
the role and purpose of the American Intelligentsia in promoting
socialism in the United States. In: The journal of social, political
and economic studies. Vol. 6, 1981. No. 3. S. 269-295. BZ 4670:6

k. Geschichte

Ahrens, H.: Reagans Amerika. Vorwärts nach Gestern.
Augsburg: Hofmann-Druck 1982. 236 S. B 46182
Baker, H.: No Margin for error. America in the eighties.
New York: Times Books 1980. XXII, 246 S. B 43827
Causi, M.: La grande Crisi e il New Deal. Gli Stati Uniti
d'America tra le due guerre. Perugia: Savelli 1980. 86 S. Bc 0704
Chambers, J.W.: The Tyranny of change: America in the
progressive era, 1900-1917. New York: St. Martin's 1980.
XVIII, 280 S. B 43999
Haro Tecglen, E.: USA y URSS, las superpotencias.
Madrid: Salvat 1981. 64 S. Bc 0914
Klein, H.G.: Making it perfectly clear. Garden City:
Doubleday 1980. XIII, 464 S. B 43725
Polenberg, R.: War and society. The United States 1941-1945.
Repr. Westport: Greenwood 1980. 298 S. B 46118
Ross, R.W.: So it was true. The American protestant press
and the Nazi persecution of the Jews. Minneapolis:
Univ. of Minnesota Pr. 1980. XVII, 374 S. B 44204
Stein, A.A.: The Nation at war. Baltimore: Johns Hopkins
Univ. Pr. 1980. XII, 150 S. B 44614
Waitley, D.: America at war. Vol. 1.2. Encino: Glencoe Publ.
1980. 309, 280 S. B 44489

L 490 Westindien / Antillen

Dominikanische Republik
A t k i n s , G. P. : Arms and politics in the Dominican Republic.
   Boulder: Westview 1981. XIV, 158 S.   B 43998
Jamaica
S t o n e , C. : Democracy and socialism in Jamaica, 1962-1979.
   In: The journal of Commonwealth & comparative politics.
   Vol. 19, 1981. No. 2. S. 115-133.   BZ 4408:19
Puerto Rico
G a l v i n , M. E. : The organized Labor Movement in Puerto Rico.
   Rutherford: Fairleigh Dickinson 1979. 241 S.   B 44090

L 494 Kuba

e. Staat/Politik

A z i c r i , M. : The institutionalization of the Cuban state. A political
   perspective. In: Journal of Interamerican studies and world
   affairs. Vol. 22, 1980. No. 3. S. 315-344.   BZ 4608:22
(Cuba: Dictadura o democracia, [engl.]) Cuba: Dictatorship or
   democracy? Westport: Hill 1979. XXXIX, 239 S.   B 43616
G o n z á l e z -Mata Lledó, L. M. : Las Muertes del "Che" Guevara.
   Barcelona: Vergara 1980. 252 S.   B 42423
G r a b e n d o r f f , W. : Cuba's involvement in Africa. In: Journal
   of Interamerican studies and world affairs. Vol. 22, 1980. No. 1.
   S. 3-29.   BZ 4608:22
H a r n e c k e r , M. : Cuba. ¿Dictadura o democracia? 7. ed. , corr. y
   aumentada. México: Siglo XXI 1978. 300 S.   B 41004
Kuba in der Klemme. Hrsg. : D. Kronzucker. München, Zürich:
   Droemer Knaur 1981. 135 S.   Bc 2934
II. Parteitag der Kommunistischen Partei Kubas, 17. -20. Dezember
   1980. Berlin: Dietz 1982. 175 S.   Bc 2839
V i d a l -Sales, J. A. : Cuba, ¿paraiso con rejas? Barcelona:
   A. T. E. 1979. 277 S.   B 41962
V í v e s , J. : Les Maîtres de Cuba. Paris: Laffont 1981. 390 S. B 44252

k. Geschichte

B l e c h m a n , B. M. ; D u r c h , W. J. : Bay of pigs 20. In: The
   Washington quarterly. Vol. 4, 1981. No. 4. S. 86-100.   BZ 05351:4
F a b i a n , H. : Der kubanische Entwicklungsweg. Ein Beitrag zum
   Konzept autozentrierter Entwicklung. Opladen:
   Westdt. Verl. 1981. XXIII, 1062 S.   B 44659

Hinckle, W.; Turner, W.W.: The Fish is red. The story of the secret war against Castro. New York: Harper and Row 1981. X, 373 S.   B 44434

Kenrick, B.: A Man from the interior. Cuba's quest. London: Epworth 1980. 144 S.   B 43573

Kraft, L.: Kuba heute. Daten u. Eindrücke von Castros revolutionärem Inselreich. In: Die politische Meinung. Jg. 27, 1982. H. 201. S. 69-79.   BZ 4505:27

Lewis, C.; Lewis, R.M.; Rigdon, S.M.: Four Men. Living the revolution. An oral history of contemporary Cuba. Urbana: Univ. of Illinois Pr. 1977. LXV, 538 S.   B 44497

Mesa-Lago, C.: (Cuba in the 1970s, [span.]) Dialéctica de la revolución cubana. Del idealismo carismático al pragmatismo institucionalista. Madrid: Ed. Playor 1979. 244 S.   B 41332

Sergeev, F.: Operacija v zalive Kočinos. Kak SŠA gotovili vooružennoe vtorženie na Kubu v 1961 g. [Operation in der Schweinebucht. Wie d. USA e. bewaffneten Überfall auf Kuba 1961 vorbereiteten.] In: Novaja i novejšaja istorija. God 1981. No. 4. S. 129-142; 5. S. 116-135.   BZ 05334:1981

L 500 Australien und Ozeanien

L 510 Australien

e. Staat/Politik

Gelber, H.G.: Australia, the Pacific, and the United States in the 1980s. In: Comparative strategy. Vol. 3, 1981. No. 2. S. 97-116.   BZ 4686:3

Hurst, J.: Hawke. The definitive biography. Sydney: Angus and Robertson 1979. XIV, 262 S.   B 43876

Rudnickij, A. J.: Avstralija vstupeat v 80-e gody. [Australien tritt in die 80iger Jahre ein.] In: Novaja i novejšaja istorija. God 1981. No. 5. S. 164-176.   BZ 05334:1981

Simms, M.: Australia. In: The politics of the second electorate. 1981. S. 83-111.   B 44630

Starr, G.; Richmond, K.; Maddox, G.: Political Parties in Australia. Richmond: Heinemann Educational Australia 1978. 399 S.   B 43564

Theophanus, A. C.: Australian Democracy in crisis. A radical approach to Australian politics. Melbourne: Oxford Univ. Pr. 1980. XX, 452 S.   B 44766

f. Wehrwesen

Berlyn, N.R.B.; Hurt, R.C.M.: The introduction of guided missile frigates into the RAN. In: Defence force journal. 1981. No. 30. S. 11-24.   BZ 4438:1981

Conference on Australian defence policy for the 1980s. Canberra: Australian National University, Research School of Pacific Studies, Strategic and Defence Studies Centre 1981. Getr. Pag.   08617

The Development of Australian army officers for the 1980s. Canberra: The Strategic and Defence Studies Centre 1978. 68 S.   Bc 2229

Gillett, R.: H.M.A.S. Melbourne - 25 years. Sydney: Nautical Press 1980. 128 S.   Bc 0845

A pictorial History of the 2-13 Australian Infantry Battalion A.I.F. Ed.: R. Mason. Sydney: Streamlines Press 1979. 195 S.   Bc 0562

Lind, L.J.: Historic naval Events of Australia day-by-day.

Ships, men, battles and great moments. Sydney: Reed 1982.
272 S. 08750
MacNicoll, R.R.: The Royal Australian Engineers. 1902 to 1919.
Canberra: Corps Committee of the Royal Austr. Engineers 1979.
XIX, 232 S. B 44664
The Military and Australia's defence. Ed.: F.A. Mediansky.
Melbourne: Longman Cheshire 1979. XII, 165 S. B 43559
Odgers, G.: Pictorial History of the Royal Australian Air Force.
2nd ed. Sydney: Smith 1978. 159 S. Bc 0565
Pentland, G.; Malone, P.: Aircraft of the RAAF. 1921-78.
Melbourne: Kookaburra Techn. Publ. 1978. 168 S. 08612
Pentland, G.: RAAF Camouflage and markings. 1939-45. Vol. 1.
Melbourne: Kookaburra Technical Publ. 1980. 144 S. 08616

L 520 Neuseeland

Darby, C.: RNZAF [Royal New Zealand Air Force]. The first
decade 1937-1946. Melbourne: Kookaburra 1978. 119 S. 08615
Franklin, H.: The flight of the kiwi; economic growth and society
in New Zealand. In: International Journal. Vol. 36, 1981. No. 4.
S. 898-915. BZ 4458:36
Kudinov, V.P.: Kommunisty v rabočem dviženii Novoj Zelandii.
[Kommunisten in der Arbeiterbewegung von Neuseeland.] In:
Voprosy istorii. God 1981. No. 12. S. 66-80. BZ 05317:1981
New Zealand at the polls. The general election of 1978. Ed.:
H.R. Penniman. Washington: American Enterprise Inst. f. Public
Policy Research 1980. XIII, 295 S. B 44074

L 531 Indonesien

Dijk, C. van: Indonesia after the elections of 4th May 1982.
In: Asien. 1982. Nr. 4. S. 14-28. BZ 4760:1982
Hein, G.R.: Indonesia in 1981. Countdown to the general elections.
In: Asian survey. Vol. 22, 1982. No. 2. S. 200-211. BZ 4437:22
Ingleson, J.: Worker consciousness and labour unions in colonial
Java. In: Pacific affairs. Vol. 54, 1981. No. 3. S. 485-501. BZ 4450:54
Kohen, A.; Taylor, J.: An Act of genocide: Indonesia's Invasion
of East Timor. London: Tapol 1979. 133 S. Bc 2109
Lagerberg, K.: West Irian and Jakarta imperialism. New York:
St. Martin's Pr. 1979. VII, 171 S. B 44000
Morfit, M.: Pancasila. The Indonesian state ideology according
to the new order government. In: Asian survey. Vol. 21, 1981.
No. 8. S. 838-851. BZ 4437:21
Nasution, A.H.: Sekitar Perang kemerdekaan indonesia.

[Über den indonesischen Befreiungskrieg]. Jilid [Bd.] 1-11.
Bandung: Angkasa 1977-79. Getr. Pag. B 45129
Silverstein, J.: The military and foreign policy in Burma and Indonesia. In: Asian survey. Vol. 22, 1982. No. 3. S. 278-291. BZ 4437:22
Sundhaussen, U.: Regime crisis in Indonesia. Facts, fiction, predictions. In: Asian survey. Vol. 21, 1981. No. 8. S. 815-837. BZ 4437:21
Tichelman, F.: The social Evolution of Indonesia. The Asiatic mode of production and its legacy. The Hague: Nijhoff 1980.
XIV, 301 S. B 44499
Tjondronegoro, S.: Indonesia in 1981. Facing the problems of...
In: Southeast Asian affairs. 1982. S. 135-148. BZ 05354:1982
Wanandi, J.: Conflict and cooperation in the Asia-Pacific region. An Indonesian perspective. In: Asian survey. Vol. 22, 1982.
No. 6. S. 503-515. BZ 4437:22
Weatherbee, D. E.: Indonesia's armed forces. Rejvenation and regeneration. In: Southeast Asian affairs. 1982.
S. 149-163. BZ 05354:1982

L 532 Philippinen

Bacevich, A. J.: Disagreeable work. Pacifying the Moros, 1903-1960. In: Military review. Vol. 62, 1982. No. 6.
S. 49-61. BZ 4468:62
Hanisch, R.: Staat, ländliche Armutsgruppen und Agrarpolitik in den Philippinen. In: Staat und Entwicklung. 1981. S. 218-247. B 44366
Landé, C. H.: Philippine prospects after martial law. In: Foreign affairs. Vol. 59, 1981. No. 5. S. 1147-1168. BZ 05149:59
Marlière, M.: La Question musulmane aux Philippines. In: L'Afrique et l'Asie modernes. 1981. No. 131. S. 34-44. BZ 4689:1981
Noble, L. G.: Muslim separatism in the Philippines, 1971-1981. The making of a stalemate. In: Asian survey. Vol. 21, 1981.
No. 11. S. 1097-1114. BZ 4437:21
Rüland, J.: Die Philippinen: Zwischen Repression und Widerstand. Ein Überblick über neueste Entwicklungen. Freiburg:
Arnold Bergstraesser Inst. 1982. 45 Bl. Bc 0784
Shalom, S. R.: The United States and the Philippines. A study of neocolonialism. Philadelphia: ISHI 1981. XVII, 302 S. B 44684
Sodusta, J.; Palongpalong, A.: The Philippines in 1981. Normalization and instability. In: Southeast Asian affairs.
1982. S. 285-299. BZ 05354:1982
Solidum, E. D.: Philippine perceptions of crucial issues affecting Southeast Asia. In: Asian survey. Vol. 22, 1982. No. 6.
S. 536-547. BZ 4437:22
Youngblood, R. L.: The Philippines in 1981. From "new society" to "new republic". In: Asian survey. Vol. 22, 1982. No. 3.
S. 226-235. BZ 4437:22

L 600 Polargebiet

Bloomfield, L.P.: The Arctic. Last unmanaged frontier.
In: Foreign affairs. Vol. 60, 1981. No. 1. S. 87-105. BZ 05149:60
Bogen om Grønland. Fortid, untid og fremtid. Red.: H. Petersen og
E. Staffeldt. 2. udg., 1. opl. København: Politikens Forl. 1978.
324 S. B 43242
Fairlamb, J.R.: Icelandic threat perceptions. In: Naval War
College review. Vol. 34, 1981. No. 5. S. 66-77. BZ 4634:34
Vicente, P.D.: Descongelamiento de la Antartida - amenazas
y oportunidades. In: Revista de la escuela de defensa nacional.
Año 7, 1980. No. 27. S. 13-36. BZ 4388:7

L 700 Weltmeere und Inseln

L 710 Europäische Randmeere

Barbati, V.: Lo scacchiere baltico. In: Rivista marittima.
Anno 115, 1982. No. 4. S. 53-75. BZ 4453:115
Espersen, M.: Østersøen - balance og sikkerhed. 2. opl.
København: Forsvarets Oplysnings- og Velfaerdstjeneste 1981.
118 S. Bc 2702
Grøndahl, J.S.: Svalbard. In: Norsk militaert tidsskrift.
Årg. 152, 1982. H. 1. S. 13-24. BZ 05232:152
Singh, E.C.: The Spitsbergen (Svalbard) question: United States
foreign policy, 1907-1935. Oslo: Universitetsf. 1980. 244 S. B 43310

L 720 Mittelmeer

Parzymies, S.: Strategie śródziemnomorskie. [Mittelmeer-
Strategie.] In: Sprawy Międzynarodowe. Rok 34, 1981. Zeszyt 8.
S. 45-60. BZ 4497:34
Probst, U.: Das Regierungssystem der Republik Malta. Die Zeit
von 1976 bis zur Gegenwart. München: tuduv-Verl. 1980.
218 S. B 43796

Sauerwein, F.: Spannungsfeld Ägäis. Informationen, Hintergründe, Ursachen d. griechisch-türkischen Konflikts um Cypern und der Ägäis. Frankfurt: Diesterweg u. Sauerländer 1980. 197 S.   Bc 2131

Tennstedt, E.: Die türkischen Meerengen unter der Konvention von Montreux im Zweiten Weltkrieg. Frankfurt: Metzner 1981. VIII, 86 S.   Bc 2675

Wilson, A.: The Aegean Dispute. London: Internat. Institute for Strategie Studies 1980. 41 S.   Bc 0767

L 740 Indischer Ozean

Beazley, K.C.; Clark, I.: The Politics of intrusion. The super powers and the Indian Ocean. Sydney: Alternative Publ. 1979. 148 S.   B 44364

Cheema, P.I.: Conflict and cooperation in the Indian Ocean: Pakistan's interests and choices. Canberra: ANU 1980. 80 S. Bc 2494

Hofmeier, R.: Seychellen. Versuche eines Ministaates in strategisch wichtiger Lage zur Verfolgung eines unabhängigen Kurses. In: Internationales Afrikaforum. Jg. 18, 1982. H. 1. S. 71-82.   BZ 05239:18

Sea Power and strategy in the Indian Ocean. Beverly Hills: Sage 1981. 148 S.   B 44625

Vivekanandan, B.: The Indian Ocean as a zone of peace. Problems and prospects. In: Asian survey. Vol. 21, 1981. No. 12. S. 1237-1249.   BZ 4437:21

Writer, R.: Strategische Dimensionen des Indischen Ozeans. In: Europa-Archiv. Jg. 37, 1982. Folge 11. S. 345-352.   BZ 4452:37

L 730 Atlantischer Ozean

Booth, K.: Law and strategy in northern waters. In: Naval War College review. Vol. 34, 1981. No. 4. S. 3-21.   BZ 4634:34

Free world security and the South Atlantic. Inter-American symposium 1979. Washington: Council for Inter-American Security 1979. 99 S.   Bc 0506

Hugemark, B.: Nordatlantik och Norden - en krigsskådeplats. In: Kungliga Krigsvetenskapsakademiens handlingar. Årg. 186, 1982. H. 1. S. 31-43.   BZ 4384:186

Myers, K.A.: North Atlantic Security. The forgotten flank? Beverly Hills, London: Sage 1979. 72 S.   Bc 1870

L 743 Persischer Golf

Alavi, A.: Die politische Lage am Persischen Golf. München 1981:
  Scheffel. V, 366 S.   B 44874
Chubin, S.: Domestic political Factors. Westmead: Gower 1981.
  XIV, **90** S.   Bc 2108
Conflict in the Persian Golf. Ed.: M. Gordon. London:
  Macmillan 1981. 173 S.   B 45131
Hollen, C. van: Don't engulf the Gulf. In: Foreign affairs.
  Vol. 59, 1981. No. 5. S. 1064-1078.   BZ 05149:59
Litwak, R.: Sources of inter-state conflict.
  Aldershot: Gower 1981. 105 S.   Bc 2252
Oil and security in the Arabian Gulf. Ed. A. M. Farid.
  London: Croom Helm 1981. 162 S.   B 44632
Petrossian, V.: The destabilization of the Gulf. In: Konflikte
  unserer Zeit - Konflikte der Zukunft. 1981. S. 73-85.   B 45009
Roehner, E.: Wer bedroht die Golfregion? Berlin:
  Dietz 1981. 80 S.   Bc 2841
Ross, D.: Considering Soviet threats to the Persian Gulf. In:
  International security. Vol. 6, 1981. No. 2. S. 159-180.   BZ 4433:6
The Security of the Persian Gulf. London: Croom Helm 1981.
  294 S.   B 43759
Singh, K. R.: The Persian Gulf: Arms and arms control. Canberra:
  The Strategic and Defence Studies Centre 1981. 145 S.   Bc 2233
Swearingen, W. D.: Sources of conflict over oil in the Persian-
  Arabian gulf. In: The Middle East Journal. Vol. 35, 1981.
  No. 3. S. 315-330.   BZ 4463:35

II
FORSCHUNGS-
UND LITERATURBERICHTE

1. Kirchner, K.:	Kriegsflugblätter im Archiv der Bibliothek für Zeitgeschichte	347
2. Haupt, M.:	Nordirland. Ursachen des anglo-irischen Konflikts	355
3. Manousakis, G.M.:	Griechische Militärbibliographie	395
4. Mück, W.:	Die NATO	423

KRIEGSFLUGBLÄTTER IM ARCHIV DER BIBLIOTHEK FÜR ZEITGESCHICHTE

Die Ordnung und Verzeichnung der Bestände

Von Klaus Kirchner

Flugblätter, Handzettel, ungebundene Druckschriften sind seit Jahrhunderten als Beeinflußungs- und Informationsmittel ein täglicher Begleiter der Menschen. Ganz im Gegensatz zu den Büchern, die fast lückenlos katalogisiert und sicher verwahrt sind, bleiben von der Zettelflut nur vereinzelt Exemplare erhalten. Weltweit sind es auch heute nur wenige Archive, darunter besonders die Bibliothek für Zeitgeschichte, die ungebundene Druckschriften überhaupt in ihre Bestände aufnehmen. Erhaltene Zettel stellen bei der systematischen Erschließung wegen ihrer außergewöhnlichen Vielfalt, dem häufigen Fehlen der Verfasserangaben, des Verbreitungsgebietes und der Erscheinungszeit ganz erhebliche Anforderungen an Bibliothekar und Archivar. Unter den Einblattdrucken, Flugblättern, Hand- und Streuzetteln fällt besonders eine Kategorie auf, die ganz wesentlich von den üblichen Erscheinungsformen abweicht. Es sind dies die sogenannten Kriegsflugblätter, die wie folgt definiert werden:

> Regierungsamtliche Druckschriften, die während eines kriegerischen Konfliktes als nichtgewaltsames Mittel der Kriegführung über die Frontlinien transportiert werden, um dann im Herrschaftsbereich des Gegners verbreitet zu werden.

Die Geschichte der Kriege zeigt, wie psychologische Beeinflußungsversuche - auch Druckschriften dienten diesem Zweck - stets neben der gewaltsamen Waffenwirkung auf den Feind gerichtet waren. Mit Beginn des 19. Jahrhunderts fanden vereinzelt erste Versuche statt, Propagandazettel mit Hilfe von Kanonen oder Ballonen in das feindliche Lager zu befördern. (Beispiele dafür aus den Jahren 1812/13 sowie 1870 sind in der Sammlung der BfZ verwahrt.) Jedoch erst vom Weltkrieg 1914-1918 an ermöglichte es der technische Fortschritt, Kriegsflugblätter massenweise dem einzelnen Soldaten auf der anderen Seite der Front zuverlässig zuzustellen. Die Anwendung dieses neuen Kriegsmittels stieß zunächst auf radikale Ablehnung. Besonders das deutsche, britische und russische Offizierkorps empfanden es als unehrenhaft, unter Propagierung von Subversion oder Revolution den Sturz des Souveräns oder der etablierten Ordnung herbeiführen zu wollen. In der Geschichte hatte bisher ein Land im allgemeinen durch militärische Überlegenheit, nicht durch Propaganda, Gebietsveränderungen erzwingen können. So lehnte die deutsche Oberste Heeresleitung zunächst die Flugblattverteilung beim Gegner ab. Sie berief sich hierbei auf Artikel 22 der Haager Landkriegsordnung, der den Kriegführenden kein unbeschränktes Recht bei der Wahl der Mittel zur Schädigung des Gegners einräumt. Angesichts der Weigerung der französischen, britischen und amerikanischen Regierungen, die deutsche Auslegung internationaler Vereinbarungen zu übernehmen und der spürbaren Wirkung der feindlichen Flugblattpropaganda auf die deutschen Soldaten und die Bevölkerung, mußte die kaiserliche Heeresleitung ihre konservative Einstellung aufgeben. Einige Wochen vor Ende des 1. Weltkrieges wurde befohlen, nunmehr ebenfalls Kriegsflugblätter der deutschen Regierung bei den feindlichen Soldaten zu verbreiten. Über das Wesen dieser neuen und offenbar wirkungsvollen Kriegswaffe sagte Generalfeldmarschall von Hindenburg am 2. September 1918:

> "Der Feind weiß, daß der Geist, der unseren Truppen und unserem Volke innewohnt, uns unbesiegbar macht. Deshalb hat er, neben dem Kampf gegen die deutschen Waffen, den Kampf gegen den deutschen Geist aufgenommen. Er will unseren Geist vergiften und glaubt, daß auch die deutschen Waffen stumpf werden, wenn der deutsche Geist zerfressen ist." (Der Aufruf befindet sich im Anhang zur Flugblattsammlung BfZ, Mappe 119.)

Die veränderte Einstellung der deutschen militärischen Führung im Jahre 1918, die zum Einsatz der Kriegsflugblätter bei den französischen, britischen und amerikanischen Truppen führte, beruhte auch mit auf der Erkenntnis, daß dem Gegner die Anwendung dieser neuen Waffe nicht allein überlassen werden sollte.

Zu Beginn des 2. Weltkrieges hatte sich die Einstellung zur Flugblattpropaganda beim Gegner auf deutscher Seite so weit versachlicht, daß der Einsatz der Kriegsflugblätter im 2. Weltkrieg Ausmaße annahm - man kann schätzen, daß etwa 20 Milliarden Exemplare in Europa verbreitet wurden - daß die Mehrzahl der Bewohner der am Krieg beteiligten Länder von Flugblattinhalten erreicht worden war. Weiter waren seit Ende des 2. Weltkrieges die wesentlichen kriegerischen Konflikte zum Beispiel Korea oder Vietnam stets von Flugblattkampagnen begleitet, deren Intensität sogar noch zugenommen hatte. (Die Flugblattsammlung der BfZ enthält hierfür zahlreiche Belegstücke.)

Bei der Gestaltung der Flugblätter, die für den Feind bestimmt sind, stellten sich für den Propagandisten immer die gleichen grundsätzlichen Probleme. Zunächst muß der feindliche Soldat oder Bürger veranlaßt werden, das Flugblatt überhaupt zu lesen. Diese Leistung muß vom Angesprochenen aus eigenem Antrieb erfolgen, denn im Gegensatz zur Eigenpropaganda kann auf den Gegner kein Zwang zur Kenntnisnahme ausgeübt werden. Darüberhinaus muß sich der Leser eines Feindflugblattes bewußt der Gefahr aussetzen, wegen Vorbereitung zum Landesverrat empfindlich bestraft zu werden. Die Abwehr der Feindpropaganda arbeitet fast immer auch mit der Strafandrohung für den Flugblattbesitz, beziehungsweise für die Weiterverbreitung der Flugblattinhalte. War es dem Gegner dennoch gelungen, einen Leser für sein Flugblatt zu finden, mußte zusätzlich erreicht werden, daß den vorgetragenen Thesen oder Mitteilungen auch geglaubt wurde. Fehlende Glaubwürdigkeit schließt Wirkungsmöglichkeit im Sinne der Herausgeber von vornherein aus. Dies hatte zur Folge, daß bewußte Lügen auf regierungsamtlichen Kriegsflugblättern, die für die Angesprochenen früher oder später durchschaubar sein würden, in der Regel vermieden wurden.

Die Ordnung und Katalogisierung der Kriegsflugblätter im Bestand der Bibliothek für Zeitgeschichte erfolgte, weil ihnen auch heute noch aus unterschiedlichen Gründen besondere Bedeutung zugemessen werden muß: Kriegsflugblätter sind amtliche Druckschriften, die auf Weisung der amtierenden Regierung dem Gegner zugestellt werden. Dies gilt auch dann, wenn der amtliche Charakter nicht sogleich sichtbar, das heißt die Herausgeber nicht ausdrücklich genannt oder sogar absichtlich verschleiert oder getarnt sind. Kriegsflugblätter als Primärdokumente der Zeitgeschichte sparen kaum ein Thema aus, das die Menschen zur Zeit der Verbreitung beschäftigte. Dabei erfolgte die Beleuchtung stets aus der Sicht der Kriegsgegner mit der Absicht zu überreden. Kriegsflugblätter sind trotz ihrer teilweisen Millionenauflage meist als extrem seltene und gefährdete Dokumente besonders dringend zu konservieren und systematisch zu erfassen. Die Ursache weshalb Kriegsflugblätter meist nur als Einzelstücke, oft auch noch stark beschädigt, überliefert sind, liegt an der Verbreitung unter den Bedingungen des Krieges. An der Dezimierung haben auch die Einwirkungen des Bombenkrieges sowie die systematische Zerstörung der Polizei- und Militärakten durch die nationalsozialistischen Behörden ihren Anteil. Zusätzlich verhinderte die doppelte Geheimhaltung eine ordnungsgemäße Archivierung. Druckschriften, die für den jeweiligen Gegner bestimmt sind, wurden stets von den Herausgebern vor der eigenen Bevölkerung verheimlicht. Waren sie dann beim Feind niedergefallen, erfolgte sogleich die Konfiszierung durch die Polizei und das Verbot des Flugblattbesitzes. In der Presse durften Feindflugblätter nur mit besonderer Genehmigung erörtert oder gegen ihren Inhalt polemisiert werden. Die geschilderten Umstände hatten zur Folge, daß von den etwa 30.000 unterschiedlichen Kriegsflugblättern des 2. Weltkrieges, die begründet vermutet werden, bisher in öffentlichen Archiven nur ein sehr geringer Teil ermittelt werden konnte. Die Katalogisierung des Bestandes in der Bibliothek für Zeitgeschichte brachte zahlenmäßig das folgende Ergebnis - in Klammern ist zum Vergleich der Bestand des Bundesarchives Koblenz angegeben 1.):

19. Jahrhundert (1813/14 u. 1870/71)	34 Kriegsflugblätter (-);
Weltkrieg 1914-1918	844 Kriegsflugblätter (315);
Weltkrieg 1939-1945	1.296 Kriegsflugblätter (2.202);
Kalter Krieg bis 1972	138 Kriegsflugblätter (-):
	2.312 Kriegsflugblätter (2.517).

Die Bedeutung der Sammlung in der Bibliothek für Zeitgeschichte zeigt sich neben dem Umfang (Zahlenvergleich mit dem Bundesarchiv) auch darin, daß hunderte unterschiedlicher Exemplare festgestellt wurden, die nur hier erhalten sind!

Für die Ordnung und Verzeichnung der Kriegsflugblätter war zunächst ein einfach zu handhabendes Schema entwickelt worden. Dabei sollte sichergestellt werden, daß die Kollektionen in den unterschiedlichen Archiven miteinander verglichen werden können. Jeder Bearbeiter und Benutzer sollte zum gleichen Ergebnis kommen, daß heißt jedes Exemplar konnte nur an einer bestimmten Stelle archiviert und wieder aufgefunden werden. Es wurde auch die Forderung erfüllt, bisher unbekannte Flugblattausgaben oder ganze Serien von Kriegsflugblättern nachträglich ohne Umstellung aufnehmen zu konnen. Im Einzelnen wurde folgendermaßen vorgegangen:

Für die Erschließung dient als erstes Ordnungsprinzip das kriegerische Ergebnis, das den Anlaß zur Flugblattverbreitung gegeben hatte, zum Beispiel der deutsch-französische Krieg 1870 oder der Weltkrieg 1914-1918... Obgleich nur wenige Flugblattexte genaue Angaben enthalten, die eine sofortige Datierung ermöglichen, konnte doch anhand der Flugblattinhalte die Trennung der unterschiedlichen Kriege zuverlässig durchgeführt werden. Als zweite Ordnungskategorie dient die Angabe der für die Herausgabe letzlich verantwortlichen Nationalregierung in alphabetischer Reihenfolge. Hier ergeben sich zunächst Fragen, da die meisten Exemplare ihre verantwortlichen Urheber nicht ausdrücklich nennen. Nicht bei jeder Druckschrift ist der Unterschied zwischen privater und offizieller Ausgabe sogleich erkennbar. Es ist auch nicht immer leicht,zum Beispiel zwischen einem amtlichen Kriegsflugblatt der amerikanischen oder britischen Regierung zu unterscheiden, das sich 1944 an Deutsche gewandt hatte. Das Problem wird lösbar, wenn die Codezeichen die den meisten Flugblättern aufgedruckt sind, entschlüsselt sind. Den Herausgebern wird als dritte Ordnungskategorie der Adressat des Kriegsflugblattes gegenübergestellt. Dieser ist im allgemeinen mit Hilfe des Codezeichens und der Sprache, in der das Flugblatt abgefaßt ist, zu identifizieren. Als vierte Ordnungskategorie wird das Jahr angegeben, in dem die Verbreitung stattfand. Zusammen mit der Textanalyse wird das dechiffrierte Codezeichen fast immer zu einer vollständigen Zuordnung führen. In der fünften und letzten Ordnungskategorie werden die Kriegsflugblätter zu Flugblattserien zusammengefaßt, deren bisher genannte Auswertungselemente gleich sind. Da einige Flugblattserien sehr viele Exemplare enthalten, wird eine weitere Unterteilung notwendig, die nach dem Schema "mit Codezeichen" und "ohne Codezeichen" sowie dann nach unterschiedlichen Codezeichen, beziehungsweise den Titeln von Flugblattzeitungen vorgenommen wird.

Die folgende Beispiele zeigen exemplarisch die endgültige Verzeichnung der Kriegsflugblätter, so wie sie in der Bibliothek für Zeitgeschichte, aber auch im Institut für Zeitgeschichte, im Bundesarchiv und in anderen Archiven des In- und Auslandes bereits eingeführt ist. Die fortlaufenden Nummern der einzelnen Mappen erleichtern den sofortigen Zugriff zu jeder einzelnen Flugblattserie beziehungsweise weiter zu jedem Exemplar.

Beispiel 1:
    <u>Weltkrieg 1914-1918</u>
    <u>Mappe 67</u>
    Herausgeber: Rußland
    Adressat: Deutsche
    Einsatzzeit: 1914-1918
    Serie: Ohne Codezeichen, Buchstabe A bis E
    1   Am 16. Februar hat....
    2   An die deutschen Soldaten...
    3   Das blutige Ungeheuer...
    4   Da wiederholt bemerkt wurde... (und so weiter).

Beispiel 2:
    <u>Weltkrieg 1939-1945</u>
    <u>Mappe 70</u>
    Herausgeber: Großbritannien und USA von England
                 aus (SHEAF/PWD)
    Adressat: Deutsche
    Einsatzzeit: 1944/1945
    Serie: Mit Codezeichen ZG. 1 bis ZG. 50
    1   ZG 3
    2   ZG 5
    3   ZG 13
    4   ZG 13C (und so weiter).

Mit der geschilderten Verzeichnung ist der vorarchivalische Zustand wieder hergestellt. Das heißt, so wie die Kriegsflugblätter von den einzelnen regierungsamtlichen Propagandaabteilungen herausgegeben und verbreitet worden waren, so sind sie nun erneut zusammengetragen und verwahrt. Ausgaben ohne Codezeichen sind in den Flugblattserien in alphabetischer Ordnung, der mechanischen Wortfolge entsprechend; solche mit Codezeichen in numerischer oder alphabetischer Folge der Kennzeichen geordnet. Von einzelnen Hauptserien der Kriegsflugblätter liegen gesonderte Veröffentlichungen vor, die im Gegensatz zu den Beständen der einzelnen Archive, die nur Einzelausgaben umfassen, vollständige Editionen in Originalgröße enthalten 2).

Wegen ihrer entscheidenden Bedeutung für die Katalogisierung der Kriegsflugblätter soll hier auf die bereits mehrfach erwähnten Codezeichen nochmals eingegangen werden. Diese verschlüsselte Kennzeichnung der meisten Kriegsflugblätter (im 2. Weltkrieg etwa 80% sämtlicher Ausgaben) diente den Herausgebern zur Erleichterung ihrer Verwaltungsarbeit, der Erfolgskontrolle sowie zur schnellen und sicheren Identifizierung vorliegender Flugblattexte. Im allgemeinen wurden zur Verschlüsselung Buchstaben, Zahlen oder eine Kombination von beiden verwendet. Dem heutigen Bearbeiter ermöglicht die Auflösung der Codierung der zuverlässige Nachweis der für die Ordnung und Katalogisierung notwendigen Daten. Für die amtlichen britischen, amerikanischen und alliierten Kriegsflugblätter, die von England aus verbreitet wurden, liegen die Codeverzeichnisse vor 3). Auch wenn bei vielen anderen Flugblattserien die Dechiffrierung der Codezeichen bisher nicht bekannt ist, kann doch durch die numerische oder alphabetische Reihung gleicher Kennzeichen erreicht werden, daß Exemplare mit identischen Ordnungselementen zusammen archiviert sind.

Die ca. 2. 300 Kriegsglugblätter im Bestand der Bibliothek für Zeitgeschichte liegen nunmehr zum ersten Mal voll erschlossen und verzeichnet für den Benutzer bereit. Herr Haupt und Herr Buck, die sich für die Katalogisierung besonders eingesetzt haben, stehen jederzeit mit ihrer Hilfe, Auskünften und zusätzlichen Informationen zur Flugblattsammlung zur Verfügung. Es ist zu hoffen, daß Historiker, Zeitgeschichtler und Psychologen sich nunmehr besonders mit den nichtgewaltsamen Kommunikationsmitteln des 1. und 2. Weltkrieges auseinandersetzen.

Der Bearbeiter hat für die Bibliothek für Zeitgeschichte - Archiv - ein "Findbuch" erarbeitet, das in übersichtlicher Form die sortierten Flugblätter verzeichnet. Dieses Findbuch kann jederzeit durch Nachträge ergänzt bzw. bei grösseren Veränderungen seitenweise ersetzt werden, so dass es den augenblicklichen Bestand nachweist.

Ein Findbuch hilft auch dem "Laien", das für ihn interessant-erscheinende Flugblatt rasch aufzufinden. Als Beispiel sei nachfolgend die Findbuch-Seite "Mappe 103" aufgeführt. Die Flugblätter können im Archiv der Bibliothek eingesehen werden. Fotokopiermöglichkeiten bestehen im Hause, ebenso können Reproduktionsaufträge (Photos) aufgegeben werden.

Beispiel:

Mappe 103

Herausgeber: UdSSR
Adressat: Deutsche
Einsatzzeit: 1941-1945
Serie: ohne Codezeichen, Buchstaben G. H und J

1 Genossen zu uns!
2 Geht mit diesem Passierschein
3 Goebbels-Enten
4 Hitler gegen Bismarck
5 Hitler ist der Feind des deutschen Volkes
6 Hitlers "Kreuzzug"
7 Hitlers Sache ist hoffnungslos
8 Hitlers Worte und... /Die Besatzung...
9 Hitlers Worte und... /Dieselbe Zeitung...
10 Ich führe Euch...
11 Ich möchte mal wieder...
12 "In der Heimat, in...
13 Jedem verwundeten deutschen Soldaten....

Anmerkungen

1) Zur Verzeichnung des Bestandes an Kriegsflugblättern im Bundesarchiv Koblenz siehe: Trumpp, Thomas: Praktische Erfahrungen bei der Ordnung und Verzeichnung von Kriegsflugblättern. Der Archivar. 1979, Heft 3. Seite 309 bis 314.
2) In der Reihe "Flugblattpropaganda im 2. Weltkrieg. Europa", die von Klaus Kirchner herausgegeben wird, sind bisher sieben Bände erschienen: Band 1: "Flugblätter aus England 1939/1940/1941" (1978); Band 2: "Flugblätter aud Deutschland 1939/1940"(1982); Band 3:" Flugblätter aus Frankreich 1939/1940"(1981); Band 4: "Flugblätter aus England G-1942" (1973); Band 5: "Flugblätter aus England G-1943, G-1944" (1979); Band 6; "Flugblätter aus den USA 1943/1944"(1977);Band 7: "Flugblätter aus England, aus den USA 1944/1945"(1980). In der genannten Reihe sind weitere Bände in Vorbereitung.
3) "A Complete Index of Allied Airborne Leaflets and Magazines 1939-1945" ist lediglich im Imperial War Museum erhalten.

Es handelt sich offenbar um die Abschlußarbeit britischer und amerikanischer Propagandaorganisationen, die nicht für die Öffentlichkeit bestimmt war. Im "Index" sind lediglich die amtlichen Kriegsflugblätter, nicht die getarnten oder gefälschten Ausgaben, nachgewiesen. Vergleiche hierzu auch die Anmerkung 2, sowie Leser, Lothar: Psychologische Kriegführung gegen Deutschland im 2. Weltkrieg. Versuch einer bibliographischen Übersicht in Bücherschau der Weltkriegsbücherei 1956/1958.

NORDIRLAND

Ursachen des Anglo-Irischen Konflikts

Von Michael Haupt

I. Geschichtlicher Überblick

a.) Irland

Will man sich mit den Ursachen des nordirischen Konfliktes auseinandersetzen, so kommt man an einer Darstellung der anglo-irischen Geschichte nicht vorbei.

Nordirland umfaßt - geographisch gesehen - den Nordosten der Insel. Politisch gehören seine sechs Grafschaften (Londonderry, Antrim, Tyrone, Fermanagh, Armagh, Down) zum 'Vereinigten Königreich von Großbritannien und Nordirland'.

In Nordirland tragen zwei Bevölkerungsgruppen seit 1968 in verstärktem Maße einen erbitterten Kampf aus. Die Katholiken und die Protestanten. Es scheint naheliegend, daß es sich hierbei um einen reinen "Religionskrieg" handelt, was aber bei näherer Betrachtung keineswegs der Fall ist.

Seit dem 12. Jahrhundert war irische Geschichte auch die Geschichte des englischen Einflußes in Irland infolge von Kolonialpolitik und Ausbeutung.

1171 setzte der englische König Heinrich II mit einer großen Armee nach Irland über, um das Land zu "zivilisieren".

Bereits um das Jahr 1172 unterwarfen sich die bedeutendsten Könige Irlands der englischen Krone. 1297 wurde das erste Parlament in Irland einberufen, das unter anderem gewährleistete, daß es zwischen englischem und irischem Recht keinen Unterschied gebe. Durch mehrere Gesetze, letztlich durch die 'Statutes of Kilkenny' von 1366, wurde versucht, Engländer und Iren geographisch zu trennen, die aber allesamt fehlschlugen. Erst die Tudors bemühten sich wieder im 15. und 16. Jahrhundert um die Herrschaft in und über Irland. 1494 band Heinrich VII. durch 'Poynings -Law' die Gesetzgebung des irischen Parlaments an die Zustimmung des Königs. Nach seinem Bruch mit der römischen Kirche ersetzte Heinrich VIII. seinen Titel "Herr von Irland" durch "König von Irland und Oberhaupt der irischen Kirche". Doch die Reformation setzte sich im katholischen Irland, das bereits im 5. Jahrhundert durch den Heiligen Patrick katholisch missioniert wurde, nicht durch und es kam zu Rebellionen und Aufständen, wie 1593/1602 unter O'Neill und O'Donnell oder 1641 und 1649/51, den Oliver Cromwell blutig niederschlug. Unter Wilhelm III. wurde Irland erneut erobert (1690), was einer politischen Entrechtung der Katholiken nach sich zog. 1801 entstand das "Vereinigte Königreich von Großbritannien und Irland". Das irische Parlament in Dublin, das zuletzt in Opposition zur englischen Krone stand, wurde aufgelöst. Ins englische Parlament durften die Iren nur Protestanten entsenden (32 gewählte Peers und 100 Unterhausmitglieder). Erst 1829 konnten Katholiken Parlamentsmitglieder und Beamte werden. In den Jahren 1845-1851 forderte eine große Hungersnot etwa eine Million Tote; etwa eine Million Iren wanderten aus. Diese Hungersnot, in der die Regierung Englands versagte, verschärfte die Spannungen zwischen den Katholiken und den priviligierten Protestanten und führte 1848 zum Aufstand unter O'Connell.

Am Ostermontag, dem 24. April 1916, kam es unter der Führung von Padraig H. Pearse und James Connolly zum entscheidenden Aufstand, der zur Proklamierung der Irischen Republik führte ("The Provisional Government of the Irish Republic - To the people of Ireland. Irishmen and Irishwomen: In the name of God and of the dead generations... we declare the right of the people of Ireland to the ownership of Ireland and to the unfettered control of Irish destinies, to be sovereign and indefeasible...").

Allerdings scheiterte der Aufstand und die, von den Engländern hingerichteten, Anführer wurden zu Nationalhelden.

1920 verabschiedete London das 'Government of Ireland Act', das die Loslösung der sechs nördlichen Provinzen von den 26 Provinzen der Insel beinhaltete. Das britische Unterhaus erkannte den sechs Provinzen bzw. Grafschaften des Nordens ein eigenes Parlament zu. "Alle Mittel einer gewalttätigen und grausamen Tyrannei sind seitdem engewandt worden in dem verzweifelten Versuch, uns als Nation vollständig zu vernichten.[1])" Während des 2.Weltkrieges blieb die Republik neutral und verweigerte England die Errichtung von Stützpunkten.

---

[1]) Denkschrift an die Vertreter fremder Nationen. Hrsg.:
Dail Eireann [Irisches Parlament] 1921. S. 3.

b.) Nordirland

Die Bevölkerung Nordirlands besteht zu etwa zwei Dritteln aus Protestanten, der Rest sind Katholiken.

Den Konfliktpartnern geht es kurzgefaßt etwa um die folgenden Punkte: Die Protestanten fordern ein unabhängiges Nordirland, das zum Vereinigten Königreich gehören soll. Sie wollen, so das Ergebnis mehrerer Meinungsumfragen "nicht katholisch werden und sich vom Papst vorschreiben lassen, was sie lesen dürfen, wie viele Kinder sie haben sollen und daß sie, einmal verheiratet immer verheiratet sein müssen". Schließlich hätten ihre Vorfahren Ulster zu dem gemacht, was es heute sei und außerdem heißt ihre Heimat nicht Irland sondern Ulster.

Auf der katholischen Seite heißen die Forderungen: Ende der englischen Kolonialherrschaft auf irischem Boden, totaler Abzug der britischen Armee, ebenfalls gleiche Rechte wie die Protestanten in Arbeit, Wohlstand und Politik mit dem Ziel eines wiedervereinigten Irlands. Sie sehen sich als Minderheit benachteiligt, die Protestanten dagegen würden sich in einem 'Vereinigten Irland' als Minderheit diskriminiert sehen. Anfang der siebziger Jahre wurden von offizieller Seite Meinungsumfragen in Nordirland durchgeführt. Die Fragen liefen daraufhin hinaus, ob die Katholiken in Nordirland diskriminiert würden. Nach den Auswertungen ergab sich folgendes Bild: 74 % der befragten Protestanten verneinten eine Diskriminierung der Katholiken, nur 18 % schlossen die Möglichkeit nicht aus. Umgekehrt aber waren 74 % der Katholiken der Meinung, sie würden diskriminiert und nur 13 % verneinten dies.

Die heutigen schweren Unruhen nahmen ihren Ausgangspunkt mit dem Demonstrationsmarsch katholischer Bürgerrechtler am 5. Oktober 1968 in Derry oder auch Londonderry. Die "Northern Ireland Civil Rights Association" (N.I.C.R.A.) bestimmte Derry als Ort, weil dort die kritisierten Diskrimimierungen besonders deutlich waren, denn für die Protestanten war es eine historische Stadt. So mußte es zwangsläufig zu harten Auseinandersetzungen kommen. Der damalige Innenminister Craig versuchte noch die Demonstration zu verbieten. Der Zug endete, kaum begonnen, in einer blutigen Straßenschlacht unter maßgeblicher Beteiligung der Polizei. Noch am gleichen Tag brachen in Derry schwere Unruhen zwischen Katholiken und Protestanten aus, sie sich in den nächsten Tagen, Wochen und Monaten fortsetzten. Einer der entschiedensten Gegner der Katholiken und Aufrührer ist der protestantische Prediger Ian Paisley mit seiner Truppe, der 'Ulster Protestant Volunteers'. Der zweite Höhepunkt war am 1. Januar 1969 der Demonstrationszug der katholischen Studentenorganisation 'People's Democracy' von Belfast nach Derry. Auf dem Weg nach Derry wurde der Zug mehrfach von

bewaffneten Protestanten behindert. Kurz vor der Stadtgrenze von
Derry kam es am 4. Januar zu einem Feuerüberfall von Paisleys
Anhängern auf den unbewaffneten Demonstrationszug, der zahlreiche
Verletzte forderte. Der Hass der Katholiken auf die Protestanten
verschärfte sich zunehmend, als man sich bewußt wurde, daß die
Polizei eindeutig auf protestantischer Seite stand. In der Folgezeit
kam es zu regelrechten Razzien in den katholischen Wohnvierteln.

Die weitere schwerwiegende Entwicklung des Konfliktes war gekenn-
zeichnet durch den Beginn der Terroraktivität der 'Provisional
I. R. A.' im Sommer 1970, durch das 'Internment' und den 'Bloody
Sunday' in Derry vom 30. Januar 1972, an dem 13 Demonstranten
starben. Mit dem verstärkten Eingreifen der IRA, die sich als
katholische Schutzmacht versteht, nahmen die blutigen Auseinander-
setzungen völlig neue Ausmaße an.

Die gewaltsamen Auseinandersetzungen zwischen der Armee, der
IRA und den protestantischen Organisationen beherrschen seither
den Konflikt und haben bisher noch kein Ende gefunden. Seit 1969
fielen etwa 2.300 Menschen terroristischen Anschlägen zum Opfer,
wobei es sich in der Mehrheit um Zivilisten handelt, da beide Seiten
dazu übergegangen sind, häufig Bomben ohne rechtzeitige Vorwar-
nung in Geschäftsstraßen hochgehen zu lassen. Bis heute explodier-
ten rund 6.600 Bomben.

Zur Bekämpfung des Terrors versucht die britische Regierung eine
gezielte Wirtschaftspolitik in Nordirland, mit dem Ziel der Schaffung
von Arbeitsplätzen, einzusetzen, die aber bisher gescheitert ist.
Eine gewisse Verschärfung des Konfliktes ist unter der zur Zeit am-
tierenden Regierung zu beobachten, die mit ihrer konservativen
Grundhaltung bisher Verhandlungen mit der anderen Seite ablehnt,
und eher bereit ist, noch mehr Truppen nach Nordirland zu
schicken.

Die von den Katholiken und Südiren erwünschte und geforderte Wieder-
vereinigung wird wohl in absehbarer Zeit nicht zustande kommen
können, da London dieser Lösung erst zustimmt, wenn diese von der
Mehrheit der Nordiren befürwortet wird.

Lösungsmöglichkeiten des Konfliktes könnten der totale Abzug der
britischen Armee aus Nordirland und die Schaffung einer erneuten
interkonfessionellen Parteienkoalition sein.

II. Erläuterungen zur Bibliographie

Die vorliegende Bibliographie kann - um es vorweg klarzustellen - keine umfassende Aufzählung aller bisher erschienenen Titel zum Thema des nordirischen Konfliktes sein. Bei der Zusammenstellung dieser Bibliographie war es klar, dass eine Auswahl getroffen werden musste. Deshalb finden sich in der nachfolgenden Übersicht nur Buchtitel. Zeitschriftenaufsätze, Zeitungsartikel, Buchkapitel u. ä. wurden nicht gesammelt und nicht aufgeführt. Die Bibliographie hätte sonst ein Ausmass angenommen, das nicht mehr zu bewältigen gewesen wäre.

Die vorliegende, systematisch geordnete Bibliographie verzichtet deshalb auch - mit einigen bemerkenswerten Ausnahmen - auf sogenannte Tages- oder Pamphletliteratur. Die angegebenen Titel sollen lediglich einen historischen Überblick über den heutigen Konflikt in Nordirland geben, dessen vielgestaltige Ursachen bis in das Ende des vergangenen Jahrhunderts zurückgehen.

Die unvollständigen Titel (fehlende Seitenzahlen u. a. m.) deuten daraufhin, dass der Verfasser diese Bücher nicht in der Hand gehabt, sondern deren Titel aus (meistens britischen) amtlichen Werken und Bibliographien entnommen hat.

Die aufgeführten Buchtitel liegen zum grossen Teil in der Bibliothek für Zeitgeschichte vor und können von dort im Bibliotheksverleihverkehr entliehen werden.

Die Arbeiten zu dieser Bibliographie wurden am 30. 6. 1982 abgeschlossen.

III. Inhaltsübersicht

I. Allgemeines

- I. 1.   Allgemeine Darstellungen
- I. 2.   Amtliche Publikationen
- I. 3.   Halbamtliche Publikationen
- I. 4.   Bibliographien
- I. 5.   Biographien

II. Geschichte

- II. 1.   Allgemeine Geschichte Irlands
- II. 2.   Osteraufstand 1916
- II. 3.   Geschichte 1916-1967
- II. 4.   Geschichte seit 1968

III. Nordirisches Problem

- III. 1.   Die Politik Grossbritanniens
- III. 2.   Britische Armee in Nordirland
- III. 3.   Stellungnahmen der Parteien
- III. 3. 1.   Verschiedene Parteien
- III. 3. 2.   Irish-Republican-Army
- III. 3. 3.   Sinn Fein
- III. 4.   Stellungnahmen der Kirchen
- III. 5.   Terrorismus und Widerstand
- III. 6.   Menschenrechtsverletzungen
- III. 7.   Friedensbewegungen

IV. Periodica

- IV. 1.   Allgemeine Darstellungen
- IV. 2.   Periodica von Widerstandsgruppen
- IV. 3.   Periodica verschiedener Organisationen

IV. BIBLIOGRAPHIE

I. Allgemeines

I.1. Allgemeine Darstellungen

Armour, W. S. : Facing the Irish question. London: Duckworth 1935. 270 S.

Armour, W. S. : Ulster, Ireland, Britain - a forgotten trust. London: Duckworth 1938. 216 S.

Arthur, P. : Government and politics of Northern Ireland. Harlow: Longman 1980. 160 S.

Ayearst, M. : The republic of Ireland. Its government and politics. New York: New York Univ. Pr. 1970. VII, 241 S.

Barritt, D. P. : Northern Ireland - the problem of a divided community. A paper read 25 Jan. 1972. Stockholm: Manchester Statistical Society 1972. 26 S.

Barritt, D. P. ; Carter, C. F. : The Northern Ireland Problem. A Study in group relations. 2nd ed. London [usw.]: Oxford Univ. Pr. 1972. XXVIII, 176 S.

Birjukov, I. D. : Ol'ster- gorjačkaja zemlja. Moskva: Politizdat 1975. 94 S.

Birrell, D. ; Murie, A. : Policy and government in Northern Ireland. Lessons of devolution. Dublin: Gill and Macmillan 1980. 353 S.

Bowden, T. : The breakdown of public security - the case of Ireland 1916-1921 and Palestine 1936-1939. With a foreword by G. A. Almond. London: Sage 1977. XIV, 342 S. (Sage studies in 20th century history. 8.)

Boyle, K. ; Hadden, T. ; Hillyard, P. : Law and state. The case of Northern Ireland. (London:) Robertson (1975). IX, 194 S.

Carasso, J. P. : La Rumeur irlandaise. (Guerre de religion ou lutte des classes.) Paris: Champ libre 1970. 291 S.

Carson, W. : Ulster and the Irish republic. Belfast: Cleland 1957. IX, 57 S.

Chubb, F. B. ; Thornley, D. : Irish government observed. Irish Times articles. Dublin: Irish Times 1965.

Chubb, F. B.: The government and politics of Ireland. Stanford: Stanford Univ. Pr. 1970. XII, 364 S.
The Conflict of nationality in modern Ireland. Comp. by A. C. Hepburn. London: Arnold 1980. XVI, 221 S.
Crawford, L.: The problem of Ulster. New York: The Protestant Friends of Ireland [o. J.].15 S.
De l'Internement au directs rule, l'autonomie des ghettos, la guérilla urbaine. [Paris:] Comité pour la liberation du peuple irlandaise 1972. 42 S.
Devine, F.: Northern Ireland - a solution? London: N. O. L. S. [1979]. 30 S.
Edwards, R. D.: The sins of our fathers. Roots of conflict in Northern Ireland. Dublin: Gill & Macmillan 1970. XVI, 353 S.
Elliot, R. S. P.; Hickie, J.: Ulster-a case study in conflict theory. London: Longman; New York: St. Martin's Pr. 1971. XII, 180 S.
Evans, R.: Ireland in the realm and Ulster in Ireland. London: Constable 1917. 49 S.
Fields, R. M.: Society under siege. A psychology of Northern Ireland. Philadelphia: Temple Univ. Pr. 1977. XVI, 267 S.
Gallagher, F.: The indivisible island. The history of the partition of Ireland. London: Gollancz 1957. 316 S.
Greaves, D.: Northern Ireland - civil rights and political wrongs. London: Communist Party [1969]. 11 S.
Gudmundson, U.: Nordirland. Från korstag till klasskamp. Stockholm: PAN-Norstedt 1971. 175 S.
Gwynn, D. R.: The Irish Free State 1922-1927. London: Macmillan 1928. XVI, 436 S.
Haugland, K.: Problemet Irland. Oslo: Samlaget 1973. 128 S. (Orion-boekene. 142.)
Hawkins, J.: The Irish question today. The problems and dangers of partition. London: Gollancz 1941. 52 S. (Fabian Society Research Series. 54.)
Heskin, K.: Northern Ireland - a psychological analysis. Dublin: Gill & Macmillan; New York: Columbia Univ. Pr. 1980. XII, 174 S.
Ireland - dead or alive? An analysis of Irish politics. Belfast: Belfast Liberation Group [um 1973]. 24 S.
Johnson, P.: Ireland - land of troubles. London: Methuen 1980. 176 S.
Irish Liberation. Ed. and with an introd. by U. O'Connor. New York: Grove 1974. 255 S.
MacEóin, G.: Northern Ireland. Captive of history. New York: Holt, Rinehart & Winston 1974. 388 S.
Mansergh, N.: The Irish question, 1840-1921. A commentary on Anglo-Irish relations and on social and political forces in Ireland in the age of reform and revolution. New and rev. ed. London: Allen & Unwin 1965. 319 S.
Milanov, M. L.: Irlandski Motivi. Sofija: Partizdat 1974. 180 S.
Morton, G.: Home rule and the Irish question. London: Longman 1980. 121 S. (Seminar Studies in History.)

Northern Ireland: Half a century of partition. Ed. by R. W.
   Mansbach. New York: Facts on File 1973. 221 S.
O' Brien, C. C. : States of Ireland. [1st repr. with two postscripts.]
   London: Panther 1974. 327 S.
Olsson, J. O. ; Sjögren, M. : Lågtryck över Irland. Stockholm:
   Aldus & Bonnier 1971. 228 S. (Aldusserien. 345 S.)
Paisley, I. R. K. : United Ireland - Never! Refort: Puritan Pr. 1972.
   16 S.
Paisley, I. R. K. : Northern Ireland. What is the real situation?
   Greenville: Bob Jones Univ. Pr. 1970. 22 S.
Pakenham, F. [d.i. Francis Aungier Pakenham, Earl of Longford]:
   Peace by ordeal. An account, from first-hand sources, of the
   negotiation and signature of the Anglo-Irish Treaty, 1921. London:
   New English Library 1967. 318 S.
Prill, F. : Ireland, Britain and Germany, 1871-1914: problems of
   nationalism and religion in nineteenth-century Europe. Dublin:
   Gill & Macmillan; London: Macmillan 1975. XII, 196 S.
Probert, B. : Beyond orange and green. The political economy of
   the Northern Ireland crisis. London: Zed Pr. 1978. 174 S.
   (Imperialism series. 3.)
Roerdam, T. : Irland - korstog og klassekamp. København:
   Det Danske Forlag 1973. 288 S.
Rose, R. : Governing without consensus. An Irish perspective.
   London: Faber & Faber 1971. 567 S.
Tatarintsev, V. M. : Severnaja Irlandija: napyšennost
   sokrušennyja. Moskva: Znamie 1972. 32 S.
   Serija: Meždunarodnaja. 10.)
The Troubles. R. Broad [u. a.] Ed. by T. Downing.
   London: Macdonald Futura 1980. 208 S.
Utley, T. E. : Ulster - a short background analysis. Belfast:
   Unionist Research Department (1972). 19 S.

I. 2. Amtliche Publikationen

Alexander, J. M. : Northern Ireland: an operations research approach
   to conflict resolution. Paper pres. to the Seminar on conflict
   analysis by the State Dept. and Arms Control and Disarmament
   Agency. Washington: State Department 1975. (Foreign Affairs
   Research Service. FAR 22189-G.]
Alexander, J. M. : A Metagame analysis of the conflict in Northern
   Ireland. Paper pres. at the Annual Conference of the Peace
   Science Society-International. Ottawa: Peace Science Society
   1975. (Foreign Affairs Research Service, Washington Dept. of
   State. FAR 22190-P.)
Bowen, R. : Report by Roderic Bowen, Q. C. , on procedures for the
   arrest, interrogation and detention of suspected terrorists, 14. Nov.

1966. London: H.M.S.O. 1971. 23 S. (Command papers. 3165.)

Cameron, J. Lord: Disturbances in Northern Ireland: Report of the Commission appointed by the Governor of Northern Ireland. Belfast: H. M. S. O. 1969. 123 S. (Papers by Command. 532.)

A Commentary by the Government of Northern Ireland to accompany the Cameron Report incorporating an account of progress and a programme in action. Belfast: H. M. S. O. 1969. 16 S. (Papers by Command. 534.)

Commentary upon the White Paper (Command Paper 558) entitled "A record of constructive change" publ. by the Government of Northern Ireland on 20 August 1971. Belfast: H. M. S. O. 1971.

Compton, E.: Report of the enquiry into allegations against the security forces of physical brutality in Northern Ireland arising out of events on the 9th august 1971. London: H. M. S. O. 1971. (Command papers. 4823.)

The Constitution of Northern Ireland - being the Government of Ireland Act, 1920, as asmended to 31 Dec. 1968. Belfast: H. M. S. O. 1968. 61 S.

Diplock, W. J. K. Baron: Report of the Commission to consider legal procedures to deal with terrorist activities in Northern Ireland. London: H. M. S. O. 1972. (Command papers. 5185.)

The Future of Northern Ireland: a paper for discussion. Report [ed. by] the Secretary of State for Northern Ireland. London: H. M. S. O. 1972.

Handbook of the Ulster question. Ed. by North Eastern Boundary Bureau. Dublin: Stationary Office 1923. 164 S.

Ireland against the United Kingdom of Great Britain and Northern Ireland. Report of the European Commission of Human Rights. (Adopted on 25 Jan. 1976.) Strasbourg: Council of Europe 1976. XVII, 564 S. (Application. 5310/71.)

Ireland against the United Kingdom of Great Britain and Northern Ireland. Annexes I and II to the report of the Commission of Human Rights. Strasbourg: Council of Europe 1976. I, 123 S.

Nordirland. Hrsg. v. Central Office of Information, London, für die Britischen Informationsämter. (London: H. M. S. O. 1971.) 17 S.

Nordirland. (London: Reference Division, Central Office of Information 1973.) 15 S.

Northern Ireland - Text of a communiqué and declaration held at 10 Downing Street on the 19th August 1969. London: H. M. S. O. 1969. 4 S.

Northern Ireland. Prepared for British Information Services by the Central Office of Information, London. (London: H. M. S. O. 1971.) 15 S.

Northern Ireland. Central Office of Information, Reference Division. London: H. M. S. O. 1975. 21 S. (Central Office of Information Reference Pamphlet. 135.) [Erw. Aufl. London 1978. 54 S.; [Dass.] 2. Aufl. London 1979. 58 S.]

United States. Congress. House. Committee on Foreign Affairs.

Subcommittee on Europe. - Northern Ireland. Hearings, 92nd Congress, 2nd session. Febr. 28 and 29 and March 1, 1972. Washington: U. S. Govern. Print. Office 1972. VII, 639 S.

Northern Ireland - Text of a communiqué issued following discussions between Secretary of State for the Home Department and the Northern Ireland Government in Belfast 9th and 10th October 1969. London: H. M. S. O. 1969. 7 S.

Northern Ireland - Text of a communiqué issued 29th August 1969 at a conclusion of the visit of the Secretary of State for the Home Department to Northern Ireland. London: H. M. S. O. 1969. 4 S.

Oberschall, A. : Conflict and conflict regulations in Northern Ireland. Paper pres. at the annual meeting of the American Sociological Assoc., Aug. 1973, at New York City. Washington: Dept. of State 1973. (Foreign Affairs Research Service. FAR 18029-N.)

Parker, Lord [Parker of Waddington]: Report of the Committee of Privy Counsellors appointed to consider authorized procedures for the interrogation of persons suspected of terrorism. London: H. M. S. O. 1972. V, 24 S. (Command papers. 4901.)

Peace in the Mideast, a delicate balance. Report of a study mission to the Mideast and Ireland, Jan. 2 -20, 1978, to the Committee on Internat. Relations, U. S. House of Representatives, pursuant to H. Res. 313 and 981. Washington: U. S. Gov't Print. Office 1978. V, 42 S.

Phoblacht na Eireann- Proclamation of Ireland. Ed. by the Provisional Government of the Irish Republic. [Dublin: Provisional Government of the Irish Republic 1916.] 8 S.

Report of a committee to consider, in the context of civil liberties and human rights, measures to deal with terrorism in Northern Ireland. Chairman: Lord Gardiner. London: H. M. S. O. [um 1975]. VII, 78 S. (Command Papers, 5847.)

Report of the Advisory Committee on Police. Chairman: Baron J. Hunt. Belfast: H. M. S. O. 1969. 50 S. (Northern Ireland. Parliament. Papers by Command. 535.)

Report on conditions in Ireland with demand for investigation by the Peace conference. Paris: American Commission on Irish Independence 1919. 15 S.

United States. Congress. House. Committee on Foreign Affairs. Subcommittee on Europe. - Report of Congressman Wolff on trip to Northern Ireland,. Hearing, 92nd Congress, 2nd session, July 18, 1972. Washington: U. S. Gov't Print. Office 1972. III, 23 S.

Scarman, L. : Violence and civil disturbances in Northern Ireland in 1969: Report of Tribunal of Inquiry. Vol. 1. 2. Belfast: H. M. S. O. 1972. Getr. Pag. (Papers by Command. 566.)

Shearman, H. : Northern Ireland 1921-1971. Belfast: H. M. S. O. 1971. 191 S.

Valera, Eamon de: The Unity of Ireland. Partition debated in Senad Eirean. De Valera's speech... 9 Febr. 1939. Baile atha Cliath: Oifig an tSolathair 1939. 16 S.

Widgery, J. P. Baron: Report of the tribunal appointed to inquiry into the events of sunday, 30th january 1972, which led to loss of life in connection with the procession in Londonderry on that day. London: H. M. S. O. 1972. (Report House of Lords 1971/72. 101.) (Report House of Commons 1971/72. 220.)

I. 3. Halbamtliche Publikationen

Bell, J. B.: Comments on a paper pres. by Dr. Brian Jenkins [at the] Conference on International Terrorism, U. S. Dept. of State, March 25-26, 1976. Washington: Dept. of State 1976. (Foreign Affairs Research Service. FAR 24505-S.)

Canavan, F.: The prospects for a united Ireland. Paper pres. at the annual meeting of the New England Political Society. Hartford: Univ. of Hartford Pr. 1975. (Foreign Affairs Research Service. FAR 22489-R)

Clark, D.: Northern Ireland's legacy of conflict. Paper pres. at the annual meeting of the American Association for the Advancement of Science. Philadelphia: American Assoc. for the Advancement of Science 1971. (Foreign Affairs Research Service. FAR 15417-N.)

Anonymous Commentary upon the White Paper (Cmd 558). Belfast: Irish News 1971.

Crisis in Northern Ireland - the representation of the National Council for Civil Liberties to H. M. Government. London: National Council for Civil Liberties 1971. 23 S.

Curran, J. M.: Ulster repartition: a possible answer? Paper pres. at the annual meeting of the Southern Historical Association. Washington: Southern Hist. Assoc. 1975. (Foreign Affairs Research Service. FAR 23503-N.)

Evidence on conditions in Ireland, comprising the complete testimony, affidavits and exhibits presented before the American Commission on conditions in Ireland. Transcribed and annotated by A. Coyle... Washington: Bliss 1921. XIV, 1105 S.

Evidence on conditions in Ireland, comprising the complete testimony, affidavits and exhibits presented before the American Commission on conditions in Ireland. Interim Report. London: Harding & More 1921. 72 S.

I. 4. Bibliographien

Darby, J. P.: Register of research into the Irish conflict. Belfast: Northern Ireland Community Relations Commission 1972. 33 S.

Deutsch, R.: Northern Ireland 1921-1974. A select bibliography. New York: Garland 1975. VIII, 142 S. (Garland reference library

of social sciences. 2.)
Eager, A. R. : A guide to Irish bibliographical material, being a
  bibliography of Irish bibliographies and some sources of information. London: Library Assoc. 1964. XIII, 392 S.
Gracey, J.; Howard, P. : Northern Ireland political literature 1968-1970. Vol. 1. 2. Belfast: Irish Booklore 1972. Getr. Pag.
Ireland 1914-1921. A selected list of references. London: Imperial
  War Museum 1966. 11 Bl. (Bibliography. PH 851.)
Jahresbibliographie [der] Bibliothek für Zeitgeschichte - Weltkriegsbücherei. [Darin: Systemgr.: L 141 Grossbritannien u. L 143
  Irland ‹Eire›] Jg. 32, 1960 ff. München: Bernard & Graefe
  1961 ff.
Johnston, E. M. : Irish history - a select bibliography. (Rev. ed.)
  London: The Historical Assoc. 1972. 76 S.
Kjelling, A. : Irland 1949-1972. Litteratur i Nobelinstituttets
  bibliotek. Oslo: Nobelinstituttets bibliotek 1972.
Brief List of recent references on the Irish-English question.
  Washington: Library of Congress 1921.
Consolidated list of publications 1921-1966 - Northern Ireland.
  Vol. 1. 2., with 19 suppl. Belfast: H. M. S. O. 1938-[1967].
  Getr. Pag.
Maltby, A. : The Government of Northern Ireland, 1922-1972: a
  catalogue and breviate of parliamentary papers. Dublin: Irish
  Univ. Pr. 1974. XXII, 235 S.
Northern Ireland 1920-1950.- A select list of books and pamphlets
  in the Belfast Public Libraries. Belfast: Public Library 1950. 21 S.
Northern Ireland political literature 1968-1972. Ed. from the collection in the Linenhall Library, Belfast. Dublin: Irish Univ.
  Microfilms 1974. 88 Bl.
A Source book of Irish government. Ed. by F. B. Chubb.
  Dublin: Inst. for Public Administration 1964.

I. 5. Biographien

Cumann na n-Uaigheann Náisiunta - the last post - a list of dead members of Nationalist movements, Ireland 1913-1975. Dublin:
  Cumann... 1976. 136 S.
Lankford, S. : The hope and the sadness - personal recollections of
  troubled times in Ireland. Cork: Tower Books 1980. 274 S.
Leaders and men of the Easter Rising: Dublin 1916. Ed. by F. X.
  Martin for Radio Telefis Eireann - Thomas Davis lectures.
  London: Methuen 1967. XII, 276 S.
O'Farrell, P. : Who's who in the Irish war of Independence 1916-21.
  Dublin: Mercier 1980. 186 S.
Younger, C. : A state of disunion: Arthur Griffith,
  Michael Collins, James Craig, Eamon de Valera.

London: Muller; London: Fontana 1972. 353 S.

I. J. Campbell
Irish Action. Nationalist politics in Northern Ireland in the Stormont Period, as expressed by nationalist leaders: I. J. Campbell's autobiography, Eddi McAteer's plan for civil resistance. Belfast: Athol Books 1979. 58 S.

Edward Carson
Ervine, St. J. G. : Sir Edward Carson and the Ulster Movement. New York: Dodd & Mead 1916. 125 S.
Hyde, H. M. : Carson. The life of Sir Edward Carson, Lord Carson of Duncairn. London: Constable Pr. 1974. XVII, 515 S. [Orig. publ. London: Heinemann 1953.]

Roger Casement
Casement, R. : [Papers.] New York: N. Y. Public Library 1946. Mikrofilm (pos.), 3 Rollen.
Gwynn, D. R. : The life and death of Roger Casement. London: Cape 1930. 444 S.
Gwynn, D. R. : Traitor or patriot? New York: Cape & Smith 1931.
Mac Coll, R. M. : Roger Casement. London: New English Library 1965. 256 S. (Four square books.)
Mackey, H. O. : Roger Casement. The truth about the forged diaries. Dublin: Fallon 1966. 95 S.
Parmiter, G. de Clinton: Roger Casement. London: Barker 1936. XVI, 376 S.

Michael Collins
Forester, M. : Michael Collins - the lost leader. London: Sphere 1972. X, 386 S.
Joannon, P. : Michael Collins, la naissance de l'I. R. A. Paris: La Table Ronde 1978. 297 S.
Neeson, E. : The Life and death of Michael Collins. Cork: Mercier 1968. 165 S.
O'Connor, B. : With Michael Collins in the fight for Irish independence. London: Davies 1929. 195 S.
O'Connor, F. : The big fellow. Michael Collins and the Irish revolution. London: Corgi 1969. 222 S. [Orig. publ. New York 1937.]
Taylor, R. : Michael Collins. London: Four Square 1961. 285 S.

James Connolly
James Connolly and Ireland's struggle for freedom. London: Workers Fight [1975].28 S. (Phoenix pamphlet. 2.)
Connolly, J. : Ireland upon the dissecting table. James Connolly on Ulster and partition. New enl. ed. Cork: The Cork Worker's Club 1975. 77 S. (Historical Reprints. No. 11.)
Greaves, C. D. : The life and times of James Connolly. London: Lawrence & Wishart 1961. 363 S.

Michael Davitt
Sheehy-Skeffington, F. : Michael Davitt - revolutionary, agitator and Labour Leader. With an introd. by F. S. L. Lyons.

London: Gibbon & Kee 1967. 234 S.
John Denvir
Denvir, J.: The live story of an old rebel. Introd. by L. O'Broin.
 Repr. Shannon: Irish Univ. Pr. 1972. X, VIII, 288 S.
 (Irish revolutionaries.)
Bernadette Devlin
Target, G.W.: Bernadette. The story of Bernadette Devlin.
 London [usw.:] Hodder & Stroughton 1975. 384 S.
John Devoy
Devoy, J.: Recollections of an Irish rebel. With in introd. by
 S. O'Lúing. Shannon: Irish Univ. Pr. 1969. 512 S.
Brian Faulkner
Bleakley, D.: Faulkner: conflict and consent in Irish politis.
 London [usw.:] Monbrays 1974. XI, 204 S.
Boyd, A.: Brian Faulkner and the crisis of Ulster-Unionism.
 Tralee: Anvil Books 1972. 144 S.
Faulkner, B.: Baron Brian Faulkner. Memoirs of a Statesman. Ed.
 by J. Houston. London: Weidenfeld & Nicolson 1978. XIII, 306 S.
Desmond FitzGerald
FitzGerald, D.: Memoirs of Desmond FitzGerald, 1913-16. Ed. by
 F. FitzGerald [u. a.].London: Routledge & Paul 1968.
 XIII, 201 S.
Arthur Griffith
Davis, R.: Arthur Griffith and non-violent Sinn Fein. Tralee:
 Anvil Books 1974. 232 S.
Hugh Heron
Mullan, J.P.: The Ardboe martyrs. Hugh Heron. [o. O. um 1973.]
 20 S.
John Lynch
Lynch, J.: Speeches and statements on Irish unity, Northern Ireland,
 Anglo-Irish relations, Aug. 1969- Oct. 1971. The Taoiseach.
 Dublin: Government Information Bureau 1971. 111 S.
Tomás MacCurtain
O'Donoghue, F.: Tomás MacCurtain. Tralee: Anvil Books 1971.
 218 S.
Séan Mac Stiofáin
 [d. i. John Edward Drayton Stephenson]
Mac Stiofáin, S. [d. i. John Edward Drayton Stephenson]: Memoirs of
 a revolutionary. [London:] Cremonesi 1975. X, 372 S.
Liam Mellows
Greaves, C. D.: Liam Mellows and the Irish revolution. London:
 Lawrence & Wishart 1971. 416 S.
William O'Brien
O'Brien, J. V.: William O'Brien and the course of Irish politics,
 1881-1918. London: Univ. of California Pr. 1976. XIII, 273 S.
O'Brien, W.: Forth the banners go - reminiscences of William
 O'Brien as told to Edward MacLysaght. Dublin: Three Candles
 1969. VIII, 314 S.

Daniel O'Connell
Edwards, R. D. : Daniel O'Connell and his world. London: Thames
    & Hudson 1975. 112 S.
Terence O'Neill
O'Neill, T. : The autobiography of Terence O'Neill.[Prime Minister
    of Northern Ireland, 1963-1969.] London: Hart-Davies 1972.
    XIV, 168 S.
O'Neill, T. : Ulster at the crossroads. London: Faber and Faber
    1969. 201 S.
Michael Joseph O'Rahilly
O'Snodaigh, P. : Ua Rathghaille.[Michael Joseph O'Rahilly.]
    Dublin: United Irishman (1970). 24 S.
Ian Paisley
Marrinan, P. : Paisley: man of wrath, Tralee: Anvil Books 1973.
    260 S.
O'Glaisne, R. : Ian Paisley agus Tuaisceart Éireann. [Ian Paisley
    und Nordirland.] Baile atha Cliath [Dublin:] Clo Morainn 1971.
    226 S.
John Redmond
Gwynn, D. R. : The life of John Redmond. London: Harrap 1932.
    611 S.
Eamon(n) de Valera
Bromage, M. C. : De Valera and a march of a nation. London:
    New English Library 1967. 157 S.
Bwyer, T. R. : Eamon de Valera. Dublin: Gill & Macmillan 1980.
    160 S. (Gill's Irish lives.)
FitzGibbon, C. : The life and the times of Eamon de Valera. Dublin:
    Gill & Macmillan; London: Macmillan 1973. X, 150 S.
Greaves, C. D. : De Valera. (Cork: Constable Books) 1969. 24 S.
    (Irish Communist Organisation pamphlets.)
O'Néill, T.; O'Fiannachta, P. : De Valera. Vol. 1-3. Baile atha
    Cliath [Dublin]: Cló Morainn 1968-1969. Getr. Pag.
Pakenham, F. Earl of Longford; O'Neill, T. P. : Eamon de Valera.
    London: Arrow 1974. XXV, 499 S.
Ryan, D. : Unique dictator - a study of Eamon de Valera.
    London:-Barker 1936. 311 S.
Ryan, D. : (Unique dictator, [dt.]) Eamon de Valera - Irlands
    Freiheitskampf. Berlin: Frundsberg 1938. XXX, 320 S.
Schall, P. : Eamon de Valera und der Kampf Irlands um seine
    Freiheit. Kreuzweingarten: Zeitbiogr. Verl. (1964). 135 S.
Severn, B. : Irish Statesman and rebel. The two lives of Eamon de
    Valera. Folkestone: Bros & Swinfen 1971. VIII, 184 S.
Valera, E. de: Speeches and statements by Eamon de Valera
    1917-1973. Ed. by M. Moynihan. Dublin: Gill & Macmillan
    1980. XLVII, 634 S.

II. Geschichte

II.1. Allgemeine Geschichte Irlands

Åberg, A.: (Irland - Sedan 1800, [dt.]). Irland - Insel des Unfriedens. Hintergründe u. Zusammenhänge d. heutigen Situation. Eine Dokumentation d. jüngeren Geschichte Irlands. Hamburg, Düsseldorf: v. Schröder 1972. 183 S.

Irish Action - nationalist politics in Northern Ireland in the Stormont period - 1890-1978 - as expressed by Nationalist leaders. [Belfast:] Athol Books 1979. 58 S.

Alter, P.: Die irische Nationalbewegung zwischen Parlament und Revolution. Der konstitutionelle Nationalismus in Irland 1880-1918. München, Wien: Oldenbourg 1971. 232 S. (Studien zur Geschichte des 19. Jahrhunderts. Bd. 4.)

Beckett, J.C.: A short history of Ireland from earliest times to the present day. 6th ed. London: Hutchinson 1979. 191 S.

Bew, P.; Gibbon, P.; Patterson, H.: The state in Northern Ireland 1921-1972. Political forces and social classes. Manchester: Manchester Univ. Pr. 1979. VIII, 231 S.

Buckland, P.: The factory of grievances. Devolved government in Northern Ireland 1921-1939. Dublin: Gill and Macmillan 1979. XIII, 364 S.

Buckland, P.: A history of Northern Ireland. Dublin: Gill & Macmillan 1981. 195 S.

Budge, J.; O'Leary, C.: Belfast approach to crisis. A study of Belfast politics, 1613-1970. London: Mamillan 1973. XXII, 396 S.

Cagianelli, G.: L'Europe finisce ce Belfast. Roma: A.V.E.-Books 1971. 291 S. (Minima documenti. 3.)

Campbell, G.: An eyeful of Ireland. Dublin: Figgis 1973. 59 S.

Two Centuries of Irish history [1750-1974]. Ed. by J. Hawthorne. Rev. ed. London: B.B.C. 1974. 142 S.

Collins, M.: The path to freedom. Dublin: Talbot 1922. 153 S.

The Course of Irish history. Ed. by T.W. Moody and F.X. Martin. (---a series of 21 programmes... of Radio Telefis Éireann...) Cork: Mercier 1977. 404 S.

Cronin, S.: The McGarrity Papers. Revelations of the Irish Revolutionary Movement in Ireland and America 1900-1940. Tralee: Anvil Books 1972. 214 S.

Darby, J.: Conflict in Northern Ireland. The development of a polarized community. Dublin: Gill & Macmillan 1976. XIX, 268 S.

Dures, A.: Modern Ireland. [1782-1972.] London: Wayland 1973. 128 S. (The documentary history series.)

Edmonds, S.: The gun, the law and the Irish people. Tralee: Anvil Books 1971. 279 S.

Eye-witness to Ireland in revolt. Ed. by J. Hewitt. Reading: Osprey Publ. 1974. XIV, 178 S.

Faligot, R.: La Resistance irlandaise 1916-1976. Paris: Maspero 1977. 339 S. (Petite Collection Maspero. 192.)

Falls, C.: The Birth of Ulster. Repr. London: Methuen 1973. XV, 272 S.

Farrell, M.: Northern Ireland: The orange state. London: Pluto Pr. 1976. 406 S.

FitzGibbon, C.: Red Hand. The Ulster colony. London: Joseph 1971.

Gibbons, S. R.: Ireland 1780-1914. Glasgow [usw.]: Blackie 1978. 96 S. (Evidence in history.)

Goldring, M.: Irlande - idéologie d'une révolution nationale. Paris: Ed. Sociales [1975]. 126 S. (Problèmes—Histoire. 3.)

Greaves, C. D.: The Irish crisis. London: Lawrence & Wishart 1972. 222 S.

Greaves, C. D.: The Irish crisis. New York: Internat. Publ. 1972. 222 S. (New World paperbacks. 154.)

Hansen, E.: Irland - et fattigt land i vesteuropa. 2. opl. Ulfborg: Skipper Klement 1977. 162 S.

Harkness, D. W.: History and the Irish. (An inaugural lecture delivered before the Queen's Univ. of Belfast on 5 May 1976.) [Belfast:] Queen's Univ. of Belfast [1976]. 15 S. (New lecture series. 93.)

Healy, T. M.: The great Fraud of Ulster. Foreword by D. Kennedy. Tralee: Anvil Books 1971. 154 S.

Hickey, D. J.; Doherty, J. E.: A dictionary of Irish history since 1800. Dublin: Gill & Macmillan 1980. 615 S.

Ireland - towards the return of the rule of law. Ed. by the New Ulster Movement. [Belfast:] New Ulster Movement [1973]. 15 S.

Kautsky, K.: Ireland. [Engl.] Transl. by A. Clifford. Belfast: British and Irish Communist Organization 1974. 22 S.

Kee, R.: Ireland. A history. London: Weidenfeld & Nicolson 1980. 256 S.

Kircher, R.: Nordirland. Die politische und wirtschaftliche Entwicklung der sechs Grafschaften nach der Trennung vom nationalen Irland. Berlin: Junker u. Dünnhaupt 1941. 192 S.

Lyons, F. S. L.: Culture and anarchy in Ireland 1890-1939. Oxford: Clarendon Pr. 1979. 170 ungez. Bl. (Ford lectures. 1978.)

MacCall, S.: A little history of Ireland. Dublin: Dolmen Pr.; London: Oxford Univ. Pr. 1973. 62 S. [Neuaufl. 1976. 55 S.] [Neuaufl. 1980. 64 S.]

Mac Donagh, O.: Ireland. The Union and its aftermath. Rev. and enlarged. ed. London: Allen & Unwin 1977. 176 S.

Mawhinney, B.; Wells, R.: Conflict and Christianity in Northern Ireland. (1171-1974.) Berkhamsted: Lion Publ. 1975. 128 S.

Moody, T. W.: The Ulster Question, 1603-1973.

Dublin: Mercier 1978. VIII, 134 S.

Murphy, J. A.: Ireland in the twentieth century. Dublin: Gill & Macmillan 1975. 192 S. (The Gill history of Ireland. 11.)

Northern Ireland. Half a century of partition. Ed. R. W. Mansbach. New York: Facts on File 1973. 221 S.

O'Casey, S. [d. i. P. O. Cathasaigh]:The story of the Irish Citizen Army. [Facs. repr. of the Dublin 1919 ed.] Dublin: Talbot Pr. 1971. VII, 72 S.

O'Duibhir, S.: An Phoblacht. Vol. 1.: An tEiri Amach. Baile atha Cliath [Dublin]: Foilseachain Náisiúnta Teoranta 1971.

Paor, L. de: Divided Ulster. 2. ed. Harmondworth: Penguin Books 1973. XIX, 250 S.

Irische Passion. Eine Dokumentation zum Nordirischen Konflikt. [Zsgt.:] H. Vogt. Freiburg: Christophorus-Verl. (Schallplatte. SCGLV 73780)

Smith, H.: Ireland: some episodes from her past. [Ca 1650-1973.] London: B. B. C. 1974. 136 S.

Stevens, P. B.: God save Ireland! The Irish conflict in the twentieth century. New York: Macmillan 1974. 200 S.

Stewart, A. T. Q.: The narrow ground. Aspects of Ulster 1609-1969. London: Faber 1977. 208 S.

Stewart, A. T. Q.: The Ulster crisis. [Ulster Volunteer Force.] London: Faber (1969). 284 S.

Tierney, M.: Modern Ireland since 1850. Rev. ed. Dublin: Gill & Macmillan 1978. 248 S.

Wallace, M.: A short history of Ireland. Newtonabbot: David & Charles 1981. 166 S.

II. 2. Osteraufstand 1916

Bouch, J. J.: The Republican proclamation of Easter Monday, 1916. Dublin: Bibliographical Society of Ireland 1936. (Bibliographical Society of Ireland Publ. 3.)

Brie, F.: Der irische Aufstand von 1916. Berlin: Schwetschke; Graz: Leuschner 1917. VIII, 63 S.

Caulfield, M.: The Easter Rebellion. London: New English Library 1965. 381 S.

Coffey, T. M.: Agony at Easter. The 1916 Irish uprising. Harmondsworth: Penguin 1971. XV, 271 S.

Comerford, A.: The Easter Rising, Dublin 1916. A collection of contemporary material. London: Jackdraw 1969. Getr. Pag. (Jackdraw. 61.)

Dublin 1916: an illustrated anthology. Ed. by R. McHugh. London: Arlington Books 1976. XXIII, 399 S.

Duff, C. [St. Lawrence]: Six days to shake an empire. Events and factors behind the Irish Rebellion of 1916 - an account of that rebellion and its suppression and of the final struggle for self-government, with an epilogue on the dissolution of the British Empire into the British Commonwealth of Nations. London: Dent 1966. X, 310 S.

The Easter Proclamation of the Irish Republic, 1916. Dublin: Dolmen 1960. 7 S.

A Fragment of 1916 history. An account of events in one district of Dublin during the rising of 1916. Dublin: 1916.

Grant, N.: The Easter Rising: Dublin 1916. The Irish rebel against British rule. London: Watts 1973. 95 S. (A world focus book.)

Heuston, J. M.: Headquarters Battalion, Army of the Irish republic. Easter week 1916. [St Mary's Tallaght: Selbstverl. d. Verf.] 1966. VI, 74 S.

Irish Republican digest featuring the rising of 1916. Cork: National Publ. Committee 1965. Getr. Pag.

Mac Lochlainn, P. F.: Last words - letters and statements of the leaders executed after the rising at Easter 1916. Dublin: Kilmainham Jail Restoration Society 1971. XII, 217 S.

1916 - the Easter Rising. Ed. by O. D. Edwards and F. Pyle. London: MacGibbon & Kee 1968. 271 S.

O'Briain, L.: Ciumhni cinn. An dava clo.[Easter Rising, 1916.] Baile atha Cliath [Dublin]: Sáirséal agus Dill 1974. 211 S.

O'Broin, L.: Dublin castle and the 1916 rising. Rev. ed. London: Sidgwick & Jackson 1970. 192 S.

O'Grady, E.: The Easter flame. Dublin: [Selbstverl. d. Verf.] 1971. 23 ungez. Bl.

Ulster's Oppurtunity: A united Ireland. By an Irish K. C. London: Unwin 1917. 35 S.

Power, E. G.: The Easter Rising and Irish independence. London: Longman 1979. 96 S. (Then and there series.)

The Irish Rebellion: the 2/6 Sherwood Foresters part in the defeat of the rebels in 1916. Ed. by G. J. Edmunds. London. Derbyshire Times 1965. 32 Bl.

Ryan, D.: The Rising. The complete story of Easter Week. Dublin: Golden Eagle Books 1949. 276 S.

II. 3. Geschichte 1916-1967

Barry, T.: The reality of the Anglo-Irish war 1920-21 in West Cork. Refutations, corrections and comments on Liam Deary's 'Towards Free'. Tralee: Anvil Books 1974. 59 S.

Bennett, R.: The Black and Tans. Rev. ed. [London:] Severn House 1976. 228 S.

Boyd, A.: Holy war in Belfast. 2nd ed. Tralee: Anvil Books 1970. VI, 220 S.

Breen, D.: My fight for Irish freedom. (Rev. and enlarged ed.)

Tralee: Anvil Books 1973. 192 S.

Browne, K. J.: They died on Bloody Sunday. (Souvenir, Conor Clune memorial, Nov. 21, 1920- Nov. 21, 1970.) Shannon: Quin Memorial Committee [1971]. 22 S.

Buckland, P.: The Factory of grievances. Devolved government in Northern Ireland 1921-1939. Dublin: Gill & Macmillan 1979. XIII, 364 S.

Calvert, H.: The Northern Ireland problem. London: United Nations Assoc. 1972. 16 S.

Clark, W.: Guns in Ulster. Foreword by Lord Brookeborough, [Prime Minister of Northern Ireland, 1943-63]. Belfast: Northern Whig & Constabulary Pr. 1967. 127 S.

Coogan, T. P.: Ireland since the Rising. London: Pall Mall 1966. XII, 355 S.

Crawford, F. H.: Guns for Ulster. Belfast: Graham & Heslip 1947. 80 S.

Critchley, J.: Northern Ireland. London: Atlantic Information Centre for Teachers 1969. 27 S.

De Blaghd, E.: Slán le hUltaibh: Imleabhar II de chuimhní cinn. Baile átha Cliath [Dublin]: Sáirséal agus Dill 1970. 200 S.

De Blaghd, E.: Gaeil à múscailt: Imleabhar III de chuimhní cinn. Baile átha Cliath [Dublin]: Sáirséal agus Dill 1973. 252 S.

De Poar, L.: Divided Ulster. Hamondsworth: Penguin 1971. XX, 251 S. (A Penguin special.)

Falk, E.: Nordirland. Englands Garnison auf irischem Boden. (Berlin: Deutsche Informationsstelle) 1940. 62 S. (England ohne Maske. 20.)

Fitzgerald, R.: Cry blood, cry Erin. London: Barrie & Rockliff; New York: Potter 1966. 176 S.

Gale, J.: Opression and revolt in Ireland. [Repr. from "Workers Press", Vol. 1974.] London: Workers Revolutionary Party 1975. X, 147 S. (Workers Revolutionary Party pamphlet book. 15.)

Gardner, L.: Resurgence of the majority. [Belfast: C. Smyth 1971.] 44 S.

Gleeson, J.: Bloody Sunday. [1920.] London: New English Library 1963. 191 S.

Goldring, M.: Le Drame de l'Irlande. Paris [usw.]: Bordas 1972. 143 S.

Gundelach, T.: Die irische Unabhängigkeitsbewegung 1916-1922. Frankfurt/M.: Lang 1977. 957 S. (Europäische Hochschulschriften. Reihe 3: Geschichte u. ihre Hilfswissenschaften. 91.)

Hastings, M.: Barricades in Belfast. The fight for civil rights in Northern Ireland. New York: Taplinger (1970). 211 S.

Holt, E.: Protest in arms. The Irish troubles 1916-1923. London: Putnam (1960). 328 S.

Ireland 1945-1970. Ed. by J. J. Lee. Dublin: Gill & Macmillan 1979. VII, 184 S. (Thomas Davis lectures.)

Ireland in the war years and after, 1939-1952. Ed. by K. B. Nowlan
   and T. D. Williams. Dublin: Gill & Macmillan
   1969. IX, 216 S.
Ireland in the war years and after, 1939-1952. Notre Dame:
   University of Notre Dame 1970. IX, 216 S.
Jackson, T. A. : Ireland her own: an outline history of the Irish
   struggle for national freedom and independence. London:
   Lawrence & Wishart 1971. 514 S.
Macardle, D. : The Irish Republic. A documented chronicle of the
   Anglo-Irish conflict and the partition of Ireland, with a detailed
   account of the period 1916-23. With a preface by Eamon de Valera.
   London: Corgi 1968. 989 S.
McCann, S. : The fighting Irish. London: Freeman 1972. 267 S.
MacDonald, M. D. : Origins of political violence in Northern
   Ireland. [Diss.] Berkeley: Univ. of California Pr. 1981.
For Members of Parliament. Confidential. - [Memorandum about
   the killings of Roman Catholics in Belfast in the riots of 1935.]
   Belfast: [um 1935].
Neeson, E. : The civil war in Ireland. Cork: Mercier 1966. 229 S.
O'Beirne-Ranelagh, J. : The Irish Republican Brotherhood, 1914-
   1924. [Diss.] Kent: Univ. of Kent 1978.
O'Callaghan, S. : Execution [of Marie Georgina Lindsay by IRA 1921].
   London: Muller 1974. 192 S.
O'Connor, U. : A terrible beauty is born: the Irish troubles,
   1912-1922. London: Hamilton 1975. IX, 181 S.
O'Malley, E. : Army without banners. London: New English Library
   1967. 318 S.
O'Malley, E. : On another man's wound. Repr. Dublin: Anvil Books
   1979. 342 S.
Rebel Cork's fighting story from 1916 to the truce with Britain.
   Tralee: Anvil Books [o. J.].208 S.
Riddell, P. : Fire over Ulster. London: Hamilton 1970. XIV, 208 S.
The Road to partition. Belfast: Athol [for the British and Irish
   Communist Organization] 1974. 70 S.
Robbins, F. : Under the starry plough - recollections of the Irish
   Citizen Army, 1914-1922. Dublin: Academy Pr. 1977. 251 S.
Schaeffer, W. : Englands Gewaltherrschaft in Irland. Ein Tatsachen-
   bericht. Berlin: (Zander) 1940. 56 S. (England ohne Maske. 5.)
Smyth, C. : Ulster assailed. [Belfast: Selbstverl. d. Verf. 1971.]36 S.
The Irish Struggle 1916-1926. Ed. by D. Williams. London:
   Routledge & Paul 1966. VII, 193 S.
Talón, V.; Cancio, R. : Guerra en Irlanda.' El Vietnam de los
   ingleses. Madrid: Libr. Ed. San Martin 1972. 160 S.
   (Historia ilustrada. 1.)
Townshend, C. : The British campaign in Ireland, 1919-1921. The
   development of political and military policies. London [usw.]:
   Oxford Univ. Pr. 1975. XIV, 242 S. (Oxford historical monographs.)
The Irish Uprising 1916-1922. With a forew. by Eamon de Valera.

London: Macmillan (1966). XIII, 164 S.
Younger, C. : Ireland's civil war. Repr. ed. with rev. (London:) Fontana 1979. 542 S. [Orig. publ. London 1968.]

II. 4. Geschichte seit 1968

Ireland's Agony. Vol. 1-3. Cheltenham: Ringrone Newspapers 1966-72. Getr. Pag. (Vol. 3: Special brief. 32.)
Alternative-White-Paper on Ireland. Ed. by the Troops Out Movement. London: Literature Committee of the Movement [1978]. 24 S.
Bailey, A. : Acts of Union - reports on Ireland 1973-79. London [usw.] : Faber 1980. XI, 211 S.
Bakker, J. H. : De Ierse Kwestie. Den Haag: Nederlands Instituut voor Vredesvraagstukken (1971). 27 S.
Bakker, J. H. : Noordierland. Den Haag: Nederlands Instituut voor Vredesvraagstukken 1973. 100 S.
Bannov, B. G. : The Ulster tragedy. Moscow: Novosti 1973. 38 S.
Barker, A. J. : Bloody Ulster. New York: Ballantine Books 1973. 159 S. (Ballantine's illustr. history of the violent century. Human conflict. 5.)
Barton, H. : Yours again, Mr. Mooney. Belfast: Blackstaff Pr. 1974. 96 S.
Barton, H. : Yours till Ireland explodes, Mr. Mooney. Belfast: Blackstaff Pr. 1973. 114 S.
Behan, B. : Un Peuple partisan. Trad. de l'Anglais. Paris: Gallimard 1972. 387 S.
Biggs-Davison, J. : The hand is red. London: Johnson 1973. 202 S.
Black, R. : Flight.- A report on population movement in Belfast during August 1971. (Belfast: C. R. O. P. -Northern Ireland Community Relations Commission 1971.) 23 S.
Bleakley, D. : Peace in Ulster. London: Mowbrays 1972. 132 S.
Bonsdorff, J. von: Pohjois - Irlanti. Helsinki: Tammi 1972. (Huntommerki-sarja.)
Borglid, L. -O. : Irlands tragiska väg. Stockholm: Raben & Sjörgen 1975. 171 S.
Boserup, A. : Power in a post-colonial setting: The why and whither of religious confrontation in Ulster. Copenhagen: Institute for Peace and Conflict Research 1969.
Boserup, A. : Revolution och motrevolution i Nordirland. Stockholm: Rabén & Sjögren 1971. 38 S. (Världspolitikens dagsfragor. 1970, 12.)
Boulton, D. : The U[lster] V[olunteer] F[orce]. 1966-73. An anatomy of loyalist rebellion. Dublin: Torc Books 1973. 188 S.
Bradbury, F. : Northern Ireland and the voice of the people. A 10-minute dissertation for busy politicians.

Ross-on-Wye: Bradbury 1979. 4 S.
Bratt, E. : Det nordirländska problemet. Stockholm: Utrikespolitiska Institutet 1975. 32 S. (Världpolitikens dagsfragor. 1975,10.)
Brusse, P. : Ulster. God beter het. Utrecht: Brund 1972. 136 S.
Busteed, M. A. : Northern Ireland. (London:) Oxford Univ. Pr. 1974. 48 S.
Caldwell, T. : A taxonomic analysis of events in Northern Ireland and an outline of an events-based simulation of this conflict. Lancaster: Univ. of Lancaster, Programme for Peace and Research 1971.
Callaghan, J. : A house devided. The dilemma of Northern Ireland. London: Collins 1973. 217 S.
Casteran, C. : Guerre civile en Irlande.(1969.) Paris: Mercure de France 1970. 214 S.
Chertkow, P. S. : Orangaism and republicanism, 1948-1972: A study of two ideologically opposed movements in Irish politics. [Diss.] London: School of Economics 1975.
Christoph, H. ; Christoph, S. : Irland - Irrland? Reportagen aus dem nordischen Bürgerkrieg. Trier: Spee-Verl. 1978. Getr. Pag.
Clark, D. : Irish Blood. Northern Ireland and the American conscience. Port Washington: Kennikat Pr. 1977. 97 S.
Coughlan, A. : The Northern crisis - which way forward? Dublin: Solidarity Publ. (1969). 16 S.
De Paor, L. : Divided Ulster. 2nd ed. Harmondsworth: Penguin 1973. XIX, 250 S.
Deutsch, R. ; Magowan, V. : Northern Ireland, 1968-1973: A chronology of events. Vol. 1-3. Belfast: Blackstaff Pr. 1973-75. Getr. Pag.
Devlin: B. : The price of my soul. London: Deutsch; London: Pan Books 1969. 206 S.
Devlin: B. : (The Price of my soul, [dt.]) Irland oder Klassenkampf? Reinbek: Rowohlt 1969. 157 S. (rororo aktuell, 1282.)
Devlin, B. : (The Price of my soul, [franz.]) Mon Ame n'est pas à vendre. Paris: Ed. du Seuil 1969. 206 S.
Dossier noir sur l'Irlande du Nord. [Ed.:] Comité Irlande. Paris [um 1975.] Getr. Pag.
Recent Events in Northern Ireland in perspective. Ed. by the Ulster Group. London: Ulster Group 1972. 12 S.
Faligot, R. : Guerre spéciale en Europe. La laboratoire irlandais. Paris: Flammarion 1980. 338 S.
(La grande Famine en Irlande, [dt.]) Organisation der kleinen Horden. Die grosse Hungersnot in Irland. Hamburg: MaD-Verl. 1975. 50 S.
Farrell, M. : The struggle in the North. London: Pluto Pr. (1970), 34 S.
Fields, R. M. : Society under siege. A psychology of Northern Ireland. Philadelphia: Temple Univ. Pr. 1977. XVI, 267 S.
Fisk, R. : The Point of no return. The strike which broke the British in Ulster. London: Deutsch 1975. 264 S.

Flackes, W. D. : Northern Ireland: A political directory 1968-1979.
Dublin: Gill and Macmillan 1980. 212 S.
Frauenalltag in Irland. Info von Frauen d. Anti-H. Block/Armagh
Komitee u. d. Kommunisti. Bundes Frankfurt: Frankfurt [um 1981].
15 S.
Friers, R. : The revolting Irish. Belfast: Balckstaff (1974). 86 S.
Furmanski, L. S. : The essence of conflict: a theoretical inquiry into
conflict analysis. The case of Northern Ireland. [Diss.] West
Lafayette: Purdue Univ. Pr. 1975.
Giuntella, P. : Dossier Irlanda. Roma: Coines 1974. 157 S.
(Situazioni.)
Greaves, C. D. : (The Irish Crisis, [dt.]) Die irische Krise.
Frankfurt a. Main: Verl. Marxist. Blätter 1977. 280 S.
(Marxistische Taschenbücher. 105.)
Gribin, N. P. : Tragedija Ol'stera... [Die Tragödie Ulsters.]
Moskva: Mezdunarodnye ostnosenija 1980. 190 S.
Groulart, C. de: Ulster, l'Irlande des fous de dieu. Paris:
Ed. Fleurus 1976.
Gruszka, W. : Konflikt w Irlandii Północnej. Przyczyny, przebieg i
perspektywy uregulowanie. [Konflikt in Nordirland. Ursachen,
Verlauf u. Perspektiven einer Bereinigung.] Warszawa: Wyd. Min.
Obrony Narod 1977. 259 S.
Gudmundson, U. : Rapport från Belfasts barrikader. Stockholm:
Sveriges radio; Solna: Seelig 1972. 141 S.
Hamilton, I. ; Moss, R. : The spreading Irish conflict. London:
Institute for the Study of Conflict 1971. 27 S. (Conflict studies. 17.)
Hamilton, I. : The Irish Tangle. London: Current Affairs Res. Serv.
Centre 1970. 18 S. (Conflict Studies. No. 6.)
Hastings, M. : Ulster 1969. The fight for civil rights in Northern
Ireland. London: Gollancz 1970. 203 S.
Hermle, R. : Der Konflikt in Nordirland. Ursachen, Ausbruch u. Entwicklung unter bes. Berücksichtigung des Zeitraums 1963-1972.
Eine Fallstudie zum Problem innergesellschaftlicher polit.
Gewalt. München: Kaiser 1979. 288 S. (Entwicklung und Frieden. 19.)
Hewitt, C. J. : Violence in Ulster, 1968-1971: an analysis and a test
of some hypotheses. Baltimore: Univ. of Maryland [um 1973].
Hornman, W. : (Kinderen van het geweld, [dt.]) Kinder der Gewalt.
Brandherd Nordirland. Eine Reportage. Basel, Freiburg:
Herder 1974. 379 S.
Hull, R. H. : The Irish Triangle. Conflict in Northern Ireland.
Princeton: Univ. Pr. 1976. IX, 312 S.
Ireland at the crossroads: Acts. Université de Lille III - Centre
d'études et de recherches irlandaises - Symposum 1978. Villeneuve
d'Ascq: Publ. de l'Univ. de Lille 1979.
Irish Women speak, [dt. §) Irische Frauen. Interviews. (Hrsg. :
v. K. Jaenicke...) Frankfurt: Verl. Roter Stern 1976. 126 S.
Irland. Hrsg. : Westdeutsches Irlandsolidaritätskomitee, WISK.
Oberursel [um 1980.] 40 S. (Reihe Internationale Kritik.)

Irland. Auswertung einer internationalen Begegnung. [Hrsg.:]
Förderkreis des BDP ..., Frankfurt. Frankfurt: Verl. Jugend u.
Politik 1975. 56 S. (Materialien zur Theorie und Praxis demokratischer Jugendarbeit. 15.)

Irland. Zur Geschichte d. irischen Befreiungskampfes. (Hrsg.::
Westdeutsches Irlandsolidaritätskomitee.) Oberursel [um 1976.]
72, 18 S.

Irland. Informationen und Tips nicht nur für Urlauber. Berlin:
Irlandkomitee Westberlin 1979. 31 S.

Irland. Religionskrieg oder Klassenkampf? Hrsg.: ASTA.
Erlangen, Nürnberg [um 1972]. 6 S. (Asta-Information zur
staatsbürgerlichen Bildung. 1.)

Kelly, H.: How Stormont fell. Dublin: Gill & Macmillan; London:
Macmillan 1972. IX, 150 S.

King, C. H.: On Ireland. London: Cape 1973. 188 S.

Konflikt ohne Ausweg? Nordirland. Daten, Fakten, Hintergründe.
Hrsg.: Irlandkomitee Westberlin. Berlin [um 1976]. 10 S.

Konflikt und Gewalt. Texte zur Lage in Nordirland 1972-1974. Hrsg.
v. R. Hermle. Mit e. Anh.: "Menschen im Konflikt."
München: Kaiser 1976. XI, 274 S. (Entwicklung und Frieden.
Materialien. 4.)

McCann, E.: War and an Irish town. Harmondsworth: Penguin 1974.
256 S. (A Penguin special.)

McCann, E.: War and an Irish town. New updated ed. London:
Pluto Pr. 1980. 176 S.

Mac Giolla, T,: The struggle for democracy, peace and freedom.
[Speech... delivered... to the Boston Irish Forum, August 31rd,
1975.] [Dublin: Repsol Publ. 1976.] 13 S.

Macrory, P.: The siege of Derry. London: Hodder & Stroughton
1980. 352 S.

Magee, J. J.: Northern Ireland: crisis and conflict. London:
Routledge & Kegan 1974. XIX, 196 S. (The world studies crisis.)

Martínez, J. R.: Revolución en Irlanda. Madrid: Zero 1972. 47 S.
(Colección lee y discute. Ser. V. 30.)

Mealing, E. T.: Ulster - some causes and effects of low intensity
operations, 1969-72. Speech held at Army War College Carlisle
Barracks Pennsylvania, Dec. 23, 1972. Carlile Barracks:
Military History Institute 1973.

Mohn, A. H.: Tragedien Nord-Irland. Oslo: Gyldendal 1972. 137 S.

Nordirland - en konflikt of dens baggrund. Ved K. Simonsen.
København: Gyldendal 1975. 122 S.

Northern Ireland - a report on the conflict. By the London 'Sunday
Times' insight team. New York: Random House 1972. 316 S.

O'Brien, F. W.; Garap, A. M.: Divided Ireland - the roots of the
conflict. A study into the causes of disorders in Northern Ireland.
Rockford: Rockford College Pr. 1971. 77 S.

O'Dowd, L.; Rolston, B.; Tomlinson, M.: Northern Ireland - between
the civil rights and civil war. London: C.S.E. Books 1980. 224 S.

Paisley, I. R. K.: The Ulster problem - spring 1972. Greenville:
  Bob Jones Univ. Pr. 1972.
Perrandeau, M. D.: Irlande, le pays de nègres roux: Témoignage.
  Les Sables-d'Olonne: Le Cercle d'Or 1974. 138 S.
Plunkett, G. I.: The Northern Ireland situation. Paper pres. to the
  symposium of the effects of institutional coercion by law, government and violence of the 84th annual convention of the American
  Psychological Assoc., Sept. 3-7, 1976 at Washington.
  Washington: Dept of State 1976.
Probert, B.: Beyond Orange and green. The political economy of the
  Northern Ireland crisis. London: Zed Pr. 1978. 174 S.
Purdie, B.: Ireland unfree. London: IMG-Publ. 1972. 72 S.
  (Red pamphlets. 2.)
Roerdam, T.: Nordirland - trommer og terror. Albertslund:
  Det danske Forl. 1972. 124 S.
Rose, R.: Northern Ireland. A time of choice. London:
  Macmillan 1976. 175 S.
Rose, R.: Northern Ireland - time of choice. Washington:
  American Enterprise Institute for Public Policy Research 1976.
  175 S.
Rouat, J. C.: Dossier Irlande du Nord. Quimper: Nature et
  Bretagne 1974. 253 S.
Shearman, H.: Northern Ireland. Belfast: H. M. S. O. 1968. 92 S.
Shearne, M.: Ulster and its future after the troubles. Stockport:
  Highfield Pr. 1977. 190 S.
Smyth, C.: "To be or not to be that is the question..." for Ulster!
  Belfast: West Ulster Unionist Council 1971. 14 S.
Smyth, C.: Ulster must fight. Belfast: [Selbstverl. d. Verf. um 1972.]
  8 S.
Songs from the barricades. Songs born of the resistance struggle in
  the antiimperialist ghettoes of Belfast and Derry.
  Belfast 1974. 28 S.
Stadler, K.: Nordirland. Analyse e. Bürgerkrieges. München:
  W. Fink 1979. XVII, 307 S.
Streeter, P. E.: Irland's hope. Plainfield: Logos Internat. 1973. 115 S.
The Struggle in the North of Ireland. Materialien f. d. Englischunterricht. Hrsg.: Internees Release Association, Westdeutsches
  Irlandsolidaritätskomitee. Oberursel [um 1977]. 49 S.
Talking about Northern Ireland. Comp. by J. Hewitt.
  Hove: Wayland 1980. 95 S. (Wayland talking points.)
Talón, V.; Cancío, R.: Guerra en Irlanda. El Vietnam de los
  ingleses. Fotogr. R. Cancío. Madrid: Libr. San Martín 1972. 160 S.
Target, G. W.: Unholy smoke. London: Hodder & Stroughton 1969.
  127 S.
Terkelsen, U.: Det almaegtige gevaer. En personlig rapport frå
  Nordirland. København: Unhardt & Ringhof 1972. 158 S.
T[rades] U[nion] C[ongress] hands off Ireland. Smash the prevention
  of Terrorism Act Campaign. London: Junis 1981. 15 S.

(Revolutionary Communist pamphlet. 8.)
Ulster: Consensus and coercion. 1. Return to direct rule.
By P. Janke. 2. S. F. attrition tactics. By D. L. Price.
London: Institute for the Study of Conflict 1974. 24 S.
(Conflict studies. 50.)
Ulster. A Report by the 'Sunday Times' insight Team. London:
Deutsch; Harmondworth: Penguin 1972. 316 S.
Ulster as it is. A review of the development of catholic - protestant
conflict in Belfast between catholic emanzipation and the home rule
bill. Belfast: British and Irish Communist Organization 1975. 79 S.
Ulster at war. Ed. by the Atlantic Information Centre of Teachers.
London: Atlantic Education Publ. (1971). 22 S. (Crisis paper. 18.)
The Ulster debate. Report of a study group... by the Institute for
the Study of Conflict. Chairman: B. Crozier. London:
Bodley Head 1972. 160 S.
The Ulster problem. Ed. by the Workers' Association. [Belfast:
Workers' Association [um] 1977.] 25 S. (Workers Association
pamphlets.)
Uris, L.; Uris, J.: Ireland - a terrible beauty. The story of Ireland
today. Garden City: Doubleday 1975. 288 S.
Utley, T. E.: Lessons of Ulster. London: Dent 1975. 154 S.
Vandersichel, J.: Noord-Ierland: Kinderen van de rekening.
Paris: Manteau 1973. 119 S.
Voris, W. H. van: Violence in Ulster. An oral documentary.
Amherst: Univ. of Mass. Pr. 1975. X, 326 S.
Waddell, M.: A litte bit British - being the diary of an Ulsterman,
Aug. 1969. London: Stacey 1970. 159 S.
Wallace, M.: Drums and guns. Revolution in Ulster. London:
Chapman 1970. X, 144 S.
Winchester, S.: In holy terror. Reporting the Ulster troubles.
London: Faber 1974. 259 S.
Windlesham, D. J. G. H.: Politics in practice. London: Cape 1975.
205 S.
Zardi, D. C.: Dublin des étoiles ou la guerra des gosses. [o. o.:]
Ascher-Wapler 1972. 206 S.

III. Nordirisches Problem

III. 1. Die Politik Grossbritanniens

Bennett, J.: The Northern Conflict and British power. Ed. by the
Irish Sovereignty Movement. Dublin: Irish Sovereignty Movement
1973. 20 S. (Pamphlet. 1.)

Blades, H.; Scott, D.: What price Northern Ireland? London: Young 1970. (Fabian pamphlets. 22.)

Boyce, D. G.: Englishmen and Irish troubles - British policy opinions and the making of Irish policy, 1918-1922. London: Cape 1972. 261 S.

The orange Card. Issued by the All-Party Anti-Partition Conference, Mansion House, Dublin. Dublin 1949: Dollard. 20 S.

Coughlan, A.: The way to peace in Ireland. The Necessity for a British commitment to end the Union. Dublin: Sovereignty Movement 1974. 16 S.

Domke, W.: Die staatsrechtliche Stellung Nordirlands. Ein Beitrag zur allgemeinen Staatslehre. Würzburg 1935: Mayr. XVI, 71 S.

Farrell, B.; Fisk, R.; Ferns, P. N.: A one day symposium on [the] "British Question" erroneously called "The Irish Question", the effect of violence and Why-Conservation-Matters, Wednesday 25 Febr. 1976... sponsored by the Polytechnik of Wales. Pontypridd: The Polytechnik of Wales [1978]. 39 S.

Gerhard : The Irish Free State and British imperialism. Repr. Cork: Cork Workers Club 1976. 22 S. (Cork Workers Club historical reprints. 18.)

Hansen, E.: Nordirland - et land i krig. In: Hansen: Irland - et fattigt land i vesteuropa. 2. opl. Ulfborg 1977. S. 117-160.

Heyck, T. W.: The dimensions of British radicalism: the case of Ireland 1874-1895. Urbana: Univ. of Illinois Pr. 1974. XIII, 297 S.

Imperialism and the Irish nation. Dublin: National Book Service 1972.

Ireland: British labour and British imperialism. London: R[evolutionary[C[ommunist] G[roup] Publ. 1976. 34 S. (RCG pamphlet.)

Kelley, K.: Britain's longest war: Northern Ireland and the IRA. London: Zed Pr. 1982. 336 S.

Kraemer, G.: Mord und Terror. Britischer Imperialismus: Nordirland. Frankfurt: Fischer 1972. 286 S. (Fischer-Bücherei. 1300.)

Miller, D. W.: Queen's Rebels. Ulster loyalism in historical perspective. Dublin: Gill and Macmillan 1978. XIII, 194 S.

Morton, G.: Home rule and the Irish question. London: Longman 1980. 121 S. (Seminar studies in history.)

Inside Story. - Northern Ireland. (Special issue.) London: Inside Story 1972. 35 S.

Pascazio, N.: La rivoluzione d'Irlanda e l'impero Britannico. Roma: Ed. Nuova Europa 1934. 272 S.

British Strategy in Northern Ireland, from the White Paper to the fall of Sunningdale. [Ed. by the Revolutionary Marxist Group.] Dublin: Plough Book Service 1975. 44 S. (A revolutionary Marxist Group pamphlet.)

Utley, T. E.: Lessons of Ulster. London: Dent 1975. 154 S.

Wilson, T.: The Ulster crisis. Paper read to the Lancaster Conference on Northern Ireland, 1971. [Ms.] Lancaster 1971.

III. 2. Britische Armee in Nordirland

Barzilay, D.: The British Army in Ulster. [1969-1973.] Belfast: Century Services 1973. 263 S.

Barzilay, D.: The British Army in Ulster. Vol. 1. 2. Belfast: Century Services 1975-1976. Getr. Pag.

Barzilay, D.; Murray, M.: Four months in winter. (The 2nd Battalion of the Royal Regiment of Fusiliers in Northern Ireland 1971-1972.) 3rd ed. Belfast: 2nd Battalion Royal Regiment of Fusiliers 1972. 94 S.

Dane, M.: The Fermanagh "B" Specials. Enniskillen: Trimble 1970. 40 S.

Derrick, P.: Fetch Felix... The fight against the Ulster bombers 1976-1977. London: Hamish Hamilton 1981. 184 S.

Faligot, R.: Britain's military strategy in Ireland: the Kitson experiment. London: Zep Pr. 1982. 256 S.

Falk, E.: Nordirland. Englands Garnison auf irischem Boden. Berlin: Deutsche Informationsstelle 1940. 62 S.

Hezlet, A. R. Sir: The "B" Specials. A history of the Ulster Special Constabulary. London: Stacey 1972. 272 S.

Miller, D. W.: Queen's Rebels. Ulster loyalism in historical perspective. Dublin: Gill & Macmillan 1978. XIII, 194 S.

The new Technology of repression. Lessons from Ireland. London: British Society for Social Responsibility in Science 1974. 52 S.

III. 3. Stellungnahmen der Parteien

III. 3. I. Verschiedene Parteien:

Arthur, P.: The People's Democracy 1968-1973. Belfast: Blackstaff 1974. 159 S.

Birch, R.: Ireland - one nation. London: Communist Party of Britain (marxist-leninist) [um 1974]. 18 S.

Brennan, R.: Allegiance. Dublin: Browne & Nolan 1950. X, 371 S.

Comerford, J.: The dynamics of a radical movement in Northern Ireland politics: the People's Democracy. [Diss. 1972.] Strathclyde: Univ. of Strathclyde 1973.

Fascism and the six countries. [o. O.] 1971. 10 Bl. (A Peoples Democracy Publication.)

Fianna Fail - The I. R. A. connections. Dublin: Sinn Fein [um 1973]. 68 S.

Harbinson, J. F.: The Ulster Unionist Party, 1882-1973. Its development and organisation. Rev. ed. Belfast: Blackstaff Pr. 1974. VIII, 252 S.

'Hidden Ulster explored' - a reply to Padraig O'Snodaigh's "hidden Ulster". Belfast: British and Irish Communist Organisation 1973. 51 S.

Ireland - two nations. Workers' fight public meeting, 1973.
  London: Revolutionary Workers' Party 1973.
MacAllister, I.: The Northern Ireland Social Democratic and Labour
  Party. Political opposition in a divided society. London:
  Macmillan 1977. 200 S.
Moss, W.: Political parties in the Irish Free State. Repr.
  New York: AMS-Pr. 1968. 233 S. [Orig. publ. New York 1933.]
International Socialists and Ireland.- Ulster, British troops out!
  London: International Socialists 1969. 47 S.
What it stands for - Programme People's Democracy. Dublin:
  People's Democracy 1972. 16 S.

III. 3. 2. Irish-Republican-Army:
Bailly, J. la: Héroique et ténébreuse I. R. A. Paris: Pressés de la
  Cité 1972. 214 S.
Bell, J. B.: The secret army. A history of the I. R. A. 1916-1970.
  London: Sphere 1972. 478 S. [1. ed. 1970.]
Bell, J. B.: The I. R. A. 1916-1974. Cambridge: M. I. T. Pr. 1974.
  434 S.
Bell, J. B.: The secret army: the I. R. A. 1916-1979. Rev. and
  updated ed. Dublin: Academy Pr. 1979. XIV, 481 S.
Butler, E.: Barry's fighting column. [Irish Republican Army,
  Cork No. 3. Brigade.] London: Cooper 1971. 165 S.
Coogan, T. P.: The I. R. A. [2nd ed.] London: Fontana 1971.
  447 S.
Coogan, T. P.: The I. R. A. Glasgow: Collins 1980. 620 S.
Coogan, T. P.: I. R. A. histoire et actualité de l'armée républi-
  caine irlandaise. Paris: Moreau 1972. 516 S.
Cronin, S.: IRA ideology and the roots of conflict in Northern
  Ireland 1956-1962. [Diss.] New York: New School 1980.
Deasy, L.: Towards Ireland free - the I. R. A. West Cork Brigade
  in the War of Indenpendence 1917-21. Dublin: Mercier 1973. 365 S.
Foley, G.: Problems of the Irish revolution. Can the IRA meet the
  challenge? New York: Pathfinder Pr. 1972. 31 S.
Irish Republican Army. Provisional I. R. A. - Freedom struggle.
  Ed. by the Provisional I. R. A. London: Red Books 1973. 101 S.
Hackey, T.: Just and unjust war. The IRA's perspective. Paper del.
  to the conference on moral implications of terrorism, March
  14-16, 1979 at the University of California. Los Angeles:
  UCLA Pr. [um 1979].
Handbook for volunteers of the Irish Republican Army. Issued by
  General Headquarters 1956. Notes on guerrilla warfare. [o. O.:]
  IRA 1956. 37 S.
In the 70's the I. R. A. speaks. Program of the new I. R. A.
  London: Repsol Pamphlet 1970. 20 S.
The I. R. A. speaks. Dublin: National Book Service 1972.
L'I. R. A. parla. [Ital.] A cura di M. Torrealta.
  Roma: Napoleone 1972. 117 S. (Inchieste. 9.)

Irland - ein Vietnam in Europa. Informationsmaterial, Dokumente, Interviews mit Führern u. Militanten d. bewaffneten Kampfes. Hrsg. v. "Lotta continua". München: Trikont-Verl. 1972. 150 S. (Schriften zum Klassenkampf. 32.)

Commandant Peter Kearney - tributes to his memory. [Commander of the I. R. A. West Cork Brigade.] [Dublin:] Commandant Peter Kearney Memorial Committee [1971]. 24 S.

McGuire, M.: To take arms. A year in the Provisional I. R. A. London: Quartet Books; London: Macmillan 1973. 159 S.

McGuire, M.: To take arms. My year with the IRA provisionals. New York: Viking Pr. 1973. 185 S.

MacNamara, D. E. J.: Political terrorism: crime or tactic - the case of the I. R. A. Paper pres. at the annual meeting of the American Society of Criminology, Oct. 30-Nov. 2, 1975 at Toronto. Washington: American Society of Criminology. 1976

MacStiofáin, S.: Revolutionary in Ireland. London: Gordon Cremonesi 1975. X, 372 S.

O'Callaghan, S.: The Easter lily. The story of the I. R. A. London: Wingate 1956. 219 S.

O'Donnell, P.: There will be another day. Dublin: Dolmen 1963. 132 S.

O'Mally, E.: The singing flame. Dublin: Anvil Books 1978. 319 S.

Reyes, L.; Sánchez, M. L.: IRA, 60 años de guerrillas. Madrid: Ed. Felmar 1976. 204 S. (Punto crítico. 12.)

Ryan, D.: Sean Tracy and the 3rd Tipperary Brigade of the I. R. A. Tralee: Kerryman 1945. 215 S.

Smyth, C.: The axis against Ulster: the I. R. A., Eire and the Church of Rome. Belfast: Puritan 1972. 24 S.

Sworn to be free. The complete book of IRA jailbreaks 1918-1921. Dublin: Anvil Books 1971. 207 S.

The Irish Volunteers 1913-1915 - recollections and documents. Ed. by F. X. Martin. Dublin: Duffy 1963. XVII, 207 S.

Winblad, L.: I. R. A. Inifran - en europeisk gerilla. Stockholm: Forum 1972. 165 S.

With the I. R. A. in the fight for freedom, 1919 to the truce. Tralee: Kerryman [um 1957]. 238 S.

III. 3. 3. Sinn Fein:

Bruyne, A. de: Sinn Fein - Ierland - van Paasopstand tot republiek. Leuven: Davidsfonds 1969. 186 S.

Eire Nua - the social and economic programme of Sinn Fein. Dublin: Sinn Fein 1974. 56 S. [1. ed. 1971.]

Henry, R. M.: The evolution of Sinn Fein. Port Washington: Kennikat Pr. 1970; Freeport: Books for Libraries Pr. 1971. 284 S.

Ireland - Background of what is happening today. Dublin: Sinn Fein [um 1972]. 18 S.

Ireland - the facts. Ed. by Sinn Fein. Dublin: Sinn Fein 1971.
Irland: Die Tatsachen. Irlanda: Los Hechos. [Hrsg.:] Sinn Féin
   Informationsbüro. Dublin 1971. 23 S.
O'Bradaigh, R.: Our people - our future. What 'Eire Nua' means.
   2nd enl. ed. Dublin: Sinn Fein Provisional 1973. 60 S.
O'Murchu, E.: Culture and revolution in Ireland. [Dublin:]
   Official Sinn Fein 1971.
Peace with justice. Proposals for peace in a new federal Ireland.
   Dublin: Sinn Féin Information Office 1974. Getr. Pag.
Sinn Fein. I.R.A. 1981. Hrsg.: F. Gallagher. Frankfurt 1981. 40 S.
Sinn Fein Rebellion Handbook. Easter 1916. A complete ... narrature
   of the rising. 2nd ed. Dublin: Irish Times [o.J.]. XVI, 248 S.
Where Sinn Fein stands. Dublin: Sinn Fein 1972.

III. 4. Stellungnahmen der Kirchen

Carson, H.M.: Riots and religion. Worthing: Walter 1970. 17 S.
Catherwood, H.F.R.: Christian duty in Ulster today. London:
   Evangelical Pr. 1970. 19 S.
Christians in a situation of conflict. Belfast: Presbyterian
   Church in Ireland 1972. 13 S.
Church and community. Vol. 1. 2. Belfast: Presbyterian Church in
   Ireland 1969. Getr. Pag.
Daly, C.B.: Violence in Ireland and Christian conscience.
   Dublin: Veritas Publ. 1973. 176 S.
Dowden, R.: Northern Ireland and the Catholic Church in Britain.
   Abbots Langley: Infoform for the Commission for Intern. Justice
   and Peace of England and Wales [1975]. 31 S.
Ecclestone, G.; Elliott, E.: The Irish problem and ourselves. Publ.
   for the General Synod Board for Social Responsibility. London:
   Church of England Board for Social Responsibility 1977. 31 S.
   (Anglican comment on current affairs. C 10.)
Fisk, R.: The point of no return. The strike which broke the British
   in Ulster. London: Deutsch 1975. 264 S.
Johannes Paulus II. [Papa]:Aufruf zu Frieden und Versöhnung. An-
   sprache, Drogheda, Irland, 29. 9. 1979, [dt.].Citta del Vaticano:
   Libreria Ed. Vaticano 1979. 9 S.
Jones, A.S.: The Londonderry march of events. A case history
   approach. Ilkeston: Moorley's Bible and Books-Shop 1971. 31 S.
Irlanda. Católicos contra protestantes? (Lisboa:) Publ. Dom
   Quixote (1970). 24 S. (Documentos Dom Quixote.)
Larkin, E.: The Roman Catholic Church and the creation of the
   modern Irish state, 1878-1886. Ed. for the Philadelphia
   American Philosophical Soc. Dublin: Gill & Macmillan 1975.
   XXIV, 412 S.

MacCreary, A. : Corrymeela: Hill of harmony in Northern Ireland.
  New York: Hawthorn Books 1976. 116 S.
Menendez, A. J. : The bitter harvest - church and state in Northern
  Ireland. Washington: Luce 1974.
Moody, M. : Terrorism in Ireland. Paper pres. to the Conference on
  Terrorism in the Contemporary World, April 26-28, 1976 at
  Glassboro State College. Glassboro: State College 1976.
Morrow, J. W. : Peace and peacemaking, with special reference to
  church and community in Northern Ireland. [Diss.] Belfast:
  Queens Univ. 1976.
Nordirland. Texte zu e. konfessionellen, politischen u. sozialen
  Konflikt. Hrsg. v. H. Vogt. Stuttgart: Evang. Missionsverl.
  1972. 238 S. (Ökumenische Rundschau. Beih. 20/21.)
The Northern Ireland situation. A collection of statements by the
  Presbyterian Church in Ireland on the Northern Ireland problem
  1968-1972. Belfast: Presbyt. Church in Ireland 1972. 20 S.
Revolution in Nordirland. Vom Religionskrieg z. Organisierung d.
  Klassenkampfes. Hrsg. : U. Krombach. (München:] Trikont
  [1969].73 S. (Schriften zum Klassenkampf. 14.)
Schilling, F. K. : Lokaltermin in Belfast. Die Kirchen im nordiri-
  schen Konflikt. Eine Dokumentation zsgest. u. mit eig. Berichten
  erg. v. ... in Verb. mit d. Konferenz Europäischer Kirchen.
  Witten, Frankfurt, Berlin: Eckart 1972. 149 S. (Epd-Dokum. 8.)
Schroeder, D. : Irland - Gottes geteiltes Land. München: Süddt.
  Verl. 1972. 154 S.
Sheehy, M. : Is Ireland dying? Culture and church in modern Ireland.
  London: Hollies & Carter 1968. 256 S.
Violence in Ireland. A report to the churches. (Rev. ed.)
  Belfast: Christian Journals 1977. 127 S.
Vogt, H. : Konfessionskrieg in Nordirland? Materialien und Unter-
  richtsvorschläge z. irischen Konflikt. (Stuttgart:) Calwer;
  (München:) Kösel (1973). 111 S. (Regligionspädag. Praxis. 11.)
What happened on the Twelfth? [Belfast: Workers Association 1975.]
  14 S.

III. 5. Terrorismus und Widerstand

Battle of Bogside. Belfast: Bogside Republ. Appeal Fund 1969. 49 S.
Bell, J. B. : Comments on a paper presented by Dr. Brian Jenkins, ...,
  at session III, 26 March 1976 [on terrorism by Belfast Brigade of
  the Provisional I. R. A.].Washington: U. S. Departm. of State 1976. 7 S..
Carroll, T. : Political activities in disaffected countries: dissidence
  disoboedience and rebellion in Northern Ireland. [Diss. v. 1974.]

Ottawa: Univ. of Carleton 1974.
Clark, H. W. S. : Guns in Ulster. The history of the Ulster Special Constabulary in South Londonderry 1920-1966. Belfast: Constabulary Pr. 1967.
Connolly, C. : (Tiede) Herrema - siege at Monasterevin - kidnapping by Provisional I. R. A. Dublin: Olympic Pr. 1977. 120 S.
Continuing the terror and the tears. Belfast: Ulster Unionist Research Dep't. [um 1973]. 12 S.
Dawson, R. : Red terror and green. London: New English Library 1972. 156 S.
Devlin, B. M. : The roots of prejudice: an examination of inter-confessional conflict in Northern Ireland. Boston: School of Education [o. J.].
Devlin, P. : Tuzo, Whitelaw and the terror in Northern Ireland. Belfast: [Selbstverl. d. Verf.]1973. 55 S.
Dillon, M. ; Lehane, D. : Political murder in Northern Ireland. Harmondsworth: Penguin 1973. 318 S.
Doyle, C. : People at war. Introd. and text by T. MacRuairi. (Text in English, French, German.) Dublin: Teoranta [um 1975]. 128 S.
Irisch-republikanische Gefangene im Hungerstreik. Zum Kampf d. irischen politischen Gefangenen im H-Block/Long Kesh u. im Frauenknast Armagh. Hrsg. : Internationale Kritik, Westdeutsches Irlandsolidaritätskomitee. Oberursel 1980. 27 S.
Gibson, B. : The Birmingham bombs. With add. research by S. Silk and BBC-TV. Chichester: Rose 1976. XI, 164 S.
Janke, P. : Ulster. A decade of violence. London: Institute for the Study of Conflict 1979. 26 S. (Conflict Studies. 108.)
Krumpach, R. : Terrorism in Northern Ireland: an overview. Washington: U. S. Dept. of Justice, National Criminal Justice Reference Service 1979.
Limpkin, C. : The Battle of Bogside. [Photographs of the fighting in Derry, Northern Ireland, 1969-72.] Harmondsworth: Penguin 1972. Getr. Pag.
McKeown, M. : The first five hundred - a detailed analysis of the first five hundred victims in Northern Ireland since 1969 and how they died. Belfast: [Selbstverl. d. Verf.] 1972. 23 S.
MacStiofáin, S. [d. i. John Edward Drayton Stephenson]: Revolutionary in Ireland. By the Chief of Staff of the I. R. A. ... Farnborough: Cremonesi 1975. 372 S.
Manhatten, A. : Religious terror in Ireland. London: Paravision; (London:) Blundell House (1971). 246 S.
Must this go on in Ulster? Belfast: Ulster Unionist Party 1972. 14 S.
Nelson, S. : The effects of terrorism on Northern Ireland society. Oxford: St. John's College 1978.
O'Ballance, E. : Terror in Ireland - the heritage of hate. San Rafael: Presidio Pr. 1981.
O'Brien, C. C. : Liberty and terror. Cyril Foster lecture. Oxford:

Oxford Univ. Pr. 1977.
O'Marra, A. J.: Terrorism in Northern Ireland: origins and nature. Toronto: Univ. of Western Ontario 1976. V, 127 S.
O'Sullivan, P. M.; Johnson, D.: Patriot graves. Resistance in Ireland. Chicago: Follett 1972. 255 S.
Power, P. E.: Civil protest in Northern Ireland - functions and dysfunctions. Paper pres. at the Midwest Regional meetings of the International Studies Assoc. and the Peace Research Society (Internat.), May 1972 at Toronto. Washington: Dept of State 1972. (Foreign Affairs Research Service. FAR 15872-N.)
The Rebellion in Northern Ireland, the construction of the revolutionary leadership and the struggle for socialism for Britain. Resolution of the IV International, 6th Febr. 1972. London: Revolutionary Workers' Party 1972. 23 S.
Schmitt, D. E.: Violence in Northern Ireland: ethnic conflict and radicalization in an international setting. Morristown: General Learning Pr. 1974. 35 S.
Scott, R. D.: Northern Ireland - the politics of violence. Canberra: Canberra College of Advanced Education 1977. 83 S. (Canberra series in administrative studies. 2.)
Stetler, R.: The battle of Bogside. The politics and violence in Northern Ireland. London: Sheed & Ward 1970. XII, 217 S.
The true Story - terror in Northern Ireland. (Summer 1969.) Dublin: Central Citizen's Defence Committee 1969. 19 S.
Styles, G.; Perrin, B.: Bombs have no pity. My war against terrorism. London: Luscombe 1975. 187 S.
Sullivan, E.: Violence in Northern Ireland. Paper pres. to the Conference on terrorism in the contemporary world, April 26-28, 1976 at Glassboro State College. Glassboro: State College 1976.
Taylor, P.: Beating the terrorists? Interrogation in Omagh, Gough and Castlereagh. Harmondsworth: Penguin Books 1980. 347 S.
The Terror - and the tears. The facts about IRA brutality and the sufferings of victims. (Belfast:) Government of Northern Ireland, Information Service (1972). 16 S.
Terror in Northern Ireland. [Motion picture.] ABC-News-released by ABC Media Concepts. [Washington:] American Broadcasting Corp. 1971. [Filmkassette.]
The Trial of Peter Barnes and others - the I. R. A. Coventry Explosion of 1939. New York: British Book Centre 1953. 284 S. (Notable British Trials Series. 77.)
Ulster - politics and terrorism. Ed. by the Institute for the Study of Conflict. London: Institute... 1973. 20 S. (Conflict Series. 36.)
Violence and Northern Ireland. Belfast: New Ulster Movement 1972. 16 S.
Violence and the social services in Northern Ireland. Ed. by J. Darby, A. Williamson. London: Heinemann 1978. XVI, 205 S.
Wead, D. R.: Tonight they'll kill a Catholic. Carol Stream: Creation House 1974. 115 S.) S.

III. 6. Menschenrechtsverletzungen

Boyle, C. K. : Widgery [d. i. John Passmore Baron Widgery] - a critique. Belfast: Civil Rights Assoc. 1972.

Brady, B. J. ; Faul, D. ; Murray, R. : A British Army murder. Leo Norney (17 years) killed by Black Watch Regiment, 13 Sept. 1975. [Dungannon: Selbstverl. d. Verf. 1975.] 23 S.

Dash, S. : Justice hanied. A challenge to Lord Widgery's report on 'Bloody Sunday'. New York: Defence and Education Fund of the Intern. League for the Rights of Man; London: National Council for Civil Rights 1972. 49 S.

Dokumentation zum Kampf der politischen Gefangenen in den H-Blocks des KZ Long Kesh. Oberursel: Westdt. Irlands-Solidaritätskomitee 1979. 61 S.

Don't let the Irish prisoners die! Hrsg. : Anti-H-Block/Armagh Komitee Frankfurt. Frankfurt [um 1981]. 11 S.

A Dossier concerning treatment of prisoners during and after a disturbance at Albany Prison in September 1976 - protest by I. R. A. for Provisional I. R. A. prisoners. [London:] amnesty international [&] Howard League for Penal Reform 1977. 25 S.

Faul, D. ; Murray, R. : British army and special branch R[oyal] U[lster] C[onstabulary] brutalities. Cavan: Abbey Pr. 1972. 78 S.

Faul, D. ; Murray, R. : The flames of Long Kesh, 15-16 October 1974 [and] the murder of Hogh Gerard Coney, internee, 6 Nov. 1974. [Dungannon: Selbstverl. d. Verf. 1974.] 81 S.

Faul, D. ; Murray, R. : The iniquity of Internment, Aug. 9, 1971 - Aug. 9, 1974. [Dungannon: Selbstverl. d. Verf. um 1974.] 31 S.

Faul, D. ; Murray, R. : Majella O'Hare: shot dead by the British Army, 14 Aug. 1976. [Dingannon: Selbstverl. d. Verf. 1976.] 35 S.

Faul, D. ; Murray, R. : The hooded Men. British torture in Ireland, Aug. -Oct. 1971. [Dungannon: Selbstverl. d. Verf. 1974.] 128 S.

Faul, D. ; Murray, R. : The RUC [Royal Ulster Constabulary]: The black and blue book. Cavan 1975: Abbey Pr. 108 S.

Faul, D. ; Murray, R. : SAS Terrorism - the assassin's glove. [o. O.] 1976. 45 S.

Faul, D. ; Murray, R. : The Triangle of death. Sectarian assassinations in the Dungannon-Moy-Portadown area. Cavan [um 1975] : Abbey Pr. 15 S.

Faul, D. ; Murray, R. : Whitelaw's tribunals: Long Kesh internment camp. Nov. 1972. -Jan 1973. Dungannon: Abbey Pr. [1973]. 50 S.

Fields, R. M. : Torture and institutional coercion - Northern Ireland. A case study. Paper pres. at the annual meeting of the American Sociological Assoc. , Aug. -Sept. 1976 at New York City. Washington: Dept. of State 1976. (Foreign Affairs Research Service. FAR 26240-N.]

Folter u. KZ's in Irland. Dokum. Oberursel: Müntzer 1973. 46 S.

Irisch-republikanische Gefangene im Hungerstreik. Zum Kampf d. irischen politischen Gefangenen im H-Block/ Long Kesh und im Frauenknast Armagh. Oberursel: Westdt. Irlandsolidaritätskomitee 1980. 27 S.

Gray, E. D.: The treatment of political prisoners in Ireland. 3rd ed. Dublin: Freeman's Journal 1889. XII, 144 S.

Johns, S.: Tory torture in Ireland. [Physical treatment by security forces.] London: Socialist Labour League 1971. 32 S. (Socialist Labour League. Pocket Library. 2.)

Kennally, D.; Preston, E.: Belfast, August 1971 - a case to be answered. London: Independent Labour Party 1971. 124 S.

Lindsay, K.: Ambush at Tully-West. The British intelligence services in action. (Newtonabbey:) Dunrod Pr. 1979. 265 S.

MacCullough, P.: Three years in Long Kesh. - M. Farrell: Thirty four days on hunger strike. Belfast: People's Democracy Publ. [um 1973]. 20 Bl.

MacGuffin, J.: The Guineapigs. Harmondsworth: Penguin 1974. 188 S.

MacGuffin, J.: Internment! Tralee: Anvil Books 1973. 228 S.

Massacre at Derry. [Jan. 30, 1972.] Ed. by the Northern Ireland Civil Rights Association. [Belfast: Northern Ireland Civil Rights Association um 1972.] 48 S.

Northern Ireland - the mailed fist. A record of army and police brutality from August 9 - Nov. 9, 1971. Issued by the Campaign for Social Justice in Northern Ireland in coll. with the Association for Legal Justice, with a forword by T. Smythe. Dungannon: Campaign... [1972]. 73 S.

O'Tuathail, S.: They came in the morning. Internment, Monday, Aug. 9, 1971. Dublin: National Book Service 1971. 41 S.

Prison Struggle, The story of continuing resistance behind the wire. Belfast: Republican Press Centre [um 1977]. 64 S.

Irish political Prisoners in English jails. Publ. by the Prisoners Aid Committee. London: 1980. 60 S.

Report of an amnesty international mission to Northern Ireland. (28 nov. - 6 Dec. 1977.) London: Amnesty international Publ. 1978. 72 S.

Amnesty International. - Report of an enquiry into allegations of ill-treatment in Northern Ireland. London: Amnesty International Publ. 1974. 51 S.

Sands, B.: Tagebuchaufzeichnungen der ersten 17 Tage seines Hungerstreiks. Aufsätze. Frankfurt: Armagh-Komitee 1981. 59 S.

Taylor, P.: Beating the terrorists? Interrogation in Omagh, Gough and Castlereagh. Harmondsworth: Penguin Books 1980. 347 S.

The new Technology of repression. Lessons from Ireland. Ed. by British Society for Social Responsibility in Science. London 1974. 52 S.

Torture - the record of British brutality in Ireland. Dublin: Northern Aid 1972.

Young, R.; Adams, J.: Case for Detention. London: Bow 1974. 18 S.

III. 7. Friedensbewegungen

Deutsch, R.: Le Landau écrasé: Irlande - deux femmes pour la paix. Montréal: Presses Select; Paris: Ed. du Dauphin 1977. 255 S.

Deutsch, R.: La paix par les femmes. Le mouvement de la paix en Irlande du Nord. Lausanne: Favre 1977. 260 S.

Deutsch, R.: (La paix par les femmes, [engl.]) Mairead Corrigan, Betty Williams. Transl. from the French ... with a forword by J. Baez. Woodbury: Barron's 1977. XIII, 204 S.

Kinghan, N.: United we stodd. The official history of the Ulster Women's Unionist Concil. 1911-1974. Belfast: Appletree Pr. 1975. 95 S.

O'Donnell, D.: The Peace People of Northern Ireland. Camberwell-Victoria: Widescope 1977. 122 S.

Peace in Northern Ireland. The story of the Peace People. London: Catholic Truth Society (1977). 15 S.

Die Peace-People. Frieden für Nordirland? Braunschweig: DFG-VK, Dt. Friedensges. - Vereinigte Kriegsdienstgegner 1977. 20 S.

IV. Periodica

IV. 1 Allgemeine Darstellungen

Davies, N.: The role of the press in the recent Northern Ireland crisis. [Diss. v. 1970.] London: School of Economics 1970.

Elliott, P.: Images of conflict: A study of Northern Irish news in press and television. Leicester: Univ. of Leicester, Centre for Mass Communication 1976.

Warmongering - the 'Irish Press' and the troubles in Northern Ireland. Belfast: British and Irish Communist Organisation [um 1973]. 12 S.

IV. 2. Periodica von Widerstandsgruppen

Hands off Ireland! Vol. 1, 1976. No. 1. ff. London: R[.evolutionary] C[ommunist] G[roup] Publ.
Irish Liberation Press. Incorporating 'News of World Struggle'. Vol. 1, 1970. No. 1 ff. London: Irish Liberation Pr.
Republican-Resistance-Calender. Vol. 1977. Belfast: Belfast Republican Press Centre [um 1976].
Songs from the barricades. Songs born of the resistance struggle in the antiimperialist ghettoes of Belfast and Derry. Vol. 1, 1974 ff. Belfast: People's Democracy.
Tom-tom. Bulletin of the Troops Out Movement. No. 1, 1975 ff. London: T. O. M.
Troops out. Journal of the Troops Out Movement. No. 1, 1976 ff. London: T. O. M.

IV. 3. Periodica versch. Organisationen

Civil Rights. The fortnightly journal of the Northern Ireland Civil Rights Association. Vol. 1, 1972. No. 1 ff. Belfast: Civil Rights Assoc.
Communist Review. Vol. 1, 1974. No. 1 ff. Belfast: British and Irish Communist Organizations.
Despatch from Ireland. Vol. 1, 1972. No. 1. ff. London: Student Christian Movement.
Irish socialist Review - theoretical and discussion journal of the Communist Party of Ireland. Vol. 1, 1977. No. 1 ff.
Dublin: Communist Party of Ireland.
National Democrat. Official Fine Gael journal. Vol. 1, 1978. No. 1 ff. Dublin: [Fine Gael.]
The Two Nations. Bulletin of the Workers Association for the Democratic Settlement of the National Conflict in Ireland. Vol. 1, 1972. No. 1 ff. Belfast: Workers Association.
Report of the Northern Ireland Commission on Human Rights. Vol. 1, 1974/75 ff. London: H. M. S. O.
Rosc Catha. Vol. 1, 1972. No. 1 ff. London: Clann na hEireann.
Ulsterman. Vol. 1, 1975. No. 1 ff. Newtonabbey: Ulsterman.

GRIECHISCHE MILITÄRBIBLIOGRAPHIE

Von Gregor M. Manousakis

1. Einführung

Durch seinen Beitritt in die Europäische Gemeinschaft ist das moderne Hellas enger an West-Europa herangerückt. Damit wächst das Interesse an seinem Werdegang; die Literatur der letzten Jahre in Deutschland legt ein beredtes Zeugnis darüber ab.

Vielleicht mehr als in irgendeinem anderen europäischen Land ist der Werdegang Griechenlands vom Einfluß des Militärs auf die Politik geprägt worden. Seit 1900 befand es sich insgesamt 19 Jahre im Kriegszustand; weitere 17 Jahre wurde Griechenland von Militärdiktaturen beherrscht. Das Studium seiner Militärgeschichte ist daher mit dem Studium der Geschichte Griechenlands im 20. Jahrhundert fast identisch. Die vorliegende Militärbibliographie umfaßt Werke, die im 20. Jahrhundert erschienen sind und im wesentlichen Themen aus dieser Zeit behandeln. Sie erhebt nicht den Anspruch auf Vollständigkeit, beinhaltet aber die wesentlichen Schriften, die in Griechenland oder im Ausland in griechischer Sprache erschienen sind. Artikel in Periodika sind in die vorliegende Bibliographie nicht aufgenommen worden.

Der Benutzer möge sicher sein, daß der Verfasser sich besondere Mühe gegeben hat, die bibliographischen Angaben nach einem einheitlichen wissenschaftlichen Schema wiederzugeben. In vielen Fällen ist es ihm leider nicht gelungen, weil diese Angaben in den verschiedenen Schriften unvollständig sind. So fehlt oft jeglicher Hinweis auf den Verleger. Sehr problematisch war auch die Bibliographierung von mehrbändigen Werken. In manchen Fällen ist die Aufführung des Titels eines jeden Bandes notwendig, in anderen sind die verschiedenen Bände nicht einmal als solche numeriert, obwohl es sich zweifellos um mehrbändige Werke handelt. Mit dem Ziel vor Augen, die Auffindung des Buches doch zu ermöglichen, sah sich der Verfasser gezwungen, von dem üblichen Bibliographierungsschema abzuweichen.

An dieser Stelle möchte ich dem Leiter der Bibliothek für Zeitgeschichte, Herrn Prof. Dr. Jürgen Rohwer, meinen Dank aussprechen, daß er diese Arbeit ermöglicht hat.

2. Gliederung

Die vorliegende Militärbibliographie ist chronologisch gegliedert. So bilden die Revolution von Goudi, die Balkankriege, der Erste Weltkrieg, die kleinasiatische Katastrophe, die Zeit zwischen den Weltkriegen, der Zweite Weltkrieg und der Nationale Widerstand, die kommunistische Rebellion, Zypern und das Regime des 21.4.1967 eigene Kapitel. Außerdem sind unter dem Kapitel "Andere Gebiete" Werke alphabetisch zusammengefaßt, die die Teilnahme griechischer Streitkräfte auf sonstigen Kriegsschauplätzen behandeln. Ebenfalls alphabetisch sind unter dem Titel "Allgemeine historische und militärwissenschaftliche Studien" Werke zusammengefaßt, die nicht auf eine konkrete historische Periode bezogen sind.

In einem Sonderkapitel sind Memoiren, Reden und in Buchform erschienene Aufsätze zusammengefaßt worden. Der Verfasser glaubt, daß diese Gliederung am hilfreichsten für den Forscher ist.

3. Inhaltsübersicht

- A. Die Revolution von Goudi
- B. Die Balkankriege
- C. Der Erste Weltkrieg
- D. Die Kleinasiatische Katastrophe
- E. Die Zeit zwischen den Weltkriegen
- F. Der Zweite Weltkrieg und der Nationale Widerstand
- G. Die Kommunistische Rebellion
- H. Zypern
- I. Das Regime des 21.4.1967
- J. Andere Gebiete
- K. Allgemeine historische und militärwissenschaftliche Studien
- L. Memoiren

A. DIE REVOLUTION VON GOUDI

I stratiotiki katastasis kai i politiki tou kyriou G.N.
Theotoki. (Die militärische Situation und die Politik
von Herrn G.N. Theotokis.) Athinai: K. Maisner kai N.
Kargaroudis. 1911. 47 S.
Melas,S.: I epanastasi tou 1909. (Die Revolution von 1909.)
Athinai: Mpiris 1957. 382 S.
Pagkalos, Th. (Hrsg.): Epanastasis 1909. To archeion tou
Stratiotikou Syndesmou. (Die Revolution von 1909. Das Archiv des Militärverbandes.) Athinai: 1972. 205 S.
Papakosmas, V.: O stratos stin politiki zoi tis Ellados.
(Die Armee im politischen Leben Griechenlands.) Athinai:
Wiwliopoleion tis Estias 1981. 342 S.
Wournas, T.: Goudi. To kinima tou 1909. (Goudi. Der Putsch
von 1909.) To chroniko mias prospathias gia astiko metaschimatismo stin Ellada. Athinai: Techni-Epistimi 1957.
182 S.
Zormpas, N.: Apomnimonevmata i pliroforiai peri ton symvanton kata tin diarkeian tis epanastaseos tis 15 Avgoustou 1909. (Memoiren oder Informationen über das Geschehen während der Revolution vom 15.9.1909.) Athinai:
L.Th. Lampropoulos o.J. 142 S.

B. DIE BALKANKRIEGE

Alexakis, I.S.: Oi ellinikoi apeleftherotikoi polemoi 1912-1913 kai to 1. Anexartiton Tagma Kriton (Tagma Kolokotroni). (Die griechischen Befreiungskriege 1912-1913 und das
1. Unabhängige Bataillon der Kreter (Bataillon Kolokotronis).) Athinai: 1967. 1452 S.
Dousmanis, V.: O symmachikos polemos kata ton Woulgaron.
(Der Krieg der Alliierten gegen die Bulgaren.) Istorimenos epi ti vasei ton anakoinothenton ton dyo symmachikon
Genikon Stratgeion, ton diatagon tou Archistratigou kai
ton imerision anaforon ton Merarchion. Athinai: Ekdotikon
Tmima tis A.E.B.E. P.G. Makris 1928. 244 S.
Dousmanis, V.: Kritiki tis ypo tou Ypourgeiou Stratiotikon
dimosiefthysis polemikis Ektheseos Ipeirou 12-13. (Kritik
an dem vom Ministerium für Militärwesen veröffentlichten
Kriegsbericht über Epirus 1912-1913.) Pos enikisen o Konstantinos kai diati o Stratigos Sapountzakis ouk ealo ta
Ioannina. Athinai: Miniaia Vradyni 1934. 95 S.
Enepekidis, P.: I Doxa kai o Dichasmos. (Der Ruhm und die
Spaltung.) Apo ta mystika Archeia tis Vienis. 1908-1916.
Athinai: Mpiris 1962. 401 S.
O Ellinikos Stratos kata tous Walkanikous Polemous 1912-

1913. (Das griechische Heer während der Balkan-Kriege 1912-1913.) Hrsg. Ypourgeion Stratiotikon. Genikon Epiteleion Stratou. Athinai: 1932.
Bd. 1: Epicheiriseis en Makedonia kata ton Tourkon. (Operationen in Makedonien gegen die Türken.) 339 S., samt Anhang mit 336 S., und Skizzen-Band mit 28 Skizzen. Bd. 2: Epicheiriseis en Epiro. (Operationen im Epirus.) 504 S., samt Anhang mit 832 S., und Skizzen-Band mit 24 Skizzen. Bd. 3: Epicheiriseis kata ton Woulgaron. (Operationen gegen die Bulgaren.) 512 S., samt Anhang mit 1306 S., und Skizzen-Band mit 32 Skizzen.
Stratigos, X.: O Ellinotourkikos Polemos tou 1912. (Der griechisch-türkische Krieg von 1912.) Bd. 1-2. Athinai: Ekdosis Ephimeridos "Elliniki" 1934. 84 S., 96.

C. ERSTER WELTKRIEG

Enepekidis, P.K.: Wasiliki Antarsia. Erga kai imerai tou Wasileos Konstantinou kata tin exorian tou eis tin Elvetian 1916-1918. Apo ta mystika Archeia tis Wienis, Werolinou kai Wernis. (Königliche Meuterei. Leben und Wirken König Konstantins während seines Exils in der Schweiz 1916-1918.) Athinai: Instituton tou Wiwliou 1975. 202 S.
Giannopoulos, P.: O Konstantinismos kai o I. Metaxas. (Konstantin und I. Metaxas.) Athinai: o.J. 125 S.
Grigoriadis, Ph.: Dichasmos - Mikra Asia. 1909-1930. (Nationale Spaltung - Kleinasien 1909-1930.) Bd. 1-2. Athinai: Kedrinos 1971. 478 S., 476 S.
Kontogiannis, Patr.: O stratos mas kai oi teleftaioi polemoi. Apomnimonevmata kai gnomai. (Unser Heer und die letzten Kriege.) Athinai: A. Phrantzeskakis & A. Kaitatzis 1924. 399 S.
Makkas, C.: I Gallia kai i Germania enopion tou Ellinismou. (Frankreich und Deutschland vor dem Hellenismus.) Athinai: A. Papakonstantinou 1915. 120 S.
Maris, G.: I politiki tou Konstantinou epi ti wasei episimon egkraphon. (Die Politik König Konstantins nach offiziellen Dokumenten.) O.O. Ekdoseis Patridos o.J. 186 S.
Mazarakis-Ainian, Al.: O eligmos tou Kilkis. (Die Zangenbewegung von Kilkis.) O.O. 1930. 64 S.
Metaxas, I.: I istoria tou ethnikou Dichasmou. (Die Geschichte der nationalen Spaltung.) Athinai: Ekdoseis Kathimerinis 1935. 384 S.
O Ellinikos Stratos kata ton Proton Pagkosmion Polemon. (Das griechische Heer während des Ersten Weltkrieges.)Bd. 1-2. Athinai: 1958-1961. Hrsg. Genikon Epiteleion Stratou. Diefthynsis Istorias Stratou. Bd. 1: I Ellas kai o pole-

mos eis ta Walkania. (Griechenland und der Krieg auf dem Balkan.) 347 S., Bd. 2: I symmetochi tis Ellados eis ton polemon 1918. (Die Teilnahme Griechenlands am Krieg 1918.)

Panagakos, P.: Symvoli eis tin istorian tis Dekaetias 1912-1922. (Beitrag zur Geschichte des Dezeniums 1912-1922.) Athinai: 1961. 808 S.

Polyzos, D.: I Ellas en ti dyni tou Pagkosmiou Polemou. Kritiki meleti epi ton gegonoton tis Walkanikis 1915-1918. (Griechenland im Sog des Ersten Weltkrieges.) Athinai: Akadimaikon 1928. 176 S.

Trikoupis, N.Th.: Dioikisis Megalon Monadon en polemo. 1918-1922. (Führung großer Armeeinheiten im Krieg. 1918-1922.) Athinai: A. Dialismas 1934. 382 S.

Wentiris, G.: I Ellas tou 1910-1920. (Griechenland 1910-1920.) Istoriki Meleti. Bd. 1-2. Athinai: Pyrsos 1931. 386 S., 430 S.

D. KLEINASIATISCHE KATASTROPHE

Aggelomatis, Ch. E.: Chronikon megalis tragodias. (Chronik einer großen Tragödie.) To epos tis Mikras Asias. Athinai: I.D. Kollarou & Co., o.J. 414 S.

Ai apologiai ton thymaton tis 15. Noemvriou 1922.(Die Rechtfertigungen der Opfer des 15. November 1922.) Meta eisagogis ypo X.K. Voziki. Athinai: P.K. Makris & Co. o. J. 632 S.

Anagnostou, W.: I alithis existorisis tis ekstrateias eis An Thrakin tou 1920. (Die wahre Darstellung des Feldzuges in Ostthrakien 1920.) Thessaloniki: 1968. 79 S.

Anefodiasmoi kai Metaforai kata tin Mikrasiatikin Ekstrateian (1919-1922). (Versorgung und Transporte während des Kleinasiatischen Feldzuges (1919-1922.) Hrsg. Archigeion Stratou. Diefthynsis Istorias Stratou. Athinai: 1969. 312 S.

Chrysochoos, Ath. I.: To Ellinikon ippikon kata tin Mikrasiatikin Ekstrateian 1919-1922. (Die griechische Kavallerie während des Kleinasiatischen Feldzuges 1919-1922.) Athinai: 1935. 384 S.

Epanastasis 1922. Anamnistikon Lefkoma. (Die Revolution von 1922. Erinnerungsbildband.) Athinai: o.J. und o. Seitenzahl.

Epitomos Istoria Ekstrateias Mikras Asias 1919-1922. (Kurze Geschichte des Kleinasiatischen Feldzugts 1919-1922.) Hrsg. Genikon Epiteleion Stratou. Diefthynsis Istorias Stratou. Athinai: 1967. 495 S.

Faltaits, K.: Aftoi einai oi Tourkoi. (Das sind die Türken.)

Diigiseis peri ton sphagon tis Nikomideias.) Athinai: 1921. 61 S.

Fessopoulos, G.Th.: Ai Dichoniai ton Axiomatikon mas kai i dialysis tou stratou mas en M. Asia. (Die Zwietracht unserer Offiziere und die Auflösung unseres Heeres in Kleinasien.) Athinai: 1934. 204 S.

Gyalistras, S.A.: Ta aitia tis katastrophis tou 22. (Die Ursachen der Katastrophe von 1922.) Athinai: 1924. 39 S.

I diki ton ex. (Der Prozeß der Sechs.) Estenographimena praktika 31. Oktowriou - 15. Noemwriou 1922. Athinai: Proia 1931. 654 S.

I Ekstrateia eis tin Mikran Asian 1919-1922. (Der Feldzug in Kleinasien 1919-1922.) Bd. 1-7. Hrsg. Genikon Epiteleion Stratou/Archigeion Stratou. Diefthynsis Istorias Stratou. Athinai: 1957-1969. Bd. 1: O Ellinikos stratos eis tin Smyrnin. Maios 1919-Maios 1920. (Das griechische Heer in Smyrna. Mai 1919-Mai 1920.) 1957. 432 S.,Bd. 2: Epicheiriseis Philadelpheias-Prousis-Ousak (Iounios-Noemvrios 1920.) (Operationen in Philadelphia-Brusa-Usak (Juli-November 1920).) 1957. 399 S. Angeschl. selbst. Bd. mit 49 Skizzen, Bd. 3: Epithetikai epicheiriseis Dekemvriou 1920-Martiou 1921. (Angriffsoperationen Dezember 1920-März 1921.) 1963. 406 S.,Bd. 4: Epicheiriseis Iouniou-Jouliou 1921. (Operationen im Juni-Juli 1921.) 1964. 467 S.,Bd. 5: Epicheiriseis pros Agkyran. 1921. (Operationen in Richtung Ankara. 1921.) Teil I 1965. 294 S., Teil II 1966, 302 S., Bd. 6: Ta pro tis tourkikis epitheseos gegonota (Septemvrios 1921-Avgoustos 1922.) (Die Ereignisse vor der türkischen Offensive. (September 1921-August 1922).) 1960. 380 S., Bd. 7: To telos tis Ekstrateias 1922. (Das Ende des Feldzuges 1922.) Teil I: Ypochoritikoi agones ton A' kai B' somaton stratou. (Rückzugskämpfe des 1. und 2. Armeekorps.) 1962. 364 S., Teil II: Symptyxis tou Γ' Somatos Stratou. (Zusammenziehung des 3. Armeekorps.) 277 S.

I Ygeionomiki Ypiresia tou stratou kata tin Mikrasiatikin Ekstrateian (1919-1922). (Das Sanitätskorps des Heeres während des Kleinasiatischen Feldzuges (1919-1922).) Hrsg. Genikon Epiteleion Stratou. Diefthynsis Istorias Stratou. Athinai: 1968. 334 S.

Kanellopoulos, K.D.: I mikrasiatiki itta. Avgoustos 1922. (Die Kleinasiatische Niederlage. August 1922.) Athinai: 1936. 331 S.

Kapsis, P.I.: Chamenes patrides. Apo tin katastrophi tis Smyrnis. (Verlorene Vaterländer. Über die Zerstörung Smyrnas.) Athinai: I Dodoni o.J. 305 S.

Konstantinou, I.: I drasis tis anexartitou Merarchias kata tin Mikrasiatikin katastrophin tou 1922. (Der Einsatz der unabhängigen Division während der Kleinasiatischen Katastrophe von 1922.) Athinai: 1933. 107 S.

Lachanokardos, E. (Hrsg.): Neon apleton phos eis tin Mikrasiatikin katastrophin kai o Stratigos Louphas. (Neue Erkenntnisse über die Kleinasiatische Katastrophe und General Louphas.) Athinai: Ethniki Ora. 1928. 137 S.

Mantas, Ch. (Hrsg.): Di anamnisin ton paleon (Mikra Asia.) Polemikai selides ek tou imerologion mias pyrovolarchias. (Seiten aus dem Tagebuch einer Artillerieschwadron.) Thessaloniki: 1933. 144 S.

Mazarakis-Ainian, K.: Ekthesis anakritikis epitropis epicheiriseon Mikras Asias. Avgoustos 1922. (Bericht der Untersuchungskommission über die Operationen in Kleinasien. August 1922.) Athinai: Ekdoseis I Dodoni 1976. 147 S.

Misailidis, K.: Polemika phylla apo tin Mikrasiatikin ekstrateian. (Kriegsberichte aus dem Kleinasiatischen Feldzug.) Athinai: A.I. Moustopoulos. 1923. 320 S.

Mountouris, D.: I anexartitos merarchia (D. Theotoki.). (Die unabhängige Division. (D. Theotokis).) Lamia: 1928. 127 S.

Mpinos, Char. M.: I elliniki tachydromiki ypiresia en Mikra Asia kata tin ekstrateian 1919-1922. (Die griechische Post in Kleinasien während des Feldzuges 1919-1922.) Athinai: Selbstverl. 1975. 149 S.

Mpoulalas, Kl.K.: I mikrasiatiki ekstrateia 1919-1922. (Der Kleinasiatische Feldzug 1919-1922.) Athinai: 1959. 374 S.

Neokosmos (Pseud.): I Ellas sta opla. (Griechenland zu den Waffen.) Konstantinoupolis: 1920. 171 S.

Nikolopoulos, Ch.W.: Me tous "Myrious tou 1921". (Mit den "10.000 von 1921".) Athinai: o.J. 223 S.

Notaras, M.: Eis tin Ionian, Aiolian kai Lydian prin peninta chronia. (In Ionien, Äolien und Lydien vor fünfzig Jahren.) Athinai: 1972. 140 S.

Pantazis, K.G.: Symvoli eis tin istorian tis Mikrasiatikis Ekstrateias (1919-1922). (Beitrag zur Geschichte des Kleinasiatischen Feldzuges (1919-1922).) Athinai: Ekdotiki Ermis. o.J. 207 S.

Papadakis, M.: To imerologio enos Lochia. (Tagebuch eines Feldwebels.) Athinai: 1969. 158 S.

Papoulas, A.: I agonia enos ethnous. (Die Agonie einer Nation.) Hrsg. I.D. Passas. Athinai: Ekdotika Katastimata I. Karanasou. 1925. 304 S.

Passaris, M.N.: Diaspasis, dialysis, aichmalosia. (Spaltung, Auflösung, Gefangenschaft.) Athinai: Ta Pagkosmia Stratiotika Nea. 1934. 272 S.

Psyroukis, N.: Mikrasiatiki katastrophi. 1918-1923. (Kleinasiatische Katastrophe. 1918-1923.) I Eggys Anatoli meta ton Proto Pagkosmio Polemo. 5. Aufl. Athinai: Epikairotita. 1975. 272 S.

Spyridonos, G.: Polemos kai eleftheria. I Mikrasiatiki ekstrateia opos tin eida. (Krieg und Freiheit. Der Kleinasiatische Feldzug wie ich ihn sah.) Athinai: 1957. 282 S.

Stratigos, X.: I Ellas en Mikra Asia. (Griechenland in Kleinasien.) Athinai: 1925. 422 S.

Swolopoulos, D.K.: O istorikos distagmos tou 1922. Pos kai diati anestali mian oran pro tis ekkiniseos i proelasis tou Ellinikou Stratou ek Thrakis kai i katalipsis tis Konstantinoupoleos. Mia agnostos selis tis Mikrasiatikis ekstrateias. (Die historische Hemmung. Wie und warum wurde eine Stunde vor dem Start der Angriff des griechischen Heeres aus Thrakien und die Besetzung Konstantinopels vereitelt.) Athinai: Ekdotikos Oikos G.I. Vasileiou. 1929 114 S.

Wakas, D.: Megali Ellas. O Eleftherios Veniselos os polemikos Igetis. (Groß-Griechenland. Eleftherios Veniselos als Kriegsführer.) Athinai: Oikos Mich. Saliverou. 1949. 472 S.

Zoiopoulos, Chr.: Ekstrateia Saggariou kat' Avgouston 1921. (Der Sangarios-Feldzug im August 1921.) Athinai: A.I. Moustopoulos. 1923. 112 S.

E. DIE ZEIT ZWISCHEN DEN WELTKRIEGEN

Dafnis, G.: I Ellas metaxy dyo polemon. 1923-1940. (Griechenland zwischen zwei Kriegen. 1923-1940.) Bd. 1-2. Athinai: 1955. 401 S., 479 S.

Emmanolidis, Ch.: Yperano panton patris kai Wasilefs. (Vaterland und König über alles.) Athinai: 1937. 179 S.

Koronakis, I.G.: I politeia tis 4-is Avgoustou. (Der Staat des 4. August.) Fos eis mian plastografimenin periodon tis istorias mas. Athinai: Selbstverl. 1950. 316 S.

Makkas, L.: Ethnikai agoniai kai prosdokiai. (1937-1945.) (Nationale Ängste und Erwartungen (1937-1945).) Athinai: N.A. Sakkoulas. 1964. 256 S.

Fessopoulos, G.Th.: I Ellas kata tin teleftaian eikosipentaetian. (Griechenland während der letzten 25 Jahre.) Athinai: 1939. 319 S.

Tria eti diakywerniseos tou Ioannou Metaxa. (Drei Jahre Regierung unter Ioannis Metaxas.) 1936-1939. Athinai: Pyrsos. 1939. 323 S.

F. ZWEITER WELTKRIEG UND NATIONALER WIDERSTAND

Aggeleas, N.: I Ellas en meso Thyellon. (Griechenland inmitten von Stürmen.) Athinai: 1946. 180 S.
Akritas, T.: Oi Germanoi stin Kriti. (Die Deutschen auf Kreta.) 3. Aufl. Athinai: 1955. 94 S.
Alexandris,K.A.: To naftikon mas kata tin polemikin periodon 1941-1945. (Unsere Marine während des Krieges 1941-1945.) Athinai: Aetos 1952. 198 S.
Antonopoulos, K.E.: Ethniki antistasis 1941-1945. (Nationaler Widerstand 1941-1945.) Athinai: 1964. 640 S.
Dimokakis, N.: Mystikos polemos 1941-1945. (Geheimkrieg 1941-1945.) Athinai: o.J. 200 S.
Drivas, Ch.: I alitheia dia tous agonas tis VIII. Merarchias eis to Kalpaki kai ton Kalaman. (Die Wahrheit über die Kämpfe der 8. Division in Kalpaki und Kalamas.) Athinai: 1975. 301 S.
Edipidis, A. (Hrsg.): Megali eikonografimeni istoria tou Ellinoitalikou kai Ellinogermanikou polemou 1940-1941. (Große bebilderte Geschichte des griechisch-italienischen und griechisch-deutschen Krieges 1940-1941.) Athinai: Wiwlioathinaiki o.J. 798 S.
Elikiotis, A.: Istoriki anametrisi. (Historische Messung.) I. Romniosyni antimetopi ston Oloklirotismo. Athinai: Elliniki Grammi 1980. 541 S.
Ellinika diplomatika Eggrapha 1940-1941. (Griechische diplomatische Akte 1940-1941.) Hrsg. Ypourgeion Exoterikon. Athinai: 1980. 244 S.
Fostiridis, A.: Ethniki antistasis kata tis Woulgarikis katochis. 1941-1945. (Nationaler Widerstand gegen die bulgarische Besatzung. 1941-1945.) Thessaloniki: 1959. 269 S.
Goudis, G.K.: I Ellas kata ton B' Pagkosmion Polemon. (Griechenland während des Zweiten Weltkrieges.) Alexandria: 1947. 438 S.
I Italiki Epithesis kata tis Ellados. Diplomatika Eggrapha. (Der italienische Angriff gegen Griechenland. Diplomatische Akte.) Hrsg. Kgl. Ministerium des Äusseren. Athinai: 1940. 151 S.
I pros polemon proparaskevi tou Ellinikou Stratou 1923-1940. (Die Vorbereitungen des griechischen Heeres zum Krieg 1923-1940.) Hrsg. Archigeion Stratou. Diefthynsis Istorias Stratou. Athinai: 1969. 171 S.
Istoria tis ethnikis antistaseos 1941-1944. (Geschichte des nationalen Widerstandes 1941-1944.) Athinai: Anagennisis 1962. 974 S.
Istoria tou Defterou Pagkosmiou Polemou. Eikonographimeni. (Bebilderte Geschichte des Zweiten Weltkrieges.) Bd. 1-2.

Athinai: Pharos. 1953. 482 S., anschl. bis 1040 S.

Kaimaras, G.D.: I ethniki antistasis tou 5/42 Syntagmatos Evzonon Psarrou. 1941-1944. (Der nationale Widerstand des 5/42 Evzonen-Regiments von Psarros. 1941-1944.) Genikon Epiteleion Stratou. Diefthynsis Ekdoseon. Athinai: 1979. 208 S.

Kanellopoulos, P.: Ta chronia tou megalou polemou 1939-1944. (Die Jahre des großen Krieges 1939-1944.) Istoriki Anadromi kai Keimena, 2. Aufl. Athinai: Selbstverl. 1964. 232 S.

Kartalamakis, E.: Mesa apo to skopeftiko mou. (Aus meinem Visier.) Athinai: 1940. 208 S.

Kastanis, G.I.: I epopoiia tis Ellados. 1940-1944. (Das Epos Griechenlands. 1940-1944.) Athinai: Selbstverl. 1948. 240 S.

Katheniotis, D.: Ai kyrioterai stratigikai phaseis tou polemou 1940-1941. (Die wichtigsten strategischen Phasen des Krieges 1940-1941.) Athinai: 1946. 183 S.

Katsimitros, Ch.: I Ipeiros promochousa. I drasis tis VIII. Merarchias kata ton polemon 1940-1941. (Vorkämpfer Epirus. Die Aktivitäten der VIII. Division während des Krieges 1940-1941.) Athinai: 1954. 266 S.

Katsimitros, G.Ch.: I machi ton Athinon. (Der Kampf um Athen.) Athinai: 1970. 250 S.

Kazanis, K.W.: Tha zisomen eleftheroi os Ellines. Istorika eggrapha tou stratigou Panagioti Spiliopoulou. (Wir werden als freie Griechen leben. Historische Dokumente des Generals P. Spiliopoulos.) Athinai: 1978. 140 S.

Kodros, (Pseud.): O nikitis Wasilefs. 18 istorikai imerominiai. (Der siegreiche König. 18 historische Daten.) Athinai: Aetos 1947. 180 S.

Kokkinos, D.A.: Oi dyo polemoi 1940-1941. Bd. 1-2. (Die zwei Kriege 1940-1941.) Athinai: Platon 1945-1946. 310 S., 636 S.

Konomou, N.: I Eptanisos kata tin Italikin katochin. (1941-1943). (Die Ionischen Inseln während der italienischen Besatzung. (1941-1943).) Athinai: Selbstverl. 1962. 189 S.

Konstantopoulos, S.: I Rosia kai to ochi tou 1940. (Russland und das "Nein" von 1940.) Athinai: 1973. 404 S.

Konstantopoulos, S.: To KKE ston polemo tou 1940-1941. (Die KP Griechenlands im Kriege von 1940-1941.) Athinai: 1980. 547 S.

Korozis, Ath.: Oi polemoi 1940-1941. Epitychiai kai Efthynai. (Die Kriege von 1940-1941.) Bd. 1-2. Athinai: 1957-1958. Bd. 1: Stratiotiki kai diplomatiki proparaskevi. 704 S. Bd. 2: I pros tin 28. Oktowriou poreia kai ta efthys meta to "ochi" genomena kai mi genomena. 328 S.

Kyrou, A.A.: I Ellas edose tin nikin. (Griechenland hat den

Sieg gegeben.) 2. Aufl. Athinai: Aetos 1945. 263 S.
Kyrou, A.A.: I apofasistiki kampi tou polemou. (Die entscheidende Wende des Krieges.) Athinai: Aetos 1946. 165 S.
Kyrou, A.K. (Hrsg.): Chronikon 1940-1944. (Chronik 1940-1944.) Bd. 1-2. Athinai: 1978-1982. Bd. 1: Tage des Ruhms 1940-1941. (Krieg). 375 S., Bd. 2: Nacht der Katastrophe. Nationaler Widerstand und nationaler Ausverkauf. 439 S.
Lianopoulos, A. (Hrsg.): Istoria tis IX. Merarchias Pezikou. (Geschichte der 9. Inf. Division.) O.O. 1978. 159 S.
Machas, D.P.: O Ellinoitalikos polemos. (Der griechisch-italienische Krieg.) Bd. 1-2. Athinai: 1967. 454 S., 281 S.
Manetas, I.K.: Ieros Lochos 1942-1945. (Heilige Schar 1942-1945.) Athinai: 1977. 254 S.
O Ellinikos Stratos kata ton Defteron Pagkosmion Polemon. (Das griechische Heer während des Zweiten Weltkrieges.) Hrsg. Genikon Epiteleion Stratou. Archigeiou Stratou. Diefthynsis Istorias Stratou. Aitia kai aformai Ellinoitalikou polemou 1940-1941. (Gründe und Anlässe des griechisch-italienischen Krieges 1940-1941.) Athinai: 1959. 234 S. Italiki Eiswoli (28. Oktowriou mechri 13. Noemwriou 1940). (Italienischer Angriff 28. Oktober bis 13. November 1940.) Athinai: 1960. 349 S. I Elliniki Antepithesis 14. Noemwriou 1940 mechri 6. Ianouariou 1941. (Der griechische Gegenangriff. 14. November 1940 bis 6. Januar 1941.) Athinai: 1966. 305 S. Cheimerinai epicheiriseis - Italiki epithesis Martiou (7. Ianouariou mechri 26. Martiou 1941). (Die Winteroperationen - Italienische Märzoffensive (7. Januar bis 26. März 1941.).) Athinai: 1966. 250 S. Agones eis tin Anatolikin Makedonian kai tin Dytikin Thrakin (1941). (Die Kämpfe in Ostmakedonien und Westthrakien (1941).) Athinai: 1956. 299 S. To telos mias Epopoiias. Aprilios 1941. (Das Ende eines heroischen Kampfes. April 1941.) Athinai: 1959. 467 S. I Machi tis Kritis. (Die Schlacht um Kreta.) Athinai: 1967. 194 S.
Pantazis, K.G.: Ta dyo OCHI. Ellinoitalikos polemos. Ellinogermanikos polemos 1940-1941. (Die zwei NEIN. Griechisch-italienischer Krieg. Griechisch-deutscher Krieg 1940-1941.) Athinai: I. Dodoni. 351 S.
Papagos, A.: O Ellinikos Stratos kai i pros polemon paraskevi tou. Apo Avgoustou 1923 mechri Oktowriou 1940. (Das griechische Heer und seine Kriegsvorbereitungen vom August 1923 bis Oktober 1940.) Athinai: Aetos. 1945. 421 S.
Papakonstantinou, Th.Ph.: I machi tis Ellados 1940-1941. (Die Schlacht Griechenlands 1940-1941.) Athinai: Galaxias Kerameikos. 1966. 488 S.
Papamichalopoulos, Z.N.: Earini epithesis, Ellinoitalikos polemos (1941). (Frühjahrsoffensive. Griechisch-italieni-

scher Krieg. (1941).) Athinai: 1962. 164 S.

Papandreou, G.: I apeleftherosis tis Ellados. (Die Befreiung Griechenlands.) Athinai: Ekdotiki Etairia. 1948. 301 S.

Passas, I.D.: Meta tin thyellan. (Nach dem Sturm.) Athinai: M.G. Wasileiou. 1945. 388 S.

Petzopoulos, Th.: 1941-1950. Tragiki poreia. (1941-1950. Tragischer Weg.) Athinai: 1953. 265 S.

Phokas, D.G.: Ekthesis tis draseos tou W. Naftikou kata ton polemon 1940-1944. (Bericht über die Aktivität der Kgl. Marine während des Krieges 1940-1944.) Bd. 1-2. Hrsg. Ypiresia Istorias W. Naftikou 1953-1954. Bd. 1: Apo tin epochin pro tou polemou mechri tis katalypseos tis Ellados. (27. Aprilios 1941). 635 S., Bd. 2: Apo tis apodimias tou stolou mechri tis apeleftheroseos tis Ellados. (Aprilios 1941 mechri Oktowrios 1944). 557 S.

Psyroukis, N.: Istoria tis sygchronis Elladas. 1940-1967. (Geschichte des modernen Griechenlands. 1940-1967.) Bd. 1-3. Athinai: Epikairotika: 1975-1976. 467 S., 427 S., 520 S.

Pyromaglou, K.: O dureios ippos. (Das hölzerne Pferd.) I ethniki kai politiki krisis kata tin katochin. Athinai: 1958. 227 S.

Pyromaglou, K.: I ethniki antistasis. (Der nationale Widerstand.) EAM-ELAS-EDES-EKKA. 2. Aufl. Athinai: I Dodoni. 1975. 425 S.

Rigopoulos, R.D.: Mystikos polemos. Ellada-M. Anatoli 1940-1945. Gyro apo to istoriko ypiresias 5-165. (Geheimkrieg. Griechenland-M. Osten. Um die Geschichte des 5-165-Dienstes.) Athinai: Wiwliopoleion tis Estias. o.J. 334 S.

Sakelariou, A.: I thesis tis Ellados eis ton Defteron Pagkosmion Polemon. (Der Standort Griechenlands im Zweiten Weltkrieg.) 2. Aufl. Athinai: P. Dimitrakos. o.J. 327 S.

Soulis, D.D.: O defteros megas polemos (1939-1945). Der zweite große Krieg. (1939-1945).) Bd. 1: Astrapiaioi polemoi. Athinai: 1952. 210 S., Bd. 2: Ai antepithesis ton symmachon. o.O. und J. 186 S.

Stavropoulos, W.: I zoi tis katochis kai ta tagmata asphalias. (Das Leben während der Besatzungszeit und die Sicherheitsbatallione.) Athinai: o.J. 121 S.

Terzakis, A.: Elliniki epopoiia 1940-1941. (Der griechische Heldenkampf 1940-1941.) Athinai: Wiwliopoleion tis Estias 1980. 223 S.

Tsakalotos, Th.: I machi ton oligon. (Die Schlacht der Wenigen.) Athinai: 1971. 344 S.

Tsatsos, Th.D.: Ai paramonai tis apeleftheroseos (1944). (Die Vortage der Befreiung (1944).) Athinai: Ikaros. 1973. 316 S.

Tsatsou, I.: Phylla katochis. (Blätter der Besatzungszeit.)
  Athinai: Wiwliopoleion tis Estias. 1965. 200 S.
Tsouderos, E.I.: Ellinikes anomalies sti Mesi Anatoli.
  (Griechische Anomalien im Mittleren Osten.) Athinai: Aetos. 1945. 190 S.
Tsoukalas, P.: Ypowrychion Y 1 "Lampros Katsonis". (U-Boot
  Y 1 "Lampros Katsonis".) Athinai: Nirefs. 1972. 150 S.
Tzanetis, S.S.: Taxiarchia El Alamein. (Brigade El Alamein.) Athinai: 1977. 134 S.
Wernardos, I.A.: Davakis-Pindos. (Davakis-Pindos.) Athinai:
  P. Dimitrakos. o.J. 475 S.
Wolonakis, I.K.: I thryliki epopoiia tis Kritis 1941. (Der
  ruhmreiche Kampf Kretas 1941.) O.O. Selbstverl. o.J.
  269 S.
Woudiklaris, Th.D.: Imeres polemou. Skitsa apo tin Ellinikin epopoiian tou 1940-1941. (Kriegstage. Skizzen der
  griechischen Kämpfe 1940-1941.) Athinai: 1973. 136 S.
Zalokostas, Chr. P.: Roupel. (Roupel.) Athinai: Wiwliopoleion tis Estias o.J. 106 S.
Zalokostas, Chr.: To chroniko tis sklavias. (Die Chronik
  der Sklaverei.) Athinai: Alpha I.M. Skazikis. 1949. 426 S.

G. DIE KOMMUNISTISCHE REBELLION

Ai machai tou Witsi kai tou Grammou 1949. (Ypo to synthimatikon epicheirisis "Pyrsos"). (Die Schlachten auf dem
  Witsi und Grammos. Unternahmen "Pyrsos".) Hrsg. Genikon
  Epiteleion Stratou. Diefthynsis Istorias Stratou. Athinai:
  1951. 245 S.
Andrikopoulos, G.: 1944 (Chiliaenneakosiasarantatessera).
  Krisimi Chronia. (1944. Krisenjahre.) Bd. 1-2. Athinai:
  Diogenis 1974. 294 S., 275 S.
Athanasiadis, G.: I proti praxi tis ellinikis tragodias.
  (Der erste Akt der griechischen Tragödie.) Athinai: Planitis. 1975. 251 S.
Averof-Tositsas, E.: "Photia kai Tsekouri"! - Ellas 1946-
  1949 kai ta proigithenta. ("Feuer und Beil"! - Griechenland 1946-1949 und das Vorhergegangene.) 3. Aufl. Athinai:
  Wiwliopoleion tis Estias. 1976. 529 S.
G.A.L.:.I enantion tis Makedonias woulgaro-kommunistiki
  Epivouli. (Die bulgarisch-kommunistische Bedrohung gegen
  Makedonien.) Athinai: Selbstver. 1963. 323 S.
I ekthesi ton anglikon ergatikon syndikaton. (Der Bericht
  der englischen Gewrkschaften.) O syndikalismos kai i katastasis stin Ellada meta tin katalypsi. Athinai: I. Sideris/Peistiria. 1977. 86 S.
Kyrou, A.A.: I nea epithesis kata tis Ellados. (Der neue

Angriff gegen Griechenland.) To ellinikon provlima enopion tou OHE. (Ianouarios 1946 mechri Dekemvrios 1948). Athinai: Aetos. 1949. 349 S.

<u>Lazopoulos</u>,N.A.: I machi tou Synoron. (Die Grenzschlacht.) Epiteliki Meleti peri ton Epicheiriseon tou Avgoustou 1949. 2. Aufl. Athinai: 1954. 340 S.

<u>Manoukas</u>, G.Ch.: "Paidomagoma". I agogi kai i didaskalia ton apechthenton Ellinopaidon. ("Kindesentführung". Die Erziehung und Unterweisung der entführten Griechenkinder.) Athinai: 1969. 316 S.

<u>Mantas</u>, Ch.: Pos efthasame eis tas machas tou Grammou kai Witsi to 1948 kai 1949. (Wie es zu den Schlachten von Grammos und Witsi 1948 und 1949 kam.) O.O. 1950. 134 S.

<u>Moutousis</u>, N.Chr.: "Kai diigontas ta na klais..." (Und wenn Du davon erzählst, weinst Du...") Exi mines aichmalatos tou Ari Velouchioti. Athinai: 1959. 81 S.

<u>Mpratsos</u>, G.: Anatreptikos polemos. (Revolutionärer Krieg.) Athinai: 1965. 166 S.

<u>Myridakis</u>, M.I.: Agones tis phylis. I ethniki antistasis. EDES-EOEA 1941-1944. (Kämpfe der Nation. Der nationale Widerstand.) Bd. 1-2. Athinai: Sideris. 1973-1976. 452 S., 397 S.

O Ellinikos stratos kata ton antisymmoriakon agona (1946-1949). (Das griechische Heer während des Antibandenkrieges (1946-1949).) Hrsg. Archigeion Stratou/Genikon Epiteleion. Diefthynsis Istorias Stratou. In vier nicht numerierten Bänden: To proton etos tou antisymmoriakou agonos. 1946. Athinai: 1971. 301 S., To defteron etos tou antisymmoriakou agonos. 1947. Athinai: 1980. 501 S., I ekkatharisis tis Roumelis kai i proti machi tou Grammou. Athinai: 1970. 469 S., Ai epicheiriseis tou ' Somatos Stratou. Athinai: 1976. 656 S.

<u>Papakonstantinou</u>, Th.Ph.: Anatomia tis epanastaseos. (Anatomie der Revolution.) Theoritiki kai istoriki analysis tis dynamikis tou kommounismou. Athinai: Selbstverl. 1952. 267 S.

<u>Roditsas</u>, N.: To deftero pädomasoma. 1948. (Die zweite Kindesentführung 1948.) Athinai: I. Sideris. 1977. 125 S.

<u>Stamatiadis</u>, Pl.W.: Koinoniologika themata. (Soziologische Themen.) Athinai: 1966. 231 S.

<u>Tsakalotos</u>, Thr.: Dekemwrios 1944. (Dezember 1944.) O agon dia tas Athinas. Athinai: 1969. 66 S.

<u>Tsigkounis</u>, A.P.: I metapolemiki II. Merarchia Athinon kai o symmoritopolemos 1945-1949. (Die II. Division von Athen und der Antibandenkrieg 1945-1949.) Athinai: 1966. 339 S.

<u>Zapheiropoulos</u>, D.: O antisymmoriakos agon. 1945-1949. (Der Antibandenkrieg 1945-1949.) Athinai: 1956. 686 S.

H. ZYPERN

Anagnostou, S.B.: I trilogia tis prodosias. (Triligie des Verrats.) O.O. und J. (1981). 100 S.

Anastasakos, S.: Thyella stin Athina. (Sturm in Athen.) Fos sta paraskinia tou kypriakou. Athinai: Pleias. 1974. 268 S.

Chroniko tis sygchronis kypriakas tragodias. (Chronik der modernen zyprischen Tragödie.) Juli-August 1974. Lefkosia: 1975. 319 S.

Kardianos, D.: O Attilas plitei tin Kypron. (Attila schlägt auf Zypern zu.) Athinai: G. Ladias. 1976. 376 S.

Kranidiotis, N.: Dyskola chronia - Kypros 1950-1960. (Schwierige Jahre - Zypern 1950-1960.) Athinai: Wiwliopoleion tis Estias. 1982. 558 S.

Lefkosiatou, K.S.: I kypriaki vastilli. (Die zyprische Bastille.) Athinai: 1961. 107 S.

Mexis, D.N.: To dikaioma tis antistaseos tou kypriakou laou stin katapiesi. (Das Widerstandsrecht des zyprischen Volkes gegen die Unterdrückung.) Athinai: Anagennisis. 1956. 111 S.

Mpitsios, D.: Krisimes ores. (Kritische Stunden.) Athinai: Wiwliopoleion tis Estias o.J. 243 S.

Panagiotakos, K.P.: Sti proti grammi amynis. (In der vordersten Verteidigungslinie.) 3. Aufl. Athinai: 1981. 437 S.

Papageorgiou, S.: Makarios: poreia dia pyros kai sidirou. (Makarios: Weg durch Feuer und Eisen.) Athinai: G. Ladias 1976. 317 S.

Papageorgiou, S.: Fakelos kyprou. Apo tin Zyrichin eis ton Attilan. (Dossier Zypern. Von Zürich bis zur Attila-Offensive.) Bd. 1-3. Athinai: G. Ladias o.J. 350 S., 352 S., 333 S.

Sarris, N.: I alli plevra. (Die andere Seite.) Politiki chronografia tis eisvolis stin Kypro me vasi Tourkikes piges. Athinai: Grammi. 1977. 554 S.

Xydis, A.G., Linardatos, S., Chatziargyris, K.: O Makarios kai oi Symmachoi tou. (Makarios und seine Bundesgenossen.) 3. Aufl. Athinai: Gutenberg. 1975. 352 S.

I. ANDERE GEBIETE

Anestopoulos, A.K.: O makedonikos agon 1903-1908 kai i symwoli ton katoikon eis tin apelefthrosin tis Makedonias. Bd. 1-2. (Der makedonische Kampf und der Beitrag der Bevölkerung zur Befreiung Makedoniens.) Thessaloniki: 1965-

1969. 638 S., 645 S.

Christou, G.: O Germas kai ta gegonota tou makedonikou agona. (Germas und die Ereignisse des makedonischen Kampfes.) Thessaloniki: Etaireia Makedonikon Spoudon. 1966. 111 S.

Gyparis, P.: Oi protoporoi tou makedonikou agonos 1903-1909. (Die Vorreiter des makedonischen Kampfes 1903-1909.) Athinai: 1962. 336 S.

Karakassounis, P.G.: Istoria tis eis Oukranian kai krimaian yperpontiou ekstrateias to 1919. (Geschichte des Feldzuges in Ukraine und Krim 1919.) Meta charton. Athinai: 1935. 284 S.

Mazarakis-Ainian, K.I.: O makedonikos agon. (Anamniseis). (Der makedonische Kampf. (Erinnerungen).) Thessaloniki: Etaireia Makedonikon Spoudon. Idryma Meleton Chersonisou tou Aimou. 1963. 127 S.

Melas, N.P.: Pavlos Melas. Wiographia. (Pavlos Melas. Biographie.) 2. Aufl. Athinai: Syllogos pros diadosin ton Ellinikon Grammaton. 1963. 487 S.

Modis, G.: O makedonikos agon kai i neoteri makedoniki istoria. (Der makedonische Kampf und die neuere makedoniche Geschichte.) Thessaloniki: Etaireia Makedonikon Spoudon. 1967. 430 S.

Notaris, I.S.: Pavlos Melas (Wiographia). (Pavlos Melas (Biographie).) Thessaloniki: Etaireia Makedonikon Spoudon. 1955. 78 S.

O makedonikos agon kai ta eis Thrakin gegonota. (Der makedonische Kampf und die Ereignisse in Thrakien.) Hrsg. Genikon Epiteleion Straton. Diefthynsis Istorias Stratou. Athinai: 1979. 400 S.

Papagiannopoulos, T.E.: Ellas-Korea. (Griechenland-Korea.) Athinai: 1976. 272 S.

Papamanolis, Th.G.: Katakawmeni Ipeiros. To tromeron drama ton katoikon thesprotias kai i synergasia ton Alwanon me ton Axona. 1940-1944. (Verbrannter Epirus. Das furchtbare Drama der Einwohner von Thesprotia und die Zusammenarbeit der Albaner mit der Achse.1940-1944.) Athinai: Ikaros. 1945. 192 S.

Prevelakis, E.: I megali kritiki epanastasi. (1866-1869). (Die große kretische Revolution. (1866-1869).) Athinai: 1966. 36 S.

Stephanopoulou, A.: Mia Ellinida ston polemon tou Vietnam. (Eine Griechin im Krieg von Vietnam.) Athinai: K. Kakoulidis. 1967. 190 S.

To ellinikon ekstrateftikon soma eis tin Mesimvrinin Rosian (1919). (Das griechische Feldkorps in Zentralrussland. (1919).) Hrsg. Genikon Epiteleion Stratou. Diefthynsis Istorias Stratou. Athinai: 1955. 446 S.

To ekstrateutikon soma ellados eis Korean (1950-1955). (Das

griechische Feldkorps in Korea.) Hrsg. Genikon Epiteleion Stratou. Diefthynsis Istorias Stratou. Athinai: 1977. 246 S.

Tsolakis, A.D.: Korea. I elliniki aeroporia stin Korea. Die griechische Luftwaffe in Korea.) Athinai: 1969. 251 S.

Zannas, A.D.: O makedonikos agon. (Anamniseis). (Der makedonische Kampf (Erinnerungen).) Thessaloniki: Etaireia Makedonikon Spoudon. 1960. 96 S.

Ypsilantis, I.: O makedonikos agon. (der makedonische Kampf.) Thessaloniki: 1961. 60 S.

J. DAS REGIME DES 21.4.1967

Alithies gia tin eleftheria kai tin epanastasi. (Wahrheiten über die Freiheit und die Revolution.) Athinai: Patriotiki Idea. 1967. 96 S.

Athanasiadis, T.I. (Hrsg.): 24. Iouliou 1974. I epistrophi sti dimokratia kai ta prowlimata tis. (24. Juli 1974. Die Rückkehr zur Demokratie und ihre Probleme.) Athinai: Wiwliopoleion tis Estias. o.J. 151 S.

Chondrokoukis, D.: Oi anentimoi kai o "ASPIDA". (Die Ehrlosen und der "ASPIDA".) Athinai: Kedros. 1976. 305 S.

Diamantopoulos, I.G.: Pikres alithies. (Bittere Wahrheiten.) Pos phthasame stin 21.4.67. Athinai: 1976. 107 S.

Diati egine i epanastasis tis 21. Apriliou 1967. (Warum die Revolution vom 21. April 1967 stattfand.) Hrsg. Panellinios Enosis Ephedron Axiomatikon. Athinai: o.J. 150 S.

Dimitriou, D.N.: Elliniki empeiria 44-67. (Griechische Erfahrungen 1944-1967.) Athinai: 1971. 330 S.

Estenographimena praktika tou neou syntagmatos 1968. (Stenographische Protokolle über die neue Verfassung von 1968.) Athinai: Ypourgikon Symvoulion 1968. 1144 S.

Georgalas, G.: I ideologia tis epanastaseos. (Die Ideologie der Revolution.) Ochi dogmata alla idanika. O.O. und J. 74 S.

Garouphalias, P.E.: O "ASPIDA" kai i politiki krisi tou Ioulion 1965. (Der "ASPIDA" und die politische Krisis vom Juli 1965.) Athinai: 1977. 86 S.

Grigoriadis, S.: Istoria tis diktatorias. 1967-1974. (Die Geschichte der Diktatur. 1967-1974.) Bd. 1-3. Athinai: K. Kapopoulos. 1975. Bd. 1: Epiwoli kai Akmi.367 S., Bd. 2: Apotelmatosis. 380 S., Bd. 3: Katarrefsis. 357 S.

Ieronymos, Archiepiskopos proin Athinon: To drama enos Archiepiskopou. (Das Drama eines Erzbischofs.) Athinai: 1975. 123 S.

I kommunistiki ypovomefsis tou ethnous. (Die kommunistische

Unterminierung der Nation.) Ta archeia apokatyptoun. Athinai: Ypourgeion Proedrias tis Kywerniseos. O.O. und J. 75 S.

Karagiorgas, G.: Apo ton IDEA sti Chunta i pos phthasame stin 21. Apriliou. (Vom IDEA zur Junta oder wie wir zum 21. April kamen.) Athinai: Papazisis. 1975. 263 S.

Karatzapheris, S.: I Elliniki Nyremwergi. I diki eis 21. Aprilion. (Das griechische Nürnberg. Der Prozeß des 21. Aprils.) Athinai: Alkaios. 1975. 242 S.

Kathareios, Chr.I.: Nomiki Enascholisis. (Juristische Studie über das Präsidialdekret 519/1974 des Verfassungsaktes vom 3.10.1974 und des D' Beschlusses des PArlaments, und Kraft diesen herausgegebenen Erlasse und Beschlüsse.) Athinai: 1980. 55 S.

Katris, I.: I gennisi tou neofasismou. (Ellada 1960-1970). (Die Geburt des Neofaschismus. (Griechenland 1960-1970).) Athinai: Editex. 1971. 390 S.

Kerchoulas, E.P.: Ai eklogai tis 29. Oktowriou 1961. (Die Wahlen vom 29. Oktober 1961.) Wia kai notheia. Athinai: A.N. Sakkoulas o.J. 39 S.

Konstantopoulos, S.: O phovos tis diktatorias. (Die Angst vor der Diktatur.) Athinai: 1966. 174 S.

Konstantopoulos, S.: To monoprosopikon kathestos. (Das Einpersonen-Regime.) Athinai: 1980. 129 S.

Kotsaridas, El.: To chroniko tis kriseos. (Die Chronik der Krisis.) Athinai: Kamarinopoulos. 1966. 52 S.

Lydakis, E.A.: Diafto eprepe na gini i epanastasis tis 21. Apriliou 1967. (Deshalb mußte die Revolution vom 21. April 1967 stattfinden.) Irakleion. 1968. 205 S.

Markezinis, S.W.: Anamneiseis 1972-1974. (Erinnerungen 1972-1974.) Athinai: S.W. Markezinis A.E. 1974. 626 S.

Nikolinakos, M.: Antistasi kai antipolitefsi 1967-1974. Widerstand und Opposition 1967-1974.) Athinai: O Ikos. 1975. 431 S.

Pagoulatos, A.G.: I Ethnegersia apo tin Skopian enos agonistou. (Die Revolution aus der Sicht eines Kämpfers.) Athinai: 1969. 78 S.

Paralikas, D.: To alithino prosopo tou I.D.E.A. kai tou A.S.P.I.D.A. (1944-1974). (Das wahre Gesicht von I.D.E.A. und A.S.P.I.D.A. (1944-1974).) Bd. 1: To aorato kratos tou I.D.E.A. pagidevei tous politikous - Apo ton I.D.E.A. ston A.S.P.I.D.A. - Neoi Gourides kai Ioudes tis Dimokratias - Gegonota kai prosopa. Athinai: 1978. 246 S.

Paraskevopoulos, P.: Martyria 1963-1967. Pos phthasame sti diktatoria. (Zeugnis 1963-1967. Wie es zu der Diktatur kam.) Athinai: Dialogos. 1974. 211 S.

Phos eis tin politikin krisin pou syneklonise tin Ellada. (Licht in der politischen Krise, die Griechenland er-

schüttert hat.) Athinai: 1965. 112 S.
Ploritis, M.: Ta lophia kai oi pagides. (Federbüsche und
 Fallen.) Iouliana kai alla. Athinai: Themelio. 1966.
 123 S.
Praktika syzitiseon tou Ypourgikou Symvoulion epi tis ega-
 thidryseos proedrikis koinowouleftikis dimokratias. (Pro-
 tokolle der Beratungen des Kabinetts über die Etablierung
 der Präsidialdemokratie in Griechenland.) Athinai: Ypour-
 gikon Symvoulion. 1973. 156 S.
Psycharis, S.P.: Ta paraskinia tis allagis. (Hinter den
 Kulissen des Machtwechsels.) Athinai: Ekdoseis Papazisis.
 1975. 224 S.
Rallis, G.: I alitheia gia tous Ellines politikous. (Die
 Wahrheit über die griechischen Politiker.) Athinai: 1971.
 87 S.
Rodakis, P.: I diktatoria ton Syntagmatarchon Anodos kai
 ptosi. (Die Diktatur der Obristen. Aufstieg und Fall.)
 Athinai: Mykinai. 1985. 401 S.
Rodakis, P.: Oi dikes tis chuntas. (Die Prozesse der Junta.)
 Bd. 1-5. Athinai: Dimokratikoi Kairoi. 1976. 2.180 S.
Skopoi kai Stochoi tou kinimatos ethnikis sotirias. (Ziele
 des Putsches zur nationalen Rettung.) Hrsg. Bibliothek
 der nationalen Wandlung des 3. Armeekorps Nr. 1. o.J.
 78 S.
Stavrinos, E.S.: I Ellada se epanastatiki periodo. (Grie-
 chenland in revolutionärer Ära.) Athinai: Kalvas. 1974.
 259 S.
The Greek Case. R. Ministry of Foreign Affairs. The Greek
 Case before the Commission of Human Rights of the Council
 of Europe. Bd. 1. Athens. 1970. 318 S.
Theodoropoulos, S.K.: Apo to dogma Trouman sto dogma chun-
 ta. (Von der Truman-Doktrin zur Junta-Doktrin.) Athinai:
 Papazisis. 1977. 380 S.
To kinima tis ethnikis sotirias tis 21. Apriliou 1967. (Die
 Revolution vom 21. April 1967.) Hrsg. Bibliothek der na-
 tionalen Wandlung des 3. Armee Korps Nr. 2. o.J. 83 S.
Tsoukalas, K.: I Elliniki tragodia. (Die griechische Tragö-
 die.) Apo tin apeletherosi stous syntagmatarches. Athinai:
 Olkos. 1974. 174 S.
Wegleris, Ph.Th.: Iouliana 1965-1966. (Juliereignisse 1965-
 1966.) 2. Aufl. Athinai: A.N. Sakkoulas. 1966. 64 S.
Wyzantios, N.: I 13. Dekemvriou. (Der 13. Dezember.) Opos
 den grafike kai opos akrivos egine to Wasiliko antikini-
 magia tin anatropi tis Aprilianis Diktatorias. Athinai:
 D.K. Parotzakis. 1977. 159 S.

K. ALLGEMEINE MILITÄRHISTORISCHE UND MILITÄRWISSENSCHAFTLI- CHE STUDIEN

Aggelis, N. (Hrsg.): Ta mystika archeia tou Foreign Office. (Die Geheimarchive des Foreign Office.) Athinai: Papyros. 1971. 190 S.
Astrinos, Th.: I megali idea tou Ellinismou. (Die große Idee des Hellenismus.) Athinai: 1945. 230 S.
Avgerinopoulos, D.: I stratevsi ton Ellinidon. (Die Einberufung der Griechinnen.) Athinai: 1978. 31 S.
Awdis, A.: Oi protoporoi. To chroniko ton aeton mas. (Die Vorreiter. Die Chronik unserer Adler.) Athinai: 1972. 226 S.
Chondrokoukis, D.: Praxikopimata kai epanastaseis apo ton Othona mechri simera. (Putsche und Revolutionen von der Zeit Othons bis heute.) Athinai: Pleias. 1976. 209 S.
Daskalakis, A.B.: Istoria Ellinikis Chorophylakis. 1936-1950. (Geschichte der griechischen Gendarmerie. 1936-1950.) Bd. 1-2. Hrsg. Oberkommando der Gendarmerie. Athinai: 1973. 570 s., anschl. bis 1163 S.
Dawakis, K.: Nykterinai epicheiriseis. (Nachtoperationen.) Hrsg. Stratiotiki Enzyklopädia. Athinai: 1939. 101 S.
Dontas, Dom.: I Ellas kai ai dynameis kata ton krimaikon polemon. (Griechenland und die Mächte während des Krim-Krieges.) Thessaloniki: Idryma Meleton tis Chersonisou tou Aimou. 1973. 165 S.
Eghinitis, N.D.: I ipposyni. (Die Kavallerie.) Athinai: Publication de l'Ordre International de Constantin le Grand (Männedorf, Suisse), 1970. 94 S.
Ekthesis tis polemikis istorias ton Ellinon. (Ausstellung der Kriegsgeschichte der Griechen.) Bd. 1-2. Hrsg. Archigeion Enoplon Dynameon. Athinai: 1970. 314 S., anschl. bis 785 S.
Emmanoulidis, G.: Syllogi diataxeon stratiotikis nomothesias kai nomologias. (Gesetzsammlung, hauptsächlich Luftwaffe.) Athinai: Ekdoseis Katsama. 1973. 334 S.
Geramanis, Ath.S.: Polemiki istoria neoteras Ellados. (Die Kriegsgeschichte Neugriechenlands.) Athinai: Selbstver. 1980., Ellinotourkikos polemos 1897. 158 S. u. 9 Skizzen, Walkanikoi polemoi 1912-1913. 384 S. u. 32 Skizzen, Ellinoserwo-woulgarikos polemos 1913. 243 S. u. 13 Skizzen, Epicheiriseis en Makedonia kata ton A' Pagkosmion Polemon 1915-1918. 132 S. u. 7 Skizzen, Ekstrateia eis tin mesimwrinin Rosian 1919. 79 S. u. 8 Skizzen, Mikrasiatiki Ekstrateia. 376 S. u. 41 Skizzen, Ellino-italikos polemos 1940-41. 320 S. u. 19 Skizzen, Ellino-germanoitalikos polemos 1941. 109 S. u. 6 Skizzen.
Gyalistras, S.A.: Ethnikoi agones 1905-1959. (Nationale

Kämpfe 1909-1959.) Meleti istoriki-stratiotiki. Athinai: Wiwliopoleion tis Estias. 1963. 375 S.
Istoria tis Ellinikis Polemikis Aeroporias. (Geschichte der griechischen Luftwaffe.) Bd. 1-. Bd. 1: I Elliniki Polemiki Aeroporia apo tin emphanisi tis mechri to telos tou A' Pagkosmiou Polemou 1908-1918. Hrsg. Genikon Epiteleion Aeroporias. Diefthynsis Istorias Aeroporias. Athinai: 1980. 134 S. u. 79 S. Anhang.
Istoria tis organoseos tou Ellinikou stratou 1821-1954. (Geschichte der Organisation des griechischen Heeres von 1821-1954.) Hrsg. Genikon Epiteleion Stratou. Diefthynsis Istorias Stratou. Athinai: 1957. 227 S.
Kagias, P.: Choris phowo kai pathos. I megali idea. (Ohne Angst und Pathos. Die große Idee.) Athinai: I Sideris. 1980. 255 S.
Kanellopoulos, A.N.: O tritos polemos. (Der dritte Krieg.) Thessaloniki: Avrio. 1980. 193 S.
Kanonismos Stratiotikis Orologias. (Handbuch der Militärbegriffe.) Hrsg. Genikon Epiteleion Stratou. Athinai: 1957. 319 S.
Karagiannidis, I.Ch.: O Golgothas tou Pontou. (Das Golgatha vom Pontos.) Thessaloniki: St. Orphanidis. 1978. 207 S.
Karykopoulou, Chr.: Agaio.Archipelagos Elliniko. (Ägäis. Griechischer Archipel.) Ethnologiki paradosi, stratigiki simasia kai ellinotourkiki krisi. Athinai: 1977. 71 S.
Katheniotis, D.: I Synchronos ochyrosis eis tin amynan ton kraton. (Die moderne Befestigung in der Verteidigung der Staaten.) Athinai: Rythmos. 1939. 302 S.
Katsarakis, A.N.: Mathimata polemikis technis. (Vorlesungen über Kriegskunst.) Athinai: Grapheion Typou Ellas. 1928. 315 S.
Kitsikis, D.: Sygkritiki Istoria Ellados kai Tourkias ston 20. Aiona. (Vergleichende Geschichte Griechenlands und der Türkei im 20. Jh.) Athinai: Wiwliopoleion tis Estias. 1978. 311 S.
Konstantopoulos, S.: Sowietiki Rosia kai Ellas. (Sowjetrussland und Griechenland.) Athinai: Eleftheros Kosmos. 1968. 164 S.
Konstantopoulos, S.: Stratos kai politiki. (Armee und Politik.) Athinai: 1970. 209 S.
Konstas, P.E.: Stratigiki. (Strategie.) Athinai: 1951. 674 S.
Konstas, P.E.: O epistimonikos polemos. (Der wissenschaftliche Krieg.) Athinai: Selbstverl. 1971. 453 S.
Konstas, P.E.: I Rossia os naftiki dynamis. IXos-XXos Aion. O erythros stolos 1917-1975. (Russland als maritime Macht. IX-XX. Jh. Die Rote Flotte 1917-1975. Prototypos istoriki politiki kai stratiotiki syggrafi. Athinai:Selbstverl.

1975. 409 S.
Korozis, Ath.G.: Ta stena kai ta pepromena mas. Ellinotourkikoi agones kai philiai kat epitagin 1914-1940. (Die Meeresengen und unser Schicksal. Griechisch-türkische Kämpfe im Auftrag. 1914-1940.) Athinai: Selbstverl. 1967. 819 S.
Kyriakidis, S.P.: Oi Woulgaroi kai Slawoi eis tin ellinikin istorian. (Die Bulgaren und die Slaven in der griechischen Geschichte.) Thessaloniki: Etaireia Makedonikon Spoudon. 1946. 50 S.
Kyriakopoulos, K.A.: Selides apo tin neoteran ellinikin istorian. (Seiten aus der neueren griechischen Geschichte.) Bd. 1-2. Athinai: Wasilikon Ethnikon Idryma. 1965-1969. 223 S., 282 S.
Leventis, G.A.: I kata tis Makedonias epiwouli. (Die Bedrohung Makedoniens.) Athinai: 1962. 317 S.
Lygidakis, N.K.: Stratiotiki geographia 1957. (Militärgeographie 1957.) Athinai: o.J. Bd. 1: Eisagogi, Ewropi, Elliniki Hersonisos. 336 S., Bd. 2: Ellas. Thessalia. Nisoi. Ipeiros. 320 S., Bd. 3: Ipeiros. Makedonia. Thraki. Kypros. 304 S., Bd. 4: Italia. Jugoslawia. Albania. Woulgaria. 278 S., Bd. 5: Mesi Anatoli. Tourkia. 274 S.
Malanou, E.I.: Istoria ton Xenikon Epemwaseon. (Geschichte der ausländischen Interventionen.) Bd. 1-7. Athinai: 1961-1963. 391 S., 280 S., 300 S., 391 S., 253 S., 242 S., 152 S.
Markogiannis, Chr.N.: I tourkiki apeili kai i karamanliki theominia. (Die türkische Bedrohung und Karamanlis.) Athinai: Selbstverl. 1978. 64 S.
Matsakis, M.Th.: To sychronon polemikon naftikon. Istoria kai exelixis. (Die moderne Kriegsmarine. Geschichte und Entwicklung.) Athinai: Selbstver. 1973. 566 S.
Moschopoulos, I.N.: Panslavismos kai Ellinismos. (Panslavismus und Hellenismus.) Teil A und B. Hrsg. Patriotikos Syndesmos "Ioannis Kapodistrias". Athinai: 1978. 66 S., 63 S.
Mpalaskas, I.: Gia tin amyna kai tin anagennisi tou Ellinismou. (Für die Verteidigung und die Wiedergeburt des Hellenismus.) Athinai: Aetos. 1950. 335 S.
Mpallas, A.G.: O Aris eis tin gin. Stratiotiki meleti. Mars auf der Erde. Militärische Studie.) Athinai: 1965. 476 S.
Mpletas, A.: Psychologia kai koinoniologia tou polemou. (Psychologie und Soziologie des Krieges.) Athinai: 1953. 458 S.
Mpletas, A.: Pax Sovietica. Sovietiki Eirini. O kindynos tis eleftherias. (Pax Sovietika. Sowjetischer Frieden. Die Gefahr der Freiheit.) Athinai: 1965. 131 S.

Mpletas, A.: Ai ek ton sygchronon technicon kai epistimonikon exelixeon epiptoseis epi tis symperiphoras ton mikron kraton. (Die Folgen des modernen technischen und wissenschaftlichen Fortschritts auf das Verhalten der Kleinstaaten.) Athinai: 1968. 150 S.

Mpletas, A.: Sygchronoi sovietikai katefthynseis eis tin emistimin tou diethnous dikaiou. (Moderne sowjetische Richtungen im internationalen öffentlichen Recht.) Athinai: o.J. 147 S.

Oikonokakos, P.: I Elliniki Aeroporia. Mechri 1941. (Die griechische Luftwaffe. Bis 1941.) Athinai: 1970. 198 S.

Oikonomou, M.B.: Gia mia elliniki stratigiki. (Für eine griechische Strategie.) Athinai: Nea Thesis. 1980. 302 S.

Papawasileiou, Ip.A.: Peri stratou. (Über das Heer.) 2. Aufl. Athinai: 1927. 191 S.

Papawasileiou, G.: I techniki kai i taktiki tou chimikou polemou. (Die Technik und die Taktik des chemischen Krieges.) Athinai: I. und A. Papanikolaou. 1940. 431 S.

Pesmazoglou, G.I.: Mia dekaetia (1967-1976). (Ein Jahrzehnt (1967-1976).) Athinai: 1976. 308 S.

Phakidis, I.K.: Istoria tis scholis naftikon dokimon. (1845-1973). (Geschichte der Kadettenschule der Marine. (1845-1973).) Athinai: Selbstverl. 1975. 262 S.

Politakos, I.: I polemiki techni stin diadromi tis istorias. (Die Kriegskunst im Verlauf der Geschichte.) Hrsg. Genikon Epiteleion Stratou. Diefthynsis Ekdoseon. Sympliromatikai Ekdoseis. Athinai: 1978. 246 S.

Protopsaltis, E.G.: To woreioipeirotikon zitima. (Die Nord-Epirus Frage.) Athinai: Etaireia ton Philon tou Laou. Morphotikai Ekdoseis Nr. 10. 1978. 202 S.

Sajanidis, Ch.Z.: Oi ellinotourkikes scheseis stin pentaetia 1973-1978. (Die griechisch-türkischen Beziehungen in den fünf Jahren von 1973-1978.) Thessaloniki: 1979. 468 S.

Siapkaras, A.: Ellinika stratigika provlimata. Amerikanikai vaseis. (Griechische strategische Probleme. Die amerikanischen Basen.) Athinai: Ermis. 1973. 91 S.

Soliotis, G.N.: Morphosis ton anoteron stelechon. (Die Ausbildung der hohen Offiziere.) Hrsg. Ypourgeion Stratiotikon. Athinai: 1922. 68 S.

Spanidis, At.G.: Politika kai stratiotika themata. (Politische und militärische Themen.) Athinai: 1977. 182 S.

Tagaris, A.N.: I sygchronos morphi tou polemou. (Das moderne Gesicht des Krieges.) Thessaloniki: 1963. 75 S.

Tagaris, A.N.: Antitheseis tis diethnous genikis stratigikis. (Gegensätze in der internationalen allgemeinen Strategie.) Athinai: 1965. 160 S.

Tagaris, A.N.: Oloklirotikos polemos. (Totaler Krieg.)

Athinai: 1969. 78 S.
Tzannetis, S.S.: I ethniki amyna. (Theoritiki meleti).
(Die nationale Verteidigung. (Theoretische Studie).)
Athinai: Alkaios. 1976. 168 S.
Wlachou, K.E.: Ta tou Ippou en Elladi. (Über das Pferd in Griechenland.) Athinai: A.Th. Lampropoulos. 1934. 170 S.
Wlachos, N.B.: Istoria ton kraton tou Aimou. 1908-1914.
(Geschichte der Staaten der Balkan-Halbinsel. 1908-1914.)
Athinai: Organismos Ekdoseos Scholikon Wiwlion. 1954. 779 S.
Zotiadis, G.W.: To Aigaion kai to dikaion tis Thalassis.
(Die Ägäis und das Seerecht.) Athinai: Ethniki Enosis Woreion Ellinon. 1975. 42 S.

L. MEMOIREN, BIOGRAPHIEN, REDEN UND AUFSÄTZE

Aggelis, N.: Daskalogiannis. (Daskalogiannis.) Athinai: 1971. 221 S.
Alexakis, I.S.: Anamniseis. (Erinnerungen.) Athinai: 1979. 632 S.
Anninos, M.: I apologia tou Odysseos Androutsou. (Die Apologie von Odysseus Androutsous.) Athinai: Galaxias. 1966. 133 S.
Andreas,Prinz: Dorylaion-Saggarios. 1921. (Dorylaion-Saggarios. 1921.) Paris: Agon. 1928. 242 S.
Chatzigeorgiou, A.: Polemontas sto Aigaio. (Kämpfend in der Ägäis.) Athinai: Selbstverl. 1978. 2. Aufl. 101 S.
Christidis, Chr. (Hrsg.): Metaxas. To prosopiko tou imerologio. (Metaxas. Sein Tagebuch.) Bd. 1-3. Athinai: Wiwliopoleion tis Estias. 1951-1953. 670 S., 689 S., 912 S., Bd. 4: Hrsg. Wranas, Ph., Athinai: Ikaros. 1960. 866 S.
Dimopoulos, Ch. (Hrsg.): I stratiotiki zoi en Elladi. (Das Militärleben in Griechenland.) Neuaufl. des 1870 in Vraila veröffentl. Werkes eines anonymen Unteroffiziers.
Athinai: Gàlaxias. 1970. 296 S.
Dousmanis, V.: Apomnimonevmata. Istorikai selides tas opoias ezisa. (Erinnerungen. Historische Seiten, die ich erlebt habe.) Athinai: P. Dimitrakos. o.J. 287 S.
Dousmanis, S.I.: To imerologion tou kyvernitou tou "G. Averof" kata tous polemous 1912-1913. (Das Logbuch des Kapitäns der "G. Averof" während der Balkankriege 1912-1913.)
Athinai: Pyrsos. 1939. 426 S.
Gatopoulos, D.: O dimokratis Wasilefs Georgios A'. (1863-1913). (Der demokratische König Georg I. (1863-1913.)
Athinai: P. Dimitrakos. o.J. 120 S.
Grivas-Digenis, G.: Apomnimonevmata agonos EOKA. 1955-1959.
(Erinnerungen des Kampfes der EOKA. 1955-1959.) Athinai:

1961. 410 u. 74 S. Anhang.

Gonatas, S.: Apomnimonevmata 1897-1957. (Memoiren 1897-1957.) Ek tou stratiotikou kai politikou dimosiou wiou tou apo tou 1897 mechri tou 1957. Athinai: Selbstverl. 1958. 518 S.

Grigoropoulos, Th.: Apo tin koryphi tou lophou anamniseis kai stochasmoi. 1914-1952 kai 1959-1962. (Aus der Sicht des Alters. Erinnerungen und Gedanken. 1914-1952 und 1959-1962.) Athinai: Selbstverl. 1966. 580 S.

Iliopoulos, Ep.: Konstantinos Davakis. Drys tou Taygetou. Aetos tis Pindou. (Konstantin Davakis.) Athinai: P. Patsilinakos. 1979. 366 S.

Ioannou, I.: Konstantinos IB'. (Konstantin XXII.) Bd. 1-2. Athinai: Gowostis o.J. 654 S., 888 S.

Kallonas, D.: Ioannis Metaxas. (Ioannis Metaxas.) Mathitis, stratiotis, politikos, agonistis, kyvernitis. Athinai: 1938. 237 S.

Kampanis, A.: O Dimitrios Gounaris kai i elliniki krisis ton eton 1918-1922. (Dimitrios Gounaris und die griechische Krisis in den Jahren 1918-1922.) Athinai: Pyrsos. 1946. 351 S.

Kavadias, E.P.: O naftikos polemos tou 1940 opos tin ezisa. Anamniseis 2. Martios 1935-25. Martios 1943. (Der Seekrieg von 1940 wie ich ihn erlebt habe. Erinnerungen 2. März 1935-25. März 1943.) Athinai: Pyrsos A.G. 1950. 736 S.

Konstantinou, M.: Archeion kai kathimerina peristatika gegonota epi italikis kai germanikis katochis. (Archiv und Ereignisse aus der Besatzungszeit.) Kerkyra. 1949. 527 S.

Konstas, P.E.: Ai polemikai, politikai kai diplomatikai anamniseis tou, tis dekaetias 1940-1950. (Seine Kriegs-, politischen und diplomatischen Erinnerungen im Dezenium 1940-1950.) Polemos-Mesi Anatoli-katochi-ethniki antistasis-synedrion eirinis-kommounistikos agon. Athinai: Selbstverl. 1955. 431 S.

Kapsis, P.I.: O Georgios Kondylis en polemo kai eirini. (Georgios Kondylis im Krieg und Frieden.) Athinai: D. Maroulis. 1934. 128 S.

Kelaidis, E.: Anamniseis apo tin Aeroporian. (Erinnerungen aus der Luftwaffe.) Athinai: 1972. 279 S.

Kosmas, G.: Ellinikoi polemoi. Walkanikoi, Ellinoitalikos, Symmoritopolemos. (Griechische Kriege.) Athinai: 1967. 478 S.

Kotzias, K.G.: Ellas. O polemos kai i doxa tis. Chronographia. 14. Maiou 1940 mechri 22. Apriliou 1941. (Griechenland. Sein Krieg und sein Ruhm. Chronik 14. Mai 1940 bis 22. April 1941.) Athinai: 1947. 424 S.

Lefkoporidis, X. (Hrsg.): Stratigou P.G. Dagli. Anamniseis

Eggrapha-Allilographia. To Archeion tou. (Archiv des Generals P.G. Daglis.) Bd. 1-2. Athinai: Wagionakis. 1965. 471 S., 549 S.

Makrygiannis, I.: Apomnimonevmata. (Memoiren.) Athinai: A. Karavias. o.J. 598 S.

Marantos, S.(Hrsg.): I wiwlos tou Eleftheriou Veniselou. (Die Bibel des Eleftherios Veniselos.) Bd. 1-5. Athinai: Istorikai Ekdoseis o.J. 743 S., 797 S.,797 S., 808 S., 735 S.

Margaris, N. (Hrsg.): Evripidis Mpakirtzis. Meletes, Logoi, Simeioseis. (Aufsätze, Reden, Notizen.) Athinai: Epikairotita. 1981. 197 S.

Melas, S.: O Gios tou Psiloreiti. (Der Sohn der Ida.) Anorthotis. Athinai: Mpiris. 1958. 332 S.

Melas, S.: Matomena rasa. (Blutige Gewänder.) Papaflesses. Grigorios E'. O Palaion Patron. Athanasios Diakos. Athinai: Mpiris. 1962. 302 S.

Meligkounakis, E.: Veniselou Anawasis. Anamniseis apo tin politikin, polemikin kai diplomatikin drasin tou Eleftheriou Veniselou. (Veniselou Anabasis. Erinnerungen aus den politischen, kriegerischen und diplomatischen Aktivitäten von Eleftherios Veniselos.) Athinai: 1955. 192 S.

Metaxa, L.I.: Logoi kai skepseis. I. Metaxa. 1936-1941. (Reden und Gedanken I. Metaxas. 1936-1941.) Bd. 1-2. Athinai: Ikaros. 1969. 467 S., 480 S.

Metaxas, I.P.: Logoi Trietias 4.8.1936-4.8.1939. (Reden der ersten drei Jahre 4.8.1936-4.8.1939.) Hrsg. Ethniki Etairia. O.O. und J. 602 S.

Mezeviris, G.: Tessares dekaetirides eis tin ypiresian tou W. Naftikou. (Vier Jahrzehnte im Dienst der Kgl. Marine.) O.O. 1971. 318 S.

Ntrio), E. (Edouard Driault): O Vasilefs Konstantinos. (König Konstantin.) Thrylos kai istoria. Athinai: Proia. 1930. 234 S.

O Stylianos Gonatas kai to komma ton Ethnikon Fileleftheron. (Stylianos Gonatas und die Partei der National-Liberalen.) Hrsg. Partei der National-Liberalen. Athinai: 1948. 190 S.

Pagkalos, Th.: Apomnimonevmata. (Memoiren.) I tarachodis periodos tis teleftaias pentikontaetias. Bd. 1-2. Athinai: Aetos. 1950. 347 S., 255 S.

Pagkalos, Th. (Hrsg.): Archeion Theodorou Pagkalou 1925-1952. (Archiv von Theodor Pagkalos 1925-1952.) Bd. 1-2. Athinai: Kedros. 1973-1974. 543 S., 527 S.

Papadopoulos, G.: To pistevo mas. (Unser Credo.) Bd. 1-7. Logoi-Synentefxeis-Diloseis-Minymata kai Engyklioi. Ypourgeion Proedrias tis Kyverniseos. Geniki Diefthynsis Typou. Athinai: Bd. 1: Ekdotiki Ellados 1968. 206., Bd. 2-3:

Organismos Ekdoseon Kampanas. 1968-1969. 204 S., 204 S., Bd. 4: Grafikai Technai Kampanas. 1969. 239 S., Bd. 5: Ekdotiki Ellados. 1970. 238 S., Bd. 6: Ekdotiki Etairia I. Kampanas. 1970. 224 S., Bd. 7: Grafiki. 1970. 229 S.

Papamichalopoulos, Z.N.: 17 imeres tou Martiou. (17 Tage im März.) Selides apo ton Ellinoitalikon polemon. Athinai: 1967. 323 S.

Papandreou, G.: Politika Themata. (Politische Themen.) Bd. 1-3. Bd. 1: Athinai: Aetos. 1947. 313 S., Bd. 2-3: Athinai: P. Dimitrakos. 1950. 301 S., 214 S.

Papandreou, G.: I apelefthrosis tis Ellados. (Die Befreiung Griechenlands.) Athinai: Kairon Libanos Kairon Italia Athinai. 3. Aufl. Athinai: Elliniki Ekdotiki Eteireia 1948. 301 S.

Paparrigopoulos, K.: O stratarchis Georgios Karaiskakis kai alla istorika erga. (Feldmarschall Georgios Karaiskakis und andere Geschichtswerke.) Athinai: Th. Glyftakis - K. Kamarinopoulos. 1963. 279 S.

Papastratigakis, M.P. (Hrsg.): Archistratigos Chatzianestis. 1863-1922. (Feldmarschall Chatzianestis. 1863-1922.) O.O. 1927. 343 S.

Paraskevopoulos, L.I.: Anamniseis. 1896-1920. (Erinnerungen. 1896-1920.) Bd. 1-2. Athinai: Pyrsos. 1933-1935. 442 S., 387 S.

Peponis, J.A.: Nikolaos Plastiras sta gegonota 1905-1915. (Nikolaos Plastiras und die Ereignisse von 1905-1915.) Athinai: 1947. 452 S.

Petropoulos, N.D.: Anamniseis kai skepseis enos palaiou naftikou. (Erinnerungen und Gedanken eines alten Seemannes.) Athinai: Selbstverl. Bd. 1-3. 1966-1972. Bd. 1: I periodos metaxy ton polemon. 1923-1940. 271 S., Bd. 2: O polemos. 1940-1941. 463 S., Bd. 3: O polemos eis tin xenin. 380 S.

Pournaras, D.: Eleftherios Veniselos (I zoi kai to ergon tou). (Eleftherios Veniselos (Sein Leben und sein Werk).) Bd. 1-3. Athinai: 1959-1960. 512 S., 534 S., 492 S.

Smparounis, Ath.: Meletai kai anamniseis ek tou B' Pagkosmiou Polemou. (Studien und Erinnerungen aus dem Zweiten Weltkrieg.) Athinai: Selbstverl. 1951. 426 S.

Streit, G.: Imerologion - Archeion. (Tagebuch - Archiv.) Bd. 1-2. Athinai: 1964-1966. 82 S., Bd. 2/A: 203 S., Bd. 2/B: 171 S.

Toumpas, I.N.: Echthros en opsei. Anamniseis tou Deftherou Pagkosmiou Polemou. (Feind in Sicht. Erinnerungen aus dem Zweiten Weltkrieg.) Athinai: 1954. 625 S.

Tsakalotos, Thr.I.: 40 chronia stratiotis tis Ellados. Istorikai anamniseis. Pos kerdisame tous agonas 1940-1949. Bd. 1-2. (40 Jahre Soldat Griechenlands. Erinnerungen.

Wie wir die Kämpfe 1940-1949 gewonnen haben.) Athinai: 1960. 944 S., 643 S.

Tsolakoglou, G.K.S.: Apomnimonevmata. (Memoiren.) Athinai: Akropolis. 1959. 250 S.

Waidis, Th.Ath.: Konstantinos (Konstantin.) (Meleti politikis istorias kai kritikis) 1. Aufl. Athinai: Ephimeris Patris. 1934. 312 S., 2. Aufl. Athinai: Mpayron. 1957. 271 S.

Wasilas, E.K.: Mikroi iroismoi - megales athliotites. Apo ti Dioikisi tis dekatis merarchias 1948-49). (Kleine Heldentaten-großes Elend.) Athinai: 1966. 283 S.

Wasilas, E.K.: Anamniseis periodou 1940-1947. (Erinnerungen.) Athinai: 1979. 189 S.

Zavitsanos, K.G.: Ai anamniseis tou ek tis istorikis diafonias Vasileos Konstantinou kai Eleftheriou Veniselou opos tin ezise. 1914-1922. (Seine Erinnerungen aus dem historischen Gegensatz zwischen König Konstantin und Eleftherios Veniselos, so wie er ihn erlebt hat.) Bd. 1-2. Athinai: Selbstverl. 1946. 255 S., 206 S.

DIE NATO

Eine Auswahlbibliographie

von Walburga Mück

1. Geschichtlicher Überblick

Am 4. April 1949 unterzeichneten die Außenminister von zwölf Staaten in Washington den Nordatlantikvertrag. Belgien, Dänemark, Frankreich, Großbritannien, Island, Italien, Kanada, Luxemburg, die Niederlande, Norwegen, Portugal und die Vereinigten Staaten schlossen sich auf der Grundlage dieses Vertrags zu einem Verteidigungsbündnis, der North Atlantic Treaty Organization, zusammen. Im Jahre 1952 folgten Griechenland und die Türkei, 1955 traten die Bundesrepublik Deutschland und 1982 Spanien dem Bündnis bei.

Die Bereitschaft der sechzehn Staaten, eine solche Bündnisverpflichtung einzugehen, findet ihre Begründung in der unmittelbaren Nachkriegsgeschichte.

Die Beziehungen zwischen Ost und West hatten sich von einer Koalition mit dem Ziel, die Niederlage des Deutschen Reichs herbeizuführen, zu einem von Rivalität geprägten Verhältnis entwickelt. Die Sowjetunion setzte ihre im Verlauf des Zweiten Weltkriegs begonnene Expansion auf politischem, wirtschaftlichen und militärischem Gebiet fort und schuf sich in den Staaten Osteuropas einen sicheren Einflußbereich.

Von den westeuropäischen Ländern wurde diese Entwicklung in zunehmendem Maße als Bedrohung angesehen und führte bereits in den Jahren zwischen Kriegsende und der Unterzeichnung des Nordatlantikvertrags zu einer auf Verteidigungsbündnisse gerichteten Außenpolitik.

Die Konfrontation zwischen den Großmächten und ihren jeweiligen Einflußbereichen in Europa veranlaßte schließlich auch Kanada und die Vereinigten Staaten, die Bündnispolitik der Westeuropäer zu unterstützen und förderte das gemeinsame Vertragswerk, das für die Staaten auf beiden Seiten des Atlantiks erarbeitet wurde.

Der Nordatlantikvertrag verpflichtet die Mitgliedstaaten in erster Linie auf den Bündnisfall (Art. 5), der dann gegeben ist, wenn auf einen Bündnispartner oder auf dessen Streitkräfte ein bewaffneter Angriff ausgeführt wird. Darüberhinaus soll der Vertrag eine engere Zusammenarbeit auf politischen, wirtschaftlichen und anderen nichtmilitärischen Gebieten bewirken.

Eine zeitliche Begrenzung des Bündnisses ist nicht vorgesehen, die Mitgliedstaaten sind jedoch im Fall eines Austritts aus der Gemeinschaft zur Einhaltung einer einjährigen Kündigungsfrist verpflichtet.

Durch den Rückzug Frankreichs aus dem integrierten Militärsystem erfuhr die NATO im Jahre 1966 eine Schwächung. Griechenland, das im Verlauf der Zypernkrise 1974 ebenfalls einen derartigen Schritt unternahm, ist seit 1980 wieder in die militärische Organisation zurückgekehrt.

Die Struktur des Bündnisses, das sich aus souveränen Mitgliedstaaten zusammensetzt, die über den Nordatlantik-Rat letztlich auch die Leitung der internationalen Organe wie der Streitkräfte oder der Sekretariate innehaben, bedingt sowohl den Einfluß innenpolitischer Krisen als auch zwischenstaatlicher Differenzen einzelner NATO-Partner auf die Allianz.

Dies ist nicht ohne Wirkung geblieben und hat in den vergangenen Jahren insbesondere zwischen europäischen und amerikanischen Vertragspartnern zu Meinungsverschiedenheiten in politischer und militärischer Hinsicht geführt.

Bisher ist jedoch die NATO in ihrer Gesamtheit nicht gefährdet worden und hat sich als das dauerhafteste Militärbündnis in der Geschichte nach dem Zweiten Weltkrieg erwiesen.

2. Erläuterungen zur Bibliographie

Die Bibliographie erfaßt Publikationen zur NATO, die in der Zeit von 1949-1982 erschienen und in der Bibliothek für Zeitgeschichte vorhanden sind. Es handelt sich bei den aufgeführten Veröffentlichungen um Monographien und eine, durch den Umfang der Jahresbibliographie bedingte, Auswahl von Aufsätzen.

Die einzelnen Titel sind mit der Signatur der Bibliothek für Zeitgeschichte versehen und können ausgeliehen werden. Eine Ausnahme bilden die Periodika der Gruppe III. Hierbei ist auf Grund von Signaturänderungen auf die Angabe der Signatur verzichtet worden.

Soweit spezielle Literatur zu einzelnen Organen der NATO vorlag, ist sie unter der englischsprachigen Abkürzung der jeweiligen Institution in die Gliederung aufgenommen worden. Redaktionsschluß: 30.6.1982.

Die in der Bibliographie erfaßten Titel gliedern sich in folgende Sachgruppen.

I. Nachschlagewerke
II. Bibliographien
III. Periodika
IV. Biographien
V. Geschichte
   1. Allgemeine Darstellungen
   2. Verschiedene Zeiträume, 1949-1979
   3. Neueste Geschichte, 1980-1982
VI. Politik
   1. Allgemeine Darstellungen
   2. Verschiedene Probleme
      a. NATO-Doppelbeschluß
   3. Aussenpolitische Beziehungen
VII. Wehrwesen
   1. Wehrpolitik
   2. Streitkräfte
   3. Organisation
   4. Militärdoktrin/Strategie
      a. Monographien
      b. Aufsätze
   5. Nordabschnitt
   6. Mittelabschnitt
   7. Südabschnitt
   8. Atlantik
   9. Landstreitkräfte
   10. Seestreitkräfte
   11. Luftstreitkräfte
   12. Wehrtechnik

3. Verzeichnis der Abkürzungen

ACE:	Allied Command Europe
	Alliierter Befehlsbereich Europa
AFCENT:	Allied Forces Central Europe
	Alliierte Streitkräfte Europa Mitte
AFNORTH:	Allied Forces Northern Europe
	Alliierte Streitkräfte Nord-Europa
AFSOUTH:	Allied Forces Southern Europe
	Alliierte Streitkräfte Süd-Europa
AGARD:	Advisory Group for Aerospace Research and Development
	Beratergruppe für Luftfahrtforschung und -entwicklung
AMF:	ACE Mobile Force
	Beweglicher Eingreifverband
CAFBA:	Commander Allied Forces Baltic Approaches
	Befehlshaber Alliierte Streitkräfte Ostseezugänge
CENTAG:	Central Army Group, Central Europe
	Armeegruppe Mitte, Europa Mitte
CINCHAN:	Commander-in-chief Channel and Southern North Sea
	Oberbefehlshaber Ärmelkanal und südliche Nordsee
MLF:	Multilateral Force
	Multilaterale Streitmacht
NORTHAG:	Northern Army Group, Central Europe
	Armeegruppe Nord, Europa Mitte
NPG:	Nuclear Planning Group
	Nukleare Planungsgruppe
SACEUR:	Supreme Allied Commander Europe
	Oberster Alliierter Befehlshaber Europa
SACLANT:	Supreme Allied Commander Atlantic
	Oberster Alliierter Befehlshaber Atlantik
SHAPE:	Supreme Headquarters Allied Powers Europe
	Oberstes Hauptquartier der Alliierten Streitkräfte in Europa

BIBLIOGRAPHIE

I. Nachschlagewerke

Engel, F.: Handbuch der NATO. Nebst. Erg. Frankfurt:
  Agenor 1957-1961. Getr. Pag.   71859
NATO. Organisation des Nordatlantikvertrages. Paris: NATO 1963.
  256 S.   87963
Facts about NATO. Paris: Selbstverl. [o. J.] Getr. Pag.   03209
NATO. Facts about the North Atlantic Treaty Organization. Paris:
  NATO-Informations Service 1965. VII, 319 S.   B 15287
NATO. Facts and figures. Brussels: NATO 1971. 413 S.   B 16358
NATO. Tatsachen und Dokumente. Brüssel: NATO 1971.
  452 S.   07964
Die Nordatlantikpakt-Organisation. - NATO-Handbuch. München:
  Verl. Haus d. Amerikan. Hochkommission [um 1951]. 87 S. 36795(26)
NATO-Handbuch. Brüssel: NATO-Informationsabt. 1972. 115 S.   84922
NATO-Handbuch. Brüssel: NATO-Inform. -Abt. 1979. 108 S.   Bc 937
NATO-Handbook. August 1980. Brussels: NATO Information Service
  1980. 92 S.   Bc 1705
NATO-Taschenbuch. Die Organisation des Nordatlantikvertrages.
  Mai 1967. Paris: Informations-Abt. NATO 1967. 40 S.   83488
The North Atlantic Treaty Organisation. Facts and figures. 10 ed.
  Brussels: NATO Inf. Service. 1981. 380 S.   B 46080

II. Bibliographien

Forget, J.: (NATO-OTAN.) Bibliography. Engl. ed. Paris:
  NATO-OTAN 1964. 205 S.   89444
Forget, J.: (NATO-OTAN.) Bibliographie. Paris: NATO-OTAN
  1962. 165 S.   80770
Gordon, C.: The Atlantic Alliance. A bibliography. London: Pinter
  1978. 216 S.   B 43107
Loah, W.: Bibliographie zum strategischen Problem der NATO.
  In: Schmidt, H.: Verteidigung oder Vergeltung. 4. Aufl. 1965.
  S. 265-289.   93120
Nuclear Weapons and NATO. Analytical survey of literature.
  Washington: U.S. Gov. Print. Off. 1975. IX, 546 S.   02886

III. Periodika

The Military Balance. 1969 ff. London: Internat. Inst. for Strategic
 Studies 1969 ff
NATO's fifteen Nations. Independent review of economic, political
 and military power. Vol. 14ff. New York: Perels Publ. 1969 ff
NATO-Brief. Jg. 8 ff. Paris: NATO-Pressestelle 1960 ff.
NATO-Letter. Monthly publ. Vol. 15 ff. Paris: NATO 1967 ff.
 Forts. NATO-Review. Vol. 19, No. 5/6 ff. 1971 ff
Nouvelles de l'OTAN. Vol. 9-22. Paris: NATO 1961-1974.
 Forts. Revue de l'OTAN. Vol. 23 ff. 1975 ff.
Streitkräfte. D. Military Balance d. Internationalen Instituts für
 Strategische Studien, London. 1979/80ff. München: Bernard &
 Graefe 1980 ff. Zugl. Bd. von: (Bernard & Graefe aktuell.)
Strategic Survey. 1966 ff. London: Internat. Inst. for Strategic
 Studies 1966 ff.

IV. Biographien

Who is who. Kurze Lebensbeschreibung: 1. P. -H. Spaak ...
 4. Die Ministerpräsidenten, Aussenminister u. Verteidigungs-
 minister d. NATO- Mitgliedsländer. In: Taschenbuch der NATO.
 1, 1959/60. S. 331- 350.   F 1042:1

Gruenther
NATO: the shield. In: Time. Atlantic ed. Vol. 67, 1956. No. 6.
 S. 18-23.   BZ 3077:67
Haig
Zusammenstellung. Materialien zum Oberbefehlshaber der NATO
 Haig u. NATO. o. O. u. J. [um 1979] o. Pag.   D 01509
Norstad
General Lauris Norstad. In: Wehrkunde. Jg. 5, 1956. H. 5.
 S. 262   BZ 3080:5
Stikker
Stikker, D. U. : (Men of responsibility, [dt.]) Bausteine für eine
 neue Welt. Gedanken u. Erinnerungen. .'. Wien: Econ-Verl. 1966.
 494 S.   97206

V. Geschichte

1. Allgemeine Darstellungen

Acosta, M.: Schild der Freiheit. Das Bildbuch von der NATO.
  Bonn: Athenäum-Verl. 1957. 96 S. 03019
L'Alliance Atlantique et le Pacte de Varsovie. Étude comparative.
  Bruxelles: Service de l'information de l'OTAN. 30 S. B 11795
Buchan, A.: Europe and America: from alliance to coalition. Paris:
  Atlant. Inst. for Internat. Affairs 1973. 48 S. (The Atlantic
  papers. 1973. 4.) F 1677:1973.4
Das Atlantische Bündnis. Entwicklung u. Struktur d. NATO. Bonn:
  Dt. Atlant. Ges. 1956. 54 S. 36794(30)
Calvocoressi, P.: The North Atlantic Alliance. In: Survey of international affairs 1951. ,1954. S. 6-49. F 604:1951
Knorr, K.: NATO: past, present, prospect. New York: Foreign
  Pol. Assoc. 1969. 63 S. (Headline series. No. 198.) F 1797:198
Kuznecov, V. I.: (V Konflikte so vremenem, [dt.]) Wider den Geist
  der Zeit. 30 Jahre NATO. Moskau: APN-Verl. 1979. 84 S. Bc 1132
MacCloy, J. J.: J. J. McCloy. The Atlantic Alliance: its origins and
  its future. New York: Columbia Univ. Pr. 1969. 83 S. B 2963
Müller-Roland, H.: ... die Freiheit zu verteidigen. Ein Bildband von
  der NATO. Frankfurt: Athenäum Verl. 1962. 80 S. 03597
NATO - Ein Bündnis für den Frieden. Bad Godesberg: US. -Inf. -
  Dienst. 1952. 47 S. 01049
La NATO. Problemi e prospettive. [Text ital., engl.] Milano:
  Giuffrè 1967. VIII, 310 S. B 27275
Die Nordatlantikpakt-Organisation-NATO. In: Gesellschaft und Verteidigung. 1971. S. 460-554. B 6265
NATO, CENTO, SEATO, OAS - imperialistische Paktsysteme. Von
  einem Autorenkollektiv... Einf. u. Überarb. Berlin: Dietz 1964.
  337 S. 92027
The North Atlantic Pact. Washington: U. S. Governm. Pr. Off. 1949.
  16 S. 67566(22)
OTAN. Documentation sur l'Organisation du Traité de l'Atlantique
  Nord. Paris: OTAN 1962. IX, 352 S. 86181
Poser, G.: Die NATO. Werdegang, Aufgaben u. Struktur des Nordatlantischen Bündnisses. 2. überarb. Aufl. München: Olzog 1979.
  170 S. (Geschichte und Staat. 189.) B 36927
Quaroni, P.: Il Patto Atlantico. Roma: Volpe 1966. 157 S. 96471
Ruge, F.: Bündnisse in der Vergangenheit und Gegenwart unter besonderer Berücksichtigung von UNO, NATO, EWG und Warschauer
  Pakt. Frankfurt: Bernard u. Graefe 1971. 173 S. B 5966
Sontheimer, K.: Das Atlantische Bündnis. Freiburg: Rombach 1960.
  82 S. 78298

2. Verschiedene Zeiträume 1949-79

Alliance for peace. The first five years of the NATO. London:
State Off. 1954. 36 S.   69610(14)
L'Avenir de l'Alliance atlantique. Paris: Berger-Levrault 1961.
350 S.   78659
Barcia-Trelles, C.: El Pacto del Atlántico. Madrid: Inst. de
estudios polit. 1950. 685 S.   B 15813
Baumann, G.: Interdependenz im Atlantischen Bündnis. Bilanz der
NATO-Ministerrats-Tagung vom 15.-17.12.1964. In: Wehrwissenschaftl. Rundschau. Jg. 15, 1965. H. 3. S. 129-164; H. 4.
S. 199-223.   BZ 3044:15
Baumann, G.: Die NATO im Zeichen der Entspannung. Ergebnis und
Konsequenzen d. Tagung d. Nordatlantikrates am 30./31. Mai 1972.
In: Wehrkunde. Jg. 21, 1972. H. 7. S. 337   BZ 3080:21
Baumann, G.: Tatsachen und Meinungen um Ottawa. Die NATO-Frühjahrstagung vom 22.-24.5.1963. In: Wehrwissenschaftliche Rundschau. Jg. 13, 1963. H. 7. S. 365-384; H. 8. S. 429-452.   BZ 3044:13
Beer, F. A.: Integration and disintegration in NATO. Columbus:
Ohio State Univ. Pr. 1969. XIII, 330 S.   B 5630
Bericht des Dreier-Ausschusses betreffend nicht militärische Zusammenarbeit im Rahmen der NATO. Bonn 1957: Bundesdr. 14 S. 01585
Jan Cieszacki [u. a.] Bezdroza polityki NATO 1949-1970. [Die Irrwege der Politik der NATO 1949-1970.] Warszawa: Wydawn. Min.
Obrony Narod. 1971. 349 S.   B 34978
Boone, W. F.: NATO - keystone of defense. In: United States Naval
Institute. Proceedings. Vol. 85, 1959. No. 4. S. 23-43.   BZ 3261:85
Bowie, R. R.: Tensions with the alliance. In: Foreign affairs.
Vol. 42, 1963. No. 1. S. 49-69.   BZ 94:42
Buchan, A.: The Evolution of NATO. London: ISS 1961. 47 S.
(Adelphi papers. 1.)   09124
Buchan, A.: NATO in the 1960's. 2. pr. New York: Praeger 1961.
XII, 131 S. (Studies in international security. 1.)   79066
Buchan, A.: The reform of NATO. In: Foreign affairs. Vol. 40, 1962.
No. 2. S. 165-182.   BZ 94:40
Cadorna, R.: Das Atlantische Bündnis. In: Der Stand der europäischen Sicherheit. 1962. S. 61-92.   86665
Campen, S. I. P. van: NATO: a balance sheet after thirty years. In:
Orbis. Vol. 23, 1979. No. 2. S. 261-270.   BZ 4440:23
Chabot, M. de: L'OTAN: Intégration ou coopération? In: Revue
militaire générale. 1959. No. 7. S. 149-162.   BZ 3322:1959
Chandler, R. W.: NATO's cohesion, Europe's future. In: Air University review. Vol. 29, 1978. Nr. 4. S. 8-21.   BZ 3846:29
Charisius, A.; Lambrecht, R.: Imperialistische Militärblockpolitik.
Krisen u. neue Varianten in den 70er Jahren. Berlin: Staatsverl.
d. DDR 1979. 93 S.   Bc 1237
Cleveland, H.: NATO after the invasion. In: Foreign affairs.
Vol. 47, 1969. No. 2. S. 251-265.   BZ 94:47

Combaux, E. : Débat sur alliance atlantique. In: Revue de défense
   nationale. Année 22, 1966. No. 3. S. 403-432. BZ 3055:22
The Atlantic Community. Ed. : F. O. Wilcox a. H. F. Haviland.
   New York: Praeger 1963. VIII, 294 S. 88728
Cook, C. ; Paxton, J. : European political Facts. 1918-73. London:
   Macmillan 1975. 363 S. B 21596
Delmas, C. : L' Alliance atlantique (OTAN). Paris: Payot 1962.
   278 S. 85833
Delmas, C. : Le monde atlantique. Paris: Pr. Univ. de France 1958.
   118 S. (Que sais-je? No. 771.) 77895
Delmas, C. : 4 Avril 1949... In: Défense nationale. Année 35, 1979.
   No. 4. S. 9-22. BZ 4460:35
Beyond nuclear Deterrence. New aims, new arms. Ed. : J. J. Holst.
   New York: Crane, Russak 1978. XIV, 314 S. B 34913
Developing the Atlantic Community. In: The United States in world
   affairs 1951. 1952. S. 327-369. F 797:1951
Eisenhower, D. D. : Wir können es schaffen. Frankfurt 1952:
   Neue Pr. 32 S. 67727
The Evolution of NATO. London: Inst. f. Strat. Studies 1963. 45 S.
   (Adelphi papers. 5.) F 1718:5
Feige, G. : Die NATO und ihre Krise. Berlin: Verl. Minist. f.
   Nationale Verteidigung. 1957. 117 S. (Schriftenreihe zu Fragen d.
   Militärideologie und Militärpolitik. H. 1.) F 1013:1
Fellers, B. : Wings for peace. Chicago: Regnery 1953. 248 S. B 7793
Gaertner, H. : Entwicklung und Aufbau der NATO. In: Wehrwissen-
   schaftliche Rundschau. Jg. 5, 1955. H. 5. S. 217-233. BZ 3044:5
Gallois, P. M. : L' Alliance atlantique à l' heure de vérité. In:
   Forces aériennes Françaises. 1960. No. 164.
   S. 475-508. BZ 3084:1960
Goold-Adams, R. : Political co-operation in NATO. In: Western
   alliance. 1965. S. 49-70. 95269
Gruenther, A. ; Norstad, L. : NATO - das Instrument des Friedens.
   Bad Godesberg: "Polit. Informat. 1956. 26 S. (Schriften zur
   Wehrpolitik. H. 19.) F 911:19
Hahn, W. F. : NATO' s quiet crisis. In: Strategic review. Vol. 5, 1977.
   No. 3. S. 26-39. BZ 05071:5
Halle, L. J. : The origins of the alliance. In: Annales d' études inter-
   nationales. Vol. 10, 1979. S. 9-18. BZ 4403:10
Henrikson, A. K. : The creation of the North Atlantic Alliance,
   1948-1952. In: Naval War College review. Vol. 32, 1980. No. 3.
   S. 4-39. BZ 4634:32
Heusinger, A. : Reden 1956-1961. Boppard: Boldt 1961. 72051(5)
Ireland, T. P. : Creating the entangling alliance. The origins of the
   North Atlantic Treaty Organization. Westport: Greenwood Pr. 1981.
   X, 245 S. (Contributions in political science. 50.) B 44079
Ismay : NATO. The first five years 1949-1954. 2. impr. Utrecht 1956:
   Bosch. XI, 280 S. 0551

King, J. E. : NATO. Genesis, progress, problems. In: National
   security in the nuclear age. 1960. S. 143-172. 76835
Kissinger, H. A. : The future of NATO. In: The Washington quarterly.
   Vol. 2, 1979. No. 4. S. 3-17. BZ 05351:2
Kissinger, H. A. : A troubled partnership. New York: MaGraw-Hill
   1965. XIV, 266 S. 96114
Kleinmann, R. : (Atlantic Crisis, [franz.]) Crise atlantique.
   Paris: Ed. de Trévise 1964. 196 S. 90264
Leebaert, D. : Le trentième anniversaire de l' OTAN: doutes et
   espoirs. In: Politique étrangère. Année 44, 1979. No. 1.
   S. 101-124. BZ 449:44
Lie, H. : Transatlantisk Krise. Europa og Amerika i 1970-arene.
   Oslo: Tiden Norsk Forl. 1974. 151 S. B 32145
Mélandri, P. : L' Alliance atlantique. Paris: Gallimard 1979.
   280 S. (Collection archives. 77.) B 39323
Meyer-Detring, W. : Als Deutscher bei der NATO. Wegweiser für
   die Zusammenarbeit mit Verbündeten. Frankfurt: Bernard u. Graefe
   1960. 124 S. 75569
Moore, B. T. : NATO and the future of Europe. New York: Harper
   1958. XVIII, 263 S. 74552
NATO after Czechoslovakia. Washington: Georgetown Univ. 1969.
   IX, 98 S. (CSIS. Special report series. No. 9.) B 4937
NATO - 1949-1969. Pref. : M. Brosio. Brussels 1969:
   van Cortenbergh.13 S. 04438
NATO in quest of cohesion. Ed. : K. H. Cerny. New York: Praeger
   1965. XII, 476 S. 94623
NATO and security in the seventies. Ed. : F. A. Alting von Geusau.
   Leyden: Sijthoff 1971. 158 S. (Publications of the John-F. Kennedy-
   Institute. No. 5.) B 7122
NATO after thirty years. Ed. : L. S. Kaplan. Wilmington: SR 1981.
   XXII, 262 S. B 45228
NATO-Brief. Sonderausgabe zum 20. Jahrestag. Beitr. v. W. Brandt.
   Bonn: Presse- u. Informationsamt der Bundesreg. 1969.
   29 S. BZ 3499:1969
NATO-Ministerratstagung am 30. -31. 5. 1972 in Bonn. Bonn: Presse-
   und Informationsamt 1972. 13 S. 04714
North Atlantic Treaty Organization. Its developement and significance.
   Washington: Government Pr. Off. 1957. 61 S. (Departement of
   State. Foreign policy series. 116.) 75262
Osgood, R. E. : NATO. The entangling alliance. Chicago: Univ. Pr.
   1962. X, 416 S. 90594
Palewski, J. P. : Bilan d' un alliance. In: Politique etrangère.
   Année 29, 1964. No. 2. S. 117-160. BZ 196:29
25 Jahre Atlantische Partnerschaft. Rückblick u. Ausblick. Hrsg.
   Presse- u. Informationsamt d. Bundesregierung. Stuttgart:
   Kohlhammer 1974. 63 S. B 10734
Poettering, H. -G. : Adenauers Sicherheitspolitik. 1955-1963. Düssel-
   dorf Droste Verl. 1975. 240 S.

(Bonner Schriften zur Politik und Zeitgeschichte. 10.) B 21845
Rabe, H. : NATO heute. Berlin: Mil. Verl. d. DDR 1974. 119 S. B 19947
Reid, E. : Time of fear and hope. The making of the North Atlantic
 Treaty 1947-1949. Toronto: McClelland u. Stewart 1977.
 315 S. B 36204
Atlantic Congress. Report. London, 5. -10. June 1959. London:
 Internat. Secr. of the NATO-Parliament. Conf. 1959. 95 S. F 020:1959
Roustide, P. : Quinzième anniversaire du Traité de Washington: la
 crise de l' OTAN. In: Revue militaire générale. 1964. No. 3.
 S. 286-305. BZ 3322:1964
Ruge, F. : Politik, Militär, Bündnis. Stuttgart: DVA 1963.
 157 S. 88438
Schulte, L. : Vom Blitzkrieg zum Nervenkrieg. Atlantische Partner-
 schaft im atomaren Zeitalter. Boppardt: Boldt 1964. 75 S. 81690
The Signing of the North Atlantic Treaty. Proceedings. Washington,
 Apr. 4, 1949. Washington: U. S. Governm. Pr. Off. 1949.
 VII, 66 S. 67570(7)
Sloss, L. : NATO Reform: Prospects and priorities. Beverly Hills:
 Sage Publ. 1975. 66 S. (The Washington Papers. 30.) B 12219
Der Stand der europäischen Sicherheit 1956-1961. Ein Bericht d. Ver-
 teidigungs-Ausschusses d. Versammlung d. Europ-Union vom
 10. Nov. 1961. Frankfurt: Metzner 1962. XIX, 179 S. (Rüstungs-
 beschränkung und Sicherheit. Bd 4 II.) 86665
Towards a grand Strategy for global freedom. London: Foreign
 Affairs Publ. 1981. XII, 130 S. B 44540
Strausz-Hupé, R. ; Dougherty, J. E. ; Kintner, W. R. : Building the
 Atlantic world. New York: Harper u. Row 1963. XIV, 400 S. 93610
Taber, G. M. : John F. Kennedy and the uniting Europe. Bruges: Coll.
 of Europe 1969. 188 S. (College of Europe. Studies in contempo-
 rary European issues. 2.) B 15711
Texts of final communiques. Iss. by Minist. Sessions of North Atlan-
 tic Council, the Defence Planning Committee, and the Nuclear
 Planning Group. Vol. 1. 2. Brussels: NATO Information Service
 1970-80. Getr. Pag. B 6868
Voss, H. : Nordatlantikpakt. Warschauer Vertrag und die Charta der
 Vereinten Nationen. Berlin: Dt. Zentralverl. 1958. 54 S. (Dt. Inst.
 f. Rechtswissenschaft. Schriftenreihe Völkerrecht. H. 4.) 72014(1)
Wilmot, C. : If NATO had to fight. In: Foreign affairs. Vol. 31, 1953.
 No. 2. S. 200-214. BZ 94:31
Woyke, W. : Die NATO in den siebziger Jahren. Eine Bestandsauf-
 nahme. Opladen: Leske u. Budrich 1977. 157 S. B 27506
Five years of NATO. A report on the Atlantic Alliance. Paris:
 N. Y. Herald Tribune 1954. 47 S. 01255

3. Neueste Geschichte 1980-1982

Birnstiel, F.: Krieg oder Frieden in Europa? In: Aus Politik und
   Zeitgeschichte. 1981. B 3. S. 39-54. BZ 05159:1981
Dokumente zur westeuropäischen Sicherheitspolitik. Die Tagungen
   der Bündnisgremien im Herbst 1980. In: Europa-Archiv.
   Jg. 36, 1981. Folge 2. S. D 29- D 52. BZ 4452:36
Hoffmann, S.: The Western Alliance. Drift or harmony? In: International security. Vol. 6, 1981. No. 2. S. 105-125. BZ 4433:6
Lee, C.: The final Decade. Will we survive the 1980s? London:
   Hamilton 1981. XV, 190 S. B 43825
NATO. The next thirty years. The changing political, economic, and
   military setting. Ed.: K. A. Myers. Boulder: Westview Pr. 1980.
   XXIII, 469 S. B 42088

VI. Politik

1. Allgemeine Darstellungen

The Western Alliance. Its status and prospects. Ed.: E. S. Furniss.
   Columbus: Ohio State Univ. Pr. VII, 182 S. 95269
Ball, G. W.: The State of the Western Alliance. Zürich: Schweizer.
   Winston-Churchill-Stiftung 1972. 11 S. (Winston Churchill Memorial Lecture. 1972.) B 10679
Brentano, H. von: Die Atlantische Gemeinschaft heute und morgen.
   Frankfurt: Ner-Tamid 1961. 24 S. (Vom Gestern zum Morgen.
   Bd 12.) F 1105:12
Cleveland, H.: NATO: the Transatlantic bargain. New York:
   Harper and Row 1970. XI, 204 S. B 5589
Cottrell, A. J.; Dougherty, J. E.: The Politics of the Atlantic
   Alliance. New York: Praeger 1964. 264 S. B 31031
Defense Politics of the Atlantic alliance. Ed.: E. H. Fedder.
   New York: Praeger 1980. XI, 187 S. B 44389
Gallois, P. M.: (Paradoxes de la paix, [dt.]) Der paradoxe Frieden.
   Stuttgart: Seewald 1958. 300 S. 98026
Die Atlantische Gemeinschaft. Grundlagen u. Ziele d. Organisation d.
   Nordatlantikvertrages. Hrsg. vom Press'e- u. Informationsamt
   d. Bundesreg. Bonn: Selbstverl. 1972. 303 S. B 6646
Die Atlantische Gemeinschaft: NATO. Stuttgart: Schweitzer 1959.
   119 S. 76190
Herter, C. A.: Toward an Atlantic community. New York: Harper a.
   Row 1963. 107 S. B 31025
Hill-Norton, Sir P.: No soft Options. The politico-military realities
   of NATO. London: Hurst 1978. X, 172 S. B 33879

Jordan, R. S.; Bloome, M. W.: Political Leadership in NATO. A
  study in multinational diplomacy. Boulder: Westview Pr. 1979.
  XII, 316 S. B 37030
Joyce, J. A.: End of an illusion. London: Allen and Unwin 1969.
  XX, 274 S. B 4553
Lindhardt, B. F.: NATO - politisk og militaer alliance. København:
  Forsvarets Oplysnings- og Velfaerdstjeneste 1981. 56 S. Bc 2314
Luns, J.: Présent et avenir des relations atlantiques. Lausanne:
  Centre de Recherches Européennes 1975. 23 S. B 11569
Mendershausen, H.: Outlook on Western solidarity: political relations
  in the Atlantic Alliance system. Santa Monica: Rand 1976.
  XIV, 146 S. 09243
Meyers, F.: NATO. Politik, Wirtschaft, Technik, Kultur. Bonn:
  Verl. Staat u. Gesellschaft 1960. 22 S. 75335
Simson, F.: Wir verteidigen Europa. Bern: Haupt 1952. 197 S. 68460
Trezise, P. H.: The Atlantic connection. Prospects, problems and
  politics. Washington: Brookings Inst. 1975. X, 100 S. B 25541
Vladimirov, S.; Teplov, L.: [Kyr.] Varsavskij Dogovor i NATO:
  dva kursa, dve politike. [Der Warschauer Vertrag und die NATO:
  zwei Wege, zwei politische Meinungen.] Moskva: "Mezdunarodnye
  otnosenija" 1979. 294 S. B 38270

2. Verschiedene Probleme

Amme, C. H.: NATO without France. Stanford: Hoover Inst. 1967.
  XVI, 195 S. 05814
Badurina, B.: Der wehrpolitische Aspekt der Integration westeuro-
  päischer Staaten. In: Österreichische militärische Zeitschrift.
  1963. H. 4. S. 200-206. BZ 3789:1963
Barth, P.; Pfau, G.; Streif, K.: Sicherheitspolitik und Bundeswehr.
  Frankfurt: Haag u. Herchen 1981. 381 S. B 43788
Baumann, G.: Integrationsprobleme des Atlantischen Bündnisses. In:
  Wehrwissenschaftliche Rundschau. Jg. 14, 1964. H. 9.
  S. 541-557. BZ 3044:14
Beauvallet, J.: La Défense et la paix. Paris: Ed. Média 1976.
  304 S. B 28715
Birnstiel, F.: Eine Europäische Verteidigungsunion, der Weg in die
  Zukunft. In: Europäische Wehrkunde. Jg. 29, 1980. H. 9.
  S. 429-436. BZ 05144:29
Birrenbach, K.: European security: NATO, SALT and equilibrium.
  In: Orbis. Vol. 22, 1978. No. 2. S. 297-308. BZ 4440:22
Birrenbach, K.: Die Zukunft der Atlantischen Gemeinschaft.
  Freiburg: Rombach 1962. 95 S. 80319
Burton, A.: The Destruction of loyalty. London: Foreign Affairs
  Research Inst. 1976. 63 S. B 12202
Calleo, D.: The Atlantic fantasy. The U.S., NATO, and Europe.
  Baltimore: John Hopkins Univ. Pr. 1970. X, 182 S.

(Studies in international affairs. Nr. 13.) B 26896
Political Change in Europe. The left and the future of the Atlantic Alliance. Ed.: D. Eden and F. E. Short. Oxford: Blackwell 1981. XII, 163 S. B 44206
Chueca-Sancho, A. G.: Francia ante la unión politica de Europea. Barcelona: Bosch 1979. 269 S. B 37716
Cleveland, H. van B.: The Atlantic idea and its European rivals. New York: McGraw-Hill 1966. XXXI, 186 S. 96857
Atlantic Community in crisis. Ed.: W. F. Hahn. New York: Pergamon Pr. 1979. 386 S. B 37593
La Conférence sur la Communauté atlantique. Valeurs de base de la Communauté atlantique. Par E. Bieri. Leyde: Sythoff 1961. 108 S. 87102
Cooper, R. N.: The Economics of interdependence: economic policy in the Atlantic Community. New York: McGraw-Hill 1968. XIV, 302 S. (The Atlantic policy studies.) B 8657
Draper, G. I. A. D.: Civilians and the NATO status of forces agreement. Leyden: Sijthoff 1966. 204 S. (Atlantic series. 4.) 95855
Draper, T.: The western misalliance. In: The Washington quarterly. Vol. 4, 1981. No. 1. S. 13-69. BZ 05351:4
Eriksen, B.: The Committee System of the NATO Council. Oslo: Univ. Forl. 1967. 79 S. 84276
Gerstenmaier, E.: Die NATO-Reform im Sicherheitssystem der freien Welt. Bonn 1964. Bundesdr. 15 S. 82093
NATO-Truppenstatut und Zusatzvereinbarungen. Gesetz zum NATO-Truppenstatut u. zu d. Zusatzvereinbarungen mit Unterzeichnungsprotokoll u. Zusatzabkommen u. ergänzenden Abkommen. 2. neubearb. Aufl. München: Beck 1978. 308 S. B 34026
Die Gewerkschaften und die NATO. Paris: NATO 1957. 46 S. 01584
Guha, A.-A.: Der Tod in der Grauzone. Ist Europa noch zu verteidigen? Frankfurt: Fischer Verl. 1980. 239 S. (Fischer Taschenbuch. 4217.) B 41661
Guillaume, G.: La structure juridique de l' Alliance Atlantique. In: Revue militaire suisse. Année 110, 1965. No. 12. S. 553-565. BZ 3744:110
Heusinger, A.: Sicherheitsfragen der westlichen Welt. In: Politische Vierteljahresschrift. Jg. 6, 1965. H. 3. S. 246-269. BZ 3489:6
Hoag, M. W.: NATO: deterrence or shield? In: Foreign affairs. Vol. 36, 1958. No. 2. S. 278-292. BZ 94:36
Hunter, R.: Security in Europe. Rev. ed. London: Elek 1972. IX, 281 S. (International relations ser. 2.) B 18680
Hunter, R.: (Security in Europe, [dt.]) Sicherheit für Europa. Zürich: Benziger 1971. 299 S. B 7056
Jefferies, C. L.: NATO and oil. Conflict and capabilities. In: Air university review. Vol. 31, 1980. No. 2. S. 35-46. BZ 4544:31
Integracja ekonomiczna Europy Zachodniej i jej polityczno-militarne. Pod. red. T. Grabowskiego [u. a.]. Integration der Wirtschaft Westeuropas u. d. politisch-milit. Aspekte.

Poznán: Inst. Zachodni 1969. 273 S. B 3884
Kahn, H. W. : Die Russen kommen nicht. Fehlleistungen unserer
 Sicherheitspolitik. München: Scherz 1969. 263 S. B 1384
Kennedy, G. : Burden sharing in NATO. London: Duckworth 1979.
 VI, 117 S. B 37927
Laeufer, D. : Krisen in den europäischen und atlantischen Organi-
 sationen. Berlin: Duncker u. Humblot 1974. 358 S. (Kölner
 Schriften z. politischen Wissenschaft. N. F. Bd 4.) B 19383
Lider, J. : Problemy integracji wojskowej na zachodzie. Poznán:
 Inst. Zachodni 1968. 350 S. (Prace Inst. Zachodniego. 40.) B 167
Löser, H. J. : Kann Europa durch die NATO noch verteidigt werden?
 In: Sicherheitspolitik heute. 1975. H. 1. S. 65-81. BZ 4337:1975
McNamara, R. S. : (The Essence of security, [dt.]) Die Sicherheit
 des Westens. Wien: Molden 1969. 194 S. B 229
Moritz, G. : Die gemeinsame Anwendung des Kriegsvölkerrechts in
 den Streitkräften der NATO. In: Wehrwissenschaftliche Rundschau.
 Jg. 11, 1961. H. 2. S. 63-89. BZ 3044:11
Mulley, F. W. : The Politics of western defense. New York: Praeger
 1962. XI, 282 S. 87140
Mulley, F. W. : (The Politics of Western defence, [dt.]) Der Stand
 der europäischen Sicherheit. Frankfurt: Metzner 1963,
 VII, 195 S. 86665:1
NATO and the American security. Ed. : K. Knorr. Princeton: Univ.
 Pr. 1959. V, 342 S. 77529
NATO gegen europäische Sicherheit. Berlin: Militärverl. d. DDR
 1969. 308 S. B 3679
Pálfy, J. ; Novák, Z. : (A NATO husz éve, [dt.]) NATO - Allianz ohne
 Zukunft. Berlin: Militärverl. d. DDR 1972. 226 S. B 9303
Pasti, N. : Falchi, colombe e struzzi. Problemi militari. Roma:
 Carecas 1978. 222 S. B 38591
Political problems of Atlantic partnership. Ed. : W. C. Cromwell.
 Bruges: College of Europe 1969. 458 S. (College of Europe.
 Studies in contemporary European issues. 3.) B 15704
Raven, W. von: Sicherheit im Spannungsfeld der Entspannung.
 Freudenstadt: Eurobuch-Verl. 1972. 160 S. (Bonn aktuell. 7.)F 1744:7
Repinckij, V. V. : [Kyr.] NATO i voennyi bizness. [NATO und Kriegs-
 business.] Moskva: Mezd. Otnos. 1970. 182 S. B 6525
Ridgway, M. B. : No grounds for complacency. New York: American
 Council on NATO. 1953. 27 S. 69530(6)
Saulle, M. R. : NATO and its activities. A political and juridical
 approach on consultation. Dobbs Ferry: Oceana Publ. 1979.
 205 S. B 41781
European security and the Atlantic system. Ed. : W. T. R. Fox and
 W. R. Schilling. New York: Columbia Univ. Pr. 1973.
 XIV, 276 S. B 18551
Sicherheitspolitik vor neuen Aufgaben. Hrsg. : K. Kaiser u. K. M.
 Kreis. Frankfurt: Metzner 1977. XV, 447 S. (Schriften d. Forschungs-
 Inst. d. Dt. Ges. f. Ausw. Politik.

R. Rüstungsbeschränkung und Sicherheit. 13.)   B 27776
Schütze, W. : European defence co-operation and NATO. Paris:
    The Atlantic Inst. 1969. 59 S. (The Atlantic papers. No. 3.) F 1677:3
Schulte, I. : Die unbewältigte Krise: Alternativmodelle zur NATO-
    Verteidigung. In: Beiträge zur Konfliktforschung. H. 2. 19,78.
    S. 19-40.   BZ 4219:8
Schwarz, K. -D. : Die sicherheitspolitische und militärstrategische
    Zukunft der NATO. In: Sicherheitspolitik heute. 1975   H. 2.
    S. 243-276.   BZ 4337:1975
Siegler, H. von: Kennedy oder De Gaulle? Probleme der Atlantik- u.
    Europapolitik. Bonn: Siegler 1963. XI, 161 S.   87704
Silvestri, S. ; Cremasco, M. : Il Flanco sud della NATO. Rapporti
    politici e strutture militari nel Mediterraneo. Milano: Feltrinelli
    1980. 205 S. (I nuovi testi. 215.)   B 40977
Skogan, J. K. : NATO og Warszawapakten i lys av en alleuropeisk
    sikkerhetslosning. Oslo: Norsk Utenrikspolitisk Inst. 1973. 20 Bl.
    (NUPI-Notat. Nr. 60.)   09041
Spaak, P. H. : Aktuelle Fragen. Bonn: Dt. Atlant. Ges. 1958.
    18 S.   72010(11)
Spaak, P. H. : Warum NATO? Frankfurt: Ullstein 1959. 79 S. (Wir
    diskutieren. 7.) (Ullstein Bücher. Nr. 611.)   72018(28)
Spaak, P. H. : Why NATO? Harmondsworth: Penguin Books 1959.
    62 S. (A Penguin special. S. 180.)   72029(36)
Steel, R. : The end of alliance: America and the future of Europe.
    London: Deutsch 1964. VIII, 148 S.   90108
Steinhoff, J. : Wohin treibt die NATO? Probleme der Verteidigung
    Westeuropas. Hamburg: Hoffmann u. Campe 1976. 279 S.   B 24590
Sternberg Montaldi, A. : Le role de l'opinion publique dans la Com-
    munauté Atlantique. Leyden: Sythoff 1963. 291 S.
    (Serie atlantique. No. 2.)   90045
Szent-Miklosy, I. : The Atlantic Union Movement. New York:
    Fountainhead 1965. XX, 233 S.   B 1518
Volkov, N. V. ; Makarov, I. P. : [Kyr.] Udarnaja sila NATO v Evrope.
    [Die Stosskraft der NATO in Europa.] Moskva: Voenizdat 1967.
    124 S.   B 2487
Wettig, G. : Entspannung und Sicherheit. In: Aus Politik und Zeit-
    geschichte. 1980. Nr. 11. S. 18-32.   BZ 05159:1980
Wördehoff, B. : Soldaten zwischen Krieg und Frieden. Hamburg:
    Baken-Verl. 1970. 95 S. (Politische Aspekte. Bd 1.)   B 5035

NATO-Doppelbeschluss

Aspekte der Friedenspolitik. Argumente zum Doppelbeschluss des
    Nordatlantischen Bündnisses. Bonn: Presse- u. Informationsamt
    1981. 88 S.   Bc 2226
Asper, S. : Der Kampf gegen den NATO-Beschluß. In: Neue Politik.
    Jg. 26, 1981. Nr. 7. S. 12-29.   BZ 4628:26
Begemann, D. ; Pahmeyer, P. : Sicherheit für Deuschland? Der

"Doppelbeschluß" der NATO und die Glaubwürdigkeit der SPD.
In: Blätter für deutsche und Internationale Politik. Jg. 26, 1981.
H. 3. S. 270-286. BZ 4551:26

Bünemann, R.: Kein Schlachtfeld der Supermächte werden! In:
Neue Politik. Jg. 26, 1981. Nr. 4. S. 10-20. BZ 4628:26

Corterier, P.: Zur sicherheitspolitischen Lage der Bundesrepublik
Deutschland nach dem Doppelbeschluß der NATO. In: Die neue
Gesellschaft. Jg. 28, 1981. Nr. 7. S. 618-620. BZ 4572:28

Czempiel, E.-O.: Nachrüstung und Systemwandel. Ein Beitrag zur
Diskussion um den Doppelbeschluß der NATO. In: Aus Politik und
Zeitgeschichte. 1982. B 5. S. 22-46. BZ 05159:1982

Gräbner, J.: Der NATO-Doppelbeschluß: Modernisierungsplan und
Rüstungssteuerungsangebot für die "eurostrategischen" Waffen.
In: Kooperative Rüstungssteuerung. 1981. S. 107-128. B 44992

Guha, A.-A.: Rüstung und "Nachrüstung" oder die Absage an die
Vernunft in der Politik. In: Blätter für deutsche und internationale
Politik. Jg. 26, 1981. H. 3. S. 319-327. BZ 4551:26

Hahslach, K.-H.; Opel. M.: Grauzone - der atomare Fehdehand-
schuh des Kreml. München: Bernard u. Graefe 1981. 163 S.
(Bernard u. Graefe aktuell. 10.) B 42151

Hahslach, K.-H.; Opel, M.: Lexikon Grauzone. Stichworte, Doku-
mente u. Fachbegriffe. München: Bernard u. Graefe 1981. 110 S.
(Bernard u. Graefe aktuell. 19.) Bc 1886

Hoffmann, H.: Schwachstellen der NATO in der Verwirklichung des
Doppelbeschlusses. In: Europäische Wehrkunde. Jg. 30, 1981.
H. 8. S. 341-346. BZ 05144:30

Hoffmann, S.: NATO and nuclear weapons reasons and unreason. In:
Foreign affairs. Vol. 60, 1981/82. No. 2. S. 327-346. BZ 05149:60

Kahn, H. W.: Das Geheimnis einer "Geheimdiplomatie" gegen das
eigene Volk . Durch "Nach"rüstung zur Atommacht? In: Blätter
für deutsche und internationale Politik. Jg. 26, 1981. H. 8.
S. 911-927; H. 9. S. 1079-1095. BZ 4551:26

Kelleher, C. M.: The present as prologue. Europe and theater
nuclear modernization. In: International security. Vol. 5, 1981.
No. 4. S. 150-168. BZ 4433:5

Krause, C.: Atomwaffen in Europa. Gefahren und Wege zu mehr
Sicherheit. In: Die neue Gesellschaft. Jg. 28, 1981. Nr. 12.
S. 1115-1121. BZ 4572:28

Lautenschläger, K.: Theater nuclear forces and grey area weapons.
In: Naval War College Review. Vol. 32, 1980. No. 5. (281).
S. 13-22. BZ 4634:32

Lutz, D. S.: Weltkrieg wider Willen? Eine Kräftevergleichsanalyse
d. Nuklearwaffen in u. für Europa. Reinbek: Rowohlt 1981. 377 S.
(rororo aktuell. 4934.) B 44572

Makins, C. J.: TNF modernization and 'countervailing strategy'.
In: Survival. Vol. 23, 1981. No. 4. S. 157-164. BZ 4499:23

Megill, W. K.: The deployment of Pershing II to Europe - some implica-
tions. In: Military review. Vol. 60, 1980. No. 12. S. 58-66. BZ 4468:60

Müller, E.: Aspekte der Risikopolitik. Zur Ideologie der "Nach-
    rüstung" und ihren Paradoxien. In: Blätter für deutsche und inter-
    nationale Politik. Jg. 26, 1981. H. 10. S. 1184-1202.   BZ 4551:26
Nachrüsten? Dok. u. Positionen zum NATO-Doppelbeschluß. Hrsg.:
    A. Mechtersheimer. Reinbek: Rowohlt 1981. 279 S.
    (rororo aktuell. 4940.)   B 44564
Nachrüstung. Der Atomkrieg rückt näher. Hrsg.: W. Bittorf. Reinbek:
    Rowohlt Verl. 1981. 223 S.   B 44577
NATO. Brüssel und Raketen. Hrsg.: Inst. f. Internat. Beziehungen d.
    Akademie f.Staats.-u. Rechtswissensch. Berlin: Dietz 1980.
    79 S.   Bc 1827
Rasch, H.: Aufruf zum Widerstand. In: Blätter für deutsche und inter-
    nationale Politik. Jg. 26, 1981. H. 11. S. 1314-1322.   BZ 4551:26
Rattinger, H.: Strategieinterpretationen und Rüstungskontrollkon-
    zepte. Anmerkungen zum NATO-Doppelbeschluß. In: Aus Politik
    und Zeitgeschichte. 1981. B 28. S. 21-37.   BZ 05159:1981
Ruth, F.: Sicherheitspolitik der NATO: Abschreckung und Rüstungs-
    kontrolle. In: Europa-Archiv. Jg. 37, 1982. Folge 5.
    S. 135-144.   BZ 4452:37
Szczerbowski, Z.: Decyzje militarne NATO a perspektywy rokowań w
    sprawie redukcji zbrojeń strategicznych i eurostrategicznych.
    [Die militärischen Entscheidungen d. NATO u. die Aussichten auf
    Verhandlungen über die Beschränkung d. strategischen u. eurostrate-
    gischen Waffen.] In: Sprawy Miedzynarodowe. Rok 33, 1980.
    Zeszyt 2. S. 21-42.   BZ 4497:33
Vollmer, G.: Bredthauer, K. D.: Atomkrieg auf deutschem Boden?
    Atomwaffen, Bundeswehr und mögliche Alternativen deutscher
    Sicherheitspolitik. In: Blätter für deutsche und internationale
    Politik. Jg. 26, 1981. H. 11. S. 1293-1313.   BZ 4551:26
Wettig, G.: Die Sowjetunion und die eurostrategische Problematik.
    In: Politische Vierteljahresschrift. Jg. 21, 1980. H. 4.
    S. 346-362.   BZ 4501:21

3. Aussenpolitische Beziehungen

Alting von Geusau, F. A. M.: European Organisations and foreign
    relations of states. Leyden: Sythoff 1964. 265 S. (European
    aspects. No. 10.)   99379
Ball, M. M.: NATO and the European Union Movement. New York:
    Praeger 1959. XI, 486 S. (The Library of world affairs.
    Nr. 54.)   74866
Hanrieder, W. F.; Auton, G. P.: The foreign Policies of West
    Germany, France, and Britain. Englewood Cliffs: Prentice-Hall
    1980. XVIII, 314 S.   B 43577
Small Powers in alignment. By O. De-Raeymaeker. Leuven: Univ.
    Pr. 1974. 424 S. (Studies in international relations. 2.)   B 23178
Rasch, H.: NATO-Bündnis oder Neutralität? Plädoyer für eine neue

Außenpolitik. Köln: Pahl-Rugenstein 1981. 138 S.
(Kleine Bibliothek. 207.) Bc 2161
Rasch, H.: Politik mit dem Osten. Von der Abschreckung zum
  Frieden. Frankfurt: Fischer 1970. 206 S. (Fischer Bücherei
  1165.) B 4793
Strategy for the West. American - allied relations in transition.
  Ed.: R. B. Foster. New York: Crane, Russak 1974.
  XIV, 258 S. B 20532
Westeuropäische Verteidigungskooperation. Hrsg.: K. Carstens u.
  D. Mahncke. München: Oldenbourg 1972. 256 S. (Schriften des
  Forschungsinst. d. Dt. Ges. f. Auswärtige Politik. Bd 31.) B 5789
Wanke, W.: Die aussermilitärische Zusammenarbeit der NATO-
  Staaten. München: Europ. Wehrkunde 1958. 60 S. 72046(18)
Wohlstetter, A.: Nuclear sharing: NATO and the N+1 country.
  New York: Council on Foreign Affairs 1961. S. 355-387.
  Aus: Foreign affairs. 72051(3)

Afrika
Ostrowsky, J.: NATO-Politik in Afrika. In: Blätter für deutsche und
  internationale Politik. Jg. 23, 1978. H. 7. S. 793-804. BZ 3900:23
Parisot,: Valeur stratégique de l'Afrique pour l'O. T. A. N. In:
  Revue de défense nationale. N. S. Année 14, 1958. No. 3.
  S. 431-435. BZ 3055:14
Vedovato, G.: The importance of Africa for the security of the
  Atlantic area. In: The Atlantic Community quarterly. Vol. 17, 1979.
  No. 3. S. 264-270. BZ 05136:17
Vedovato, G.: I problemi posti alla NATO dalla penetrazione sovie-
  tica in Africa. In: Rivista di studi politici internazionale, Année
  46, 1979. No. 3. S. 389-395. BZ 4451:46
Angola
Thomas, T.: Angola, Südafrika und die NATO. In: Blätter für die
  deutsche und internationale Politik. Jg. 21, 1976. H. 2.
  S. 139-151. BZ 3900:21
Berlin
Rehm, W.: Westberlin und die NATO. Eine notwendige Klarstellung.
  In: Wehrforschung. Jg. 1974. H. 2. S. 51-54. BZ 4241:1974
Bundesrepublik Deutschland
Albrecht, U.: Zur Rolle der Bundesrepublik Deutschland in der NATO.
  In: Blätter für deutsche und internationale Politik. Jg. 25, 1980.
  H. 7. S. 808-821. BZ 4551:25
Armee gegen den Krieg. Wert und Wirkung der Bundeswehr. Hrsg.:
  W. Raven. Stuttgart: Seewald 1966. 328 S. 93874
Bathurst, M. E.; Simpson, J. L.: Germany and the North Atlantic
  Community. A legal survey. London: Stevens 1956. XI, 217 S. 79838
Basler, G.: Das Bündnis BRD-USA in der NATO. In: Deutsche
  Aussenpolitik. Jg. 23, 1978. H. 5. S. 103-113. BZ 3968:23
Baumann, G.: Die Bundesrepublik Deutschland als NATO-Partner.
  Frankfurt: Mittler 1966. 88 S. 95421

Baumann, G.: Die Bundesrepublik Deutschland als NATO-Partner.
In: Wehrwissenschaftliche Rundschau. Jg. 16, 1966. H. 3. S. 121-141;
H. 4. S. 208-217; H. 5. S. 266-277; H. 8. S. 421-442;
H. 9. S. 495-523. BZ 3044:16

Baumann, G.: Sicherheit. Dt. Friedenspolitik i. Bündnis. Darmstadt:
Fundus 1970. 560 S. B 4383

Berendsen, F.: Deutschland in der Atlantischen Gemeinschaft. In:
Aussenpolitik. Jg. 7, 1956. H. 11. S. 669-708. BZ 3035:7

Blomeyer, H.: Germany in NATO. In: The Western Alliance. 1965.
S. 89-106. 95269

Brandt, J.: Die Bundeswehr im Bündnis. In: Europäische Wehrkunde.
Jg. 28, 1979. Nr. 12. S. 599-604. BZ 05144:28

Charisius, A.: Die NATO und das agressive Programm des westdt.
Imperialismus. In: Deutsche Aussenpolitik. Jg. 12, 1967. H. 3.
S. 278-291. BZ 3968:12

Craig, G. A.: NATO and the new German army. In: Military Policy
and national security. 1956. S. 194-232. 89471

Dalma, A.: Deutschland als Problem der Atlantischen Allianz. In:
Wehrkunde. Jg. 11, 1962. H. 5. S. 233-242. BZ 3080:11

Ehmke, H.: SPD, Bundeswehr und NATO. In: Die neue Gesellschaft.
Jg. 27, 1980. Nr. 11. S. 959-963. BZ 4572:27

Falge, D.: Die Entscheidung über den Einsatz deutscher NATO-Streitkräfte. Würzburg 1967: Schmitt u. Meyer. XII, 122 S.
[Würzburg, Univ., Diss., 1970.] B 5970

Gérard, J.: L' Armée allemande et l' OTAN. In: Histoire de notre
temps. No. 1, 1967. S. 213-243. F 1513:1

Grünewald, G.: NATO, Bundeswehr und ein Anhang zur Kriegsdienstverweigerung. Köln: Horst 1975. 67 S. B 11014

Heusinger, A.: Die Bundesrepublik Deutschland, der 15. (NATO-)
Partner. In: Armee gegen den Krieg. 1966. S. 193-204. 93874

Istjagin, L. G.: [Kyr.] FRG [Federativnaja Respublika Germanii] i
NATO. [Die BRD u. die NATO]. Moskva: Izd. Inst. Mezdunarodnych
Otnosenij 1963. 109 S. 82069

Kelleher, C. M.: Germany and the politics of nuclear weapons.
New York: Columbia Univ. 1975. XIV, 372 S. B 25544

Klug, B.: Die strategische Lage der Bundesrepublik Deutschland
und der deutsche Verteidigungsbeitrag zur NATO. In: Truppenpraxis. 1957. H. 3. S. 83-84. BZ 3361:1957

Pariser Konferenzen. Gefährliche Täuschung. In: Der Spiegel.
Jg. 9, 1955. Nr. 21. S. 10-12. BZ 3027:9

Krasuki, J.: Niemiecka Republika Federalna w NATO i EWG
1955-1970. [Die BRD in NATO und EWG.] Poznán: Inst. Zachodni
1972. 323 S. (Studium niemcoznawcze Inst. Zachodniego. 20.) B 8486

Lider, J.: West Germany in NATO. Warszawa: Zachodnia Agencja
Prasowa 1965. 270 S. 93552

Lindner, H.: Der Kurs der westdeutschen Militaristen auf die Vorherrschaft in der NATO. Berlin: Dt. Mil. Verl. 1961. 91 S.
(Schriftenreihe z. Fragen d. Militärpolitik. H. 26.) F 1013:26

Mahncke, D.: Nukleare Mitwirkung. Die Bundesrepublik Deutschland
  i. d. Atlantischen Allianz. 1954-1970. Übers. a. d. Engl. Berlin:
  de Gruyter 1972.XIII, 274 S. (Beiträge z. auswärtigen u. inter-
  nationalen Politik. Bd 6.) B 8383
Mielnikow, D. E.: Niemcy Zachodnie a NATO. [Westdeutschland und
  die NATO.] In: Sprawy miedzynarodowe. Vol. 14, 1961. No. 7.
  S. 109-112. BZ 3476:14
Mutz, R.: Atlantische Abschreckung und europäische Entspannung:
  Kritische Analyse des Sicherheitskonzepts der SPD. In: Sicherheit
  u. Entspannung in Europa. 1977. S. 18-41. B 29278
NATO mit deutschen Augen. Bad Godesberg: Polit. Info. 1956. 22 S.
  (Schriftenreihe zur Wehrpolitik. H. 14.) F 911:14
NATO-Truppenstatut und Zusatzvereinbarungen. Ges. zum NATO-
  Truppenstatut u. zu d. Zusatzvereinbarungen... Textausg.
  München: Beck 1963. 304 S. 87869
Neumann, E. P.: Die Deutschen und die NATO. [Text dt. u. engl.]
  Allensbach: Verl. f. Demoskopie 1969. 67 S. 84227
Rasch, H.: NATO-Bündnis oder Neutralität? Plädoyer f. e. neue
  Außenpolitik. Köln: Pahl-Rugenstein 1981. 138 S.
  (Kleine Bibliothek. 207.) Bc 2161
Schulze, F.-J.: Bundeswehr im Bündnis. In: Ulrich de Maizière.
  Stationen eines Soldatenlebens. 1982. S. 33-58. B 45627
Thomas, S.: Die Remilitarisierung der BRD und die New-Yorker
  Außenministerkonferenz 1950. In: Zeitschrift für Geschichts-
  wissenschaft. Jg. 27, 1980. H. 10. S. 932-947. BZ 4510:28
Thomas, S.: Die Pariser Verträge 1955. In: Zeitschrift für Ge-
  Schichtswissenschaft. Jg. 29, 1981. H. 2. S. 99-115. BZ 4510:29
Dänemark
Adstofte, F.: Danmark og NATO. København: Forsvarets Oplysnings-
  Tjeneste 1973. 36 S. B 11929
Vort Forsvar. Orientering. Red. af N. L. Tholstrup og O. R. H. Jensen.
  [o. O.] Nyt Nordisk Forlag 1964. 424 S. B 8276
Fuglsang, V.: I skal hade og afsky krigen. København: Tiden 1978.
  35 S. Bc 2801
Haagerup, N. J.: Denmark and Danish defence in NATO. In: RUSI
  Vol. 120, 1975. No. 2. S. 24-29. BZ 3259:120
Hansen, P.: Staatsminister Poul Hansen über die Stellung Dänemarks
  in der NATO. In: Wehrkunde Jg. 5, 1956. H. 11. S. 581-584.BZ 3080:5
Karich, H.-D.: NATO-Partner Dänemark. In: Truppenpraxis.
  Jg. 1972. H. 4. S. 242-250. BZ 3361:1972
Kragh, E.: Kommentarer til et halvt arhundredes forsvarspolitik.
  København: Nordisk Forlag 1974. 99 S. B 25583
Mennel, R.: Die wehr- und militärgeographische Bedeutung Däne-
  marks, Islands und Norwegens für die europäische Nordflanke der
  NATO. In: Marine-Rundschau. Jg. 73, 1976. H. 1. S. 20-29.BZ 171:73
Oervik, N.; Haagerup, N. J.: The Scandinavian members of NATO.
  London: Inst. for Strategic Studies 1965. 14 S.
  (Adelphi Papers. 23.) F 1718:23

Dansk Sikkerhedspolitik gennem tyve ar. København: Vinten 1969.
287 S. B 8259

Entwicklungsländer,
Broekmeyer, M. W. J. M.: Developing countries and NATO. Leyden:
Sythoff 1963. 208 S. 90042

Europa
Beaufre, A.: (L'O. T. A. N. et l'Europe, [dt.]) Die NATO und Europa.
Stuttgart: Seewald 1967. 188 S. 95834

Beaufre, A.: L'O. T. A. N. et l'Europe. Paris: Calmann-Lévy 1966.
236 S. 94082

Conford, C.: Europäische Zusammenarbeit in der Rüstung. In:
Aussenpolitik. Jg. 30, 1979. Nr. 3. S. 323-330. BZ 4457:30

Frankreich
Aron, R.: Die NATO auf der Suche nach einer Verteidigungspolitik.
D. franz. Beitr. zur großen atlantischen Wehrdebatte. In: Wehrkunde. Jg. 11, 1962. H. 12. S. 629-636. BZ 3080:11

Carpentier, M.: La France et l'OTAN. In: Revue militaire générale.
1959. No. 10. S. 303-322. BZ 3322:1959

Chambost, G.: Frankreichs Verhältnis zur NATO ist gekennzeichnet
durch Widersprüchlichkeit. In: Internationale Wehrrevue.
Jg. 12, 1979. S. 526-530. BZ 05263:12

Dalma, A.: De Gaulle und die atlantische Integration. In: Wehrkunde.
Jg. 9, 1960. S. 493-500. BZ 3080:9

Fontaine, A.: Frankreich und die atlantische Allianz. In: EuropaArchiv, Jg. 29, 1974. H. 14. S. 479-486. BZ 426:29

France and NATO: an ambiguous relationship. In: Vikrant.
Vol. 9, 1979. No. 12. S. 31-37. BZ 05044:9

Frankreich und die NATO. Dokumente zur Krise der europäischen
Allianz. In: Europa-Archiv. Jg. 21, 1966. F. 9.
S. D 227-246. BZ 426:21

Goodman, E. R.: Betrachtungen zu de Gaulles NATO-Politik. In:
Österreichische militärische Zeitschrift. 1966. H. 5.
S. 365-369. BZ 3789:1966

Hamon, L.: Frankreich und die Allianz. In: Wehrkunde. Jg. 18, 1969.
H. 4. S. 182-186. BZ 3080:18

Hunt, K.: NATO without France: the military implications. London:
Inst. f. Strategic Studies 1966. 26 S. (Adelphi Papers. 32.) F 1718:32

Lazareff, S.: Le Statut des forces de l'O. T. A. N. et son application
en France. Paris: Pedone 1964. XII, 548 S. 89956

Rose, F. de: La France et la défense de l'Europe. Paris: Ed. du
Seuil 1976. 120 S. B 25331

Roustide, P.: La France et l'OTAN. In: Revue de défense nationale.
Année 20, 1964. No. 5. S. 802-815. BZ 3055:20

Schütze, W.: Die Politik de Gaulles und die erzwungene Neuordnung
der NATO. In: Europa-Archiv. Jg. 21, 1966. F. 9.
S. 313-324. BZ 426:21

Sirjacques, F.: Frankreich und die NATO. Frankfurt: Campus-Verl.
1979. 125 S. B 38049

Griechenland
Bonnart, F. : The situation in Greece and Turkey. In: NATO's fifteen
  nations. Vol. 23, 1979. No. 6. S. 28-32. BZ 4124:23
Couloumbis, T. A. : Greek political Reaction to NATO and Western
  orientation 1952-1963. Ann Arbor: Univ. Microfilms 1977.
  273 S. Washington: Univ. , Diss. 1964. B 29709
Greece, Spain and the Southern NATO-strategy. Hearings before the
  Subcommittee on Europe of the Committee on Foreign Affairs,
  House of Representatives... 1971. Washington: U. S. Governm. Pr.
  Off. 1971. VI, 581 S. B 19188
Manousakis, G. M. : Der Aus- und Wiedereintritt Griechenlands in die
  militärische Integration der NATO. In: Beiträge zur Konflikt-
  forschung. Jg. 11, 1981. Nr. 2. S. 19-32. BZ 4594:11
Manousakis, G. M. : Griechenland - USA und die NATO. In: Sicher-
  heitspolitik heute. Jg. 1974. H. 4. S. 586-615. BZ 4337:1974
Meinardus, R. : Griechenlands gestörtes Verhältnis zur NATO. In:
  Europa-Archiv. Jg. 37, 1982. Folge 4. S. 105-114. BZ 4452:37
Ruehl, L. : Die strategische Situation des Mittelmeerraumes u. d.
  Zustand der NATO-Südostflanke. In: Europäische Wehrkunde.
  Jg. 26, 1976. H. 8. S. 385-391. BZ 3080:25
Ruehl, L. : Der Zypern-Konflikt, die Weltmächte und die europäische
  Sicherheit. In: Europa-Archiv, Jg. 31, 1976. H. 1. S. 19-30. BZ 426:31
Schimansky-Geier, G. : Zur Bedeutung Griechenlands und der Türkei
  für die Südflanke der NATO. In: Militärgeschichte. Jg. 15, 1976.
  H. 5. S. 542-556. BZ 3743:15
Siapkaras, A. : The importance of Greece for NATO in South-East
  Europe and the Mediterranean. In: Revue militaire générale.
  1960. No. 1. S. 34-47. BZ 3322:1960
Grönland
Arnason, R. T. : Ireland, Greenland, and North Atlantic security.
  In: The Washington quarterly. Vol. 4, 1981. No. 2.
  S. 68-81. BZ 05351:4
Großbritannien
Beloff, M. : (New Dimensions in foreign policy, [dt.]) Neue Dimensio-
  nen in der Aussenpolitik. England, die NATO und Europa. Köln:
  Verl. Wiss. u. Pol. 1961. 318 S. 79228
Garnett, J. : BAOR and NATO. In: International affairs. Vol. 46, 1970.
  No. 4. S. 670-682. BZ 153:46
Healey, D. : Großbritannien und die NATO. In: Politische Studien.
  Jg. 20, 1969. H. 183. S. 11-16. BZ 3625:20
Moulton, J. L. : The British role in the defence of Western Europe.
  In: Brassey's annual. Vol. 80, 1969. S. 142-154. F 149:80
Shuckburgh, E. : Great Britain and Western Alliance. In: The
  Western Alliance. 1965. S. 123-144. 95269
Winter, M. : Grossbritannien, Europa und die NATO. In: Deutsche
  Aussenpolitik. Jg. 14, 1969. H. 2. S. 141-151. BZ 3968:14

Japan
Mikulin, A. : Japonsko v plánech USA a NATO. [Japan in den Plänen
der USA und NATO.] In: Historie a vojenství. R. 30, 1981.
No. 4. S. 139-166. BZ 4526:30
Island
Arnason, R. T. : Ireland, Greenland, and North Atlantic security. In:
The Washington quarterly. Vol. 4, 1981. No. 2. S. 68-81. BZ 05351:4
Groendal, B. : Iceland. From neutrality to NATO membership. Oslo:
Univ. Forlaget 1971. 105 S. (Scandia Books. No. 11.) B 6778
Mennel, R. : Die wehr- und militärgeographische Bedeutung Däne-
marks, Islands und Norwegens für die europäische Nordflanke
der NATO. In: Marine-Rundschau. Jg. 73, 1976. S. 20-29. BZ 171:73
Reiss, W. : Die Bedeutung Islands für die NATO. In: Marine-Rund-
schau. Jg. 69, 1972. H. 5. S. 279-291. BZ 171:69
Italien
Ardia, D. : Il Partito Socialista e il Patto Atlantico. Milano:
Angeli 1976. 296 S. B 28086
Niederlande
Snapper, F. : The Dutch Republic and the NATO. In: Revue militaire
génerale. 1961. No. 10. S. 587-601. BZ 3322:1961
Norwegen
Bakken, S. E. ; Markussen, J. A. ; Rosenberg, K. : Norske Redaktører
- voktere av enigheten. En rapport om listesak, Loran C og
partiske nyheter. Oslo: Ny Dag 1979. 132 S.
(Elan- bøkene. 52.) Bc 861
Burgess, P. M. : Norway, the North, and NATO: a study of authori-
tative elite perceptions as related to foreign policy. Ann Arbor:
Univ. Microfilms 1979. XII, 258 S. The American Univ. Diss. ,
1966. B 35507
Enholm, K. : Født bak lyset. 30 ar med NATO. Oslo: Pax 1979.
238 S. (Paxbøkene. 631.) B 36765
Enholm, K. : NATObasen Norge. Vart bidrag til atomopprustning og
kald krig 1959-72. Rev. og utvid. utg. Oslo: Pax Forl. 1973.
267 S. B 32159
Forhandslagring i Norge? Red. : M. Barth. 2. utv. utg. Oslo: Pax Forl.
1980. 224 S. (Paxbøkene. 701.) B 43161
Gjeseth, G. : Overføring av allierte styrker til Norge. Oslo: Norsk
utrikespolitisk institutt 1977. III, 137 S. (NUPI-rapport. 32.) Bc 0215
Gleditsch, N. P. ; Langer, A. : Navigasjonsstasjonene, Polaris-
ubatene og basepolitikken. Oslo: Pax 1977. 30 S.
(PRIO-publikasjon. P-76.) Bc 709
Haugan, A. : Die Verteidigung Norwegens. Der nördliche Aussen-
posten der NATO. In: Truppenpraxis. 1963. H. 3.
S. 167-171. BZ 3361:1963
Hauge, J. O. : Spionen som ble vekk. Oslo: Pax [um 1978]. 162 S. B 36755
Löser, J. : Militärische und politische Balanceakte an der Nordflanke
der NATO. In: Europäische Wehrkunde. Jg. 25, 1976.
H. 8. S. 392-393. BZ 3080:25

Loran C og Omega. Innstilling fra utvalget til undersøkelse av sakene
om etablering av Loran C og Omegastasjo-ner i Norge. Oslo:
Pax 1977. 131 S. (Pax-bøkene. 548.) B 36723
Mennel, R. : Die wehr- und militärgeographische Bedeutung Dänemarks, Islands und Norwegens für die europäische Nordflanke der
NATO. In: Marine-Rundschau. Jg. 73, 1976. H. 1.
S. 20-29. BZ 171:73
Et alliert Norge. Emner fra norsk historie etter 1945. Oslo: Univ.
Forlag. 1971. 146 S. (Etterkrigshistorie. 2.) F 1960:2
Norge i atomstrategien. Atompolitikk, alliansepolitikk, basepolitikk.
Oslo: Pax 1978. 228 S. (Pax-bøker. 572.) B 36806
Örvik, N.; Haagerup, N. J.: The Scandinavian Members of NATO.
London: Inst. for Strateg. Studies 1965. 14 S.
(Adelphi Papers 23.) F 1718:23
Skodovin, M.: Norden eller NATO? Utenriksdepartementet og alliansespørsmalt 1947-1949. Oslo: Univ. Forlag. 1971. 354 S. B 20702
Svendsen, P. C.: Allianse- og sikkerhetspolitikk i Europa etter andre
verdenskrig. Med hovedekt pa Norge. Oslo: Fabritius Forl. 1975.
57 S. B 12500

Ostsee
Feige, G.: Die Ostsee - Agressionsbasis der NATO oder Meer des
Friedens? Berlin: Verl. d. Minist. f. Nat. Verteidigung 1959. 112 S.
(Schriftenreihe z. Fragen d. Militärideologie und Militärpolitik.
H. 6.) F 1013:6

Persischer Golf
West, F. J.: NAZO II. Common boundaries for common interests.
In: Naval War College review. Vol. 34, 1981. No. 1. (283).
S. 59-67. BZ 4634:34

Portugal
Baumann, G.: Portugals Rolle im Atlantischen Bündnis. In: Wehrkunde. Jg. 24, 1975. H. 3. S. 122-128. BZ 3080:24
Bosgra, S. J.; Krimpen, C. van: Portugal and NATO. Amsterdam:
Angola Comité 1969. 48 S. 84264
Bosgra, S. J.; Krimpen, C. van: Portugal und die NATO. 3. erg. u.
überarb. Aufl. Übers. a. d. Holländ. Offenbach: Verl. 2000.
1973. 86 S. B 11475
Crollen, L.: Portugal, the U. S. and NATO. Leuven: Leuven Univ. Pr.
1973. 163 S. (Studies in international relations. 1.) B 22393
Hoelmann, H. H.: Die Bedeutung Portugals für die NATO. E. Unters.
a. wehrgeographischer Sicht. In: Europäische Wehrkunde.
Jg. 26, 1977. H. 8. S. 391-396. BZ 3080:26

Schweden
Gaustad, P. J.: Swedish neutrality: its impact on NATO. In:
Military review. Vol. 54, 1974. No. 4. S. 46-54. BZ 3131:54

Spanien
Basler, G.; Smettan, M.: NATO, EWG und Spanien. In: Deutsche
Aussenpolitik. Jg. 21, 1976. H. 8. S. 1181-1195. BZ 3968:21
Alvarez de Castro: Espana en la OTAN? Una alternativa para la

defensa nacional. Madrid: Manifesto Ed. 1978. 224 S. B 34721
La Espana que no pertenece a la OTAN. (Textos de la revista
"NATO's fifteen nations".) Madrid: SIE 1964. 42 S.
(Documentos politicos. 6.) 84123
Greece, Spain and the Southern NATO-strategy. Hearings before the
Subcommittee on Europe of the Committee on Foreign Affairs,
House of Representatives... 1971. Washington: U.S. Governm.
Pr. Off. 1971. VI, 581 S. B 19188
Hinterhoff, E.: Spain ana NATO. In: Military review. Vol. 51, 1971.
No. 3. S. 39-44. BZ 3131:51
Könitz, B.: Spanien und das westliche Verteidigungssystem. In:
Wehrkunde. Jg. 24, 1975. H. 4. S. 183-189. BZ 3080:24
Komorowski, R. A.: Spain and the defense of NATO. In: United
States Naval Institute. Proceedings. Vol. 102, 1976. No. 5.
S. 190-203. BZ 3261:102
Salas-López, F. de: Espana, la OTAN y los organismos militares
internacionales. Madrid: Ed. Nacional 1974. 337 S. B 23404
Sánchez-Gijón, A.: Spains doubts on the Atlantic journey. In: NATO's
fifteen nations. Vol. 24, 1979. No. 1. S. 61-66. BZ 05266:24
Sánchez-Gijón, A.: Espana en la OTAN. Madrid: Ed. Defensa 1978.
244 S. B 34707
Zea, A.: Should Spain join NATO? In: Naval war college review.
Vol. 32, 1979. No. 6. (276). S. 78-87. BZ 4634:32

Südafrika
Reith, W.: Die Bedeutung Südafrikas für die Verteidigung der westlichen Welt. In: Europäische Wehrkunde. Jg. 26, 1977. H. 6.
S. 275-280. BZ 3080:26

Südafrikanische Republik
Germann, W. N.: Südafrika - unwillkommener Partner der Allianz?
In: Wehrwissenschaftliche Rundschau. Jg. 28, 1979.
S. 1-8. BZ 05305:28
Thomas, T.: Angola, Südafrika und die NATO. In: Blätter für deutsche und internationale Politik. Jg. 21, 1976. H. 2.
S. 139-151. BZ 3900:21

Südeuropa
CSIA European security working group. Instability and change on
NATO's Southern flank. In: International security. Vol. 3, 1978/79.
No. 3. S. 150-177. BZ 4433:3
Ruehl, I.: Die Atlantische Allianz und die politische Stabilität in
Südeuropa. In: Sicherheitspolitik vor neuen Aufgaben. 1977.
S. 3-49. B 27776

Türkei
Ataoev, T.: (Amerika, NATO ve Türkiye, [russ.]) SŠA, NATO i
Turcija. [USA, NATO und die Türkei.] Moskva: Izd.-vo "Progress"
1973. 318 S. B 33620
Bonnart, F.: The situation in Greece and Turkey. In: NATO's fifteen
nations. Vol. 23, 1979. No. 6. S. 28-32. BZ 4124:23
Fischer, A. J.: Die Bedeutung der Türkei für die NATO.

In: Wehrkunde. Jg. 24, 1975. H. 8. S. 398-401. BZ 3080:24
Gürkan, I. : Die Türkei. Eckpfeiler der NATO im Südosten. In: Beiträge zur Konfliktforschung. Jg. 11, 1981. Nr. 1. S. 5-44. BZ 4594:11
Kelly, P. K. : Das Europa der Militärs. NATO-Interessen und polit. Unterdrückung in der Türkei. In: Neue Politik. Jg. 27, 1982.
Nr. 1. S. 44-50. BZ 4628:27
Ruehl, L. : Die strategische Situation des Mittelmeeraumes und der Zustand der NATO-Südostflanke. In: Europäische Wehrkunde.
Jg. 25, 1976. H. 8. S. 385-391. BZ 3080:25
Rustow, D. A. : Turkey's travails. In: Foreign affairs. Vol. 58, 1979.
No. 1. S. 88-102. BZ 05145:58
Schimansky-Geier, G. : Zur Bedeutung Griechenlands und der Türkei für die Südflanke der NATO. In: Militärgeschichte. Jg. 15, 1976.
H. 5. S. 542-556. BZ 3743:15
Váli, F. A. : The Turkish Straits on NATO. Stanford: Hoover Inst. Pr. 1972. XV, 348 S. (Hoover Institution Studies. 32.) B 17752
Zoppo, C. E. : La Turchia e la NATO. Una grossa crisi. In: Affari esteri. Anno 11, 1979. No. 44. S. 446-465. BZ 4373:11
UdSSR
Black, C. E. ; Yeager, F. J. : The USSR and NATO. In: NATO and American security. 1959. S. 37-64. 77529
Erhardt, C. A. : Moskau als Katalysator im Umwandlungsprozeß der NATO. In: Aussenpolitik. Jg. 19, 1968. H. 10. S. 581-593. BZ 3035:19
Jahn, E. H. : Schwächung und Auflösung der NATO als sowjetisches Propagandaziel. In: Revue militaire générale. 1965. No. 5.
S. 619-633. BZ 3322:1965
Schneider, F. -T. : Stratégie pour l'occident. Paris: Charles-Lavauzelle 1965. X, 214 S. 93462
[Kyr.] Zajavlenie Ministerstva Inostrannych Del SSSR o Severoatlanticeskom Pakte. [Erklärung d. Aussenministeriums d. UdSSR über d. Nordatlantikpakt.] Moskva: Ogiz Gospolitizdat 1949. 31 S. 67807(13)
USA
The Atlantic Alliance. Jackson Subcommittee Hearings and Findings.
Ed. : H. M. Jackson. New York: Praeger 1967. XV, 309 S. 97009
Basler, G. : Das Bündnis BRD - USA in der NATO. In: Deutsche Aussenpolitik. Jg. 23, 1978. H. 5. S. 103-113. BZ 3968:23
Beard, R. L. : U. S. NATO Policy: the challenge and the opportunity.
In: United States Naval Institute. Proceedings. Vol. 104, 1978.
Nr. 11. S. 52-61. BZ 3261:104
Bohlen, C. E. : The United States and NATO. Past, present and future.
In: Air university review. Vol. 18, 1967. No. 5. S. 29-35. BZ 3846:18
Calleo, D. : The Atlantic Fantasy. The U. S. , NATO and Europe.
Baltimore: John Hopkins Pr. 1970. X, 182 S. (Studies in international affairs. No. 13.) B 26896
Catlin, G. : Kissinger's Atlantic Charter. Gerrads Cross: Smythe 1974. 144 S. B 22981
Coffey, K. J. : Strategic Implications of the allvolunteer-force.
The convential defense of Central Europe.

Chapel Hill: Univ. of North Carolina Pr. 1979. 210 S.   B 41738
Dalma, A. : NATO-Politik in der Kennedy-Regierung. In: Wehrkunde.
    Jg. 10, 1961. H. 4. S. 165-168.   BZ 3080:10
Davison, M. S. : "Mit der 7. Armee muß in Europa gerechnet werden"
    Interv. m. d. Oberbefehlshaber der 7. US-Armee. In: Sicherheits-
    politik heute. Jg. 1975. H. 1. S. 55-64.   BZ 4337:1975
Gellner, J. : L' Amérique du Nord et l' OTAN. [Text: engl. u. franz.]
    Ottawa: Assemblé de l' Assoc. du Traité de l' Atlantique 1964.
    22, 20 S.   82256
Hoffmann, S. : Die amerikanische Politik und das atlantische Bündnis.
    In: Hoffmann, S. : Gulliver's troubles 1970. S. 422-495.   B 3338
Lawrence, R. D. ; Record, J. : U. S. Force Structure in NATO. An
    alternative. Washington: Brookings Inst. 1974. XI, 136 S.   B 22508
Melandri, P. : Les Etats-Unis et le "défi" européen. 1955-1958.
    Paris: PUF 1975. 220 S. (Publications de la Sorbonne.
    NS Recherches. 19.)   B 23406
Morse, J. : Die amerikanische Verteidigungspolitik und die NATO!
    In: Wehrkunde. Jg. 20, 1971. H. 3. S. 119-122.   BZ 3080:20
Paul, J. : Die USA und die Vorbereitung zur Gründung des NATO-
    Paktes 1948/49. In: Zeitschrift für Geschichtswissenschaft.
    Jg. 24, 1976. H. 7. S. 776-785.   BZ 3596:24
Perkins, G. W. : The United States and the Atlantic Alliance. In:
    Revue militaire générale. 1957. No. 7. S. 187-198.   BZ 3322:1957
Stanley, T. W. ; Whitt, D. M. : (Detente Diplomacy, [dt.]) Entspan-
    nungsdiplomatie. Baden-Baden: Nomos Verl. Ges. 1972. 215 S.
    (Schriftenreihe europäische Wirtschaft. Bd 55.)   B 17305
U. S. Forces in NATO. Hearings before the Committee on Foreign
    Affairs and its Subcommittee in Europe. 93. Congr. 1 st. sess.
    ... 1973. Washington: D. C. : US. Governm. Print. Off. 1973.
    VI, 440 S.   B 37893
The Vandenberg Resolution and the North Atlantic Treaty. With an
    introd. by R. D. Challener. Repr. New York: Garland 1979.
    XII, 387 S.   B 42116
Yochelson, J. N. : Le débat aux Etats-Unis sur la présence et l' enga-
    gement militaire en Europe. In: Politique étrangère. Année 36,
    1971. No. 1. S. 5-24.   BZ 196:36

Zypern
Baumann, G. : Die Zypernkrise als Bündnisproblem. In: Wehrkunde.
    Jg. 23, 1974. H. 10. S. 499-505.   BZ 3080:23
Kadritzke, N. ; Wagner, W. : Im Fadenkreuz der NATO. Ermittlungen
    am Beispiel Cypern. Berlin: Rotbuch Verl. 1976. 142 S.
    (Rotbuch. 147.)   F 1612:147
Windsor, P. : NATO and Cyprus crisis. London: Inst. for Strategic
    Studies 1964. 19 S. (Adelphi Papers. 14.)   F 1718:14

VII. Wehrwesen

1. Wehrpolitik

Studiengruppe Militärpolitik. - Ein Anti-Weissbuch. Materialien für eine alternative Militärpolitik. Reinbek: Rowohlt 1974.
166 S. (rororo aktuell. 1777.) B 20398

Aron, R.: Sowjetischer Hegemonismus, Jahr 1. In: Europäische Rundschau. Jg. 9, 1981. Nr. 1. S. 3-21. BZ 4615:9

Arzumanov, G. A.; Celysev, I. A.: [Kyr.] NATO-orudie imperialisticeskoj agressii. [Die NATO- Werkzeug der imperialistischen Aggression.] In: Vtoraja Mirovaja Vojna i sovremenost' 1972.
S. 317-332. B 16336

Baker, J. D.: Détente: myth and reality. In: Military review.
Jg. 57, 1977. Nr. 12. S. 41-50. B 3131:57

Behuncik, J. G.: Neutron weapons and the credebility of NATO defense. In: The journal of social and political studies.
Vol. 3, 1978. No. 1. S. 3-16. BZ 4670:3

Birnstiel, F.: Krieg oder Frieden in Europa? In: Aus Politik und Zeitgeschichte. 1981. B 3. S. 39-54. BZ 05159:1981

Bureau, J.-F.: La négociation eurostratégique et l'OTAN. In:
Défense nationale. Année 37, No. 7. S. 101-118. . BZ 4460:37

Canby, S.: Mutual force reductions: a military perspective. In:
International security. Vol. 2, 1978. No. 3. S. 122-135. BZ 4433:2

Canby, S.: Das militärische Problem der NATO aus neuer Sicht.
In: Europäische Wehrkunde. Jg. 28, 1979. H. 4.
S. 178-182. BZ 5144:28

Charisius, A.; Dobias, T.; Kozaczuk, W.: NATO - strategia e sily zbrojne 1949-1975. [NATO- Strategie und Streitkräfte.] Warszawa: Wydawn. Min. Obrony Narod 1977. 496 S. B 31387

Coffey, J. I.: Arms Control and European security. A guide to East-West negotiations. London: Chatto u. Windus 1977. 271 S. B 29351

Critchley, J.: A community policy for armaments. In: Vikrant.
Vol. 9, 1979. No. 11. S. 9-14. BZ 05044:9

Defense Politics of the Atlantic Alliance. Ed.: E. H-Fedder.
New York: Praeger 1980. XI, 187 S. B 44389

Dewey, A. E.: The nordic balance. In: Strategic review. Vol. 4, 1976.
No. 4. S. 49-60. BZ 05071:4

Ehmke, H.: SPD, Bundeswehr und NATO. In: Die neue Gesellschaft.
Jg. 27, 1980. Nr. 11. S. 959-963. BZ 4572:27

Eisenmann, P.: Militärstrafgesetz heute. In: Europäische Wehrkunde.
Jg. 28, 1979. Nr. 11. S. 560-566. BZ 05144:28

Gjeseth, G.: NATO forvaret i Tyskland, noen problemstillinger.
In: Norsk militaert tidsskrift. Arg. 148, 1978. H. 6.
S. 249-266. BZ 3931:148

Glazunov, N.: Strategiceskie koncepcii i razvitie vooruzennych sil Severoatlanticeskogo sojuza. [Die strategischen Konzeptionen

und die Entwicklung der Streitkräfte des Nordatlantikpaktes.] In:
Voenno-istorieskij Zurnal. God 20, 1978. No. 11.
S. 80-86. BZ 3485:1978

Kam, J. H. van der: Het gestandaardiseerde operatiebevel. In: De
militaire spectator. Jg. 123, 1954. No. 3. S. 95-105. BZ 547:123

Koeppl. B.: Rüstungsmanagement und Verteidigungsfähigkeit der
NATO. 2. Aufl. Straubing: Donau-Verl. 204 S. (Münchener Hochschulschriften. R. Staatswissenschaften. Bd 2.) B 41554

Koppe, K.: NATO -Beschluß - Afghanistan - und wie geht es weiter?
In: Die neue Gesellschaft. Jg. 27, 1980. Nr. 3. S. 254-258. BZ 4572:27

Krell, G.; Lutz, D. S.: Nuklearrüstung im Ost-West-Konflikt. Potentiale, Doktrinen, Rüstungssteuerung. Baden-Baden: Nomos-Verl.
Ges. 1980. 217 S. (Militär, Rüstung, Sicherheit. 5.) B 41444

Lutz, D. S.: Kriegsgefahr und Kriegsverhütung in den 80er Jahren.
In: Aus Politik und Zeitgeschichte. 1981. B 3. S. 23-38.
S. 23-38. BZ 05159:1981

Menaul, S. W. B.: The shifting theater nuclear balance in Europe.
In: Strategic review. Vol. 6, 1978. No. 4. S. 34-45. BZ 05071:6

Das Nachrichtennetz der NATO. In: Internationale Wehr-Revue.
Jg. 5, 1972. Nr. 4. S. 363-365. BZ 4111:5

NATO- Strategie und Streitkräfte. 2. erw. u. bearb. Aufl. Berlin:
Militär-Verl. d. DDR. 479 S. B 39987

Petrov, M. A.: [Kyr.] Bazy agressi. [Stützpunkte der Agression.]
Moskva: Voennoe Izd. Minist. Oborony SSSR 1963. 117 S. 87870

Rieger, W.: Stationierungsschädenrecht. [NATO-Truppenstatut.]
München: Beck 1963. XIII, 389 S. 87972

Roschlau, W.: Die Entwicklung der NATO-Streitkräfte unter dem Einfluß der modifizierten flexiblen Militärstrategie in den siebziger
Jahren. In: Militärgeschichte. Jg. 19, 1980. H. 2.
S. 157-168. BZ 4527:19

Rothenburg, A. Graf von: Der nukleare Aspekt in der Militärpolitik
der NATO. In: Wehrkunde. Jg. 21, 1972. H. 5. S. 225-230. BZ 3080:21

Roux, M.: L'Union de l'Europe Occidentale et la défense de l'Europe.
In: Défense nationale. Année 32, 1976. No. 3. S. 55-68. BZ 3055:32

Salas-Lopez, F. de: Espana, la OTAN y los organismos militares
internacionales. Madrid: Ed. Nacional 1974. 337 S. B 23404

Schlott, G.: Die NATO - Auflösung oder Reform? Opladen: Leske
1970. 115 S. (Analysen. 5.) B 5581

Schütze, W.: Les possibilités et les limites de la coopération ouesteuropéenne en matière d'armements. In: Politique étrangère.
Année 41, 1976. No. 3. S. 251-268. BZ 196:41

Walitschek, H.: Gesamtverteidigung - Landesverteidigung. In: Wehrwissenschaftl. Rundschau. Jg. 13, 1963. S. 385-395. BZ 3044:13

Wójcik, E.: Odprezenie a realia militarne NATO. [Die Entspannung
u. die militärischen Realitäten der NATO.] Warszawa: Wyd. Min.
Obrony Narod. 1979. 237 S. (ipo. Ideologia, polityka,
obronność.) B 42021

2. Streitkräfte

[Kyr.] Armii stran NATO. Voenno-politiceskij ocerk. [Die Armeen der NATO-Länder.] Red. A. M. Sevcenko. Moskva: Voenno Izdat. Minist. Obrony SSSR 1974. 258 S. B 21302

The Armies of NATO. Amstelveen: Perel 1980. 152 S. (NATO's fifteen nations. Special issue. No. 1, 1980.) Bc 0627

Brancato, E. : Rapporti di forze tra il Patto Atlantico e il Patto di Varsavia. In: Affari esteri. Anno 12, 1980. No. 45. S. 63-78. BZ 4373:12

Cotter, D. R. : Europäische Nuklearstreitkräfte der NATO. Ein umfassendes militärisches Konzept. In: Europäische Wehrkunde. Jg. 30, 1981. H. 7. S. 298-303. BZ 05144:30

Douglass, J. D. : Die Modernisierung der NATO-Nuklearstreitkräfte in Europa. In: Europäische Wehrkunde. Jg. 28, 1979. Nr. 12. S. 609-614. BZ 05144:28

Flume, W. : Das Kräfteverhältnis NATO - Warschauer Pakt. In: Wehrtechnik. 1981. Nr. 9. S. 20-32. BZ 05258:1981

Goldman, N. L. : Women in NATO armed forces. In: Military review. Vol. 54, 1974. No. 10. S. 72-81. BZ 3131:54

Grossmann, O. : Aufenthaltsrecht und Rechtsstellung der ausländischen Streitkräfte in Deutschland unter bes. Würdigung d. Rechtslage d. französischen Truppen. [o. O.] [um 1971]. XXX, 179 S. [Würzburg, Univ. Diss. , 1971.] B 20856

Hunt, K. : Die konventionellen NATO-Streitkräfte. Alternativen ihres strukturellen Aufbaus. In: Wehrwissenschaftliche Rundschau. Jg. 29, 1980. Nr. 1. S. 1-6. BZ 05305:29

Kershaw, A. : Alliierte Truppen. NATO-Streitkräfte. In: Der Stand der europäischen Sicherheit. 1962. S. 93-115. 86665

Militaire Krachtsverhoudingen. 's-Gravenhage: Nederlands Instituut voor Vredesvraagstukken 1978. 77 S. (NIVV-reeks. 18.) Bc 1729

Lazareff, S. : Status of military forces under current international law. Leyden: Sijthoff 1971. XIV, 458 S. B 7170

Lutz, D. S. : Weltkrieg wider Willen? Eine Kräftevergleichsanalyse der Nuklearwaffen in und für Europa. Reinbek: Rowohlt 1981. 377 S. (rororo 4934.) B 44572

Die NATO und der Warschauer Pakt. Ein Kräftevergleich. In: Information für die Truppe. 1971. H. 3. S. 267-292. BZ 3323:1971

NATO und Warschauer Pakt. Vergleichende Analyse d. Strukturen u. d. Organisationen. In: Information für die Truppe. 1974. H. 11. S. 19-24. BZ 3323:1974

Perret-Gentil, J. : Die Koordinierung der Atlantikpakt-Streitkräfte. In: Wehrkunde. Jg. 5, 1956. H. 9. S. 449-452. BZ 3080:5

Pfeill, H. : NATO-Uniforms. Uniformes de l' OTAN. NATO-Uniformen. Bad Godesberg: Hohwacht Verl. 1962. 77 S. 80649

Pickert, H. : Das militärische Kräfteverhältnis NATO-Warschauer Pakt. In: Soldat und Technik. Jg. 23, 1980. S. 175-183. BZ 05175:23

Rott, W. : Die Frauenkorps in den Streitkräften der NATO-Staaten.

In: Bundeswehrverwaltung. Jg. 20, 1976. H. 6. S. 125-129. BZ 3390:20
Slessor, Sir J. : Command and control of allied nuclear forces.
A British view. London: Inst. f. Strategic Studies 1965. 10 S.
(Adelphi Papers. 22.) F 1718:22
Steuer, S. : Die Abzeichen der NATO-Stäbe. In: Information für die
Truppe. 1963. Nr. 4. S. 267-276. BZ 3323:1963
Steuer, S. : Die Streitkräfte der NATO-Länder. München: Lehmann
1956. 115 S. 71431
Strauss, J. : Die Ausübung der Strafgerichtsbarkeit nach dem Vertrag über die Regelung der NATO-Truppen. In: Wehrwissenschaftl.
Rundschau. Jg. 8, 1958. H. 8. S. 452-458. BZ 3044:8
Streitkräfte. Soldaten der ersten Tage. In: Der Spiegel. Jg. 8, 1954.
S. 16-22. BZ 3027:8
Uniforms of NATO. Washington: Off. of Armed Forces Inf. a. Educ. ,
Dept. of Defense. [um 1952]. 38 S. 71601(24)

NATO-AMF
Baldermann, M. : Fünf Jahre deutscher Sanitätsdienst in den Allied
Mobile Forces (AMF). In: Truppenpraxis. 1970. H. 6.
S. 415-419. BZ 3361:1970
Braisby, J. :The Ace Mobile Force. Readiness, rationalization,
reinforcement. In: NATO's fifteen nations. Jg. 22, 1978. No. 6.
S. 82-88. BZ 4124:22
Buchanan, K. C. : AFM - the Ace Mobile Force. In: NATO's fifteen
nations. Vol. 15, 1970. No. 1. S. 49-56. BZ 4124:15
Furlong, R. D. M. : Die Mobile Kampftruppe des Alliierten Oberkommandos Europa. In: Internationale Wehr-Revue. Jg. 4, 1971.
Nr. 1. S. 46-49. BZ 4111:4
Hodder, J. S. : Die beweglichen Eingreifverbände der NATO. In:
NATO-Brief. 1964. Nr. 9. S. 11-19. BZ 3499:1964
Lippe, W. : AMF (Allied Mobile Force) - Die Feuerwehr des Nordatlantischen Bündnisses. Manöver zwischen Nordkap und
Schwarzem Meer. In: Jahrbuch des Heeres. Jg. 2. 1969.
S. 44-47. F 0159:2
Schroll Nielsen, F. : AMF - NATO's krisestyrke. København:
Forsvarets Oplysnings- og Velfaerdstjeneste 1981. 38 S. Bc 2431

NATO-MLF
Baumann, G. : Multilaterale Streitmacht und Partnerschaft. In:
Wehrkunde. Jg. 13, 1964. Nr. 3. S. 113-119. BZ 3080:13
Bouchière, J. : Les forces nucléaires de l'OTAN. In: Revue de
défense nationale. Année 20, 1964. No. 1. S. 107-113. BZ 3055:20
Brzezinski, Z. : Der Osten und die Multilaterale Flotte. In: Wehrkunde. Jg. 13, 1964. H. 11. S. 566-571. BZ 3080:13
Buchan, A. : The Multilateral Force: An historical perspective.
London: Inst. for Strategic Studies 1964. 14 S.
(Adelphi Papers. 13.) F 1718:13
Cotten, J. H. : Die multilaterale Atomstreitmacht. In: Wehrkunde.

Jg. 13, 1964. H. 5. S. 229-234. BZ 3080:13
Giese, F. E. : Die "Multilaterale" marinetechnisch gesehen. In:
  Wehr und Wirtschaft. Jg. 8, 1964. Nr. 11. S. 488-490. BZ 3326:8
Hinterhoff, E. : MLF oder ANF - zum Problem der gemeinsamen
  Streitmacht. In: Aussenpolitik. Jg. 16, 1965. H. 3.
  S. 181-191. BZ 3035:16
Kenny, E. T. : M[ulti-] L[ateral] Force: the new NATO sword? In:
  U. S. Naval Institute. Proceedings. Vol. 90. 1964. No. 2.
  S. 24-35. BZ 3261:90
Knorr, K. : Eine NATO-Nuklearstreitmacht. Das Problem der politischen Kontrolle. In: Europa-Archiv. Jg. 18, 1963. F. 6.
  S. 199-210. BZ 426:18
Ludovico, D. : Forza multilaterale ed Europa Unita. In: Revista
  aeronautica. Anno 41, 1965. No. 10. S. 1365-1386. BZ 3153:41
Mahncke, D. : Nukleare Mitwirkung. Die Bundesrepublik Deutschland i. d. Atlantischen Allianz. Übers. a. d. engl. Berlin: De Gruyter
  1972. XIII, 274 S. (Beiträge zur auswärtigen und internationalen
  Politik. Bd 6.) B 8383
Polin, C. : La force multilaterale. In: Revue militaire d'information
  1964. No. 365. S. 14-19. BZ 3262:1964
Puzin, L. N. ; Balancuk, M. A. :[Kyr.] Mezgosudastvennye Svjazi
  stran NATO. Voenno- ekonomiceskij aspekt. [Die zwischenstaatlichen Beziehungen der Länder der NATO. Militär. -ökonom.
  Aspekt.] Moskva: Mezdunarodye otnoesenija 1979. 253 S. B 36327
Rufino, R. : La forza multilaterale e il problema nucleare della
  NATO. In: Rivista militare. Anno 21, 1965. No. 3.
  S. 405-419. BZ 3132:21
Ruge, F. : MLF: a German point of view. In: U. S. Naval Intitute.
  Proceedings. Vol. 92, 1966. No. 9. S. 42-51. BZ 3261:92
Truchet, D. : Le Projet de Force de Frappe multilaterale. Paris:
  PUF 1974. 74 S. (Travaux et recherches de l'Université de
  Droit d'Economie. No. 1.) B 10627
Wildemann, R. : Perspektiven einer multilateralen NATO-Atomstreitmacht. In: Wehrkunde. Jg. 12, 1963. H. 4. S. 186-191. BZ 3080:12

3. Organisation

Anschriften sämtlicher NATO-Stellen. In: Taschenbuch der NATO.
  1, 1959/60. 1959. S. 45-60. F 1042:1
Aufbau und Gliederung der NATO. In: Militärwesen. Jg. 1, 1957.
  Nr. 2/3. S. 131-141. BZ 3370:1
Eible, R. : Zusammenarbeit und Geist in einem integrierten NATO-
  Stab. In: Wehrkunde. Jg. 12, 1963. Nr. 3. S. 139-144. BZ 3080:12
Eliot, G. F. : Military organization under the Atlantic Pact. In:
  Foreign affairs. Vol. 27, 1949. No. 4. S. 640-650. BZ 94:27
Die wichtigsten Führungs- und Befehlsbehörden der NATO. In: Wehrkunde. Jg. 4, 1955. H. 9. S. 400-402. BZ 3080:4

Geyer, R.; Garder, M.: Sicherheit trotz Entspannung. 2. Aufl.
   München: Kopernikus Verl. 1975. 88 S.   B 11833
Gruenther, A. M.: Die Verteidigung Europas. Der heutige Stand der
   Org. d. Nord-Atlantik-Paktes. In: Wehrwissenschaftliche Rundschau. Jg. 3, 1953. H. 8. S. 370-374.   BZ 3044:3
Heitsch, G.: Zum Eindringen der Bundeswehrgeneralität in die
   militärische Führungsorganisation der NATO. In: Zeitschrift für
   Militärgeschichte. Jg. 8, 1969. S. 217-224.   BZ 3743:8
Heitsch, G.: Zur Spitzenstruktur der NATO. In: Militärgeschichte.
   Jg. 12, 1973. H. 4. S. 449-460.   BZ 3743:12
Kennet: Die Flottenkommandos der NATO. In: NATO-Brief. 1964.
   Nr. 4. S. 6-10.   BZ 3499:1964
La Vallée Poussin, C. de: Die alliierten Kommandobereiche. In:
   Stand der europäischen Sicherheit. 1962. S. 116-129.   86665
Die integrierte Militärorganisation der NATO. In: Harfs, H.: Zusammenschlüsse und Pakte der Welt. 10. neubearb. Aufl. 1972.
   S. 4-6.   06343
Die NATO. In: NATO - CENTO - OAS. 1964. S. 366-372.   92027
Die Organisation des Nordatlantikvertrages. 2. Ausg. Bonn: Presseu. Inf. Amt d. Bundesregierung. 1957. 78 S.   77964
Die Organisation des Nordatlantikvertrages. NATO. 5. Ausg.
   Paris: NATO 1958. 103 S.   B 23987
Die Organisation des Nordatlantikvertrages. NATO. Das NATO-
   Handbuch. 6. Ausg. Paris: NATO 1959. 103 S.   72034(3)
Roth, H.: The organizational crisis in NATO. In: The militarytechnical revolution. 1966. S. 114-128.   98318
Servais,: Quelques réflexions sur les Commandements et Etats-
   Majors interalliées. In: Revue militaire générale. 1956. No. 1.
   S. 68-80.   BZ 3322:1956
Solarek, G.: Aus dem Dienst in einem integrierten NATO-Stab.
   In: Truppenpraxis. 1964. H. 4. S. 246-249.   BZ 3361:1964
The System of command established within the North Atlantic Treaty
   Organization. In: Brassey's annual. 62, 1951. S. 442-450. F 149:62

Military Committee/Militärausschuss

Jenner, P.: Der NATO-Militärausschuss in Brüssel. In: NATO
   Brief. 1968. H. 5. S. 8-10.   BZ 3499:1968
Weste, H.-J.: 30 Jahre Militärausschuss der NATO. In: Europäische
   Wehrkunde. Jg. 28, 1979. H. 5. S. 236-242.   BZ 05144:28

AGARD

Karman, T. von: NATO brain bank. In: Air Force. Vol. 37, 1954.
   No. 5. S. 60-64.   BZ 3062:37

SACEUR

Jackson, Das Oberkommando der NATO in Europa. Geschichte,
   Spitzenorganisationen und Gliederung. In: Militärpolitisches
   Forum. Jg. 2, 1953. No. 6. S. 28-31.   BZ 3047:2

Suikat, H.: SACEUR als Seebefehlshaber. [Supreme Allied Commander Europe.] In: Truppenpraxis. 1974. H. 1.
S. 64-68. BZ 3361:1974

ACE
The Royal Air Force and Allied Command Europe. In: NATO's fifteen nations. Vol. 16, 1971. No. 5. S. 50-56. BZ 4124:16

AFCENT
Dodd, N. L.: Europa Mitte: lebenswichtiger Abschnitt der NATO. In: Wehrkunde. Jg. 23, 1974. H. 12. S. 617-621. BZ 3080:23

AFNORTH
Meehan, J. F.: AFNORTH - NATO's assailable flank? In: Military review. Vol. 55, 1975. No. 1. S. 3-10. BZ 3131:55
Schroeter, H. von: The Allied Command Naval Forces Baltic Approaches. In: NATO's fifteen nations. Vol. 23, 1978. Special issue. S. 36-39. BZ 4124:23

AFSOUTH
Mountbatten, L.: Allied naval and air commands in the Mediterranean. In: Military Review. Vol. 36, 1956. No. 3. S. 75-86. BZ 3131:36
Seitz, J. F. R.: AFSOUTH in NATO. In: The official army information digest. Vol. 17, 1962. No. 10. S. 40-63. BZ 3260:17
Weller, J.: Good news from AFSOUTH. In: Marine Corps Gazette. Vol. 48, 1964. No. 1. S. 20-26. BZ 3298:48

CAFBA
Guben, G.: Fünf Jahre NATO-Kommando Ostseezugänge. In: Atlantische Welt, Jg. 6, 1966. H. 7. S. 1-3. BZ 3640:6
Das NATO-Kommando der Ostseeausgänge. In: Soldat und Technik. Jg. 6, 1963. H. 10. S. 545-547. BZ 3387:6

CENTAG
Gebel, W.: CENTAG. Ein Beispiel für die Wirksamkeit der Integration, In: Truppenpraxis. Jg. 21, 1977. H. 9. S. 665-670. BZ 3361:21
Gebel, W.: CENTAG, Southern Germany's defender. In: NATO's fifteen nations. Vol. 19, 1974. No. 5. S. 55-61. BZ 4124:19
Hicks, H. W.: CENTAG, triumvirate of defense. In: NATO's fifteen nations. Vol. 21, 1976. No. 5. S. 64-73. BZ 4124:21

NORTHAG
Northern Army Group. Four nations, one aim. In: NATO's fifteen nations. Vol. 20, 1975. No. 3. S. 33-41. B 4124:20
Mors, R.: Hauptquartier NORTHAG. Ein integrierter Stab. In: Truppenpraxis. 1975. H. 8. S. 550-554. BZ 3361:1975

SHAPE

Cross, L. L.: SHAPE - bulwark of the free world. In: Army information digest. Vol. 11, 1956. No. 3. S. 26-32. BZ 3260:11

Evans, P. J.: A progress report on SHAPE, technical centre. In: NATO's fifteen nations. Vol. 22, 1977. No. 3. S. 73-81. BZ 4124:22

Gruenther, A. M.: Un expérience d'intégration interalliée: SHAPE. In: Revue de défense nationale. N. S. Année 9, 1953. S. 651-658. BZ 3055:9

Heyns, T. L.: The NATO school. (SHAPE.) In: NATO's fifteen nations. Vol. 22, 1976. No. 3. S. 49-57. BZ 4124:22

Highlights on a briefing on SHAPE and Allied Command Europe. Brüssel: Supreme Headquarters Allied Powers Europe 1967. 7 S. 04398

Hodder, J. S.: NATO-Generale auf der Schulbank. Sprachunterricht bei SHAPE. In: Die Reserve. Jg. 3, 1962. Nr. 4. S. 50-52. BZ 3765:3

Madre, J. de: Fünfzehn Jahre SHAPE in Rocquencourt. In: NATO-Brief. 1967. Nr. 4. S. 17-23. BZ 3799:1967

Meyer, G.: Aufgaben des integrierten Offiziers bei SHAPE. In: Truppenpraxis. 1964. H. 4. S. 250-252. BZ 3361:1964

Protokoll über die Rechtsstellung der ... NATO-Hauptquartiere vom 28. 8. 1952. In: Verträge der Bundesrepublik Deutschland. Ser. A. Bd 36, 1971. S. 201-298. F 747:A-36

Sawyer, R. K.: SHAPE. Bulwark of defense. A lesson in cooperation. In: Revue militaire générale. 1971. No. 7. S. 145-167. BZ 3322:1971

Sawyer, R. K.: SHAPE, bulwark of defense. Lessons. In: NATO's fifteen nations. Vol. 16, 1971. No. 1. S. 49-65. BZ 4124:16

Schwerdtfeger, M. R.: Bericht über SHAPE. In: Truppenpraxis. 1957. H. 4. S. 125-128. BZ 3361:1957

Schwerdtfeger, M. R.: Hauptquartier Paris. In: Jahrbuch der Bundeswehr. Jg. 1, 1958. S. 23-28. F 951:1

Schuyler, C. V. R.: SHAPE - realities and prospects. In: Revue militaire générale. 1957. No. 6. S. 16-25. BZ 3322:1957

SACLANT

SACLANT's 20 th Anniversary. In: NATO's fifteen nations. Vol. 17, 1972. No. 1. S. 11-81. BZ 4124:17

Holmes, E. P.: NATO from a SACLANT viewpoint. In: Brassey's annual. 82, 1971. S. 11-25. F 149:82

Kamp, A. M.: Allied Command Atlantic. In: The official army information digest. Vol. 17, 1962. No. 10. S. 64-68. BZ 3260:17

Pergent, J.: Les forces alliées en Europe. Deuxième rapport d'activité du Commandant Supreme Atlantique. In: Allgemeine schweizerische Militärzeitschrift. Jg. 120, 1954. H. 1. S. 24-32. BZ 2899:120

Wyman, P. A.: SACLANT [Supreme Allied Commander Atlantic] NATO's Atlantic partner. In: Military review. Vol. 36, 1956. No. 7. S. 39-45. BZ 3131:36

CINCHAN
Frolov, A. : Glavnoe komandovanie NATO v zone proliva La-Mans.
 [Das Oberkommando der NATO in der Kanalzone.] In: Zarubeznoe
 voennoe obozrenie. God 1981, No. 6. S. 59-65. BZ 05399:1981
Leach, H. : NATO's channel command. In: NATO's fifteen nations.
 Vol. 23, 1978. Special issue. S. 30-34. BZ 4124:23
Leach, H. : The Channel command. Jugular vein of the NATO. In:
 NATO's fifteen nations. Vol. 23, 1978. No. 5. S. 38-44. BZ 4124:23

NATO-Defense-College / NATO-Verteidigungsakademie
Beringer, W. : The NATO Defense College. In: The Royal Air Force
 Quarterly. Vol. 4, 1964. No. 2. S. 113-118. BZ 3605:4
Byers, C. E. : The NATO Defense College. In: Revue militaire
 générale. 1956. No. 1. S. 61-66. BZ 3322:1956
Fuerst, R. E. : NATO's Defense College - Paris round table. In: Air
 Force. Vol. 42, 1959. S. 99-103. BZ 3062:42
Inauguration du Collège de Défense Interallié. In: Revue de défense
 nationale. N. S. Année 7, 1951. No. 12. S. 537-539. BZ 3055:7
Honeybourne, C. T. : The NATO Defence College. In: Journal of the
 Royal United Service Institution. Vol. 107, 1962. No. 625.
 S. 57-60. BZ 3259:107
Lemonnier, A. -G. : Deux ans de Collège NATO. In: Revue de défense
 nationale. N. S. Année 10, 1954. S. 515-527. BZ 3055:10
Pergent, J. : L'oganisation de l'occident et le Collège de Défense
 du NATO'. In: Schweizerische Militärzeitschrift. Jg. 118, 1952.
 S. 888-894. BZ 2899:118
Radway, L. I. : NATO's Defense College. In: Changing patterns of
 military politics. 1962. S. 101-120. 86963
Schultz-Naumann, J. : Die Arbeit im NATO Defense College. In:
 Wehrkunde. Jg. 5, 1956. H. 10. S. 493-496. BZ 3080:5
Schultz-Naumann, J. : Die NATO-Akademie. In: Allgemeine schweize-
 rische Militärzeitschrift. Jg. 23, 1957. S. 217-224. BZ 2899:123
Schultz-Naumann, J. : Das NATO-Defense-College. Entstehung und
 Unterstellung. In: Aussenpolitik. Jg. 8, 1957. H. 2.
 S. 112-117. BZ 3055:8
Stillman, R. J. : NATO Defense College. In: Military Review. Vol. 44,
 1964. No. 1. S. 32-41. BZ 3131:44

International Staff / Generalsekretariat
Jordan, R. S. : The NATO International Staff/Secretariat 1952-1957.
 A study in international administration. London: Oxford Univ. Pr.
 1967. X, 307 S. 96873
Stikker, D. U. : The role of the Secretary General of NATO. In: The
 Western Alliance. 1965. S. 3-38. 95269
Stikker, D. U. : The role of the Secretary General of NATO. In:
 International Spectator. Jg. 19, 1965. No. 7. S. 668-684. BZ 3856:19

Nuclear Planning Group
Magnino, L. : Il Nuclear Planning Group. In: Rivista militare.
Année 100, 1977. No. 6. S. 24-30.   BZ 3132:100

4. Militärdoktrin/ Strategie

a. Monographien

Afheldt, H. : Verteidigung und Frieden. Politik mit militärischen
  Mitteln. München: Hanser 1976. 345 S.   B 27073
Afrika und die Verteidigung des Westens. Paris: Le Monde moderne
  1975. 152 S.   B 24505
The Alliance and Europe. P. 1. 2. London: Inst. for Strat. Studies
  1973. 35, 42 S. (Adelphi Papers. 96. 98.)   F 1718:96/98
Alliance Policy in the cold war. Ed. : A. Wolfers. Baltimore: The
  John Hopkins Pr. 1959. IX, 314 S.   74704
Andrén, N. : Internationell Utveckling och svensk försvarsdoktrin.
  Stockholm: Folk on Försvar 1978. 147 S.   Bc 1216
Aron, R. : Les Guerres en chaine. 14. éd. Paris: Gallimard 1951.
  502 S.   88331
Aron, R. : (Le grand débat, [dt.]) Einführung in die Atomstrategie.
  Köln: Kiepenheuer u. Witsch 1964. 274 S.   90431
Aumueller, F. : Kriegsbasis Westdeutschland. Berlin: Verl. d. Minist.
  f. Nat. Verteidigung 1957. 106 S. (Ministerium für Nationale
  Verteidigung. [25]).   F 916:25
Beaton, L.: The Western Alliance and the McNamara Doctrine. London:
  Inst. for Strategic Studies 1964. 12 S. (Adelphi Papers. 11.) F 1718:11
Beauvallet, J. : La Défense et la paix. Réflexions sur les problèmes
  de défense. Paris:Éd. Média 1976. 304 S.   B 28715
Billotte, P. : (Le Temps du choix, [dt.]) Noch ist es Zeit! Kritik und
  Vorschläge zur Verteidigung d. Westens. Baden-Baden: Verl. f.
  Kunst u. Wiss. 1951. 275 S.   67806(20)
Buchan, A. ; Windsor, P. : Arms and stability in Europe. A report.
  New York: Praeger 1963. X, 236 S. (Studies in international
  security. 6.)   88723
Buchan, A. ; Windsor, P. : (Arms and stability in Europe, [dt.])
  Eine Strategie für Europa. Frankfurt: Metzner 1963. 224 S.   88287
Buzzard, A. : The Possibilities of conventional defence. London: Inst.
  for Strategic Studies 1963. 16 S. (Adelphi Papers. 6.)   F 1718:6
Canby, S. : Military Doctrine and technology. London: The Internat.
  Inst. for Strategic Studies 1974. 42 S. (The Alliance and Europe.
  P. 4.) (Adelphi Papers. 109.)   F 1718:109
The new Atlantic Challenge. Ed. : R. Mayne. London: Knight 1975.
  376 S.   B 22477
Close, R.: L'Europe sans défense? 48 heures qui pourraient changer
  la face du monde. Brussels: Ed. Arts u. Voyages 1976. 359 S. B 28264

Close, R.: (L'Europe sans défense? [dt.]) Europa ohne Verteidigung?
48 Stunden, die das Gesicht der Welt verändern. Bad Honnef:
Osang 1977. 322 S. B 28263
Collins, J. M.; Cordesman, A. H.: Imbalance of power. An analysis
of shifting U. S.-Soviet military strengths? San Rafael:
Presidio Pr. 1978. XXXV, 316 S. B 40582
The Control of western strategy. London: Inst. f. Strategic Studies
1963. 20 S. (Adelphi Papers. 3.) F 1718:3
Cordier, S. S.: Britain and the defense of Western Europe in the 1970s.
New York: Exposition Pr. 1973. 101 S. B 20281
Cottrell, A. J.; Dougherty, J. E.: The politics of the Atlantic
Alliance. New York: Praeger 1964. 264 S. B 31031
The Defence of western Europe. London: Inst. f. Strategic Studies
1963. 17 S. (Adelphi Papers. 4.) F 1718:4
The Defence of western Europe. Papers pres. at the National
Defence Coll., Latimer in Sept. 1972. Ed.: J. C. Garnett. London:
Macmillan 1974. IX, 134 S. B 20974
(Defence in the Cold War, [dt.]) Verteidigung im Kalten Krieg. Ber.
e. Studiengr. d. Chatham House. Konstanz: Europa-Verl. 1951.
154 S. 67805
La Défense. Bernard de Boishéraud. Paris: Larousse 1976.
127 S. (Encyclopoche Larousse. 3.) B 27609
Delmas, C.: Problèmes de la défense de l'Europe occidentale.
Heule: Ed. UGA 1966. 143 S. (Centre International d'Études et
de Recherches Européennes. Cours 1966.) B 22932
Beyond nuclear Deterrence. New aims, new arms. Ed.: J. J. Holst.
New York: Crane, Russak 1978. XIV, 314 S. B 34913
Dormann, M.: Demokratische Militärpolitik. Die alliierte Militär-
strategie als Thema deutscher Politik. Freiburg: Rombach 1970.
296 S. (Sozialwissenschaft in Theorie und Praxis. Bd 11.) B 3340
Duignan, P.; Gann, L. H.: The Middle East and North Africa. The
challenge to Western security. Stanford: Hoover Inst. Pr. 1981.
141 S. B 44067
Dzirkals, L. I.; Kellen, K.; Mendershausen, H.: Military operations
in built-up areas: essays on some past, present and future aspects.
Santa Monica: Rand 1976. X, 102 S. 09244
Falge, D.: Die Entscheidung über den Einsatz deutscher NATO-
Streitkräfte. Würzburg 1967: Schmitt u. Meyer. XII, 122 S.
[Univ. Würzburg, Diss., 1970.] B 5970
Freund, L.: Politische Waffen. Grundkonzeptionen der westlichen
Verteidigungsstrategie. Frankfurt: Bernard u. Graefe 1966.
IX, 180 S. 94362
Gallois, P. M.: Soviet military Doctrine and European defence.
NATO's obsolete concepts. London: Inst. for the Study of Conflict
1978. 17 S. (Conflict studies. No. 96.) F 0214:96
Gallois, P. M.: Le Renoncement de la France défendue à l'Europe
protégée. Paris: Plon 1977. 278 S. B 30395
Gallois, P. M.; Modesti, G.: Europas Schutz. Eine Lebensfrage der

Sicherheit im Widerstreit d. Meinungen. Karlsruhe: Condor-Verl.
1962. 126 S. 86897
Guderian, H. : Kann Westeuropa verteidigt werden? Göttingen:
Plesse 1950. 85 S. 67576(20)
Guderian, H. : So geht es nicht! Ein Beitrag zur Frage der Haltung
Westdeutschlands. Heidelberg: Vowinckel 1952. 90 S. 67801(17)
Hinterhoff, E. : Disengagement. London: Stevens 1959.
XI, 445 S. 77060
Höpker, W. : Stoßrichtung Atlantik. Die Drohung aus dem Norden.
Stuttgart: Seewald 1973. 174 S. (Militärpolitische Schriftenreihe. 9.) B 16480
Jacquot, P. E. : Essaie de stratégie occidentale. Paris: Gallimard
1953. 202 S. 74437
Kalckreuth, J. von: Zum Konzept einer Gesamtverteidigung. 1. 2.
Ebenhausen b. München: Haus Eggenberg 1977-1980. 164, 150 S.
(SWP. S. 260, 276.) B 30172
Kingston-McCloughry, E. J. : Defence. Policy and strategy.
London: Stevens 1960. XIV, 272 S. 75663
Kissinger, H. A. : (The Necessity for choice, [dt.]) Die Entscheidung
drängt. Düsseldorf: Econ-Verl. 1961. 416 S. 78000
Lauesen, M. : Wiedersehen auf den Katalaunischen Feldern.
Gräfeling: Okeanos Verl. 1958. 36 S. 72010(19)
Liddell Hart, B. H. : Defence of the West. New York: Morrow 1959.
X, 335 S. 76562
Liddell Hart, B. H. : Defence of the West. Some riddles of war and
peace. London: Cassell 1950. VIII, 390 S. 78017
Liddell Hart, B. H. : Deterrence or defence. A fresh look at the
West's military position. London: Stevens 1960. X, 257 S. 76673
Liddell Hart, B. H. : (Defence of the West, [dt.]) Die Verteidigung
des Westens. Konstanz: Europa Verl. 1951. 344 S. 68273
Lider, J. : Nowe Tendencje w myśli politycznowojskowej NRF (1966-
1969). Wroclaw: Zakl. Narod. im. Ossolińskich 1971. 387 S. B 9105
Linert, G. : Schach dem Kriege. Köln: Ellenberg 1975. 185 S. B 23520
Loewenstein, H. Prinz von; Zuehlsdorff, V. von: Die Verteidigung
des Westens. Bonn: Athenäum-Verl. 1960. 456 S. 75328
Luzzatti, I. : Difesa dell' Europa se scopiasse la III Guerra Mondiale.
Bologna: Cappelli 1954. 238 S. (Collana di memorie, diari e
documenti. 26.) 72300
The Management of defence. Papers pres. at the National Defence
College, Latimer, in Sept. 1974. Ed. : L. Martin. London:
Macmillan 1976. XV, 137 S. B 25901
Martin, L. W. : Ballistic Missile Defence (BMD) and the Alliance.
Boulogne-sur-Seine: The Atlant. Inst. 1969. 51 S. F 1677:1
Menaul, S. : NATO in the eighties: A warwinning strategy. London:
Institute for the Study of Conflict 1980. 26 S.
(Conflict studies. No. 117.) Bc 0387
Mendoza y Dorvier, A. G. de: La Paz y la defensa nacional. Madrid:
Ed. Nacional 1967. 540 S. B 24153

Meusy, M. : La défense de l'Europe occidentale. Paris: PUF 1972.
93 S. B 10323
Middleton, D. : The Defence of Western Europe. London: Muller
1952. 255 S. 68135
Middleton, D. : The Defense of Western Europe. New York:
Appleton-Century-Crofts 1952. 313 S. 36499
Miksche, F. O. : The Failure of atomic strategy and a new proposal
for the defence of the West. London: Faber & Faber 1959.
224 S. 74063
Moulton, J. L. : Defence in a changing world. London: Eyre &
Spottiswoods 1964. 191 S. 90123
Mulley, F. W. : The Politics of western defense. New York: Praeger
1962. XI, 282 S. 87140
NATO - Strategie und Streitkräfte. 2. erw. u. bearb. Aufl. Berlin:
Mil. Verl. d. DDR. 1980. 479 S. B 39987
NATO. Strategie und Streitkräfte. Berlin: Mil. Verl. d. DDR 1976.
489 S. B 27115
NATO's strategic Options. Arms control and defense. Ed. : D. S. Yost.
New York: Pergamon Pr. 1981. XXIV, 258 S. B 45358
Problems of modern strategy. Pt. 2. London: Inst. f. Strateg.
Studies. 51 S. (Adelphi Papers. 55.) F 1718:55
Rosenkranz, E. ; Jütte, R. : Abschreckung contra Sicherheit?
München: Piper 1974. 136 S. (Serie Piper. 77.) B 19266
Sanguinetti, A. : Le Fracas des armes. Paris: Hachette 1975.
219 S. B 24481
Schelling, T. C. : Controlled Response and strategic warfare. London:
Inst. f. Strategic Studies 1965. 10 S. (Adelphi Papers. 19.) F 1718:19
Schmidt, H. : Verteidigung oder Vergeltung. 4. Aufl. m. e. zusätzl.
Kapitel. Stuttgart: Seewald 1965. XLII, 290 S. 93120
Schneider, F. -T. : Stratégie pour l'occident. L'U. R. S. S. dans
l'OTAN? Paris: Charles-Lavauzelle 1965. X, 214 S. 94462
Schütze, W. : European Defence Co-operation and NATO. Paris: The
Atlantic Inst. 1969. 59 S. (The Atlantic papers. No. 3.) F 1677:3
Simson, F. : Wir verteidigen Europa. Bern: Haupt 1952. 197 S. 68460
Slessor Sir J. : Strategy for the West. New York: Morrow 1954.
X, 180 S. 79965
Slessor, Sir, J. : Strategy for the West. London: Cassell 1954.
XV, 161 S. 76549
[Kyr.] SŠA i NATO: istocniki voennoj ugrozy. [USA u. d. NATO:
Quellen d. milit. Bedrohung.] Moskva: Voenizdat 1979.
254 S. B 38218
Stamp, G. : Kann Europa verteidigt werden? 2. erw. Aufl. Boppard:
Boldt 1964. 211 S. 90316
Stamp, G. : Strategie der NATO aus der Sicht der obersten Befehls-
haber Europa... und ihrer Stellvertreter und Stabchefs. Hrsg.
von der Dt. Atlantischen Gesellschaft. Kulmbach 1961;
Hertel. 112 S. 80033

Stehlin, P. : Retour à zéro. Paris: Laffont 1968. 385 S. 99542
Steinhoff, J. : Wohin treibt die NATO? Probleme der Verteidigung
  Westeuropas. Hamburg: Hoffmann u. Campe 1976. 279 S. B 24590
A conventional Strategy for the central front in NATO. Rep. of a
  seminar... London: Royal United Serv. Inst. f. Defence Studies
  1975. 25 S. 09029
Taylor, M. D. : The uncertain Trumpet. New York: Harper 1959.
  XIV, 203 S. 77679
Trofimenko, G. A. : [Kyr.] Strategija global' noj vojny. [D. Strategie
  des globalen Krieges.] Moskva: Izdat. "Mezdunarodnye Otnose-
  nija" 1968. 350 S. B 6367
Verteidigung der Freiheit. Idee, Weltstrategie, Bundeswehr. Ein
  Handbuch... hrsg. v. E. Obermann. Stuttgart: Verl. Kontor 1966.
  XLVII, 614 S. 93521 a
Westeuropäische Verteidigungskonzeption. Hrsg.: C. Carstens.
  München: Oldenbourg 1972. 256 S. (Schriften d. Forschungsinstituts
  d. Dt. Gesellschaft f. Auswärtige Politik. Bd 31.) B 5789
Walters, R. E. : Sea Power and the nuclear fallacy. New York:
  Holmes and Meier 1975. 215 S. B 25512
Nuclear Weapons and NATO. Analytical survey of literature.
  Washington: U. S. Governm. Pr. Off. 1975. IX, 546 S. 08286

b. Aufsätze

Afheldt, H. : Kernwaffenkrieg-begrenzt auf Europa? In: Wehrwissen-
  schaftliche Rundschau. Jg. 28, 1979. Nr. 5. S. 141-151. BZ 05305:28
Amme, C. H. : NATO, strategy and flexible response. In: U. S. Naval
  Institute. Proceedings. Vol. 93, 1967. No. 5. S. 58-69. BZ 3261:93
Barclay, C. : Non-nuclear defence in Europe. In: Brassey's annual.
  81, 1970. S. 79-90. F 149:81
Barlow, J. G. : Western Europe and the NATO alliance. In: The jour-
  nal of social and political studies. Vol. 4, 1979. No. 1.
  S. 3-15. BZ 4670:4
Baumann, G. : Wehrdoktrin im Widerstreit. In: Wehrwissenschaftliche
  Rundschau. Jg. 14, 1964. H. 3. S. 160-176. BZ 3044:14
Behuncik, J. G. : Neutron weapons and the credibility of NATO. In:
  The journal of social and political studies. Vol. 3, 1978. No. 1.
  S. 3-16. BZ 4670:3
Bertram, C. : Gegenseitige Truppenverringerung in Europa. Politi-
  sche Möglichkeiten, Risiken u. Chancen. In: Europa-Archiv.
  Jg. 27, 1972. F. 2. S. 49-60. BZ 426:27
Betts, K. : Hedging against surprise attack. In: Survival. Vol. 23,
  1981. No. 4. S. 146-156. BZ 4499:23
Betts, R. K. : Surprise attack. NATO's political vulnerability. In:
  International security. Vol. 5, 1981. No. 4. S. 117-148. BZ 4433:5
Birnstiel, F. : Die Vorneverteidigung - Kern der konventionellen
  NATO-Abwehr. In: Europäische Wehrkunde. Jg. 29, 1980.
  S. 213-218. BZ 05144:29

Bowie, R. R. : Die Strategie und das Atlantische Bündnis. In: Wehrkunde. Jg. 13, 1964. H. 6. S. 285-291; H. 7. S. 348-355. BZ 3080:13
Brenchley, M. of: Forward strategy in Germany. In: The Royal United Service Institution journal. Vol. 113, 1968. No. 649.
S. 27-34. BZ 3259:113
Burrell, R. M. : Strategic aspects of the energy crisis: a new challenge for the West. In: Defence Yearbook. Jg. 85, 1974.
S. 71-84. F 149:85
Carpentier, M. : Du Plan Radford au réarmement allemand. In: Revue militaire générale. 1956. No. 2. S. 269-276. BZ 3322:1956
Chassin, L. -M. : Réflexions sur la stratégie de l' OTAN. In: Forces aériennes francaises. Année 11, 1956. No. 121.
S. 1123-1141. BZ 3084:11
Ciacalone, A. : La strategia militare della NATO. In: Rivista militare. Anno 23, 1967. No. 4. S. 451-460. BZ 3132:23
Coffey, K. J. : Defending Europe against a conventional attack. In: Air university review. Vol. 31, 1980. No. 2. S. 47-59. BZ 4544:31
Crahay : Essai sur une politique militaire de l' Occident. In: Revue militaire générale. 1957. No. 1. S. 3-19. BZ 3322:1957
Crossman, R. H. S. : Western defence in 1960s. In: Royal United Service Institution. Journal. Vol. 56, 1961. No. 623.
S. 324-341. BZ 3259:56
Daillier, P. : Stratégie de dissuasion et de sécurité de l' Europe. In: Revue militaire générale. 1971. No. 10. S. 613-643. BZ 3322:1971
Douglass, J. D. : NATO Strategy. In: R. U. S. I. and Brassey's defence yearbook. 1980. S. 28-44. F 149:90
Feddern, G. -D. : Die Verteidigungskonzeption des Westens. In: Wehrkunde. Jg. 10, 1961. H. 8. S. 410-417. BZ 3080:10
Gallois, P. M. : Widersprüche der atlantischen strategischen Planung. Die neue Verteidigungspolitik d. Vereinigten Staaten und die europäische Sicherheit. In: Wehrkunde. Jg. 12, 1963. H. 4.
S. 174-185. BZ 3080:12
Gazin : Vers une stratégie européenne. In: Revue de défense national. Année 14, 1958. No. 7. S. 1083-1102. BZ 3055:14
Geneste, M. E. : "Division of Labor" in the Western Alliance. In: United States Naval Institute. Proceedings. Vol. 104, 1978. No. 11.
S. 43-51. BZ 3261:104
Geneste, M. E. : European land defense. In: Comparative strategy. Vol. 2, 1980. No. 3. S. 239-248. BZ 4686:2
Gonard, S. : Die Entwicklung der strategischen NATO-Doktrinen. In: Allgemeine schweizerische Militärzeitschrift. Jg. 129, 1963.
No. 9. S. 515-520. BZ 2899:129
Goodpaster, A. J. : The defence of Europe. In: Journal of the Royal United Service Institution. Vol. 116, 1971. No. 661.
S. 31-41. BZ 3259:116
Hanning, N. : Läßt sich Westeuropa konventionell verteidigen? In: Internationale Wehrrevue. Jg. 12, 1979. Nr. 1.
S. 27-34. BZ 05263:12

Hazel, D. : The sudden attack debate. In: RUSI. Vol. 123, 1978.
No. 4. S. 37-43. BZ 3259:123
Hilsman, R. : NATO: the developing strategic context. In: NATO
and American security. 1959. S. 11-36. 77529
Hinterhoff, E. : Les flancs de l'OTAN. In: Revue de défense nationale.
Année 21, 1965. No. 1. S. 123-136. BZ 3055:21
Hoag, M. W. : Rationalizing NATO strategy. In: World politics.
Vol. 17, 1964. No. 1. S. 121-142. BZ 3076:17
Hubatschek, G. : Hauptphasen der Strategie- und Streitkräfteent-
wicklung in NATO und Warschauer Pakt. In: Europäische Wehr-
kunde. Jg. 28, 1979. H. 2. S. 49-57. BZ 05144:28
Jablonsky, D. : NATO's long-term defense planning. Will it work?
In: Parameters. Vol. 11, 1981. No. 2. S. 75-82. BZ 05120:11
Jarosch, H. -W. : Tiefe des Raumes. In: Jahrbuch der Luftwaffe.
Jg. 14, 1981. S. 51-58. F 0107:14
Kissinger, H. A. : Das nukleare Dilemma der Allianz. In: Wehrkunde.
Jg. 12, 1963. H. 5. S. 229-245. BZ 3080:12
Kissinger, H. A. : The unsolved problems of the European defense.
In: Foreign affairs. Vol. 40, 1962. No. 4. S. 515-541. BZ 94:40
Knorr, K. : Amerikanische Betrachtungen zur Verteidigung West-
europas. In: Wehrwissenschaftliche Rundschau. Jg. 7, 1957. H. 3.
S. 126-133. BZ 3044:7
Kruls, H. J. : Die Verteidigung des Westens. In: Wehrwissenschaftl.
Rundschau. Jg. 8, 1958. Nr. 2. S. 74-80. BZ 3044:8
Margeride, J. -B. : Une ligne Maginot nucléaire. In: Stratégique.
1980. No. 8. S. 89-122. BZ 4694:1980
Martin, J. J. : Nuclear weapons in NATO's deterrent strategy. In:
Orbis. Vol. 22, 1979. No. 4. S. 875-896. BZ 4440:22
Menken, J. : Soviet and Western strategy. In: Brassey's annual.
Jg. 62, 1951. S. 63-85. F 149:62
Nerlich, U. : Die Bedeutung chemischer Kampfmittel für die Vertei-
digungskonzeption 1980-1990 aus der Sicht der Bundesrepublik
Deutschland. In: Europäische Wehrkunde. Jg. 26, 1977. H. 7.
S. 337-343. BZ 3080:26
Norton, A. R. : NATO and metaphors: the nuclear threshold. In:
Naval War College review. Vol. 30, 1977. No. 2. S. 60-75. BZ 4357:30
Panitzki, W. : Die Verteidigungskonzeption der NATO. In: Europäi-
sche Sicherheit. 1958. S. 35-46. 74631
Pasti, N. : NATO's defense strategy. In: Military review.
Vol. 49, 1969. No. 11. S. 39-50. BZ 3131:49
Pfaltzgraff, R. L. : The United States and a strategy for the West.
In: Strategic review. Vol. 5, 1977. No. 3. S. 10-25. BZ 05071:5
Picot, G. -G. : Réflexions sur la défense de l'Europe. In: Revue
militaire générale. 1959. No. 2. S. 272-284. BZ 3322:1959
Ranger, R. : NATO strategy. Underlying assumptions and unchanging
realities. In: R. U. S. I. and Brassey's defence yearbook. Y. 91,
1981. S. 89-102. F 149:91
Ratcliffe, A. L. : Geopolitische Überlegungen zur Verteidigung

Europas. In: Wehrwissenschaftliche Rundschau. Jg. 3, 1953. H. 8.
S. 363-369. BZ 3044:3
Ratcliffe, A. L. : Die Verteidigungsplanung des Westens. In: Wehrwissenschaftliche Rundschau. Jg. 14, 1964. H. 1. S. 3-13. BZ 3044:14
Record, J. : France 1940 and the NATO center 1980. A disquieting comparison. In: Strategic review. Vol. 8, 1980. No. 3.
S. 67-74. BZ 05071:8
Rosenkranz, E. : Der politische Stellenwert des militärischen Gleichgewichts. In: Sicherheitspolitik vor neuen Aufgaben. 1977.
S. 273-294. B 27776
Roth, H. : Hintergründe der Diskussion über eine neue Strategie der NATO. In: Wehrwissenschaftliche Rundschau. Jg. 14, 1964. H. 2.
S. 65-80. BZ 3044:14
Ruehl, L. : Der Nutzen militärischer Macht in Europa. In: Sicherheitspolitik vor neuen Aufgaben. 1977. S. 220-272. B 27776
Ruehl, L. : Die Sicherheit des Westens seit 1945. In: Moderne Welt. 1979. S. 247-272. BZ 4692:1979
Rouff, J. : Westeuropa als lokalisierter Kriegsschauplatz. In: Wehrkunde. Jg. 6, 1957. H. 10. S. 539-542. BZ 3080:6
Santilli, J. F. : NATO strategy updated. In: Military review.
Vol. 54, 1974. No. 3. S. 3-20. BZ 3131:54
Schneider, E. : Wandlungen in der westlichen Verteidigungskonzeption. In: Wehrtechnische Monatshefte. Jg. 56, 1959. H. 7.
S. 273-280. BZ 3092:56
Schubert, K. von: Bedingungen des Überlebens. In: Aus Politik und Zeitgeschichte. 1980. B 10. S. 3-36. BZ 05159:1980
Schulte, L. : Die unbewältigte Krise: Alternativmodelle zur NATO-Verteidigung. In: Beiträge zur Konfliktforschung. Jg. 8, 1978.
H. 2. S. 19-40. BZ 4219:8
Schwartz, D. N. : The role of deterrence in NATO defence strategy. In: World politics. Vol. 28, 1975. No. 1. S. 118-133. BZ 3067:28
Schwarz, K. -D. : Die sicherheitspolitische und militärstrategische Zukunft der NATO. In: Sicherheitspolitik. 2. Aufl. 1977.
S. 273-302. B 29411
Scott, J. F. : The neutron bomb and NATO strategy. In: Parameters.
Vol. 7, 1977. No. 3. S. 33-38. BZ 05120:7
Severoni, A. : L' unità per la difesa dell' Europa. In: Rivista militare.
Anno 19, 1963. No. 1. S. 24-43. BZ 3132:19
Snyder, J. : Strengthening the NATO alliance. Toward a strategy for the 1980s. In: Naval War College review. Vol. 34, 1981. No. 2.
(284). S. 18-37. BZ 4634:34
Staudenmaier, W. O. : Some strategic implications of fighting outnumbered on the NATO battlefield. In: Military review. Vol. 60, 1980.
No. 5. S. 38-50. BZ 4458:60
Stehlin, P. : The evolution of western defense. In: Foreign affairs.
Vol. 42, 1963. No. 1. S. 70-83. BZ 94:42
Strachey, J. : Eine neue NATO-Strategie? In: Der Monat. Jg. 14, 1962.
H. 168. S. 7-18. BZ 3018:14

Stratmann, K.-P.: Schwächen der NATO-Verteidigung und Angriffs-
Optionen des Warschauer Pakts. In: Aus Politik und Zeitgeschichte.
Jg. 1977. B 37. S. 18-29. BZ 3247:1977
Tillson, J. C. F.: The forward defense of Europe. In: Military review.
Vol. 61, 1981. No. 5. S. 66-76. BZ 4468:61
Treverton, G. F.: Global threats and Trans-Atlantic allies. In: International security. Vol. 5, 1980. No. 2. S. 142-158. BZ 4435:5
Treverton, G. F.: Nuclear weapons and the "Gray Area". In:
Foreign affairs. Vol. 57, 1979. No. 5. S. 1075-1089. BZ 05149:57
Wettig, G.: Der Wandel der Rahmenbedingungen für Sicherheitsvereinbarungen in Europa. In: Aus Politik und Zeitgeschichte. 1981.
B 26. S. 3-28. BZ 05159:1981
Williams, P.: La stratégie de l'OTAN et les solutions de rechange
à la riposte graduée. In: Défense nationale. Année 30, 1974.
No. 12. S. 5-26. BZ 3055:30
Willmann, J.: L'amitié franco-allemand et l'Europe. In: Politique
étrangère. Année 28, 1963. No. 1. S. 33-43. BZ 196:28
Wohlstetter, A.: Racing forward? Or ambling back? The military
balance. In: Survey. Vol. 22, 1976. No. 3-4. S. 163-217. BZ 3633:22

5. Nordabschnitt

Ahlström, L.: Möjliga förstärkningar till NATO's nordflank. In:
Tidskrift i sjöväsendet. Årg. 141, 1978. Nr. 1. S. 7-23. BZ 3454:141
Northern Army Group. Four nations, one aim. In: NATO's fifteen
nations. Vol. 20, 1975. No. 3. S. 33-41. BZ 4124:20
Belov, I.: Skandinavskie strany v planach SŠA i NATO. [Die skandinavischen Länder in den Plänen der USA und der NATO.] In:
Zarubežnoe voennoe obožrenie. God 1982. No. 1.
S. 7-15. BZ 05399:1982
Biörklund, E.: Vad händer pa NATOs norra flank. In: Ny militär
tidskrift. Jg. 34, 1961. No. 7. S. 192-197. BZ 3488:34
Biörklund, E.: On NATO's northern flank. In: Revue militaire
générale. 1961. No. 6. S. 45-61. BZ 3322:1961
Booth, K.: Law and strategy in northern waters. In: Naval War
College review. Vol. 34, 1981. No. 4. (286). S. 3-21. BZ 4634:34
Droste, B. A. C.: Militaire ontwikkelingen aan de noordflank van de
NAVO. In: Militaire spectator. Jg. 146, 1977. Nr. 12.
S. 533-551. BZ 547:146
Engelmann, W.: Die Nordflanke der NATO: Bedeutung, Bedrohung
und Verteidigung. In: Marine Rundschau. Jg. 75, 1978. Nr. 3.
S. 137-149. BZ 171:75
Furlong, R. D. M.: Die Bedrohung Nordeuropas. In: Internationale
Wehrrevue. Jg. 12, 1979. Nr. 4. S. 517-525. BZ 05263:12
Furlong, R. D. M.: Die strategische Situation in Nordeuropa.
In: Internationale Wehrrevue. Jg. 12, 1979. Nr. 6.
S. 899-910. BZ 05263:12

Holst, J.J.: The northern region, key to Europe? In: The Atlantic
community quarterly. Vol. 19, 1981. No. 1. S. 28-36.   BZ 05136:19

Leighton, M.K.: Die Sowjets an der Nordflanke der Nato. In: Beiträge zur Konfliktforschung. Jg. 10, 1980. H. 3. S. 5-31.   BZ 4594:10

Leighton, M.K.: The Soviet Threat to NATO's northern flank.
New York: National Strategy Information Center 1979. 100 S.   B 43989

Lindström, T.S.: Nordic defense - is the flank being turned? In: The journal of social, political and economic studies. Vol. 6, 1981.
No. 3. S. 307-325.   BZ 4670:6

De Luchtmacht oefende in het land van de middernachtzon. De NATO beschremde zijn linker flank. In: De Vliegende Hollander. 1964.
No. 7. S. 190-194.   BZ 3136:1964

MacCaskill, D.C.: Norway's strategic importance. In: Marine corps gazette. Vol. 65, 1981. No. 2. S. 28-33.   BZ 05286:65

Moulton, J.L.: The defense of Northwest Europe and the North Sea.
In: Naval review. 9, 1971. S. 80-97.   F 058:9

Myers, A.: North Atlantic Security: The forgotten flank?
Beverly Hills: Sage 1979. 72 S.
(The Washington Papers. 62.)   Bc 1870

Ørvik, N.: Die NATO und die nördliche Peripherie. In: NATO-Brief.
Jg. 28, 1980. Nr. 1. S. 12-15.   BZ 05187:28

Polk, J.H.: The North German plain attack scenario. Threat or illusion? In: Strategic review. Vol. 8, 1980. No. 3. S. 60-66.   BZ 05071:8

Poulsson, J.A.: Training for operations on the northern flank. In:
Brassey's annual. 82, 1971. S. 39-53.   F 149:82

Sokolsky, J.J.: Soviet naval aviation and the northern flank. It's military and political implication. In: Naval War College review.
Vol. 34, 1981. No. 1(283). S. 34-45.   BZ 4634:34

Walker, Sir W.: The defence of the Northern flank. In: RUSI. Vol.
Vol. 118, 1973. No. 3. S. 21-30.   BZ 3259:118

Walker, Sir W.: Problems of defence of NATO's northern flank. In:
RUSI. Vol. 115, 1970. No. 659. S. 13-22.   BZ 3259:115

West, F.J.: U.S. naval forces and the northern flank of NATO. In:
Naval War College review, Vol. 32, 1979. S. 15-25.   BZ 4634:32

Wettern, D.: Defence of the northern flank. In: NATO's fifteen nations. Vol. 20, 1975. No. 1. S. 26-35.   BZ 4124:20

Wettern, D.: NATO's northern flank. In: U.S. Naval Institute.
Proceedings. Vol. 95, 1969. No. 7. S. 52-60.   BZ 3261:95

Whiteley, Sir P.: The importance of the Northern flank to NATO. In:
NATO's fifteen nations. Jg. 23, 1978. No. 2. S. 18-25.   BZ 4124:23

Whiteley, Sir P.: Die Nordflanke der NATO. In: Nauticus.
Jg. 35, 1982. S. 118-133.   BZ 4713:35

6. Mittelabschnitt

Abschreckung und Entspannung in Europa. Die Vereinigten Staaten und die europäische Sicherheit. Übers. München: Bernard u. Graefe 1981. 140 S. (Bernard u. Graefe aktuell. 22.)   B 43840

Bandusiae: The defence of the central region of NATO. In: Brassey's annual. Y. 80, 1969. S. 47-61.   F 149:80

Beaufre, A.: Vorfeld und Hinterland. In: Armee gegen den Krieg. 1966. S. 176-192.   93874

Bennecke, J.: Allied land forces in NATO's European central region. In: NATO's fifteen nations. Vol. 17, 1972. No. 3. S. 49-57. BZ 4124:17

Canby, S. L.: Territorial defense in Central Europe. In: Armed forces and society. Vol. 7, 1980. No. 1. S. 51-67.   BZ 4418:7

Cordier, S. S.: Calcules of power: the current Soviet-American conventional military balance in Central Europe. 2. ed. Washington: Univ. Pr. of America 1977. 100 S.   Bc 550

Fischer, R. L.: Defending the central front: the balance of forces. London: Inst. f. Strategic Studies 1976. 45 S. (Adelphi papers. 127.)   F 1718:127

Gans, D.: "Fight outnumbered and win"... against what odds? Pt. 1. In: Military review. Vol. 60, 1980. No. 12. S. 31-46.   BZ 4468:60

Grenfell, R.: NATO und die Beherrschung der Ostsee. In: Marine-Rundschau. Jg. 51, 1954. Nr. 1. S. 12-19.   BZ 171:51

Hannig, N.: Die Verteidigung Westeuropas mit konventionellen Feuersperren. In: Internationale Wehrrevue. Jg. 14, 1981. Nr. 11. S. 1439-1443.   BZ 05263:14

Kielmannsegg, J. A. Graf: Probleme eines kriegerischen Konflikts, insbesondere in Mitteleuropa. In: Sicherheitspolitik vor neuen Aufgaben. 1977. S. 295-350.   B 27776

Maizière, U. de: Verteidigung in Europa-Mitte. München: Lehmanns 1975. 89 S. (Wehrforschung aktuell, Bd. 4.)   F 1959:4

Meyer-Detring, W.: Konventionelle Verteidigung in Mitteleuropa. In: Wehrkunde. Jg. 23, 1974. H. 6. S. 286-290.   BZ 3080:23

Myer, A. A.: The balance in Central Europe. Reflections through the Soviet prism. In: Naval War College review. Vol. 33, 1980. No. 6.(282). S. 15-43.   BZ 4634:33

Quester, G. H.: Defense over offense in Central Europe. Princeton: Aspen Inst. for Humanistic Studies 1978. 24 S.   Bc 0234

Rasmussen, R. D.: The Central Europe battlefield. In: Air university review. Vol. 20, 1978. No. 5. S. 2-20.   BZ 3846:29

Rattinger, H.: Zwischen Vergeltung und Verteidigung: Mitteleuropa als Schlachtfeld. In: Zeitschrift für Politik. Jg. 23, 1976. H. 2. S. 164-182.   BZ 3159:23

Raven, W. von: Schutz für Mitteleuropa. Aufgaben und Erfordernisse der Bundeswehr. In: Wehrtechnik. 1978. Nr. 4. S. 24-33.   BZ 4084:1978

Speidel, H.: Die Verteidigung Mitteleuropas. In: Armee gegen den Krieg. 1966. S. 205-223.   93874

Stratmann, K. P. : NATO-Strategie in der Krise? Militärische Optionen von NATO und Warschauer Pakt in Mitteleuropa. Baden-Baden: Nomos-Verl.-Ges. 1981. 267 S. (Internationale Politik und Sicherheit. 5.) B 42717

Wagemann, E. : Probleme der Verteidigung Mitteleuropas. In: Österreichische militärische Zeitschrift. 1977. H. 1. S. 89-94. BZ 3789:1977

7. Südabschnitt

Alford, J. : Die strategische Lage des Westens im Nahen u. Mittleren Osten. Probleme d. militär. Sicherheit von Griechenland bis zum Pers. Golf. In: Europa-Archiv. Jg. 36, 1981. Folge 18. S. 553-562. BZ 4452:36

Ashworth, F. L. : The Soviet strategic offensive and the NATO southern flank. In: Brassey's annual. 80, 1969. S. 73-86. F 149:80

Brown, C. : Die militärische Bedeutung der Südflanke der NATO. In: Europa-Archiv. Jg. 16, 1961. Folge 19. S. 543-554. BZ 426:16

Brown, J. : Challenges and uncertainty. NATO's southern flank. In: Air university review. Vol. 31, 1980. No. 4. S. 3-16. BZ 4544:31

Colbert, R. G. : Defending NATO's southern flank. In: NATO's fifteen nations. Vol. 18, 1973. No. 4. S. 20-25. BZ 4124:18

CSIA European security working group. Instability and change on NATO's southern flank. In: International security. Vol. 3, 1978/79. H. 3. S. 150-177. BZ 4433:3

Greece, Spain and the southern NATO-strategy. Hearings before the Subcommittee on Europe... 92. Congr. , 1. sess. July 12, 14, 19, 21; Augl. 3; Sept. 9 a. 15, 1971. Washington: U. S. Government Pr. Off. 1971. VI, 581 S. B 19188

Gürkan, I. : NATO, Turkey and the southern flank. New Brunswick: Transaction Books 1980. 67 S.
(Agenda Paper. No. 11.) Bc 2270

Gürkan, I. : Die Türkei - Eckpfeiler der NATO im Südosten. In: Beiträge zur Konfliktforschung. Jg. 11, 1981. H. 1. S. 5-44. BZ 4594:11

Hessmann, J. D. : NATO south, the forgotten flank. In: The Atlantic Community quarterly. Vol. 17, 1979-80. No. 4. S. 454-463. S. 454-463. BZ 05136:17

Johnston, M. : The southern flank of NATO. In: RUSI. Vol. 120, 1975. No. 2. S. 17-24. BZ 3259:120

Locksley, N. : NATO's southern exposure. In: U. S. Naval Institute. Proceedings. Vol. 88, 1962. S. 40-54. BZ 3261:88

Manousakis, G. M. : Der Islam und die NATO. Bedrohung an der Südflanke. München: Bernard u. Graefe 1980. 142 S.
(Bernard u. Graefe aktuell. 8.) B 39375

Mendes da Silva, J. : L'OTAN et l'Atlantique sud. In: Revue militaire générale. 1957. S. 350-359. BZ 3322:1957

Mikulin, A. : Jizni kridlo NATO. [Der Südflügel der NATO.] In:
Historie a vojenstvi. Roc. 28, 1979. No. 3. S. 119-134. BZ 4526:28
Rees, D. : Southern Europe: NATO's crumbling flank. London: The
Inst. for the study of Conflict 1975. 17 S. F 0214:60
Sala, : L'OTAN et Méditerranée. In: Revue militaire générale.
1963. No. 9. S. 450-458. BZ 3322:1963
Schwerdtfeger, M. : In der Südflanke der NATO. In: Truppenpraxis.
1959. Nr. 4. S. 254-267. BZ 3361:1959
Shear, H. E. : The southern flank of NATO. In: NATO's fifteen
nations. Vol. 23, 1979. No. 6. S. 17-20. BZ 4124:23
Shear, H. E. : Die Südflanke der NATO. In: Europäische Wehrkunde.
Jg. 28, 1979. Nr. 12. S. 604-609. BZ 05144:28

8. Atlantik

Kidd, I. C. : The defense of the Atlantic. In: NATO's fifteen nations.
Vol. 23, 1978. No. 5. S. 28-34. BZ 4124:23
Kidd, I. C. : The defence of the Atlantic. In: Vikrant. Vol. 9, No. 7.
S. 13-16. BZ 05044:9
Swarztrauber, S. A. : The potential battle of the Atlantic. In: United
States Naval Institute. Proceedings. Vol. 105, 1979. No. 5.
S. 108-125. BZ 05163:105
Underwood, G. L. : Soviet threat to the Atlantic sea lines of communication. Lessons learned from the German capture of Norway in
1940. In: Naval War College review. Vol. 34, 1981. No. 3 (285)
S. 43-47. BZ 4634:34

9. Landstreitkräfte

Die Armeen der NATO-Staaten. 2. erg. Aufl. Wien: Überreuter 1968.
405 S. 99635
Baroni, P. : Ventimila contro settantamila. In: Difesa oggi. Anno 2,
1978. No. 3. S. 66-69. BZ 05119:2
Bennecke, J. : Allied land forces in NATO's European central region.
In: NATO's fifteen nations. Vol. 17, 1972. No. 3.
S. 49-57. BZ 4124:17
Canby, S. L. : European mobilization. U. S. and NATO reserves.
In: Armed forces and society. Vol. 4, 1978. No. 2.
S. 227-244. BZ 4418:4
Dodd, N. L. : Die Verstärkung der NATO-Kräfte in Europa. In:
Österreichische militärische Zeitschrift. Jg. 17, 1979.
S. 389-395. BZ 05214:17
Gerhardt, W. : What about multinational corps in the NATO? One
example: NATO corps Landjut. In: Military review. Vol. 59, 1979.
No. 3. S. 10-16. BZ 4468:59

Glazunov, N. K.; Maslennikov, P. E.: [Kyr.] Suchoputnye Vojska kapitalističeskich gosudarstv (učastnikov Severoatlantičeskogo sojuza). [Die Landstreitkräfte der kapitalistischen Staaten (Mitglieder des Nordatlantikpaktes).] Izd. 2-e, dop., pererab.
Moskva: Voenizdat 1980. 415 S. B 42752

Michajlov, A.: Suchoputnye vojska NATO na Central'no-Evropejskom TVD. [Die Landstreitkräfte der NATO im zentraleuropäischen Befehlsbereich.] In: Zarubeznoe voennoe obozrenie. God 1982. No. 2.
S. 27-33. BZ 05399:1982

Mittendorfer, J.: Die Panzertruppe in Armeen der NATO. In: Truppendienst. Jg. 20, 1981. H. 4. S. 329-334. BZ 05209:20

Wiener, F.: Die Armeen der NATO-Staaten. Überarb. Nachdr. d. 5. Aufl. München: Bernard u. Graefe 1977. 576 S.
(Taschenbuch der Landstreitkräfte. 1.) B 29148

10. Seestreitkräfte

Bagley, W. H.: Seemacht - vernachlässigte Möglichkeit zur Neubelebung der NATO-Strategie. In: Internationale Wehrrevue.
Jg. 11, 1978. Nr. 4. S. 509-514. BZ 4111:11

Boyle, R. D.: Marine-Fernmeldewesen in der NATO. In: Internationale Wehrrevue. Jg. 11, 1978. Nr. 4. S. 515-519. BZ 4111:11

Eberle, J.: The naval balance. In: RUSI. Vol. 123, 1978. No. 4.
S. 56-59. BZ 3259:123

Giles, M.: The Royal Navy's contribution to the defence of Western Europe. In: Brassey's annual. Jg. 83, 1972. S. 50-63. F 149:83

Greenway, A.: The US navy and NATO. In: Armed forces.
1979. No. 4. S. 12-16. BZ 05378:1979

Jablonsky, W.: Taktische Nuklearwaffen der Marinen in der Konfrontation. München: Bernard u. Graefe 1979. 116 S. (Bernard u.
Graefe aktuell. Bd 2.) Bc 865

Jaudenes Agacino, J. R.: La estrategia antisubmarina de la OTAN.
In: Revista general de marine. Anno 1981. T. 200
S. 135-148. BZ 4619:1981

Jungius, Sir J.: The balance of power at sea. In: Vikrant. Vol. 10,
1980. No. 7. S. 19-24. BZ 05044:10

Korkisch, F.: Seetransport. Eine bedeutende Komponente in der Strategie des Westens. In: Österreichische militärische Zeitschrift. Jg. 18, 1980. H. 1. S. 23-34. BZ 05214:18

Larionov, A. I.; Nesvickij, J. A.: [Kyr.] Nadvodnyj Flot NATO. [Die Überwasserflotte der NATO.] Moskva: Voennoe Izdat. Minst.
Oborony SSSR 1975. 318 S. B 25833

Latour, C.: Aircraft, ships and weapons in NATO's northern command. In: NATO's fifteen nations. Vol. 18, 1973. No. 1.
S. 62-73. BZ 4124:18

Libbey, M. A.: Blue water at last. Missions of and NATO responses to the new Soviet aircraft carrier. In: Naval War College review. Vol. 33, 1980. No. 6.(282). S. 44-52. BZ 4634:33

Marriott, J.: Channel Command, the operational forces. In: NATO's fifteen nations. Vol. 18, 1973. No. 3. S. 40-48. BZ 4124:18

Marriott, J.: Fire power of the striking fleet. In: NATO's fifteen nations. Jg. 23, 1978. No. 2. S. 44-50. BZ 4124:23

Meyer-Brenhof, J.: Die Marine- und Seefliegerverbände der europäischen NATO-Staaten. In: Marine-Rundschau. Jg. 76, 1979. Nr. 12. S. 739-745. BZ 05138:76

Moore, J. E.: NATO at sea. In: NATO's fifteen nations. Vol. 23, 1978. Spec. issue. S. 19-23. BZ 4124:23

West-European Navies and the future. Ed.: J. H. Veldman a. F. T. Olivier. Den Helder: Royal Netherlands Naval College 1980. 251 S. B 44676

Nitze, P.; Sullivan, L.: Securing the seas. Soviet naval challenge and Western Alliance options. In: The Atlantic community quarterly. Vol. 16, 1978-79. No. 4. S. 473-503. BZ 05136:16

Oliveira, I.: Poder naval das nacoes da OTAN. In: Revista maritima brasileira. Anno 97, 1977. No. 4/5/6. S. 43-71. BZ 4352:97

Paýa Arregui, M,: Las fuerzas navales de la OTAN. In: Defensa. Année, 4, 1981. No. 34. S. 46-55. BZ 05344:4

Pensel, A.: Die NATO-Seestreitkräfte in den 80er Jahren. T. 1. 2. In: Militärwesen. 1981. H. 5. S. 63-69; H. 6. S. 88-90. BZ 4485:1981

Schiffbau in der NATO und bei den Sowjets. Acht Fregatten im Vergleich. In: Internationale Wehrrevue. Jg. 13, 1980. Nr. 7. S. 1003-1010. BZ 05363:13

Schwarz, W.: Maritime Politik und Marinerüstung der NATO-Staaten. In: IPW-Berichte. Jg. 11, 1982. H. 1. S. 48-53. BZ 05326:11

Securing the seas. Boulder: Westview Pr. 1979. XXXI, 464 S. B 38446

Moderne Seemacht. Zur Lage auf den Weltmeeren. Wien: Überreuter 1972. 224 S. (Truppendienst-Taschenbücher. 21.) B 39430

Sembritzki, H.: Zur Marineausrüstung der NATO. In: Militärwesen. Jg. 21, 1977. Nr. 8. S. 57-64. BZ 3370:21

Vohs, H.-H.: Die europäischen NATO-Marinen. In: Wehrtechnik. 1978. Nr. 6. S. 26-33. BZ 4084:1978

Weisser, U.: Sowjetische Flottenpolitik und atlantische Strategie. In: Aus Politik und Zeitgeschichte. 1976. B. 15. S. 29-38. BZ 3247:1976

West, F. J.: U. S. naval forces and the northern flank of NATO. In: Naval War College review. Vol. 32, 1979. S. 15-25. BZ 4634:32

Wunderlich, H.: NATO-Seestreitkräfte in Nordeuropa. In: Marinekalender der DDR. 1977. S. 190-200. F 1447:1977

Wunderlich, H.: Die Seestreitkräfte der USA und ihre Stellung in der NATO. In: Militärwesen. Jg. 20, 1976. H. 1. S. 86-92; H. 2. S. 93-99. BZ 3370:20

11. Luftstreitkräfte

The Air forces of the NATO. Amstelveen: Perel 1979. 96 S. (NATO's fifteen nations. Special issue. No. 2, 1979.) Bc 0626

Beesten, B. von: Luftflottenkommando und NATO-Kommandostellen. In: Truppenpraxis. Jg. 1972. H. 4. S. 293-295. BZ 3361:1972

Canby, S. L.: Tactical air power in armored warfare: the divergence with the NATO. In: Air University review. Vol. 30, 1979. No. 4. S. 2-20. BZ 4544:30

Fox, C. L.; Lorenzini, D. A.: How much is not enough? The nonnuclear air battle in NATO's central region. In: Naval war college review. Vol. 33, 1980. No. 2. (278). S. 58-78. BZ 4634:33

Freytag, K. S.: Vierte Alliierte Taktische Luftflotte. In: Truppenpraxis. Jg. 22, 1978. No. 5, S. 395-401. BZ 3361:22

Horseman, M.; Calvert, D. J.: NATO Air Power Album. London: Allan 1980. 111 S. B 43761

Marriott, J.: The air defence of Europe. In: NATO's fifteen nations. Vol. 18, 1973. No. 5. S. 37-68. BZ 4124:18

Meunier, P.: That same flying family in the navy. In: NATO's fifteen nations. Jg. 23, 1978. No. 2. S. 70-87. BZ 4124:23

Monreal, P.: Die Rolle der Luftwaffe innerhalb der zentraleuropäischen NATO-Luftstreitkräfte. T. 1. 2. In: Truppenpraxis. Jg. 10, 1976. H. 8. S. 573-578; H. 10. S. 733-736. BZ 3361:20

Nette, K. A.: Defence on the European central front. A difficult but feasible all-arms task. In: Canadian defence quarterly, Vol. 10, 1980/81. No. 3. S. 12-20. BZ 05001:10

Paasch, E.: Royal Air Force in Germany. In: Truppenpraxis. Jg. 22, 1978. Nr. 6. S. 485-489. BZ 3361:22

Paasch, E.: Zweite Alliierte Taktische Luftflotte. In: Truppenpraxis, Jg. 22, 1978. Nr. 1. S. 45-50. BZ 3361:22

Paul, R.: Entwicklungstendenzen der NATO-Fliegerkräfte. In: Militärwesen. Jg. 24, 1980. H. 2. S. 59-62. BZ 4485:24

Sismore, E. B.: Ground environment for the future. The air defence of Allied Command Europe. In: NATO's fifteen nations. Vol. 23, 1978. No. 4. S. 58-66. BZ 4124:23

Sulpasso, F. S.: L'aerocooperazione questa sconosciuta. In: Rivista militare. Jg. 100, 1977. No. 5. S. 119-121. BZ 3132:100

12. Wehrtechnik

Bako, Z.: NATO - rynek uzbrojenia. [Die NATO - Der Rüstungsmarkt.] Warszawa: Wydawn. Min. Obrony Narod. 1980. 341 S. Bc 1543

Büchs, H.: Rüstungszusammenarbeit in der NATO als Mittel zur Einengung der technologischen Lücke. In: Europa-Archiv. Jg. 22, 1967. F. 19. S. 703-710. BZ 426:22

Cliffe, T.: Military technology and the European balance. London:

Internat. Inst. for Strateg. Studies. 1972. 58 S. (Adelphi Papers. No. 89.) F 1718:89

Cormack, A. J. R.: NATO-Gewehr-Vergleichserprobung - eine Farce? In: Internationale Wehr-Revue. Jg. 11, 1978. Nr. 7. S. 1043-1048. BZ 4111:11

Critchley, J.: A community policy for armaments. In: The Atlantic Community quarterly. Vol. 17, 1979. No. 3. S. 337-345. BZ 05136:17

Dalma, A.: Die Allianz und die Proliferation von Kernwaffen. In: Wehrkunde. Jg. 14, 1965. H. 1. S. 1-9. BZ 3080:14

Daume, J.: Tendenzen der Flugzeugbewaffnung in den NATO-Staaten. In: Militärwesen. Jg. 21, 1977. Nr. 9. S. 69-73. BZ 3370:21

Dzialas, R.: Gedanken zur möglichen Einführung neuer amerikanischer Waffensysteme in Europa. In: Europäische Wehrkunde. Jg. 27, 1978. Nr. 8. S. 403-407. BZ 3080:27

Engelhardt, K.; Berndt, K.: Militärische Forschung und Entwicklung in der imperialistischen Hochrüstung. In: IPW-Berichte. Jg. 10, 1981. H. 6. S. 10-17. BZ 05326:10

Ezell, E. C.: Die anhaltende NATO-Debatte über kleinkalibrige Waffen. Palaver ohne Ende. In: Internationale Wehrrevue. Jg. 14, 1981. Nr. 3. S. 295-301. BZ 05263:14

Fiedler, H.: Internationalisierung des wissenschaftlich-technischen Fortschritts, NATO-Rüstung und multinationale Konzerne. In: IPW-Berichte. Jg. 9, 1980. H. 3. S. 22-29. BZ 05326:9

Flume, W.: Main battle tank for the '90s. Problems of cooperation. In: NATO's fifteen nations. Vol. 26, 1981. Special issue 1. S. 42-52. BZ 05266:26

Garber, V.: Review of NATO armaments cooperation. In: National defense. Vol. 65, 1981. No. 366. S. 30-32; 55. BZ 05186:65

Grasnick, G.; Noelting, H.: MIK - Geschäft mit dem Tode. Berlin: Dietz 1980. 80 S. Bc 2084

Hammer, S. R.: Die nuklearen Mittelstreckensysteme der NATO. In: NATO-Brief. Jg. 28, 1980. Nr. 1. S. 3-8. BZ 05187:28

Hauck, G.: Internationale Rüstungszusammenarbeit und Luftwaffenrüstung. In: Wehrtechnik. 1978. Nr. 3. S. 66-71. BZ 4084:1978

Herrmann, R.: Zum Problem der Beschaffung von "Long-Range Theatre Nuclear Forces" und der Aufgaben des nuklearen Dispositivs der NATO. In: Beiträge zur Konfliktforschung. Jg. 9, 1979. H. 4. S. 5-36. BZ 4594:9

Brassey's Infantry Weapons of the NATO armies. Ed.: J. Owen. 2. ed. London: Brassey 1979. 160 S. 08039

Kanter, H.: NATO armaments. In: National defense. Vol. 65, 1981. No. 366. S. 25-29. BZ 05186:65

Kline, S.: Die Zweibahnstraße - Sackgasse oder Ausweg? In: Wehrtechnik. 1979. H. 6. S. 14-21. BZ 05258:1979

Koeppl, B. J.: Rüstungsmanagement und Verteidigungsfähigkeit der NATO. 2. Aufl. Straubing: Donau-Verl. 1979. 204 S. (Münchener Hochschulschriften. B. Staatswissenschaften. Bd 2.) B 41554

Lewis, D. D.: The NATO A[nti] S[ubmarine] W[arfare] situation.

In: U.S. Naval Institute. Proceedings. Vol. 85, 1959. No. 4.
S. 55-63. BZ 3261:85
Mahn, S.: Die Rüstungsausgaben der NATO in den letzten 5 Jahren - Beweis ihrer friedensfeindlichen Politik. In: Militärwesen.
Jg. 21, 1977. Nr. 11. S. 90-94. BZ 3370:21
Meeting Report. Executive symposium on NATO standardization and interoperability. Aug. ,4. 1977 at the Naval War Coll. at Fort Lesley... Washington: American Def. Prep. Ass. 1977. 105 S. Bc 089
Messina Rigoni, G.: NATO: armamento convenzionale o nucleare.
In: Rivista marittima. Anno 94, 1961. No. 9. S. 13-27. BZ 531:94
Miksche, F. O.: Bundeswehr ohne atomaren Feuerschutz. In: Wehr und Wirtschaft. Jg. 18, 1974. H. 1. S. 18-45. BZ 3326:18
Müller, H.: Tendenzen der Kanonenbewaffnung von NATO-Flugzeugen.
In: Militärwesen. Jg. 21, 1977. Nr. 7. S. 69-73. BZ 3370:21
Nerlich, U.: Theatre nuclear forces in Europe. In: The Washington quarterly, Vol. 3, 1980. No. 1. S. 100-125. BZ 05351:3
Nerlich, U.: Die Stationierung landgestützer Mittelstreckenraketen in Europa. In: Europäische Wehrkunde. Jg. 30, 1981. H. 8.
S. 337-341. BZ 05144:30
Niemzig, I.: Panzerhaubitze 155-1. Der europäische Beitrag zur Standardisierung der Panzerartillerie der NATO. In: Wehrtechnik.
1981. Nr. 10. S. 64-70. BZ 05258:1981
Nunn, S.: Arms control and theater nuclear force modernization.
In: The atlantic community quarterly. Vol. 17, 1979-80. No. 4.
S. 437-444. BZ 05136:17
O'Ballance, E.: Is weapon developement still possible? In: Military review. Vol. 58, 1978. No. 11. S. 2-12. BZ 3131:58
Owen, J. I. H.: NATO infantry and its weapons. Boulder: Westview Pr. 1976. 194 S. B 29916
Perrett, B.: NATO armour. London: Allan 1971. 128 S. B 20913
Perry, W. J.: Die Stärkung der NATO durch die Technologie. In: Europäische Wehrkunde. Jg. 17, 1978. H. 3. S. 107-111. BZ 3080:27
Pickert, H.: Neue Waffentechnologien, Waffenarten und Kampfmittel.
In: Aus Politik und Zeitgeschichte. 1979. B 11. S. 3-30.
S. 3-30. BZ 05159:1979
Pordzik, W.: Zur Frühgeschichte taktischer Atomwaffen. In: Europäische Wehrkunde. Jg. 28, 1979. Nr. 11. S. 533-536. BZ 05144:28
Raven, W. von: Wegkreuzung in der Grauen Zone. In: Europäische Wehrkunde. Jg. 28, 1979. Nr. 10. S. 481-487. BZ 05144:28
Robinson, J. P. P.: Chemical weapons and Europe. In: Survival.
Vol. 24, 1982. No. 1. S. 9-18. BZ 4499:24
Ruehl, L.: Der Beschluß der NATO zur Einführung nuklearer Mittelstreckenwaffen. In: Europa-Archiv. Jg. 35, 1980. F. 4.
S. 99-110. BZ 4452:35
Schäfer, G.: Neue Handfeuerwaffen für die NATO. In: Wehrtechnik.
1978. Nr. 4. S. 79-82. BZ 4084:1978
Schnell, K.: Die Rüstungkooperation in der NATO. In: Europäische Wehrkunde. Jg. 29, 1980. H. 5. S. 222-229. BZ 05144:29

Sembritzki, H.: Zur Marineausrüstung der NATO. In: Militärwesen.
Jg. 21, 1977. Nr. 8. S. 57-64. BZ 3370:21
Treverton, G. F.: Nuclear weapons and the "Gray Area". In:
Foreign Affairs. Vol. 57, 1979. No. 5. S. 1075-1089. BZ 05149:57
US Arms Transfers to NATO - past, present, future... In: NATO's
fifteen nations. Vol. 22, 1978. No. 6. S. 70-77. BZ 4124:22
Nuclear Weapons and NATO. Washington: Dept. of the Army 1970.
VIII, 450 S. (DA Pam, 50-1.) 06654
Tactical nuclear Weapons: European perspectives. London: Taylor
a. Francis 1978. XVI, 371 S. B 32399
Wettig, G.: Die Mittelstreckenproblematik aus sowjetischer Sicht.
In: Osteuropa. Jg. 30, 1980. H. 3. S. 189-201. BZ 4459:30

Standardisierung
Barbati, V.: Standardizzazione e interoperabilità. In: Rivista
militare. Anno 103, 1980. No. 4. S. 17-24. BZ 05151:103
Basil, R. A.: NATO must standardize. In: National defense.
Vol. 62, 1977. No. 345. S. 208-211. BZ 3495:62
Blanchard, G. S.: Interoperabilität - Vorbedingung für eine erfolg-
reiche Verteidigung in Mitteleuropa. In: Heere international.
Jg. 1, 1981. S. 190-202. BZ 4754:1
Brown, H.: Rationalization, standardization within NATO. 4 th rep.,
Jan. 1978. U. S. Congr. Washington: Dept. of Defense 1978.
137 S. Bc 06
Callaghan, T. A.: US/ European economic Cooperation in military
and civil technology. Rev. ed. Washington: Cent. f. Strat. and
Internat. Studies 1975. 125 S. 07762
Clarke, J. L.: NATO standardization: panacea or plague. In:
Military review. Vol. 59, 1979. No. 4. S. 59-65. BZ 4468:59
Cornford, C.: European equipment cooperation. In: RUSI. Vol. 124,
1979. No. 1. S. 46-54. BZ 05161:124
Cremasco, M.: La standardizzazione degli armamenti nella NATO.
Roma: Ist. Affari Internaz. 1978. 147 S. Bc 1083
Daley, E. K.: Standardization or bankruptcy for NATO. In: US Naval
Institute. Proceedings. Vol. 104, 1978. No. 11. S. 28-33. BZ 3261:104
Damm, K.: Zweibahnstraße aus deutscher Sicht. In: Wehrtechnik.
1979. H. 7. S. 28-33. BZ 05258:1979
Defourneaux, M.: Independence nationale et coopération internatio-
nale en matière d'armements. In: Défense nationale. Année 35,
1979. No. 2. S. 35-48. BZ 4460:35
Drummond, D. M.: Getting traffic moving on NATO's twoway street.
In: Air university review. Vol. 30, 1979. No. 6. S. 26-34. BZ 4544:30
Eberhard, H. L.: Europäische und transatlantische Rüstungskoope-
ration aus deutscher Sicht. In: Soldat und Technik. Jg. 22, 1979.
Nr. 9. S. 465-469. BZ 05175:22
Gessert, R. A.: Industrielle Erwägungen bei der transatlantischen
Rüstungszusammenarbeit. In: Internationale Wehrrevue.
Jg. 12, 1979. Nr. 6. S. 921-930. BZ 05263:12

Gessert, R. A. : Industrielle Erwägungen bei der transatlantischen
Rüstungszusammenarbeit, T. 2. - Alternativen und Folgerungen
für die Zukunft. In: Internationale Wehrrevue. Jg. 12, 1979.
Nr. 7. S. 1131-1135. BZ 05263:12
Glinz, H. K. : Europäische Divisionen und die Kampfkraft der NATO.
In: Wehrkunde. Jg. 7, 1958. H. 11. S. 619-623. BZ 3080:7
Klank, W. : Zur verstärkten Rüstungskooperation in Westeuropa. In:
Militärgeschichte. Jg. 17, 1978. Nr. 1. S. 74-85. BZ 3742:17
Kozicharow, E. : NATO standardization advances. In: Aviation week
and space technology. Vol. 107, 1977. No. 25. S. 8-10. BZ 3447:107
Miley, H. A. : Weapon standardization. In: National defense.
Vol. 62, 1977. No. 345. S. 212-213. BZ 3495:62
Moses, J. W. : NATO. Standardization in action. In: Army information
digest. Vol. 19, 1964. No. 10. S. 41-46. BZ 3260:19
NATO Standardization and licensing Policy - exploratory phase.
Vol. 1/3. McLean: Gen Res. 1976. Getr. Pag. 07575
Puzin, I. N. ; Balncuk, M. A. : [Kyr.] Mežgosudarstvennye Svjazi
stran NATO. [Die zwischenstaatlichen Beziehungen der Länder
der NATO.] Moskva: Meždunarodnye otnošenija 1979.
253 S. B 36327
Rive, A. : STANAG- Standardisierungsübereinkommen im Rahmen
der NATO. In: Wehrtechnik. 1982. Nr. 2. S. 54-56. BZ 05258:1982
Saunders, R. M. : Standardization: in search of the Holy Grail. In:
Army. Vol. 29, 1979. No. 2. S. 14-20. BZ 05151:29
Schäffer, W. : NATO - Standardisierung. In: Wehrkunde. Jg. 11, 1962.
H. 4. S. 212-219. BZ 3080:11
Taylor, J. W. R. : Can NATO standardise its air power? In: The
Royal Air Force quarterly. Vol. 2, 1962. No. 2. S. 89-94. BZ 3605:2
Tiemann, W. : Rüstungskooperation in der NATO. In: Marine-
Forum. Jg. 53, 1978. Nr. 7. S. 197-201. BZ 3332:53
Two Way Street. USA - Europe arm procurement. The Klepsch
Report. London: Brassey 1979. 94 S. B 35714
Wolf, C. ; Leebart, D. : Trade liberalization as a path to weapons
standardization in NATO. In: International security. Vol. 2, 1978.
No. 3. S. 136-159. BZ 4432:2
Wust, H. : Militärische Aspekte der Rüstungsstandardisierung.
(NATO.) In: Wehrkunde. Jg. 25, 1976. H. 5. S. 224-230. BZ 3080:25

III
ALPHABETISCHES VERFASSER-REGISTER

Abadan-Unat, N. 291
Abella-Bermejo, R. 262
Abelshauser, W. 121
Aberle, E. 221
Aboville, B. de 105
Abraham, D. 178
Abrahamson, J. L. 330
Abrahamsson, H. 300
Abramovič, A. 238
Abrasimov, P. A. 181
Abraszewski, A. 20
Abu Ayyash, A. - I. 283
Abu Bakar, M. 288
Abu Kishk, B. 283
Abu-Lughod, J. 283
Abun-Nasr, J. M. 294
Abyzov, V. I. 70
Ackerl, I. 225
Acocella, G. 215
Adam, I. I. 236
Adámek, J. 265
Adamietz, A. 184
Adamsen, H. R. 187
Adamson, W. L. 211
Adan, A. 108
Addinall, E. 53
Adelman, K. L. 294
Adler-Karlsson, G. 51
Afanasyan, S. 255
Agrell, W. 34, 40
Agsten, R. 190
Agursky, M. 247
Ahlberg, R. 12
Ahrens, H. 335
Ahto, S. 82
Aiken, A. 75
Ailes, C. P. 253
Ajami, F. 271
Alavi, A. 343
Albert, F. 55
Alberts, D. J. 39
Albertz, H. 130
Albin, J. 227
Albrecht, U. 147

Albrechtsen, S. 128
Alcorn, D. 76
Aleksandrov, A. M. 84
Alexander, P. 99
Alford, J. 206
Algar, H. 280
Ali, S. R. 289
Aliboni, R. 113, 299
Allan, J. A. 301
Allard, D. C. 332
Allen, C. D. 39
Allen, T. M. 331
Allende, A. P. 311
Allinson, S. 64
Allmayer-Beck, J. C. 224
Almeida, P. R. de 234, 292
Almeyda, C. 311
Als, J. 129
Alston, P. 54
Altermatt, U. 102
Aluko, O. 302
Alvarado, E. 14
Alvarado-Sánchez, J. 316
Amalrik, A. 241
Amann, P. H. 321
Ambjörnsson, R. 62
Abrose, S. E. 37
Amel'čenko, V. V. 249
Amendola, E. P. 213
Ameringer, C. D. 307
Amiconi, N. 212
Amin, S. H. 109
Ammon, H. 151
Amos, J. W. 112
Amstutz, P. 258
Amusategui de la Cierva, E. de 110
Andelman, D. A. 232
Anders, G. 34
Andersen, H. 129
Andersen, J. 128
Andersen, W. K. 278
Anderson, D. 294
Anderson, G. 106, 118

Anderson, I. H. 325
Anderson, P. 211
Anderson, T. H. 103
Anderson, W. C. 107
Andersson, S. 256
Anderton, D. A. 47
Andrén, N. 122, 257
Andreski, S. 228
Andrew, C. M. 198
Andrews, C. F. 208
Anfilov, V. A. 83
Angell, A. 311
Angerer, R. 222
Angolia, J. R. 159
Aniol, W. 20
Ansprenger, F. 294
Antezana-Ergueta, L. 309
Antoni, M. 262
Antosjak, A. V. 82
Anwar, M. 204
Anyanwu, K. C. 302
Aparicio-Pérez, M. A. 260
Apel, H, 208
Apostolski, M. 127
Apunen, O. 194
Arad, Y. 85
Arbizzani, L. 68
Archipov, V. S. 84
Ardeleanu, I. 237
Arendt, H.-J. 167
Arenz, W. 73
Argaña, L. M. 307
Arias Gómez, J. 312
Aricó, J. 316
Arimia, V. 235
Arismendi, R. 306
Armellini, G. 216
Armstrong, R. 324
Arnaud, J.-M. 112
Arndt, H.-J. 147
Arndt, W. 87
Arnfred, N. 55
Arnold, G. 209
Arnold, H. M. 318
Arnold-Forster, M. 69
Arnon-Ohanna, Y. 112

Aron, R. 23, 102
Artaud, D. 67
Arter, D. 194
Artisien, P. F. R. 220
Arvidsson, H. 11
Ascoli, D. 66
Ash, T. G. 188
Asher, H. B. 321
Ashkasov, V. I. 80
Ashkenasi, A. 112
Ashley, R. K. 327
Askholm Madsen, P. 128
Atieti, S. 216
Atkins, G. P. 336
Atkinson, A. 35
Attard, J. 94
Auckland, R. G. 65
Auclert, J.-P. 65
Aurillac, M. 197
Auton, G. P. 150
Awosika, K. 302
Axelrod, R. 244
Ayoob, M. 114, 295
Azcárate, M. 11
Azéma, J.-P. 71
Azicri, M. 336
Azmaz, A. 134
Azovcev, N. N. 239
Azurmendi-Otaegui, J. 262
Azzam, H. M. 299

Baal, G. 195
Babadžanjan, A. C. 84
Babičenko, L. G. 134
Bacevich, A. J. 340
Bach Nielsen, E. 254
Bacia, J. 169
Bačilo, F. A. 85
Badaloni, N. 54
Bade, K. J. 134, 166
Badea, M. 201
Baden-Powell, D. 88
Bader, E.-M. 227, 228, 232
Bading, L. 185

Badini, A. 104
Baehr, P. R. 220
Baehr, R. 312
Baerentzen, L. 86
Bärsch, K.-E. 144
Baggio, A. M. 60
Bagramjan, I. C. 249
Bahr, E. 119
Bahro, R. 12, 147
Bahu-Leiser, D. 197
Baić, D. 96
Baker, D. 33
Baker, H. 335
Bakewell, R. D. 51
Balck, H. 70
Bald, D. 158
Balfour, M. 102
Baljakov, A. V. 251
Balke, U. 76
Balkenhol, T. 291
Ball, D. 34
Ball, D. J. 329
Ballhause, W. 178
Ban-Ami, S. 262
Bandmann, Y. 108
Banerjee, J. 190
Bar-Siman-Tov, Y. 108
Baram, A. 279
Baransi, S. 283
Barbar, A. M. al 301
Barbati, V. 341
Barber, J. 254
Barbrook, A. 319
Barbu, Z. 235
Barclay, G. S. 74, 327
Barcz, J. 151
Bardéy, G. 155
Bariéty, J. 126, 198
Baring, A. 139
Barker, D. 207
Barker, E. 219
Barker, R. 89
Barlow, W. J. 247
Barnaby, F. 16, 26
Barnhart, M. A. 99
Barnouw, D. 91

Baroth, H. D. 170
Barrett, M. 55
Barron, J. 239
Barsukov, V. N. 80
Bartelski, L. M. 81
Barth, P. 153, 169
Barthel, G. 295
Barthélemy, R. 200
Bartram, P. 202
Bartsch, M. 82
Barzel, R. 131
Bassett, R. 207
Bastian, G. 147
Bathurst, R. B. 327
Batu, H. 292
Baudis, D. 163
Bauer, P. 80
Baum, B. 174
Baum, R. C. 135
Baumann, W. 166
Baumeister, O. 84
Baumer, W. H. 331
Baumoeller, P. 227
Bathurst, R. B. 244
Bauer, E. 273
Bauer, M. 184
Bay, C. 8
Baybutt, R. 77
Bayo Adekson, J. 300
Beaton, C. 69
Beaucé, T. de 201
Beaumont, R. A. 47
Beaver, P. 161
Beazley, K. C. 342
Bebel, S. 131
Bech, R. 134
Bechmann, A. 57
Bechtoldt, H. 108
Becker, J. 149
Becker, J. M. 199
Bédarida, F. 203
Bedlington, S. S. 268
Beekman, F. S. A. 90
Beer, F. A. 16
Beetham, M. 208
Beevor, J. G. 36
Begouen-Demeaux, 94

Behn, W. H. 280
Behrens, H. 269
Beier, G. 56, 170
Beilenson, L. W. 19
Beitz, W. G. 270
Beker, A. 32
Belau, D. 310
Belchem, D. 93
Bell, J. B. 210
Bell, P. E. 5
Bellér, B. 266
Ben-Zvi, A. 284, 325
Benard, C. 334
Benavente, J. P. 200
Benet i Morell, J. 262
Benítez, F. 314
Benn, A. N. W. 6
Benningsen, A. 253
Benser, G. 145
Benson, B. 16
Benz, W. 179, 317
Berberoglu, B. 291
Berecz, J. 266
Berendt-Haas, H. 170
Beres, L. R. 34
Berg, A. 281
Berg, K. 250
Berg-Schlosser, D. 296
Bergami, G. 211
Berger, J. 318
Berger, P. 186, 199
Bergère, M.-C. 277
Bergèse, F. 47
Bergmann, G. 18
Bergmann, K. 123
Bergonzini, L. 216
Bergot, E. 109
Bergsdorf, W. 16
Berlinguer, G. 211
Berlyn, N. R. B. 338
Bernath, M. 1
Bernatowicz-Bierut, G. 31
Berndtson, H. 325
Berne, J. 195
Bernhard, O. 169

Berntson, L. 11
Bertelli, S. 213
Berthold, W. 132
Bertram, C. 120
Bertuzzi, A. 212
Besançon, A. 240
Besser, R. 49
Besslich, W. 162
Betancourt, R. 307
Bethell, N. 83
Bethmann, H. 174
Betts, R. K. 41
Beule, N. de 126
Beuter, H.-J. 24
Beyer, M. 142
Beyer, W. 192
Beyme, K. von 11, 242
Beyrau, D. 232
Bezymenskij, L. A. 83
Bialer, S. 240, 254
Bialer, U. 282
Biberaj, E. 220
Biddiss, M. 103
Bidsted, O. 129
Biegański, W. 90, 98
Biemann, G. 145, 146
Bienen, H. 244, 294
Biggs, B. 318
Bihl, W. 64
Bill, J. A. 279
Billig, M. 3, 204
Bin Talal, el H. 271
Bindom, K. M. 313
Bingen, D. 231
Binkin, M. 328
Binns, P. 41
Birdeanu, N. 237
Birdsall, S. 100
Birgaus, J. A. 299
Birn, D. S. 20
Birnbaum, M. P. 193
Bischoff, J. 211
Bitar, S. 311
Bittorf, W. 58
Bitzer, L. 320
Bjärnlid, H. 257

Bjørnson, B. 88
Black, J. 229
Blacker, C. D. 121
Blaich, F. 164
Blaisse, M. W. 299
Blake, L. 89
Blanchard, G. S. 31
Blanchard, M. 66
Blanke, B. 140
Blankenberg, H. 185
Blankertz, S. 318
Blasius, R. A. 134
Blau, T. 50, 251
Bleakley, D. 210
Blechman, B. M. 108, 336
Bleuel, H. P. 131
Bloch, C. 196
Bloch, R. 41
Block, G. D. M. 89
Bloemer, K. 28
Blok, A. 217
Blond, G. 200
Bloodworth, D. 272
Bloomfield, L. P. 341
Blum, J. M. 320
Bode, G. 46
Böddeker, G. 74
Boehm-Tettelbach, K. 76
Böhme, I. 188
Bölling, K. 133
Boeman, J. 99
Bönisch, A. 58
Boettcher, R. B. 286, 325
Boggs, C. 118
Bogisch, M. 190
Boguslawski, A. 150
Bohlinger, R. 16, 54, 165
Bohmann, A. 238
Bohnert, I. 168
Boisanger, C. de 255
Bolaffi, A. 6
Boldt, H. 136
Boll, F. 142, 186
Bolles, J. K. 334

485

Bollinger, K. 67
Bollmann, H. 98
Bologna, A. H. 110
Bologna, D. A. B. 205, 309
Bol'šakov, V. V. 8
Bonarski, M. 274
Bonwetsch, B. 242
Booth, J. A. 313
Booth, K. 342
Boots, R. C. 331
Borch, H. von 317, 320
Borchardt, K. 51, 163
Borejsza, J. W. 72, 149
Borga, C. 234
Borgstrøm, E. 128, 129
Borio, F. 217
Borisov, O. 275
Borkowski, D. 191
Borkowski, M. 229
Borowski, H. R. 181
Borre, O. 6
Borucki, P. 213
Bosco, E. D. 216
Bosmans, J. 223
Bossel, H. 164
Bosshard, F. 67
Botti, A. 216
Botting, D. 74
Botz, G. 223
Bouc, A. 200
Boumann, J. 280
Bourgeois, D. 165
Bourret, J.-C. 196
Bouscaren, A. T. 234
Boutros-Ghali, B. 299
Bower, T. 103
Bowers, S. 191
Bowyer, C. 47, 89, 94, 208
Boxer, M. J. 334
Boyer, Y. 328

Boyne, W. 48
Bracher, K. D. 62, 119
Bracke, G. 161
Bräker, H. 245
Bräuer, A. 189
Braham, R. L. 265
Brahm, H. 240, 241, 252
Brand, H. 90
Brand, J. 210
Brandler, H. 130
Brandt, 40
Brandt, H. 134
Brandt, J. 159
Brandt, P. 151
Brandt, W. 131, 146
Branner, J. 270
Bratu, A. E. 185
Brauch, H. G. 26, 327
Braun, D. 270
Braun, G. 296
Braun, H. 142
Braunerhielm, R. 196
Braunthal, G. 170
Brauzzi, A. 215, 261
Bray, C. 182
Braybrook, R. 48
Brécy, R. 56
Bredow, W. von 147, 154
Bredthauer, K. D. 18, 23, 154, 229
Bregnsbo, H. 12
Breitmann, R. 142
Brenchley, F. 222
Bresky, T. 256
Breyer, S. 250
Brežnev, L. I. 239, 242
Brice, M. 74
Briggs, P. J. 326
Brill, H. 175
Bringmann, F. 137
Brinkmann, A. 88
Briones, A. 306
Brissaud, J.-M. 238
Brodie, M. J. 314

Brodolini, G. 215
Brodsgaard, K. E. 273
Brönner, W. 269
Brook-Shepherd, G. 64
Broszat, M. 138
Broucek, P. 224
Broué, P. 239
Brower, K. S. 250, 332
Brown, A. 63
Brown, A. C. 13
Brown, F. C. 332
Brown, J. 37, 202
Brown, M. 268
Brož, I. 329
Brozek, A. 317
Brozio, N. 187
Bruch, R. vom 153
Bruckmann, K. 63
Bruns, W. 190
Bruzonsky, M. A. 326
Bryl-Warewicz, E. 165
Brzoska, M. 27
Buber-Neumann, M. 131
Buch, H. 24
Bucher, E. 259
Bucher, M. 259
Buchhaas, D. 144
Buchheim, L.-G. 74, 173
Buchhorn, M. 270
Buchloh, I. 187
Buchsweiler, M. 238
Buck, H. F. 191
Buck, J. H. 284
Bühl, H. 26
Bühlow, J. B. 125
Buenker, J. D. 319
Bürklin, W. P. 147
Büscher, H. 270
Bütler, H. 54
Buffin, D. 196
Bugaev, A. B. 58
Bukowski, T. 81
Bull, H. 106

486

Bullejos, J. 262
Burckel, N. C. 319
Bureau, J.-F. 28
Burens, P.-C. 190
Burgsdorff-Garath, A. von 62
Burkett, T. 204
Burmeister, H. W. 131
Buro, A. 51
Burow, N. I. 50
Burrows, B. 203
Burt, R. R. 28
Busch, E. 259
Buschmann, M. 147
Busse-Steffens, M. 21
Butenschön, M. 252
Butler, D. 117
Butler, J. S. 331
Butterwegge, C. 223
Buultjens, R. 273
Buysen, P. van 47

Caballero Jurado, C. 237
Cable, J. 39
Cabrera, C. H. 51
Cacciatore, G. 214
Cahill, J. 107
Caillet, G. 195
Cailleteau, F. 199
Calafeteanu, I. 293
Calamai, M. 315
Calapso, J. 217
Calder, N. 34
Caldwell, H. 46
Calia, I. 217
Callinicos, A. 305
Calvert, D. J. 31
Camarda, A. 215
Camargo-Crespo, A. 309
Cami, F. 126
Campbell, C. 65
Campbell, J. C. 112

Campus, E. 126, 236, 291
Canak, W. 288
Canaud, J. 92
Canis, K. 166
Canullo, L. 211
Canzio, S. 214
Caplan, J. 139
Caravedo-Molinari, B. 316
Cardoso, M. 234
Carew, A. 207
Carlebach, E. 238
Carlowitz, O. 40
Carlson, J. 318
Carney, T. 285
Caroit, J.-M. 316
Carpinelli, G. 126
Carras, M. C. 278
Carrère d'Encausse, H. 240
Carrillo, S. 261
Carroll, L. 289
Carson, C. 317
Carswell, R. 280, 326
Caruso, G. 106
Casalegno, C. 282
Casali, L. 98
Casalini, M. 55
Casaroli, A. 60
Cassin-Scott, J. 73
Cattan, H. 283
Catti De Gasperi, M. R. 211
Catudal, H. 181
Causi, M. 335
Cazal, J. M. 68
Ceauşescu, I. 86
Ceauşescu, N. 236
Ceppi, G. 213
Čerkasov, P. P. 197
Cernov, J. M. 250
Černyšev, I. P. 70
Cerreti, G. 216, 217
Cervi, M. 216
Ceva, L. 36
Chadeau, E. 200
Chaliand, G. 270

Chambart de Lauwe, M.-J. 11
Chamberlin, B. S. 180
Chambers, J. W. 335
Chan, A. 277
Chan, F. G. 267
Chan, M. K. 277
Chandler, R. W. 107
Chang, M. H. 290
Chang, P. 292
Chang Tien-lin 276
Chang Ya-chun 275
Chao Shu-tso 273
Chapsal, J. 201
Charaf, J. 287
Charbonneau, R. 106
Charles, M. 4
Chatelet, F. 5
Chatterjee, P. 289
Chavez-Costa, A. 316
Chazanov, A. M. 298
Cheek, T. 273
Cheema, P. I. 342
Chen, Y. 14
Chen Po-wen 277
Chenkin, K. 37
Chiellino, C. 212
Child, J. 329
Chiti-Batelli, A. 118
Chojnacka, M. 105
Chojnowski, A. 227
Chomulo, M. G. 84
Chou Wen-ching 273
Chraska, W. 225
Christensen, A. 129
Christensen, D. 222
Christensen, J. 247
Christenson, R. M. 319
Christiansen, F. 273, 274
Christienne, C. 195
Christy, J. 99, 162
Chruleva, V. A. 283
Chu-Liang 276
Chubin, S. 245, 322, 343
Church, J. 44
Churchill, W. S. 19
Ciachir, N. 292

487

Cimniak, R. 157
Cinanni, P. 3
Cincinnatus, 107
Civolani, E. 212
Claisse, G. 195
Clark, D. 209
Clark, I. 342
Clark, R. S. 8
Clarke, D. L. 328
Clarke, M. 206
Clarke, T. 283
Claudín, F. 11
Clausen, U. 295
Clem, A. L. 321
Cleveland, H. 114
Cobb, T. W. 247
Coble, P. M. 277
Cochrane, R. 204
Cocker, M. P. 207
Coffey, J. I, 150
Cohen, R. 325
Cohen, R. E. 321
Cohen, S. P. 289
Cohen, S. T. 42
Cohen, W. I. 318
Coker, C. 301
Colard, D. 23, 114
Colbjørnsen, T. 221
Coletta, P. E. 332
Collier, R. 72
Collins, J. J. 270
Collins, J. M. 27
Collo, L. 77
Combaux, E. 93
Comor, A. P. 200
Compton-Hall, R. 74
Comte, B. 92
Condon, R. W. 87
Coniglio, S. 40
Conquest, R. 11
Conrad, H. 189
Conradt, D. P. 136
Constantiniu, F. 86
Contamin, R. 66
Conti, G. 217

Conway, J. S. 78
Cook, B. B. 334
Cook, B. W. 318
Cook, C. 40
Cooksley, P. C. 90
Cooper, C. E. 65
Cooper, J. L. 334
Cooper, J. M. 328
Cooper, M. 74, 162
Copper, J. F. 290
Cordesman, A. H. 330
Córdova, A. 314
Cordova, Y. 108
Cornevin, M. 303
Cornwell, R. D. 102
Corredera-Gutiérrez, E. 262
Corsi, J. R. 14
Corterier, P. 103
Cosby, I. P. S. G. 284
Costa, J. M. 196
Cottrell, A. J. 32
Cousine, A. 93
Cox, R. H. W. 207
Coxall, W. N. 204
Cracknell, B. 239
Craig, G. A. 67
Cranston, M. 5
Cravit, L. 321
Crawley, M. L. 332
Crecine, J. P. 328
Crenshaw, M. 14
Creutz, R. 304
Croan, M. 190
Crociani, P. 214
Crocker, C. A. 304
Cronin, T. E. 320
Crosskill, W. E. 98
Crotty, W. J. 321
Crow, D. 44
Crozier, M. 317
Cruickshank, A. A. 14
Crutchley, C. 63
Csáky, E.-M. 224

Csoboth, I. 157
Csonkaréti, K. 45
Cuijkov, V. I. 68, 247
Cullmann, A. 184
Cumings, B. 109
Cunhal, A. 234
Cunibert, J. P. 126
Cuong Ngo-Anh 107
Curran, J. M. 211
Cusack, T. R. 276
Cutler, L. N. 24
Cutler, R. M. 243
Cyr, A. 206
Czempiel, E.-O. 30, 151, 327
Czerwick, E. 146
Czerwiński, J. 81
Cziomer, E. 246

Dabezies, P. 197
DaCosta, R. 234
Dahlin, T. C. 306
Dahms, H. G. 90
Dainelli, L. 19
Daix, P. 197
Dakkak, I. 283
Dales, G. 51
Dallin, A. 85
Dalmau-Olivé, M. J. 260
Dam, N. van 272
Danesch, M. 280
Daniel, C. E. 322
Daniel, D. C. 36
Daquin, T. 199
Darby, C. 99, 339
Darby, W. O. 331
Darracott, J. 22
Darwin, J. 205
Dassé, M. 290
Dathan, H. 40
Daum, U. 159
Davey, A. 206
David, D. 199
Davidič, V. N. 84
Davidson, B. 298
Davidson, O. R. 101
Davies, H. 63

Davis, L. 48
Davydov, J. P. 19
Davydov, V. F. 42
Dawisha, A. 271
Dawisha, K. 245
Dayan, M. 113, 282
Dazy, R. 14
Deac, A. 237
Debray, R. 196
Decke, B. 300
Defline, X. 199
Degen, G. R. 320
Deide, J. 309
Delarue, J. 109
Deli, P. 197
Dellenbrandt, J. A. 241
Delmas, C. 108, 119
Delpech, F. 92
Deluca, A. R. 67
Denham, H. M. 64
Dennis, P. 207
Denton, G. 203
Deppe, F. 170
Derrick, P. 210
Derry, T. K. 221
Dertinger, A. 168
Dessouki, A. E. H. 295
Detobel, R. 286
Dettloff, A. 284
Deudney, D. 50
Deurs, G. van 333
Deutsch, R. 223, 225
Deutscher, I. 130
Deutschland, H. 20
Deutschland, R. 20
Devlin, P. 211
Díaz, J. 261
Díaz-Arguedas, J. 68
Dickmann, E. 78
Dieckmann, G. 188
Diederich, B. 315
Diederich, E. 168
Diere, H. 64
Dietrich, H. 308
Dietschi, E. 258

Dietwart, H. 177
Dietz, H. 122
Dietze, B. 21
Dietzel, H. 56
Diez de Medina, F. 309
Dijk, C. van 339
Dillkofer, H. 154
Dimet, J. 232
Dirlik, A. 274
Dirnecker, R. 243
Dissmann, W. 190
Dittmer, L. 274
Dittrich, G. 191
Dixon, W. J. 20
D'jakov, J. L. 251
Djursaa, M. 128
Dlubek, R. 55
Dobosiewicz, S. 78
Dobrzycki, W. 315
Dockrill, M. L. 67
Dodd, N. L. 126
Dodds, R. 65
Doenecke, J. D. 67
Doenhoff, M. Gräfin 180
Doerig, H. 160
Doering-Manteuffel, A. 176
Doerry, T. 145
Dötsch, J. 121
Dohmen, K. 87
Dohse, K. 134
Dolden, A. S. 63
Dolent, J. 199
Domes, J. 13, 275, 290
Domich-Ruiz, M. 310
Domino, Z. 33
Donaldson, R. H. 243
Doni, E. 215
Donne, M. 208
Donnelly, C. N. 248, 249
Door, R. 266
Dostal, A. W. T. 158

Dosumu-Johnson, T. O. 298
Dotti, E. 305
Dougherty, R. E. 28
Douglas, R. 103
Douglas-Hamilton, Lord J. 94
Dover, V. 208
Drǎganu, G. 123
Drake, J. 206
Drake, R. 213
Drea, E. J. 100
Dreimann, D. 16
Dremov, I. F. 84
Drendel, L. 48
Drewitz, I. 174, 180
Dreyfus, F.-G. 150
Drifte, R. 284
Driftmann, H. H. 158
Drouin, M.-J. 313, 325
Drucker, H. M. 209
Ducatenzeiler, G. 309
Ducci, R. 119
Dudek, P. 175
Dudek, Z. 64
Dudley, B. J. 302
Due, T. 309
Duewell, K. 180
Duffy, G. 24
Dufossé, B. 272
Duić, M. 225
Duignan, P. 111, 297, 304
Duiker, W. J. 292, 293
Dulin, R. O. 74
Dumartheray, A. 259
Dumas, R. 195
Duncan, A. 282
Dunkerley, J. 310
Dunlop, R. 100
Dunn, K. A. 245, 329
Dunstan, S. 44
Durán, G. 68
Durch, W. J. 336
Dusek, P. 225
Dutailly, H. 199

489

DuToit, D. 303
Dwyer, T. R. 211
Dyson, K. H. F. 163
Dzieszyński, R. 94
Dzipanow, R. 87

Eberl, E. 58, 225
Eberwein, W. -D. 224
Ebinger, C. K. 53
Ecobescu, N. 23
Edmison, M. W. 332
Eduards, M. 258
Edwards, L. 318
Eger, R. 226
Eggers, O. H. 40
Egloff, F. A. 318
Ehmer, H. 94
Ehmer, J. 225
Ehnmark, A. 215
Ehrenberg, E. 116, 164, 270, 280
Eichenlaub, R. 174
Eickhoff, M. 82
Eide, V. 222
Eidelberg, P. 299
Eidem, K. 88
Eidlin, F. H. 264
Eihsen, M. 164
Eisen, J. 205, 220
Eisenberg, A. 3
Eisenhammer, J. S. 197
Eisenstein, Z. R. 322
Eisfeld, R. 234
Eitner, H. -J. 132
Ekman, S. 257
Ekrem, M. A. 291
El-Menshaui, M. 271
Elfrath, U. 75, 161
Elgström, O. 256
Elkins, M. 77
Elleinstein, J. 13, 197
Ellington, H. 53
Elliott, A. L. 329
Elliott, S. 210
Ellis, C. 73

Ellis, J. D. 195
Ellis, P. 207
Elm, L. 145
Elmbrant, B. 258
Elsner, M. 143
Elting, J. R. 88
Elvander, N. 122
Ende, W. 271
Enescu, I. 236
Enevoldsen, B. 129
Engelberg, E. 143
Engelhardt, W. W. 51
Engelkes, H. 195
Engelmann, B. 180
Engelmann, J. 41, 42, 70, 156
Engels, F. 12
Engert, S. 233
Englefield, D. 203
Engmann, G. 113
Enholm, K. 221
Enzelberger, E. F. 260
Epstein, J. M. 248, 331
Erb, H. 156
Erdmann, K. D. 139
Erdozaín, P. 312
Ereira, A. 207
Erickson, J. 248, 249
Eriksen, H. K. 88
Eriksson, B. 258
Eriksson, K. -E. 258
Ermacora, F. 218
Erös, J. 265
Esche, M. 202
Escribano, M. 283
Eseddin Hosseini, 4
Eshel, D. 44, 108, 282
Esmain, J. 284
Espersen, M. 341
Esser, J. 57, 171
Esser, K. 315
Estager, J. 232
Estreen, R. 257
Ethell, J. 48

Ettmeyer, W. 223
Etzold, T. H. 115
Euler, H. 94
Evans, H. 203
Evans, J. 252, 334
Evans, R. J. 177
Evers, A. 57
Expedit, B. 269
Eyal, E. 282
Ežov, V. D. 180

Fabela, I. 314
Fabian, H. 336
Fabry, P. W. 72
Fabyanic, T. A. 331
Fach, W. 171
Fagen, P. W. 9
Fairfax, D. 107
Fairlamb, J. R. 341
Falcón, J. 316
Faligot, R. 210
Falin, V. 24
Falk, R. 8
Fallows, J. 328
Faltas, S. 220
Fanon, F. 21
Fappani, A. 216
Farağ-ollah-Mizani, 279
Farago, L. 70
Faria, L. 14
Farneti, P. 212
Farnsworth, B. B. 55
Farnsworth, L. W. 285
Farrar-Hockley, A. 31
Farrell, W. R. 14
Fatemi, F. S. 280
Fathaly, O. I. el 301
Faulenbach, B. 177
Faust, R. 134
Favez, J. -C. 260
Favrot, B. 201
Fedoseev, P. N. 12
Fedynsky, A. 255
Fegley, R. 298

490

Fehér, F. 266
Fehrmann, E. 171
Feichtner, W. 238
Feinberg, R. E. 308
Fejtö, F. 12, 246
Felderer, D. 91
Felice, R. de 11
Ferencz, B. B. 135
Ferguson, A. P. 208
Ferguson, T. 100
Fernández-Salvatteci, J. A. 316
Ferrand, S. 38
Ferrante, O. 215
Ferrer, A. 309
Field, G. G. 202
Fikentscher, H. 135
Finan, J. S. 26
Fincher, J. H. 274
Finestone, J. 116
Finkelstein, M. S. 217
Finkler, R. 166
Finn, G. 189
Fiorina, M. P. 321
Fireside, H. 241
Firkins, P. 77
Firsov, F. I. 127
Fischer, A. 243
Fischer, G. W. 328
Fischer, H. 278
Fischer-Barnicol, H. A. 61
Fisher, S. W. 312
Fishlow, A. 310, 325
Fitch, J. S. 306
Fitzmaurice, J. 128
Fjeld, O. T. 222
Flach, W. 8
Flagothier, L. 2
Flagothier, R. 2
Flammer, P. M. 65
Fleischhauer, I. 238
Flensburg, O. 46
Flessner, H. 168
Fletcher, R. 149
Fleury, G. 200

Flisowski, Z. 64, 99, 101
Flohr, B. 170
Florentin, E. 93
Flores, A. 281
Flores, M. C. 311
Flume, W. 27, 161
Fock, H. 45, 46
Förtsch, E. 193
Foges-Christiansen, H. B. 190
Foiard, P. A. de 198
Fonta, I. 214
Fontana, D. G. 273
Fontanel, J. 23
Forbis, W. H. 281
Forssberg, L. R. 258
Forty, S. 331
Foss, C. F. 44
Foster, A. 205
Foster, C. R. 322
Fougeyrollas, P. 57
Fourié, D. 296
Fowler, C. 208
Fox, J. P. 81
Frackmann, M. 169
Frade Merino, F. 109
Fraga, D. J. A. 309
Francis, D. R. 327
Francq, H. G. 253
Franda, M. 272
Frank, H. 25
Frank, P. 131, 242
Franke, E. 151
Franke, M. 133
Franke, R. 263
Frankenthal, K. 168
Franklin, H. 339
Franklin, N. 48
Franks, N. L. R. 76
Franzke, J. 244
Franzmathes, F. 272
Fraser, J. 272
Freedman, G. L. 325
Freedman, L. 26, 33, 206, 208, 286

Freeman, C. 43
Freeman, R. A. 76
Freericks, G. 8
Frei, B. 132
Frei, D. 19, 103
Freiburg, A. 192
Freund, W. S. 279
Frevert, U. 167
Friauf, K. H. 168
Fricke, D. 161
Fricke, K. W. 189
Friedenthal, R. 132
Friedgut, T. H. 245
Friedman, N. 46
Friedrich, E. 16
Friedrichs, P. 316
Friel, P. J. 24
Frieser, K. -H. 77
Fritsche, K. 114
Fritz, G. 286
Fritzsche, H. 103
Fritzsche, K. P. 213
Fromm, E. 16
Fry, Earl H. 116
Fryklund, B. 122
Fryzel, T. 271
Fuchs, G. 67
Füllberg-Stollberg, K. 238
Fuente de la Ojeda, A. G. 262
Fukuyama, F. 269, 285
Furegon, N. 217
Furlong, R. D. M. 287
Furtak, R. K. 243
Fyfield, J. A. 274

Gabriel, H. W. 53
Gärtner, E. 58
Galandauer, J. 263
Galante, P. 179
Galart, P. -H. 275
Gale, B. 288
Galican, A. S. 83
Gallagher, T. 211
Galle, K. 161

491

Galli, G. 214
Galli, L. 94
Gallinari, V. 215
Gallois, P. M. 35, 243
Galm, H. 131
Galtung, J. 16, 17, 222
Galuppini, G. 215
Galvin, M. E. 336
Gambino, A. 102
Gamboa Ballester, J. L. 110
Gann, L. H. 111, 297, 304
Gansler, J. S. 333
Garamvölgyi, J. 6
Garaudy, R. 5
García Guadilla, N. 201
García-Salvattecci, H. 195
Gardner, R. S. 333
Garello, G. 48
Garling, M. 8
Garliński, J. 37, 42, 50
Garmendia-Urdanga- rain, J. M. 262
Garosci, A. 19
Garrett, R. 38
Garrett, S. A. 290
Garrier, G. 92
Garriga-Alemany, R. 260
Garrison, P. 46
Garside, R. 274
Garzia, I. 60
Garzilli, F. 98
Garzke, W. 74
Gasteyger, C. 243
Gatzka, W. 172
Gatzke, H. W. 151
Gaus, G. 151
Gay, P. 169
Gazit, S. 326
Geary, D. 121
Gebhart, J. 264

Geiger, R. 189
Geisler, B. 129
Geismar, A. 15
Geiss, E. 145
Gelb, S. 304
Gelber, H. G. 338
Geneste, M. 42, 199
Genscher, H.-D. 150
Gentilli, R. 48
Genty, R. 50
Georg, E. 94
Geras, N. 132
Gerbaud, D. 196
Gerbore, P. 102
Gerlach, W. 77
Gersdorff, K. von 49
Gertler, J. 243
Geyer, D. 143
Geyer, M. 23, 153
Ghareeb, E. 279
Ghermani, D. 235, 236, 237
Ghilardi, F. 205, 214
Ghirelli, A. 212
Giambartolomei, A. 215
Gibelli, C. 217
Gibson, M. 65
Gierycz, D. 43
Giesecke, H. 169
Giesenfeld, G. 267
Gil, J. 78
Gilbert, M. 78, 202
Gilboa, E. 113
Gilchrist, S. F. 332
Gillett, J.-P. 330
Gillett, R. 338
Gilley, D. C. 9
Gillum, G. P. 306
Giniewski, P. 1'13, 287
Ginkel, J. van 53
Giorgerini, G. 50
Giovannini, E. 215
Girault, R. 246

Giscard d'Estaing, V. 201
Gispert-Sauch, A. 315
Gitelman, Z. 123
Giulio, E. di 212
Glaser, E. 223
Glaser, H. 173
Glasneck, J. 225
Glaubitz, J. 274
Glazunov, N. K. 31
Gnesa, E. 283
Gnyś, W. 76
Godina, F. 96
Godson, R. 331
Godwin, P. H. B. 276
Goeb, A. 179
Goehlert, R. 331
Görgmaier, D. 169
Göricke, H.-O. 158
Görtemaker, M. 139
Goguel, F. 196
Gojawiczyńska, B. 105
Golczewski, F. 232
Golczewski, M. 126
Goldaras, J. R. 325
Goldberg, G. W. 322
Goldmann, K. 23
Goldoni, L. 216
Goldschmidt, B. 42
Goldstein, M. E. 34
Goldstein, W. 328
Goluecke, F. 89
Gomane, J.-P. 104
Gomes, C. 234
Gomes, C. M. 285
Gomez-Molleda, D. 260
Goncalves, V. 234
Gonseth, F. 160
González-Mata Lledó, L. M. 336
Gonzáles R., F. 316
Gooch, J. 206
Goodman, D. S. G. 274
Goodpaster, A. J. 114

Goodsell, J. N. 315
Goodwin, P. 34
Gook Aik Suan, 288
Goold, J. D. 67
Gopal, K. 267
Gorčakov, P. A. 70
Gordon, H. 77
Goren, D. 37
Gorena, L. 48
Gorguette, J. 308
Gormley, D. M. 248
Gorochov, N. A. 253
Gorodeckij, E. N. 254
Gorškov, S. 101
Gosmann, W. 149
Goss-Mayr, H. 176
Gottschalk, A. 164
Gottwald, K. 263
Gould, D. J. 299
Goulemot, J. M. 197
Gounand, P. 90
Goure, D. 50
Gouré, L. 35
Gourmen, P. 93
Goworek, T. 65
Graae, B. 129
Grabendorff, J. 308
Grabendorff, W. 336
Graber, G. S. 132
Grabmüller, H. J. 254
Gräbner, J. 30
Graf, C. 259
Graml, H. 151
Granata, L. 214
Grandsen, J. 45
Granzer, B. 217
Grasnick, G. 27
Grasset, P. 103
Grasso, V. 236
Grathwol, R. P. 149
Graveley, A. F. 43
Gravesen, B. 128
Gray, C. S. 35, 243, 254, 329

Gray, R. C. 32
Green, W. 47, 89
Greenberg, M. H. 15
Greene, F. 267, 326
Greenwood, D. 206
Greese, K. 182
Gregor, A. J. 106, 290, 326
Greil, L. 98
Greilsammer, A. 119
Greilsammer, I. 282
Greiner, B. 322
Grela, M. 232
Gremliza, D. 316
Greven-Aschoff, B. 56, 167
Grewe, W. G. 16
Grewlich, K. W. 121
Gribin, N. P. 210
Gridin, S. P. 252
Grieser, H. 18
Griffith, W. E. 327
Griffith, W. L. 63
Griffiths, F. 71
Grigorenko, P. G. 239
Grigorova, Ž. C. 127, 291
Grigulevič, I. P. 315
Grimm, R. 116
Grinsell, R. 48
Griotteray, A. 197
Grišin, S. V. 36
Grobecker, K. 185
Groeben, H. von der 105
Grøndahl, J. S. 341
Grosser, A. 59
Grosser, G. 13
Grossman, M. G. 320
Grossmann, G. 159
Grothusen, K.-D. 292
Grover, M. L. 306
Grubmayr, H. 308
Gruchmann, L. 77
Gruenewald, G. 18, 148

Grundy, K. W. 297
Grupp, F. W. 249
Gruszyński, J. 201
Guarasci, R. 322
Gudgin, P. 44
Güntelberg, V. 40
Günther, P. P. E. 62
Gueritz, E. F. 74
Gürkan, I. 31
Guernier, M. 114
Gugliamelli, J. E. 110, 309
Guigini, J. 200
Guilhaudis, J.-F. 23
Guillan, R. 37
Guillemin, J. 198
Gumpel, W. 16, 291
Gunewardena, V. 289
Gunst, P. 265
Gunston, B. 47, 48, 76
Gurtov, M. 275
Gusev, A. M. 83
Gustafson, T. 251
Gustafsson, B. 11
Gusy, C. 21, 104
Gutsche, W. 130
Gutteridge, W. 303
Guttsman, W. L. 143
Gyldén, N. 43

Haack, F.-W. 134
Haagerup, N. J. 23, 28
Haas, H. 226
Haass, R. 321
Haavio-Mannila, E. 194
Habermas, J. 136
Hacke, C. 151, 322
Hacker, B. C. 37
Hackett, Sir J. 53
Hackl, O. 83
Hadow, M. 77
Haeberlein, H. 160
Haegglöf, G. 254
Häggman, B. 276
Haerd, B. 27

493

Haffa, A. 110
Haffner, S. 177
Haftendorn, H. 150
Haga, A. 88
Hagen, A. 311
Hagerty, J. M. 209
Hahn, F. 317
Hahn, O. 154, 168
Haines, G. 74
Haitzinger, H. 173
Hájek, J. 9
Halbach, A. J. 305
Hale, W. 291
Halimarski, A. 277, 290
Hall, H. H. 205
Hall, J. 167
Hall, R. C. 48
Halleman, G. -P. 199
Halley, J. J. 208
Hallwood, P. 53, 114
Halpenny, B. B. 208
Halvorsen, D. 125, 233
Hamann, 40
Hamel, B. 293
Hamill, L. 288
Hamilton, N. 70
Hammel, E. M. 101
Hammerich, P. 128
Hammerstein, H. von 226
Hampe, P. 164
Handel, M. 35, 36
Handrack, H. -D. 85
Hanf, T. 303
Hanisch, R. 340
Hanks, R. 32
Hanks, R. J. 250
Hanning, J. 213
Hannum, H. 9
Hanrieder, W. 150
Hansen, F. 250
Hansen, K. -H. 146
Hansen, P. 222
Harding, L. 297
Hargadine, E. 285

Hariš, I. 96
Harker, J. S. 75
Harms, T. 148
Harnecker, M. 336
Haro Tecglen, E. 335
Harradine, P. J. 28
Harries-Jenkins, G. 35
Harris, P. 274
Harris, W. W. 283
Harrison, M. M. 198
Hars, R. 175
Hart, D. M. 108
Hart, T. G. 122
Hart-Davis, D. 208
Hartl, H. 235
Hartland-Thunberg, P. 54
Hartley, A. 204
Hartmann, K. 228, 231, 233
Hartmann, P. C. 91
Hartmann, W. 334
Hartmann-Laugs, P. S. 317
Harvey, B. 211
Hasan, N. 272
Hasegawa, T. 254
Haslund Gleditsch, N. 221
Hass, G. 69, 83
Hasselrot, Å. 7
Hassner, P. 118, 148
Hau, W. 174
Hauner, M. 72
Haupt, H. -G. 12, 116
Haupt, M. 180, 182
Haupt, W. 87, 154, 156
Hausen, K. 334
Hauser, O. 179
Hautsch, G. 57·
Hawkins, K. 209
Haya de la Torre, V. R. 317
Hayes, H. B. 68
Hayes, P. 286
Hayward, T. B. 332

Hazard, B. 274
Hazard, J. N. 241
Heald, T. 202
Heck, B. 180
Hecker, H. 289
Heckmann, F. 134
Hedegaard Jensen, L. 106
Hedman, S. 300
Héduy, P. 106
Heer, H. 141
Heese, V. 228, 231
Hefermehl, H. 160
Hefley, J. 37
Hefley, M. 37
Hegedüs, A. 123
Heidenreich, G. 174
Heider, P. 141
Heikal, M. 281
Heim, C. 167
Heimann, B. 277
Heimerich, H. 132
Hein, G. R. 339
Heinl, R. D. 1
Heinrichs, H. -J. 301
Heiseler, J. H. von 141
Hejgaard, D. 128
Helbling, H. 60
Heller, A. 266
Heller, K. H. 139
Heller, M. 254
Hellman, P. 3
Hellmann, R. 200
Hellyer, G. 71
Helms, E. 317
Henderson, B. 323
Henderson, P. V. N. 315
Henderson, R. d'A. 302
Hennig, E. 146
Hennig, M. 335
Hensel, M. 157
Herbig, K. L. 36
Herbst, L. 163
Heren, L. 209

Herken, G. 43
Hermann, V. 118
Hermansson, C. H. 51
Hermet, G. 262
Herre, F. 182
Herres, F. R. 268
Hertig, H.-P. 258
Hertzfeldt, G. 267
Hertzog-Cachin, M. 195
Hervé, F. 179
Herz, M. F. 107
Herzstein, R. E. 142
Hess, J. C. 145
Hess, W. N. 48, 95
Hesse, R. 34
Hesselbarth, A. 158
Hesselholt Clemmesen, M. 128
Heurlin, B. 23
Hewish, M. 110
Hewitt, R. L. 66
Hewlett, S. A. 317
Heydemann, G. 177, 192
Heyden, W. von der 157
Heydorn, H.-J. 180
Heyl, W. 188
Hickey, D. 64
Hielscher, G. 286
Higgs, D. P. 92
Hilchenbach, M. 173
Hildebrand, K. 149
Hill, D. B. 321
Hill, J. R. 207
Hill, R. 242
Hill, R. J. 211
Hill-Norton, 206
Hillebrenner, D. 32
Hiller von Gaertringen, F. Frhr. von 141
Hillgruber, A. 69, 82, 122
Hills, D. 305
Hills, J. 209
Hilmes, R. 44
Hilton, S. E. 37
Hinckle, W. 325, 337
Hindels, J. 222
Hines, J. G. 248
Hinz, H. 159
Hinz, R. 17
Hiok, L. B. 288
Hirn, W. 194
Hirschfeld, G. 91
Hitlin, R. A. 322
Hitzer, F. 184
Ho, S. P. S. 286
Hodgson, G. 204, 320
Höffkes, P. W. 52
Höhmann, H.-H. 251
Höllen, M. 176
Hömig, H. 180
Höpker, W. 103
Hörter, K. 157
Hösch, E. 254
Hofen, K. 176
Hofer, W. 173
Hoffmann, B. 134
Hoffmann, H. 42, 188
Hoffmann, J. 171
Hoffmann, K. O. 155
Hoffmann, R. W. 172
Hoffmann, S. 29, 119, 323
Hoffmeister, E. R. 331
Hofmann, G. 143
Hofmann, W. 165
Hofmeier, R. 305, 343
Hogg, I. V. 40, 41
Hoggart, S. 202
Hohensee, H. 187
Hohenstein, A. 94
Holbraad, C. 103
Holland, J. 210
Holland, R. F. 206
Hollen, C. van 343
Hollick, A. L. 323
Hollick, J. C. 298
Holm, H.-H. 104
Holmberg, H. 241
Holmberg, S. 257
Holmsten, G. 178, 179
Holst, J. J. 27, 221
Holtferich, C.-L. 163
Holtz, U. 104
Holzbach, H. 141
Holzman, F. D. 248
Holzweissig, G. 182
Hone, T. C. 332
Honecker, E. 242
Honecker, M. 176
Hoover, R. A. 8
Hoppe, M. 184
Horn, E. 109
Hornbeck, S. K. 67
Horner, D. M. 101
Horner, F. 118
Horowitz, D. L. 289
Horsdal, M. 54
Horseman, M. 31
Horsfield, J. 207
Hoseason, J. 89
Hosken, F. P. 56
Hossain, I. 272
Hottinger, A. 299
Hough, J. F. 241
Hough, R. 202
Hourdin, G. 60
Houweling, H. W. 26
Howell, E. 77
Howell, J. M. 319
Howells, R. A. 220
Hoxha, E. 126, 246
Hoyt, E. P. 64
Hraber, R. 233
Hrečkovski, S. 96
Hsia Chang, M. 326
Hu, Y. 121
Huat, C. B. 288
Hubatsch, W. 193
Hubel, H. 245
Hucke, J. 172
Hudson, M. 305
Huebbenet, G. von 219
Huebsch, N. A. 142
Hümmelchen, G. 302

Hugemark, B. 342
Hughes, D. J. 89
Huillier, F. L. 92
Huisken, R. 42
Humbert, J. 202
Hummelberger, W. 224
Hundt, W. 269
Hunsberger, W. D. 318
Hunt, K. 35
Hunt, P. 279
Huntington, S. P. 304
Huntzinger, H. 197
Hurst, J. 338
Hurt, R. C. M. 338
Hussain, A. 251, 279
Hussain, F. 26, 121
Hussein, S. 109, 279
Huyghebaert, K. 126
Hwang, B.-M. 275
Hyland, W. G. 35, 244, 246, 248, 327
Hyman, A. 49
Hysi, G. 126

Iacono, G. 47, 49
Ibach, K. 137
Ibrahim, S. E. 299
Igl, G. 300
Ignats, U. 241
Ihme, B. 6
Il'inskij, M. M. 268
Ilsemann, C.-G. von 154, 155
Imbusch, H. 164
Indorf, H. H. 290
Infield, G. B. 70
Ingleson, J. 339
Iojryš, A. I. 43
Ionescu, M. E. 86
Iosa, M. 237
Ireland, T. P. 29
Iriye, A. 99
Irving, D. 73, 132
Isaac, R. J. 281

Isaenko, N. F. 80
Isby, D. C. 249
Israel, D. 53
Israel, J. 53, 55
Israeli, R. 272, 299
Istratov, V. N. 210
Ivanov, S. K. 43
Ivens, K. 131
Ivković, V. 96

Jaarsveld, F. A. van 303
Jabber, P. 113
Jabre, A. 287
Jacchia, E. 120
Jackowicz, J. 127, 229
Jackson, Sir G. 16
Jackson, J. S. 322
Jackson, W. D. 334
Jacobs, D. N. 239
Jacobsen, C. G. 275
Jacobsen, M. K. 48
Jacobson, G. C. 321
Jacobucci, M. 26
Jacoby, A. 278
Jaenecke, H. 233
Jagoda, Z. 78
Jahn, E. 17
Jain, R. K. 275, 284
Jaitner, K. 205
Jakubowski, J. 124
Jakuševskij, A. 72
Jambor, W. 226
Jan, I. 96
Jancar, B. 125
Janke, P. 262
Jannazzo, A. 265
Jansson, E. 258
Jardim, A. 335
Jaroslawski, J. 55
Jarowiecki, J. 232
Jaschke, H.-G. 148, 175
Jasper, G. 136, 139
Jaster, R. S. 304
Jaus, O. 83, 159
Jena, D. 253

Jenisch, U. 8
Jenkins, R. 203
Jennings, G. 320
Jensen, M. E. 88
Jensen, R. B. 10
Jernewall, M. 57
Jervas, G. 323
Jeske, J. 305
Jewell, B. 207
Jilke, W. 248
Jiménez-González, E. 314
Jiryis, S. 281
Joffe, J. 153
Johansen, P. O. 222
Johe, W. 137
John, A. 2
John, H. 154, 183
John, J. 163
Johnson, B. 39
Johnson, D. 89
Johnson, M. O. 291
Johnson, P. 305
Johnson, R. W. 197
Johnson Theutenberg, B. 250
Johnston, D. M. 8
Joll, J. 5
Jonca, K. 77
Jones, D. C. 328, 330
Jones, E. 249
Jones, G. P. 76
Jones, R. W. 43
Jonge, J. H. de 108
Jordan, M. 210
Jordán-Sandoval, S. 310
Jørgensen, A. R. 88
Jørgensen, J. J. 296
Josczok, F. D. 187
Joseph, R. A. 302
Joubeh, N. El- 283
Joubert, E. 303
Jovićević, M. 95
Jòzsa, G. 242
Jürgenmeyer, C. 278
Jukes, G. 83, 248
Jung, D. 161

Jung, H. 7
Jung, M. 154, 227
Junge, R. 146
Jureidini, P. A. 113
Jurga, T. 71
Juul-Heider, E. 158

Kaczmarek, K. 87
Kádár, J. 265
Kade, G. 19
Kaeselitz, R. 306
Kahl, J. A. 101
Kahler, M. 21
Kahn, A. 137
Kahn, H. W. 153
Kahn-Freund, O. 170
Kaiser, D. E. 71
Kaiser, E. 75
Kaiser, J.-C. 170
Kaiser, R. 175
Kaldor, M. 27
Kalla-Bishop, P. M. 73
Kalley, J. A. 297
Kaltefleiter, W. 21
Kaltenegger, R. 156
Kamal, N. 289
Kamiński, A. J. 10
Kaminski, P. 202
Kane, J. E. 127
Kanin, D. B. 58
Kanjuka, M. 86
Kantel, D. 192
Kanya-Forstner, A. 198
Kaplan, F. M. 248
Kaplan, K. 264
Kaplan, L. S. 29
Kaplan, M. A. 135
Kappel, R. 298
Kappeler, A. 238
Kappelt, O. 188
Kapsali, G. D. 97
Kapur, J. 278
Karapandzich, B. M. 220

Karasek, F. 116
Karasek, H. 186
Kardel, H. 142, 175
Kardelj, E. 114, 218, 220
Kárný, M. 179
Karp, H.-J. 193
Karweina, G. 165
Kasatkin, M. A. 86
Kashtan, W. 313
Kaslas, B. J. 123
Kataoka, T. 285
Katborg, K. 233
Katcher, P. 73
Katcher, P. R. N. 107
Kattenburg, P. M. 326
Katz, A. H. 25
Katz, R. S. 10
Katzburg, N. 265
Kaufman, E. 9
Kaul, F. 188
Kaul, F. K. 133
Kaul, G. 185
Kautsky, K. 14
Kearney, R. N. 289
Kearns, G. 32
Kędzia, Z. 9
Keegan, J. 22, 35
Keeny, S. M. 35
Keeran, R. 334
Kegley, C. W. jr. 323
Kehoe, J. W. 250, 332
Kehrl, H. 178
Kekkonen, U. 194
Keldorff, S. 233
Kelidar, A. 279
Keller, G. 10
Kelley, P. X. 332
Kelly, J. B. 271
Kelly, S. 60
Kemal Atatürk, M. 292
Kemp, A. 70, 93
Kende, I. 21
Kennan, G. F. 62
Kennedy, C. H. 289

Kennedy, P. 205
Kennedy, R. 251
Kennerström, B. 142
Kenrick, B. 337
Kenrick, D. 4
Kerimov, D. A. 240
Kern, L. 158
Kersaudy, F. 203
Kershaw, I. 178
Keskin, H. 292
Kessel, J. H. 321
Kessler, L. 209
Kettel, A. 173
Kettenacker, L. 71
Keyes, G. 17
Khalidi, W. 326
Khalilzad, Z. 270
Khan, Z. R. 272
Khella, K. 287
Khol, A. 223
Khomeiny, R. M. 279
Khuri, F. I. 287
Kidner, R. 209
Kidron, M. 3
Kiedrzyńska, W. 137
Kiełkowski, R. 81
Kienle, C. 301
Kiernan, B. 285, 286
Kiessling, G. 106
Kilbracken, J. G. 76
Kilduff, P. 75
Killinger, C. 212
Kim, B. 286
Kim il Sung, 286
Kimmel, A. 196
King, M. J. 98
King, M. L. 319
Kingdom, A. R. 89
Kinner, K. 141
Kirchbach, F. von 290
Kirchheimer, J. 251
Kirchmann, H. 284
Kirchner, E. 117
Kirchner, K. 79
Kirk-Greene, A. 302

Kirwin, G. 175
Kiselev, V. I. 113
Kissinger, H. 319
Kjellberg, A. 55
Kjersgaard, E. 88
Klaer, K.-H. 13
Klare, M. T. 329
Klein, D. 21
Klein, F. 161
Klein, H. G. 335
Klein, P. 154
Klein, R. 331
Klein-Ressink, A. 187
Kleinoeder, R. 175
Klementová, J. 263
Klemm, B. 185
Kliemann, A. S. 113
Klietmann, K.-G. 159
Klinge, M. 194
Klinghoffer, A. J. 300
Kłodziński, S. 78
Klose, W. 142
Kluge, U. 183
Kluke, P. 203
Klump, B. 189
Knake-Werner, H. 168
Knipping, F. 67
Knobling, K. 49
Knoche, H.-J. 145
Knoetel, H. 159
Knoll, J. H. 144
Knoll, W. 82
Knorr, L. 1
Kobe, W. 54
Kobler-Edamatsu, S. 99
Koch, A. 148
Koch, E. 78
Koch, P. 26
Koch, U. E. 171
Koch-Olsen, O. 270
Kocka, J. 172
Kodikara, W. 268
Köhler, H. 45, 178

Köhler, J. 178
Köhler, V. 294
Koehn, P. 302
Köllner, E.-L. 105
Köllner, L. 27, 37, 163
König, H. 233
Koenig, W. J. 40
Koenker, D. 255
Koerfer, D. 145
Körner, G. 193
Körner, P. 304
Koessler, R. 286
Koevágó, L. 265
Kohen, A. 339
Kohl, H. 139, 144, 151
Kohler, L. 310
Kokošin, A. A. 323
Kolb, C. E. M. 218
Kolb, F. 222
Kolenberger, L. 182
Kolesnik, A. D. 255
Kolkowicz, R. 33
Kolodziej, E. A. 199
Kołodziejak, Z. 52
Kołodziejczak, B. 33
Kolpakov, A. D. 210
Konrad, H. 226
Konzelmann, G. 112
Koop, G. 161
Kopenhagen, W. 48
Kopetzky, H. 66
Korbonski, A. 230
Kornberger, R. 310
Korom, M. 266
Korpalska, W. 230
Korrell, P. 80
Korsch, K. 12
Korsnes, O. 221
Korzec, P. 227
Korzycki, W. '152
Koschnick, H. 140
Kosev, K. 127
Kosiarz, E. 80, 88
Koslow, A. 64
Kospoth, E. von 50

Kosta, J. 51
Kosterina, N. 86
Kostin, P. V. 320
Kosyk, W. 255
Koszinowski, T. 271
Kothe, P. 48
Kotljar, N. M. 250
Kovács, J. 266
Kovalev, I. V. 82
Kowalski, J. 227
Kowalski, L. B. 268
Kowalski, T. J. 48, 230
Kowalski, W. T. 71, 90, 229
Kozlowski, C. 231
Kraft, H. 64
Kraft, J. 60
Kraft, L. 337
Kralovitz, B. 135
Kralovitz, R. 135
Kramer, D. 9
Kramer, F. E. 148
Kramer, M. 61
Krammer, H. 17
Kramp, H. 94
Krapke, P.-W. 45
Krasnova, V. A. 273
Kraume, H.-G. 187
Kraus, R. C. 277
Krause-Jensen, E. 195
Krauss, B. V. 157
Krautkrämer, E. 98
Krebs, E. S. 274
Kreis, G. 258
Krell, G. 25, 328
Kremer, H.-P. 137
Kretschmann, B. 165
Kreutzberg, M. 192
Kriechbaumer, R. 223
Kriesberg, L. 244, 327
Krims, A. 315
Krivcov, V. A. 273
Kriwanek, G. 233
Krizman, B. 219
Kroef, J. M. 268

Krönnemann, E. 178
Krogh, T. 128
Król, J. 209
Król, W. 89
Kroner, B. 17
Krosby, H. P. 194, 246
Kroutil, M. 265
Krstić, M. 78
Krüger, A. W. 48
Kruger, A. 312
Kruijt, D. 317
Krummacher, J. 160
Krupp, H. -J. 146
Krusch, H. -J. 178
Kruse, H. 158
Krystufek, Z. 264
Krzemiński, C. 229, 230, 231
Krzywania, J. 80
Kubálková, V. 14
Kubbig, B. W. 26
Kuczera, A. 250
Kudinov, V. P. 339
Kübler, J. 306
Kuehl, H. 185
Kühn, D. 156
Kühn, H. 132
Kühne, W. 304
Kühnl, R. 137, 142
Kühnrich, H. 141
Küng, E. 5
Kuhls, H. 169
Kuhnle, S. 122
Kulczycki, J. J. 193
Kumaniekci, J. 67
Kumar, M. J. 320
Kumm, A. W. 138
Kunig, P. 294
Kuniholm, B. R. 272
Kunz, A. 170
Kunze, J. 297
Kupferberg, F. 238
Kur, T. 87
Kurist, L. I. 84
Kurowski, F. 75, 90
Kurowski, M. 85
Kurscheid, R. 174

Kurz, H. R. 259
Kusnierz, B. 246
Kutte, W. 5, 34
Kutz, M. 155, 163
Kuznecov, V. 243
Kuźniar, R. 198
Kvitnickij, A. 208
Kyriakopoulos, I. 328

Labayle-Couhat, J. 250
Labinjoh, J. 302
Labonde, J. 198
Laborie, P. 91
Lachenmann, G. 298
Lachowski, Z. 105
Lacoste, P. 39
Ladsen, S. 129
Lännergren, B. 7
Läufer, T. 117
LaFeber, W. 103
Lagerberg, K. 339
Lagerström, B. 300
Lahr, R. 132
Laird, M. R. 22, 36
Lajolo, L. 212
Laloy, J. 122, 246
LaMartinière, J. de 91
Lambrecht, H. 165, 191
Lambrecht, R. 332
Lammers, A. 320
Lammich, S. 228, 263
Lampe, J. 161
Landau, J. M. 291, 293
Landé, C. H. 340
Landmann, H. 277
Landolfi, A. 214
Lane, D. 14
Lane, J. E. 101
Langdon, S. W. 52
Lange, T. 20
Langenberg, W. H. 75
Langhoff, U. 312

LaPalombara, J. 214
Laqueur, W. 3, 9, 102, 221
Large, D. C. 184
Larrabee, F. S. 123
Larsen, R. T. 221
Larson, G. E. 38
Larsson, M. 231
Lasa-Apalategui, J. 262
Laschitza, A. 143
Laszka, D. -A. 157
Latham, A. J. H. 67
Latour, H. F. 60
Lau Siu-kai, 206
Laudowicz, E. 168
Laufer, H. 137
Laulan, Y. 199
Laurisch, B. 182
Laursen, F. 323
Lavau, G. 197
Laver, M. 7
Law, R. D. 70
Lawson, K. 197
Lay, B. 89
Leasor, J. 93
Lebow, R. N. 102, 243
Lechini, G. 309
LeCoutre, E. 17
Ledda, R. 213
Lederer, J. 233
Lederman, S. S. 321
Lee, C. 34
Lee, C. -S. 286
Lee, R. G. 40
Lee Youngh Ho, 286
Lefever, E. W. 331
Lefevre, E. 90
Legendre, C. 313
Leger Sivard, R. 27
Leggett, G. 241
Leggewie, C. 300
Le Gloannec, A. -M. 150
Lehman, J. 46
Lehndorff-Felsko, A. 145

Leibfried, S. 166
Leifer, M. 268, 285
Leifland, L. 250
Leigh, D. 202
Leighton, M. K. 31
Leinemann, J. 163
Leineweber, B. 163
Leistner, G. M. E. 304
Leitenberg, M. 29
Lejbzon, B. 13
Lekachman, R. 54
Lelle, J. E. 332
Lellouche, P. 115, 120
Lema-Pelaez, R. 310
Leman, G. 218
LeMasson, H. 200
LeMire, H. 200
Lemmercier-Quelquejay, C. 253
Lenaerts, J. 40
Lenárt, J. 263
Lengel-Krizman, N. 96
Lengerer, H. 99
Lens, S. 334
Lent, J. A. 267, 268
LeoGrande, W. M. 312
Leonhard, W. 13
Leoni, B. 217
Leoni, F. 213
Lerch, R. 192
Lerche Nielsen, J. 129
Lerner, N. 3
Lerumo, A. 304
Leščenja, S. K. 85
Lesch, A. M. 283
Lesouef, P. 100
Lessing, H. 169
Lessing, J. C. 318
Lester, R. K. 284
Leszczyńska, Z. 78
Letter, P. 260

Leu, D. 174
Leue, H.-J. 206
Leuenberger, T. 319, 323
Leuschen-Seppel, R. 143
Levenstein, H. A. 322
Levi, A. 238, 264
Levi, W. 22
Levin, B. 139
Levine, R. M. 311
Levinson, N. 36
Levtzion, N. 113
Levy, W. J. 53
Lewin, E. 52
Lewin, R. 50
Lewis, C. 337
Lewis, F. 119
Lewis, P. H. 307
Lewis, R. M. 337
Lex, K.-D. 157
Ley, R. 140
Lezeński, C. 81
Libby, R. T. 324
Liczmański, R. 229
Lidderdale, D. W. S. 196
Lider, J. 35
Liebe, P. I. 128, 129
Liebel, M. 169
Lieberthal, K. 326
Liebig, H. 191
Liebl, K. 281
Liedman, S.-E. 258
Lieser, J. 310
Lim Mah Hui, 288
Lind, L. J. 338
Lindblom, B. 313
Lindemann, M. E. 176
Linden, I. 305
Linder, J. B. 106
Lindhagen, J. 257
Lindhardt, B. F. 29
Lindner, R. 308
Lindqvist, S. 256
Lindstroem, E. 256

Lindström, T. S. 122
Lindt, A. 176
Link, W. 149, 327
Linsenmeyer, W. S. 98
Linville, R. P. 323
Lippe, P. von der 228, 231
Lippert, E. 38
Lippman, M. 203
Lira, C. 311
Liska, G. 323
Lisowski, W. 230
Litwak, R. 343
Liversage, T. 56
Ljubimov, L. A. 239
Lockhart, C. 62
Lockhart, R. B. 37
Locksley, G. 209
Lodal, J. M. 329
Loddenkemper, H. 175
Lönnberg, A. 254
Loenne, K.-E. 214
Lösche, P. 321
Loest, E. 188
Löwenthal, R. 274
Löwis of Menar, H. von 17, 301
Loftager, J. 58
Lohse, V. 63
Lombardo, A. 213
Longmate, N. 42, 209
Longstaff, R. 207
Loon, B. van 54
Loop, J. W. 332
Loose, B. 94
Loose, H.-D. 185
Lora, G. 310
Lorenz, E. 122
Lorenz, P. 151
Lorig, W. 169
Lot, A. 316
Lovenduski, J. 252
Lovino, F. 106
Lovins, A. B. 53
Lovins, L. H. 53
Lovrek, H. M. 226

Lowenthal, M. M. 323
Lozek, G. 11
Luard, E. 9
Lucas, J. 74
Lucas, L. 76
Lucius, R. von 152, 304
Luckow, U. T. 107
Lübben-Pistofidis, I. 287
Lücker, H. A. 117
Lüders, C. H. 243
Luehn, K.-D. 169
Luehr, V. 311
Lüke, R. E. 165
Luif, P. 114
Lundberg, F. 53
Lunde, J. 122
Lundestad, G. 104
Lustick, I. 283
Luther, C. W. 70
Luther, H. U. 286, 288
Lutovac, M. 219
Luttbeg, N. R. 321
Luttwak, E. N. 330
Lutz, D. S. 22, 118, 120
Lutzhöft, H.-J. 72
Luvaas, J. 62
Lynch, T. G. 313
Lyon, H. 46
Lysa, H. 290

Maalderink, P. G. H. 90
Maase, K. 148
Maass, C. D. 289
Maass, M. 161
Mabire, J. 156
MacAllister, I. 206
MacCall, G. 37
MacCann, E. 210
MacCarrick, E. M. 320
McCauley, B. 108, 190

MacClement, F. 64
MacClintock, C. 317
McCormack, G. 286
Maccotta, G. W. 281
MacCrary, J. R. 89
MacCullin, D. 62
MacDonald, C. A. 67
MacDonald, C. B. 13
Macdonald, H. 120, 233
MacDonough, J. L. 333
MacDowell, E. 48
McGeehan, R. 104
McGlen, N. E. 335
MacGowan, P. 334
Machetzki, R. 277
Machin, H. 196
Machowski, H. 125
Machura, J. 49
Maciejewski, J. 193
MacIntosh, D. 76
Macintyre, S. 204
Mack, G. 75
MacKale, D. M. 132
MacKie, R. 71
MacKinnon, C. A. 56
Macksey, K. 45, 70
Macksey, K. J. 156
MacLaurin, R. D. 113
Maclear, M. 106
MacMahan, J. 206
MacNicoll, R. R. 339
MacShane, D. 231
MacTaggart, D. 58
McTague, J. J. 282
Maddox, G. 338
Madej, K. 230
Madill, D. J. 250
Madsen, F. 129
Madsen, J. O. 128
Madunagu, E. 302
Maehler, K. 154
Maertz, J. 93

Magenheimer, H. 72, 90
Magnuski, J. 44
Magri, P. G. 299
Mahfoud, P. J. 287
Mahrad, C. 192
Mai, H. 159
Maier, C. 166
Maigre, J. 106
Maine, R. 39, 75
Maître, H. J. 58
Makeev, V. F. 70
Maksimyčev, I. F. 149, 247
Małecki, A. 73
Maleta, A. 226
Maletzke, E. 130
Malinowski, M. J. 304, 324
Malkiel, T. S. 335
Malleyron, J. 79
Mallmann, W. 20, 280
Malmgren, B. 55
Malmgren, H. B. 313, 325
Malone, P. 339
Man, H. de 127
Manai, D. 124
Manchester, W. 99
Manconi, L. 213
Mandel, E. 239
Mangoldt, H. von 137, 189
Mann, A. 180
Mann, S. 155
Manne, R. 205, 247
Manno Tolu, R. 98, 217
Manor, J. 278
Manousakis, G. M. 31
Manuel, A. 234
Mao-Tse-tung, 273
Marcks, M. 168
Marczak, T. 227
Mardek, H. 115
Marder, A. J. 207
Marinkov, B. A. 291

501

Markiewicz, S. 232
Marković, M. 6
Marlière, M. 340
Marquand, D. 117
Marsh, D. 209
Marshall, S. L. A. 319
Marszałek, A. 125
Martin, D. 305
Martin, L. 206
Martin, M. L. 199, 329
Martín-Retortillo Baquer, L. 260
Martinet, J.-C. 92
Martínez, A. G. 312
Martz, J. D. 307
Marx, K. 12, 133
Marzoli, E. 305
Marzotti, A. 217
Maser, W. 103
Masini, G. 215
Maslennikow, P. E. 31
Masłowski, J. 78
Masolov, N. V. 84
Mason, F. K. 48
Masseling, W. 137
Mastias, J. 196
Matar, F. 279
Matar, I. 283
Materski, W. 20, 72
Mathias, C. M. 318
Mathiesen, T. 5
Mathiopoulos, B. P. 97
Mathyer, P. 38
Matić, M. 95
Matichescu, O. 235
Matoušek, S. 264
Matsell, C. 261
Matsson, R. J. 270
Matt, A. 77
Matthies, V. 116
Maude, G. 194
Mauersberger, E. 189, 192

Maull, H. W. 53, 165
Maurer, J. H. 332
Mawson, S. 93
Mayer, U. 176
Mayres, J. N. L. 65
Mbome, F. 298
Meagher, S. 319
Mearsheimer, J. J. 31
Medina, L. 315
Medish, V. 238
Medvedev, F. E. 252
Mehrlaender, U. 135
Meienberger, N. 275
Meier, H. A. 250, 332
Meinardus, R. 31, 202, 304
Meiselas, S. 316
Meissner, A. 159
Meissner, B. 13, 242, 243, 252
Meister, J. 110
Melbourne, R. M. 326
Melke, R. 172
Melkov, L. A. 85
Mellbin, S. G. 105
Mellenthin, K. 273
Mel'nikov, S. I. 70
Menaul, S. 34, 261
Mende, E. 140
Mende, T. 272
Mendieta, L. 262
Meng, N. S. 293
Mengozzi, D. 212
Menkes, J. 17
Ménudier, H. 196, 198
Mercer, P. 208
Mercer, P. S. 333
Merchav, P. 118
Mérida, M. 261
Merkel, R. 55
Merklin, J. 128
Merl, E. 226
Merl, S. 251
Merlini, C. 214

Mersky, P. B. 107
Mesa-Lago, C. 337
Meschkat, K. 314
Mesmer, B. 259
Messenger, C. 207
Messerschmidt, M. 159
Metzner, U. 171
Meurant, J. 38
Meuret, R. 92
Meyer, A. 271
Meyer, B. 241
Meyer, C. 331
Meyer, G. 240
Meyer, H. 276
Meyer, P. 335
Meyer, S. M. 42
Meyer, W. R. 187
Meyns, P. 297
Meyrowitz, H. 7
Miccichè, G. S. 217
Michael, F. 293
Michael-Titus, C. 235
Michaijlov, A. 208
Michajlenko, V. I. 212
Michal, W. 12
Michałowska-Gorywoda, K. 202
Michalsky, H. 152
Michel, J. 121
Michnik, A. 228
Mickolus, E. F. 15
Mies, H. 145
Mietkowska-Kaiser, I. 150
Mihalka, M. 248
Mikaelsen, L. 117
Mikeln, M. 95
Mikesh, R. C. 48
Mikkelsen, M. 221
Miksch, H. 222
Mikulin, A. 29, 326
Mikulska-Góralska, B. 182
Mikulski, J. 59
Milcent, E. 60

Milenky, E. S. 309
Millar, T. B. 28
Miller, A. H. 15
Miller, J. 49
Miller, R. 74
Miller, S. 143
Miller, W. L. 210
Millett, A. R. 330
Millett, S. M. 248
Milligan, C. S. 75
Mills, R. M. 241
Mills, W. 275
Milošević, S. D. 95
Miniewicz, J. 93
Minns, R. 209
Mirončuk, V. D. 152, 247
Mironov, A. K. 84
Miséfari, S. 217
Miśkiewicz, B. 230
Mitchell, I. R. 131
Mitchell, O. C. 142, 176
Mittag, G. 190
Mitterand, F. 195
Miyake, M. 285
Mjelde, A. 35
Mladenow, B. D. 138
Mlynář, Z. 228
Mock, A. 102
Model, H. 155
Modrasch, S. 155
Möller, A. 133
Möller, H. 193
Mohr, U. G. de 23
Mohs, M. 202
Moisuc, V. 236
Molinari, F. 216
Molinas-Zarza, F. A. 68
Molinié, J. 45
Møller, P. 129
Mollo, A. 38
Moltke, K. 247
Moltmann, B. 311
Momoi, M. 285
Mondey, D. 100

Monks, A. L. 270
Monroe, E. 206
Montaldo, J. 200
Montanelli, I. 216
Montegallo, C. 24
Moodie, M. 32
Mooney, P. R. 52
Morali Querol, R. 260
Morán, F. 260
Moreau, C. 173
Morfit, M. 339
Morgała, A. 230
Morgan, E. 208
Morgan, R. 150, 182
Morochov, I. D. 43
Morodo, R. 261
Morozzo della Rocca, R. 66
Morris-Suzuki, T. 284
Morton, G. 210
Morton, W. F. 284
Moser, E. 316
Moskos, C. C. 331
Mosley, L. 37
Moßmann, P. 314
Mossuz-Lavau, J. 201
Mostovec, N. V. 319
Moura, C. 311
Mrazek, J. E. 49
Mtschedlow, M. 59
Mühleisen, H.-O. 18
Müller, A. 263
Mueller, C. 79
Müller, E. 30
Müller, G. 133
Müller, H. 29
Mueller, K. R. 299
Müller, L. 74
Müller, R.-D. 85
Müller-List, G. 180
Müller-Münch, I, 79

Münchhausen, T. Frhr. von 198, 271
Münching, L. L. von 65
Muggenthaler, A. K. 75
Multan, W. 50, 120
Muni, S. D. 115
Munson, K. 47
Munthe-Kaas, H. 272
Muravchik, J. 321
Muraveva, L. L. 239
Muriev, D. Z. 83
Murphy, P. L. 320
Murray, P. 203
Murray, W. 162
Musat, M. 235, 237
Musculus, F. 156
Musso, S. 217
Muttergé, J. 233
Muusfeldt, H. 129
Myant, M. R. 263
Myatt, F. 40
Myers, K. A. 342
Myrdal, A. R. 24, 120
Myślinski, J. 232
Mysyrowicz, L. 260

Na'aman, S. 57
Nailor, P. 206
Nalls, L. 100
Nanni, T. 212
Narkiewicz, O. A. 13
Nassigh, R. 50
Nassmacher, K.-H. 144, 313, 322
Nasution, A. H. 339
Naumann, K. 166
Naumov, M. I. 86
Nauroth, H. 162
Navard, J. 93
Navas, L. 309
Naville, P. 39
Nebiolo, G. 277
Neher, C. D. 269
Neidpath, J. 288
Neild, R. 43
Neisser, H. 223

Nekrich, A. 254
Nello, P. 217
Nelsen, H. W. 276
Nelson, D. N. 235
Němeček, V. 47
Nemes, D. 266
Nesvadba, F. 149
Neuberger, G. 331
Neugebauer, W. 226
Neuhold, H. 224
Neumann, W. 226
Neuner, G. 6
Neusüss, A. 13
Newcombe, H. 20
Newell, N. P. 269
Newell, R. S. 269
Newton, M. 318
Nicault, M. 92
Nicholas, R. M. 267
Nicholls, A. J. 142
Nickel, J. W. 9
Nicolaescu, D. 237
Nicolaisen, H.-D. 162
Niedenhoff, H.-U. 171
Niedhart, G. 205
Nielebock, T. 327
Nielsen, H. 129
Nielsen, H. K. 180
Niemann, H. 143
Niemotko, W. 61
Niess, F. 325
Nikiforov, A. P. 84
Niksch, L. A. 290
Nilsson, T. 257
Nimmergut, J. 38
Nipperdey, T. 178
Noack, P. 150
Noakes, J. 142
Noble, L. G. 340
Noce, T. 212
Noeldeke, H. 39
Noelting, H. 27
Nötzold, J. 54, 105
Nogee, J. L. 243
Nolte, E. 152

Nordentoft, K. 11
Nordhaug, O. 221
Nordmann, I. 192
Nordpol, C. 318
Nørgaard, O. 240
Norman, B. 257
Norpoth, H. 141
Northcott, M. 208
Nortier, J. J. 101
Norton, A. R. 15
Norton, P. 203
Notkowski, A. 232
Nouzille, J. 63
Novikov, N. 238
Novoselova, N. N. 19
Nowarra, H. J. 47, 49, 76, 162
Nüske, G. F. 183
Nurnberger, R. D. 321
Nussbaum, H. 163
Nyagumbo, M. 305
Nyland, C. 292
Nyporko, J. I. 323
Nzemeke, A. D. 302

Oakes, B. 101
O'Ballance, E. 109, 210
Obasanjo, O. 109
Oberleitner, W. E. 223
Obermaier, W. 226
Obminskij, E. E. 116
Obrador Serra, F. 29, 120
O'Brien, C. C. 205
O'Brien, M. L. 252
O'Connor, B. 9
O'Connor, K. 335
O'Corcora, M. 211
Oda, S. 8
Oddati, N. 98
Oddone, U. 77
Oderisi, C. 221
Odgers, G. 339
Odić, S. 96
O'Dowd, L. 210

Oe, K. 101
Oeser, E. 17
Oeser, K. 186
Östling, B. 257
O'Farrell, P. 211
Ogareff, V. 239
Ogelsby, J. C. M. 313
Ogunbadejo, O. 300
Ogura, S. 293
Ohlsen, M. 164
Ohlsson, P. 256
Ohrlander, G. 253
Ojo, O. 271, 294
Ojo, O. J. B. 302
Okorokov, A. D. 85
Olds, R. 76
Oleszczuk, T. 115, 220
Olleschik, D. von 251
Olsen, O. J. 122
Olsson, T. 256
Olstad, A. 222
Olstad, F. 221
O'Neill, R. 33, 109
Ongsuragz, C. 290
Onnermark, J. 46
Oppeln, S. von 146
Oppenheijm, M. 79
Opperskalski, M. 134
Orlova, M. I. 178
O'Rourke, G. G. 332
Orrantia, M. 262
Ortner, W. 160
Osadczuk-Korab, B. A. 123, 228
Oschlies, W. 228
Osgood, R. E. 323
Oskarsson, I. 12
Ostapenko, G. S. 9
Ostellino, P. 102
Osterkamp, R. 300
Osur, A. M. 331
Oswald, W. 44
Ottaway, D. 294
Ottaway, M. 294
Ottenberg, M. A. 19
Otto, I. 111

Otto, W. 182
Otzen, U. 296
Ougaard, M. 281
Outrey, G. 42
Overesch, M. 138, 178, 181
Owen, D. 204
Owen-Smith, M. S. 59
Owens, G. 319

Paarlberg, R. L. 323
Pachman, L. 263
Padilla-Bolívar, A. 261
Paech, N. 112
Päts, K. 123
Pagels, W. 82
Pahr, W. 224
Paine, L. 93
Pajak, R. F. 32
Pallante, P. 217
Pallus, H. 187
Palmer, M. 301
Palongpalong, A. 340
Pančeski, P. 85
Panday, D. R. 268
Panić, R. 97
Panksees, A. K. 123
Panofsky, W. K. H. 35
Paolucci, V. 216, 323
Paparella, T. 219
Papelaux, L. 61
Papisca, A. 117
Papp, D. S. 107
Papst, J. 124
Paraf, P. 201
Parekh, B. 59
Park, E. Y. 323
Parker, R. A. C. 205
Parker, T. W. 332
Parks, W. H. 107
Parnell, N. M. 100
Parrish, M. 69

Parzymies, S. 196, 198, 341
Passmore, R. 76
Passuello, M. 217
Pastusiak, L. 323
Paterson, W. E. 139
Patkin, B. 78
Patočka, J. 33
Paul, E. 37
Paul, M. 191
Pauley, B. F. 223
Paulus, A. F. 19
Pavlica, J. 219
Pavlovich, N. B. 80
Pavlowitch, S. K. 220
Payne, S. B. 25
Pearce, J. 307
Pearce, P. H. 211
Pearson, F. S. 32
Pease-García, H. 317
Pedersen, A. F. 88
Pedersen, K. P. 17
Peelen, J. 40
Pein, M. 168
Peli, S. 215
Pelinka, A. 225
Pellicani, L. 212
Pentland, G. 339
Pepper, S. 277
Peretz, D. 281
Pérez-Reverte, A. 261, 295, 298
Perić, J. 96
Perillo, G. 217
Perlman, R. 52
Perlmutter, A. 111, 281
Perna, C. 217
Perra, G. 217
Perrelli, E. 215
Perrett, B. 45, 98
Perrone Capano, C. 301
Person, Y. 298
Pesquies-Courbier, S. 65, 66

Peters, H.-R. 51
Peters, R. 19
Petersen, B. E. 284
Petersen, C. H. 11
Petersen, G. 18
Petersen, H. 256
Petersen, J. 214
Petersen, N. 31
Petersen, P. A. 248
Peterson, T. 122
Petras, J. F. 12
Petrelli, S. 158
Petrossian, V. 343
Petrova, T. N. 134
Petry, L. 193
Petschull, J. 182
Petzold, J. 130, 163, 182
Pfaffenberger, B. 289
Pfaltzgraff, R. L. 24, 53
Pfau, G. 153
Pfeifer, S. 57, 171
Pfeifer, W. 248
Pfetsch, F. R. 151
Pfisterer, K. 175
Phadnis, U. 268
Philip, G. 315
Phillips, L. M. 282
Phillips, P. 7
Philpott, B. 76, 162
Picard, E. 287
Piccard, E.-F. 252
Pickshaus, K. 172
Piegsa, J. 232
Piekalkiewicz, J. 74, 80, 83
Piekarski, H. 33
Piekniewska, S. N. 233
Pierre, A. J. 32
Pierson-Mathy, P. 298
Pike, D. 293
Pilarczyk, Z. 230
Pilat, J. F. 58
Pilster, H.-C. 248

Pimlott, B. 234
Piñar-López, B. 261
Pincher, C. 36
Pingel, F. 181
Pipes, R. 245, 327
Pirjevec, J. 214
Pirker, T. 171
Pisan, A. de 201
Pischedda, D. 94
Pisier-Kouchner, E. 5
Pissulla, P. 126
Pistoi, P. 210
Pitt, B. 73
Piwowoński, J. 46
Plagemann, K.-E. 327
Plantey, A. 199
Plascov, A. 112
Plate, B. von 191
Plechanova, R. M. 240
Plienegger, A. 33
Plischke, E. 324
Po, E. 41, 42
Podhoretz, N. 324
Podlesnyj, P. T. 245, 328
Poeppel, H. 49
Pohlman, H. 156
Poidevin, R. 198
Polak, B. 80
Polenberg, R. 335
Polesella, F. 125
Poljakov, G. A. 269
Polk, W. R. 271
Pollack, J. D. 276
Poller, H. 181
Pollis, N. P. 9
Polmar, N. 107, 333
Polsby, N. W. 203
Pomorin, J. 146
Pomper, G. M. 321
Ponce, B. 262
Ponomarev, A. N. 251

Ponomarev, B. N. 240
Poole, M. 57
Popov, N. P. 253
Porch, D. 199
Portell, J. M. 262
Portes, R. 231
Porteu de la Morandière, F. 109
Portisch, H. 102, 304
Posadas, J. 123, 124
Posborg, S. 273, 274
Poser, G. 275
Poske, F. 140
Possing, B. 129
Postma, T. 47
Potash, R. A. 309
Potechin, J. F. 85
Pottecher, F. 195
Potthoff, H. 143
Poulsen, H. 214
Poulton, M. 269
Poulton, R. 269
Powell, T. G. 315
Pozdeeva, L. V. 20
Pozuelo-Escudero, V. 260
Pradetto, A. 233
Prater, H.-J. 161
Prause, J. 155
Prazmowski, M. 42
Prebensen, H. 201
Predavec, V. 13
Preissler, H. 295
Premmsler, M. 121
Preston, A. 46
Preston, P. 261
Preuschoff, K.-J. 159
Prevost, G. 261
Price, A. 49, 162
Pridham, G. 117, 141, 217
Pridham, P. 117
Pringle, R. 326
Prittie, T. 139
Probst, R. 259, 324
Probst, U. 341

Procházka, T. 264
Pröhuber, K.-H. 146
Pröll, B. 192
Pross, H. 168
Prosterman, R. L. 312
Prudnikov, V. V. 240
Pryce-Jones, D. 92
Przymanowski, J. 230
Ptasiński, J. 81
Puaux, F. 214
Puccio, O. 311
Pugliese, O. 214
Puhle, H.-J. 168
Puja, F. 265
Punnett, R. M. 203
Puntila, L. A. 194
Punzo, M. 218
Purcell, S. K. 325
Pusch, H. 105
Puškin, A. 99
Putensen, G. 122
Puto, A. 72, 205
Puxon, G. 4
Puzicha, K. 159
Puzyrev, V. P. 87
Pynn, R. E. 320

Quarrie, B. 95
Quartararo, R. 215
Quester, G. H. 102
Quilitzsch, S. 124
Quinteros, H. 311
Qvortrup, L. 5

Ra'anan, G. D. 293
Rabe, K. K. 148
Rąbek, Z. 41
Rabinovich, I. 272
Rabinowitz, D. 4
Rácilá, E. 237
Radetzki, M. 256
Radford, A. W. 319
Radice, L. 124
Radkau, J. 30
Radke, H. 156
Radu, M. 125

Radunski, P. 10
Radwanski, T. 85
Radzikowska, B. 227
Rafael, G. 282
Ragaz, P. C. 9
Ragghianti, C. L. 13
Rahin, S. M. 269
Rahman, M. 272
Raimondi, F. 307
Rajan, M. S. 114
Rama, C. M. 11
Ramazani, R. K. 280, 326
Ramberg, B. 53
Ramírez Gabarrús, M. 261
Ramonat, W. 20
Ramsey, W. G. 92
Ramsing, B. 129
Randolph, R. S. 54, 290
Ránki, G. 126
Rankin, J. L. 41
Ransom, B. 211
Rao, R. V. R. C. 278
Rao, V. V. B. 288
Rapoport, A. 26
Rasch, H. 151
Rasp, H.-P. 184
Rastelli, A. 63
Ratajczyk, L. 22
Rathjens, G. 24
Ratti, G. 53
Rauchensteiner, M. 224
Raupach, H. 252
Raven, A. 46
Raven, W. von 162
Ravindranathan, T. R. 240
Ravn, O. 88
Rawlings, J. D. R. 208
Rawski, T. 95
Ray Balmacede, R. C. 309, 311

Raymond, G. A. 116
Reagan, R. W. 319
Reanda, L. 56
Recker, M.-L. 186
Record, J. 120, 331
Reed, A. 49
Reed, J. 93
Rees, D. 286
Reese, L. F. 99
Reichel, P. 173
Reid, C. 278
Reile, O. 36
Reinhardt, K. 82
Reinhartz, D. 218
Reitlinger, G. 142
Rell, J. 81
Remer, O. E. 179
Renda, F. 216
Renger, A. 133
Renn, O. 166
Repgen, K. 187
Reschl, W. 82
Reske-Nielsen, E. 69, 113
Reusch, J. 2
Reuter-Hendrichs, I. 219
Révész, L. 125
Rexheuser, R. 177
Reynolds, D. 328
Reynolds, J. 81
Rhode, G. 229, 284
Rhoer, E. van der 36
Riad, M. 113
Rials, S. 196
Ribero, A. 215
Rice, C. 264
Richardson, F. M. 43
Richebaecher, S. 167
Richman, J. 245, 328
Richmond, K. 338
Richter, I. 116
Richter, P. 315
Richter, R. 11
Richter-Dridi, I. 295

Rider, L. 107
Rieder, H. 222
Riedinger, J. M. 312
Riegert, B. 53
Riekhoff, H. von 314
Rigdon, S. M. 337
Rilling, R. 153
Rimland, B. 38
Rimmer, D. 302
Ring, H. 95
Rinser, L. 286
Ripoll Molines, F. 261
Risager, P. 128
Rische, F. 145
Ritter, F. 143
Rive, A. 31
Rix-Mackenthun, C. 204
Robbe, M. 6
Robert, R. 152, 279
Roberts, D. D. 214
Roberts, G. 43
Roberts, J. 46, 75
Roberts, J. C. 320
Roberts, S. S. 333
Robertson, B. 207, 208
Robinson, J. P. P. 44
Robinson, T. W. 167, 246, 275, 276, 326
Rocco, E. 212
Roche, J. P. 318
Rodrigo, A. 260
Rodrigues, A. 234
Rodríguez-Araujo, O. 315
Roeder, M. 146, 174
Röhm, W. 177
Roehner, E. 343
Röhrich, W. 6, 7
Roemer, P. 140
Roesler, J. 191
Rössler, H. 45
Roessler, T. 38
Röttinger, C. 222
Rogers, B. W. 29, 30
Rohe, K. 141

Rohmer, R. 93
Rohwer, J. 2, 42, 161
Røjel, J. 88
Rolando, S. 214
Rolston, B. 210
Romano, S. 213
Romeo, S. 311
Romero-Perez, L. 262
Rommel, M. 137
Rómmel, W. 306
Rondot, P. 61, 291, 295, 300, 301
Rønneberg, H. B. M. 110
Ronneburger, E. 151
Ropp, K. Frhr. von der 297
Ropp, T. 35
Ros, C. 251
Rosa, G. de 213
Roschar, F. M. 25
Roschmann, H. 64
Roščin, A. A. 19
Roscoe, T. 75
Rosdolsky, R. 6
Rose, A. 49
Rose, F. de 120
Rose, J. P. 330
Rose, P. 203
Rose, R. 204, 206
Rosen, C. von 155
Rosen, E. R. 218
Rosen, S. P. 35
Rosenberg, D. A. 330
Rosenberg, H. L. 43
Rosenfeldt, N. E. 242
Rosenthal, L. 135
Rosenzveig, C. 199
Rosignoli, G. 38, 214
Roslyng-Jensen, P. 88
Ross, D. 343
Ross, G. 205, 247
Ross, R. W. 335

Rossi, G. 294, 299
Rossi, S. A. 24
Rossmann, W. 170
Rostow, E. V. 26
Rostow, W. W. 90
Roth, J. 292
Roth, M. 105, 152
Rothe, L. 188
Rother, M. H. 49
Rotte, H. 159
Rotter, M. 19
Rouleux, J. -P. 277
Rovan, J. 151
Rowbotham, S. 209
Rowny, E. L. 328
Roy, O. 270
Royen, C. 233
Rubinstein, A. Z. 246, 269, 270, 280
Rudak, A. D. 86
Rudas, S. 208
Rudel, C. 313
Rudel, G. 137
Rudnickij, A. J. 338
Rudzio, W. 145
Rüdiger, H. 10
Ruedy, J. 283
Rügemer, W. 58
Ruehl, L. 24, 245
Rühle, J. 182
Rüland, J. 340
Rueter, T. 320
Ruffieux, R. 260
Ruffmann, K. -H. 177
Ruge-Schatz, A. 176
Ruhala, K. 17
Ruhl, K. -J. 179
Ruiz-Ocaña Remiro, C. 261
Rujel-Diaz, J. S. 317
Rukavišnikov, G. P. 84
Rullmann, H. P. 124, 218, 220
Ruloff, D. 103
Rundell, W. 330

Runzheimer, J. 80
Ruppert, W. 184
Ruscio, A. 198
Rushing, F. W. 253
Russell, F. 37
Rust, K. C. 100
Ruszoly, J. 265
Ruth, F. 30
Ruth, L. 41
Rutherford, M. 121
Rutyna, Z. 218
Rybakov, J. M. 33
Rybecký, V. 106
Rychlowski, B. 229, 242
Rygol, R. 12
Rylander, R. L. 23
Ryle, Sir M. 34
Rytövuori, H. 194
Rzepniewski, A. 95
Rževskij, O. A. 71

Saabye, E. J. 129
Saal, F. W. 178
Sabbatucci, G. 216
Sachak, N. 305
Saeter, M. 151
Sagi, N. 282
Sagladin, W. 24
Šahovič, M. 105
Said, E. W. 112
Sainsbury, D. 257
Saint Brides, Lord 198
St. Jorre, J. de 297
Saint-Louis, M. G. de 92
Saint Macary, P. 100
Saint-Michel, S. 272
Sajak, J. 49
Salameh, G. 272
Salatiello, L. 215
Salazar-Sparks, J. 21, 102
Salis, G. von 194
Salisbury, H. E. 82
Salter, S. 170
Samimy, S. M. 270

Samsonov, A. M. 69, 83
Sánchez, W. 306
Sánchez-Bustamante, D. 310
Sánchez-Gijón, A. 261
Sandars, J. 45
Sandoval-Rodríguez, I. 310
Sands, B. 210
Sanford, T. 321
Sansone, V. 255
Santelli, J. S. 333
Santis, H. de 72
Sarafis, S. 97
Sarhadi, A. S. 278
Šaripow, A. A. 70
Sarkesian, S. C. 329
Sartori, L. 110
Satoh, Y. 285
Sattler, K.-O. 183
Sattler, S. 79
Sauerwein, F. 293, 342
Sauerwein, H. 42
Saul, J. S. 304
Savik, S. 281
Sawicki, C. 231
Sawodny, M. 45
Sayigh, R. 283
Scalingi, P. 117
Ščerbakov, A. D. 70
Scoble, H. M. 56
Scott, D. 294
Scott, R. E. 315
Scoville, H. 42, 330
Scurr, J. 74
Searby, J. 90
Seaton, A. 73
Seco, E. 223
Seeber, E. 72
Segal, G. 275
Segal, R. 3
Segerstedt Wiberg, I. 27
Seidelin Hansen, M. 197

Seidelmann, R. 165, 218
Seidler, F. W. 73, 158
Seifried, D. 54
Seiter, W. H. 137
Sekban, C. M. 4
Selden, M. 12
Seliger, M. 227
Sellenthin, W. 47
Selliaas, A.-E. 222
Selser, G. 316
Selvaratnam, V. 288
Semprun, J. 59
Seo, H. 47
Seppälä, R. 194
Sergeev, F. 313, 337
Serig, H. W. 333
Sermasi, E. 216
Sethi, J. D. 10
Setzer, H. 204
Sevjakov, A. A. 236
Sevost'janov, I. 324
Sevost'janov, P. P. 71, 243
Sewann, G. 266
Seyr, B. 238
Sezer, D. B. 291
Shadid, M. K. 326
Shaffer, H. G. 167
Shafir, S. 318
Shah, S. 268
Shalom, S. R. 326, 340
Shamir, Y. 282
Shapiro, M. J. 93
Shariati, A. 54
Sharp, J. M. O. 25
Shawcross, W. 107
Sheffer, G. 281
Shehu, M. 97
Shepherd, A. 68
Shepperd, G. A. 207
Sherman, R. 299
Shiels, F. L. 326
Shillony, B.-A. 285
Shinn, R.-S. 287

Shinwell, E. 203
Shores, C. 94, 95
Shorrock, T. 286
Shortt, J. G. 208
Shoup, P. S. 124
Shue, H. 324
Siccama, J. G. 26
Sid-Ahmet, M. 113
Siddiqui, K. 111
Siebrecht, H. 157
Sieglin, V. 312
Siemers, G. 267
Siemion, L. 81
Sienkiewicz, M. 106
Siggemann, J. 139
Sigler, J. H. 314
Sigmund, P. E. 307
Sik, O. 124
Siklós, A. 66
Silbermann, A. 4, 136
Silianoff, E. 179
Silva-Muñoz, F. 261
Silverstein, J. 268, 340
Silvestri, S. 214, 215
Sim, R. 4
Šimanskij, V. P. 84
Simes, D. K. 248
Simma, B. 189
Simms, M. 338
Simon, G. 239
Simon, H. 231
Simon, K. 164
Simon, S. W. 246, 269
Simonenko, R. G. 68
Simonjan, R. G. 36
Šimovček, J. 86
Simpson, T. 95
Simson, H. 303
Sinclair, S. 53
Sinclair, S. W. 114
Sineau, M. 201
Singer, B. 201
Singer, D. 229
Singh, E. C. 341
Singh, K. R. 343, 344
Singh, R. N. 43, 278, 280

Singleton, S. 270
Sinkkonen, S. 194
Šip, J. 33
Sipols, V. J. 71
Sirkov, D. 127
Sissons, R. 24
Sitte, F. 285, 300
Sitzler, K. 266
Sivačev, N. V. 334
Sivolop-Kaftanova, I. I. 239
Sizonenko, A. I. 245, 306
Skennerton, I. D. 41
Skibiński, F. 94
Skibiński, J. 164
Skidelsky, R. 204
Skidmore, I. 77
Skilling, H. G. 263
Skipper, G. C. 83, 99
Skirdo, M. P. 84
Skripko, N. S. 80
Skrzypek, A. 229
Škvařil, J. 14
Sládek, O. 86
Slavin Schramm, S. 335
Sljusarenko, Z. K. 85
Slusarczyk, J. 73
Smarcea, V. 236
Smart, I. 53
Smernoff, B. J. 50
Smirnov, V. P. 91
Smith, B. F. 103
Smith, D. 32, 38
Smith, D. G. 207
Smith, D. O. 90
Smith, D. W. G. G. 89
Smith, G. 24, 64, 137, 203
Smith, G. C. 25
Smith, J. A. 321
Smith, M. J. 251
Smith, P. C. 76, 95

Smith, S. M. 16
Smith, T. 203
Smith, W. R. 200
Smits, F. J. H. T. 221
Smooha, S. 281
Smyser, W. R. 293
Sniegoski, S. J. 72
Snow, D. M. 42, 113, 330
Snyder, E. K. 290, 326
Snyder, J. 30
Sobczak, K. 83
Sobik, E. 251
Socini Leyendecker, R. 273
Sodhi, H. S. 109
Sodusta, J. 340
Soelle, D. 18
Solidum, E. D. 340
Solis, E. A. 108
Solmaz, E. 134
Solomon, M. 320
Solomon, R. 334
Solomon, R. H. 267, 326
Soltau, H. 158
Solženicyn, A. 14, 245
Somai, G. 213
Sommer, E. F. 82
Sonnenfeldt, H. 248
Sonntag, P. 34
Soon, L. T. 285
Sopena Garreta, J. 261
Sosnówka, E. 32
Soto, S. A. 315
Sotomayor-Pérez, J. 14
Soulé, V. 316
Souster, R. 76
Soutou, G.-H. 25
Spadolini, G. 216
Spae, J. J. 277
Speier, H. 181
Spessart, S. 317

Spiecker, M. 118
Spieler, S. 253
Spight, E. L. 100
Spiller, R. J. 287
Spindeldreier, U. 192
Spittler, G. 198, 294
Spohn, W. 62
Sršen, M. 39
Subin, V. V. 285
Subotić, V. 96
Sudreau, P. 35
Süss, W. 28, 147, 148
Suessmann, G. 90
Suh, D.-S. 286
Suhrke, A. 269
Sulimma, H. G. 104
Sullivan, J. 49
Sullivan, M. B. 78
Sullivan, R. J. 332
Sully, M. A. 224
Summers, L. 286
Sundberg, J. 15
Sundhaussen, H. 220
Sundhaussen, U. 340
Sundvik, I. 257
Suppan, A. 219
Sur, S. 196
Surdo, V. 119
Suster, G. 132
Sutor, B. 21
Sutton, D. S. 276
Svåsand, L. 122
Svoboda, V. 49
Swanborough, G. 47
Swearingen, W. D. 343
Sweetman, B. 49
Sweetman, J. 65
Symonides, J. 21
Syzdek, B. 229
Szajkowski, Z. 239
Szakály, S. 265
Szánskay, Z. 57
Szczerbowski, Z. 25
Szirtes, J. I. 224
Szporluk, R. 263
Szymánski, T. 81

Schaaf, P. 164
Schacht, K. 146
Schäfer, H. D. 174
Schäfer, M. 5
Schaff, A. 233
Schaffmann, C. 305
Schalhorn, B. 239
Schaper, E. 194
Scharf, K. 286
Scharnberg, C. 128
Schaumann, W. 66
Schausberger, N. 225
Schebesch, H.-F. 82
Scheck, M. 183
Scheibert, H. 44, 45, 156
Scheiderbauer, S. 257
Scheler, W. 106
Schell, M. 175
Schelling, G. 86
Schelling, T. C. 15
Scherer, K.-J. 169
Scherman, D. E. 89
Scherman, J. 256
Schiavone, G. 125
Schickel, A. 181
Schiemann, P. 123
Schifter-Sikora, J. 308
Schildt, A. 153
Schiller, D. T. 112
Schilling, W. R. 330
Schiöberg, E. 170
Schipulle, H. 117
Schlechte, K.-D. 191
Schleifstein, J. 11
Schlesinger, J. R. 115
Schlomann, F.-W. 36
Schmaltz-Jørgensen, H. 122
Schmalz-Jacobsen, C. 184

Schmelzkopf, R. 163
Schmick, K.-H. 275
Schmid, F. 154, 184
Schmid, G. 148, 169
Schmid, I. 256
Schmid, K. 263
Schmidt, E. 173, 302
Schmidt, E.-H. 178
Schmidt, H. 133, 139
Schmidt, H.-I. 64
Schmidt, M. 133, 163
Schmidt-Dumont, M. 111
Schmiederer, U. 230
Schmückle, G. 175
Schnabel, E. 91
Schnatz, H. 90
Schneider, D. K. 107
Schneider, E. 189, 241
Schneider, P. 181
Schneider, R. 146
Schneider, S. 174
Schneider, U. 181
Schnöring, K. 187
Schoeller, W. 296
Schoeman, E. 302
Schönenberger, T. 288
Schönfeld, R. 127
Schoenhuber, F. 71
Schoepflin, G. 265
Schoeps, J. H. 144
Schoessler, D. 154
Scholz, P. 140
Scholz, S. 185
Schonfeld, M. 282
Schorske, K. E. 143
Schoultz, L. 325
Schram, S. R. 274
Schröder, E. 134
Schröder, H.-J. 149
Schroeder, K. 147, 148
Schröter, H. 187
Schroll Nielsen, F. 31
Schubert, A. 311

Schubert, F. 192
Schueler, H. 131
Schuerer, G. 190
Schütt, P. 135
Schütte, J. 169
Schuettke, P. 148
Schütz, H.-J. 24
Schütz, K. 18
Schütze, B. 217
Schuh, H. 79
Schuker, S. A. 149
Schuler-Jung, H. 252
Schuller, W. 189
Schulten, C. M. 221
Schulten, J. W. M. 93
Schultheis, H. 184
Schultz, G. 150
Schultz-Naumann, J. 22
Schulz, E. 241
Schulz, G. 73, 139
Schulz, J. 7
Schulze, F.-J. 155
Schulze, H. 143
Schwaiger, K. 117
Schwarberg, G. 79
Schwartz, D. R. 135
Schwarz, H.-A. 182
Schwarz, H.-P. 104, 177
Schwarz, U. 106
Schwarz, W. 31
Schwarzbeck, F. 115, 198
Schwarzer, A. 167
Schwarzmaier, H. 183
Schwegler, W. 327
Schweigler, G. 104, 324
Schweitzer, A. 17
Schweitzer, C.-C. 184
Schwenk, H. 53
Schwinge, E. 179

511

Staar, R. F. 13
Stachura, P. D. 169
Stadler, K. R. 223, 224
Staffa, G. 213
Stahl, J. 90
Stamm, C. 97
Stamm, T. 173
Stańczyk, H. 91
Stanger, T. 139
Stankiewicz, W. 52
Stanley, R. M. 37
Stanley, T. W. 104
Stanton, S. L. 107
Stares, P. 27
Starr, G. 338
Starry, D. A. 107
Stawecki, P. 230
Steel, D. 204
Steensel van der Aa, E. van 145
Steffens, U. 141
Stegemann, B. 82
Stehle, H. 61
Steiger, I. 173
Steigleder, H. 75
Stein, A. A. 335
Stein, J. G. 282, 300
Steinaecker, H.-E. Frhr. von 35
Steinbach, P. 138
Steinbach, U. 152
Steinberg, H.-J. 143
Steinböck, E. 225
Steiner, G. 144
Steiner, H. 226, 227
Steinhaus, K. 137
Steiniger, E. 87
Steininger, R. 181
Stellingwerff, J. 77
Stephens, F. J. 41
Stephenson, H. 204
Stephenson, J. 167
Šterev, P. 202
Sterkowicz, S. 79
Sterling, C. 15

Steul, W. 270
Steurer, L. 218
Stevenson, J. 40
Stevenson, J. P. 49
Stewart, D. W. 335
Stewart, J. D. 89
Stinnes, E. H. 133
Stjerna, L. 161
Stjernfelt, B. 65
Stockwell, A. J. 288
Stockwin, J. A. A. 284
Stöber, H. 156
Stövling, B. 335
Stokes, G. 6
Stokesbury, J. L. 63
Stoljarowa, R. 6
Stollberg, G. 171
Stolz, G. 188
Stolze, S. 169
Stone, C. 336
Stone, E. 319
Storlid, P. O. 74
Story, J. 164
Strauss, F. J. 117
Strauss, W. 255
Strawson, J. 98
Streeck, W. 171
Streif, K. 153
Streim, A. 78
Strel'cov, J. 244
Strel'cova, N. 244
Strle, F. 97
Strobbe, M. 126
Ströbinger, R. 125, 256
Strohm, H. 53
Strohmaier, J. 138
Strong, C. 208
Strong, R. A. 25
Stroobant, F. 92
Stropp, D. 122
Strupp, M. 275
Struss, D. 94
Strzelecka, K. 79
Stuart, D. T. 276
Stuart, J. L. 275, 327
Stuby, G. 112

Stuebling, R. 185
Stueck, W. W. 327
Stuemke, H.-G. 166
Stürmel, M. 92
Stürmer, M. 140
Stuhlpfarrer, K. 165
Stumpf, R. 154
Stursberg, P. 314, 325
Sturtivant, R. 208

Tabak, F. 311
Taddei, F. 218
Taege, H. 92
Tahir-Kheli, S. 246
Tajima, T. 275
Talal, H. bin 283
Talbot, I. A. 289
Talon, V. 110
Tamari, S. 284
Tănăsescu, F. 236
Tandon, P. 278
Tanter, R. 282
Tarnogrodzki, T. 81
Taschiro, J. K. 34
Tashiro, E. 34
Tatu, M. 104
Taube, G. 41
Taucher, F. 227
Taudien, R. 227
Taylan, K. 292
Taylor, A. R. 112
Taylor, E. 209
Taylor, J. 108, 339
Taylor, J. W. R. 251
Taylor, M. J. H. 47
Taylor, P. 210
Teckenberg, W. 252
Teitgen, J. 197
Temple, M. N. 312
Tennstedt, E. 342
Tennstedt, F. 166
Terechov, A. F. 84
Terzibaschitsch, S. 333
Tetzlaff, R. 296
Tharamangalam, J. 278

The-Au-Du'O'ng, 293
Thee, M. 233
Theeravit, K. 291
Theophanus, A. C. 338
Therborn, G. 7
Thiam, A. 294
Thiam, I. D. 295
Thierfelder, J. 177
Thies, W. J. 107
Thion, S. 286
Thöne, A. W. 142
Thöne, E. M. 117
Thomas, H. J. -P. 199
Thomas, R. 240
Thomas, R. G. C. 278
Thomas, S. 150
Thomas, T. 160
Thomas, W. R. 22
Thomashausen, A. 234
Thomer, E. 162
Thompson, J. C. 108
Thompson, W. C. 133
Thompson, W. S. 290
Thomsen, J. 36
Thun-Hohenstein, R. G. Graf 179
Tichelman, F. 340
Tichý, K. 72
Tiedgen, H. 49
Tiedtke, S. 27
Tieke, W. 83
Tilford, R. 138
Tilkovszky, L. 266
Tillich, P. 147
Tillman, B. 49
Timm, U. 177
Timm, W. 158
Timmermann, H. 13, 213
Timofeev, E. D. 68
Tinker, C. 10
Tint, H. 201

Tito, J. B. 219
Tjaželʼnikov, E. M. 253
Tjondronegoro, S. 340
Tkačenko, B. A. 250
Toba, R. 269, 284
Todorović, B. 219
Toeche-Mittler, J. 158
Tönnes, B. 126, 219
Togliatti, P. 261
Tokarz, Z. 233
Tomala, M. 144
Tomlin, B. W. 314
Tomlinson, J. 204
Tomlinson, M. 210
Tomuschat, C. 10
Torre, V. 267
Torrico Prada, G. 310
Tortzen, C. 88
Tow, W. T. 28, 267, 276
Tower, J. G. 321
Toyama, S. 99
Traczykowski, J. 97
Train, H. D. 250
Trajković, A. 96
Trautmann, F. 15
Trees, W. 94
Tremayne, J. 93
Trenkel, R. 81
Trent, D. M. 15
Trescatheric, B. 69
Trevelyan, R. 98
Treverton, G. 120
Triaud, J. -L. 302
Tribe, K. 251
Trinquier, R. 108
Tristan, A. 201
Trofimenko, H. 115
Trolle, B. 60
Troman, L. 71
Trotsky, L. 69
Truman, H. S. 319
Trythall, A. J. 203
Tsoukalis, L. 117

Tsurutani, T. 285
Tsuzuki, C. 132, 203
Tucker, R. C. 238, 254
Tudjman, F. 116
Tung, J. 273
Tuomi, H. 52
Turchin, V. 241
Turnbull, J. 276
Turner, M. 208
Turner, W. W. 325, 337
Turone, S. 216
Tzermias, P. 202

Ueberhorst, H. 334
Ueberschär, G. R. 90
Uffelmann, U. 181
Ugboaja Ohaegbulam, F. 295
Uhl, P. 263
Ulam, A. B. 253
Ullrich, S. 8
Umbreit, H. 73
Unc, G. 237, 265
Upton, A. F. 194, 195
Urban, J. 242
Urban, M. E. 241
Urbanowicz, W. 100
Urquhart, B. 256
Urwin, D. W. 122
Usenko, N. V. 250
Usov, V. N. 277
Ustinov, D. F. 249
Ustinow, D. 24
Ustvedt, Y. 11
Utgoff, V. 330
Utley, G. 324
Utović, M. 79

Vacchi, A. 305
Vacchi, L. 305
Valdes-Phillips, P. 21, 102
Valencia Carmona, S. 307
Valenta, J. 244, 245
Valera, P. 212

513

Valguarnera, G. 39
Vanderveen, B. H. 44
Varlov, S. V. 206
Varming, M. 129
Varsori, A. 212
Vas, Z. 266
Vasale, C. 213
Vasari, E. 266
Vasbo, V. 129
Vasil'ev, V. E. 85
Vasilevskij, A. M. 82
Vatin, J.-C. 300
Vaughan, E. C. 63
Vázquez-Carrizosa, A. 314
Veen, H.-J. 13
Vego, M. N. 249
Veld, N. K. C. A. 91
Vellinga, M. 317
Venner, D. 250
Venturi, A. 240
Verdross, A. 189
Verg, E. 185
Vermaat, J. A. E. 34
Verna, R. 249
Vernant, J. 110
Verner, P. 188
Vestergård, J. J. 128
Vetrov, A. A. 45
Vetschera, H. 224
Vetter, F. 156
Vicente, P. D. 341
Vickers, J. M. 314
Vidal-Sales, J. A. 336
Viebrock, C.-C. 157
Vieira, E. 335
Villiers, L. de 304
Vilmar, F. 145
Vinciguerra, R. 98
Vincx, J. 74
Vinogradov, V. N. 237

Vivekanandan, B. 342
Víves, J. 336
Vizcaíno-Casas, F. 262
Vocke, H. 287
Voelkl, E. 127
Vogel, H. 334
Voglis, P. 78
Voigt, K. D. 24, 30, 147
Volkogonov, D. A. 14
Vollmer, G. 154
Volta, C. 68
Von der Dunk, H. 221
Vondrášek, V. 264
Vonhoff, H. 256
Vormeier, B. 92
Vos, L. de 126
Vošahlíková, P. 263
Vossberg, J. 161
Vuksanović, M. 97
Vuren, A. J. van 221
Vygodskij, V. S. 52

Wachtmeister, H. 258
Wafadar, K. 270
Wagemann, E. 156
Wagener, G. 146
Wagenlehner, G. 249
Wagner, D. 191
Wagner, R. 48
Wagner, T. 57
Wagner, W. 110, 233
Wah, C. K. 288
Wai, D. M. 296
Waitley, D. 335
Wakefield, K. 162
Walendy, U. 136, 138, 174, 193
Walker, D. J. 10
Walker, S. G. 182, 334
Walker, W. Sir 244
Wallin, L. 35
Walt, L. W. 324

Waltz, K. N. 43
Wanandi, J. 340
Wang Hsuan-chih, 268, 274
Wang Shih-hung, 276
Ward, M. D. 276
Wardrop, J. P. 98
Warnat, B. 168
Warner, G. 197
Warner, P. 93
Wasser, H. 322
Wassiljew, A. 61
Waszkiewicz, Z. 61
Watanabe, R. 47, 48, 49
Watt, D. 30
Wazniewski, W. 81
Weatherbee, D. E. 340
Weaver, H. J. 75
Webb, C. 119
Webb, T. 74
Weber, H. 192, 316
Weber, M. 216
Wechselmann, M. 18
Wedel, E. 127
Wedell-Wedellsborg, A. 273, 274
Weeks, J. 40
Weerdt, D. de 127
Weggel, O. 273, 274, 276, 293
Wegner, E. 177
Wegner-Korfes, S. 150, 188, 247
Wegs, R. J. 225
Wehler, H.-U. 220
Wehner, H. 134
Weidemann, D. 246
Weidenfeld, W. 121
Weidinger, O. 156
Weigel, D. 161
Weigel, G. 40
Weigley, R. F. 93
Weiker, W. F. 292
Weilemann, P. 297, 324
Weinacht, P. L. 183

Weinbaum, M. G. 289
Weinberg, E. 303
Weinberg, G. L. 150
Weiner, M. 278
Weinstein, J. M. 251
Weinzierl, E. 225, 226
Weise, F. -J. 166
Weiss, A. von 244
Weissbecker, M. 178
Weissbrodt, D. 9
Weizsäcker, K. F. von 17
Welch, S. 209
Wellner, G. 167
Welsh, D. 108
Weltman, J. J. 43
Weltsch, R. 136
Wendt, B. -J. 177
Wenzel, B. 161
Werning, R. 286
Wert, J. 20
Werz, N. 110
Wessel-Tolvig, P. 46
Wesson, R. 13, 311
West, N. 36
Westwood, J. T. 252
Wette, W. 90
Wettig, G. 104, 120, 152, 182
Wewer, G. 141
Weyer, H. 145
Whaley, B. 36, 153
Wheeler, K. 101
Wheelock, J. 316
Whetten, L. L. 181
White, Sir B. 93
White, P. 320
White, T. H. 278
Whiteley, Sir P. 31
Whiteside, A. G. 223
Whiting, A. S. 255
Whiting, C. 179
Whiting, D. 78

Widder, H. 227
Widgren, I. 256
Wieczorek, W. 25
Wietstruk, S. 189
Wigforss, E. 256
Wiggershaus, R. 169
Wilczur, J. E. 233
Wilhelm, C. 18
Wilhelm, H. -H. 85
Wilhelmy, H. 307
Wilkinson, J. D. 77
Wilkinson, P. 11
Willeke, B. 160
Willem, J. -P. 293
Willems, J. C. 101
Willequet, J. 127
Willetts, P. 114
Williams, G. 115
Williams, J. A. 333
Williams, S. 204
Williamson, T. 66
Wilson, A. 342
Wilson, H. 205
Wilson, J. 203
Winands, G. 8
Winchester, D. 209
Winczorek, P. 227
Windisch, 40
Windrow, M. 156
Windsor, P. 125, 152, 249
Winiecki, J. 116
Winkler, G. 13
Winkler, H. A. 143
Winkler, T. H. 109
Winter, E. 134
Winters, P. J. 152
Wintle, F. 89
Winton, J. 63, 75
Wionczek, M. S. 105
Wippermann, W. 150
Wisbar, R. 179
Wise, S. F. 65, 314
Wiseberg, L. S. 56
Wisner, K. F. 25, 43

Wit, J. S. 330
Witt, A. F. 94
Wittkopf, E. R. 323
Wöhe, G. 302
Wöhrle, A. 171
Wöltje, E. 143
Wörner, M. 148
Wohlmuth, K. 296
Woitinas, E. 188
Wójcicki, J. 81
Wójcik, E. 31
Wolchik, S. L. 121, 125, 264
Wolf, F. O. 13
Wolf, J. J. 114
Wolf, K. D. 327
Wolf, W. 233
Wolf-Graaf, A. 56
Wolfe, A. 104
Wolfe, T. W. 25
Wolfenstein, E. V. 318
Wolffsohn, M. 104, 112
Wollasch, H. -J. 172
Wollstein, G. 233
Woltjer, T. G. 108
Wombell, P. 66
Wood, D. 110
Wood, J. W. 65
Woodward, J. F. 35
Woolf, S. J. 214
Woyke, W. 141, 195
Wriggins, W. H. 289
Wright, A. W. 203
Wright, J. B. 297
Wright, V. 196
Writer, R. 342
Wüllen, W. van 146
Wünsche, H. 21
Wünsche, R. 115
Wünschel, H. -J. 187
Wulf, H. 19, 324
Wyglenda, W. 193
Wyman, D. L. 232
Wymer, I. K. 204
Wyszczelski, L. 69

Xiang, H. 327

Yaniv, A. 284
Y' Blood, W. T. 101
Yee, H. S. 276, 290
Yin Ching-Yao, • 255, 275
Yishai, Y. 284
Yodfat, A. Y. 112
Yost, D. S. 105
Young, P. L. 289
Youngblood, R. L. 341

Zabierowski, S. 79
Zagajewski, A. 228
Zagladin, V. 244
Zagoria, D. 267, 268
Zaharescu, V. 265
Zaharia, G. 237
Zaks, Z. 72
Zaloga, S. J. 45, 230 332

Zambonelli, A. 68
Zamir, D. 281
Zamoyski, A. 68
Zampach, V. 87
Zarb, A. H. 21
Zaremba, P. 87
Zaremba, Z. 233
Zaroń, P. 230
Zartman, I. W. 295
Zartmann, C. E. 307
Zasloff, J. J. 268
Zathureczky, G. von 266
Zayas, A. M. de 193
Zechlin, E. 179
Zehender, W. 297
Zemke, J. 229
Zieba, R. 229
Zieger, G. 152
Ziegler, D. W. 22
Ziemer, K. 297

Ziemke, E. F. 33
Zimmermann, P. 158
Zimmermann, W. 244
Zinovev, A. A. 13
Zint, G. 165
Zivkov, T. 127
Zivković, N. 96
Zoll, D. A. 38
Zollitsch, W. 171
Zoratto, B. 147
Zorgbibe, C. 106
Zorić, R. 97
Zřídkaveselý, F. 265
Zubakov, V. E. 83
Zuelzer, W. 133
Zug, A. 78
Zumpe, L. 163
Zunino, P. G. 61
Zurhellen, J. O. 27
Zwass, A. 125